COURS

DE

PROCÉDURE CIVILE.

TOME PREMIER.

PARIS. — TYPOGRAPHIE DE HENRI PLON,

IMPRIMEUR DE L'EMPEREUR,

8, RUE GARANCIÈRE.

COURS

DE

PROCÉDURE CIVILE

PAR

JACQUES BERRIAT-SAINT-PRIX

Doyen de la Faculté de Droit de Paris
membre de l'Académie des Sciences morales et politiques
et de la Légion d'honneur

SEPTIÈME ÉDITION

REFONDUE EN PARTIE ET MISE AU COURANT DE LA LÉGISLATION

PAR

FÉLIX BERRIAT-SAINT-PRIX

AVOCAT, DOCTEUR EN DROIT

TOME PREMIER

PARIS

HENRI PLON, LIBRAIRE-ÉDITEUR

8, RUE GARANCIÈRE

1855

Jacques Berriat-Saint-Prix, né à Grenoble le 22 septembre 1769, est mort à Paris le 4 octobre 1845.

Nommé en 1796 professeur de législation à l'École centrale de l'Isère, il devint, en 1805, professeur de procédure civile et de droit criminel à la Faculté de droit de Grenoble. En 1819, il obtint la même chaire dans la Faculté de Paris et en remplit les devoirs jusqu'à sa mort avec une assiduité qui ne s'est jamais démentie. Il a donc spécialement enseigné la procédure et le droit pénal pendant quarante années.

Il appartenait à un grand nombre de sociétés savantes. L'Académie des sciences morales et politiques l'admit dans son sein le 25 janvier 1840.

La vie d'un auteur est dans ses ouvrages. Mais les travaux de J. Berriat-Saint-Prix sont si divers, si multipliés, qu'il serait malaisé d'en fournir l'énumération complète. Je m'attacherai surtout à ceux qui intéressent la jurisprudence, son histoire ou son enseignement.

DROIT.

Cours de procédure civile, 2 vol. in-8°.
Cours de droit criminel, 1 vol. in-8°.

> Ces deux ouvrages ont été traduits en plusieurs langues, et spécialement en italien.

Cours de législation fait à l'École centrale de l'Isère, 2 vol. in-8.

> Le tome Ier renferme une histoire du droit français, trop peu connue aujourd'hui, et une analyse des Institutes avec six tableaux synoptiques. Le tome II contient un Traité des personnes, d'après le livre Ier du Code civil.

Cours sur les préliminaires du droit, in-8°.

DISSERTATIONS SPÉCIALES SUR LES SUJETS SUIVANTS :

Révocation des donations pour survenance d'enfants ;
Jour a quo (point de départ des délais) ;
Interprétation du mot frère dans les libéralités ;
Nullités des actes de procédure, in-4° ;
Publication des lois ;
Remboursement des rentes, 64 pages.
Serment judiciaire, deux dissertations, dont la première a été traduite en italien.

Suspension et durée de la prescription, traduite en italien, 75 pages.

Vente du mobilier des mineurs; on y trouve le récit d'un entretien avec Napoléon, à Grenoble, en 1815.

HISTOIRE DU DROIT.

Histoire du droit romain, 1 vol. in-8°, très-rare. On l'a traduite en italien. — On trouve une histoire abrégée du droit français, dans le *Cours de législation*, tome Ier.

DISSERTATIONS SPÉCIALES SUR LES SUJETS SUIVANTS :

Procès faits aux animaux;
Barbiers-chirurgiens;
Criminalité au XVIIe *siècle;*
Législation criminelle en Dauphiné, 68 pages;
Lois des États-Unis sur la prescription;
Divorce et adoption, avec tableau généalog. des Césars, 58 pages;
Actes de l'état civil;
Loi des Douze Tables; trois dissertations, l'une in-4°, 58 pages;
Emploi de la langue latine dans les actes jusqu'au XVIe siècle;
Origine du ministère public;
Violences contre les huissiers.

BIOGRAPHIES DE JURISCONSULTES.

Histoire de Cujas, à la suite de l'*Histoire du droit romain*, traduite en allemand. J. B.-S. a publié six autres dissertations relatives à Cujas; deux d'entre elles sont des réponses à M. Bénech; une autre contient une critique de l'opinion vulgaire qui place Domat parmi les jurisconsultes du 1er ordre.

Notices biographiques sur *Pacius*, sur *Mounier*, sur *Degérando* et autres jurisconsultes.

Notices bibliographiques sur les ouvrages de *Cochin* et d'autres savants.

ENSEIGNEMENT DU DROIT.

Discours prononcé le 5 novembre 1838, 80 pages;
Discours prononcé le 7 août 1845;
Critique des *traductions des lois romaines*, 92 pages.
Citations d'Homère et de Platon dans les lois romaines;
Vices du langage judiciaire;
Histoire de l'ancienne Université de Grenoble, 60 pages.

HISTOIRE PROPREMENT DITE.

Le plus important des travaux historiques de J. B.-S. est un essai sur *Jeanne d'Arc*, 1 vol. in-8° de 368 pages, trop peu cité par les écrivains modernes qui ont bien voulu y puiser la solution de certaines difficultés chronologiques; l'auteur a signalé quelques-uns de ces emprunts dans une notice distincte sur une lettre de Jeanne d'Arc.

Il s'est occupé en outre d'éclaircir bien des points obscurs de l'histoire des *Guise*, de *Henri IV* et de *Sully*, des *protestants* à Grenoble.

ÉCONOMIE POLITIQUE.

› J. B.-S. avait enseigné cette science pendant plusieurs années. On a de lui quelques dissertations, dont la principale concerne le *paupérisme en France au* XVIe *siècle*, in-4°.

HISTOIRE LITTÉRAIRE.

Le plus considérable des travaux littéraires de J. B.-S. est une édition des œuvres de *Boileau*, riche en détails biographiques et bibliographiques, 4 vol. in-8°, aujourd'hui fort rares.

Je citerai encore de curieuses recherches *sur les anciens jeux des mystères*, in-8° de 52 pages.

Le *Cours de procédure civile* de J. B.-S. est, sans contredit, son titre le plus solide à l'estime des jurisconsultes. C'est encore le meilleur traité de procédure que nous ayons, au point de vue *didactique*. Le livre demeuré incomplet de Boncenne est écrit dans un style plus brillant; les leçons posthumes, et également incomplètes de Boitard, plaisent par les développements d'une improvisation facile; l'ouvrage de Carré, revu par M. Chauveau, offre une grande richesse de discussions d'un intérêt pratique. Tous pèchent par le plan; tous confondent les idées élémentaires et les doctrines approfondies. Un vice radical, dans un livre d'enseignement, est de rester inaccessible aux élèves qui commencent; de leur présenter pêle-mêle le simple et le composé, les principes primordiaux et leurs conséquences les plus éloignées, les notions faciles et les questions inextricables. Delvincourt et J. Berriat-Saint-Prix ont évité cet écueil par la décomposition de leur livre en deux parties : un texte élémentaire et des notes savantes. Cet artifice de méthode, commandé par la saine théorie de l'enseignement, leur a pourtant été reproché comme une faute. M. Dupin a prétendu que

Delvincourt avait *divisé sa pensée*. Mais est-ce donc diviser
sa pensée que de conduire les étudiants par un chemin facile
(*levi primo ac simplici via*, Instit., § 2) jusqu'aux régions les
plus ardues de la science? Si la méthode que je défends est
rationnelle, appliquée au droit civil proprement dit (1), elle l'est
peut-être encore davantage, appliquée à la procédure. Il importe,
quand on étudie les formes judiciaires, d'en déterminer l'en-
chaînement rationnel et la succession chronologique ; il importe,
même en scrutant chacune d'elles dans ses plus minutieux détails, de ne jamais perdre de vue l'ensemble. Le tableau analytique des actes fondamentaux est aussi indispensable au forma-
liste que la carte générale d'un pays l'est au géographe, l'image
du squelette humain à l'anatomiste, le plan de l'édifice ou de
sa charpente à l'architecte. Et puis, quel lecteur, après avoir
fouillé dans un amas de controverses, n'éprouve pas le besoin
de faire un triage et de dégager sa mémoire d'un encombrement
nuisible? Ce résumé, qui est le complément nécessaire de toute
étude scientifique, est écrit d'avance (2) dans le texte du Cours
de procédure. Au dire de M. Dupin, mieux inspiré cette fois,
« l'auteur possède au dernier degré le talent de l'analyse, et
l'on peut dire de ses notes : *breves quidem, sed succi plenæ.* »

Du vivant-même de J. B.-S.-P., des lois nouvelles sont
venues modifier les règles sur la compétence des tribunaux et
sur la procédure de la saisie immobilière. L'auteur avait, avec
sa concision accoutumée, signalé les principaux changements
dans des additions qu'il accumulait successivement à la fin de
son livre. La combinaison de ces corrections aussi succinctes
que multipliées avec le corps de l'ouvrage était pénible pour le
lecteur ; j'ai dû refondre entièrement les pages 50 à 68, sur la
jurisdiction ; les pages 625 à 676, sur la saisie des immeubles,
et les pages 723 à 728, sur la surenchère. J'ai rejeté dans un
supplément, p. 889 à 924, l'exposition de quelques vues qui
me sont propres, et des innovations moins essentielles qu'ont
introduites des lois plus récentes.

F. B.-S.

(1) Que penser des professeurs qui, dociles à la prescription littérale de la loi de ventôse an XII, enseignent à fond, dès le début,
les théories de la *non-rétroactivité* des lois et des *statuts réels* ou
personnels (C. civ., art. 2 et 3), théories dont les applications embrassent le droit tout entier?

(2) Quelques auteurs font *suivre* d'un résumé le développement
de leurs doctrines. V. M. Ortolan, Marcadé, etc.

COURS
DE PROCÉDURE CIVILE.

NOTIONS PRÉLIMINAIRES.

§ 1. *Idée de la Procédure......* *Acceptions des termes principaux.*

La procédure est cette partie du droit (1) qui embrasse les règles qu'on doit observer, lorsqu'il s'agit de faire prononcer sur les différends nés, 1. des actions des hommes relatives à l'usage et à la disposition de leurs propriétés ; 2. des caractères plus ou moins douteux de l'état des personnes ; 3. des actions qui portent une atteinte à la sûreté des personnes ou des propriétés. Dans les deux premiers cas, on la nomme procédure *civile* ; dans le dernier, procédure *criminelle.* (**2**)

Le mot *procédure* paraît venir du mot latin *procedere*, qui signifie *s'avancer* ; et dans la procédure, en effet, on avance vers la décision d'un différend, à mesure qu'on fait les actes (**2** *a*) prescrits par la loi.

Le mot *procédure* indique donc aussi la série des actes qu'il faut faire pour parvenir à cette décision. Par analogie, on a donné le même nom (**3**), 1. à la science qui nous instruit des règles à observer dans ces actes ; 2. à l'ensemble des actes mêmes qui ne supposent pas un différend.

D'après cela, on voit que la procédure civile a pour objet, et la décision des différends qui s'élèvent sur l'état des personnes ou sur les propriétés, et les précautions à prendre quelquefois, soit à raison de ces différends, soit afin de les prévenir, etc. Tel est le motif pour lequel on la divise en *judiciaire* et en *extrajudiciaire*. Celle-ci indique les actes qui, ne supposant pas un différend, ne sont pas suivis de la décision d'un tribunal, tandis que la procédure judiciaire indique la série des actes qui sont ordinairement suivis de cette décision. (4)

Cette série, considérée relativement à un différend particulier, se nomme procès, instance (5*). Une instance commence par une *demande* et se termine par un *jugement* (5 a). La demande et les actes écrits et les défenses verbales qui la suivent, forment ce qu'on nomme l'*instruction*, c'est-à-dire la partie de l'instance que l'on destine à éclairer le juge (6*), à le mettre en état de rendre le jugement en connaissance de cause. (7)

(1) Elle était connue dans le droit romain sous le nom général d'*actions*... C'est en ce sens que Justinien, d'après Gaius (*Inst.*, I, 8), fait des actions un des trois objets du droit.

(2) Nous en traitons dans le cours de droit criminel.

(2 *a*) Acception du mot *acte* : V. sect. 11 (des actions), note 1.

(3) On observe souvent dans le langage du droit comme dans le langage ordinaire, des termes qui ont plusieurs acceptions différentes : il importe de les bien distinguer, parce que la loi emploie souvent ces termes, sans indiquer dans quel sens. On voit ici que le mot *procédure* a cinq acceptions particulières.

(4) V. à ce sujet les introductions des parties 2 et 3, *in pr.*

(5*) *Procès* paraît dériver de procédure, et *instance*, de *stare in judicio*, qu'on traduit (assez mal) par être, ou *ester en jugement* (v. *C. civ.* 215, 218 ; *ci-apr.*, *tit. de l'assignation*, art. 1, règle 2). Procès est synonyme d'*affaire* (*C. pr.* 95, 342, *etc.*); il n'en est pas de même du mot *différend*. Un procès suppose toujours un différend, mais on ne peut pas dire l'inverse (v. *toutefois tit. de la récusation*, note 10)... Dans tout procès il y a au moins deux *parties*, dont l'une, le *demandeur*, forme une réclamation, et l'autre, le *défendeur*, la repousse. — Au reste, les mots *procès* et *instance* avaient jadis, dans quelques tribunaux, des acceptions particulières. V. *Rodier*, *tit. 26*, art. 1 ; *Bornier*, *ibid.*, art. 2.

(5 *a*) La demande, dit-on dans un arrêt (*rej. requ.* 22 mai 1834, *avoués*, *xlvij*, 666), introduit l'instance ; elle en est le principe et la tête, et le jugement, le complément et la fin.

(6*) Les actes de cette même partie se nomment aussi les *formalités*, les *formes*... Le *fond*, par opposition à la *forme*, est l'objet principal et primitif de la contestation ; et par ce motif on le nomme aussi le *principal*. — *Voy.* d'autres acceptions de ce mot, *part. 2*, *introduct.*, art. 5, § 3, *n. iv et note* 35 ; *tit. des défenses*, *note* 8 ; et *sect. de la procéd. incidente*.

(7) V. à ce sujet le même art. 3, § 3, où l'on donne une idée générale de la marche de la procédure civile.

§ 2. *Division du Cours de Procédure civile.*

Lorsqu'on veut commencer une instance, il importe d'abord de savoir à quel juge on doit s'adresser (8), car chaque juge ne peut pas statuer sur toute espèce de procès. Pour atteindre ce but, il faut étudier, et les règles relatives aux attributions (9) des tribunaux, et celles qui concernent la nature des actions. A l'aide des premières, on apprend à quelle espèce de tribunal la demande, d'après son objet, doit être soumise; si c'est, par exemple, à un juge de paix, ou à un tribunal d'arrondissement; à l'aide des secondes, on sait quel est, parmi les tribunaux de la même espèce, celui auquel, d'après la nature de l'action, l'on doit s'adresser (9 *a*); si c'est, par exemple, le juge du domicile, ou bien celui de la situation.

Ce qui précède a servi de guide pour la division de ce cours. On donnera dans une première partie, qui servira d'introduction, trois traités abrégés, dont le premier concernera la jurisdiction, et le deuxième les actions; le troisième contiendra des observations et des règles générales relatives à la procédure proprement dite ou à plusieurs de ses branches. Dans la seconde partie on traitera de la procédure judiciaire, et dans la troisième, de la procédure extrajudiciaire. Dans ces deux dernières parties, on s'attachera à suivre l'ordre des livres et des titres du code (10), autant du moins que cela pourra s'accorder avec la méthode analytique indispensable à un enseignement élémentaire. (11)

Nous observerons à ce sujet que tous les articles du code sont analysés dans notre cours avec plus ou moins de développemens (12); nous y avons même joint un extrait de ceux du code civil qui leur sont corrélatifs (13). Mais nous avons peu insisté sur ces derniers, parce que l'exposition et l'explication en

appartiennent plus particulièrement aux cours de
droit civil; et nous nous sommes bornés à exposer
une seule fois les règles qui sont répétées dans plusieurs titres ou articles du code de procédure. (14)

(8) Quant aux autres soins préliminaires, voyez *d. art.* 3, § 2.
(9) C'est-à-dire au droit que la loi leur attribue, leur accorde de *connaître*
de certaines affaires, de les juger, etc.
(9 *a*) C'est-à-dire, lequel des juges de paix ou des tribunaux d'arrondissement de France, doit connaître de l'affaire.
(10) Par ce mot employé seul, nous désignons le code de *procédure.* —
Nous indiquons à chaque subdivision du cours en quoi diffèrent ou s'accordent notre classification et celle du code, et nous en donnons d'ailleurs à la
fin (*appendice*, § 6) une concordance générale.
(11) V. introduct. de la 2ᵉ part., art. 2, aux notes. — On parlera, dans des
Appendices, des choses auxquelles on ne pourrait consacrer des titres particuliers qu'en s'écartant de l'ordre du code.
(12) V. *en la table à la fin du cours*, § 5. — L'analyse des articles des
derniers livres est et devait être plus resserrée que celle des articles des premiers; enfin il y a des articles qu'il a suffi d'indiquer (v. *introduct. de
la* 3ᵉ *part.*). — Nous avons aussi analysé tous ceux du tarif (v. *ch. des lois*,
note 10) et du projet du code de procédure, ainsi que celles des observations
de la Cour de cassation sur le même projet qui peuvent servir à éclaircir les
dispositions douteuses de ce code.
(13) Par ce moyen, notre cours sert dans beaucoup de points, de répétition
et d'application du cours de droit civil... Nous avons aussi donné un extrait
des articles corrélatifs du code de commerce et de la Charte.
(14) Par exemple, les circonstances dans lesquelles la communication au
ministère public est exigée ont été énumérées dans un seul article. Cette méthode, dont au reste nous n'avons fait usage que pour le texte, nous a sauvé
bien des répétitions ennuyeuses... Elle offre l'avantage de diminuer le travail
des élèves, et de graver mieux dans leur mémoire les principes de la procédure.

§ 3. *De la nécessité de la Procédure.*

Avant d'entrer en matière, il n'est pas inutile d'examiner au moins rapidement si la procédure, telle que
nous l'avons définie, est une institution nécessaire;
en un mot, si l'on ne pourrait pas faire statuer sur
les différends sans employer aucune espèce de formalité, et en s'adressant directement au juge. (15)
Pour peu qu'on ait d'expérience, on est bientôt
convaincu que si un tel mode de procédure était praticable, ce serait tout au plus dans une société très

pauvre et très peu nombreuse, où, par la nature des choses, les différends sont rares et surtout peu variés; de sorte que, si nous prouvons que dans une semblable société, les différends ne sauraient être terminés sans quelques *formes,* nous serons en droit de conclure que dans des états populeux, riches et civilisés, les formes sont à plus forte raison indispensables.

Or, rien n'est plus facile que d'établir l'affirmative de notre proposition ; nous n'avons que l'embarras de choisir parmi les preuves qui s'en offrent à nous de toutes parts; et forcés de nous resserrer dans des limites étroites, nous nous réduirons aux observations suivantes.

Pour qu'un tel mode d'administration de la justice soit suffisant, il faut supposer que chaque juge connaît à fond toutes les lois de son pays; que toutes les parties peuvent où veulent se présenter au juge, chaque fois qu'elles sont appelées, et que toutes sont en état de se défendre et de faire valoir leurs moyens de droit ou de fait; que le juge enfin a le temps et les renseignemens nécessaires pour prononcer à l'instant sur toutes les causes qu'on lui soumet.

Admettons que la première condition soit réalisée parce qu'elle n'est pas physiquement impossible (16); la seconde s'opposera toujours à ce mode, que des personnes étrangères à la science des lois ont préconisé jusque dans notre siècle. En effet, comment les mineurs, les insensés, les absens, les malades, les militaires, etc., etc., pourront-ils se présenter ou se défendre? Comment, lorsqu'une cause n'aura pas été terminée, suppléera-t-on à la perte des preuves qui aura pu avoir lieu (par exemple par le décès des témoins) depuis le commencement de l'affaire? Comment exécutera-t-on les jugemens sans courir le risque ou d'une rigueur déplacée, ou d'une négligence coupable de la part des agens chargés de l'exécution (**17**)? Comment s'assurera-t-on que les jugemens auront en effet été exécutés, ainsi qu'ils doivent l'être? Si par des propositions d'accommodement on a arrêté le jugement d'une affaire, comment constater dans la suite qu'une prescription aura été interrompue? Si de semblables propositions ont empêché d'achever l'exécution, comment la reprendra-t-on au point fixe où on l'avait suspendue? etc., etc. Mais ce qu'il y a de pire, c'est qu'il faudra s'en rapporter, sur toutes les contestations possibles, au témoignage des hommes, c'est-à-dire précisément au genre de preuves le plus suspect, et qui d'ailleurs manquera souvent aux parties.

Et il ne s'agit pas ici de considérations purement hypothétiques; l'histoire nous montre ces mêmes inconvéniens et une foule d'autres dans la pratique de ce mode de procédure, lorsqu'on l'a essayé dans des états naissans et peu éclairés (**18**); et elle nous apprend aussi qu'après avoir tâché de remédier à ces inconvéniens, on a fini par abandonner le système dont ils étaient inséparables.

La législation romaine relative à l'ajournement (*vocatio in jus*) en est une preuve. Une loi portée au temps des rois, et insérée ensuite dans celle des douze Tables, décida que l'ajournement serait fait de vive voix par le demandeur. Quelques défendeurs résistèrent sans doute; on permit alors aux demandeurs de les saisir et de les traîner de force (*obtorto collo*) devant le juge. Cette mesure étrange fut vraisemblablement employée mal-à-propos: l'on ordonna successivement que le demandeur n'en userait qu'après avoir constaté le refus du défendeur; que les juges en fonctions, les magistrats suprêmes, les citoyens qui se mariaient, ceux qui assistaient à des funérailles, etc., etc., en seraient affranchis; qu'on fournirait un moyen de transport aux vieillards, aux infirmes, etc. Ces modifications qui attestent le vice

de la loi, et dont l'exécution était souvent impraticable, n'empêchaient point l'ajourné de se cacher ou de
se dérober à l'ajournement; voici le parti auquel on
s'arrêta. Le demandeur avec l'autorisation du préteur,
faisait une sommation par écrit ou par affiche au défendeur; si ce dernier désobéissait, le préteur autorisait une seconde sommation et la mise en possession
des biens du récalcitrant; ensuite une troisième, et la
vente de ces biens, etc. (19). Voy. *Comment. sur la
loi des douze Tables, par Bouchaud*, 1ʳᵉ *et* 2ᵉ *tab.;
Pothier, Pand., lib.*, 2, *tit.* 4, *n°* 19, etc.

Les Romains furent donc obligés de revenir aux
actes judiciaires qu'ils avaient voulu éviter, et à des
actes bien plus compliqués que les nôtres. Ils en auraient senti les avantages et la nécessité, si, à l'époque où ils firent cette loi, leur état, au lieu d'être
restreint au territoire borné de leur ville, avait eu l'é-
tendue, la population et surtout la richesse des em-
pires européens modernes. Dans de semblables états,
une procédure est encore plus nécessaire : les relations réciproques des particuliers y sont en effet, si
nombreuses (20) et si variées, qu'il est impossible
de terminer sur-le-champ et de vive voix toutes les
contestations qui en naissent; il faut par conséquent
des actes pour constater la comparution ou l'absence
des parties, la nature de leurs réclamations, leur conduite, leurs aveux; pour garantir les mineurs et autres personnes du même genre, des surprises de la
mauvaise foi; pour préparer la décision du juge,
comme s'il faut discuter une question difficile, examiner un local contesté, entendre des témoins, vérifier des écritures, faire des expertises, établir la
fausseté d'un titre, etc.

D'après ces observations auxquelles il serait facile
d'en joindre d'autres, nous nous croyons en droit
d'affirmer que la procédure est une institution nécessaire (21); mais en ajoutant qu'il faut bien se garder

de multiplier les formalités dont elle est composée. Ces formalités sont destinées à éclairer le juge et à constater les droits des plaideurs; toutes celles qui s'écartent de ce but doivent être proscrites : tel est le principe d'où sont partis les rédacteurs du code, ainsi que nous le verrons plus particulièrement à la section 3ᵉ (chap. 2).... Il faut espérer qu'ils auront enfin résolu un problème qui, on ne saurait le dissimuler, n'a été jusques à présent qu'effleuré par les législateurs de tous les siècles.

Nous venons de prouver qu'on ne peut terminer les contestations en s'adressant directement au juge sans employer aucune procédure; mais l'entremise d'un juge est-elle elle-même nécessaire?... Oui (22) : dans l'état social il n'est pas permis de se faire justice à soi-même, quelque espèce de droit qu'on ait (*arr. cass. cr. 3 therm. x*) : en adoptant un système contraire, on s'exposerait à tous les désordres qu'il occasionait dans la société primitive, où la force décidait de tout (23). On a seulement la faculté de défendre son droit lorsqu'il est menacé dans des circonstances où il est impossible d'avoir recours à la protection de l'autorité publique. *Voy. au surplus notre cours de droit criminel, chap. des actions, in f.*(24), *et ci-apr.* § *des actions possessoires, note* 35.

(15) Nous traitons cette question avec de plus amples développemens, dans les premières leçons du cours : nous y parlons aussi de l'utilité de la chaire de procédure, institution inconnue aux anciennes universités.

(16) Mais elle est bien difficile. Les jurisconsultes les plus consommés avouent qu'il leur reste toujours beaucoup à apprendre dans la législation civile. Que serait-ce donc des parties elles-mêmes? dépourvues de telles connaissances, comment pourraient-elles se défendre?

(17) Comment empêchera-t-on le juge de se livrer à l'arbitraire, dès que rien ne constatera quels ont été les droits et les moyens des parties? Comment l'écartera-t-on d'une cause par la récusation? ou le contiendra-t-on dans son devoir par la crainte d'une prise à partie, d'une accusation de forfaiture? etc... Une simple dénégation le mettrait à l'abri de toute réclamation.

(18) On s'en aperçut aussi parmi nous, après la fameuse loi du 3 brumaire an ij, qui supprimait les avoués.

(19) Malgré toutes ces mesures rigoureuses, la procédure contre les défail-

laus était souvent insuffisante. « Quand le débiteur était absent, dit Loiseau, *garant. des rent., ch.* 9, *n.* 8, il n'y avait à Rome presque nul moyen d'avoir raison de lui. » V. *aussi Nov.* 112, *c.* 3.

On peut aussi remarquer que les épreuves du feu, de l'eau, etc., et les duels judiciaires usités dans les temps féodaux, c'est-à-dire des modes fort simples de juger les contestations, étaient accompagnés de formes. V. *Mably, observ. sur l'hist. de France, liv.* 3, *ch.* 7; *Montesquieu, esprit des lois, liv.* 28, *ch.* 20 à 27; *Voltaire, essai sur les mœurs, ch.* 96, *surtout Duclos, académ. inscript., xv,* 617 à 638.

(20) Dans l'espace de six mois (15 *germ. vj* au 15 *brum. vij*), nos seuls tribunaux civils ont rendu 194437 jugemens; c'est-à-dire environ *quatre cent mille* dans une année. Il y avait alors plus de 6000 tribunaux de paix. En supposant qu'ils n'aient rendu que trois jugemens par audience (une par semaine), on en aurait *neuf cent mille* à ajouter aux précédens. — V. *aussi* M. *Barbé-Marbois, Moniteur du* 11 *avr.* 1816.

(21) Nous ne parlons ici que des contestations civiles; quant aux affaires criminelles, la nécessité de la procédure n'a pas besoin de démonstration.— Au reste, on évaluait en 1797 les jugemens des seuls tribunaux de police à plus de *vingt mille par mois.*

(22) C'est aussi une preuve indirecte de la nécessité de la procédure.

(23) C'est en grande partie pour éviter ces désordres qu'on a institué la société civile, qui doit être régie par des lois, un gouvernement, des magistrats.

Un des plus sages législateurs qui aient jamais existé (MARC-AURÈLE) était si persuadé que la maxime, *on peut se faire justice à soi-même*, est tout-à-fait destructive de l'état social, qu'il privait de sa créance l'individu qui se payait par force. LL. 13, *ff. quod metus causa;* 7 *ad L. jul. de vi privatâ; Cujas, ad d. l.* 13.

(24) ... *De défendre son droit..,* et à plus forte raison sa propre personne. V. d. *chap. des actions.*

PREMIÈRE PARTIE. (1)

SECTION PREMIERE.

De la jurisdiction. (1 a)

Le mot *jurisdiction* désigne parmi nous le droit qu'un tribunal a *de connaître d'un différend*, d'une affaire (2); ou bien de présider à certaines espèces d'actes qui ne supposent pas une contestation. Dans le premier cas, la jurisdiction se nomme *contentieuse*; dans le second, *gracieuse* ou *volontaire* (3); mais comme la première est la plus importante (3 a), on l'indique aussi par le simple mot de *jurisdiction*.

La connaissance d'une affaire n'est pas toujours confiée à un seul tribunal; au contraire, les parties peuvent en général soumettre la décision d'un premier tribunal à l'examen d'un autre, d'un rang plus élevé; c'est ce qui a fait distinguer dans la jurisdiction plusieurs *degrés* (4), c'est-à-dire plusieurs classes de tribunaux auxquels on porte successivement la même affaire.

(1) Vu l'importance des principes exposés dans cette partie, nous reviendrons souvent (*v.* les titres auxquels renvoient ses notes) sur leur développement et leur application ; nous y joindrons même diverses règles de détail (pour sa division en trois sections, v. *ci-dev.*, *p.* 3).

(1 a) Nous écrivons *jurisdiction*, parce que l'étymologie de ce mot est analogue à celle de *jurisconsulte* et de *jurisprudence*..... personne n'écrit *juriconsulte* et *juriprudence*.

(2) C'est-à-dire, de l'examiner et de la juger. — *Jurisdictio*, ou *dictio juris*, signifie proprement l'action de déclarer ce que le *droit* dispose sur un différend : d'où les formules des jugemens, *faisant droit, avant dire droit* (v. *tit.* des *jugemens*, note 34, *n.* 2 *b*).

(3) Pour celle-ci, v. *ci-apr.*, *ch.* 2, *note* 37 ; et *part.* 3, *introduction.*

(3 a) Ou plutôt la seule opération à laquelle on puisse donner ce nom. Dans le second cas, en effet, le juge ne statuant pas sur un différend, n'exerce pas à proprement parler de jurisdiction (v. *ci-apr.*, *tit.* des *avis des parens*, note 8, *n.* 1 *a*).

(4) Ou plusieurs ressorts. — V. *ci-apr.*, *p.* 11, *n.* 1.

Le pouvoir judiciaire est une dépendance de la souveraineté (5); c'est par conséquent (6) dans la loi seule qu'il faut chercher l'étendue et les limites de chaque juridiction. (6 *a*)

Les lois ont déterminé la juridiction de chaque espèce de tribunal en particulier; elles ont en outre établi des règles générales qui s'appliquent à tous les tribunaux ou à la plupart d'entre eux; c'est par ces règles que nous devons commencer notre traité; mais on ne peut les bien entendre qu'en se formant d'abord une idée succincte de la juridiction des tribunaux anciens : nous en dirons un mot dans le chapitre premier de cette section; les autres seront relatifs à la juridiction des tribunaux actuels.

Nous observerons auparavant que, soit en matière civile, soit en matière criminelle, on distinguait et l'on distingue encore les juges, quant à leur juridiction, en juges *ordinaires*, et en juges *d'attribution* ou *d'exception;* les premiers qui, en matière civile, sont aujourd'hui les tribunaux d'arrondissement, connaissent en général de toutes les espèces de causes, tandis que les autres ne connaissent que de celles-là seulement que la loi leur assigne d'une manière expresse. (7)

Nous devons également expliquer le sens de plusieurs expressions dont nous venons d'avoir ou dont nous aurons plusieurs fois l'occasion de nous servir dans le cours de ce traité.

1. *Ressort* est souvent synonyme de *degré de juridiction :* ainsi l'on dit « connaître d'une affaire en *premier* ou en *dernier* ressort, ou en première ou seconde *instance* », c'est-à-dire *remplir* le premier ou le second degré de juridiction.

2. Le *premier degré* est la première des deux classes de tribunaux auxquels il faut en général soumettre une affaire.

3. *Remplir* un degré, c'est agir comme juge du

ressort correspondant à ce degré (8)... On dit encore *parcourir* des degrés, *passer par* des degrés, pour indiquer qu'on soumet une affaire aux classes de tribunaux qui forment ces degrés.

4. *Ressort* s'emploie aussi quelquefois dans le même sens que *jurisdiction ;* mais il désigne plus spécialement le territoire sur lequel un tribunal a le droit d'exercer sa jurisdiction.

5. *Porter* une affaire... C'est la soumettre à un juge.

6. *Conflit de jurisdiction*... C'est une espèce de contestation sur la jurisdiction. Le conflit est positif ou négatif : *positif*, quand deux tribunaux veulent retenir une cause; *négatif*, lorsqu'ils refusent d'y statuer. (9)

(5) Toute justice émane du roi : elle s'administre en son nom par des juges qu'il nomme, si l'on en excepte les juges de commerce (*C-com.* 618 *et suiv.*) et les prud'hommes (*décr.* 3 *juill.* 1806). Les juges qu'il nomme, si l'on en excepte aussi les juges de paix, sont inamovibles. *Charte art.* 48, 49, 51, 52. — Sous l'empire de la loi du 24 août 1790, les juges étaient élus pour deux ans ou pour six ans, par les justiciables.

(6) On peut encore induire du principe ci-dessus que le juge n'a pas le droit de déléguer sa jurisdiction, comme on le dit, *ch.* 2, *art.* 1, *p.* 17.

(6 *a*) D'autant plus que la loi seule peut changer l'organisation des tribunaux ordinaires. *Charte, art.* 53.

(7) V. ci-apr., ch. 2, art. 5 (de la compétence), et ch. 5 (des tribunaux civils), art. 3, texte et note 60.

Quant à l'*organisation* des tribunaux, comme c'est une matière qui appartient proprement à un cours de droit public, nous nous bornons à en dire un mot pendant l'explication orale relative à la jurisdiction particulière de chaque espèce de tribunal.

(8) Ou comme *partie* s'adressant à ce juge.

(9) Conflit d'*attribution*... V. Appendice de la jurisdiction administrative, note 8, et titre des réglemens de juges.

CHAPITRE PREMIER.

Coup-d'œil sur la jurisdiction des tribunaux anciens.

I. On comptait jadis en France trois classes de tribunaux ordinaires; les justices seigneuriales, les bailliages ou sénéchaussées, et les parlemens. (1)

Ces tribunaux connaissaient de toutes espèces d'affaires, tant civiles que criminelles (2), savoir : les justices seigneuriales, en première instance; les bailliages ou sénéchaussées, en seconde instance; et les parlemens en dernier ressort. Ainsi, en règle générale, quelque modique que fût l'objet d'une contestation, elle devait parcourir au moins trois degrés de jurisdiction. (3)

II. Les tribunaux d'attribution étaient en fort grand nombre. Les uns connaissaient, en premier et dernier ressort, des matières de leur compétence (4); d'autres, en dernier ressort seulement (5); d'autres ne jugeaient qu'à la charge de l'appel aux parlemens, ou aux cours d'attribution (6), suivant la nature de leur jurisdiction, ou suivant celle des affaires.

III. On recourait des décisions rendues en dernier ressort par les tribunaux ordinaires et d'attribution, au conseil d'état du roi, connu sous le nom de conseil privé ou des parties. (7)

IV. Cette distribution ancienne de la jurisdiction offrait de grands inconvéniens. 1. Les ressorts des tribunaux n'étaient ni égaux, ni déterminés par les limites des mêmes territoires (8), et quelques-uns embrassaient un territoire trop étendu (9), ce qui forçait les plaideurs à des voyages longs et multipliés; 2. les droits des tribunaux de même genre n'étaient point partout semblables (10); 3. la jurisdiction de la plupart d'entre eux, surtout des tribunaux or-

dinaires, n'était fondée sur aucune loi positive; elle
résultait plutôt d'usages souvent incertains et varia-
bles; 4. les luttes fréquentes qui s'élevaient entre les
cours supérieures et le ministère, avaient engagé le
gouvernement à donner le plus d'autorité qu'il pouvait aux tribunaux d'attribution, que ces cours
voyaient de fort mauvais œil; 5. pour les causes les
plus modiques, il fallait parcourir autant de degrés
que pour les plus importantes.

Il résultait de cet état de choses de nombreux
conflits de juridiction dont le jugement était difficile à obtenir ou à faire exécuter, parce que les cours
supérieures résistaient souvent aux arrêts du conseil d'état, juge suprême en matière de jurisdiction.

Le privilège de *committimus,* ajoutait encore à
ces inconvéniens; les princes, les ducs et pairs, maîtres des requêtes, etc., avaient le droit de faire statuer, à Paris, sur toutes leurs causes personnelles,
possessoires et mixtes; les officiers des parlemens
et autres tribunaux supérieurs avaient celui de porter les leurs aux bailliages ou sénéchaussées de leurs
chefs-lieux, ou à des sections de quelques parlemens,
nommées chambres des requêtes. (**11**)

Enfin le conseil d'état et les cours supérieures se
permettaient souvent de faire, soit des *évocations* (**12***),
à l'aide desquelles ils privaient les citoyens des premiers juges que la loi leur avait accordés; soit des
réglemens par lesquels ils interprétaient ou modi-
fiaient la loi, ou même y dérogeaient.

Tous ces inconvéniens ont cessé, grâce à l'organisation judiciaire moderne, ainsi que nous le verrons
au chapitre suivant.

---

(1) Dans plusieurs provinces on en comptait jusqu'à cinq, parce que les
justices seigneuriales s'y divisaient en basses, moyennes et hautes justices.
— Loiseau compte même jusqu'à six degrés dans quelques lieux. V. *id.*, *de
l'abus des justices,* p. 7, 16, etc., où il en cite des exemples. — V. d'ailleurs, *l'ordonnance de mai* 1788, *au préambule.*

(2) Depuis la troisième année de la révolution , la jurisdiction civile a été séparée de la jurisdiction criminelle.—V. *le cours de droit criminel*, *part.* 1, *sect.* 1, *chap.* 5.

(3) Cette règle recevait exception, 1, à l'égard des contestations de la plupart des villes sièges d'évêchés ; les appels des sentences de leurs juges se portaient aux parlemens (ces juges alternaient chaque année avec des juges royaux).

2. A l'égard des contestations des districts, où l'on avait établi des présidiaux ou tribunaux qui jugeaient certaines affaires , en même temps en première ou seconde instance, et en dernier ressort.

(4) Tels étaient les bureaux des finances pour la voirie , les chambres des comptes, pour la comptabilité ; le grand conseil, pour certaines matières bénéficiales ; les intendans, pour la perception de certains impôts indirects.

(5) Tels que la cour des monnaies, pour certaines causes des monnaies ; les cours des aides , pour celles de la plupart des impôts indirects ; les jurisdictions prévôtales (*Charte de* 1814, *art.* 63), pour certains crimes.

(6) Tels étaient les maîtrises des eaux et forêts , les élections, les bureaux des finances (dans certains cas) , les juges des gabelles, des traites, de la marque des fers, des monnaies, etc.

Telles étaient encore les *officialités*. Elles exerçaient la jurisdiction contentieuse appartenant aux évêques ou aux chapitres qui les établissaient , et entre autres , celle des affaires personnelles des ecclésiastiques, des célébrations de mariage, etc. Le premier ressort était l'officialité diocésaine ; le deuxième, la métropolitaine ; le troisième, la primatiale ; mais, à l'aide des appels comme d'*abus*, on avait beaucoup restreint cette jurisdiction.

(7) Il y avait aussi des causes dont le conseil des finances connaissait. *Arr. cass.* 22 *frim. xj; rec. alph., mot arrêts du conseil; rapport sur rej. req.* 29 déc. 1832, *avoués, xliv,* 180.

(8) *Exemple.* Un canton du district de Valence (Drôme), composé de quatre paroisses, avait son juge seigneurial à Romans , son baillage à Saint-Marcellin (Isère), sa maîtrise à Die, son élection à Valence : les appels de ces tribunaux se portaient à Grenoble.

(9) Tels que le parlement de Paris, dont l'ancien ressort forme aujourd'hui celui de neuf cours royales différentes.

(10) Des tribunaux réunissaient aussi quelquefois diverses fonctions , qui dans d'autres provinces n'étaient pas attachées aux tribunaux de même genre. Ainsi à Grenoble le parlement était en même temps cour des aides ; à Aix, c'était la chambre des comptes.

(11) Quant au privilège de *committimus*, V. répert., h. v., et Espagne, dictionn. de Prost de Royer, mot *assignation*, n. 137, 138.

Scel... Ceux qui avaient passé un acte sous le *scel* de certains tribunaux y plaidaient pour cet acte. *Espagne, ib.*

(12 *) Action d'appeler, d'attirer devant un tribunal une cause portée ou qui doit être portée devant un juge inférieur.

CHAPITRE II.

De la jurisdiction des tribunaux civils actuels, considérée en général.

Nous traiterons sommairement, dans ce chapitre, des principes généraux suivis aujourd'hui en matière de jurisdiction; des devoirs généraux des juges, et du ministère public; du temps et du lieu où se rend la justice; enfin de la compétence.

ARTICLE PREMIER.

Principes généraux actuels en matière de juris-diction.

Pour obvier aux inconvéniens exposés au chapitre premier, on a établi quatre règles principales.

Ire RÈGLE. Les Français plaident tous en la même forme et devant les mêmes juges, dans les mêmes cas. *L.* 24 *août* 1790, *tit.* 2, *art.* 16.—V. aussi *Charte, art.* 1.

Ainsi, depuis cette loi, personne n'a de privilège, soit quant à la manière d'instruire les causes (1), soit quant aux tribunaux où elles doivent être portées. (2)

(1 et 2) Il y a des exceptions quant à la manière, 1. de recevoir les dépositions des princes et grands fonctionnaires (*ci-apr. tit. des enquêtes et interrogatoires, notes* 56 *et* 16); 2. de faire les notifications et exécutions relatives aux personnes qui habitent dans les maisons royales (*ord. du* 20 *août* 1817).

IIe RÈGLE. Il y a deux degrés de jurisdiction. *L.* 1er *mai* 1790 (3); *arr. cass.* 4 *pluv. x;* 30 *frim.,* 21 et 28 *flor. xj, etc.*

On excepte les causes où la loi ne détermine qu'un seul degré, telles que plusieurs des causes dont connaissent les tribunaux de paix, d'arrondissement et de commerce (4); mais il n'existe pas d'exceptions en sens inverse, car nulle part la loi n'admet plus de deux degrés (5). *DD. arr. des 4 pluv. et 30 frim.*

(3) Une chose assez singulière, c'est que cette loi si importante n'a point été publiée; mais les dispositions des lois postérieures sont des conséquences du principe qu'elle énonce, et elle à été citée et appliquée dans une foule d'arrêts de cassation.

(4) Voyez ci-après, ch. 3, où l'on indique les tribunaux qui forment les divers degrés de jurisdiction.

Observation. On demandait, il y a déjà deux siècles, qu'il n'y eût qu'un seul degré pour les petites causes, et alors, il y en avait cinq ou six. V. *Loiseau* et *l'ordonnance de 1788*, cités p. 14, *note* 1.

(5) *Observations.* 1. La réduction des deux degrés à un seul, étant une dérogation au droit commun, elle doit être restreinte aux termes précis de la loi. *D.* arr. 4. pluv. — *V.* aussi *id.* 28 br. *xiv*; *ci-apr. tit. de l'intervention, note* 16.

2. La violation de la règle des deux degrés a d'abord été considérée comme une nullité d'ordre public (*arr. cass.* 9 oct. 1811); on a ensuite jugé qu'il fallait opposer cette violation au moins en appel, faute de quoi l'on n'y était pas recevable en cassation. *Rej. requ.* 9 déc. 1828, et 4 fév. 1829, *avoués, xxxvj*, 179 et 253. — *V.* aussi *id.*, 18 août 1818, *ib.*, *xviij*, 335; 23 nov. 1825, *Sirey*, 26, 1, 178.

3. Plusieurs décisions importantes dérivent de la même règle. — 1° Lorsqu'un tribunal d'appel infirme un jugement définitif, il n'est pas obligé de renvoyer la cause à un tribunal de première instance; il peut la juger lui-même; 2° lorsqu'en infirmant un jugement interlocutoire, il trouve le procès en état de recevoir une décision définitive, il peut la donner; 3° on ne peut former une nouvelle demande en cause d'appel (*C-pr.* 473, 464; *ci-apr. tit. de l'appel, ch.* 6, *appendice, où nous revenons sur tous ces points*); 4° les procès pendans par privilège, en premier ressort, aux anciens tribunaux supérieurs, doivent être repris devant les tribunaux inférieurs actuels. *L.* 19 oct. 1790, art. 6; *arr. cass.* 6 therm. *vij*, 23 fruct. *viij*, 25 pluv. *vj*; *ci-apr. tit. des reprises d'instance, note* 38. — *V.* aussi *d. rej.* 23 nov. 1825.

III° Règle. Les particuliers ne peuvent être privés des juges que la loi leur accorde. *L.* 24 *août* 1790, *tit.* 2, *art.* 17; *Charte, art.* 53.

Il suit de là: 1. que le législateur seul a le droit de délivrer des commissions (6), des attributions, des évocations extraordinaires. *D. art.* 17; *Charte, art.* 54. — V. aussi *ci-dev.* p. 12, *note* 6.

2. Que la partie assignée devant un juge qui n'est pas le sien, a la faculté de demander son renvoi (7). *C-pr.* 168 à 172; *ci-apr., chap. du déclinatoire.*

3. Qu'un juge n'a pas le droit de déléguer à un autre juge la décision que la loi lui attribue sur une

I. 3

affaire.... Mais il n'en est pas de même, en général, lorsqu'il ne s'agit que d'une opération préparatoire ou résultant de la décision (7 *a*), surtout si elle exige un déplacement considérable ou coûteux (8). *Arg. de C-pr.* 1035 *et* 121, *ÿ.* 1. — V. *L.* 5, *ff. de off. ej. cui mand.; arr. d'Angers,* 13 *sept.* 1806, *J.-C-c., ix,* 346; *ci-dev. p.* 12, *note* 6.

(6) C'est-à-dire, d'établir des tribunaux chargés temporairement de statuer sur une ou plusieurs causes particulières ; par exemple, les commissions qui jugent les difficultés relatives au desséchement des marais. V. à ce sujet, *L.* 16 *sept.* 1807, *art.* 42 *à* 47 ; *B. c.* 4 *juill.* 1832.

(7) C'est-à-dire, d'être renvoyée de l'instance; sauf au demandeur à la citer devant son véritable juge.

(7 *a*) Par exemple, la réception d'un serment à la prestation duquel on a soumis un plaideur résidant dans un lieu fort éloigné. *C-pr.* 121.

(8) Et à plus forte raison, lorsque la loi elle-même autorise à déléguer l'opération, comme elle l'a fait pour les suivantes :

1. Serment de la partie ou des experts. *C-pr.* 121 *et* 305, *et C-c.* 466.
2. Commission pour signifier un jugement de défaut. *C-pr.* 156.
3. Vérification d'écriture et faux incident. *C-pr.* 196, 218.
4 et 5. Enquêtes ordinaires ou sommaires. *C-pr.* 255, 266, 412.
6-8. Interrogatoires des plaideurs, commerçans et interdits. *C-pr.* 325, 326 *et* 428, *et C-c.* 496, 500.
9. Accès de lieux. *C-pr.* 295, 296.
10 et 11. Distributions et ordres. *C-pr.* 658, 751.
12. Collations d'expéditions. *C-pr.* 849.
13. Ventes d'immeubles. *C-pr.* 955.
14. Partages. *C-c.* 823, *et C-pr.* 969, 970, 975, 982.
15. Inventaire d'absens. *C-c.* 126.

Observations. 1, Le juge délégué exerce quelquefois une espèce de juridiction, mais seulement par rapport à l'opération déléguée. *C-pr.* 263, 264, 276, 277; *C-c.* 466; *ci-apr., tit. de l'appel*, not. 9.

2. Nous ne reviendrons plus sur ces délégations, si ce n'est dans les notes.

IVe •RÈGLE. Les tribunaux ne peuvent empiéter sur l'exercice du pouvoir législatif et de l'autorité administrative. *L.* 24 *août, tit.* 2, *art.* 10 *et* 13; *C-pén.* 127; *ci-apr., l'appendice de cette section.*

Première conséquence. Le juge ne peut donner de décision générale et réglementaire. *C-c.* 5; *arg. de Charte, art.* 14. (8*a*)

Deuxième. Il ne peut ni citer les administrateurs à raison de leurs fonctions, ni connaître de quelque acte d'administration que ce soit (8*b*). V. *d. art.* 13;

L. 16 et 24 fruct. iij; Henrion, ch. 4, § 5; B. c. 23 oct. 1809, et 28 janv. 1824; ci-apr. d. appendice, et tit. de l'autorisation, note 15.

(8 *a*) Ainsi il ne peut plus délivrer *d'acte de notoriété* sur un point d'usage, etc., en un mot, interpréter une disposition législative (il s'agissait d'un article d'une ancienne coutume). *B. c.* 14 *avr.* 1824. — Autres exemples à arr. cass. 20 août 1812, 7 juill. 1817, 24 déc. 1822.

(8 *b*) Ainsi le juge ne peut déclarer irrégulier ou non obligatoire, un alignement de maison donné par un maire, et consacré par le préfet, quoique cet alignement n'ait pas encore été approuvé par le ministre de l'intérieur et arrêté au conseil d'état; et cela, lors même que d'après cet alignement le propriétaire de la maison perdrait une partie de son sol. *B. c.* 31 *déc.* 1824.

ARTICLE II.

Des devoirs généraux des juges en matière de juris- diction.

Les tribunaux sont composés en général de plusieurs juges ou suppléans, et d'un procureur du Roi (**9**). Des officiers ministériels y sont attachés. (**10**)

Avant de traiter des règles propres à chacune de ces espèces de fonctionnaires ou officiers, nous observerons, 1. qu'il est défendu à tous de se faire céder des droits litigieux (**11**) de la compétence du tribunal dans le ressort duquel ils exercent leurs fonctions (**12**). *C-c.* 1597.

2. Que les tribunaux inférieurs sont sous la surveillance des tribunaux supérieurs, et que la Cour de cassation a droit de censure et de discipline sur tous. *S-c.* 16 *therm. x*, *art.* 82 *à* 85; *L.* 20 *avr.* 1810, *art.* 48 *à* 62; *rép., iij*, 245, *xv*, 203. (**13**)

(9) La nomenclature des tribunaux est ci-apr. chap. 3, p. 39.

Observations. 1. Il n'y a de *suppléans* que dans les tribunaux de première instance, de paix et de commerce. — A l'égard des *auditeurs* qui, dès 1808, furent ou purent être attachés aux Cours royales et aux tribunaux de première instance, v. *L.* 20 *avr.* 1810, *art.* 12 *et* 13; *ordonn.* 19 *novem.* 1823 *et* 11 *févr.* 1824; *L.* 10 *déc.* 1830 (elle supprime les derniers et ne maintient les premiers que temporairement).

2. Nous ne traitons ici que de la jurisdiction (v. *ci-dev.* p. 12, *note* 7) On peut toutefois quant à *l'organisation*, consulter les lois citées au même chap. 3, *notes* 57, 58, 75, 83 *et* 89.

(10) *Officiers ministériels.* Le code, art. 1030 *et* 1031, emploie cette dénomination générale, lorsqu'il prononce des amendes, ou dommages contre
les fonctionnaires qui ont fait des actes nuls ou frustratoires. V. *ci-apr. note*
12 , *et chap.* 4 , *note* 1 , *n.* 5. — Elle concerne évidemment les avoués et
huissiers : outre que le sens de ces deux articles l'annonce, les lois la leur
donnent positivement. *L.* 27 *vent. viij, tit.* 7 ; *décr.* 6 *juillet* 1810 , *tit.* 4
(il en est même qui l'appliquent aux greffiers... v. *entre autres, L.* 23 *février*
1791). S'étend-elle aussi aux notaires , ainsi que l'a décidé le tribunal de
Neufchâtel (*jugem. du* 21 *janv.* 1808, *J-C-c. , t.* 13, *p.* 24)?... Cela est fort
douteux , puisque les mêmes lois ne les désignent point et que les deux articles déjà cités ne parlent que d'exploits et actes de procédure. Il semble néanmoins qu'on pourrait leur appliquer les mêmes articles pour les actes de procédure dans lesquels le code exige leur entremise, comme dans les inventaires et partages. *V. en ci-apr., les tit. , à part.* 3, *liv.* 2 (Carré, *compét.,*
2ᵉ *édit., ij;* 361, 363 , range aussi les greffiers et les notaires parmi les officiers ministériels).

(11) Même aux défenseurs officieux et aux notaires. *C-c.* 1597 (ce qui
doit comprendre les avocats... v. *avoués , xliij,* 499, *xlvij,* 393).

Une chose est censée litigieuse, dès qu'il y a procès et contestation sur le
fond du droit. *C-c.* 1700. — V. *arr. Rouen,* 27 *juill.* 1808 , *J-C-c. xj* ,
449 ; *Paris,* 26 *juin* 1820, *avoués, xxij,* 225; *B. c.* 4 *mars* 1823; *rej. requ.*
9 *juin* 1825 , *avoués, xxx,* 408.

(12) Ces termes se restreignent-ils au ressort du tribunal inférieur où
l'on exerce? un officier ministériel d'un tribunal d'arrondissement peut-il devenir cessionnaire des droits soumis au tribunal d'un autre arrondissement
de la même Cour royale? L'affirmative a été prononcée par la Cour de Colmar , et la négative par celle d'Amiens (*arr. an* 13 *et* 1807, *J-C-c. , v,* 33 ,
ix, 150). La première décision nous paraît plus conforme aux principes du
droit.

(13) *Observations.* 1. La Cour de cassation peut, pour causes graves, en
suspendre les membres, et les mander auprès du ministre de la justice, pour
rendre compte de leur conduite. *DD. art. ; arr. cass.* 8 *déc.* 1809, *sect.*
réunies, Nevers, 1810, 146; *id.,* 4 *novembre* 1812 , *B. c.*

2. Il y a aussi un droit de surveillance entre les procureurs du Roi, suivant
leur hiérarchie. Enfin , le ministre de la justice a celui de surveiller et ré-
prendre les tribunaux et les membres qui les composent. *DD. art.*—V. *aussi*
arr. cass. 17 *juillet* 1823.

3. Les tribunaux n'ont pas le droit de *reprendre* ou censurer les membres
du parquet ; cela n'appartient qu'aux procureurs généraux et au ministre de la
justice. *Arr. cass. cr.* 7 *août* 1818, 8 *mars* 1821 et 24 *sept.* 1824.

§ 1. *Des juges en particulier.*

I. On nomme juge un des fonctionnaires qui
composent un tribunal, et souvent on désigne par
ce seul nom le tribunal lui-même (13*a*). Dans ce cas,
on entend toujours parler d'un tribunal formé légalement et prononçant légalement. La loi ne considère point comme jugement la décision d'un tribu-

nal où ces deux circonstances ne se rencontrent pas. (**14**)

II. Le devoir du juge consiste daus l'action de prononcer sur les différends qui lui sont *soumis;* c'est ce qu'on appelle *rendre un jugement* (**15**). On rend un jugement en appliquant les dispositions d'une loi. (**16**)

On voit par là que le juge n'est que l'organe de la loi ; que le jugement (**17**) est l'opinion du juge (**18***) , que la loi statue de telle manière sur la cause à lui soumise (**19**). Cette opinion, tant qu'elle n'est pas détruite par les voies de droit, est considérée comme étant la vérité (v. *ci-apr. part. ij, liv.* 2 , *in pr.*); mais il résulte aussi de là :

1° Que le juge ne doit émettre son opinion ou rendre son jugement que sur la cause elle-même, c'est-à-dire sur les questions qui lui sont proposées par les plaideurs, sans pouvoir y ajouter ou diminuer, ni les modifier ; (**20**)

2° Qu'il ne peut ni réformer ni modifier le jugement qu'il a prononcé. (**21**)

(15 *a*) *V.* entre autres C-pr. 688; C-c. 4, 1231, 1357, 1366, 1367, etc.

(**14**) *Observations.* 1. Un arrêt qui n'est pas rendu par le nombre de juges prescrit est nul. *L.* 20 *avr.* 1810 *art.* 7. — *V.* aussi *Constit. an* III , *art.* 220, *et les autorités citées n.* 2.

2. *Quid* s'il l'a été par un nombre plus considérable ?... Il est régulier, si les juges dont l'entremise n'était pas nécessaire pouvaient y prendre part d'après la nature de leurs fonctions , comme s'ils étaient membres de la section saisie de la cause... Dans le cas contraire, il est nul. V. *rép. xvj*, 538 *et s.; arrêts, ib.; réj. requ.* 1818, *avoués, xviij,* 335 ; et quant aux suppléans , *ci-apr. ch.* 3, *note* 58.

3. Est-on dispensé d'appeler d'une décision du genre indiqué ci-dessus ? V. *ci-apr. tit. de l'appel, ch.* 1, *note* 11.

(**15**) Par conséquent, s'il n'y a pas de contestation, la décision n'est pas au fond un jugement. V. *tit. de la saisie immobilière, note* 86.

Quid si les parties étant d'accord ne demandent que l'homologation du juge? V. *ci-apr. tit. des jugem.* , *note* 4, *et note* 13 *à* 15, *ib.*

(16) *Observations.* 1. Si la loi est claire , on en fait une application directe ; si elle est obscure, on l'applique par la voie de l'interprétation. — C'est que le juge ne peut refuser de statuer, sous prétexte de l'obscurité ou de l'insuffisance de la loi. *C-c.* 4; *ci-apr. tit. de la prise à partie,* § 1.—Il doit alors avoir recours à l'équité naturelle. *Proc.-verb. du cons. d'ét.,* 14 *th.*

ix, p. 37, 39. — Le juge, d'ailleurs, qui refuse mal-à-propos de statuer, crée par cela seul des motifs de sursis, des fins de non procéder qui ne sont pas dans la loi, et empiète ainsi sur le pouvoir législatif. *Rec. alph.*, *iv*, 247, *mot question d'état*, § 1.

2. Le refus de rendre la justice peut être poursuivi criminellement et puni d'amende, et même d'interdiction (cela s'applique également aux administrateurs). *C. pén.* 185.

(17) Ce terme est pris ici dans son acception la plus générale, c'est-à-dire comme indiquant toute espèce de décision d'un tribunal sur une contestation. Mais considérées en particulier, les décisions des tribunaux inférieurs se nomment *jugemens*; celles des Cours, *arrêts* (S-C. 28 *floréal xj*, art. 134); celles d'un juge agissant individuellement, *ordonnances* (*C-pr.* 199, 259); celles d'un administrateur, tel qu'un préfet, etc., *arrêtés* (L. 27 mars 1791, art. 1). — Les décisions des tribunaux subalternes se nommaient autrefois *sentences.*

(18*) On peut aussi définir le *jugement* d'une manière plus précise : *l'application que le juge fait de la loi à une cause.*

(19) Même lorsqu'on s'en rapporte à sa prudence. V. *ci-apr.*, *titre des audiences, note* 21.

Observations. Il résulte de ces principes, 1. Que le jugement ne peut être basé sur un doute. *Arr. cass. crim.*, 18 *germ. x*; *id.*, *civ.*, 27 *avr.* et 12 *mai* 1813, *et* 16 *avr.* 1817.

2. Que le jugement doit être conforme à la décision, ou à ce que le juge pense être la décision de la loi, lors même qu'elle lui paraîtrait contraire à l'humanité. Le juge ne peut, par exemple, accorder la remise d'un droit qu'il a reconnu légitime. *Arr. cass.* 23 nov. 1807, 6 *juin* 1809, 2 *juill.* 1817; *ci-apr.*, § *des nullités, note* 7, *n.* 1.

(20) V. avis cons. d'état, 12 nov. 1806, in pr. — V. *aussi* arr. cass. 2 vend. *vij*, 12 germ. et 12 therm. ix , 8 pluv. *xiij*, etc.; ci-apr. appendice des conclusions, in f.; tit. de la requête civile, note 26; tit. des liquidations, note 2 (pour une *exception*), etc.

Les questions des parties sont proposées dans les *conclusions.* — V. *ci-apr.*, *d.* appendice, et le § des avoués.

(21) V. arr. cass. 23 niv. *viij*, 21 flor. x, 27 avr. 1807, 21 avr. 1813. — V. *aussi* LL. 14, 45, in pr. 55, 62 et 46, ff. de re judicata; Pothier, pand., à. t.; L. 19 à 21, ff. receptis; L. 1. C. sentent.; tit. de la requ. civ., not. 4 (n. 2) et 19; rép., x, 720 à 722.

Observations. 1. Cette règle est fondée sur ce qu'après le jugement, la mission du juge est finie. *Arr. cass. crim.* 16 *flor. vij*, *et* germ. x, n. 394 *et* 145. — En effet, comme il n'est chargé que de prononcer sur une contestation, dès que la contestation est terminée par son jugement, il ne lui reste plus aucune fonction à remplir, par rapport à cette contestation considérée en particulier.

2. Il résulte de là, qu'il ne peut, 1° ordonner par un second jugement, l'exécution omise dans le premier. *C- pr.* 136; *arr. de Liège*, 29 *juin* 1807, *J-c-pr.*, *i*, 356. — 2° Rendre un second jugement où il prononcera la même chose que dans le premier, dont on s'est désisté à cause d'un vice de formes. *Arr. cass.* 27 avr. 1807. — 3° Après avoir prononcé le jugement, faire une interpellation à une partie, et en donner acte. *Arr. cass*, 11 *juin* 1810, *rec. alph. vj*, 768, § 16.

3. Mais la même règle est sujette à exception lorsqu'il s'agit, 1° de jugemens préparatoires, ou de révisions de comptes. *Ci-apr. tit. des jugemens, ch.* 1, *n.* 4, *et des redditions de comptes*, in f. — 2° De simples corrections d'omissions de formes ou d'erreurs de fait, reconnues par les parties (sans rien changer au dispositif). Dans ce cas, le jugement de rectification est con-

sidéré comme ne faisant qu'un seul jugement avec celui qu'il rectifie. *Arr.*
cass. 12 *mars* 1810, *avoués, i*, 80. — 3° D'erreurs dans les qualités et dans
les dates des actes de procédure. *Arr. cass.* 24 *avr.* 1812, *Nevers*, 607. —
4° id. de calcul, car les *erreurs de calcul* peuvent toujours être réparées
dans les jugemens ultérieurs, parce que les juges n'ont pu vouloir faire que
des opérations d'arithmétique exactes et complètes, *suiv. rej. civ.*, 23 *nov.*
1824, *avoués, xxviij*, 62. — V. toutefois *notre tit. de l'appel*, note 30, n.
3, et *B. c.* 8 *juin* 1814.

§ 2. Du ministère public.

On désigne, sous le nom de ministère public, les
magistrats qui représentent la société auprès des juges, et qu'on appelle en général procureurs du
Roi (**22**) : ils ont, en cette qualité, trois fonctions
différentes à remplir.

I⁰ *Fonction*. Ils sont chargés de veiller à ce que
les lois et réglemens soient exécutés dans les tribunaux (**23**), et de faire exécuter les jugemens (**24**).
L. 24 *août* 1790, *tit.* 8, *art.* 1 et 5; *décr.* 30 *mars* 1808,
art. 79; 20 *avril* 1810, *art.* 45 à 47; *L.* 17 *avril* 1832,
art. 33.

(22) Leur chef, dans le ressort des Cours royales, est le procureur général;
il a des substituts sous le titre d'avocats généraux, procureurs du Roi, substituts de parquet... V. *au surplus*, *L.* 20 *avr.* 1810, *art.* 6; *déc.* 6 *juillet*
1810, *art.* 42 à 55. — Quant à son remplacement en cas d'empêchement, v.
d. décr. art. 50 à 55. — Quant à celui des procureurs du Roi et substituts
dans les tribunaux civils, v. *déc.* 18 *août* 1810, *art.* 20 à 23, *et ci-apr. ob-*
servat. n. 3 *et* 4.

Observat. 1. La réunion des fonctionnaires précédens se nomme le *par-*
quet; on y discute les conclusions en cas de dissentiment entre le procureur
et l'avocat général. V. *au surplus d. décr.* 6 *juill.*, *art.* 48 *et* 49.

2. Il n'y a point de ministère public auprès des tribunaux de paix, de
prud'hommes et de commerce... Mais il peut conclure sur l'appel de leurs jugemens. *Arr. cass.* 15 *janv.* 1812, *J-C-c. xvij*, 459.

3. Le procureur du Roi peut, pendant la même cause, se faire remplacer
par un membre du parquet. V. *cours de dr. criminel*, *chap. des cours d'as-*
sises, note 67; *rej. civ.* 20 *janv.* 1826, *avoués, xxxj*, 37.

4. *Quid* si tous les membres du parquet sont empêchés? Ils seront
remplacés momentanément par un juge ou suppléant, dit *C.-pr.* 84 (par le
dernier des juges, disait la *L.* 27 *vent. viij, art.* 26). D'après cela on a déclaré
nul un jugement où un *avocat* avait remplacé le procureur du Roi. *Arr.*
d'Aix, 16 *nov.* 1824, *avoués, xxvij*, 322.

Observons toutefois que d'après la loi du 22 ventose an xij, art. 30, les
avocats devaient, à dater du 1ᵉʳ vendémiaire de l'an xvij, correspondant au
23 septembre 1808, être appelés à remplacer les juges et membres du parquet en l'absence des suppléans. Si cette loi est antérieure au code de pro-

cédure et au décret du 18 août 1810, qui y est conforme (sauf qu'il appelle aussi les auditeurs, *art.* 20 *et* 21), le décret du 14 décembre 1810, qui est postérieur à l'un et à l'autre, renouvelle (*art.* 55) la disposition de l'an xij en ajoutant, il est vrai, dans les cas déterminés par la loi; mais en ajoutant aussi que les avocats ne pourront, sans excuse légitime, refuser le remplacement; de sorte qu'il résulte du système de l'arrêt d'Aix, qu'on leur aurait, en dernière analyse, défendu de refuser ce qu'on ne leur offrait pas. Aussi un système différent a-t-il été adopté depuis. *Arr.* de *Nîmes et Montpellier,* 16 *juin* 1830 *et* 14 *janvier* 1833, *avoués,* xlj, 456 *et* xlv, 546.

5. Les juges-suppléans peuvent être appelés aux fonctions du ministère public si les besoins du service l'exigent. *L.* 10 *déc.* 1830, *art.* 3.

(23) Ils ont la surveillance des minutes des jugemens, pour s'assurer qu'elles sont signées, etc. *C-pr.* 138, 140. — Ils ont aussi celle des officiers ministériels. *D. L.* 20 *avr.*, *art.* 45, 47.

(24) A cet effet, les agens d'exécution et la force publique (notamment la gendarmerie) sont tenus de déférer à leurs réquisitions. *LL.* 24 *août*, d. *art.* 5; 16 *fév.* 1791, § 2, *art.* 10; 28 *germ. vj*, *art.* 140.

II° *Fonction.* On doit leur communiquer (25) toutes les causes qui intéressent l'ordre public (26) et les personnes civiles ou réelles, qui à raison de leur situation ne peuvent valablement se défendre (27); celles enfin où les procureurs du Roi eux-mêmes, ou bien les tribunaux jugent que leur entremise est nécessaire (28). *C-pr.* 83.

Ils agissent dans ces causes, non par voie d'*action*, mais par voie de *réquisition* (29); non comme des parties principales, mais comme des parties (*C-pr.* 381) *jointes* (30), c'est-à-dire comme des intermédiaires des plaideurs et des juges, chargés de veiller à ce que les intérêts des personnes précédentes soient suffisamment défendus...., et ils agissent alors, en prenant la parole, c'est-à-dire en donnant des conclusions (31) ou en faisant des réquisitoires, après que les défenses des parties sont terminées; de sorte que l'instruction étant déjà complète, les parties ne peuvent plus à leur tour prendre la parole. (32)

(25) Sous peine de rétractation des jugemens. *C-pr.* 480, § 8; *ci-apr.* *note* 31, n.2, p. 26; *tit. de la requ. civile*, § 3, n. 8.

La communication est faite par l'avoué (le tarif lui accorde une vacation pour remettre les pièces et les retirer). Il doit la faire au parquet avant l'audience, et même dans les causes contradictoires, trois jours avant la plaidoirie (sinon elle ne passe pas en taxe). *D. déc.* 5o *mars, art.* 83; *tarif* 9o.

Dans les procès instruits par écrit, le rapporteur doit veiller à ce qu'elle se fasse assez tôt pour que le jugement ne soit pas retardé. *D. décr. art.* 85.

(26) Telles que celles qui sont relatives aux personnes ou objets qu'on va désigner.

1 et 2. Le royaume et l'état des personnes. *C-pr.* 83.

3-6. Les déclinatoires, réglemens, récusations et renvois de juges. *Id.* 83, 47, 385, 394, 311, 371.

7. Prises à partie. *Id.* 83, ⱡ. 5.

8 et 9. Les requêtes civiles et cassations. *Id.*, 498; *L.* 27 *vent.* 'viij, *art.* 89.

10. Désaveux. *C-pr.* 35g.

11. Rectifications des actes de l'état civil. *C-c.* 99; *C-pr.* 856, 858.

12, 13, 14. Distributions et ordres entre créanciers, et cessions de biens. *C.-pr.* 668, 762 *et* 900.

15. Sauf-conduits de témoins. *Id.* 782.

16 et 17. Nullités d'emprisonnement et élargissemens. *Id.* 795, 805.

18. Vente d'immeubles faite par un héritier bénéficiaire. *Id.* 988.

19. Faux incident. *Id.* 251, 249, 227; *arr. de Turin,* 7 *février* 1809, *J-C-c., xiv,* 63.

20. Déplacemens des pièces de comparaison pour une vérification d'écritures. *C-pr.* 202.

21. Refus de *visa* des fonctionnaires. *Id.* 1059.

22. Adoption. *C-c.* 356, 360.

23. Séparation de corps. *C-pr.* 879.

24. Homologation d'acte de notoriété d'âge. *C-c.* 72.

(27) Ou sont censées ne pouvoir valablement se défendre, telles que les suivantes.

1-4. Le domaine, les communes, les établissemens publics et les pauvres (quant aux dons ou legs qui leur sont faits). *C-pr.* 83, ⱡ 1.

5. Les personnes défendues par un curateur. *Id.* ⱡ 6.

6. Les mineurs. *C-pr.* 83, ⱡ 2 *et* 6, *et* 885, 886, 981; *C-c.* 458, 467.

7. Les interdits. *Arg. de C-c.* 509, *et C-pr.* 83, *conf.*

8. Les absens. *C-c.* 114; *C-pr.* 83 (ⱡ 7), 856, 863.

9. Les femmes non autorisées, ou même autorisées, lorsqu'il s'agit de leur dot, et qu'elles sont mariées sous le régime dotal. *C-pr.* 83, ⱡ 6; 862 à 864.

10. Il faut même ajouter aux causes de ces personnes, celles des substitutions non prohibées, parce qu'il y est question de tutelle. *Arg. de C-pr.* 83, ⱡ 2; *M. Merlin, rép.,* mot *substit. fidéicomm., sect.* 18.

V. au surplus pour ces causes et celles de la note précédente, *les titres qui y sont relatifs,* et *M. Merlin, id.,* mot *ministère public.*

Dr. int. La loi du 24 août, *tit.* 8, *art.* 2, donnait une nomenclature bien moins étendue.

(28) Ils ont aussi quelques fonctions et droits accessoires; ils sont chargés, par exemple, 1 et 2, de suppléer au *visa* des assignations, et de recevoir les copies destinées aux colons et étrangers. *V. ci-apr., sect.* 3, *ch.* 6, *n.* 4, *et tit. de l'assignat., art.* 3. — 3. De désigner les jurisconsultes qui donnent leur avis sur les transactions des tuteurs. *C-c.* 467.

(29) Ils ne demandent pas qu'on accorde directement quelque chose à la société qu'ils représentent, mais ils requièrent qu'on statue de telle manière sur la cause à eux communiquée.

(30) Ou qui se joignent aux parties (*ci-dev. p.* 2, *note* 5) de la cause.

(31) *Observations*. 1. Comme leurs simples *conclusions* suffisent, ou s'est habitué à en donner le nom à leurs plaidoyers, qui, tous dans ce cas, ne sont au fond que des réquisitoires.

2. C'est à l'audience qu'ils donnent leurs conclusions. *Arg. du C-pr.* 112; *B. c.* 14 *avr.* 1830. — Il ne suffit pas qu'ils aient été présens, il faut que le jugement constate qu'ils ont pris ou refusé de prendre la parole; sinon, il y a lieu à requête civile. *B. c.* 19 *vend. et* 7 *br. vij*, 13 *flor. x*, 16 *vend. xiij*, etc.; *rec., mot jugement; rép.*, *iij*, 536, *mot déni.* — *V.* aussi *ci-apr.* § *des nullités, note* 12. — Mais il n'est pas nécessaire qu'ils soient présens aux accès de lieux, à moins qu'ils ne soient parties principales. *C-pr.* 300; *rej. requ.* 2 *juin* 1834, *avoués*, *xlvij*, 487.

3. Au surplus, il résulte des règles précédentes, 1$_0$ que le procureur du roi ne peut appeler d'un jugement qui homologue un avis de parens, ou annule un mariage régulier. *B. c.* 26 *août* 1807 *et* 5 *mars* 1821.—2°.Qu'on ne peut ordonner que la démence d'un prévenu sera constatée devant un tribunal civil, à la requête du ministère public. *B. c. cr.* 15 *frim. vilj.*— 3° *et* 4$_0$ Autres questions analogues... *V. id. civ.*, 11 *août* 1818, 1er *août* 1820; *Metz*, 21 *janv.* 1812, *avoués*, *vj*, 291.

(32) Pas même pour conclure. *V. rec. alph., mot conclusions*, § 2. — *V. aussi arr. de Poitiers, Paris et Pau*, 9 *janv.* 1823, 25 *juin* 1825, *et* 3 *mars* 1833, *avoués*, *xxix*, 276, *xlv*, 450. — Elles peuvent seulement remettre au président, de simples notes énonciatives des faits omis ou inexacts. *D. déc.* 30 *mars, art.* 87; *arg. de C-pr.* 111. — Il en est autrement lorsque le ministère public, dans son réquisitoire a changé l'état de la cause, comme s'il a fait une imputation imprévue aux parties ou à leurs officiers ministériels; on peut alors reprendre la parole. *B. c.* 7 *août* 1822.

IIIe *Fonction.* Dans quelques causes d'une importance majeure pour l'ordre public, et spécialement indiquées par la loi, les procureurs du roi agissent au contraire par voie *d'action*, c'est-à-dire comme parties *principales*, de la même manière qu'un simple particulier dans sa propre cause, parce qu'alors ils réclament directement quelque chose pour la personne civile (la société), qu'ils représentent (33). *D. L.* 20 *avril, art.* 46.

Observation. Le ministère public peut être récusé lorsqu'il est partie *jointe*, mais non pas lorsqu'il est partie principale. *C-pr.* 381. (34)

(33) Ils exercent alors en effet une action, et ils sont parties dans le procès. C'est ce qui a lieu 1° [dans certaines causes indiquées par les art. 53, 184, 191, 200 et 491 du code civil, en matière d'actes de l'état civil, de mariage (*ci-apr. n.* 3) et d'interdiction; 2° lorsqu'ils poursuivent la suspension, la destitution etc., d'un officier ministériel. *Arr. cass.* 3 *nov.* 1806, 13 *mai et* 26 *août* 1807, *J-c-pr., i*, 40 *et J-c-c.*; *ix*, 486 *et* 409; *ci-apr., art. des avoués, notaires, assignation;* rép. *ij*, 165 *et suiv.*; *arr. de Turin*, 6 *avril* 1808, 12 *janv.* 1810, *J-C-c. xiv*, 221, *avoués, ij*, 58; *arr. cass.*

13 déc. 1810, J-C-c., xv, 461; L. 25 vent. xj, art. 53; arr. rej. 31 oct.
1811, Nevers, 492; B. c. 20 nov. suiv.;décr. 18 juin id. (pour leurs frais),
art. 121; ci-apr.-§ des huissiers, note 35, n. 7. — 4° Idem, les comptables des fabriques. Décr. 30 nov. 1809, art. 90.

Observations. 1. Dans le cas où ils plaident pour le gouvernement (voy.
sect. des procédur. domaniales), après avoir conclu pour lui comme ses
défenseurs, ils peuvent conclure contre lui, comme exerçant le ministère public. *Réquis. à arr. cass.* 16 mess. an x ; autres arr. à rec. alph. vj, 57,
et ci-apr., tit. de la cassation, note 9.

2. Dans les causes où ils agissent, ils n'ont pas besoin du ministère des
avoués (v. d. sect. des procéd. dom.), et ils ne sont point condamnés aux
dépens (il n'en est pas de même des préfets quant aux causes de l'état). *Rebuffe, expensis*, art. 1, n. 19; rép., mot dépens, n. 1 ; Denisart, h. v.,
n. 27-30 ; arr. cass. cr. 23 juin 1809, Nevers, supp., 147 ; autres à rec.
alph. vj, 143, 585 et suiv.; B. c. 24 juin 1822; ci-apr. ch. des dépens.

3. Quand peuvent-ils demander la nullité d'un mariage? V. rép. xvj,
782 et suiv., où l'on examine plusieurs arrêts. — V. aussi B. c. 8 nov. 1824.

4. Peuvent-ils *acquiescer?* V. ci-apr., tit. de l'acquiescement, note 17.

(34) V. aussi Rodier, tit. 24, art. 1 ; arr. cass. crim. 14 févr. 1811. —
On trouve beaucoup de décisions relatives au *ministère public*, dans le
rép., h. v.

ARTICLE III.

Du temps où se rend la justice.

Les jugemens peuvent être prononcés tous les
jours, à l'exception des jours fériés (35) et de ceux
qui sont compris dans les vacances. (36)

I. Les jours *fériés* sont les dimanches et ceux où
l'on célèbre les fêtes civiles du royaume, ainsi que
les fêtes religieuses maintenues par les lois et les arrêtés sur les cultes. *L.* 3 *niv. viij et* 18 *germ. x, art.*
41 *et* 57; *arrêtés* 7 *therm. viij et* 29 *germ. x.*

II. Les *vacances* commencent au 1er septembre et
finissent au 1er novembre de chaque année. *Décr.*
10 *fév.* 1806, 6 *juillet* 1810, *art.* 31, *et* 18 *août* 1810,
art. 37.—Pendant ce temps, les séances des tribunaux, soit de 1re instance, soit d'appel (37) sont sus-
pendues; mais une section ou chambre des vacations
statue alors sur les affaires sommaires et sur celles
qui requièrent célérité. *Arrêtés* 5 *et* 18 *fruct. viij;*
L. 21 *fruct. iv, art.* 2; décr. 30 *mars* 1808, *art.* 44 *et*
78; *d. décr.* 6 *juill., art.* 32; ordonn. 24 *août* 1815
(cour de cassat.), 3 *juill.* 1816 *et* 11 *oct.* 1820.

Les affaires pressantes dont on peut s'occuper pendant les vacances (38), sont en général celles où les parties éprouveraient un préjudice irréparable ou trop considérable, si la décision (du moins une décision provisoire) en était différée. (39)

(35) Les tribunaux de paix peuvent juger les jours fériés. *C-pr.* 8. — V. aussi *L.* 26 *oct.* 1790, *tit.* 7, *art.* 2, et pour ces jours, *ci-apr.*, *note* 38.

(36) Quant au temps où l'on peut faire les notifications et exécutions judiciaires ; v. *ci-apr. ch. des temps, art.* 3, § 1, *et note* 4.

(37) Non celles des tribunaux correctionnels, criminels et de commerce. *L.* 21 *fruct. iv*; arrêté 5 *fruct. viij, art.* 2 *et* 3 ; *d. décr.* 6 *juill. art.* 29 *et* 30 ; *décr.* 18 *août* 1810 , *art.* 36.
Même règle à l'égard des actes de juridiction *gracieuse*, tels que les émancipations et tutelles ; ils peuvent se faire les jours fériés (excepté jadis les jours de Pâques, de Noël et des Rois). V. *L.* 2 , *C. feriis* ; *Bornier, tit.* 3, *art.* 5.

(38) *Observations.* 1. A l'égard des jours fériés, V. ci apr. tit. des référés, note 6.

2. Les jours fériés maintenus jusques à présent (outre les dimanches), sont ceux de Noël, de l'Ascension, de la Toussaint, de l'Assomption et du 1er janvier. *Arrêté* 29 *germ. x.* ; *déc.* 16 *frim. xiv* , 19 *fév.* 1806 ; *avis cons. d'état*, 20 *mars* 1810 ; *ordonn.* 16 *juill.* 1814 ; *L.* 26 *janv.* 1833.

(39) *Exemples :* Les adjudications sur expropriation , les paiemens de loyers , les main-levées provisoires de saisies-arrêts. *Arr. cass.* 16 *flor. xiij et* 2 *niv. viij, et de Paris*, 27 *août* 1811 *et* 30 *oct.* 1810, *avoués , iv*, 229, *iij*, 150. — Les affaires qui concernent des biens périssables et des prescriptions à interrompre, les nominations et excuses des tutelles, alimens, référés urgens, saisies-revendications, etc. *L.* 1 *à* 3, *ff. feriis* ; *C-pr.* 808, 828. — *V.* aussi *rép.*, *mot vacations* ; *édit de mai* 1685 ; *ci-apr.*, *tit. des référés et des matières sommaires, note* 6.
Au reste, le législateur seul a le droit d'établir des jours fériés et des vacances. *L.* 4 , *C. eod.*

ARTICLE IV.

Du lieu où se rend la justice.

I. La justice doit se rendre dans les bâtimens publics consacrés à cet usage (40) : il est défendu aux juges de donner leurs décisions dans leurs habitations (*ordonn. d'Ys-sur-Thylle, art.* 12, *chap.* 12, *et art.* 94, *ch.* 1), ni d'y faire aucun acte de leur ministère. *C-pr.* 1040, *in pr.*

Cette règle reçoit exception à l'égard, 1. des jugemens des tribunaux de paix (41); 2. des référés et des requêtes en cas d'urgence; 3. des actes d'instruction qui exigent un déplacement (42). *C-pr.* 8, 808, 1040, *in f.*

II. Les jugemens doivent être prononcés *publiquement* (43) dans la salle d'*audience* (44), — et ils n'ont d'existence que du moment où ils ont été prononcés (44a). *L.* 24 *août* 1790, *tit.* 2, *art.* 14. (45)

III. La police des audiences appartient au juge : il a le droit de prendre des mesures et de prononcer des peines contre ceux qui ne se tiennent pas découverts, dans le respect et le silence; qui se permettent des voies de fait, en un mot, qui troublent l'ordre de quelque manière que ce soit. V. *à ce sujet, C-pr.* 10 *à* 12, *et* 88 *à* 92, *confér. avec C-crim.* 504 *à* 508, *et C-pén.* 222 *à* 233; *Le Graverend, i,* 532. (46)

Il a aussi le droit de prononcer des injonctions, et de supprimer et déclarer calomnieux des écrits (47), avec impression et affiche de sa décision. V. *C-pr.* 1036.—V. aussi *le cours de dr. crim.*

(40) Et au jour connu des parties. *D. ord. d'Ys-sur-Thylle.*

(41) Le juge de paix peut prononcer chez lui (à portes ouvertes et au chef-lieu du canton) et même sur le local contentieux. V. *L.* 26 *oct.* 1790, *tit.* 7, *art.* 2; 29 *vent. ix, art.* 9 ; *C-pr.* 8 *et* 42; *M. Hautefeuille*, p. 52; *ci-apr. tit. de l'accès de lieux*, *note* 10.

(42) Il faut que cela soit autorisé par la loi ou par la nature des choses, comme dans les cas suivans.

1. Accès de lieux. *C-pr.* 38, 295.

2, 3 et 4. Sermens, dépositions et interrogatoires de personnes malades. *C.-pr.* 121, 266, 328 ; *C-c.* 236, 496.

5. Vérifications de pièces chez un dépositaire public éloigné. *C-pr.* 262.

6. Assemblées du conseil de famille. *C-c.* 415.

(43) Mais non pas lorsqu'il s'agit que de discipline intérieure des tribunaux, à moins que l'observation qui y donne lieu n'ait été faite publiquement. *M. Merlin, rec. alph., mot trib. d'appel, §* 5.

Observations. 1. Nous ne connaissons que trois exceptions positives à la règle de *pronunciation publique.* La 1re est relative aux premiers jugemens d'adoption, mais elle n'offre aucun inconvénient, parce que ces jugemens sont susceptibles d'appel, et que les arrêts dont ils sont suivis sont assujétis d'une manière expresse à la règle. *C-c.* 355, 358. — La 2e, qui concerne les subrogations à une poursuite d'ordre, n'est peut-être que l'effet d'une précipitation dans la rédaction de la loi. V. *tit. de l'ordre, note* 5.—La 3e est relative aux fautes de discipline des officiers ministériels. *Ci-apr., ch.* 3, *note* 67.—

Quelques auteurs en admettent une 4o, mais mal-à-propos, selon nous... V. *tit. de l'autorisation, note* 12.

2. On délibère en secret aux jugemens. *Constit. an iij*, art. 208; *arr. cass. cr.* 6 *niv. et* 16 *prair. vij*. — Et l'on peut pour cela se retirer à la chambre du conseil. *C-pr.* 116.

(44) *L.* 24 *août* 1790, *tit.* 2, *art.* 14; *L.* 20 *avr.* 1810, *art.* 7; *arr. cass.* 19 *mai* 1813.

Audience signifie proprement l'action d'écouter les parties. Dans ce sens, on dit : le juge donne audience; les parties poursuivent l'audience (*C-pr.* 8, 82). Mais *audience* se prend aussi pour le lieu où elle se tient, lieu qu'on nomme aussi *auditoire*.. Brisson, *verb. sign., h. v.* — V. aussi *C-pr.* 644, 682. — Pour qu'un juge soit considéré comme absent, par rapport à une cause, il suffit qu'il ne se trouve pas dans l'auditoire, et l'on n'est point obligé de le faire avertir de s'y rendre, *suiv.* Rebuffe, *de recusationib., art.* 6, *n.* 12.

(44 a) Excepté pour ceux des arbitres. V. *ci-apr. leur art., note* 25, *n.* 5.

(45) *Voyez aussi* L. 3 brum. ij, art. 10; B. c. 22 br. vij, 4 frim. viij, 7 th. xj, 8 vend. xiv, 19 mai 1813, 16 fév. 1824; idem, cr., 19 déc. 1822; *C-c.* 498; L. 6, C. sentent. et int.; Imbert et Automne, ch. 1, n. 3; M. Merlin, rec. alph., mot jugement, § 3; rép., h. v., § 1, n. 8, § 3, n. 4; ci-apr., tit. des jugemens, note 27, et des audiences, in f.

Observations. 1. Il résulte de tout cela, qu'un jugement arrêté à la chambre du conseil, et ensuite prononcé devant un ou plusieurs juges autres que ceux qui l'ont délibéré, n'est pas légal. *B. c.* 26 *vend. et* 4 *frim. viij*, 7 *therm. xj*, 5 *déc.* 1806, 2 *janv.* 1816, 26 *déc.* 1826, etc.; *M. Merlin et Daguesseau, à rép., sup.* — V. aussi *d. L.* 20 *avr., art.* 7.

2. *Id.*, que tant qu'il n'est pas prononcé, il peut être changé. *M. Merlin, d.* § 3, *note* 4, *t.* 6, *p.* 615.

(46) *V.* aussi L. 26 oct. 1790, tit. 7, art. 3 et 4; L. 17 avr. 1791, art. 2 à 6; C-brum. 555 à 559; ci-apr., ch. 3, art. 3, note 67.

Observations. 1. Les magistrats et procureurs du roi ont le même droit lorsqu'ils sont en fonctions dans un lieu quelconque. *C-pr.* 88, *in f.; arr. cass. crim.* 17 *therm. x, n.* 224. — Mêmes règles pour les fonctionnaires administratifs. *C.-crim.* 509.

2. A l'égard des voies de faits graves, et susceptibles de poursuites criminelles, v. *C-pén.* 222 *et suiv.*

(47) Surtout lorsque les injures et la calomnie se rapportent à des juges dont on attaque la décision dans ces écrits. V. *C-pr.* 512; *arr. cass.* 17 *mars* 1808, *J.C-pr.* ij, 178; 22 *nov.* 1809, *Nevers, supp.* 223; 5 *sept.* 1810, *B. c.; le cours de droit crimin., chap.* 1, *notes* 13 *et* 18.

ARTICLE V.

De la compétence.

Le mot compétence, qui vient de *competere*, exprime en général le droit que nous avons à une chose (48*); et en particulier celui qu'a un fonctionnaire de faire une certaine chose, comme étant de son ministère, et par là même, en l'appliquant à un juge, le droit de connaître d'un procès. (49)

Les lois, pour régler la compétence, ont pris en considération, 1. la nature des causes; 2. la valeur des objets réclamés; 3. le territoire qui comprend dans ses limites ces mêmes objets, ou celui qu'habitent les parties; 4. la circonstance qu'un juge est déjà saisi d'un procès.... Nous allons présenter à ce sujet quelques observations générales. (50)

(48*) Il faut dire l'inverse de l'incompétence. Ainsi un jugement est *vicié d'incompétence,* lorsqu'on y a statué sur une cause qui n'était pas de la jurisdiction du tribunal... V. *au surplus ci-apr. tit. de la cassation,* § 3 *et note* 19 *à* 21, *ib.,* où l'on indique en quoi l'incompétence diffère de l'excès de pouvoir.

(49) V. *Brisson, de verb. sign.,* mots *competere* et *competens.* — On voit que sous ce rapport, le mot *compétence* est synonyme de *jurisdiction,* mais que sous d'autres, il a un sens plus étendu.

(50) On sent que nous ne pouvons entrer dans des détails : un traité complet sur la compétence exigerait un ouvrage plus considérable que le nôtre (v. celui de *Carré*)... Au reste, les règles de compétence propres à chaque espèce de tribunal seront exposées au chapitre suivant.

I. *Nature des causes.* Les difficultés les plus sérieuses qui peuvent naître de la nature des causes relativement à la compétence, résultent, en général, de ce qu'une cause est complexe, c'est-à-dire paraît participer de différentes espèces de causes dont la connaissance est attribuée à divers tribunaux.

1° Lorsqu'il y a le moindre doute, il faut soumettre un différend, plutôt au juge ordinaire qu'au juge d'attribution ou d'exception, parce qu'en matière d'attribution, il est nécessaire que le législateur se soit exprimé d'une manière positive. *Avis cons. d'état,* 9 *déc.* 1810. (51)

2° Lorsque le fait de la cause donne lieu à une action civile et à une action criminelle, et que ces actions sont exercées séparément, il ne peut être statué sur la première avant le jugement de la seconde (52). *L.* 6 *brum· ij; C-br.* 8; *arr. cass.* 22 *mess.* 7; *C-pr.* 240, 250; *C-cr.* 3; *C-c.* 235.

3 Si dans le cours d'une instance pendante de-

vant des arbitres, des juges de paix (53) ou des tribunaux de commerce, une pièce est méconnue, déniée ou arguée de faux (54), le jugement doit être suspendu jusqu'à ce que les tribunaux civils aient statué sur la vérification d'écriture ou sur le faux incident, et les tribunaux criminels sur le faux principal (55). *C-pr.* 1015, 14 *et* 427.

4° Les tribunaux civils doivent aussi surseoir à la décision d'un procès, lorsque les fonctionnaires administratifs le revendiquent comme faisant partie de leurs attributions. V. *ci-apr. l'appendice de la présente section.*

(51) *V.* aussi Bigot-Préameneu, corps législat., 15 vent. xiij ; B. c. cr. 28 vent. 9 et 16 prair., 28 therm. et 6 fruct. ix; 27 vend. x ; 1 mars 1810; 5 sept. 1814, etc. — V. un exemple, ci-apr. ch. 3, art. 2, et note 49.

Remarquons d'ailleurs que cette règle est une conséquence de la 3ᵉ règle générale, *ci-dev.*, art. 1, p. 17 *et* 18.

(52) *Observations.* 1. Nous reviendrons sur cette règle importante dans le cours de droit criminel (*ch. 3, art. 3, n. iij et iv*), où nous donnerons les développemens nécessaires.

2. Le juge criminel est aussi quelquefois obligé de suspendre sa décision jusqu'à ce que le juge civil ait rendu la sienne. *D. cours de droit criminel, d. art. 3, n. vj.*

(53) Le juge de paix doit d'abord parapher la pièce. *C.pr.* 14; *tarif* 7.

Arbitres... L'art. 1015 ne parle que de l'*inscription de faux*, mais il nous semble que c'est par pure omission. On ne pourrait en effet vérifier une écriture devant des arbitres, parce qu'il résulte de l'ensemble du titre relatif à la vérification, que cette procédure doit avoir lieu devant un tribunal civil. Il y faut en effet des dépôts au greffe, des assistances d'avoués, des communications au procureur du roi, etc.; et les tribunaux d'arbitres n'ont ni greffier, ni avoués, ni ministère public, etc. V. *ci-apr. tit. de la vérification.*

(54) Et si la partie persiste à s'en servir. *C-pr.* 427. — Quoique cette disposition ne se trouve que dans le titre des juges de commerce, elle est applicable aux autres, comme conforme aux règles générales, relatives à cette hypothèse. *Ci-apr. tit. de la vérification, surtout tit. du faux incident, § 2. V.* aussi *rej. requ.* 18 juin 1816, *avoués, xiij,* 24.

(55) Mais les arbitres et les juges de paix ou de commerce peuvent prononcer sur les chefs de la cause auxquels la pièce suspectée n'est pas relative, et même sur le fond, s'il peut être jugé indépendamment de cette pièce. *C-pr.* 427, 250; *ci-apr. ch. 4, note* 86; *tit. du faux incid., note* 50.

II. *Valeur des objets.* 1° Elle sert de mesure à la compétence lorsqu'elle peut être *déterminée*, c'est-à-dire appréciée en argent; de telle sorte qu'une cause dont les objets sont d'une valeur *indéterminée*, n'est pas de la compétence du tribunal qui ne pouvait y statuer, soit en premier, soit en dernier ressort, que jusqu'à une certaine valeur. (56)

Bien plus, lorsque la loi indique comment la valeur des objets doit être déterminée, il faut prendre ce mode pour base, sinon la valeur vénale des objets, quoique réellement beaucoup plus faible que celle que le législateur a prise pour mesure de la compétence, est considérée comme indéterminée, et par conséquent comme excédant la compétence. (56*a*)

2° Si la réclamation porte sur une valeur déterminée, et en même temps supérieure à celle sur laquelle le juge a le droit de statuer, il ne peut en connaître sans excès de pouvoir, alors même qu'il n'adjugerait, dans sa décision, qu'une valeur inférieure, parce que c'est la demande et non le jugement qui règle la jurisdiction. *L*. 19, § 1, *D. jurisdict.; B. c.*7 *therm. xj,* 12 *mai* 1806, 20 *janv.* 1807, 4 *et* 5 *oct.* 1808; *L.* 24 *août* 1790, *tit.* 10, *art.* 3. (57)

---

(56) *V.* à ce sujet, arr. rej. 22 mai 1822; ci-apr.chap. 5, note 43, n. 3. *Exemples de ces sortes de causes:* 1. Récusation... *C-pr.* 47, 591.
2. Nomination de tuteur.... *C-c.* 448; *B-c.* 26 *vend. viij.*
3. Opposition à une séparation.... *Id.* 21 *brum. ix.*
4. Remise de titres... *Id.* 3 *pluv. xiij.*
5. Interdiction... *C-c.* 492, 500.
6. Servitude... *B. c.* 5 *pr. x,* 21 *mess. xiij,* 27 *avr.* 1807.
7. Enfin, et à plus forte raison, la *compétence* elle-même. V. *C-pr.* 425, 454; *ci-apr.tit. de l'appel,* note 27; *arr. Trèves et Bruxelles,* 14 *mars et* 10 *juin* 1808, *Nevers,* 2, 178, *J-C-pr. iij,* 272.
Quid si la cause est *incidente? V.* ci-apr. p. 37, note 64, n. 4 et 4 *a*.
(56 *a*) *V.* à ce sujet, arr. cass. 26 vend. 8, 5 et 26 prair. x, 11 et 26 oct. et 2 nov. 1808, 12 juin 1810; rép., mot dern. ressort, § 3, et justice de paix, § 9; Henrion, ib., et traité, ch. 11.
(57) Et cela, lors même que le demandeur aurait réclamé plus ou moins qu'il ne lui revient, parce que c'est sa demande effective et non pas la demande qu'il avait le droit de former, qui est soumise au juge. V. Cujas, *ad. d.* § 1. — V. aussi, quant à *la règle du texte,* M. Merlin, rec. alph., mot dern. ressort, § 4; arr. ib.; autres à J-C-pr. ij, 194; édit de 1563 et arr. dans Espagne, mot appel, n. 92, etc.; surtout arr. cass. 27 oct. 1813, B. c.

Observations. 1. La demande règle la jurisdiction, parce qu'elle expose le différend, et que le juge n'étant chargé et n'ayant le droit de connaître que du différend, il n'aurait pas à la rigueur statué sur ce différend, si on le considérait comme déterminé par la décision... Une partie réclame 1200 fr.; le juge en accorde 900 fr., et déclare statuer en dernier ressort. Ce n'est pas sur ces 900 f. que roulait la contestation, mais bien sur les 1200 qu'on réclamait. Le juge a donc statué en dernier ressort sur un objet qui ne constituait pas proprement la contestation... Au reste, on voit que cette règle est une conséquence des principes exposés § *des juges*, n. 2, p. 21.

2. Cette règle reçoit exception lorsque avant le jugement le demandeur a restreint sa demande dans les limites du dernier ressort. V. *arr. rej.* 4 sept. 1811, *Nevers*, 465; *B. c.* 1ᵉʳ *juill.* 1812 *et* 29 *déc.* 1830; *Amiens*, *Bourges, Caen et Toulouse*, 1824 à 1830, *avoués, xxxiv*, 265, *xl*, 260.— Mais voyez aussi *arr. rej. civ.*, 6 *juill.* 1814, *Jalbert*, 403; *Besançon*, 1826, *avoués, xxxiv*, 265.

III. *Territoire.* 1° Lorsque l'objet litigieux est situé dans le ressort de plusieurs tribunaux, il faut s'adresser au juge du chef-lieu d'exploitation, et au défaut de chef-lieu, à celui de la partie la plus productive des biens. *Arg. de L.* 11 *brum. vij, art.* 10, 12; *de C-c.* 2210; *de C-pr.* 628, 676, 684; *de L.* 15 *novemb.* 1808, *art.* 1.— V. aussi *Espagne, mot assignation,* n. 139; *arr. cass.* 27 *avr.* 1811, *Nevers*, 222, et 20 *févr.* 1833, *avoués, xlvij*, 481.

2° Un étranger peut être cité devant les tribunaux français pour des obligations contractées avec un Français, même en pays étranger. *C-c.* 14; *arr. cass.* 7 *sept.* 1808, *Nevers*, 449. (58)

3° Un Français doit l'être devant ceux dans le ressort desquels il a son domicile. V. *ci-apr., chap. des tribun. des actions,* n° xiv. (58 a)

(58) Questions diverses à ce sujet... V. *arr. rej. civ.* 30 nov. 1814, Jalbert, 1815, 144; id. régl. 5 déc. 1815, id. 1816, 22; B. c. 7 nov. 1826, et 26 nov. 1828; rej. civ. 30 juin 1825; rej. requ. 24 avr. et 15 nov. 1827, 25 sept. 1829 et 26 janv. 1833, avoués, xxv, 240, xxxiij, 276, xxxiv, 219, xxxix, 257, xliv, 275; Bruxelles, 13 juin 1810, Nevers, 1811, 2, 77; Paris, 28 fév. 1814; 24 avr. et 22 juill. 1815, et Colmar, 30 déc. 1815, avoués, x, 318, xj, 314, xij, 168, xiv, 196; Paris, 24 mars, et Rouen, 27 août 1817, Jalbert, 2, 107 et 123; ci-apr. note 61, n. 3; *surtout*, rép. iv, 886, et xvj, 538, mot étranger, § 2, 4 et 5.

Quant à l'effet des jugemens étrangers, et à l'arrestation des étrangers, v. *ci-apr. tit. des règles générales d'exécution,* n. 1, *et de la contrainte, note* 3.

(58 a) Défendeurs domiciliés dans plusieurs ressorts. v. *d. n. xiv.*

IV. *Juge saisi.* On dit qu'un juge est *saisi* (v. *C-pr.* 1036) d'une contestation, lorsque les parties la lui ont soumise régulièrement, la lui ont pour ainsi dire mise entre les mains. Il est alors utile qu'il y statue, puisqu'il est censé en avoir déjà quelque connaissance, et il y aurait au contraire beaucoup d'inconvéniens à la lui enlever, l'inconvénient entre autres de faire perdre les frais des actes de procédure déjà faits, ou au moins d'une partie de ces actes, et de retarder le jugement (59). *Ubi acceptum est semel judicium, ibi et finem accipere debet. L.* 30, *D. judiciis.* —V. aussi *Barbosa, ax.* 132; *M. Merlin, rép. mot compétence,* § 3.

Les règles suivantes sont des conséquences plus ou moins directes de ce principe.

1re Le juge n'a pas le droit de se déclarer incompétent sans motifs légitimes, et s'il l'a fait, on peut lui renvoyer la cause (60). *Arr. cass. cr. 9 prair. ix; ci-apr., tit. de la récusation, note* 4.

2e Lorsqu'il est incompétent, *ratione personæ,* et qu'on a procédé devant lui sans opposer, *in limine litis,* son incompétence, l'irrégularité est couverte. *C-pr.* 169. (61)

3e Les changemens arrivés dans la condition des parties (62), ne lui ôtent point la connaissance de la cause. *L.* 19, *in pr., D. jurisdict.; L.* 7 *et* 34, *D. judiciis; L.* 4, *C. jurisdict. omn.; Espagne, mot assignation, n.* 139.—V. aussi *C-pr.* 342, 345.

4e De deux juges également compétens pour une cause ou pour deux causes connexes, c'est le premier saisi qui a la jurisdiction (63). *B. c. cr. 9 et 28 prair. ix,* 4 *germ. xj,* 7 *juin* 1810; *M. Merlin, rec. alph., vj,* 137, *mot délit,* § 9; *rep., mots vente,* § 2, *et litispendance; arr. cass. 2 fév.* 1809 *et* 19 *mars* 1812, *ib.; autre,* 23 *déc.* 1807, *Nevers,* 1808, *supp.* 26. — V. aussi *ci-apr., chap. des déclinatoires, et tit. de la distribution, note* 15, *n.* 3; *arr. cass. ou réglem.,* 6 *avr. et* 27 *août* 1807, *J-C-pr. ij*, 58, *et répert. iv*, 905, *mot évocation*, § 1, *n.* 5.

5ᵉ La demande accessoire doit être portée au juge saisi de la demande principale. *Arg. de C-pr.* 356. —V. *ci-apr. p.* 37 *et* 38, *note* 64, *n.* 4 *et* 4 *a ; arr. cass.* 2 *déc.* 1807, *J-C-pr. ij*, 60, *et* 24 *mars* 1812, *Nevers*, 408; *ci-apr. ch. des tribun. civ., note* 63, *et des tribun. des actions, n.* xi; *et tit. du désaveu, notes* 17 *et* 18.

6ᵉ Un juge incompétent, *ratione personæ*, par rapport à une espèce de cause, peut en connaître si le défendeur (63*a*) la lui soumet par *reconvention*. *Rec. alph., t.* 5, *p.* 371, *mot tribunal correct. ; B. c.* 12 *nov.* 1811. (64)

7ᵉ Le juge dont la jurisdiction embrasse tous les objets litigieux d'une certaine valeur, peut encore, si les deux parties y consentent, connaître des mêmes objets lorsqu'ils ont une valeur supérieure (65). *Arg. des L.* 74, § 1, *D. judiciis, et* 28, *ad municipal. ; rec. alph., mot prorogation, et rép., ibid.* (66)

Par une espèce d'extension de cette règle, lorsqu'il s'agit d'un tribunal de paix, et que des particuliers s'y présentent volontairement, on leur permet de soumettre leur différend à un juge qui n'est compétent, ni à raison du domicile, ni à raison de la situation de l'objet litigieux, et même de l'autoriser à statuer en dernier ressort. *C-pr.* 7.—V. aussi *L.* 26 *oct.* 1790, *tit.* 1, *art.* 11. (67)

---

(59) Puisqu'il faudrait recommencer la procédure devant le nouveau Tribunal. V. *au reste, ci-apr. ch. de l'esprit des lois.*

(60) Par la même raison, il n'a pas le droit de déléguer sa jurisdiction. v. *ci-dev. art.* 1, 5ᵉ *règle, p.* 17.

(61) C'est qu'on est censé avoir adhéré tacitement à sa jurisdiction, ce qu'on a pu faire, la compétence n'étant alors réglée que dans l'intérêt des parties.

Observations. 1. Il n'en est pas de même, s'il y a une incompétence à raison de la nature de la cause (*ratione materiæ*); on a le droit de l'opposer en tout temps, et il est du devoir du juge de la déclarer, si les parties ne réclament pas. *C-pr.* 170, 424; *ci-apr. chap. des déclinatoires, note* 29; *M. Merlin, rép., mot jurisdiction; arr. cass., sect. réunies;* 16 *pluv.*

xj, *ib.*; *arr. cass. cr.* 18 *prair. viij*; *L.* 3 *et* 1, *C. jurisdict.*, *omn. judic.*; *arrêté du* 5 *fruct. ix.*

2. Il résulte de là qu'on peut appeler d'un jugement où il y a incompétence *ratione materiæ*, quoiqu'on ne l'ait pas opposée en première instance. *Arr.* de *Turin* et *Nîmes*, 18 *janv.* 1808 *et* 6 *mai* 1809, *J-C-pr. iij*, 413, *et Sirey*, 1810, *supp.* 109.

3. Mais il n'y a pas incompétence *ratione materiæ*, lorsqu'il s'agit d'une question d'état, même concernant un étranger, et le tribunal français peut y statuer si l'on n'a pas opposé l'incompétence, surtout s'il a été saisi par l'étranger lui-même. *V.* au reste, *rej. requ.* 4 *sept.* 1811, *Nevers*, 1812, 96. — V. aussi *id.*, 27 *nov.* 1822, *avoués*, *xxv*, 237.

(62) Si par exemple depuis la demande l'une d'elles en changeant de condition, a changé en même temps de domicile. *D. L.* 19; *arr. cass.* 29 *mars* 1808, 14 *août* 1811, *Nevers*, 204, 430.

Observations. 1. Il en est de même lorsque d'autres évènemens ont rendu un autre juge compétent. Si par exemple à cause du décès d'une partie, le tribunal de la succession est devenu compétent pour connaître de la cause portée avant le décès, à un autre tribunal. — *Rép. iv*, 904, *n.* 5; *arr. cass.* 27 *août* 1807, *ib.* — Autre exemple... V. *Limoges*, 15 *avr.* 1817, *avoués*, *xvij*, 41. — On sent qu'avec un système contraire, il serait facile de retarder la décision d'un procès.

2. Par une conséquence de ce système, on a jugé que la loi nouvelle d'instruction ou de juridiction n'enlève pas (à moins de disposition expresse) la connaissance d'une cause au juge saisi. *M. Merlin, rép. iij*, 365, *et ij*, 650; *arr. cass.* 4 *mess. xij*, *ib.*

(63) Donc lorsque l'un des deux est seul compétent, peu importe qu'il n'ait été saisi que le dernier... Par exemple : un négociant a son établissement au lieu de son domicile, et un comptoir hors de ce lieu. Sa faillite est déclarée par le tribunal du comptoir avant que le tribunal du domicile ait pris la même décision. C'est ce dernier qui conserve la connaissance de l'affaire. *Arg.* de *C-pr.* 59, † 6.; *rec. alphab.*, *mot faillite*, § 5; *arr. cass.* 16 *et* 23 *mars* 1809, *ib.*; *ci-apr.*, *sect.*, 2, *ch.* des *tribun.* des actions, *n.* 1.

(63 *a*) Si l'autre partie n'y a pas consenti, la reconvention ne doit être admise, selon M. Augier (*avoués*, *xliij*, 467 *etc.*), que jusques à la limite de la compétence, par exemple, pour le juge de paix, jusques à 100 fr.; système qu'il appuie de raisons très fortes, mais qu'il avoue n'être pas approuvé par la jurisprudence.

(64) *Observations.* 1. Le fondement de cette règle est dans la loi 14, *C. sentent.* et *interlocut.*, qui, toutefois, ne l'admet que lorsque la reconvention est relative à la même affaire (*in eodem negotio*) : ce sont, dit Coquille (*quest. et réponses*, 1646, n. 308), les canonistes qui l'ont étendue à d'autres cas, en exceptant toutefois, comme on le fait encore aujourd'hui (*rec. alph.*, *ib.*; *arr. cass.* 28 *mai* 1811, *Nevers*, 292; *ci-apr.* note 66; *obs.-cassat.*, *n.* 145 *et* 148) le cas où le juge est incompétent *ratione materiæ*, quant à la reconvention.

2. La *reconvention* est une réclamation que le défendeur fait contre le demandeur dans la même instance. Le demandeur actionne, *convenit*; le défendeur actionne à son tour, *reconvenit*... V. divis. des demandes incidentes, note 7.

3. Effet de la reconvention quant au dernier ressort... V. *ci-après*, chap. 3, *note* 63, *n.* 2 et 3, et *leurs renvois.*

4. *Règle générale.* Un juge compétent par rapport à une demande, l'est par là même pour prononcer sur ses questions incidentes, bien qu'il ne pût en connaître si elles lui étaient proposées comme demandes principales.

Rép. iij, 590, *mot dern. ress.* ; *rec. alph* , *mot héritier* , § 8; *plus. arr. cass.*, *ib.*; *Noodt, de jurisdict.*, *lib.* 1, *c.* 9.

4. *a.* Si la question incidente est d'une valeur *indéterminée* , le juge peut-il y statuer en dernier ressort lorsqu'il en a le droit pour la question principale? L'affirmative a été jugée pour des demandes en péremption (v *tit. de la saisie arrêt* , *note* 17 *a* , où sont les motifs de la décision), en désaveu (v. *en le tit.*, *note* 18 , *et B. c.* 5 *therm.* 13 , *ib.* — *Voyez* aussi *Caen*, 14 *déc.* 1821 , *et Bourges*, 11 *mai* 1822 (pour des faux incidens et des nullités de saisie), *Sirey* , 22 , 2 , 305 et 23 , 2 , 70 (M. Sirey , *ibid.*, assure que cette règle est constante... V. toutefois *arr. rej. requ.* 25 *janv.* 1815 , *Jalbert*, 200).

5. *Autre règle.* Un tribunal juge d'une action , est nécessairement juge des *faits d'exception* proposés contre cette action , à moins qu'ils ne puissent être appréciés que par l'examen d'élémens d'instruction étrangers à sa compétence. *B. c. cr.* 3 *nov.* 1810 , *n.* 133; *rép. xv* , 189 , *mot dépôt.* — *V.* aussi *B. c.* 30 *nov.* 1813 , 2 *fév.* 1814, 2 *juin* 1817 , 9 *mars* 1824 , surtout *rej. requ.* 9 *mai* 1826 , *avoués* , *xxxij* , 55 (le mot *exception* est employé ici dans le sens de *défense.*. v. tit. des défenses, note 5).

(65) Il y a alors *prorogation*, c'est-à-dire extension de *jurisdiction*.

(66) Mais il faut que le juge ne soit pas incompétent *ratione materiæ*, c'est-à-dire *quoad genus causarum.* C'est seulement à l'égard du juge chargé de connaître *usque ad certam summam* , que la jurisdiction est susceptible de prorogation. *Rép.*, *sup.*; *Henrion* , *ch.* 3 et *rép. mot juge-de-paix*, § 3; *obs.-cass.* 148.

(67) *Observations.* 1. Mais il faut que ce soit par une déclaration signée d'eux tous, et insérée dans le jugement. *DD. autorit.*; *tarif* 11. — *V.* aussi *B. c.* 20 *mai* 1829.

2. La signature est inutile pour les accords faits après que le juge est saisi lorsqu'il l'a été par une citation. *Arr. cass.* 3 *oct.* 1808. — *V.* aussi *rej. requ.* 12 *mars* 1829 et 27 *mars* 1832, *avoués* , *xxxvij*, 115, *Sirey*, 32 , 1 , 598.

3. Le jugement rendu sans la déclaration précédente , n'est pas nul de plein droit : si l'on n'en a pas appelé il acquiert force de chose jugée. *Toulouse*, 24 *févr.* 1821 , *Sirey* , 21 , 2 , 369 ; *et ci-apr. tit. de l'appel*, *note* 11 , *n.* 2.

4. Autres questions... V. 1° *Colmar* (compromis devant le juge de paix), 25 *avr.* 1817, *avoués*, *xix*, 49... 2° *Obs.-cass.* 120.

5. ☞ Nous reviendrons dans la suite, et notamment à l'article des *déclinatoires* , sur les règles exposées dans celui-ci, et que nous ne pouvions développer davantage sans expliquer d'abord divers principes qui appartiennent plus particulièrement à d'autres matières.

CHAPITRE III.

De la jurisdiction des tribunaux civils (1*) actuels, considérée en particulier.

On peut diviser les tribunaux civils en deux classes, suivant que leur ressort embrasse une portion ou la totalité du territoire du royaume (1a). La première classe comprend les jurisdictions de prud'hommes (2), les justices de paix, les tribunaux d'arrondissement et de commerce, et les cours royales; la seconde, les cours de cassation et des comptes (3). Enfin, les Français ont le droit de soumettre leurs différends à des arbitres.

Nous traiterons sommairement de la jurisdiction de ces derniers et des 2ᵉ, 3ᵉ, 4ᵉ, 5ᵉ et 6ᵉ espèces de tribunaux (4). Nous commencerons par les arbitres, parce que d'après le vœu exprimé par le législateur, on devrait toujours avoir recours à l'arbitrage de préférence aux voies judiciaires proprement dites. *L. 24 août 1790, art. 1 ; Constit. an viij, art. 60.*

(1*) Certains juges exercent plusieurs espèces de fonctions. Ainsi les juges de paix sont aussi officiers de police judiciaire et juges de police, et les juges d'arrondissement, juges correctionnels, et quelquefois juges de commerce. Dans ce cas, ils doivent suivre les lois et les formes propres à ces diverses fonctions. En un mot, les individus sont les mêmes, mais les fonctionnaires sont différens. *B. c. cr.* 1 *prair. vij*, 9 *brum.* et 9 *th. ix*, 12 *pluv. x*, 16 *flor.* et 2 *therm. xj*, 7 *flor. xij*, 1 *avr.* 1813, 11 *juillet* 1828, 18 *avr.* 1833; *B. c. civ.* 26 *déc.* 1826 *et* 10 *juill.* 1829; *C.-com.* 640, 641 ; *arg. de décr.* 17 *nov.* 1811, *art.* 18.

(1 a) Il est des juges établis en dehors de ce territoire. Tels sont, 1° les *Consuls*, pour les différends des Français dans l'étendue de leur consulat. V. *édit de juin* 1778, *art.* 1 et 2. — *V.* aussi *ordonn.* 3 *mars* 1781, 29 oct. et 7 nov. 1833 ; *B. c.* 9 *mars* 1831; *rép. h. v.*; *ci-apr. art. des cours royales.* — 2. Certains *Prud'hommes*, pour les différends de la pêche de Terre-Neuve. *Ordonn.* 21 *nov.* 1821, *art.* 17.

(2) PRUD'HOMMES. Ils sont établis dans plusieurs villes et pour quelques difficultés relatives à la pêche ou aux manufactures. *L.* 12 *déc.* 1790 ; *arrêtés* 23 *mess. ix*, 3 *niv. x*; *L.* 18 *mars* 1806.—A l'égard, 1° de leur procédure (elle est calquée à-peu-près sur celle des juges de paix), v. *déc.* 11 *juin* 1809; *avis cons. d'ét.* 20 *fév.* 1810; *ci-apr.*, *note* 50 *et tit. des enquêtes*, *note* 60 ;

2° de leur jurisdiction, v. *déc.* 3 *août et* 5 *sept.* 1810...; 3° des appels de leurs jugemens, v. *ci-apr.*, *art. des tribun. de commerce, n. ij.* — Ces jugemens sont sujets à l'appel lorsqu'il s'agit d'une somme excédant, non pas *soixante* francs, comme le disent par erreur Carré (*compétence,* 1ʳᵉ *édit.*, ij, 591, *art.* 317, n° 447), et, d'après lui, M. Chauveau (*avoués,* xlvij, 450), mais *cent* francs. V. d. *décr.* 3 *août* 1810, *art.* 2 (cette erreur a été rectifiée dans la seconde édition de Carré, *t. vj,* p. 283, pas M. Victor Foucher, son annotateur). Ils observent d'ailleurs avec raison, qu'on ne voit pas pourquoi l'on a accordé aux prud'hommes une juridictoin de dernier ressort plus étendue que celle des juges-de-paix.

(5) Il y avait jadis un *conseil des prises,* qui a été supprimé en 1814, et remplacé par le comité contentieux du conseil d'état, et successivement par les tribunaux ordinaires. V. *L.* 26 *vent. viij* ; *ord.* 9 *janv.* 1815 *et* 25 *janv.* 1824.

(4) Quant à celle 1° de la COUR DES COMPTES (on recourt de ses arrêts, au conseil d'état), v. *L.* 16 *et déc.* 28 *sept.* 1807 ; *ord.* 28 *janv.* 1815, 1 *sept.* 1819, 28 *déc.* 1830... 2° des administrations, v. *l'appendice* de la section.

ARTICLE PREMIER.

Des arbitres.

On distingue deux espèces d'arbitres, les arbitres ordinaires et les arbitres de commerce.

§ 1. *Des arbitres ordinaires.*

Les arbitres ordinaires, ou tout simplement les *arbitres,* sont des magistrats privés (5) choisis par des particuliers pour statuer sur leur différend.

Nous allons examiner comment, pour quelles causes et parmi quelles personnes on peut les choisir. Nous dirons aussi un mot de leur procédure et de leurs jugemens.

I. *Compromis et jurisdiction.* Le choix des arbitres se fait par un acte devant notaire, ou sous seing privé (6*), appelé *compromis* (7), où l'on doit désigner les objets en litige (8) et les noms des arbitres, sous peine de nullité. *C-pr.* 1005, 1006. — V. aussi *L.* 1, 21, § 6, *et* 32, § 15, *D. de receptis.*

Toutes personnes ayant la libre disposition de leurs droits (9), peuvent passer un compromis sur leurs intérêts privés (10) de tout genre, à moins qu'il ne s'agisse de dons et legs d'alimens (**11**), de séparations entre époux et de matières où le ministère public doit être entendu (**12**). *C-pr.* 1003, 1004. — V. aussi *LL.* 3, 32 (*pr. et § 2 et 7) et 35, D. eod ; L.* 24 *août* 1790, *tit.* 1, *art.* 2 ; *Despeisses, ordre judiciaire, tit. xj, sect.* 1, *n.* 3.

Le compromis est valable quoiqu'on n'y ait point indiqué le délai pendant lequel sera rendu le jugement arbitral. *C-pr.* 1007; *L.* 24 *août, art.* 3.— Dans ce cas, la loi en fixe la durée à trois mois. *C-pr.* 1007 *et* 1012, ℣ 2. (**13**)

Il finit 1° par la mort, par le refus, le déport ou l'empêchement d'un des arbitres (**14**); 2° par l'expiration du délai (**15**); 3° par le partage (**16**); 4° par le décès de l'une des parties, si tous ses héritiers ne sont pas majeurs (**17**). *C-pr.* 1012, 1013.

(5) Parce qu'ils sont institués par de simples particuliers et pour une contestation déterminée.

(6*) Ou par procès-verbal devant les arbitres choisis. *C-pr.* 1005.

Questions diverses : Compromis *privé.* V. *arr. cass.* 15 *fév.* 1814. — Compromis de femme et signature du greffier sur *l'exequatur.* V. *Toulouse,* 30 *avril* 1824, *avoués, xxvj,* 239. — Compromis à faire double.. *Voyez Bourges,* 23 *janv.* 1824, *ib.,* 248... Mais voyez aussi *rej. requ.* 1 *mars* 1830, *ib., xxxviij,* 304. — Compromis fait au bureau de paix... V. *tit. de la conciliat., note* 25, *n.* 3 ; *Bordeaux,* 1830, *avoués, xxxix,* 54.

(7) Parce que jadis on promettait de payer quelque chose à titre de *peine* pour le cas où l'on ne se conformerait pas à leur sentence. *Despeisses, ordre judic., tit.* 11, *sect.* 1, *n.* 3.— Droit actuel. V. *rec. alph. vj,* 632.

(8) Les contestations présentes, non les futures. *L.* 46, *ff. eod.*—Toutefois si l'on a exprimé qu'on veut faire statuer sur les difficultés qui se sont élevées ou qui pourraient s'élever relativement à un contrat, le compromis est valable, *suiv. Turin,* 4 *avr.* 1808, *J-C-pr. ij,* 352. — Autres questions... V. *arr. cass.* 2 *sept.* 1812; *Aix,* 3 *janv.* 1817, *Jalbert,* 2, 151; *Carré, ij,* 759; *Hautefeuille,* 593.

(9) *Observations.* 1. Par conséquent un *mineur* ne peut compromettre, même par l'intermédiaire de son tuteur, celui-ci fût-il autorisé par le conseil de famille. *Arr. cass.* 23 *pluv. x,* 4 *fruct. xij*; *rép. xv,* 61. — Il est vrai que ces arrêts sont antérieurs au code, mais comme ils se fondent sur la loi du 24 août 1790, art. 2, dont l'art. 1003 du code a reproduit la décision (si ce n'est qu'au lieu de *disposition,* l'art. 2 disait : *exercice* de droits), on peut encore en argumenter... Il est également vrai qu'on permet au tuteur de transiger en observant certaines formes, mais le pouvoir de transiger ne comprend pas celui de compromettre. *C-c.* 467, 1989. — Et si le pouvoir de compromettre peut être ajouté par simple *lettre* au pouvoir de transiger (*suiv. arr. de Nîmes,* 1806, *J-c-c., viij,* 544), cela

ne s'applique point assurément au tuteur... Enfin les causes des mineurs sont au nombre de celles où le ministère public doit être entendu (v. *p.* 25, *note* 27).

2. A l'égard des *communes* et de l'*héritier bénéficiaire*, *voyez* ci-après, tit. de l'autorisation, note 16, et du bénéfice d'invent., n. 15.

3. Le curateur d'un absent ne peut non plus compromettre pour lui; et l'on a même jugé que la nullité résultant de cette incapacité était absolue et pouvait être proposée même par les autres parties. *Arr. rej. requ.* 5 *oct.* 1808, *Nevers*, 555. — Mais on a ensuite décidé le contraire pour le compromis passé mal-à-propos par un mineur. *Arr. cass.* 1 *mai et* 26 *août* 1811, *ib.*, 242, *et* 1812, 535.

(10) Même résultant d'un délit, mais non pas sur le délit. *L.* 32, § 6, *ff. eod.*; *C-c.* 2046; *C-pr.* 249. — V. *tit. du faux incident*, § 3, *et cours de dr. cr.*, *ch. des actions, art.* 2, *in f.*

(11) *Observations.* 1. Nous n'ajoutons pas, comme l'art. 1004 du code les *logemens* et *vétemens*, parce que le mot *alimens* les désigne implicitement dans la langue du droit. *L.* 43, 44 *et* 234, § 2, *ff. verb. sign.*; *Portalis, motifs du tit. du mariage.*

2. Quant aux alimens qui ne résultent pas de dons ou legs, la loi ne défend point d'en faire l'objet d'une transaction ou d'un compromis; toutefois comme d'après deux lois romaines combinées (8, *D.*, et 8, *C.*, *de transactionib.*), aucune transaction sur des alimens n'est valable sans la permission du magistrat, et comme le Code civil n'a rien réglé spécialement sur les alimens on a décidé que ces principes étaient encore en vigueur. *Arg. de C-c.* 1128, 1293, 2045, *et de C-pr.* 581, 1004; *arr. de Nîmes*, 18 *déc.* 1822, *Sirey*, 25, 2, 86. — Mais voy. *rej. requ. et civ.* 7 *févr. et* 31 *mai* 1826, *avoués*, *xxxij*; 52, *xxxiij*, 40.

(12) *Observations.* 1. Telles sont les questions d'état, les mariages. *Ci-dev.* note 26, p. 25; *C-pr.* 83 *et* 1004; *B. c.* 6 *pluv. xj.*

2. Les causes de séparations de corps sont aussi sujettes à communication, mais il n'en est pas de même des causes de séparations de biens. Cependant comme l'article 1004 ne fait aucune distinction, il est clair qu'on ne peut passer un compromis sur ces dernières causes (*voyez d'ailleurs*, C-pr. 865).

3. Quoique le ministère public doive être entendu dans toute requête civile (v. *en le titre*, § 4, *et C-pr.* 498), l'article 1010 autorise indirectement à compromettre dans ce cas.

4. Les exceptions de l'art. 1004 sont fondées sur ce que les causes qu'elles embrassent sont assez importantes pour exiger des juges (*majores judices*) offrant plus de garanties que des arbitres. *L.* 32, § 7, *ff. de receptis*; *Galli*, *p.* 181. — D'après ce motif il semble qu'on eût dû maintenir l'ancienne jurisprudence, qui ôtait aux arbitres la connaissance des requêtes civiles. *Despeisses, sup.*

(13) Ainsi, il y a deux délais d'arbitrage; 1. le conventionnel, qui est déterminé par le compromis; 2. le légal qui a lieu au défaut du précédent, et qui est de trois mois... Les délais pour *instruire* et *juger* ne courent pas pendant ceux d'inventaire et de délibérer. V. *C-pr.* 1013, *et tit. du bénéfice d'inventaire.*

(14) A moins que le compromis ne porte qu'il sera passé *outre*, ou que le remplacement sera au choix des parties, ou des arbitres (ou de l'arbitre) restans. *C-pr.* 1012.

Observations. 1. *Passer outre* signifie en droit continuer un acte, une procédure, sans s'arrêter à un évènement, à un obstacle, qui paraissaient au premier aperçu devoir en arrêter la consommation.

2. Quant à l'*empêchement*, le code ne permettant pas aux arbitres de se

déporter à leur volonté, il est clair qu'il doit être fondé sur une cause légitime..
V. d'ailleurs *ci-apr. n. ij, in f. et p,* 44, *note* 21.

3. Le refus, le déport, etc. d'un *seul* arbitre suffit. *D. art.* 1012; *arr. cass.*
2 *sept.* 1811, 24 *déc.* 1817.—Lors même que ce refus, ce déport, etc. n'a été
connu que de l'une des parties. *D. arr.* 24 *déc.*

(15) V. B. c. 21 fév. 1826 ; autres arr. à avoués, xlvj, 196.
Dr. anc.—Idem.— V. *Pothier, pand., h. t., n.* 56 ; *Despeisses, sup.*
Dr. int.. Le compromis subsistait jusqu'à ce que l'une des parties eût no-
tifié sa renonciation. *L.* 24 *août, art.* 3 ; *arr. d'Angers,* 13 *août* 1806 ,
J-C-c., ix, 347; *autres,* au *rép. ij,* 682.

(16) A moins que les arbitres n'aient le pouvoir de prendre un tiers arbitre. *C-pr.* 1012, ⸭ 3. .

(17) De sorte que lorsqu'ils sont tous majeurs, le compromis ne finit point.
— *Dr. anc.* Règle contraire. *L.* 27, § 1, *ff. eod.*
Compromis *expiré* ou *prorogé...* V. B. c. 18 août 1819, rej. civ. ou requ.
6 nov. 1815 et 17 janv. 1826, et Limoges, 22 juin 1814, avoués, xij, 279,
xxxij, 61, xj, 177.

II. *Arbitres.* On peut choisir pour arbitres toutes sortes de personnes, à l'exception, 1° de celles que leur âge (telles que les mineurs), leurs infirmités (telles que les interdits), leur intérêt personnel ou leur immoralité rendent incapables ou indignes de prononcer un jugement. *LL.* 9 (§ 1), 41, 47 et 51,. *D. eod.; Mornac, ad LL.* 7 *et* 41, *eod.; Fromental, p.* 19; *Despeisses, sup.; B. c.* 20 *oct.* 1807. — 2° Des femmes. *L.* 6, *C. eod.; Mornac, sup.; Leprêtre, cent.* 3, *ch.* 40, *n.* 14; *Despeisses, sup.* (18)

Une fois nommés les arbitres ne peuvent, 1° être révoqués que du consentement de toutes les (19) parties.... 2° Etre récusés que pour une cause posté-rieure au compromis. *C-pr.* 1008, 1014. (20)

Lorsqu'ils ont commencé leurs opérations, ils ne peuvent se déporter (21). *C-pr.* 1014.

(18) *Observations.* 1. Quoique le code n'ait pas reproduit ces prohibitions, il paraît juste de les observer, comme conformes aux principes généraux du droit, excepté pour les mineurs qui à raison de leurs titres, tels que
des gradués, des avocats, offrent une garantie suffisante de leur capacité. *Répert., mot arbitrage, n.* 1.

2. A l'égard des femmes, comme les arbitres sont au fond de véritables *juges,* on ne peut leur en donner les fonctions, puisqu'elles sont exclues de
toutes les professions, soit publiques, soit assimilées aux publiques, excepté
de l'exécution testamentaire et de la tutelle de leurs enfans. *L.* 1, *ff. eod.;*
Cujas, *ad d. L., lib.,* 2, *qu. Pauli; L.* 2, *D. reg. jur.; C.c.* 1029, 390.—V.
aussi rép. sup.

3. Pigeau, *i*, 20, soutient qu'on doit aussi exclure les juges naturels de la contestation, parce qu'ils peuvent être appelés dans la suite à connaître de la sentence arbitrale, et il cite la loi 9, § 2, *ff. eod.* Mais 1o si la sentence leur est soumise, ils peuvent être récusés ou se récuser. — 2o Le § 2 cité offre une décision sur le sens de laquelle les interprètes sont partagés. Quoi qu'il en soit, tous s'accordent au moins à décider que les juges peuvent être amiables compositeurs. Tel est d'ailleurs l'usage général, usage bien ancien, puisque Accurse en fait mention comme constant. V. *Gl. in d.* § 2; Cujas . *ad nov.* 86; *Faber, C. de arbitris, def.* 2. — Au reste, la question paraît résolue implicitement par *C-pr.* 378, ¥ 8, et surtout par deux décrets de l'an 13. V. *rép. sup.*; *arr. de Trèves*, 1812, *de Colmar*, 1813, *et d'Agen*, 1825, *J-C-c.*, *xx*, 285, *avoués*, *xxix*, 169, *xlvj*, 195.

(19) « Pendant le délai de l'arbitrage. » *C-pr.* 1008. — De sorte que, pendant cet intervalle, une seule des parties ne peut porter une question du différend aux tribunaux ordinaires. *B. c.* 12 *juill.* 1809.

Observations. 1. Il n'est pas besoin de révocation après le délai, puisque le compromis expire avec ce délai. — *Ci-d.*, p. 41. — V. aussi *L*. 32, § 3, *ff. eod.* — Au reste, la révocation anéantit tellement l'arbitrage, qu'on peut reprendre l'instance introduite auparavant. *B. c.* 23 *pluv. xij*; *ci-apr. tit. des reprises d'instance, note* 7.

2. La sentence arbitrale rendue après la faillite d'une des parties, mais sur un compromis antérieur, est valable, *suiv. Nîmes* , 1806, *J-C-c. viij*, 344 (cela paraît contraire au droit ancien... v. *Despeisses, ib.*).

(20) *V.* à ce sujet, ci-apr., titre des expertises, note 11.

Les causes de récusation des arbitres sont celles des juges ordinaires. *Pigeau, sup.*; M. *Merlin, rép.*, *xij*, 88, *mot récusation*, § 2, n. 5. — Voyez aussi *rej. requ.* 16 *nov.* 1825, *avoués*, *xxx*, 187. — Il en est de même pour les arbitres de commerce. *D. n.* 5.

(21) C'est qu'ils pourraient nuire aux parties par la connaissance qu'ils ont déjà acquise de leurs secrets de famille (*L.* 3, § 1, *ff. eod.*). et que si les parties eussent craint le *déport*, elles auraient évité le retard qu'il occasionne en choisissant d'autres arbitres. — *Quid* si elles l'ont prévu sans s'expliquer sur ce cas ? v. *arr. de Paris*, 8 mai 1824, *avoués*, *xxvj*, 291.

Au reste, on permet sans doute le déport, dans le cas d'empêchement indiqué à l'art. 1012 (*ci-dev.*, p. 42, *note* 14, *n.* 2). Or, on met au nombre des empêchemens légitimes, les inimitiés capitales, l'âge avancé, les maladies, les fonctions publiques , etc. *LL.* 15, 16 *in pr.*, 9 (§ 3 *et* 4), 10 *et* 11 *in pr.*, *ff. eod.*

III. *Procédure et jugemens* (22)... 1° L'instruction est faite par tous les arbitres (23)..... On y suit les formes et les délais ordinaires (24). V. *C-pr.* 1011, 1009. — En cas de partage, on appelle pour le vider, un tiers-arbitre. *C-pr.* 1017. (25)

(22) Nous n'indiquerons ici que les règles générales ; les détails seront exposés dans les passages où les notes suivantes renvoient, parce que ces détails ne peuvent être entendus qu'à l'aide d'autres règles que nous développerons dans la suite.

(23) A moins que le compromis ne les autorise à commettre l'un d'eux. *C-pr.* 1011.

(24) Les délais et les formes établis pour les tribunaux, si les parties n'en

sont autrement convenues. *C-pr.* 1009. — Mais il ne résulte pas de là qu'il faille employer le ministère des avoués : 1° les avoués ne sont pas établis auprès des tribunaux d'arbitres ; 2° les habitans des campagnes, c'est-à-dire la partie la plus nombreuse de la population, seraient privés des bienfaits de l'arbitrage, si l'on était forcé d'avoir recours aux avoués, puisqu'ils ne sont établis que dans les villes chefs-lieux de tribunaux, et telle n'a pu être l'intention du législateur. V. *aussi arr. de Gênes*, 15 *fév.* 1811, *avoués*, *iij*, 367.

Au surplus, 1. les parties sont tenues de produire leurs défenses et pièces quinzaine au moins avant l'expiration du délai d'arbitrage, et les arbitres de juger sur ce qui a été produit. V. *C-pr.* 1016, *in pr.; et ci-apr., tit. des défenses et des rapports de juges.* — 2. En cas d'incident de faux, etc., on surseoit ; et les delais de l'arbitrage continuent à courir du jugement de l'incident. *C-pr.* 1015 ; *ci-dev.*, p. 31, 3°.

(28) *Observations.* 1. *Tiers-arbitre.* Il est nommé par les arbitres (lorsqu'ils y sont autorisés), sinon par le président du tribunal d'exécution (sur une requête de la partie la plus diligente). Il prononce après avoir conféré avec les premiers arbitres, ou même seul, s'ils n'ont pas voulu se réunir (on leur en fait sommation). Dans ce dernier cas, il faut qu'il adopte l'avis de l'un des premiers arbitres (ils sont obligés de rédiger et motiver séparément cet avis dans un procès-verbal). V. *C-pr.* 1017, 1018; *tarif* 29, 77.

Mais il n'est pas obligé d'adopter cet avis par rapport à toutes les questions ; il peut, par exemple, suivre l'avis du second arbitre pour la première, celui du premier pour la seconde, etc. *Rej. requ.* 11 *fév.* 1825, *et Toulouse*, 6 *août* 1827, *avoués*, *xxviij*, 19, *xxxv*, 310.

2. Il paraît qu'on a prescrit cette mesure (l'adoption de l'avis) parce que l'on considère le tribunal comme formé de la réunion des arbitres (*B. c.* 19 *pluv. et* 6 *germ. viij*, 14 *fruct. ix*, 21 *flor. xj*), et que l'on obtient alors la majorité des suffrages... *Quid juris* s'il y a quatre arbitres ou davantage, et qui aient tous un avis différent?... Si l'on s'en tient littéralement au texte de l'art. 1018, il suffit que le tiers-arbitre se conforme à l'avis de l'un d'entre eux ; mais alors le jugement serait rendu par la minorité, et il n'est pas probable qu'on ait voulu consacrer un tel résultat. L'art. 1016 (*ci-dessous n.* 5) semble même supposer le contraire (v. *au surplus, titre des jugemens*, *n.* 1, *et note* 17, *ib.*).

3. « Le tiers-arbitre est *tenu* de juger dans un mois après son accepta« tion, *à moins* que ce délai n'ait été prolongé dans l'acte de nomination.» *C-pr.* 1018, *in pr.* — Quelque impérative que soit cette disposition, une cour l'a considérée comme purement comminatoire (v. *ci-apr.* § *des nullités, note* 7), et en conséquence a décidé que si le tiers arbitre n'est pas révoqué, il peut juger même après l'expiration de ce mois (*Rouen*, 21 *déc.* 1808, *J-c-pr. iij*, 140). — La cour de Nîmes (30 *janv.* 1812, *avoués*, *viij*, 365) a adopté, et avec raison, suivant nous, un système différent.

Toutefois, les arbitres, en nommant le *tiers* (dans le cas du n° 1) peuvent lui donner un délai plus long. *Arg. de C pr.* 1012 *et* 1018, *conf.; rej. civ.* 17 *mars* 1824 *et Paris*, 19 *janv.* 1825, *avoués*, *xxvj*, 187, *xxx*, 22.

4. Les lois romaines veulent qu'en cas de division des arbitres, sur le montant de la condamnation, on s'attache à l'avis qui est pour la moindre valeur, parce qu'il est censé compris dans les autres. *L.* 17, § 3, *et L.* 19, *ff. eod.* — Mais on ne peut aujourd'hui suivre cette règle ; il faut vider le partage d'après la précédente.

5. *Signature.* Le jugement est signé par tous les arbitres. S'il y en a plus de deux et si la *minorité* refuse de signer, la majorité en fait mention, et la signature des membres qui la composent est suffisante. *C-pr.* 1016, ꝑ 2 ; *rej. requ.* 3 *janv.* 1826, *avoués*, *xxx*, 388. — Elle donne l'existence au ju-

gement. *Arr. cass.* 3 *juin* 1811; *autres à prat. fr.*, *v*, 385, 387.—Mais voyez aussi *arr. cass.* 21 *therm. ix.*

6. *Date.* Ce jugement fait foi de sa date. *Prat. fr. sup.*, *et reo. alph.*, *mot date*, § 5; *arrêts, ib.*; *autre de cassat.*, 15 *juill.* 1812, *Nevers*, 187.

2° Les arbitres doivent juger d'après les règles du droit, s'ils n'ont pas reçu le pouvoir de prononcer comme *amiables* compositeurs. *C-pr.* 1019. (26)

3° L'exécution d'un jugement arbitral (27) de 1ʳᵉ instance est ordonnée par le président du tribunal civil du lieu où il a été rendu; celle d'un jugement sur appel, par le président du tribunal où l'appel aurait été porté s'il n'y avait pas eu de compromis (28)... Les tribunaux de ces présidens connaissent de l'exécution et de l'opposition à l'exécution. *C-pr.* 1020, 1021... V. *aussi L.* 24 *août*, art. 6.

(26) Les arbitres proprement dits, sont donc ceux qui doivent juger d'après les règles du droit, et les *arbitrateurs*, ou *amiables compositeurs*, ceux qui en sont dispensés. Mais au moins ces derniers sont-ils tenus de s'astreindre aux règles de l'équité. *Despeisses, sup.* — Au reste, on a longtemps confondu ces deux sortes d'arbitres. V. *id., in pr.*

Observations. 1. Les arbitres étant de véritables juges (*ci-dev. noté* 18), ils ne peuvent ni réformer, ni rectifier, ni interpréter leur sentence. *L.* 19 *in f.*, *et* 20, *ff. eod.*; *Despeisses, sup.*

2. Comme ils reçoivent leur autorité des parties, ils n'ont le droit de prononcer la contrainte par corps, que lorsqu'elles pouvaient s'y soumettre (comme des marchands pour fait de commerce), ou bien y étaient soumises (par exemple pour reliquats de comptes.). *Arg. de C-c.* 2063; *B. c.* 5 *nov.* 1811; *Pau*, 4 *juillet* 1821 *et rej. civ.* 1 *juill.* 1823, *Toulouse*, 17 *mai, et Paris*, 8 *août* 1825, *avoués, xxiij*, 237, *xxv*, 244, *xxxj*, 264; *ci-ap. tit. de la contrainte, note* 3, *n.* 1, 1 a et 3.— Il en est autrement des arbitres de commerce. *D. B. c.* 5 *nov.*; *Paris*, 20 *mars* 1812, *avoués, v*; 30.

(27) Mêmes préparatoires... *C-pr.* 1021, 1024.

Exécution provisoire. Celle des jugemens d'arbitres peut être ordonnée, et l'on suit alors les règles propres aux tribunaux (*C-pr.* 1024; *ci-ap.*, *p.* 60; *tit. de l'appel, ch.* 5); c'est-à-dire, d'après Demiau (*p.* 679), propres, ou aux tribunaux civils, ou aux tribunaux de paix, selon que la cause eût été de la compétence des uns ou des autres.

(28) *Le président... du lieu...* idem, B. c. 26 *janv.* 1824.

Observations. 1. L'ordonnance d'exécution (ou *exequatur*) est rendue sur requête, sans l'entremise du ministère public, et écrite sur la minute du jugement, minute qu'un des arbitres doit *déposer* dans trois jours au greffe civil ou d'appel. V. *C-pr.* 1020, 1021; *tarif* 91, et pour la signature, *ci-d. note* 25, *n.* 3. — Ce n'est qu'alors qu'il produit hypothèque. *C-c.* 2123 (voy. aussi *tit. des règles générales d'exécution, note* 3).

2. Avant *l'exequatur*, le jugement *n'est rien* pour l'officier instrumentaire. *Arr. cass.* 3 *août* 1813.

IV. *Voies contre les jugemens.* — Il y en a trois, l'opposition d'exécution (*ci-dev. p.* 46), l'appel et la requête civile (**29**)... Les deux dernières se portent aux tribunaux civils pour les objets de la compétence des juges de paix, et aux cours royales pour ceux de la compétence des tribunaux civils (**29a**). *C-pr.* 1028, 1023, 1026.

Mais on n'a, ni la voie de la simple opposition, ni celle du recours en cassation, et celle de la tierce-opposition serait inutile (**30**). *C-pr.* 1016, *in f.*, 1028, *in f.*, 1022.

(29) *Observations.* 1. On peut, excepté dans les arbitrages sur appel ou requête civile, appeler de la sentence, pourvu qu'on n'y ait pas renoncé lors du compromis ou depuis. *C-pr.* 1010 (*Dr. anc.* et *int.* : jadis on avait cette voie lors même qu'on y avait renoncé ; les lois nouvelles ne la permirent ensuite, tout comme celle du *recours*, que quand on se la réservait.. v. *rép.*, *i*, 341 ; *rec. alph.*, *i*, 152.).

2. La requête civile a lieu en général, dans les mêmes délais, formes et cas que pour les tribunaux ordinaires. *C-pr.* 1026. — On peut y renoncer, *suiv. arr. rej.* 18 *juin* 1816, *Jalbert*, 498.

3. A l'égard des autres règles relatives, 1° à *l'appel* des sentences arbitrales, *voyez* titre de l'appel, notes 19 et 121 ; 2° aux *requêtes civiles, voyez*-en le titre, § 2 iu pr., et notes 21, 23 et 49 ; — 3° à *l'opposition d'exécution, voyez* titre de l'opposition, *à l'appendice.*

(29 a) Soit en premier, soit en dernier ressort. *C-pr.* 1023. — Donc, pour les causes de dernier ressort de ces juges ou tribunaux, le compromis donnera lieu à un second degré de jurisdiction.

(30) Quant à l'inutilité de la tierce opposition, *voy.* B. c. (*sect. réun.*) 29 *déc.* 1821, surtout Carré (*lois*, *art.* 1022), qui indique un cas où la sentence arbitrale a de l'effet contre des tiers.

Observations. 1. On ne peut recourir que du jugement que rend le tribunal d'exécution, sur l'appel ou la requête civile. *C-pr.* 1028, *in f.*; *ci-apr.* tit. de la cassat., § 2. (Dr. int... v. *ci-dessus, note* 29, n. 1).

2. Quelle sera donc la voie qu'on aura pour attaquer les jugemens arbitraux rendus sur une requête civile, puisqu'on n'admet point une requête civile sur une requête civile? v. *en le titre, note* 18...

3. *Voyez* au reste, pour *l'arbitrage*, rép. et rec. alph., h. v.

§ 2. *Des arbitres de commerce.* (**30a**)

Les contestations entre les commerçans associés ou leurs veuves ou ayant-cause, relatives à leur société (**31**) sont jugées par des arbitres nommés par eux (soit en justice, soit dans un acte ou notarié, ou privé, ou extra-judiciaire), ou d'office par le tribu-

nal· de commerce (31*a*); et qui doivent prononcer
dans un délai convenu, ou déterminé également par
ce tribunal (31*b*). V. *C-com.* 51, 62, 53, 55, 54. — V.
aussi *ord.* 1673, *tit.* 4, *art.* 9, 10, 14.

Ces arbitres prononcent sans aucune formalité,
mais d'après les règles du droit (*v. arr. cass.* 16 *juill.*
1817), sur les pièces et mémoires des parties et
même d'une seule partie, lorsque les autres n'ont
pas remis les leurs dans les délais accordés. En cas
de partage, on appelle un *sur-arbitre* (32). V. *C-com.*
56 *à* 60.

Leurs jugemens sont rendus exécutoires par une
ordonnance (33) du président du tribunal de commerce. Ils sont susceptibles d'appel (34) et de recours, si l'on n'y a pas renoncé (35). V. *C-com.* 61,
52, 63 ; *d. tit.* 4, *art.* 13. (36)

(30 *a*) On donne aussi ce nom à des individus chargés d'examiner des
comptes, de donner un avis, etc. V. *ci-apr. tit. de la procéd. de commerce,*
n. iv et note 16.

(31) V. *C com.* 51; *arr. Colmar,* 24 août 1808, J-C-pr., *ij,* 336. — Cela
est-il relatif aux sociétés en *participation* (*ci-apr.,* section 2, ch. 3, *note*
23)?... Oui : v. *arr. Gênes,* 1808, J-C-pr. *iij,* 403 ; *B. c.* 7 *janv.* 1818; *Tou-*
louse, 5 *janv.* 1824, *avoués, xxvj,* 41 (décision contraire mais mal fondée :
v. *Bruxelles,* 1810, *Nevers,* 1811, *supp.* 168).

L'action en nullité du contrat de société étant préjudicielle se porte au tribunal de commerce et non pas aux arbitres. *Arr. cass.* 6 *juill.* 1820; *id. ré-*
glem. 7 *juin* 1821.

(31 *a*) Mais seulement pour l'associé qui a refusé de nommer. *B. c.* 5 *juin*
1815 *et* 9 *avr.* 1816; *Lyon,* 28 août 1824, *avoués, xxvij,* 174. — Exception :
v. *arr. rej.* 10 *avr.* 1816, *Jalbert,* 224.

(31 *b*) *Observations.* 1. Le code de procédure étant applicable aux tribunaux de commerce dans les points où le Code de commerce ne lui est pas
contraire, on doit décider que le compromis commercial finit de plein droit
avec le délai, quand même les associés n'ont pas provoqué la nomination
d'autres arbitres. V. *B. c.* 22 *avr.* 1823. — V. aussi *Toulouse et Angers,*
1er août *et* 23 *juin id., Sirey,* 24, 2, 163 *et* 205 (contra... *Riom et Bor-*
deaux, 1820 *et* 1823, *ib.,* 22, 2, 38, *et* 23, 2, 220.) — Mais le tribunal de
commerce peut proroger ce délai si on le demande avant son expiration. *Rej.*
civ. 28 mars 1827, *avoués, xxxiij,* 23.

2. La majorité des arbitres fait le jugement sans qu'on doive examiner
si les parties qu'ils représentent, ont ou non, des intérêts communs. Voy. *rej.*
civ. 23 nov. 1824, *et Toulouse,* 1833 *et* 1834, *avoués, xxviij,* 62, *xlvj,* 298,
xlvij, 504.

(32) Nommé par les arbitres (s'il ne l'est pas par le compromis), et en cas
de désaccord sur le choix, par le tribunal de commerce. *C-com.* 60; *d. tit.* 4;

art. 11. — S'il s'agit de plus de 1,500 fr., il ne peut l'être en dernier ressort, *suiv. B. c.* 22 *fruct. xiij.*

(33) Rendue sans modification, dans les trois jours du dépôt de ces jugemens au greffe (ils y sont transcrits). *C-comm.* 61. — Ils sont exécutoires par provision. V. *ci-apr. art.* 4, *note* 82.

(34) Devant la cour d'appel. *C-com.* 52. — Ils ne sont point passibles de l'action en nullité, comme ceux des arbitres ordinaires. V. *rej. civ.* 26 mai 1813, *Nevers,* 560; *B. c.* 28 *avr.* 1829; *autres arr. de* 1810 à 1828, *avoués, xlvj,* 205, *note* 3; *ci-apr. tit. de l'opposition, appendice.* — A moins qu'il n'y ait excès de pouvoir... V. *à ce sujet, B. c.* 3 août 1825, *et avoués, xxx,* 62. — Ou que les associés n'aient renoncé à toutes les voies légales d'attaque (ce qui, comme le fait observer M. Chauveau, change indirectement ces arbitres en arbitres ordinaires). V. sur ce point *rej. civ.* 7 mars 1832, *ib., xlij,* 266, *et observ., ib., xlvj,* 205.

(35) Le tuteur du mineur ne peut renoncer à l'appel. *D. art.* 63. — La renonciation des parties à l'appel a effet même en cas que les arbitres soient ensuite nommés d'office, *suiv. B. c.* 15 *juill.* 1818 (décision qui nous paraît susceptible de difficulté).

(36) *Observations.* 1. Le Code de procédure forme le droit commun en matière d'arbitrage; il est donc applicable, dans le doute, même aux arbitres de commerce (v. note 31 *b*). Toutefois, ils diffèrent, sous plusieurs rapports, des arbitres ordinaires : 1° Avant tout, on est *forcé* de recourir à leur intervention (*co.* 55); c'est une sorte de tribunal particulier en matière de société commerciale, mais dont les membres ne sont pas connus d'avance. Des arrêts en ont conclu qu'une fois choisis ils sont irrévocables. (V. *Cass.* 13 *fruct. viij et* 21 *niv. ix; rép. iij,* 48); 2° Ils peuvent être récusés pour des causes antérieures à leur nomination (V. *M. Bravard,* ch. V.); 3° leur mandat ne cesse pas par le fait du partage; 4° ils nomment le tiers arbitre (*co.* 60); 5° ils ne sont pas assujettis aux formes de la procédure civile; 6° on peut se pourvoir en cassation contre leurs décisions (*co.* 52); 7° quant à la contrainte par corps, v. *note* 26, n° 2. — F. B.

2. *Droit ancien...* V. dd. arr.; Jousse, ordonn. 1673, tit. 4; rép. liij, 594, mot cassation, § 3, n. 6.

3. *Droit intermédiaire. Arbitres forcés et tribunaux de famille.* Les premiers avaient été créés pour les affaires des communes, des créanciers des émigrés et des successions; les seconds, pour celles des proches parens et alliés, et des pupilles. V. *L.* 10 juin, 12 *juill. et* 2 oct. 1793, 12 *brum. et* 17 *niv. ij,* 24 *août* 1790, *tit.* 10, *et* 27 *mars* 1791, *art.* 9. — Ils furent supprimés par la loi du 9 vent. an IV. V. *B. c.* 9. *pluv. xiij.* — On pouvait recourir de leurs jugemens. V. *rép., mot cassation,* § 3, *n.* 6, *t.* 3, *p.* 594; *ci-après, tit. de la requête civile, note* 20, *n.* 2. — A l'égard des oppositions, v. *tit. de la tierce-opposition, note* 12, *et rec. alph., mot arbitres,* § 5.

ARTICLE II.

Justices ou tribunaux de paix (**37**).

Le juge de paix est un magistrat chargé de décider, dans l'étendue d'un canton, les contestations relatives aux dettes modiques ou à la possession des immeubles. Il doit, comme son nom l'indique, chercher à concilier les parties.

Sa compétence est générale ou spéciale.

I. Compétence *générale*, limitée à 200 francs (**38**).

Elle embrasse :

1° les actions (**39**) personnelles mobilières (**40**);

2° les actions réelles mobilières, du moins selon l'opinion la plus probable (**41**). *Loi du 25 mai* 1838, *article* 1.

(37) *Observations.* 1. Les justices de paix ont été fondées par l'assemblée constituante (*loi du 24 août* 1790). Le juge siégeait alors avec deux assesseurs. Aujourd'hui le tribunal de paix est formé d'un juge, remplacé au besoin par un premier, et celui-ci par un second suppléant. Si tous les trois sont *empêchés*, on s'adresse au tribunal civil, qui renvoie la cause au juge de paix le plus voisin. L. 29 *vent. ix*, 16 *vent. xij*.

2. Il doit donner deux audiences (*pour le lieu*, v. *ch.* 2, *note* 41, *p.* 29) par semaine. *C-pr.* 8.

3. Les juges de paix doivent être âgés de trente ans d'après la constitution de l'an III (art. 209), encore en vigueur sur ce point. Du reste, la loi ne les assujettit, et bien à tort, à aucune condition de capacité. Électifs jusqu'au consulat viager, le S-C. du 16 therm. X, donna au gouvernement le droit de les nommer, mais sur une liste de deux candidats électifs. Cette disposition que la Charte n'abrogeait pas catégoriquement (v. mon *Commentaire*, p. 376) n'a jamais été observée depuis 1814. La constitution de 1848 réserve aux lois organiques la faculté de rétablir les candidatures et d'exiger des conditions de capacité; celle de 1852 ne dit rien de contraire.

D'après l'art. 26 de cette dernière constitution, on pourrait soutenir que les juges de paix sont inamovibles. V. mon *Droit constit.*, page 757. Mais il est peu probable que les rédacteurs aient voulu innover au droit antérieur; or la constitution de 1848 (art. 87), sans aller aussi loin que la Charte, n'attribuait pas aux juges de paix le privilége de l'inamovibilité.

4. *Procédure...* V.-en ci-apr. le titre, liv. 1, section 6, p. 416.

5. *Jurisdiction...* Elle est extraordinaire ou d'attribution (*ci-apr.*, *note* 54, p. 54), et susceptible de PROROGATION. *Ci-d.* *ch.* 2, *règle* 7, *p.* 36.

(38) La loi de 1790 admettait le taux de 100 fr. On l'a doublé à cause de la dépréciation des monnaies et de la multiplication des meubles de valeur modique.

— On appliquera ici les règles générales de compétence posées plus haut (ch. II, art. 5, p. 33). Donc, il faut que la valeur de l'objet litigieux soit fixée dans la demande ; et cela est vrai des actions personnelles, bien qu'Henrion le dise seulement des actions réelles mobilières (ch. 16). Il ne suffit point, quoi qu'en dise Curasson, que la valeur de l'objet soit évidemment moindre de 200 fr. et que le défendeur n'ait pas réclamé.

(39) Pour bien comprendre les règles spéciales de la compétence, il faut d'abord étudier les définitions des diverses actions, et surtout celles des actions réelles et personnelles, mobilières et immobilières. V. sect. II, p. 107, s.

(40) Purement personnelles, dit la loi de 1838 ; ce qui exclut les actions mixtes. — Du reste, la loi ne distingue pas si les actions personnelles ont pour objet des meubles ou des immeubles ; mais il est assez probable que les rédacteurs étaient, comme les praticiens, imbus du préjugé qui nie l'existence d'actions personnelles immobilières (v. Dictionn. de M. A. Dalloz, mot compét., n. 359), et qu'ils ne les ont pas eues en vue. On a toujours considéré les questions d'immeubles comme échappant à la compétence des juges de paix, sous tout autre rapport que celui de la possession. — V. mes Notes sur le C. civ., n° 5617.

(41) La loi dit : personnelles ou mobilières. Rédaction louche, qui peut également signifier : personnelles, autrement dites mobilières, ou bien : personnelles ou mobilières non personnelles. (Elle est d'ailleurs contredite par la loi du 11 avril 1838.) La seconde interprétation soumet évidemment au juge de paix les actions mobilières réelles ; mais la première ne les lui enlève pas d'une manière assez catégorique, à cause du préjugé vulgaire qui nie l'existence d'actions réelles mobilières. La loi de 1790 disait : personnelles ET mobilières, ce qui ne les excluait pas davantage, quoi qu'en dise Boitard, surtout en présence de l'art. 2 du Code ; la phrase pouvait signifier : les actions personnelles ainsi que les actions mobilières. En somme, les deux lois sont également mal rédigées, et l'on doit regretter que les auteurs de la plus récente n'aient pas consulté des théoriciens.

II. a. Compétence *spéciale*, limitée à 1,500 francs.

1° Actions personnelles entre les voyageurs et les hôteliers, voituriers ou carrossiers (**42**). *Loi du 25 mai 1838, art.* 2.

2° Actions personnelles entre les bailleurs et leurs fermiers ou locataires, tendant, soit à fixer une indemnité de non-jouissance, si le droit à cette indemnité n'est pas contesté (**43**); soit à obtenir une indemnité pour dégradations provenant d'une autre cause qu'une inondation ou un incendie (**44**). *Ibid.*, 4.

b. Compétence *spéciale*, limitée à 150 francs par an.

Actions personnelles entre parents ou alliés, à l'effet d'obtenir une pension alimentaire (**45**). *Ibid.*, 6-4°.

(42) Ainsi qu'entre logeurs et locataires en garni. — On a voulu faciliter les voyages, dont le besoin est devenu si général. Le juge de paix est compétent, même quand le voiturier est défendeur, bien qu'il soit commerçant. (V. Cq. 632-3°.) V. cependant note 76.

(43) Donc, si le bailleur prétend qu'il ne doit point d'indemnité, et si la demande excède 200 fr. ou est indéterminée, le juge de paix est incompétent, et il l'est *ratione materiæ*, quoi qu'en dise Henrion. Je crois aussi, nonobstant le même auteur, que le bailleur n'a aucune justification à faire. Le texte de 1838 est plus précis que celui de 1790 ; mais il innove en limitant la compétence à 1,500 fr. ; peut-être est-ce le résultat d'une inadvertance ; cela est d'autant plus vraisemblable que l'art. 4 aurait dû devenir l'art. 3 de la loi.

(44) S'il y a incendie ou inondation, le juge de paix n'est compétent que jusqu'à 200 fr. — Il est incompétent pour statuer entre un nu-propriétaire et un usufruitier (B. c. 10 janv. 1810) ; les exceptions doivent être restreintes.

(45) On a voulu secourir les indigens en leur permettant d'invoquer un juge plus rapproché et une procédure moins coûteuse. — Suivant le rapporteur, M. Amilhau, le chiffre de 150 fr. a été choisi comme étant le minimum de la pension d'admission dans un hospice.

c. Compétence *spéciale*, sans limitation de valeur.

1. Actions *personnelles* entre bailleurs et preneurs pour réparations locatives désignées par la loi (**46**). *Loi du 25 mai 1838, 5-2°.*

Entre les mêmes (quand le prix annuel n'excède pas 200 francs, 400 francs à Paris), pour payement du prix, congés, résiliation fondée sur le non-payement, expulsion de lieux et validité de saisie-gagerie. *Ibid.*, 3 (**47**).

Entre maîtres et domestiques (**48**), ouvriers, apprentis ou nourrices. *Ibid.*, 5-3° et 4° (**49**).

Entre voisins, pour élagage, curage, bornage, plantations et constructions limitrophes. *Ibid.*, 5-1°, 6-2° et 3° (**50**).

Entre toutes personnes, pour dommages aux champs et récoltes ; — pour rixes ou voies de fait, diffamation verbale et injures (**51**) non imprimées. *Ibid.*, *article* 5-1° et 5°.

2. Actions *réelles* possessoires. *Ibid.*, 6-1° (**52**).

(46) S'il y a clause expresse sur les réparations, il faut s'adresser au tribunal de première instance.

(47) Innovation fondée sur la fréquence et la modicité de ces sortes de procès. — On a dû mettre à part les loyers de Paris, en général bien plus élevés ; la loi du 20 mai 1834 assimile aux loyers de Paris ceux de dix grandes villes : Lyon, Marseille, Bordeaux, Rouen, Nantes, Lille, Saint-Étienne, Nîmes, Reims et Saint-Quentin. — Un projet récemment présenté (1855) va sans doute généraliser cette mesure. — Quand le loyer est moindre de 2 ou 400 fr., le juge de paix est

compétent, bien que la somme réclamée s'élève à plusieurs milliers de francs par suite de l'accumulation des termes échus. En sens inverse, si le loyer excède 2 ou 400 fr., le juge de paix est incompétent, dès que la demande est au-dessus de 200 fr.; mais au-dessous il est compétent, puisqu'il s'agit d'une action personnelle, nonobstant Carou et M. Rogron. — L'action est personnelle, même du chef du preneur, malgré la doctrine erronée de M. Troplong, qui lui concède un droit réel. — (V. mes *notes sur le Code civil*, n° 6961.)

(48) La loi ajoute : *gens de service à gages* ; mais ni cette expression ni celle de *domestiques* ne paraissent convenir, dans l'état actuel des mœurs et du langage, aux secrétaires, précepteurs ou bibliothécaires. *Sic* Bourges, 30 mai 1829 ; *S*. 30, 118. *Contra*, Henrion, Carré, Carou, Curasson. — Entre maîtres et ouvriers, le juge de paix est incompétent dans les villes où existent des conseils de prud'hommes.

(49) Exceptez les nourrices fournies par des bureaux que régissent des réglemens particuliers. A Paris, le recouvrement des sommes dues aux bureaux se fait par un acte que le préfet déclare exécutoire. (*Décret du 25 mars* 1806.)

(50) Le législateur a voulu faciliter les opérations dont il s'agit et prévenir les empiétemens ou dégâts, en permettant aux propriétaires d'invoquer une jurisdiction économique et rapprochée. Il fallait surtout s'expliquer sur les actions en bornage, parce que la compétence du juge de paix en cette matière était fort controversable. — On ne parle pas ici de l'élagage ou du curage près des routes ou chemins publics; il reste soumis au droit administratif. — Quand les droits de propriété ou de servitude sont contestés, la nécessité de vider une question pétitoire préalable ramène la compétence du tribunal de première instance.

(51) Il s'agit de l'action civile ou en dommages-intérêts. La compétence change si les parties ont agi devant un tribunal criminel. — La *diffamation* est l'allégation d'un *fait* qui porte atteinte à l'honneur. (*Loi du* 17 *mai* 1819, 13.) — A-t-elle eu lieu par écrit? le juge de paix n'est plus compétent. Mais il en est autrement à l'égard des injures.

(52) V. la définition des actions possessoires, *sect. II, ch. 2, p.* 120. La loi de 1838 cite spécialement la complainte, la réintégrande, la dénonciation de nouvel œuvre (v. *mes additions*, tome II), les entreprises sur les cours d'eau servant à l'agriculture ou à l'industrie. La loi de 1790 citait les déplacemens de bornes, les usurpations de terres, arbres et clôtures. Pour que le juge de paix soit compétent dans ces divers cas, il faut supposer que le demandeur réclame simplement la cessation du trouble apporté à sa possession. Veut-il faire juger qu'il a un droit réel de propriété ou de servitude? qu'il s'adresse au tribunal de première instance : l'action est pétitoire. — Si le défendeur ne prétend pas de son côté agir comme maître, la question n'est plus possessoire : c'est une simple action personnelle pour dommages aux champs ou récoltes. — V. note 54, n° 2.

Les actions réelles pétitoires demeurent dans la compétence générale des tribunaux de première instance, quand elles ont pour objet des immeubles. V. note 41.

III. *Degré de juridiction.* Le juge de paix statue en dernier ressort jusqu'à 100 francs. *Loi du* 25 *mai* 1838, *art.* 1 à 5.

Cette règle ne s'applique pas aux actions alimentaires, possessoires, en bornage et pour plantations ou constructions limitrophes (53). *Ibid.,* 6.

(53) La loi de 1790 avait adopté le chiffre de 50 fr. — Pour reconnaître si la jurisdiction est en dernier ressort, il faut se reporter aux principes généraux (p. 33). Si le demandeur ne détermine pas la valeur réclamée, le juge statue à

charge d'appel, eût-il condamné à moins de 100 fr. — A l'égard des actions possessoires et autres exceptées de la règle, peu importe qu'il ait été formé une demande accessoire tendant à obtenir moins de 100 fr. d'indemnité ; l'objet principal est ici la *possession*, dont la valeur est évidemment indéterminée. La Cour de cassation décidait le contraire, malgré l'avis de Merlin, de 1805 à 1817 ; elle a depuis abandonné sa jurisprudence, insoutenable d'ailleurs sous l'empire de la loi de 1838.

Si plusieurs demandes formées par la même personne sont réunies dans une même instance et que leur réunion excède 100 fr., le juge de paix statue à charge d'appel, bien que chacune d'elles soit moindre de 100 fr. (*Loi de* 1838, 9.)

Si leur somme totale excède les limites de sa juridiction, il est incompétent sur le tout (*ib.*).

IV. Voilà ce qui forme la juridiction *ordinaire* des tribunaux de paix (**54**).

Les lois leur ont encore donné quelques branches de la juridiction administrative, par exemple, en matière de douanes et d'octroi (**55**).

Enfin, ils ont une juridiction gracieuse dans un grand nombre (**56**) de circonstances.

Exécution provisoire. Lorsque la valeur des objets sur lesquels ils prononcent n'excède pas 3oo fr., ou s'il s'agit de pension alimentaire, ils peuvent déclarer leurs jugemens exécutoires *par provision* (**57**), sans caution : au delà de cette somme, ils le peuvent sous caution. *L. de* 1838, 11 ; *C-pr.* 17 ; *tarif* 21.

(54) *Observations.* 1. Nous ne l'appelons ici *ordinaire* que par opposition aux attributions suivantes, dont le juge de paix fait moins souvent usage ; car, au fond, il n'est qu'un juge d'exception. (V. p. 5o et 55.)

2. Il résulte des règles précédentes qu'il ne connaît pas des actions relatives à la *propriété immobilière*, par exemple, à l'exécution d'une vente, au délaissement, au déguerpissement d'un fonds.... *Arr. cass.* 15 *fruct.* iv, 21 *pluv.* x, 2 *vent.* xij, 4 *mai* 1808.

3. A l'égard, 1° des incidens de faux et de vérification, *voy.* ch. 2, art. 5, n. 3°, p. 31 ; — 2° de la police d'audience, art. 4, n. 3, p. 29 ; — 3° de l'appel et de la cassation des jugemens de paix, art. 3, n. 2, p. 57, et tit. *de la cassation*, § 2 ; — 4° de l'opposition, tit. *de l'opposition*, note 12, n. 6.

(55) Carré conteste la compétence relative aux douanes ; mais v. *Carou*, n° 413. — La loi du 21 mai 1836, 15, charge les juges de paix de régler les indemnités dues aux riverains pour le sol attribué à un chemin vicinal par l'arrêté du préfet qui en fixe la largeur. — Le décret du 2 févr. 1852, 22, veut qu'on porte devant eux l'appel des décisions rendues par les commissions municipales sur les listes d'électeurs. — Ils peuvent aussi autoriser l'exercice de la contrainte par corps dans une maison particulière, les saisies sur débiteurs forains, et l'apposition des scellés. V. *C-pr.* 781, 822, 907, 911. — La loi du 25 mai 1838, 20, leur a retiré leur compétence relative aux brevets d'invention.

(56) *Exemples.* 1 et 2. Convocation et présidence des conseils de famille. *C-c.* 406 à 416. Le juge de paix peut prononcer, sans appel, une amende de 5o fr. contre les défaillans ; *ib.* 413.

3. Conciliation des plaideurs. V. *C-pr.* 48 à 58.

4. Apposition et levée des scellés. *C-pr.* 907, 912.

5-7. Assistance aux ouvertures des portes pour les saisies, à certaines arrestations de débiteurs, et aux inventaires d'absens. *C-pr.* 587 et 781; *C-c.* 126.

8. Actes de notoriété pour le mariage. *C-c.* 70, 71, 155.

9 et 10. Actes d'adoption et de tutelle officieuse. *Id.* 353, 363.

11 et 12. Nomination de conseil de tutelle et de tuteur. *Id.* 392, 398.

13. Testamens en temps de maladie contagieuse. *Id.* 985.

14 et 15. Déclarations de tiers-saisis, et serment des cohabitans et experts en cas de scellés. V. *C-pr.* 571, 914 et 935.

16. Établissement d'un gérant d'exploitation en cas de saisie d'animaux et ustensiles agricoles. V. *tit. de la saisie-exécution*, § 4.

17. Procès-verbaux de retard ou refus de transcription. *C-c.* 2199.

18. Quant aux affaires de commerce, *voyez Code de commerce*, articles 106, 234, 243, 245, 414.

(57) C'est-à-dire nonobstant l'appel. *C-pr.* 17. — Autre cas. V. *C-pr.* 12 (mesures pour police d'audience). — Depuis la loi de 1838, 2, l'obligation d'ordonner l'exécution provisoire existe pour les juges de paix dans les mêmes cas que pour les tribunaux de première instance. V. *C-pr.* 135.

ARTICLE III.

Tribunaux de première instance.

§ 1. *Jurisdiction.*

I. *Objet.* Les tribunaux de première instance (**58**), aux termes de la loi du 24 août 1790 (*tit.* 4, *art.* 4) qui les a institués, « connaissent » (dans l'étendue de chaque arrondissement) « de *toutes* les actions personnelles, réelles et mixtes, *excepté* seulement celles qui ont été déclarées être de la compétence des juges de paix et des tribunaux de commerce (**59**). » Ils ont donc la jurisdiction *ordinaire* (v. *C-pr.* 426) en matière civile; les tribunaux de paix et de commerce sont des juges d'exception ou d'attribution. C'est bien surabondamment que des dispositions spéciales ont déféré aux tribunaux de 1ʳᵉ instance certaines causes, indéterminées dans leur valeur, et n'ayant aucun caractère commercial : telles sont (**60**) les actions relatives à l'exécution (**61**) des jugemens des tribunaux de commerce (*C-pr.* 442, 553) ou d'arbitres (v. *p.* 46) et des jugemens de tribunaux criminels, en tant qu'ils accordent des dommages-intérêts.

(58) Ils méritent ce nom, quoi qu'en disent Carré, Boitard, etc., parce qu'ils jugent en premier ressort la généralité des affaires civiles; c'est par exception qu'ils sont juges d'appel ou en dernier ressort. Quand on veut apprécier le caractère d'une magistrature, il faut faire abstraction de la compétence accidentelle ou accessoire qu'y attache le législateur, souvent par de purs motifs d'économie. Selon moi, la véritable dénomination serait: tribunaux civils ordinaires de première instance. Pour abréger, on les appelle: tribunaux de première instance ou tribunaux *civils*; en effet, ils ne sont pas compétens pour appliquer le Code pénal; ce nom de tribunaux *civils* a un sens plus restreint dans les arrondissemens où il y a un tribunal de commerce; il signifie alors: tribunaux non criminels ni commerciaux. Quelques auteurs, d'après mon père (v. 5ᵉ *édit.*), disent: tribunaux d'arrondissement, ce qui n'indique pas l'objet des fonctions; d'ailleurs, le ressort des tribunaux de commerce est en général aussi étendu. Le département de la Seine n'a qu'un tribunal de première instance.

Le nombre des juges varie, suivant la population, de trois à douze (*LL.* 20 *avril* 1810, 11 *avril* 1838); il y en a soixante-cinq dans le département de la Seine (*loi* 23 *avril* 1841). Trois juges sont nécessaires, mais suffisent pour rendre un jugement (*loi de* 1810, 40). Aussi un seul tribunal se décompose ordinairement en plusieurs sections ou *chambres*, entre lesquelles se distribuent les affaires, et qui sont dirigées par un vice-président. Les juges changent chaque année de chambre; l'opération qui les fait passer de l'une dans l'autre s'appelle *roulement*. Pour être nommé juge, il faut être âgé de vingt-cinq ans et licencié en droit, avec deux ans de stage: le président doit avoir vingt-sept ans (*loi de* 1810, 64). A l'égard des juges suppléans et des auditeurs supprimés en 1830, v. page 19, note 9.

La constitution de 1852 (art. 26) proclame le principe de l'inamovibilité de la magistrature. A l'égard de la nomination, son silence permet de se référer à la constitution de 1848, qui réserve (art. 85) au pouvoir exécutif le droit de nommer les juges, « d'après un ordre de candidature ou d'après des conditions qui seront réglés par les lois. » V. mon *Dr. constit.*, page 743, s.

(59) Bien mieux, ils jugent les actions commerciales lorsqu'il n'y a pas de tribunal de commerce dans leur arrondissement. (*C-com.* 640.) Ils appliquent alors le droit commercial et observent les formes prescrites aux tribunaux de commerce. (*Ib.*, 641.) Ils peuvent, par exemple, accorder un intérêt de 6 pour o/o. (*Rej. req.* 16 juillet 1817.) Par la même raison, ils siègent alors sans ministère public, nonobstant M. Dupin et arrêt de cass., 21 avril 1846.

(60) Autres exemples: 1. Actes de l'état civil. *C-c.* 50, 54, 99.
2. Mainlevée d'opposition au mariage. *Id.*, 177, 178.
3. Absence. *Id.*, 112, 115.
4. Autorisation des femmes. *Id.*, 219.
5. Interdiction. *Id.*, 492, 514.
6. Homologation d'avis de parens. *C-pr.* 889.

Observation. Puisque ces tribunaux sont les juges *ordinaires*, il est inutile de répéter leur qualification; ainsi, toutes les fois que nous nous servons dans notre ouvrage de ces mots seuls: *le tribunal, le président*, nous entendons parler dans le premier cas des tribunaux d'arrondissement, et dans le deuxième, de leurs présidens.

(61) *Observations.* 1. On doit se pourvoir au tribunal civil du lieu où se poursuit l'exécution du jugement de commerce. *D.* art. 553.
2. C'est à lui de décider si le condamné a satisfait à ce jugement. V. *Florence*, 1811, *et rej. requ.* 17 *juill.* 1833, avoués, iv, 235, xlvij, 484.

II. *Degré de jurisdiction.* Les tribunaux de première instance connaissent, en *dernier* ressort, des actions mobilières (62) jusqu'à la valeur de 1,500 fr. de principal (**63**), et des actions immobilières jusqu'à 60 fr. de revenu, déterminé, soit en rentes, soit par prix de bail. *Loi du 11 avril* 1838 (**64**).

Ils jugent aussi en dernier ressort :

1.º Les actions quelconques, lorsque les parties ont consenti à être jugées sans appel (**65**). *Loi du 24 août* 1790, 1, 6.

2º Les actions civiles relatives à la perception des contributions indirectes (*L. du 7 septembre* 1790), y compris les droits d'enregistrement (*L. du 22 frimaire* an VII, 64, 65).

3º Les demandes en remise de pièces produites et communiquées à des avoués. *C.-pr.* 107.

4º Les récusations proposées contre un juge de paix. *C.-pr.* 47.

5º Les fautes de discipline des officiers ministériels, si elles n'ont été commises ou découvertes à l'audience (**66**). *Décret du 30 mars* 1808, 103.

Enfin on appelle devant eux des jugemens rendus en premier ressort par les juges de paix et des sentences arbitrales rendues sur des actions qui eussent été de la compétence d'un juge de paix, même en dernier ressort. *C-proc., articles* 404, 1023. — Ils sont alors de véritables *tribunaux d'appel*, et statuent en dernière instance.

Dans tous les autres cas, ils jugent à charge d'appel (**67**).

---

(62) La loi dit : *personnelles et mobilières* et se tait sur les actions réelles et mixtes. Cela tient sans doute au préjugé déjà signalé qui confond les actions mobilières avec les actions personnelles et les actions réelles avec les actions immobilières. Il serait incroyable que les rédacteurs eussent voulu laisser subsister le double degré de juridiction pour les matières réelles ou mixtes de peu de valeur, tout en le supprimant pour les affaires personnelles modiques. C'est un article destiné à grossir le livre de *erroribus pragmaticorum*.

(63) *Observations*. 1, On considère comme *principal*, non-seulement le capital primitif, mais encore les intérêts et fruits échus et les dépens dus avant la demande par laquelle on les réclame, parce que ces objets forment dès lors de véritables

capitaux productifs d'intérêts; après la demande, ils ne sont que des accessoires.
V. *B. c.* 22 *juill. et* 18 *nov.* 1807; Merlin, *quest. sup.*, § 9, *et rép. cod. v.*, § *xj*;
5 *arr. cass. ib.*; *d. rec. mot fruits*, § 3; *rej. requ.* 2 *janv.* 1829, *avoués*, *xxxvij*,
91. V. aussi *L.* 51, § 1, *ff. hereditat. petit.*; *L.* 35, *ff., de usuris et fructib.*,
contra, Boitard, *sur* 443.

Mais on ne comprend pas, dans le principal, les frais du *protêt* et les intérêts que
ce protêt a fait courir jusqu'à la demande, parce qu'il est en quelque sorte un
commencement d'action et qu'il se lie à la demande judiciaire qui en est la
suite. V. *rép. d*, § *xj*, *n.* 2; *arr. cass.* 5 *mars* 1807, *ib.*; 6 *arr. de Bruxelles*,
Turin, *Poitiers et Agen*, 1809 à 1812, 1819 et 1824, *Nevers*, 1812, *supp.* 2 et 17,
et avoués, *vij*, 164, 344 *et xxvj*, 136 (l'on y dit que cela est constant), *Bordeaux*,
1831, *ib.*, *xliij*, 584 (contra... *Riom*, 1810, *Nevers*, *d. p.* 24 et 1830, *avoués*,
xlvj, 237).

2. Si plusieurs demandes modiques et distinctes ont été formées par une même
partie dans un seul exploit, on peut soutenir que le tribunal juge en première
instance, si leur somme excède 1,500 fr., bien que chacune d'elles soit au-dessous.
La loi du 11 avril 1838 ne s'explique pas sur ce point; mais la loi du 25 mai, 9,
qui le décide ainsi pour les juges de paix, fournit un fort argument d'analogie;
il est probable que les rédacteurs de la loi du 11 avril ont commis un pur oubli.
En principe, toute cause doit subir le double degré. — Il en serait autrement, si
les demandes étaient formées par plusieurs personnes entre lesquelles il n'y a pas
unité d'intérêt. Argument *a contrario* de la loi du 25 mai 1838, article 9.

3. La doctrine qui prescrivait le cumul de la demande reconventionnelle avec
la demande primordiale est formellement condamnée par la loi du 11 avril.
V. tome II, *addit.*

(64) La loi du 24 août 1790 fixait le taux du dernier ressort à 1,000 *livres* de
principal et 50 livres de revenu. On voit que le revenu était calculé sur le pied
de 5 pour o/o, tandis qu'il l'est aujourd'hui sur le pied de 4 pour o/o. On a
observé que le produit des immeubles est bien moindre que celui des capitaux
mobiliers.

Pour reconnaître si un jugement est à charge d'appel, il faut se référer à la
valeur réclamée (*v.* p. 33). Du reste, peu importe qu'elle ait été demandée dans
l'exploit primitif ou dans des conclusions ultérieures, utilement présentées; le
juge est valablement saisi dans les deux cas. — Si le demandeur évalue le meuble
qu'il réclame, au-dessous de 1,500 fr., on peut soutenir que le défendeur a droit
de contester et de requérir une expertise; il ne doit pas être privé, malgré lui, d'un
degré de juridiction et de la garantie que lui offre la Cour d'appel, par cela
seul qu'il plaît à son adversaire de déprécier la chose litigieuse. A l'égard des
immeubles, il faut s'en tenir au mode indiqué par la loi.

(65) Application du principe de la liberté des conventions (*C-civ.* 1134). Le
Code de proc. (7) le décide ainsi à l'égard des juges de paix, et le Code de
comm. (639-1°) à l'égard de la juridiction commerciale. L'ordre public est intéressé à la prompte terminaison des procès, encore plus qu'à l'observation des deux
degrés. C'est donc à tort qu'on a soutenu la nullité de la convention de ne pas
appeler. — Mais les parties ne sont plus obligées de faire de déclaration sur ce
point, au commencement de la procédure. Le Code ne les y astreint nulle part.
L'art. 6 de la loi de 1790 est abrogé, en ceci; non par la désuétude, comme le dit
Boitard, mais bien par l'art. 1041 du Code.

(66) Les tribunaux statuent, dans ce cas, en assemblée générale, à la chambre
du conseil, après avoir appelé l'individu inculpé. *D. art.* 103. Ils sont alors
affranchis de la règle générale qui assujettit toutes les causes à une discussion
publique, et tous les jugemens à une prononciation à l'audience. V. *rép. mot
discipline*, *n. iv*, *t.* 3, *p.* 709; *ci-dev.* p. 29, *n. ij*, *et note* 43, *ibid.* — Mais v.
ci-apr., sect. 3, *ch.* 6, *note* 9. — Dans le cas opposé, la juridiction appartient à
la chambre qui tenait l'audience. V. *d. art.* 103; *C-pr.* 90; *arr. cass.* 13 *mars*
1827, *avoués*, *xxxiij*, 248.

(67) En règle générale, les jugemens des tribunaux d'arrondissement sont susceptibles d'appel (c'est-à-dire qu'en cas de doute, on doit les regarder comme rendus plutôt en premier qu'en dernier ressort). V. *tit. de l'appel*, ch. 1, *notes* 13-15; *arr. cass.* 23 *mars* 1808, n. 13.

§ 2. *Exécution provisoire des jugements.*

Les tribunaux de première instance *doivent* (**68**) déclarer leurs jugemens exécutoires par provision et *sans caution*, s'il y a un titre authentique, une promesse reconnue (**69**), ou un premier jugement dont on n'ait pas appelé (**70**); ils le *peuvent avec* ou *sans caution*, lorsqu'il s'agit d'affaires urgentes (**71**). *C.-pr.* 135.

(68) On induit cette obligation, 1. de ce que l'art. 135, d'abord conçu en termes *impératifs* pour les premiers cas, ne l'est plus qu'en termes *facultatifs* pour les derniers; 2. de la déclaration faite par les orateurs du gouvernement et du tribunat, que les tribunaux civils *doivent* ordonner l'exécution provisoire. V. *Treilhard et Faure*, p. 33 et 216, *surtout rej. civ.* (au B. c.), 2 *avr.* 1817. — Toutefois, selon Carré (*lois*, i, 328), pour qu'elle puisse être ordonnée, il faut qu'elle ait été demandée. — V. aussi *Pigeau*, i, 501, et *ci-apr.*, *tit. de l'appel*, note 85.

Leurs jugemens sont encore exécutoires par provision dans les cas suivans: 1. Mesures pour police d'audience. V. *C-pr.* 89, 90, et *ci-dev.* ch. 2, article 4, n. 3, p. 29. — 2. Récusation d'experts. *C-pr.* 312. — 3. Récusation de juges dans certains cas. *C-pr.* 396. — 4. Expédition d'actes ou compulsoires. *C-pr.* 840, 848.

Le but de cette mesure est de prévenir l'effet suspensif de l'appel ou de l'opposition. Le perdant appellerait par pure chicane, et empêcherait ainsi le gagnant d'éviter, en faisant exécuter sur-le-champ, un préjudice peut-être irréparable.

(69) Une promesse reconnue est un acte sous seing privé dont le souscripteur n'a pas méconnu la signature.

Si un acte est attaqué par des moyens qui peuvent en détruire l'authenticité, on ne doit pas ordonner l'exécution provisoire sans caution. V. *Nimes*, 18 *nov.* 1807; *Limoges*, 13 *mars* 1816, *avoués*, *xiij*, 124.

(70) Un jugement acquiert force de chose jugée quand on n'en a pas appelé en temps utile: dès lors, la même question ne peut plus se reproduire entre les mêmes parties (*C-civ.* 1351). Il faut supposer, pour l'application de l'art. 135, que le nouveau débat a pour objet une difficulté relative à l'exécution ou à l'interprétation du premier jugement. Le nouveau jugement doit être déclaré exécutoire par provision.

(71) Telles que scellés et inventaires, réparations, expulsions de locataires, séquestrations, réceptions de cautions, nominations de tuteurs et autres administrateurs, redditions de comptes, pensions et provisions alimentaires, exécution pressante de jugemens de défaut. V. *C-pr.* 135, 155; *ci-apr.* ch. *de ces jugemens*, note 16, et *tit. de l'opposition*, note 25.

Mais ils ne peuvent ordonner l'exécution provisoire pour des dépens (excepté en cas de désistement) quand même ils seraient adjugés pour tenir lieu de dommages-intérêts, ni par un deuxième jugement, lorsqu'ils l'ont omise dans le premier. V. *C-pr.* 137, 136, 403; *ci-ap.* ch. *des dépens*, n. 1, *titres de l'appel*, ch. 5, n. 2, et note 85; *des liquid. et du désist.*, note 11.

§ 3. *Jurisdiction des présidents et juges-commissaires.*

Les présidents des tribunaux civils, ou ceux qui les remplacent, ont une jurisdiction particulière (**72***).

1. Ils statuent, sauf l'appel, sur les référés. *C-pr.* 806, 807.

2. Ils autorisent ou font beaucoup d'actes où il n'est pas besoin de l'intervention immédiate du tribunal, et ils peuvent, en général, prendre toutes les mesures d'urgence (**73**). *Décr.* 30 *mars* 1808, 54.

3. Ils statuent sur plusieurs des difficultés qui peuvent s'élever entre les avoués relativement à l'instruction des causes (**74**).

(72*) Les juges commis pour présider à des opérations (*ou juges commissaires*) ont aussi quelquefois une jurisdiction relativement à ces opérations. V. *C-pr.* 221, 234, 236, 259, 263, 264, 276, *etc.; les titres des vérifications, faux incidens, enquêtes, distribut. par contribution, etc.* — Il y a même des cas où leurs ordonnances sont exécutoires par provision. V. *C-pr.* 263, 276; *titre des enquêtes, notes* 35 (*n.* 1) *et* 62.

(73) *Exemples.* 1-3. Les saisies-gageries, foraines et revendication. *C-pr.* 819, 822, 826.

4. Les délivrances et collations d'expéditions d'actes et jugemens. *C-pr.* 841, 844, 854, 832, 203.

5. Les assignations à bref délai. *C-pr.* 72, 839.

6-8. Les citations en autorisation, séparation, cession de biens et homologation de concordats. *C-pr.* 861, 865, 875.

9. Les mises en liberté faute d'alimens. *C-pr.* 803.

10 à 15. Les *nominations* de notaires pour représenter des absens; *C-pr.* 928, 931, 942; — des notaires et experts de scellés; *C-pr.* 937; — des rapporteurs de procès, dans quelques cas; *C-pr.* 110, 859, 860, 885; — des juges commis aux interrogatoires, aux distributions et ordres; *C-pr.* 326, 658, 751 : — des huissiers pour certains actes; *ci-apr. le* § *des huissiers, n. ij et note* 38; — des tiers-arbitres, et exécution des jugemens d'arbitres. V. *en l'art. ci-dev. p.* 45 (*note* 25) et 46.

16. Les réquisitions et levées de scellés. *C-pr.* 909, 928.

17. Les ventes judiciaires de meubles. *C-pr.* 946, 986.

18. Les exécutoires pour taxes d'experts et pour dépens après désistemens. *C-pr.* 319, 403.

19-21. Les ouvertures de testamens mystiques et olographes, et de paquets cachetés, et les envois en possession des légataires universels, etc. *C-pr.* 916 à 918; *C-c.* 1007, 1008.

22. Les paragraphes et cotes des registres civils. *Id.* 41, 45.

23. Les nominations de dépositaires d'effets et de papiers inventoriés. *C-pr.* 943, № 9.

(74) *Exemples :* 1. Rédaction des qualités. *C-pr.* 145. — 2. (sans formes ni frais) distribution, litispendance et connexité. V. *dit décret, article* 63. — 3. (*id.* et sans recours) préférences des réquisitions de distributions et ordres. V. *tarif*, 95, 130.

N. B. Ils sont aussi chargés, 1. De la police des audiences. *C-pr.* 88, 89. — 2. Des fonctions d'officier de police judiciaire en cas d'indices de faux. Voy. *C-pr.* 239. — 3. De concilier les époux en cas de séparation de corps. *C-pr.* 878. — 4. D'ordonner l'arrestation des enfans requise par les parens ou tuteurs. *C-c.* 376, 377, 468.

ARTICLE IV.

Tribunaux de commerce.

Les tribunaux de commerce jugent, comme leur nom l'indique, les contestations relatives aux affaires commerciales (**75**).

I. *Compétence ordinaire.* Elle embrasse les actions personnelles nées :

1° De contrats formés entre *commerçans* (**76**) qui stipulent en cette qualité. *C-com.* 631-1°.

2° De contrats réputés par la loi *actes de commerce* (**77**), entre toutes personnes (*Ib.*, 631-2° à 633); ce qui comprend les contrats de change. *Ib.*, 632-5° et 8°.

3° De contrats constatés par des billets à ordre ou des lettres de change réputées simples promesses, s'ils portent des signatures de commerçans (**78**). *Ib.*, 637.

4° De contrats passés avec les commis d'un commerçant, par rapport au trafic de celui-ci. *Ib.*, 634-1°.

5° De contrats passés avec les comptables de deniers publics, sous forme de billets. *Ib.*, 634-2° (**79**).

Les tribunaux de commerce connaissent de tout ce qui concerne les faillites (**80**). *Ib.*, 635; *Loi du* 28 *mai* 1838.

(75) Ce sont donc des juges d'exception. — Leur établissement remonte au chancelier l'Hospital (en 1563, sous Charles IX). — Il n'y en a que dans les

arrondissemens où il se fait un commerce assez considérable. *C-com.* 615; mais il peut y en avoir plusieurs dans un seul arrondissement. *Ib.* 616. — Le nombre des juges varie de 3 à 15. *Ib.* 617; *loi du 3 mars* 1840. Il en faut trois pour faire un jugement. *Ib.* 626. Ils sont élus par des commerçants notables (25 au moins!!!) dont la liste est dressée par le *préfet* et le *ministre* de l'intérieur; *ib.* 619. Ce mode d'élection, que je déclarais indigne d'un peuple libre dans mon livre sur la Charte, avait été réformé le 28 août 1848; on s'est hâté de le rétablir, le 2 mars 1852. Dans le préambule de ce décret (approuvé par M. Bonnier), on avance que la concession du droit d'élire à *tous* les commerçants patentés avait *réduit* le nombre des votants. Le décret ne mentionne pas l'art. 626; donc cet article, justement loué par M. Bravard, reste en vigueur, tel qu'il a été rédigé en 1848. Toutefois, M. Teulet pense qu'il y a omission. — Les juges sont élus pour deux ans; ils peuvent être réélus pour deux autres années, puis cessent d'être éligibles pendant un an. *Ib.* 623, *loi de* 1840. — Pour être juge, il faut avoir trente ans, et, pour être président, quarante. *Ib.* art. 620, réformé en 1848, rétabli en 1852.

A l'égard des conseils de prud'hommes, que la plupart des auteurs (Delvincourt, Pardessus, M. Bravard...) rangent parmi les tribunaux de commerce, bien que leur jurisdiction ne soit pas commerciale, en général; voyez ci-dev. page 39, note 2; page 52, note 48, et mes *Additions* à la fin du second volume, page 889 et suiv.

(76) On appelle ainsi les personnes dont la profession habituelle est de faire des actes de commerce. *C-com.* 1. Les mots *marchand, négociant* sont synonymes; les *banquiers* sont une espèce de commerçans. L'art. 631-1° contient donc un pléonasme. Il est en outre inexact, car il suppose que le tribunal de commerce connaît des engagemens quelconques entre commerçans; or, la loi n'a sans doute pas voulu lui déférer des questions de mariage et autres analogues. — Du reste, comme elle ne fait pas de restriction, les affaires commerciales de moins de 200 francs doivent être portées au tribunal de commerce et non au juge de paix. V. cependant *note* 42.

(77) Les actes de commerce ont pour but de mettre les produits de la nature ou de l'industrie à la portée des consommateurs; c'est en cela que consiste l'utilité du commerce, si mal à propos contestée par quelques socialistes, entre autres Fourier et ses disciples. Qu'on n'aille donc pas s'imaginer que le but essentiel du commerce est de réaliser des *différences*, c'est-à-dire de revendre cher ce qu'on a acheté bon marché; c'est là le but de l'agiotage (v. cepend. *M. Bonnier,* n° 198). Du reste, entre l'acte par lequel le commerçant acquiert la matière première, et celui par lequel il cède le produit au consommateur, peuvent trouver place beaucoup d'opérations intermédiaires, dans le but de transporter ou de manufacturer; mais l'industrie des transports se rattache plus étroitement au commerce proprement dit, d'après la définition que j'en ai donnée. V. *C-com.* 633-3°. On trouve même ainsi, selon moi, la véritable raison pour laquelle les spéculations immobilières ne sont jamais des actes de commerce.

Le type des actes réputés commerciaux par la loi est l'*achat pour revendre*. Donc l'achat qu'une personne, même commerçante, fait pour sa consommation personnelle n'est pas un acte de commerce; en sens inverse, l'achat qu'elle a fait pour revendre ne perd pas son caractère commercial, bien qu'elle ait consommé, en réalité, les choses achetées dans une destination différente. — La vente que le commerçant fait de ses marchandises est un acte de commerce, bien que le texte ne soit pas explicite à cet égard: en effet, c'est par là qu'il atteint le but qu'il s'était proposé; il réalise alors le bénéfice, qui est le prix du service rendu au consommateur. Au contraire, la vente qu'un propriétaire fait des denrées de son cru n'est pas un acte de commerce (*C-com.* 638); on ne fait par là que réaliser les bénéfices d'une industrie agricole. — Si l'acte principal n'est pas commercial, peu importe qu'il soit accompagné d'actes commerciaux accessoires; ainsi l'achat de tonneaux pour y mettre le vin du cru, l'achat de papier pour éditer ses propres œuvres, ne sont pas des actes de commerce.

. (78) *Observations*. 1. Même quand des non-commerçans (ils sont alors soumis au tribunal de commerce, mais non pas à la contrainte... *B.-c.* 26 *janvier* 1814) ont souscrit ces billets avec eux. V. *C-com.* 637; *Bruxelles, 27 juin 1809, J-C-c. xiij,* 200; *B,-c.* 5 *mars* 1811.

2. Règle contraire lorsque des non-commerçans les ont souscrits *seuls. C-com.* 636. — Mais *quid,* dans ce cas, si des commerçans les ont ensuite endossés? V. sur cette question, *Aix,* 1808, *J-C-pr., iij,* 310; *Bruxelles,* 1809, *Nevers,* 1810, *supp.* 116; *Paris, Grenoble, Bordeaux et Montpellier,* 1825, 1828, 1831 *et* 1832, *avoués, xxxj,* 257, *xlij,* 251, *xliij,* 542. — On a, au reste, jugé que, dans ce même cas, le non-commerçant peut être appelé en garantie devant le tribunal de commerce de l'endosseur assigné. *Paris,* 15 *février* 1810, *avoués, i,* 100.

3. Règle également contraire, lorsque le billet à ordre doit être réputé simple promesse (par exemple, faute d'énonciation de la valeur fournie). *Arr. rej.* 6 *août* 1811, *Nevers,* 397; *rép., mot ordre,* § 1, n. 6.

Mais celui qui a pris ou s'est laissé donner la qualité de commerçant, doit être admis à prouver qu'il ne l'a pas et qu'il exerce une autre profession, *suiv. Liége,* 1811, *J-C-c., xviij,* 118. — V. toutefois *rej. requ.* 7 *mars* 1821 *et Bourges,* 1831 (2 *arr.*), *avoués, xxiij,* 74, *xlj,* 625 *et xlv,* 513.

4. En cas de lettre de change réputée simple promesse, ou de billet à ordre souscrit par un non-commerçant, le tribunal de commerce n'est tenu de renvoyer que quand il en est requis par le défendeur : il n'y a donc pas alors incompétence absolue. *C-com.* 636, *rép. xvj,* 637; *Metz,* 12 *avril* 1820, *Sirey,* 21; 2, 340.

(79) Les veuves communes et les héritiers de tous ces individus sont justiciables des tribunaux de commerce pour les engagemens contractés par leurs auteurs. En conséquence ils doivent y être cités soit *en reprise d'instance,* soit par *action nouvelle.* S'il y a contestation sur les *qualités,* on la fait d'abord régler par le juge civil, et l'on revient ensuite, pour le *fond,* au juge de commerce. *C-pr.* 426. — V. aussi *ord.* 1673, *tit.* 12, *art.* 16; *Jousse, eod.; B. c.* 23 *mess. ix,* 20 *frim. et* 6 *mess. xiij,* 1 *sept.* 1806, 13 *juin* 1808. — Si les veuves ou héritiers sont eux-mêmes demandeurs, et si leur *qualité* est contestée, il faudra évidemment aussi la faire régler par le juge civil. V. d'ailleurs *d. B. c.* 13 *juin.*

(80) Les tribunaux de commerce ne peuvent connaître : 1. ni de la propriété immobilière; v. *arr. cass.* 13 *oct.* 1806; *avis du cons. d'état,* 19 *déc.* 1810; — 2. ni des servitudes et hypothèques, *d. avis;* — 3. ni de la vente des navires saisis. V. *avis du cons. d'état,* 17 *mai* 1809.

II. *Degré de jurisdiction.* Les tribunaux de commerce jugent en dernier ressort jusqu'à la valeur de 1,500 fr. en principal (**81**), et même au delà si les parties capables ont déclaré y consentir. *C-com.* 639; *Loi du* 3 *mars* 1840.

On appelle devant eux des jugemens rendus en premier ressort par les conseils de prud'hommes. *Loi du* 1er *juin* 1853, 13. Ils sont alors de véritables juges d'appel.

Dans les autres cas, les tribunaux de commerce statuent en premier ressort.

III. *Exécution provisoire.* Leurs jugemens sont exécutoires par provision, sous caution ou justification de solvabilité. *C.-pr.* 439.

Ils peuvent dispenser de la *caution*, lorsqu'il y a un titre non attaqué, ou une condamnation antérieure dont on n'a pas appelé (**82**). *Ib.*

(81) Non sur la compétence. V. *tit. de la proc. de comm.*, note 15.

Dr. int. Ils jugeaient en dernier ressort jusques à la valeur de 500 myriagrammes de blé, *Const. an iij*, *art.* 214; *B. c.* 21 niv. *ix.*

(82) Mêmes règles lorsqu'on ordonne l'exécution d'un jugement arbitral de commerce. V. *p.* 48; *d. arr.* 2 avr.

Observations. 1. Quant à la caution ou justification de solvabilité, *voy.* titres *des cautions et de la procédure de commerce.*

2. Le président du tribunal de commerce et les juges-commissaires ont aussi une jurisdiction. V. *p.* 48; *C-com.* 243, 245, 466, 567; *C-pr.* 417.

3. Difficultés d'exécution des jugemens de commerce. V. *p.* 55.

5. Titre non attaqué... condamnation précédente... V. notes 69 et 70.

6. On peut soutenir que les jugemens des tribunaux de commerce sont exécutoires par provision, *de plein droit.* « L'exécution provisoire, porte l'art. 439, *n'aura lieu qu'*à la charge de donner caution... » Donc elle a lieu, sous cette réserve. Il est vrai que les premiers mots de l'article supposent un ordre du tribunal; mais en ce sens que l'ordre est nécessaire pour dispenser de la caution. Rien ne montre que le législateur ait voulu innover au droit antérieur, clairement formulé dans la loi du 24 août 1790 (XII, 4) : « Tous les jugemens des tribunaux de commerce *seront exécutoires* par provision... » *Sic Rouen*, 3 nov. 1807, *Nîmes*, 31 août 1809; *cass.*, 2 avril 1817; *Lyon*, 27 nov. 1832. — Contra *Metz*, 3 fév. 1817, *Locré*, *Pigeau* et *Poncet.*

ARTICLE V.

Cours d'appel (**85**).

Les cours d'appel, comme leur nom l'indique, sont des tribunaux investis de la jurisdiction *ordinaire* du *second degré* et chargés de réformer au besoin les décisions des juges inférieurs.

I. Elles jugent de nouveau, sur appel, les actions déjà jugées en premier ressort : 1° par les tribunaux civils. *Loi du 27 ventôse an* VIII, *article* 27.

2° par les tribunaux de commerce; *C-com.* 644.

3° par les arbitres volontaires, dans des matières qui auraient été de la compétence des tribunaux civils; *C.-pr.* 1023.

4° par les arbitres de commerce; *C-com.* 52.

5° par les présidents des tribunaux civils, statuant sur un référé; *C-pr.* 809.

6° par les consuls les plus voisins de leur ressort. *Ordonnance de* 1681, I, *ix*, 18; *édit de juin* 1778, 37.

II. Elles connaissent aussi 1° de l'exécution des jugemens, soit de premier, soit de dernier ressort, dans certains cas. V. *tit. de l'appel*, *ch.* 5, *n. ij*, *ch.* 7, *n. ij*, *et ci-dev.*, *art.* 1, *n.* 3, *p.* 46.

Elles connaissent, en *premier* et dernier ressort :

2° De la réhabilitation des faillis. *C-com. articles* 604 *à* 614.

3° Des prises à parties (**84**). *C-pr.* 509.

4° Des fautes de discipline, comme les tribunaux civils. V. *p.* 57.

Dans ces divers cas, elles ne sont pas tribunaux d'appel, mais c'est par exception.

III. Le premier président de ces cours a une juridiction particulière. Il statue : 1° sur les requêtes en abréviation de délai ;

2° sur les difficultés (**85**) relatives à la distribution, à la litispendance et à la connexité des causes. *Décret du* 30 *mars* 1808, art. 18, 25.

(83) On les a successivement nommées : tribunaux d'appel, en l'an VIII (et c'était leur nom véritable); cours d'appel, en l'an XII ; cours impériales, en 1810; cours royales, en 1814; cours impériales, puis cours royales, en 1815; cours d'appel, en 1848; cours impériales, en 1852 (décr. 2 déc.). Il serait temps qu'on abandonnât ces épithètes politiques pour adopter un nom définitif, approprié à la magistrature dont il s'agit. D'ailleurs, pour être conséquent, il faudrait qualifier de même les autres tribunaux. — On n'a pas encore ressuscité la dénomination

de conseillers de Sa Majesté en la cour, que la loi de 1810 avait puisée dans des usages tout à fait antipathiques à nos idées constitutionnelles. Voyez mon *Droit constit.*, page 790.

Observations. 1. Sous l'empire de la loi du 24 août 1790, les tribunaux de district étaient respectivement juges des appels dirigés contre leurs jugemens. La constitution de l'an VIII, 61, établit une catégorie de tribunaux supérieurs. Voyez mon *Dr. constit.*, page 729.

Il y a 27 cours d'appel, sans parler des colonies. Leur ressort embrasse plusieurs départemens, excepté en Corse. La plupart sont divisées en trois sections ou chambres, dont deux sont chargées d'une jurisdiction criminelle; l'une juge les appels de police correctionnelle; l'autre, les mises en accusation (*décr. 6 juill.* 1810). — Le nombre des juges varie de 20 à 40, et à Paris, de 40 à 66 (*lois 20 avril 1810 et 27 juin 1843*). — Depuis que les tribunaux supérieurs se nomment *cours*, leurs jugemens prennent le nom d'*arrêts*, et leur président le nom de *premier* président. On trouve dans nos Codes des vestiges des anciennes dénominations. V. *C. civ.*, 359, 382.

2. Ces arrêts sont rendus, 1º dans les causes ordinaires, par sept juges au moins, sous peine de nullité (id., *B. c. 26 mai 1819*); 2º dans les questions d'état, de prise à partie et de renvoi après cassation, par deux chambres réunies en audience solennelle, et ayant chacune ce nombre de juges; 3º dans les causes de discipline du corps des officiers ministériels ou des avocats, par toutes les chambres (aussi en audience solennelle). V. *L. 27 vent. viij, art. 27; décr. 30 mars 1808, art. 22 et 27; décr. 6 juill. 1810, art. 7; ord. 24 sept. 1828; B. c. 3 août 1831; rej. civ. 23 déc. 1833 et 15 janv. 1834, avoués, xlvj, 245 et 253.*

La réunion de deux chambres ne peut avoir lieu que dans les trois cas qu'on vient d'indiquer. *B. c. 10 nov. et 28 déc. 1830, 17 janv. 1832, 13 et 25 mars et 13 août 1833; M. Chauveau, xlv, 582.* — Mais voyez *ci-apr. tit. de la séparat. de corps, note 7, n. 2.*

3. La chambre correctionnelle pouvait juger jadis, et au nombre de cinq juges, les causes civiles *sommaires*, mais seulement celles-là. V. *notre 5ᵉ édition, p. 62, note 83, n. 2, et p. 755, n. 6 a, b et c.* — Aujourd'hui elle peut juger, mais au nombre de sept juges, toutes espèces de causes civiles. *Ord. 24 sept. 1828, rej. requ. 20 mars 1832, avoués, xliij, 677.*

4. Les cours d'appel peuvent délibérer, en assemblée générale, sur les affaires d'ordre public, dans le cercle de leurs attributions. V. *décr. 6 juill. 1810, art. 61 à 69.*

5. Elles connaissent de certains recours en matière administrative. V. *décret 15 nov. 1811.*

(84) A l'exception de celles qu'on dirige contre les cours d'appel, ou une de leurs sections, et les juges de cassation. — Elles étaient du ressort d'une haute cour, sous l'empire. V. *S-c. du 28 flor. xij, 101.* — On les porte à présent à la cour de cassation, qui était compétente sous la loi de 1790. V. *constit. 22 frim. viij, art. 65; rej. requ. 17 et 22 fév. 1825, et mes additions, au tome II.*

(85) Entre avoués... sans formes ni frais. V. *d. art. 25, et ci-dev., note 74, p. 61.* — Il a aussi le droit de révoquer ou modifier les ordres des présidens civils relatifs à la détention des enfans. *C-c. 382; d. note, n. 4.* — V. pour un autre cas de jurisdiction, *C-pr. 858, et partie* III, § *des rectifications d'actes, note 25.*

ARTICLE VI.

Cour de cassation.

I. Le nom de la Cour de cassation (**86**) montre qu'elle a le droit d'*annuler* (mais non de *réformer*) les jugemens.

Elle ne jouit pas de la plénitude de juridiction ; elle ne constitue donc pas, à vrai dire, un troisième degré. Elle ne décide pas la question de *fait* (**87**); et, quant à la question de *droit*, elle recherche seulement si le jugement attaqué a violé la loi, auquel cas elle l'annulle. Elle annulle également pour violation des formes et pour excès de pouvoir. *Constitution du 22 frimaire an* VIII, art. 66.

(86) Son nom véritable est : tribunal de cassation, qu'elle a gardé depuis 1790, jusqu'en 1804. Sa juridiction s'étend sur toute la France. Elle se subdivise en trois sections ou chambres : la première (celle des *requêtes*) statue sur l'admission des requêtes en cassation, et définitivement sur les demandes en renvoi ou réglement de juges et sur les excès généraux de pouvoir ; la seconde (la section *civile*), sur les requêtes admises par la première ; et la troisième (la section *criminelle*), sur les jugemens criminels, sans requête préalable d'admission (elle fait aussi le service des vacations en matière civile, lorsqu'il y a urgence, et notamment pour les renvois et réglemens). Il faut onze juges pour rendre un arrêt, et cinq pour vider un partage. V. *L. 27 vent. viij, art.* 60 *à* 64; *ord.* 24 *août* 1815, *et tit. de la cassat.*; surtout *B. c. cr.* 24 *sept.* 1824, *et rej. requ.* 10 *janv.* 1827, *au B. c. civ.*

(87) C'est en ce sens qu'elle ne connaît pas du *mal jugé.* Prenons une espèce. Primus prétend qu'il a prêté 100,000 francs à Secundus, et que celui-ci doit les lui rendre ; la cour d'appel décide que le prêt est constant, et condamne Secundus ; la cour de cassation ne doit pas annuler l'arrêt, quand même ses membres sauraient personnellement qu'il n'y a jamais eu d'emprunt. Supposons que la cour d'appel, en déclarant le prêt constant, ait renvoyé l'emprunteur ; l'arrêt sera cassé comme violant la loi qui oblige à rendre la chose prétée, et cela, quand même la cour suprême serait convaincue qu'il n'y a pas eu d'emprunt. Il est donc inutile qu'elle entre dans l'examen des faits ; mais elle doit rechercher si la preuve de ces faits a eu lieu légalement. On peut, jusqu'à un certain point, dire que la cour de cassation juge, non pas le procès, mais le jugement. Je n'irais pas jusqu'à qualifier, avec M. Bioche (*Dictionn., n°* 7), la *cassation* d'acte de surveillance et non de juridiction.

La cour suprême statue encore sur les renvois et réglemens de tribunaux ; elle annulle les actes où les juges ont commis forfaiture, et renvoie ces juges aux cours criminelles. V. *loi* 27 *vent. viij,* 76, *et ci-apr.*, p. 529, *s.* 374 à 378, 523, *s.*; *ci-dev.* p. 19.

II. Lorsque la Cour de cassation annulle un jugement, elle renvoie la cause à un nouveau tribunal (**88**), pour connaître du *fond* de la contestation : c'est-à-dire, pour la juger de nouveau. *Constit. de l'an* VIII, 66.

Si le jugement de ce dernier tribunal est ensuite attaqué par les mêmes moyens que le premier, la Cour suprême prononce, toutes chambres réunies. Si elle casse de nouveau pour les mêmes motifs, le tribunal ou la Cour d'appel à qui l'affaire est renvoyée doit se conformer, sur le point de droit, à la décision de la Cour de cassation (**89**). *Loi du* 1er *avril* 1837.

(88) C'est le tribunal (du même genre) le plus voisin de celui dont le jugement est cassé. V. *L.* 27 *vent. viij*, *art.* 87; v. aussi *L.* 20 *avril* 1810, *art.* 7.

Observations. 1. L'arrêt de cassation est transcrit sur les registres de ce dernier tribunal. V. *L.* 27 *vent. viij*, *art.* 85. — La cour de cassation a seule le droit d'ordonner cette transcription, ainsi que la radiation des motifs d'un jugement. B. c. 10 *brum. xij*, 19 *et* 26 *prair. xj*.

2. Elle a aussi le droit d'indiquer une cour où les colons (lorsque les deux parties sont domiciliées en France) peuvent porter l'appel des jugemens rendus dans les colonies. *L.* 24 *pluv. an V.* — *Id.*, pour statuer sur l'appel des jugemens rendus en pays conquis et restitués. *B. c.* 8 *avr.* 1818.

(89) La loi du 30 juillet 1828 permettait, au contraire, au troisième tribunal de juger différemment, et ne voulait pas que sa décision pût être attaquée. On a vu là une sorte d'anarchie judiciaire (V. M. Bonnier), critique exagérée; et l'on est tombé dans l'inconvénient inverse, en conférant à la cour suprême une autorité presque législative. Du reste, cette autorité se concentre dans l'affaire dont il s'agit; rien n'empêcherait un tribunal de juger autrement le même point de droit dans un autre procès. — La loi de 1828, à l'instar de nos premières constitutions, obligeait le pouvoir exécutif à proposer un projet qui tranchât la difficulté : l'inapplication de cette excellente mesure doit être imputée, non pas au pouvoir parlementaire (V. cepend. M. Bonnier), mais à la mauvaise impulsion qui lui a presque toujours été donnée. Bien loin d'abroger l'art. 3 de la loi de 1828, il fallait le généraliser, et l'on serait arrivé à perfectionner la législation en tranchant la plupart des controverses qui divisent la jurisprudence. V. sur ce point mon *Droit constit.*, n°s 743 et 988. Il serait temps aussi d'exécuter la sage mesure (*loi du* 27 *ventôse an viij*, article 86) qui prescrit à la cour de cassation d'indiquer annuellement les vices et l'insuffisance de la législation.

Je ne puis m'empêcher de terminer ce chapitre par le vœu que l'on rédige enfin un *Code de la compétence*. V. mon *Comm. sur la Ch.*, p. 369.

CHAPITRE IV.

Des officiers établis auprès des tribunaux ou dans leur ressort.

On en distingue cinq espèces, savoir: les greffiers, les avoués, les huissiers, les notaires (**1**) et les avocats. (**1** *a*)

(1) Nous avons dit (*ch.* 2, *art.* 2 , *p.* 19) que ces officiers ne peuvent devenir cessionnaires de droits litigieux; ils sont encore soumis à quelques règles dont il est utile de faire mention.

1. Les notaires, avoués et huissiers sont passibles de la contrainte par corps, pour la restitution des titres et deniers à eux confiés par suite de leurs fonctions. *C-c.* 2060, ⊬ 7.

2. Les avoués et huissiers supportent les frais des actes vicieux, ou qui excèdent les bornes de leur ministère; ils peuvent être condamnés à des amendes, à des dommages envers les parties , et même censurés et suspendus de leurs fonctions. *C-pr.* 1031, 1030 , 293 *et* 132; *décr.* 30 *mars* 1808 , *art.* 102; *ci-dev. p.* 20, *note* 10, *et p.* 59, *n.* 5; *ci-apr. ch. des dépens, n.* 2 (cela s'applique quelquefois aux greffiers. *C-pr.* 244; *ci-apr. tit. du faux incident, note* 28).

2 *a.* Ils ont le droit de réclamer leurs frais (à l'audience et sans conciliation), sur une assignation accompagnée du mémoire de ces frais. *C-pr.* 49 , ⊬ 5; *décr.* 16 *fév.* 1807 , *art.* 9; *arr. d'Amiens et Lyon*, 1826, *avoués*, *xxxij*, 183 *et* 295; *ci-apr. sect.* 2, *ch.* 3, *n.* 10.

3. Les notaires, greffiers et huissiers doivent tenir un répertoire de leurs actes. *L.* 22 *frim. vij, art.* 49 *et* 53 ; *avis cons. d'état,* 6 *juill.* 1810. — V. aussi *Guenois sur Imbert, liv.* 1, *ch.* 2 *in f.; C-com.* 176; surtout *répert. xj,* 575, *h. v.*

4. Les avoués, notaires, greffiers et huissiers fournissent un cautionnement pour la garantie des dommages causés dans l'exercice de leurs fonctions. *L.* 7 *et* 27 *vent. viij, art.* 99; *C-c.* 2102; *décr.* 6 *juill.* (*art.* 59) *et* 18 *août* 1810, *art.* 27. — V. aussi *B-c.* 1 *juin* 1814, 26 *mars* 1821 , 4 *fév.* 1822; *Grenoble*, 1823 , *Sirey*, 23, 2, 176.

5. Il ne leur est plus défendu , comme autrefois, d'écrire pour autrui , des actes sous seing-privé. V. *à ce sujet, avis du cons. d'état,* 1 *avril* 1808, *J-C-c. xij,* 108.

6. L'officier ministériel qui signe une opposition à un mariage, non motivée, encourt l'interdiction. *C-c.* 176 (l'expression officier *ministériel* ne s'applique évidemment dans cet article 176 , qu'aux avoués et huissiers.. v. *ci-dev. ch.* 2, *note* 10, *p.* 20).

(1 *a*) Nous parlons ailleurs (*tit. de la saisie-exécution, note* 73, *et de la contrainte par corps, note* 14) de deux autres espèces d'officiers (les commissaires-priseurs et les gardes du commerce) établis dans le ressort de quelques tribunaux.

§ 1. *Des greffiers.*

Les greffiers sont chargés 1° d'écrire, de conserver et d'expédier (2) les actes du juge, qui doit toujours être assisté d'eux. *C-pr.* 1040 *et* 30. (3)

2° De présider à certains actes judiciaires d'instruction et d'exécution qui exigent l'entremise d'un officier public, mais non la présence du juge. (4)

3° De recevoir et transmettre au juge les notifications qui intéressent directement celui-ci. (5)

(2) Eux seuls.. V. *arr. cass.* 13 *déc.* 1811 (*B-c.*) *et* 13 *juin* 1812, *Nevers,* 377. — Ils signent avec le juge la minute des jugemens. *C-pr.* 138, 18, 39, 42, 273 *à* 275, *etc.*—Et il leur est défendu, sous peine de faux, de les expédier avant qu'ils soient signés. *C-pr.* 139.—Jadis il leur était aussi défendu d'écrire, et à plus forte raison d'expédier les décisions du juge si elles n'avaient pas été prononcées publiquement. *Ord.* 1667, *t. xj, art.* 32; *pr. verb., tit.* 6, *art.* 5.

(3) *V. aussi L.* 26 *oct.* 1790, *tit.* 6, *art.* 6, *et tit.* 8 ; *arr. cass. crim.* 27 *prair. ix; C-pr.* 121 *et* 200, ¶ 1 ; *C-c.* 496, *etc.* — En général, un juge ne peut écrire lui-même, et par conséquent faire fonction de greffier, que lorsqu'il s'agit de juridiction volontaire ou gracieuse. V. *Guipape,* qu. 564; *Airault, ordre judic., liv.* 2, part. 3, n. 58 ; *Chorier, liv.* 2, sect. 7, *art.* 5; *Rodier, tit.* 22, *art.* 15, qu. 3. — Néanmoins, il n'y a pas nullité si l'on a omis de faire signer le greffier sur l'ordonnance soit d'exequatur, soit d'urgence sur requête, soit de commission d'un huissier pour un emprisonnement, *suiv. Toulouse,* 1824 et 1827, *Nîmes et Aix,* 4 *mai et* 15 *nov.* 1824, *avoués, xxvj,* 239, *xxxiv,* 48, *et xxviij,* 12 *et* 15. — Sa signature d'ailleurs constate suffisamment sa présence à l'audience, *suiv. rej. requ.* 19 *août* 1834, *ib., xlvij,* 580.

Le greffier peut être suppléé par des commis assermentés. *Décr.* 18 *août* 1810, *art.* 25, 26.

(4) Ainsi, 1. Ils rédigent les dépositions des témoins en matière de commerce. *C-pr.* 432.

2. Ils peuvent présider aux vérifications d'écritures faites par des experts, et écrire les rapports de ceux-ci. *Id.* 208, 317.

3. Ils reçoivent les affirmations des parties et les soumissions des cautions. *Id.* 571, 665, 671, 519.

4. Ils transcrivent les saisies immobilières. *Id.* 680.

5. Ils délivrent les mandemens de distribution. *Id.* 665, 671, 771.

6. Ils dressent les procès-verbaux de pièces à vérifier. *Id.* 196, 198.

7. Ils conservent les clefs des objets placés sous le scellé. *Id.* 915.

8. Ils certifient l'existence des oppositions ou appels, l'accomplissement des conditions d'adjudication, les non-productions, les jours d'arrêts de récusation. *Id.* 164, 548, 738, 803, 107, 596.

9. Ils affichent dans l'auditoire les annonces de ventes des rentes et immeubles saisis, les demandes en séparation, les jugemens d'interdiction. *Id.* 644, 682, 866, 897 ; *tarif* 92.

(8) Tels que, 1. Les renvois pour parenté. *C-pr.* 370.—2. Les récusations et appels de récusations. *Id.* 45, 47, 385, 392, 393, 395. — 3. Les réquisitions de juger. *Id.* 507.

Observations. 1. On leur notifie aussi les appels des jugemens de saisie, et les oppositions aux scellés. *C-pr.* 726, 734, 736, 915.

2. Les parties peuvent se faire des *communications de pièces*, par la voie du greffe. V. en *le* § *ci-après*, *liv.* 1, *et C-pr.* 189.

3. On y dépose divers actes, tels que les sentences arbitrales, les pièces arguées de faux, etc. V. *C-pr.* 1020, 219; *et suiv.*; *ci-apr. tit. du faux incident civil*, § 2, *n. ij.*

4. Pour remplir leurs fonctions, les greffiers doivent tenir divers registres, tels que ceux de productions, d'audience, d'opposition aux jugemens de défaut, d'appel, de distribution et adjudication entre créanciers, d'ordre, de scellés, de renonciation aux successions et communautés. *C-pr.* 108, 109, 114 *et* 115; 18 *et* 138; 163 *et* 549; 658 *et* 751; 925; *C-c.* 795, 784, 1497; *C-pr.* 997.

5. Jadis, suivant Imbert, *liv.* 1, *ch.* 6, *in f.*, le greffier était passible de récusation : ni les lois nouvelles, ni le Code, ne s'expliquent sur ce point. V. *rép., mot greffier, n.* 7.

6. *Nomination et service des greffiers :* V. L. 27 vent. viij, art. 92; 20 avril 1810, art. 62; dd. décr. 30 mars et 6 juill., art. 90 et 54; rép., h. v; arr. cass. 27 fév. 1815.

§ 2. *Des avoués.*

Les avoués sont des officiers chargés de représenter et défendre les parties devant les tribunaux auxquels ils sont attachés. (6)

I. *Fonctions.* D'après cette définition, on voit que les avoués ont deux fonctions principales. La première, ou la *représentation* des parties, comprend le droit de postuler et de conclure. V. *L.* 27 *vent. viij, art.* 94; 20 *mars* 1791, *art.* 3; *M. Merlin, réquisit. dans arr. cass.* 16 *mess. x.*

Postuler, c'est faire tout ce qui est nécessaire à l'*instruction* d'un procès, c'est-à-dire rédiger tous les actes, remplir toutes les formalités prescrites par la loi pour éclairer le juge et le mettre en état de prononcer en connaissance de cause. (7)

Conclure, c'est présenter au tribunal les diverses questions sur lesquelles il doit prononcer, c'est-à-dire résumer en propositions claires et abrégées, toutes les prétentions dont on a essayé ou dont on

essaiera d'établir la justice par l'instruction. V. *ci-dev.*
ch. 2, *art.* 2, § 1, *et note* 20, *p.* 21 *et* 22; *surtout ci-*
apr., *l'appendice au tit. des audiences.*

(6) Nous allons parler de leurs fonctions, de leur constitution ainsi que
des cas où elle cesse, et de la surveillance à laquelle ils sont soumis. — Leur
entremise, on le verra (*p.* 76) est obligatoire pour les plaideurs, comme l'était
celle des anciens *procureurs ad lites.* Ils furent substitués à ceux-ci en 1791
(*L.* 11 *fév. et* 20 *mars*), ensuite supprimés en l'an 2 (*L.* 3 *brum.*) et enfin réta-
blis en l'an 8 (*L.* 27 *vent.*).

Quant à leur organisation, à leur service, et aux conditions exigées pour
être admis à leur profession, v. *d. L.* 27 *vent. viij, tit.* 7; *L.* 29 *pluv. ix;*
décr. 6 *juill.* 1810, *art.* 112 à 115; surtout *avoués, xlvij,* 65g, *n.* 9.

Observations. 1. Ils ont leur domicile dans la ville où siège leur tribunal, et
ils ne peuvent postuler dans deux villes différentes. *L.* 20 *mars* 1791, *art.* 9;
arrêté 18 *fruct. viij.*

2. Ils peuvent remplacer les juges en cas d'insuffisance de nombre ou de
partage. V. *ci-après, tit. des jugemens et des renvois.*

(7) « Postuler, c'est exposer devant le magistrat, ses prétentions ou celles
« de son ami, ou bien contredire celles de l'adversaire. » *L.* 1, § 2, *ff de*
postulando. — La postulation est défendue sous peine d'amende et dommages
(avec contrainte par corps), à tous particuliers autres que les avoués; et il
est aussi défendu aux avoués de prêter leur nom pour cette fonction. V. *décr.*
19 *juill.* 1810; *ci-apr. tit. des enquêtes, note* 17.

Un avoué représente tellement sa partie qu'il lui
est en quelque sorte substitué pour le procès. Aussi,
1° les communications qui lui sont faites dans le cours
de l'instruction, sont, en général, censées faites à la
partie elle-même. V. *C-pr.* 75, 121, 492, 66g. (8)

2° Quelquefois lorsque la loi ordonne une communication directe à la partie, elle exige aussi qu'elle
soit faite à l'avoué. (9)

3° Souvent même elle n'exige que la simple communication à l'avoué. (10)

4° Le décès ou la cessation de fonctions de l'avoué
interrompent l'instance et l'exécution du jugement
de défaut. V. *ci-apr., tit. des reprises d'instance,* § 1,
et C-pr. 162.

5° Ce qu'il fait est souvent considéré comme tenant
lieu de ce que ferait la partie elle-même. V. *C-pr.* 196,
198, 228, 261. (10a)

6° On peut lui appliquer la qualification de *dominus litis* (maître de la cause), que les lois romaines (22, *in pr.*, et 23, *in pr.*, *C. de procuratorib.*) donnaient aux procureurs après la *litis contestatio*. (10*b*)

(8) V. aussi id. 77, 80, 102, 110, 142, 204, 215, 228, 270, 280, 297, 315, 403, 670, 726, etc.; tarif 29; arr. de Bruxelles, 18 janv. 1808, J-C-pr., t. 1, p. 270.

(9) Comme quand il s'agit de l'exécution d'un jugement. V. *C-pr.* 147, 148; *ci-après tit. des règles gén. d'exécut., note* 6.

(10) *Exemples.* 1. Opposition à un jugement de défaut rendu contre partie ayant avoué. *C-pr.* 160, 162. — 2. Signification de ce jugement. *C-pr.* 155. — 3. Assignation pour un appel de jugement d'ordre. *C-pr.* 764. — *V.* en d'autres aux *art.* 157, 224, 257, 315, 365, 518, 523, 534, 711, 734, 740, 751, 972.

(10 *a*) Souvent aussi lorsque la loi décide que la partie fera un certain acte, elle sous-entend que ce sera l'avoué. V. entre autres, *C-pr.* 80, 96 à 106, 142, etc.; *ci-après tit. des rapports de juges, note* 14.

(10 *b*) Ce que l'ordonnance de 1667 nomme la *contestation en cause*. V. ci-après tit. de l'assignation, note 54, n. 3 et 4.

Toutefois, en appelant l'avoué *dominus litis*, on n'entend pas dire qu'il ait le droit de disposer de l'objet de la contestation. On *tient* au contraire que lorsqu'il s'agit d'un acte qui produit quelque engagement entre son client et l'adversaire (11), l'avoué a besoin d'un mandat spécial, sinon il s'expose à un désaveu et à des peines très graves. L'avoué n'est proprement *dominus litis* que quant à l'instruction de l'affaire. V. *L.* 60, *ff. eod.* (*iij*, 3); *Faber, C. eod., def.* 1 et 3 *in pr.; Rodier, tit.* 31, *art.* 12; *C-c.* 1988, 1989; *C-pr.* 182, 352, 360; *ci-dev. p.* 69, *note* 1, *n.* 2; surtout *ci-apr.*, *tit. du désaveu.*

Au reste, dans l'instruction il est tenu d'agir en homme de bien, et de la même manière que le client, s'il *estait* en personne. V. *L.* 35, § 3, *in pr.; et L.* 77 *et* 78, *ff. eod.; tarif* 129. (12)

(11) *Exemples.* 1-5. Une acceptation d'hérédité, un délaissement, une aliénation, un aveu, une offre. V. *les autorités citées au texte.*—6. Une réception de paiement. V. *L.* 86, *ff. solutionib.; Basset, t.* 2, *p.* 94; *Des-*

peisses, *du mandement, sect.* 4, *in f.; rép., mot paiement, n.* 3.— 7. *Une transaction.* V. *L.* 7, *C. de transaction.*

(12) *Responsabilité.* Il résulte de la règle du texte que les avoués sont tenus de leur dol et de leur faute grossière. Mais quand y a-t-il faute grossière? On peut appliquer ici les remarques faites ci-après (*note* 71) pour les notaires, en observant qu'on doit être fort réservé lorsqu'il s'agit de prononcer, par interprétation de doctrine, qu'un avoué est soumis à une responsabilité. En effet, la loi elle-même a déterminé dans un si grand nombre d'occasions, et les circonstances et l'étendue de cette responsabilité, qu'elle semble avoir voulu ne laisser que fort peu d'hypothèses à l'arbitrage du juge.. *Voyez* à ce sujet les textes cités *note* 1, *p.* 69; *ch.* 2, *note* 10, *p.* 20; *note* 25, *p.* 79; *ch. des dépens, n.* 2; *tit. de la requête civile, note* 18, *et de la prise à partie, note* 16.

D'après les mêmes motifs, nous ne pensons pas que les avoués soient tenus de la faute légère comme Pothier (*mandat, ch.* 5, *art.* 1, *n.* 131, 132) semble le décider. D'ailleurs, les exemples indiqués par cet auteur sont tous relatifs à des fautes grossières, et excepté dans quelques procédures abrogées, telles que le décret et le retrait, la jurisprudence n'a admis la responsabilité que pour les fautes grossières. V. *Denisart, mot nullité, n.* 25 *à* 29; *d. note* 71'; *arr. de Paris,* 1 *août* 1820, *avoués, xxij,* 296. — V. aussi *B. c.* 13 *juill.* 1824 (il semble ne l'admettre que pour le dol ou la mauvaise foi).

La *seconde fonction* de l'avoué est la *défense* des plaideurs (13). Cette défense résulte, ou des parties de l'instruction confiées à l'avoué, ou des plaidoiries qui exposent spécialement les moyens de la cause. Ces plaidoiries peuvent être faites par la partie elle-même ou par un avocat (14), mais avec l'assistance de l'avoué (14*a*). V. *L.* 22 *vent. xij, art.* 32; *le* n° *suivant*, *et le tit. des audiences.*

(13) Les avoués sont aussi chargés, 1. de faire les enchères à plusieurs des adjudications judiciaires. V. *C-pr.* 651, 707, 965; *ci-apr. tit. des saisies de rentes et immobil., et ventes judiciaires.*—2. De certifier l'époque de la signification des jugemens. V. *C-pr.* 548.

(14) Ou par l'avoué lui-même; mais v. *ci-apr.* § 5 (*des avocats*), surtout *notes* 94 *et* 95.

(14 *a*) Devant la cour suprême, c'est avec l'assistance d'un avocat de cassation. V. *ci-apr. tit. de la cassation,* § 4 *et note* 29 *a.*

II. *Constitution.* Pour qu'un avoué ait le droit de représenter une partie, il faut qu'il ait été constitué par elle. La constitution d'avoué est expresse, ou tacite, ou légale.

Elle est *expresse* lorsqu'elle est contenue dans un mandat positif. (15)

Elle est *tacite*, lorsqu'on peut l'induire de la manière d'agir du client, par exemple, lorsqu'il a remis à l'avoué les titres qui servent de base à l'instruction, ou même une simple copie de l'assignation qu'il a reçue (**16**). V. *Basset, ij*, 93; *rép. iij*, 597, *mot désaveu*; *Pothier*, *d. n.* 128; surtout *réglem.* 1738, *part.* 1, *art.* 12.

(15) Ce mandat peut être donné par acte notarié ou sous seing privé (v. *tarif* 68, *in f.*), même par une simple lettre. *Pothier, du mandat, ch.* 5, *art.* 1, *n.* 128. — Enfin, il suffit même qu'il soit énoncé verbalement par l'avoué. V. *à ce sujet, C-pr.* 76; *et surtout, ci-apr. tit. des défenses, n. ij, et notes* 9 *à* 11.

(16) Parce qu'une partie n'est censée avoir remis à l'avoué, soit cette copie, soit l'original de l'assignation, soit les autres pièces, que pour le charger de la défendre, et qu'il suffit pour établir ce mandat, de produire un acte duquel le consentement de la partie résulte indirectement. V. *Pothier, d. n.* 128.

Observations. 1. *Quid juris* si la remise des pièces a été faite dans un autre objet, dans celui par exemple, de prendre conseil? *Pothier, sup.*, *n.* 129, se borne à dire que la question est susceptible de difficulté. Nous pensons que l'avoué étant en quelque sorte, un fonctionnaire, son affirmation sur un tel fait mérite plus de confiance que celle de la partie : en conséquence, la preuve de l'objet véritable de la remise doit être à la charge de la partie, surtout si les délais pour constituer avoué et fournir des défenses sont passés, parce qu'il n'est pas à présumer qu'elle en eût attendu l'expiration sans retirer ses pièces, si elle n'eût voulu que prendre conseil. Il est vrai que, suivant le droit romain (*L.* 25, *eod.*), *non ferendus est procurator qui sibi adserit procurationem*; mais les procureurs n'étaient alors que des personnes privées. Il est encore vrai qu'une cour (*Lyon*, 30 *août* 1824, *avoués, xxix*, 27) a adopté un système contraire, mais sans le motiver suffisamment (v. toutefois, *Caen*, 1828, *ib.*, *xxxviij*, 145).

2. La présentation de l'original de la demande ne suffira pas pour établir la constitution, si la partie a désavoué l'huissier et fait juger le désaveu valable, à moins que l'avoué ne soit porteur des autres pièces, et sauf l'observation précédente. V. *Pothier, ib.*

3. La simple élection de domicile chez un avoué ne suffit pas non plus pour une constitution. V. *huit arr. de Liège, Montpellier, Bruxelles, Colmar, Lyon, Amiens et Grenoble*, 1807, 1809, 1810, 1816, 1821 *et* 1828, *J-C-pr. i*, 80 *et* 56; *Nevers*, 1812, 2, 19; *avoués, xiv*, 110, *xix*, 255, *xxxvj*, 132; *Sirey*, 22, 2, 246 (contrà... *Nancy*, 1811, *avoués, v*, 361.) — Il en est de même d'une procuration générale *ad negotia*, passée sans élection de domicile. V. *Turin*, 6 *fruct. xiij*, *J-C-c. ix*, 383.

4. Au reste l'avoué, tant qu'il n'est pas désavoué par son client, n'est point obligé de produire à l'adversaire de celui-ci le titre sur lequel il fonde sa constitution. *Pothier, n.* 127. — En cela l'avoué diffère du mandataire (*arg. de C-c.* 1997, *et de L.* 25 *vent. xj, art.* 13), parce que, on le répète, ses fonctions lui font accorder de la confiance.

5. La constitution pour former une demande embrasse le pouvoir de défendre aux demandes incidentes, telles que les reconventions qui survien-

dront pendant l'iustance. V- *L.* 33, § 4, *ff. procuratorib.* —V. aussi *L.* 56, 57, 62, 78, § 1, *eod.; Pothier, n.* 131.

6. Lorsque la constitution est simplement tacite, l'avoué doit être réputé l'avoir acceptée, s'il a fait quelque acte en conséquence de cette constitution. *Arg. de C-c.* 1985, *in f.*

7. Erreurs dans la constitution... V. *ci-apr. tit. de l'assignation, note* 28, *et de l'appel, note* 66, *n.* 1.

Elle est *légale* lorsque la loi désigne l'avoué où indique ceux entre lesquels les parties le choisiront; c'est ce qui a lieu en général dans les causes où plusieurs parties ont les mêmes intérêts à défendre (**17**), et dans celles qui ne sont qu'une suite des causes primitives. (**18**)

(**17**) *Exemples.* 1° Lors des contestations de collocation dans un ordre entre créanciers et des auditions de comptes , les créanciers postérieurs aux allocations contestées , et tous les oyans-comptes qui ont le même intérêt, sont représentés par un avoué qu'ils sont tenus de choisir, sinon par celui du dernier créancier, ou par le plus ancien avoué des oyans. V. *C-pr.* 760 , 529, *et ci-après tit. des redditions de comptes, note* 15, *et tit. de l'ordre, notes* 17 *et* 18.

2°. Lors des levées de scellés et des contestations sur distribution de deniers ou sur la caution de l'héritier bénéficiaire , les opposans et contestans sont représentés par le plus ancien de leurs avoués. V. *C-pr.* 667, 932, 935, 994, *et ci-apr. tit. des distributions , scellé (note* 58) *et bénéf. d'inventaire, note* 20.

(**18**) Telles que les requêtes civiles signifiées dans les six mois après le jugement de la cause. V. *C-pr.* 496. — V. *aussi ci-apr.,* u. iij, 2°, p. 79.

A l'égard des liquidations des dommages, v. *en le* §, *note* 5.

La constitution d'avoué est *forcée,* en ce sens que les parties ne peuvent se dispenser de l'assistance d'un avoué, excepté devant les tribunaux où la loi n'admet point son ministère , tels que ceux de paix et de commerce; et dans quelques causes ou procédures (**19**) des tribunaux ordinaires. *Arg. au C-pr.* 75 *et* 85. (**20**)

(**19**) *Exemples.* 1. Celles de certaines affaires qui intéressent l'Etat. *Voy. sect. des procéd. spéciales.* — 2. Demandes en restitution de pièces produites au greffe. V. *tit. des rapports de juges, note* 18. — 3. Interrogatoires sur faits et articles. V. *C-pr.* 333. — 4. Les procédures des *référés* sont-elles de ce genre? V. *en ci-apr. le titre, note* 4.

Observations. 1. Le tarif détermine souvent une taxe pour l'avoué qui

assiste à un acte extrajudiciaire ; mais il ne faut pas en induire que cette assistance soit alors nécessaire puisque la loi ne l'exige positivement que pour
les instances. V. *ci-apr. tit. des saisies immobilières*, note 95; scellé, note
32 et 41 ; *ventes judiciaires*, note 24 ; *bénéfice d'inventaire*, note 8 ; *renonciation*, note 2.

2. *Quid juris* si un plaideur ne trouve point d'avoué ?... Jadis les syndics
des procureurs lui en indiquaient un , qui était alors forcé d'occuper. Ce droit
nous paraît aujourd'hui appartenir à la chambre de discipline (nous en parlons, p. 80), puisque elle a celui de donner un avoué aux indigens (*arrêté* 13
frim. ix, art. 2).

3. S'il n'y a pas assez d'avoués pour représenter chacune des parties ayant
des intérêts distincts et opposés, il y a empêchement dans le tribunal, et il
faut renvoyer la cause à un autre, *suiv.* Rennes , 20 déc. 1824, *avoués,
xxviij*, 55.

(20) *V.* aussi C-pr. 61 (у 1), 149, 162, у. 1, 344, 397, 444 ; C-com. 627.;
tarif 101; L. 27 vent. viij, art. 94; ci-apr. tit. de l'assignation, art. 2, des défenses , n. 2, des matières sommaires, § 1 ; Pothier, sup., n. 126.

La constitution d'avoué produit en général les obligations et actions propres au mandat (**21**). Elle soumet, par exemple, l'avoué à rendre tout ce qu'il a
perçu à l'occasion de la cause, et le client à rembourser ce que l'avoué a avancé pour lui (**21***a*). V.
L. 42 (§ 2) *et* 46, § 4 *à* 6, *ff. de procurator.; C-c.*
1993, 1999; *Pothier* , *n.* 131 *et suiv.; ci-apr. ch. des
dépens, n°* 2. (**22**)

(**21**) Comme elle n'est pas gratuite, Coquille (*quest.*, *n.* 197) soutenait
qu'elle a plus de rapport avec le louage qu'avec le mandat (*v. instit.*, *mandat.*,
§ 13) ; mais quoiqu'on ait admis en effet plusieurs différences entre ces deux
contrats (*v. not.* 16 (*n.* 1 et 4) *et* 25,, *p.* 75 *et* 79; *ci-apr. chap. des dépens*,
note 11), le système contraire a prévalu dans l'usage (*v. Pothier, n.* 125 *et*
131). Par exemple, on a donné à l'avoué comme au mandataire , une action solidaire contre ses cliens. *B. c.* 2 août 1813 *et* 20 mars 1817 ; arr. de Paris,
Orléans, Grenoble , Toulouse , 1826 , 1827 , 1829, 1830 , 1831 *et* 1833,
avoués, xxxiv, 64 *et* 296, *xxxvij,* 295, *xxxix,* 280, *xlij,* 19, *xlvj,* 92; *M. Chauveau, à d.* p. 92.

(**21** *a*) Et à payer ses honoraires, quoique cela ne soit point une obligation
propre au mandat. V. *Pothier* , *n.* 133. — V. aussi, *ci-dev.*, p. 77, note 21.
— *V.* toutefois *C-civ.* 1999.

(**22**) *Observations.* 1. L'avoué, *suivant Masuer , tit.* 31, *n.* 25 , a le
droit de recevoir les dépens offerts par l'adversaire de son client pendant l'instance ou à raison du défaut , mais non pas ceux qui ont été accordés par le
jugement. Il atteste que tel est l'usage. — *Questions diverses...* v. Paris ,
1810, avoués, ij, 22 ; B. c. 23 juill. 1828.

2. L'avoué a aussi le droit de demander la *distraction* , à son profit , des
dépens obtenus par le plaideur, en affirmant lors du jugement, qu'il a fait la
plus grande partie des avances. V. *C-pr.* 133. — V. aussi *Pothier* , *n.* 135;

rép., mot distraction. — L'avoué n'est même pas tenu de rendre ces dépens à son client lorsque l'arrêt qui les adjugeait à celui-ci est rétracté. V. *rép., sup.*; *Paris et cass.*, 14 *avril* 1806, 16 *mars* 1807 *et* 11 *déc.* 1834, *ib.*, *Nevers*, 1811, 257, *avoués*, *xlviij*, 31.

2 *a.* On avait d'abord décidé que l'affirmation devait avoir lieu à l'époque précédente (*B. c.* 30 *avril* 1811), mais on a reconnu ensuite qu'elle pouvait être postérieure. *Rej. civ. et requ.* 14 *févr.* 1827 *et* 8 *juill. et* 6 *nov.* 1828, *avoués, xxxiij*, 26, *xxxv*, 38 *et* 64. — V. aussi *B. c.* 2 *janv.* 1828.

2 *b.* Le condamné, déjà créancier du client, ne peut empêcher la distraction en opposant la compensation, suivant un arrêt de 1738; et Pothier (*n.* 137), tout en convenant que cette jurisprudence est contraire à la rigueur du droit, l'approuve comme fondée sur l'utilité publique. — Même règle, lorsque la distraction n'a été prononcée qu'après le jugement, ou qu'il condamne chacune des parties aux dépens sur divers chefs. V. *id.*, *trait. du mariage*, *addit. finale*; *rép., sup., n.* 3. — Questions diverses. V. *arr. de Florence*, *Paris et cass.*, 18 *avr.*, 14 *juill. et* 17 *août* 1812 *et* 30 *déc.* 1813, *avoués, viij*, 352, *vj*, 146, 153; *rép. xj*, 562; *ci-apr. tit. de la saisie-arrêt*, note 17 *a*, *n.* 2.

3. L'avoué a encore le droit de *retenir* jusques au paiement de ses honoraires et déboursés, les actes de procédure qu'il a faits. Quant aux titres de la partie, il ne peut les retenir que jusques au paiement des déboursés relatifs à ces titres. V. *L.* 25, *in f.*, *et* 26, *ff. eod.*; *Faber*, *C. eod.*, *def.* 22; *ord.* 1453, *art.* 43 *et* 44; *Coquille*, *sup.*; *arr. de* 1547, *ib.*; *Pothier, du mandat*, *n.* 133; *rép.*, *x*, 130; *L.* 3 *brum. ij*, *art.* 17.

4. Son action pour ses honoraires et déboursés se prescrit par cinq ans à l'égard des procès non terminés, et par deux ans à l'égard des autres. V. *au reste*, *C. c.* 2273, 2274; *arr. cass.* 18 *mars* 1807; *B. c.*; 19 *août* 1816 *et* 9 *déc.* 1828; *Jalbert*, 1817, 80, *avoués*, *xxxvj*, 181. — Cette action est solidaire. V. *ci-dev. note* 21. — *Quid* s'il a rendu les pièces? V. *ci-apr. chap. des dépens*, *note* 10.

5. Jadis le procureur avait pour les mêmes objets, une *hypothèque* qui remontait à sa constitution, si elle résultait d'un acte public. V. *cinq arrêts de Paris*, dans *Pothier*, *n.* 134, *et rép. x*, 130. — Aujourd'hui l'avoué ne peut avoir hypothèque qu'à l'aide d'une inscription fondée sur une convention spéciale, ou sur un jugement. V. *rép.*, *ib.* — A plus forte raison ne peut-il plus avoir de privilège, si ce n'est dans les cas expressément indiqués par la loi. V. *ci-apr. tit. de la distribution et de l'ordre*; et pour le dr. anc., *Expilly*, *arr.* 186; *Chorier*, *liv.* 2, *sect.* 8, *art.* 1; *Faber*, *lib.* 8, *tit.* 8, *defin.* 7.

6. Le particulier qui a chargé un avoué de défendre un client que celui-ci ne connaît point, est passible des dépens, s'il n'indique pas le domicile réel de ce client. *Paris*, 18 *nov.* 1809, *avoués*, *i*, 19.

7. L'avoué doit avoir un registre de recette. *Voy.* pour les détails, *tarif* 151. — V. aussi *rép.*, *x*, 127; *rec. alph.*, *mot avoué*, § 1; *B. c.* 18 *mars* 1807; *Paris*, 1815, *avoués*, *xij*, 95.

8. Il ne peut exiger de plus forts droits que ceux énoncés au tarif, à peine de restitution, de dommages, ou même d'interdiction. V. *Tarif*, 151, *et ci-apr. chap. des dépens*, note 10.

Elle rend aussi l'avoué responsable des titres du client. V. *L.* 20 *mars* 1791, *art* 3; *Expilly*, *ch.* 69. — Et elle l'assujétit à diverses peines s'il ne fait pas ce qui lui est prescrit par la loi pour l'instruction. (23)

(23) *Exemples*. 1 et 2. S'il ne fait pas les remises, restitutions ou communications de pièces ordonnées ; s'il ne paraît pas à l'audience lorsqu'il la poursuit. V. *C-pr.* 107, 191, 192, 536 ; *décr.* 30 mars 1808, *art.* 28, 69 ; *tarif* 75; *ci-apr.*, *tit. des rapports de juges*, *note* 18.—3. S'il ne réitère pas par écrit une constitution verbale. *C-pr.* 76. — 4. S'il présente une seconde requête civile. *C-pr.* 503.

Observations. 1. Les avoués sont déchargés des pièces cinq ans après le jugement des procès. *C-c.* 2276.

2. Ils signent et garantissent les copies qu'ils en ont faites. *Tarif* 28 et 72. — Ont-ils droit aux émolumens de ces copies, quand elles ont été signifiées par un huissier ? V. à ce sujet, *rej. requ.* 22 mai 1834, *avoués*, *xlvij*, 684; *autres arrêts cités*, *ibid.*, 664; *Nancy*, 3 juillet 1834, *ibid.*, *xlviij*, 25; *M. Billequin*, *ib.*

III. *Fin des fonctions*. Les fonctions de l'avoué, comme celles de tout mandataire, finissent à son décès et à celui du client. V. *C-c.* 2003; *Despeisses*, *sup.*, *sect.* 5, *n.* 7 *et* 8 ; *Pothier*, *n.* 139, 140; *M. Merlin*, *rec. alph.*, *mot avoué.* (24)

Mais elles ne finissent pas, 1° par une révocation, si l'on n'a pas constitué en même temps un autre avoué. *C-pr.* 75 *in f.* (25)

2° Lorsque l'affaire est terminée par la prononciation du jugement définitif : si l'exécution de ce jugement a lieu dans l'année suivante, l'avoué est tenu, sans nouveau pouvoir, *d'occuper* (26*) dans les contestations qu'elle a fait naître. *C-pr.* 1038. (27)

(24) A leur mort naturelle ou civile, même à celle de l'administrateur qui a fait la constitution. *Despeisses*, *d. n.* 7.

Mais la mort n'empêche pas le jugement d'une cause qui est en état. V. *titre des reprises de l'instance*, § 2.

(25) *V.* Despeisses, n. 3; Pothier, n. 141; rép., mot révocat. de procureur, § 2 ; Rodier, xxvj, 2, 5; Imbert, liv. 1, ch. 17, n. 57; ci-apr. tit. de la péremption, note 11.

Observations. 1. *Quid juris* si le client, sans faire de révocation, a simplement retiré ses pièces et en a déchargé l'avoué ? Les fonctions de celui-ci ne finissent point sans doute par rapport à la partie adverse; aussi a-t-on jugé qu'il doit (sans pouvoir être désavoué) occuper sur l'opposition formée contre l'arrêt de défaut qu'il avait obtenu (*arr. cass.* 1 août 1810, *avoués*, ij, 204). Mais ne finissent-elles pas entre le client et son avoué?.... Il semble que l'avoué ne soit plus tenu que d'avertir son client des poursuites.

2. Pothier (*n.* 142) prétend, sans donner de motifs, que l'avoué qui s'est constitué n'a pas, comme le mandataire *ad negotia*, le droit de répudier le mandat, *rebus adhuc integris*, lors même que ce serait pour un empêchement légitime; qu'il est tenu en un mot d'occuper jusqu'à ce que l'instance

soit terminée. Nous pensons au contraire que l'avoué est toujours libre (surtout pour motif légitime) de répudier, pourvu que ce soit en temps opportun; que le client ait par exemple le temps de choisir un autre avoué et de le mettre en état de reprendre l'instruction. *Arg. du C-c.* 2007. — Il est vrai qu'en droit romain, les procureurs n'avaient plus cette faculté après la *litis contestatio*; mais le préteur chargé de décider la question d'après les circonstances, la leur accordait en cas d'empêchement légitime. D'ailleurs le client ne pouvait pas non plus après la même époque, changer de procureur selon sa volonté (*L.* 8, § 3, *L.* 9, 16 *et* 17, *ff. de procuratorib.*), ce que nous n'avons point admis.—V. aussi *Despeisses*, *sect.* 3, *n.* 2, *et pour la* litis contestatio, *ci-apr. tit. de l'assignation, note* 54, *n.* 3.

(26 *)* C'est-à-dire remplacer, représenter la partie, postuler pour elle.

La règle du texte paraît fondée sur ce que l'exécution est en quelque sorte le complément du procès. Mais il n'en doit pas être de même si le procès est terminé par une transaction, un désistement accepté, ou un acquiescement (v. *en les tit.*) ; outre que la loi n'en dit rien, il n'y a pas les mêmes motifs (v. une autre question, *ci-apr. tit. du désistement, note* 2, *n.* 2).

(27) *Dr. anc.* — *Idem*, excepté que le temps n'était pas bien déterminé. V. *Basset*, ij, 94; *rép., mot désaveu, n.* 2 ; *Rodier, tit.* 32, *in f.*

Observations. 1. Même règle si le jugement est attaqué dans les six mois de sa date, par requête civile. V. *en le tit., note* 46.

2. Tant que l'affaire n'est pas dévolue au tribunal supérieur, l'avoué a le droit d'appeler et même de recourir sans un nouveau pouvoir. V. *tit. de l'appel, note* 33; M. *Merlin, rec. alph., i,* 85 *et* 339, *mots appel,* § 3, *et cassation,* § 1, *comparés.*

IV. *Surveillance.* Les avoués sont soumis à la surveillance d'une chambre chargée de leur police et de leur discipline. V. *à ce sujet, arrêté du* 13 *frim. ix* (**28**), *et ci-dev. ch.* 3, *art.* 3 *et* 5, *p.* 60 *et* 66.

(28) *V.* aussi décr. 17 juillet 1806; ordonn. 23 avril 1818. Elle a le droit de prononcer contre eux certaines peines, dont quelques-unes, telles que le rappel à l'ordre, la censure et l'interdiction de la chambre, sans appel aux tribunaux. V. *d. arrêté, art.* 8; *autre,* 2 *therm. x, rép., mot chambre des avoués, n.* 3.

§ 3. *Des huissiers.*

I. *Fonctions.* Les huissiers (**29**) sont chargés :

1° D'un service personnel auprès des tribunaux auxquels ils sont attachés. (**30**)

2° De faire les significations d'actes de procédure entre les avoués (**31**) des mêmes tribunaux.

3° De notifier toutes les autres espèces d'actes (**32**) aux parties.

4º De faire tout ce qu'exige l'exécution des ordres de justice et des actes exécutoires par eux-mêmes. (33*)

Les deux premières fonctions appartiennent exclusivement aux huissiers appelés *audienciers* (34) ; les autres, à tous les huissiers exerçant dans le ressort d'un même tribunal civil (55). V. *L.* 27 *vent. viij, tit.* 7; *arrêté* 22 *therm. viij, art.* 7; *décr.* 30 *mars* 1808, *art.* 94 à 99; 6 *juillet* 1810, *art.* 116 à 119; *et* 14 *juin* 1813, *art.* 24 à 28. — Faits hors de ce ressort (36), leurs actes sont nuls. V. *arr. cass., ou rej. civ. et requ.*, 16 *flor. ix, et* 14 *vend. et* 12 *niv.x, rec. alph. ij,* 670, *mot huissier,* § 1 ; 16 *juill.* 1811, *ci-apr. note* 36, *in pr.*

(29) Leur nom vient, dit-on, de ce qu'ils sont chargés d'ouvrir et de fermer les portes, ou *huis* des audiences... On les appelait autrefois *sergens*, de *serviens* (v. note 33). — Quant à leur nomination et à leur service, v. *rép.*, mot huissier, § 1; *décr.* 6 *juill.* 1810, *art.* 116-122; *surtout décr.* 18 *juin* 1811, *art.* 66 à 69, *et* 14 *juin* 1813.

(50) Ce qui embrasse l'appel des causes et la publication des cahiers de charges. *Arg. du tar.* 110, 152 à 155. — V. *rép. ib.*, § 6.

(31) *Exemples.* Les qualités d'un jugement... Les sommations pour convenir de pièces de comparaison. *C-pr.* 142 à 144; 199.

Mais 1º dans l'usage, ces notifications sont quelquefois suppléées par un récépissé de copie que l'avoué auquel on notifie met sur l'original. *Rodier, tit. xj, art.* 12. — 2º Il n'est pas besoin d'un huissier pour les *communications* de pièces. V. *en ci-apr. le* §.

Il résulte de tout cela que les notifications entre avoués ne sont pas du ministère exclusif de l'huissier; de sorte qu'il n'est point passible de l'amende encourue par le rédacteur d'une requête, pour y avoir fait usage d'un acte privé non enregistré. V. *B. c.* 8 *août* 1809.

(32) Excepté les actes respectueux. *C-c.* 154, *et note* 64, *n.* 8.

(33*) Les actes propres au ministère d'un huissier (c'est-à-dire, on le voit, les *notifications* et *exécutions*) sont appelés EXPLOITS. On leur donnait aussi autrefois le nom de *procès-verbaux*, parce que l'huissier faisait verbalement au juge le rapport de ses opérations (on n'exigeait pas primitivement qu'il sût lire et écrire). V. *Loiseau, offices, liv.* I, *ch.* 4, surtout notre *Coup-d'œil* sur les violences exercées contre les huissiers ou sergens (nous y parlons aussi de l'étymologie des mots *huissier, sergent, exploit*), *aux mémoir. de la société des antiquaires, xj,* 330 *et suiv.*

(34) Pour tout le reste, ils sont assujétis aux mêmes règles que les simples huissiers. V. *tarif*, 156 *in f.*

(35) *Observations.* 1. Les huissiers de la *justice de paix* (s'il y en a suffisamment de libres) en font seuls toutes les notifications, à moins qu'il ne s'agisse d'une récusation ou d'une opposition à un jugement de défaut; ou qu'il ne faille une désignation du juge (v. *C-pr.* 45; *décr.* 4 *juin* 1813; *art.* 28; *rej. civ.* 6 *juill.* 1814, *Jalbert,* 403; *ci-apr. note* 38); et ils peuvent, mais dans leur canton seulement, faire toutes autres espèces d'actes. V. *L.* 19

vend. iv, art. 27; 5 *brum. iv, art.* 166; *B. c.* 21 *flor. viij,* 10 *brum. xij, etc., Montpellier,* 3o *nov.* 1824, *avoués, xxviij,* 8; *C-pr.* 16 *et* 20; *rép. et rec., sup.* — Enfin, ce sont eux qui notifient les citations en conciliation. *C-pr.* 52. — *Quid* pour les citations non notifiées par eux?... V. *ci-pr. note* 36, *n.* 2.

2. Les huissiers de la cour de *cassation* ont le même droit dans la ville où elle siège, pour tous les actes de sa compétence. *L.* 2 *brum. iv, art.* 11; *L.* 27 *vent. viij, art.* 70; *rej. civ.* 1 *fév.* 1808 *et* 8 *nov.* 1831, *J-C-pr. ij,* 152, *avoués; xliij,* 710.

3. Les huissiers chargés du service criminel ne peuvent *instrumenter* en matière civile, que dans le canton de leur résidence. *Décr.* 6 *juill.* 1810, *art.* 116, 117, *et* 18 *juin* 1811, *art.* 84.

4. *Quid* s'il s'agit de délits forestiers, de droits réunis, ou de douanes? V. *cours crimin.*, part 2, *observ. prél., n.* 1.

5. Porteurs de contrainte et gardes du commerce... V. *sect. des procéd. spéciales, note* 8, *et tit. de la contrainte, note* 14.

6. Le droit de fixer et de *changer* la *résidence* des huissiers, donné d'abord aux cours royales (*décr.* 18 *juin* 1811, *art.* 66-69), a été ensuite conféré, et en dernier ressort, aux tribunaux civils. *Réquis. et arr. cass. requ.,* 4 *fév.* 1834, *B. c., par arg. de décr.* 14 *juin* 1813, *art.* 16 *à* 19 (contrà.... *M. Chauveau, avoués, xlvj,* 104).

7. Les *copies* d'exploits doivent être correctes et lisibles (v. *tit. des exceptions, note* 74). Dans le cas contraire, le ministère public peut agir par voie d'action (v. *p.* 24 *et* 26); pour faire condamner l'huissier à une amende (25 fr.) *B. c.* 17 *déc.* 1828.

8. Les huissiers doivent tenir un *répertoire* où ils indiquent, jour par jour, la nature de leurs exploits, le coût, les parties, etc. *Voy. L.* 22 *frim. vij, art.* 49 *et* 50; *d. décr.* 11 *juin, art.* 46 *et* 47.

9. Ils sont, comme les avoués, soumis à la *surveillance* d'une chambre de discipline. V. *d. décr., art.* 53 *et suiv.*

(36) Même par un huissier de cour d'appel. *Arr. cass.* 13 *frim. xij* (*rép. sup.,* § 4), 12 *avr.* 1808 *et* 17 *juill.* 1811, *J-C-pr. ij,* 144, *et Nevers,* 1808, 187, 1812, 26.

Observations. 1. Il en est autrement, si l'huissier a été chargé de l'exécution d'un arrêt. *Id.,* 22 *juill.* 1806, *J-C-pr. ij,* 150; *rép., ib.* (voy. aussi *tar.* 156).

2. L'exploit fait par un huissier dans son territoire n'est pas nul, quoique cet huissier ne soit pas attaché à la jurisdiction devant laquelle il cite; l'huissier est seulement passible d'amende, suiv. M. Merlin, *rép. xvj,* 584, *h. v.,* § 8, qui argumente de *C-pr.* 1030, et d'un arrêt (*B.-c. cr.* 23 *mai* 1817), qui l'a décidé (*idem, B. c. cr.* 5 *déc.* 1822) pour une citation de police notifiée par un huissier du tribunal civil dans le ressort duquel était celui de police (on l'a aussi décidé pour la citation devant le juge de paix. V. *B. c.* 24 *frim. xj, n.* 33... contrà, pour la citation en conciliation. v. *Rennes,* 16 *aout* 1811, *J-C-c. xx,* 141).

II. *Obligations.* 1° Un huissier est tenu de prêter son ministère lorsqu'il en est requis. *D. décr.* 14 *juin, art.* 42; *déclarat. du* 9 *aout* 1564. (37)

Cette règle reçoit exception en cas qu'il y ait empêchement légitime (*d. déclarat.*), ou lorsqu'il s'agit d'actes pour lesquels l'huissier doit être désigné par le juge. (38)

2° Il ne peut, sous peine de nullité, instrumenter pour ses parens et alliés et ceux de sa femme, en ligne directe, et pour ses parens et alliés collatéraux jusques au 6° degré. *C-pr.* 66. (39)

Au reste, la remise de l'acte qu'il va notifier ou exécuter, équivaut pour l'huissier à un mandat (40); mais quand il s'agit d'une saisie immobilière ou d'un emprisonnement, il faut que ce mandat soit spécial. *C-pr.* 556 (41). — Et l'huissier est tenu, s'il en est requis, de prouver que la personne pour laquelle il fait une saisie-arrêt, existait à l'époque où elle lui en a donné le pouvoir. V. *C-pr.* 562 (42). — V. aussi *ci-après, titre de la saisie-arrêt, note 5, n. 1.*

(37) *V.* aussi Despeisses, ordre jud., tit. 1, n. 5; Rodier, tit. 2, obs. 7; rép., ib., § 1, n. 10; ci-apr. tit. de la prise à partie, note 13.

En cas de refus, il s'expose à l'interdiction et à des dommages. V. *rép.*, *d. n.* 10. — D'où il résulte, 1. qu'il doit aussi des dommages, s'il a différé une exécution sans avoir averti sa partie des obstacles qu'il éprouvait. *Arr. au d, n.* 10. — 2. Qu'il ne peut, sans autorisation, accorder un délai au débiteur. V. *id., n.* 11. — Enfin, il est passible de peine si au lieu de faire une exécution, il avertit le débiteur, et le met ainsi en état de la prévenir. V. *id., n.* 13; *et C-pén.* 177.

(38) Ce sont en général les actes dont il est le plus important d'assurer la notification (v. *Treilhard, p.* 35). *Exemples :* 1° Citations, lorsque l'huissier de la justice de paix est empêché. *C-pr.* 4.

2° Significations des jugemens de défaut. *Id.* 156, 350, 435.

5°-6° Assignation pour interrogatoire, choix de pièces de comparaison, référé urgent, élargissement.. *Id.* 529, 199, 808, 795, 802.

7° Signification de jugement et de commandement pour une arrestation. *Id.* 780, 784.

8° Notifications pour surenchère sur aliénation volontaire. *Id.* 832 (sous peine de nullité, *suiv. Paris et Turin*, 1808 et 1811, J-C-pr, ij, 329, *avoués, v*, 107).

(39) *V.* aussi Bornier, tit. 2, art. 2; Rodier, art. 16, obs. 9; Espagne, mot assignation, n. 65; rej. civ. 24 nov. 1817, Jalbert, 553.

En *justice de paix*, la prohibition ne dépasse pas le deuxième degré de la ligne collatérale. V. *C-pr.* 4, *in f.*; *M. Faure, p.* 192; *d. décr.* 14 *juin* 1813, *art.* 42.

Il n'est pas défendu à l'huissier de notifier à ses parens, *suivant Rodier, sup.,* et *Liège, 6 juill.* 1811, *avoués, v*, 36.

(40) C'est un mandat tacite. V. *rej. civ.* 19 *août* 1824, *avoués, xxviij*, 336.

Observations. 1. *Quid* si l'huissier n'a ni mandat de ce genre, ni mandat exprès ?... Plusieurs auteurs pensent qu'il suffit au demandeur d'agir par voie de désaveu (v. *en ci-apr. le titre*); d'autres, qu'il est besoin d'une inscription de faux, parce que l'exploit fait preuve contre le défendeur (voy. *n. iv*, p. 87 et 88), et que la condition des parties doit être égale. Rodier *tit.* 2, *art.* 16, *n.* 8, semble adopter le dernier avis; mais il n'a pas réfléchi que la voie de l'inscription serait le plus souvent impraticable, puisqu'elle forcerait le demandeur à prouver un fait négatif: en conséquence, nous préférons le premier système, d'après lequel on donne aussi au défendeur (en cas de désaveu) une action en dommages contre l'huissier. — V. *d'ailleurs, ci-apr. notes* 58, 59, *et* 60, *n.* 3, *p.* 87 *et* 88. — V. aussi *arr. de Paris*, 31 *janv.* 1815, (il admet une action en désaveu) *et* 7 *févr.* 1824, *avoués, xj*, 341, *xxvj*, 110.

2. L'huissier ne peut excéder les limites de son mandat, par exemple, 1° assigner le défendeur quand il n'est chargé de le faire qu'en cas de refus de paiement, et que le défendeur offre de payer. V. *Masuer et Fontanon, ibid., tit.* 1, *n.* 7 et 8; *Despeisses, sup., n.* 3. — 2o Recevoir un paiement, et en passer quittance. *Arg. ex L.* 49, *ff. solutionib.; Faber, C. eod., def.* 24 et 48. — Cette dernière règle reçoit exception, lorsque le débiteur ne peut éviter une exécution rigoureuse que par un paiement entre les mains de l'huissier, ou que celui-ci est porteur de l'acte; car, dans ce cas, il est censé avoir un mandat tacite d'exiger. V. *Faber, ib.; Pothier, obligat., n.* 477; *arr. de Colmar*, 25 *mars* 1820, *et* 21 *déc.* 1832; *et d'Aix*, 15 *févr.* 1833, *avoués, xliv*, 202, *et* 365.

(41) Sinon l'exécution n'est pas valable. V. *Lyon et Cass.*, 1810 *et* 1812, *rép., mot désaveu, n.* 9. — On avait d'abord jugé le contraire. V. *arrêts de* 1807 à 1812, *cités dans notre* 5e *édit., p.* 78, *note* 41. — Questions diverses sur ce pouvoir, sa date, etc... V. *Colmar et Rouen*, 1812, *avoués, vj*, 178; *vij*, 106; *rej.*, 12 *mai* 1813, 24 *janv. et* 12 *juill.* 1814, 12 *janv.* 1820, *ib., ix*, 241; *x*, 199, 259, *xxj*, 202; *Paris*, 1820, *Sirey*, 20, 2, 111; *B-c.*, 10 *août* 1814, 20 *avr.* 1818, 15 *avr.* 1822; *rej. requ.* 29 *févr.* 1827, *avoués, xxxiv*, 334.

(42) Sous peine d'interdiction et des dommages des parties. *Ib.*

3° Un huissier doit exercer son ministère en personne. *D. décr.* 14 *juin, art.* 45 (43). — Et dans certains actes, tels que les saisies-exécutions, les emprisonnemens et les protêts, se faire assister de deux recors ou témoins, français, majeurs, et qui ne soient (44) ni domestiques des parties, ni leurs parens ou alliés (ni les siens) jusques au 6° degré. *C-pr.* 585, 783; *C-com.* 173. (45)

4° Lorsqu'il est en fonctions on doit le respecter, sinon l'on s'expose à une poursuite criminelle (46). *C-pr.* 555; *B. C-cr.* 20 *févr.* 1830, *n.* 50. — Cette règle s'applique à tous les officiers chargés de l'exécution des actes et jugemens. *D. art.; C-pén.* 209 *et suiv.*, 224 *et suiv.* (47)

(43) S'il ne remet pas lui-même les copies, il y a peine de suspension, amende et dommages, et si c'est par fraude, peine de faux. V. d. art. 45; arr. cass. cr. 1806 à 1810, au rép., v, 32 et xv, 266, mot exploit, n. iij; B. c. cr. 18 avr. et 7 août 1828.

(44) Recors vient de se recorder, se ressouvenir (autrefois on touchait les témoins au bout de l'oreille, organe qu'on croyait le siège de la mémoire, comme pour les inviter à se ressouvenir de ce qu'ils avaient vu. V. Despeisses, sup., tit. 1, n. 23; notre histoire du droit, p. 54).

(45) Dr. anc. Il suffisait qu'ils ne fussent pas parens ou alliés du demandeur. V. ord. de 1568, art. 3, citée par Despeisses, d. n. 23.

Il était aussi défendu au demandeur de paraître à l'acte. V. à ce sujet Despeisses, ib.; ci-apr. tit. de la saisie-exécution, note 22.

(46) L'exercice de ses fonctions commence au domicile des particuliers où il doit notifier ou faire exécuter un acte, et il est alors considéré comme fonctionnaire public. Avis cons. d'état, 5 vent. xiij.

(47) Ils peuvent en cas de résistance, demander l'appui de la force publique. V. L. 3 août 1791, art. 7 et suiv.; décr. 18 juin 1811, art. 77; rép., mot huissier, § 1, n. 8. — V. aussi ci-apr., tit. de la contrainte, § 1, n. 2; Automne sur Imbert, liv. 1, ch. 5.

III. *Formes des exploits* (48). Un exploit doit énoncer ou désigner (sous peine de nullité) :

1° Les noms, demeure et immatricule de l'huissier. *C-pr.* 61, ꝑ 2. (49)

2° La date de l'acte (50). V. *id.*, ꝑ 1.

3° La personne pour qui l'on agit. *Id.* (51)

4° Celle contre qui l'on agit, ou son domicile, si la copie y est remise. (52)

5° Le lieu où se fait l'acte. (53)

6° Sous peine d'amende seulement (54), les frais de cet acte. (55)

L'acte terminé doit, sous peine de nullité, être enregistré dans les quatre jours suivans. (56)

Les frais de l'acte nul par son fait, et même de la procédure annulée (57), peuvent être mis à la charge de l'huissier, sans préjudice des dommages-intérêts de la partie. V. *C-pr.* 71, 1031; *arr. à J-C-pr. iij,* 225, *avoués, viij,* 304. (58)

(48) Nous ne parlons ici que des formes générales; les formes particulières des diverses espèces d'exploits sont exposées dans les titres qui les concernent. Ces formes générales ne se trouvent malheureusement écrites dans aucune loi expresse; il a fallu pour les déterminer, rechercher parmi les formes que prescrivent des dispositions spéciales, celles qui semblent être de *l'essence* de

tous les exploits. Or, nous avons dû considérer comme formes *essentielles* à des notifications ou exécutions, les cinq premières énonciations du n₀ 111 du texte, p. 85, parce que si l'on en omet quelqu'une, ces deux espèces d'actes seront tout-à-fait inutiles. Telle était d'ailleurs l'ancienne jurisprudence. V. *les autorités citées dans les notes suiv. et dans le tit. de l'assignation, art.* 2.

Observations. 1. Les formes essentielles de l'exploit doivent être constatées par sa propre *teneur.* V. *B. c.* 14 *août* 1813.

2. Quant à ceux qui peuvent l'écrire, v. *ci-apr. note* 61, *n.* 4, *p.* 89.

(49) Cet article ne concerne que les ajournemens ; mais la forme qu'il prescrit est essentielle à tous les exploits, parce qu'il faut bien savoir si l'huissier a eu le droit d'instrumenter. — V. au reste, *rec. alph., mot exploit, rubrique du* § 2. — *Dr. transit... V.* id. mots triage, § 2, et frais préjudic., § 1 ; deux arr., ib.; L. 7 niv. vij.

(50) Même observation qu'à la note 49... V. aussi *Bruxelles*, cass. et *Lyon*, 1807 *et* 1810, *J-C-pr. i*, 53, *avoués, iij*, 114; *ci-apr., art. des dates.*

(51) Même observation... Quant aux motifs, la partie *intimée* ou *exécutée* serait hors d'état de se défendre, si on ne lui faisait pas connaître celle qui agit (v. aussi *Rodier*, p. 12, n. 4). — Mais si on l'a fait dans d'autres actes, il n'y a pas nullité, *suiv. arr. rej.* 19 *août* 1814, *Jalbert*, 545.

(52) Cette forme est exigée par C-pr. 68.—« *Tous exploits*, y dit-on en général, seront faits à personne ou domicile ». — V. aussi *arr. de Paris*, 22 *déc.* 1809, 10 *mai* 1810, *avoués, i*, 26, *ij*, 83.

Observations. 1. En règle générale, il faut une copie pour chacun des défendeurs ayant un intérêt distinct.—V. *Guenois sur Imbert, liv.* 5 ; *ci-apr. ch. des règles génér. note* 11, *et tit. de l'autorisation, note* 4 ; *rec. alph., vj*, 15, *mot assignation,* § 10 ; *arr. cass.* ib.; autres, 14 *août* 1813, 15 *fév.* 1815, *et* 28 *janv.* 1820, *B. c.* 20 *déc.* 1816, *Jalbert*, 43 ; 14 *mars* 1821, *avoués, xxiij*, 83; *répert., xv*, 141 *et* 206.

2 *Dr. anc.* Avant François Ier, il n'était pas nécessaire de donner une copie de l'exploit. *Automne sur Imbert, d. ch.* 5.

(53) Celle-ci est une conséquence de la précédente. Si l'exploit est fait au *domicile*, l'indication du lieu est essentielle, parce que, sans cela, la désignation du domicile serait incomplète : si c'est à la *personne*, le défaut d'indication du lieu ôterait les moyens, 1° d'établir que la remise n'a pas été faite ; de prouver, par exemple, à l'aide d'un *alibi*, qu'elle était impossible; 2o de contester la compétence de l'huissier, s'il n'a pas agi dans son ressort (v. d'ailleurs, *Despeisses, n.* 17).

(54) Cette peine d'abord prononcée pour les ajournemens (v. *C-pr.* 67) a été étendue à tous les exploits, et on peut même y ajouter celle de l'interdiction, ainsi que dans le cas où l'huissier a excédé la taxe légale. V. *tarif* 66 *in f. et* 156 ; *décision du Grand-Juge, du* 31 *juill.* 1808. — V. aussi *Guenois, sup.; d. décr.* 14 *juin, art.* 47 *et* 48.

(55) *Patente...* Il faut, sous peine d'*amende*, faire mention des patentes de l'huissier et des parties (ainsi que dans les actes rédigés par des avoués, greffiers et notaires). V. *ordonn.* 25 *déc.* 1814 ; *L.* 1 *brum. vij* (art. 38) *et* 16 *juin* 1824, *art.* 10, et pour le droit ancien, *rép., mots exploit et patente,* § 2; *rec., mot patente* ; *décis. du minist.*, 22 *nov.* 1808, *à J-C-pr. iij*, 105; *instruct. du direct. de l'enregistrem.*, 3 *déc.* 1808, *n.* 408; 4 *juill.* 1809, *n.* 436.—Toutefois la mention de la patente des parties n'est pas exigée pour les actes judiciaires étrangers à des affaires commerciales. *Rej. requ.* 29 *déc.* 1829, *avoués, xxxviij*, 151.

(56) *V. L.* 22 *frim. vij, art.* 20, 25 *et* 34, *et ci-apr.* § *des délais, note* 10. — L'huissier est responsable de la nullité. *D. art.* 34. — L'enregistrement se

fait au bureau de son domicile, ou à celui du lieu où il a fait l'exploit. *D. L.*, *art.* 26.

(57) C'est-à-dire, sans doute, de la procédure que l'annulation de l'exploit, qui en était la base, a forcé aussi d'annuler.

(58) *Responsabilité.* On voit qu'on n'admet plus l'ancien adage : *à mal exploiter, point de garant.* — V. *Denisart, mot nullité, n.* 25.

Quand y aura-t-il lieu à des dommages ? Suivant les circonstances, suivant l'exigence des cas, disent les *art.* 71 *et* 1031. — Mais quels sont ces cas et circonstances?... La loi en indique plusieurs. Par exemple, l'huissier est passible de dommages, 1° et 2° lorsque sans ordre de justice, il procède à une saisie-revendication; lorsqu'il signifie une opposition irrégulière à une saisie-exécution. V. *C-pr.* 826, 609, *et tit. de ces saisies, notes* 2 *et* 52.—3° Lorsqu'il conduit un débiteur dans un lieu illégal de détention. V. *C-pr.* 788, *et tit. de la contrainte note,* 23. — 4° et 5° (défaut d'enregistrement; *id.* de preuve de l'existence de celui qui a fait une saisie-arrêt). V. *notes* 42 *et* 56, *p.* 84 *et* 86.

A l'égard des circonstances omises par la loi, nous rechercherons quels principes généraux doivent régir cette matière, lorsque nous traiterons de la responsabilité des notaires (v. leur §, note 71). Bornons-nous à observer ici que des huissiers ont été condamnés à des dommages pour avoir négligé, 1o d'indiquer le nom de la personne à qui la copie d'un exploit a été remise; 2° de mentionner qu'ils se sont adressés à un voisin; 3° de mettre une date complète. V. *Paris, Rouen et Colmar,* 22 déc. 1809, 1 *août* 1810 *et* 18 *juill.* 1812, *avoués, i,* 26, *iij,* 255, *viij,* 357 ; *ci-apr. tit. de l'assignation, art.* 3; *Cours criminel, chap. des assises, art.* 2, *notes.* — Autres exemples... V. *rej. requ., Metz, Besançon, Aix, Lyon et Grenoble,* 1821, 1825, 1826, 1828 *et* 1832, *avoués, xxiij,* 55, *xxix,* 296, *xxxiij,* 255 ; *xxxv,* 239 *et* 265, *xlv,* 473.

Observations. 1. D'après la maxime *factum executoris, factum partis,* le défendeur qui a des dommages à réclamer (v. en des *exemples, ci-dessus et ci-dev., note* 40) a une action contre le demandeur, sauf le recours de celui-ci contre son huissier, qu'il doit s'imputer d'avoir mal choisi. V. *Faber, C. de execut. rei judic., def.* 37 et 8 ; *arr. de Bruxelles et Colmar,* 2 *juin* 1806, 10 *mars et* 20 *août* 1808, *Nevers,* 1809, *supp.* 218 ; *J-C-pr. ij,* 338; *Sirey,* 26, 2, 20.

Cette action se porte au tribunal civil lors même que l'acte annulé dépend d'une procédure de commerce. *B. c.* 30 *nov.* 1813 *et* 2 *juin* 1817. *V.* aussi *id.,* 2 *janv.* 1816.

1 *a.* La responsabilité doit se prononcer à l'audience. *Arr. cass.* 3 *mars* 1829, *B. c.,* et 17 *nov.* 1830, *avoués, xl,* 40.

2. Quant aux taxes des huissiers, *voy.* C-pr. 62 (cet article leur passe une journée pour tous frais de déplacement); tarif, *liv.* 1, ch. 3 ; liv. 2, tit. 1 et 2, ch. 5 ; d. décr. 14 juin, art. 35 et 36.

3. L'huissier est responsable du prix d'adjudication des meubles saisis. V. *C-pr.* 625, *et ci-apr. tit. de la saisie exécution,* § 6, *n.* 3.

4. Il est déchargé des pièces au bout de deux an après la signification ou exécution. *C-c.* 2276.

IV. *Effets des exploits.* Les actes d'un huissier font foi des faits propres à son ministère, c'est-à-dire de ceux qui sont relatifs à la *notification* ou à l'*exécution* de l'acte (59), dont il est chargé. (60)

Mais lorsqu'il s'élève des contestations sur la régularité des exploits, ce n'est point, comme dans les autres espèces d'actes (*C-c.* 1334), l'original que l'on examine par préférence, mais la copie, parce qu'elle sert d'original au défendeur. **(61)**

(59 et 60) V. *à ce sujet, ord. de* 1453; *Despeisses, sup.*; *n.* 34; *Espagne, sup. n.* 70 *et* 163; *Chorier, liv.* 2, *sect.* 1, *art.* 6.

Observations. 1. Quant à la *notification*, l'exploit doit faire foi, 1. du jour, 2. du lieu, 3 et 4. de la personne à qui, et du domicile où elle est faite, 5. de la *remise* de la copie, 6. de l'acceptation de cette copie, 7. du transport de l'huissier au domicile du défendeur, et de ce domicile à celui du voisin, etc... D'après ces principes, il faut croire au moins jusques à preuve contraire (l'inscription ne paraît pas nécessaire dans ce cas), que celui à qui l'huissier a remis sa copie, est un associé ou un commis, s'il l'a qualifié comme tel. V. *Turin,* 9 *avril* 1811, *et rej. civ.* 28 *janv.* 1834, *avoués, iv,* 168, *xlvij,* 350. — Mais non pas que l'assigné a élu domicile chez lui, *suivant Florence,* 28 *janv.* 1811, *ib., v,* 161. — *V.* aussi à l'égard du n° 5, *Despeisses, n.* 26; *Automne, sup.*

2. Quant à l'*exécution,* l'acte doit faire foi des énonciations suivantes : 1. jour, 2. lieu, 3. maison, 4. terres, 5. *carence* ou existence des meubles, 6. présence ou absence de l'exécuté, 7. déplacement des meubles, 8. action de les décrire, 9 et 10. résistance qu'a éprouvée l'huissier, ou injures qu'il a reçues, etc. V. *à l'égard des n.* 9 *et* 10, *Chorier, sup.*; *Guipape et Ferrière, qu.* 628.

3. Relativement aux autres parties de l'acte, il nous semble qu'il faut distinguer entre leur existence et les faits qu'elles énoncent.

1°. Quant à leur existence, la déclaration de l'huissier la constate à l'égard du demandeur, puisqu'il est son mandataire (v. *n. ij, p.* 83). Il en est autrement à l'égard du défendeur; la signature de celui-ci est nécessaire pour établir qu'il a fait telle ou telle réponse (v. *Bouvot, mot sergent, part.* 1; *Chorier, Espagne et Despeisses, sup.*; *Rodier, sup., art.* 16, *n.* 7; *ci-dev. note* 40, *n.* 1, *p.* 84; *ci-apr., sect.* 3, *ch.* 6, *note* 14).

2. L'intervention de l'huissier ne donne aucune authenticité aux faits énoncés dans les mêmes parties, parce qu'elles ne sont pas exclusivement de son ministère. Mais, lorsque l'existence de ces mêmes parties est certaine, les plaideurs peuvent tirer avantage des faits qu'elles énoncent, sauf au demandeur à désavouer l'officier ministériel qui a dressé les actes, et au défendeur à se rétracter, si ses aveux n'ont pas été acceptés. V. *au surplus d. note* 40; *rép., mot désaveu, n.* 9.

(61) 1. *Observations.* Il résulte de là que l'irrégularité de la copie n'est pas couverte par la régularité de l'original. V. *Graverol, liv.* 2, *tit.* 1, *arr.* 59; *Espagne, n.* 70; *Rodier, tit.* 2, *art.* 16, *n.* 13; *arrêts cass., au rép., mots copie,* § 2, *et cassation,* § 5, *n.* 10; *à J-C-pr. i,* 53, *iij,* 173 *et* 215; *Aix,* 7 *mai* 1809, *J-C-c. xiv,* 23; *cass.* 4 *déc.* 1811, *rec. alph., vj,* 10; *avoués, v,* 80; *Caen, Rennes et Grenoble,* 1826 *et* 1828, *ib., xxxij,* 165, *xxxvj,* 132 *et xxxviij,* 249 (cette règle ne s'applique point aux copies mises en tête des exploits. *B. c. cr.* 11 *sept.* 1812).

2. Bien plus, le défendeur peut faire valoir les irrégularités de l'original, qu'il n'a pu reconnaître par l'inspection de la copie, telles que l'omission de l'enregistrement et du visa. V. *Rodier, d. n.* 13.

3. La règle *quod produco non reprobo* n'est pas applicable aux actes d'huissiers; autrement on ne pourrait demander la nullité d'une assignation sur laquelle on paraît. V. *M. Merlin, rec. alph., mot triage,* § 2, t. v, p. 365; *ci-apr. tit. des exceptions, notes* 10 *et* 73; *du faux incident, note* 21; *des enquêtes,* § 4, *n.* 1, *alin.* 2°.

4. Les exploits peuvent être écrits par toutes sortes de personnes, ainsi que Rodier, *tit.* 2, *art.* 2, *n* 3, l'établit très bien : mais cela ne doit point s'entendre des parties de l'acte où l'on énonce des faits propres au ministère de l'huissier, tels que ceux exposés *ci-dev., note* 59 : leur existence n'est en effet possible qu'au moment même de l'acte; ils ne doivent donc être notés que dans cet instant, et il est naturel que ce soit par l'huissier, car c'est son attestation qui leur donne de la certitude (*ci-dev., note* 48, *n.* 1, *p.* 86) et c'est sans doute pour cela (*d. art,* 2) qu'on exige qu'il sache écrire. D'ailleurs, il y aurait un faux manifeste, si on les notait à l'avance (v. *aussi Rodier, ibid*). C'est enfin ce qu'on a décidé pour le *parlant à,* et pour la date. V. *arr. de Iliom,* 4 juill. 1829, *avoués, xxxviij,* 368-371.—V. toutefois, *M. Chauvean, observat., ibid.*

§ 4. *Des notaires.*

Recevoir et conserver les actes (**62**) des particuliers, leur donner de l'authenticité; en assurer la date et en délivrer des grosses et expéditions (**63**); telles sont les principales fonctions (**64**) des officiers publics appelés notaires. *L.* 25 *vent. xj, art.* 1. (**65**)

(62) « Les *actes et contrats* auxquels les parties *doivent* ou *veulent* donner le caractère d'authenticité ». *L.* 25 *vent. xj, art.* 1.

Il résulte de là plusieurs conséquences :

1° Il est des actes où il faut absolument une forme authentique (tels sont les donations, emprunts avec subrogation, contrats de mariage, sociétés anonymes, conventions d'hypothèque).. d'autres, que les parties peuvent à leur gré faire revêtir ou non de cette forme (avec l'entremise d'un notaire). V. *Favard, au rép., mot notaire,* § 2; *C-c.* 931, 1250, ┼ 2, 1394, 2127; *ci-apr. p.* 98, *al.* 4; *C-com.* 40; etc.

2° La loi du 25 ventose n'est pas seulement relative aux formes des contrats. V. *ch. des lois, note* 13, *n.* 3.

3° Le notaire est principalement chargé de la *rédaction* des actes (*ci-apr. ch. de la dresse, note* 1); il ne répond point de la vérité des faits qu'on lui propose d'énoncer; il atteste seulement les faits *matériels* dont il est témoin dans ses fonctions, *quorum notitiam et scientiam habet propriis sensibus, visus et auditus,* suivant l'expression de Dumoulin. V. *id., cout. de Paris,* § 8, *gl.* 1, *n.* 64, *où il cite plus de vingt auteurs ; Pothier, des obligations, n.* 736; *rec. alph. mot signature,* § 3, *et succession,* § 11; surtout *ci-apr. sect.* 3, *ch. des règles générales, n. viij, et notes* 12 (*n.* 2) et 14. —V. aussi *arr. rej. cr.* 1 mars 1822, *B. c. cr. n.* 34; *notre cours de dr. criminel, tit. de la procéd. de police, note* 6.

Observations. 1. Le fonctionnaire qui écrit des conventions autres que celles qui ont été *tracées* ou *dictées* par les parties, commet un faux. *C-pén.* 146, 147.

I.   12

2. Un notaire peut-il rendre à un testateur la minute du testament que celui-ci veut révoquer ?... Non. *Avis du comité de législat. du conseil d'état, 7 avr.* 1821, *Sirey,* 23, 2, 82. — Oui, *suiv. MM. Merlin, rép. xvij,* 222 (*n. vj*) *et* 540, *et Toullier, t.* 5, *n.* 659.

(63) Ce sont des espèces de copies. *V. à ce sujet, part.* 3, *tit. de l'expédition des actes, notes* 2 *et* 6.

Si l'on excepte quelques actes *simples,* qu'on délivre en *brevet* (c'est-à-dire, en original), et qui sont authentiques, sans être exécutoires (*v. arr. de Paris,* 1 *fév.* 1812, *J-C-c. xviij,* 414; *rép., mot expédition,* § 1, *n.* 1), tels que les certificats de vie, les procurations, actes de notoriété, quittances de louages et d'intérêts, les notaires conservent la minute de tous ceux qu'ils reçoivent... Ils en délivrent des grosses et expéditions aux parties intéressées, et même à d'autres personnes, avec l'autorisation du juge. Ces expéditions sont scellées avec un cachet particulier. —V. *L.* 25 *vent.,* art. 20 à 27; *et mêmes notes* 2 *et* 6.

(64) *Autres fonctions.* 1. Ils doivent avoir un tableau des interdictions et séparations et des mariages de négocians. *D. L. art.* 18; *C-c.* 501; *C-com.* 67-70; *C-pr.* 872; *tarif,* 92, 175; *tit. de l'interdiction, note* 9.

2. Ils assistaient les époux demandeurs en divorce par consentement. *Voy. au surplus, C-c.* 284 à 287.

3. Ils président quelquefois aux ventes judiciaires d'immeubles. *C-pr.* 955, 970; *C-c.* 827.

4. Ils dirigent les opérations matérielles des partages. *C-pr.* 976, *etc.*

5. Ils font les inventaires judiciaires, excepté ceux des faillis. *C-pr.* 935, 943; *C-com.* 486; *C-c.* 279, 451, 600, 626, 769, 794, 813, 821, 1031, 1058, 1060, 1061, 1414, 1442, 1456, 1461, 1483, 1499, 1510, 1532; *Favard, sup.,* § 2.

6. Ils représentent les absens dans les successions, scellés et inventaires. *C-c.* 113; *C-pr.* 928, 942; *tarif* 77.

7. Ils délivrent (s'ils sont certificateurs) les certificats de vie et de propriété d'inscriptions. *Décr.* 21 *août et* 23 *septembre* 1806; *L.* 28 *flor. vj;* ord. 30 *juin* 1814.

8. Ils notifient les actes respectueux. *C-c.* 154. — V. aussi *arr.* 1817 *et* 1821, *avoués, xvj,* 61; *Sirey,* 22, 2, 98 et 247.

9 à 12. Ils peuvent notifier les protêts, dresser les verbaux de refus d'inscription hypothécaire ou de transcription, et rédiger les contrats d'assurance. *C-c.* 2199; *C-com.* 73 *et* 79.

(65) A l'égard 1° de l'origine des notaires, *voyez* Favard, sup., § 1; Furgole, *des donations, art.* 5. — 2° De leur *organisation, voyez L.* 6 oct. 1791; d. *L.* 25 *vent.;* Favard, *ibid.* — 3 De l'*histoire* de la législation du notariat, v. Réal, motifs de d. *L.* 25 vent.

Observations. 1. La loi du 25 ventose ne révoque les précédentes qu'en ce qu'elles ont de contraire à ses dispositions. *D. L. art.* 69; *lettre du Grand-Juge, du* 8 *brum. xij.*

2. Les notaires sont-ils officiers ministériels ?.. V. *p.* 20, *note* 10.

I. *Territoire et parties.* Les notaires ne peuvent exercer ces fonctions hors du territoire qui leur est assigné, sous peine de nullité (66) de leurs actes, des dommages des parties, et même de suspension ou de destitution. *D. L. art.* 6 *et* 68 (67). — Il y a également lieu aux premières peines, si le notaire suspendu ou destitué reçoit des actes. *Id., art.* 8, 52 et 68. — V. aussi *C-pén.* 197.

Le ministère des notaires est forcé (*d. L., art.* 3) lorsqu'il n'y a pas empêchement légitime (68). Ainsi, ils ne doivent et même ne peuvent le prêter :

1° A leurs parens et alliés directs indéfiniment, et aux collatéraux jusques au troisième degré. *D. L., art.* 8 *et* 68. (69)

2° Aux particuliers qu'ils ne connaissent pas, et dont deux témoins instrumentaires (70) ne leur attestent pas les noms, état et demeure. *D. L., art.* 11. (71)

(66) *Dr. anc...* V. rép. xvj, 729 et 730, mot *mariage.* — *Dr. int...* Il n'y avait point de nullité. V. *d. L.* 6 oct., tit. 1, sect. 1, *art.* 5; sect. 2, art. 11; *L.* 18 *brum. ij; rec. alph., ij,* 714; *rép., sup..*

Le notaire commet un faux, si, dans ce cas, il déclare avoir passé l'acte dans son territoire. V. *B. c. cr.* 11 *août* 1809 *et* 10 *nov.* 1832 ; *rec. alph., mot faux,* § *xj, n.* 1. —V. aussi *C-pén.* 146.

(67) Mais ils peuvent expédier hors de leur ressort, les actes qu'ils ont été obligés de déplacer pour une vérification d'écritures. V. *tit. de la vérification, note* 54, *et C-pr.* 205.

S'il a été convenu qu'une quittance sera passée devant notaire, c'est au créancier qu'appartient le choix du notaire, *suiv. un arr. du parl. de Paris, de* 1783, *rép., mot quittance.* — *V.* aussi *ci-apr., sect.* 5, *ch.* 6, *note* 8; *tit. de l'inventaire, note* 5.

(68) V. *aussi d. L.* 6 oct., *tit.* 1, sect. 2, *art.* 6.— Si le notaire refuse sans motifs, il peut être suspendu et même interdit.—V. *lettre du Grand-juge, rép., sup.,* § 5 ; *Ferrière, science des notair., liv.* 1, *ch.* 16.

(69) Ni recevoir les actes qui contiennent quelques dispositions en faveur de ces personnes. *D. art.* 8. — V. aussi *arr. de Douai,* 1810 *et* 1815, *et Nîmes,* 1821, *J-C-c. xvij,* 62, *xvj,* 87; *avoués,* 15, 51; *Sirey,* 21, 2, 274.

(70) C'est-à-dire qui ont les qualités désignées *ci-apr., p.* 93. *Dr. anc.* Même règle. V. *rép., d.* § 5 , *n.* 2, *et mot nullité,* § 5.

(71) *Observations... Responsabilité.* 1. Après avoir indiqué les contraventions de formes qui font annuler un acte, la loi du 25 ventose, art. 68 , ajoute : « *sauf, s'il y a lieu, les dommages-intérêts contre le notaire contrevenant.* » Mais *quand y aura-t-il lieu ?* Voilà une grave question.

2. Entre plus de vingt arrêts qui l'ont décidée, la plupart affranchissent le notaire de toute responsabilité lorsqu'il a commis la contravention , même par sa faute, mais sans aucun dol (ils donnent une décision semblable pour les avoués). On les trouve cités ou rapportés dans *Chenu , cent., qu.* 55 ; *Bouguier, lett. N., n.* 3; *Montholon, ch.* 61 ; *Louet et Brodeau, lett. N., som.* 9; *Lange, liv.* 4, *ch.* 36 ; *Furgole, des testamens, ch.* 12, *n.* 15; *Denisart, mot nullité, n.* 25 à 34... V. aussi *Ferrière, sup., liv.* 1, *ch.* 17; *Bretonnier sur Henrys, t.* 1, *liv.* 2, *qu.* 28... et le même système a été suivi depuis le code par plusieurs cours. V. *cinq arr. de Rouen, Douai, Riom et*

rej. requ., 1809, 1810; 1819 *et* 1825, *J-C-c.* *xiij*, 23 , *xvj*, 85 *et* 87; *avoués*, *xxij*, 300 , *Sirey*, 26, 1, 127.

Ce système offre des avantages et des inconvéniens : il dégage sans doute les notaires et officiers ministériels des inquiétudes et des agressions continuelles auxquelles ils seraient exposés dans l'exercice délicat de leur profession ; mais il fait aussi courir bien des risques aux parties , surtout si, comme on l'a fait dans plusieurs des arrêts précédens, on va jusqu'à ne tenir aucun compte de la faute grossière que les lois assimilent au dol (*magna culpa dolus... L.* 226, *ff. verb. signif.*).—V. entre autres *l'arr. rapporté par Bouguier, sup., in f.*

3. D'autres arrêts paraissent avoir fait cette dernière distinction : ils ont, en conséquence prononcé la responsabilité en cas de faute grossière, et l'ont rejetée dans le cas inverse.V. *Chenu, sup.*; *Expilly, ch.* 100; *Louet et Brod., lett. V, som.* 6 ; *quatre arr. de Paris, Colmar et Bordeaux,* 1806, 1809, 1813 *et* 1812, *J-C-c. vij,* 125, *xiij,* 178, *xx,* 446; *Nevers,* 1812, 2, 103.V. aussi arr. 1o de *Colmar,* 10 *août* 1818, *avoués, xix,* 184, qui annule une donation parce qu'un des témoins n'était pas citoyen (*ci-apr.* p. 93) , mais déclare qu'en ceci il n'y a ni dol, ni faute grossière de la part du notaire... 2° de *Toulouse,* 28 *janv. et* 19 *déc.* 1820, *et Amiens,* 24 *juill.* 1823 , *Sirey* , 22 , 2, 137, *et* 24, 2, 267, *et de cass.* 29 *déc.* 1828, B. c. (ces arrêts le déclarent responsable pour n'avoir pas constaté l'*individualité* de la partie).

Mais il s'en faut que ce parti dissipe tous les doutes; il reste toujours à savoir ce qui constitue précisément la faute grossière d'un notaire ou officier ministériel, dans les circonstances où la loi ne prononce pas expressément la responsabilité.

Voudrait-on , par exemple, admettre avec Bouguier (*sup.*) la règle suivante : *culpa est, imo lata, non intelligere quod omnes homines ejusdem vocationis intelligunt?*... Mais elle est en opposition avec les arrêts qu'il analyse et dont l'un fut rendu sur son propre rapport; arrêts qui n'ont point tenu compte de semblables fautes (telles qu'une omission de lecture aux parties, et même de signature de la part du notaire) , et ont au contraire adopté cette autre règle : *clientes sibi imputare debent quod peritiorem non adhibuerunt.*

Déciderait-on avec les cours de Paris, de Toulouse, d'Amiens et de cassation (*dd. arr. de* 1806 , 1820, 1823 *et* 1828) , que lorsque la loi prescrit une mesure, comme celle de faire attester par des témoins l'individualité des parties inconnues aux notaires (v. p. 91) l'omission rend ceux-ci responsables ?. Tout en admettant la justesse de la décision quant à la même hypothèse parce que l'omission d'une semblable mesure est vraiment une faute grossière; on pourrait objecter que les formes les plus importantes des actes sont également indiquées et exigées par la loi (v. les *ci-apr.* p. 93 *à* 95), et qu'un notaire ne doit pas plus les ignorer, les omettre ou les violer, que se dispenser de la même mesure.

Nous avouerons en terminant, que malgré toutes les décisions que nous avons citées, la question de la responsabilité nous semble avoir besoin d'une discussion nouvelle et d'une discussion très approfondie. L'article 1383 du Code civil , que plusieurs tribunaux ont pris pour base de leurs jugemens, ne suffit pas pour la résoudre. D'ailleurs , son application littérale détournerait presque tous les hommes honnêtes, des professions à l'égard desquelles on en a fait usage. puisqu'il rend responsable d'un dommage causé par négligence ou imprudence , c'est-à-dire , d'une faute très légère; or, dans ces professions , il est presque impossible d'éviter ces sortes de fautes ; et une seule suffirait souvent pour consommer la ruine du fonctionnaire qui l'aurait commise. V. *au surplus quant aux avoués et huissiers, en particulier, notes* 12 *et* 58 , p. 74 *et* 87.

II. *Notaires et témoins.* Les actes doivent être reçus par deux notaires non parens ou alliés entre eux au degré précédent, ou par un notaire assisté de deux témoins (**72**); ou d'un plus grand nombre, si la loi l'exige, comme en matière de testamens. *D. L. art.* 9, 10 *et* 68; *C·c.* 971, 976, 977; *arr. cass.* 20 *juill.* 1809, *J-C-c.*, *t.* 13, *p.* 66.

On ne peut prendre pour témoins les parens et alliés au même degré, des parties et des notaires (**73**); les clercs et serviteurs de ces derniers; ceux qui ne savent pas signer, et qui ne sont pas citoyens, majeurs (**74**) et domiciliés dans l'arrondissement communal (**75**) où l'acte se passe; enfin, les condamnés à des peines infamantes. *D. L. art.* 9 *et* 10; *C-pén.* 28 et 34, ⨍ 3. (**76**)

(72) Les notaires reçoivent les actes en personne; mais ils peuvent se faire aiderpour les ventes. *Arr. cass.* 23 *fruct. vij.*—V. toutefois *arr. de Nancy*, 25 *juin* 1826, *avoués*, *xliv*, 371.

(73) Mais la loi ne défend pas d'employer des témoins parens entre eux. *Arr. de Bruxelles*, 25 *mars* 1806, *J-C-c. vij*, 78.

(74) La loi du 25 ventose ne parle point de la condition de *majorité;* mais elle est exigée par la loi du 6 octobre 1791, tit. 1, sect. 2, art. 4 (v. sur ce point, *p.* 90, *note* 65, n. 1).

Clercs. Considère-t-on comme tels, même ceux qui sans aspirer au notariat, travaillent habituellement chez un notaire? Oui, *suiv. arr. de Bruxelles*, 12 *avr.* 1810, *J-C-c. xvj*, 20... Non, *suiv. arr. de id.*, 20 *mars* 1811, *ib.*, 477, *par arg. de L.* 6 oct. 1791, *tit.* 4, *art.* 4 (relatif aux conditions du stage), et, il en est de même à plus forte raison pour ceux qui n'y travaillent que passagèrement... V. *Agen et Poitiers*, 10 et 18 *août* 1824, *Sirey*, 25, 2, 297 *et* 336.

(75) C'est-à-dire dans l'arrondissement de la sous-préfecture, car à l'époque de la loi sur les notaires, le ressort de sous-préfecture était ainsi appelé. V. *const. an viij*, art. 1 et suiv.; *L.* 13 *vent. ix*, ch. 1; *arr. de Turin*, 31 *août* 1808, *J-C-c. xij*, 155.

(76) Quant aux qualités des *témoins* testamentaires, v. *C-c.* 974, 975, 980; *rép.*, *h. v.*, § 2, *t.* 13 et 17; *ci-apr.*, *sect.* 3, *ch. des lois*, *note* 12.— V. aussi *arr. de Riom, Turin, Bruxelles et Limoges*, 1809, 1810, 1811, et 1821, *J-C-c. xvj*, 1 et 12; *xvij*, 408; *Sirey*, 22, 2, 341.

III. *Rédaction.* Il faut (sous peine d'amende) écrire la minute (l'original) d'un acte, sur du papier timbré, lisiblement, *uno contextu* (**77**), sans abréviations, chiffres, blancs, lacunes et intervalles. V. *d. L.* 25

vent., *art.* 13; *L.* 13 *brum. vij*, *art.* 17. — V. aussi
C-c. 42; *C-com.* 10. (*77a*).

Il faut (également sous peine d'amende) y énoncer,
1° les noms et résidence du notaire; 2° ceux des parties; 3° (sous peine de nullité) ceux des témoins ainsi
que la date et le lieu de l'acte (**78**). *D. L.* 25 *vent.*,
art. 12-14; *arr. d'Aix*, 3 *déc.* 1807, *J-C-c.*, *x*, 169.

(**77**) Uno contextu actus testari oportet : est autem uno contextu nullum
actum alienum testamento intermiscere. Quod si aliquid pertinens ad testamentum faciat, testamentum non vitiatur. *L. heredes* 21, § 3, *ff. qui test.
fac. poss.* (*xxviij*, 1); *Cujas, in Cod.*, *vj*, 22.
« Les actes des notaires seront écrits *en un seul et même contexte.* » —
D. art. 13. — Comme ces dernières expressions ne sont point reçues dans le
bon langage, il nous semble que le législateur ne s'en est servi que pour rappeler avec plus de précision la règle du droit romain indiquée par les mots
uno contextu, dont elles sont la traduction littérale, et que par conséquent,
elles doivent être entendues absolument dans le même sens que la loi *heredes*
donne aux mots *uno contextu*.
Mais, observent MM. Merlin et Grenier (v. *rép.*, *mot testament*, *sect.* 2,
§ 2, *art.* 6), l'art. 13 ne dit pas que les actes seront *rédigés* mais *seront
écrits*, ce qui peut présenter une idée différente... Nous répondrons que le
mot *écrits* ne paraît avoir été employé au lieu du mot *rédigés*, que parce
que les termes suivans du même article, *lisiblement*, *sans abréviation*,
blancs, *etc.*, convenaient mieux au premier qu'au second de ces mots.
Au surplus ils remarquent avec raison que l'inobservation de la règle *uno
contextu* n'est punie que d'une amende (excepté dans les testamens mystiques); mais nous croyons aussi, d'après les réflexions précédentes, qu'elle
produirait un préjugé défavorable contre l'acte... Papon (*notaire, t.* 1, *liv.*
3, *ch.* 1.) après avoir discuté cette question, décide qu'il faut, à cet égard,
s'en rapporter à la prudence du juge.
(**77** a) Si le notaire a laissé des blancs pour des désignations que les parties
ont promis et omis de fournir, il ne peut les *barrer* sans leur approbation,
suiv. instruct. de l'administ. d'enregistrement, 9 août 1823, *dans Sirey*,
24, 2, 87.
(**78**) « Le lieu de résidence du notaire qui les reçoit, à peine d'amende...
Le *lieu*, l'*année* et le *jour* où les actes sont passés, sous les peines de l'article 68 (nullité) et même de faux si le cas y écheoit. » *D. art.* 12.
Observations. 1. Après après avoir rapporté cet article, Favard (*sup.*, § 5,
n. 5) dit, à l'occasion du *lieu de l'acte*, « la loi n'exige pas seulement l'é-
nonciation de la ville ou de la commune. mais encore celle de la *maison* où
l'acte a été reçu. Cette énonciation est nécessaire à la *validité* de l'acte, et
elle est prescrite pour mieux assurer toute sa vérité. L'ordonnance de Blois
(art. 167) imposait cette obligation aux notaires d'une manière expresse, et la
loi du 25 ventose n'a fait que la confirmer. »
Que l'énonciation de la *maison* soit fort utile, c'est ce qui est évident;
mais qu'elle soit essentielle à la *validité* de l'acte, c'est ce que la loi du 25
ventose ne donne à entendre nulle part. On ne peut dire qu'elle ait voulu
confirmer sur ce point l'art. 167 de l'ordonnance de Blois; 1° parce qu'elle
n'en répète point les dispositions ; et que cela eût été nécessaire dès qu'il s'a-

gissait d'une forme dont l'omission devait produire une nullité; 2° parce qu'elle contient des dispositions différentes, entre autres celle où l'on se borne (*d. art.* 12) à exiger l'énonciation du *jour*, tandis que l'article 167 veut qu'on marque si l'acte a été fait avant ou après midi... Et quand on attribuerait cette intention à la loi, on ne pourrait rien en induire dans cette occasion, puisque l'art. 167 ne porte point la peine de nullité, quoique un des articles précédens (165) l'eût prononcée quant à l'omission d'autres formes des actes de notaires, telles que les signatures des parties et des témoins (Automne sur Imbert, *liv.* 1, *chap.* 4, *n.* 4, décide en conséquence, que la mention de la demeure des parties prescrite également par l'art. 167, n'est point de la substance de ces actes). V. *aussi rec. alph.*, *vj*, 125; *arrêts*, *ibid*, et surtout *rej. requ.*, 23 *nov.* 1825, *Sirey*, 261, 1, 157; *répert.*, *xvij*, 222, *mot notaire*, § 5, *n.*5.

1 *a.* La mention du lieu est-elle à présent exigée dans les testamens par acte public? OUI... V. *arr. de Caen*, 12 *nov*, 1814, *et de rej. requ.* 28 *fév.* 1816, *Jalbert*, 2, 65... NON... V. *B. c.* 17 *juill.* 1816; *Dijon*, 12 *avr.* 1820, *Sirey*, 23, 2, 74.

2. Les actes peuvent être passés tous les jours de l'année. *L.* 16 *vend. an ij.* — Il faut néanmoins excepter ceux qui ont un caractère judiciaire, et suivre alors C-pr. 63. — V. *Favard*, *d.* § 5, *n.* 6; *ci-apr. sect.* 3, *ch. des temps, art.* 1 *et* 3.

Les omissions ou renvois et apostilles doivent, aussi sous peine de nullité, être écrits à la marge et souscrits ou parafés par les signataires, ou (si la marge est insuffisante) à la fin de l'acte et approuvés par eux (**79**). *D. L.*, *art.* 15.

Les surcharges (**80**), additions et interlignes ne sont pas non plus valables, et il est nécessaire que les radiations de mots soient spécifiées et approuvées. *D. L.*, *art.* 16. (**81**)

On annexe aux actes les procurations des parties : ils sont enfin lus (**82**) et, sous peine de nullité, signés par elles et par les témoins (**83**) et les notaires. *D. L.*, *art.* 13, 14 *et* 68.

Si l'un des deux notaires, indiqués comme ayant reçu l'acte, ne l'a pas signé, cet acte est nul (**83***a*). V. *Basset*, *t.* 1, *liv.* 2, *tit.* 14; *Bourges*, 29 *avr.* 1823, *Sirey*, 24, 2, 34; *arg. dud. art.* 14. (**83***b**)

Les actes sont ensuite enregistrés (**84**). V. *L.* 22 *frim. vij*, *art.* 20. (**84***a*)

(79) Il faut une approbation expresse. *D. art.* 15; *B-c.* 23 *mars* 1829.
(80) *Observations.* 1. On conçoit que la surcharge de mots essentiels, de

mots *substantiels* peut opérer la nullité d'un acte. Telle serait la surcharge de la *date*, puisque la date est essentielle à un acte. V. *réqu. et arr. cass.* 27 *août* 1812, *rép.*, *x*, *mot rectification*; *id.*, 20 *fév.* 1816, et 5 *déc.* 1821, *B. c.* ; ci-apr., *art. des dates.*

2. Mais la surcharge de quelques lettres ne suffit pas pour annuler un mot si ces lettres y étaient inutiles ; si elle n'a été faite que pour corriger des fautes d'orthographe ; si enfin après la surcharge, on ne peut pas lire un mot différent. V. *arr. d'Agen, maintenu en cassation le* 3 *août* 1808; *de Grenoble*, 22 *fév.* 1809, *J-C-c.*, *t.* 11 et 12, *p.* 158, 341 ; *de cassation*, 22 *déc.* 1806, *au B. c.*

(81) *Observations.* 1. Elles doivent être faites de telle sorte que le nombre des mots rayés puisse être constaté à la marge ou à la fin de l'acte... à peine contre le notaire, d'amende, de dommages et même de destitution en cas de fraude. *D. art.* 16.

2. La peine d'amende est aussi prononcée pour les surcharges, les additions et les interlignes. V. *arr. cass.* 29 *janv.* 1812, *J-C-c. xvij*, 218. — V. aussi *id.*, 5 *déc.* 1821, *B. c.*

(82) On doit, sous peine d'amende, faire mention de la lecture. *D. art.* 13. — Cette mention s'applique aux renvois approuvés comme au corps de l'acte. *D. arr.* 3 *août* 1808, *rép. xiij*, 657, *xvij*, 718.

Au reste, l'annexe des procurations prescrite aussi sous peine d'amende (v. *d. art.* 13), est une règle générale (v. *C-c.* 44; *C-pr.* 384, *etc.*) fondée sur ce qu'une procuration pouvant être donnée en brevet, rien n'en constaterait l'existence en faveur de la partie qui contracte avec le mandataire. V. *toutefois*, § *des avoués, note* 16, *n.* 4, *p.* 75.

(83) Avec mention des signatures ou de la déclaration des causes pour lesquelles elles n'ont pas été mises. V. *d. art.* 14; *Douai*, 7 *mai* 1819, *avoués*, *xxij*, 300; *répert.*, *xvij*, 560.

Observations. 1. Il n'y a point de termes sacramentels pour cette mention. *B. c.* 16 *févr.* 1814. — Mais v. *répert.*, *xvij*, 580.

2. Le défaut de mention, relativement à la signature du notaire, ne produit point nullité. V. *avis du cons. d'état du* 20 *juin* 1810; *arr. cass.* 11 *mars* 1812, *B. c.* et *rép.*, *mot signature*, § 3, *art.* 3.

3. Le même article 14 exige que la mention ait lieu à la fin de l'acte. On a induit de là que les actes où la mention était faite au commencement, suivant l'ancienne formule, *par-devant le notaire et les témoins soussignés*, ne sont pas valables. V. *arr. Riom*, 1810, *Nevers*, 1813, *supp.* 52.—Mais cette interprétation trop rigoureuse paraît avoir été rejetée indirectement *par l'avis déjà cité*; et elle a aussi été proscrite par les cours de Turin et de cassation. V. *arr.* 25 *fév.* 1810, *Nevers*, *supp.*, 124, *et* 18 *août* 1817, *au B. c.* — Enfin, lorsque cette mention est dans un acte, peu importe que la signature de celui qui la fait soit placée avant les signatures qu'il atteste ; son attestation les constate jusqu'à inscription de faux. V. *rec. alph.*, *mot douanes*, § 12; *répert.*, *xvij*, 571 *et* 581.

(83 *a*) A *fortiori* si ni l'un ni l'autre n'ont signé. *Rej. civ.* 2 *nov.* 1807, *J-C-c. x*, 14; *rép.*, *mot notaire*, § 5, *n.* 7 (nous supposons que dans l'hypothèse du texte et dans celle de la note suivante, il n'y a pas eu de témoins présens à l'acte).

(83 *b**) *Quid* si , comme c'est l'usage, l'un des deux n'a pas été présent à l'acte, mais l'a ensuite signé ? Cet acte ne sera pas moins valable, suivant trois arrêts (*Rennes*, 29 *juin* 1824, *rej. requ.* 14 *juillet* 1825 , *et Bordeaux*, 17 *juin* 1826) que M. Merlin (*rec. alph. viij*, 483 *et suiv.*) dans une longue dissertation soutient contraires à la loi, et auxquels il en oppose deux autres (*Toulouse*, 28 *nov.* 1825 *et rej. requ.* 24 *août* 1828). Ajoutons que la cour de Nancy (*motifs d'arr.* 25 *juin* 1826, *avoués*, *xliv*, 371) paraît être de ce

dernier sentiment, qu'a aussi embrassé M. Toullier (*viij*, 133 *et suiv.*, *et xiij*, 542-578).

(84) Sinon ils ne valent que comme écrits privés, *suiv.* les *art.* 2 *et* 9 *de la loi du* 19 *déc.* 1790... Ces articles n'ont-ils pas été abrogés par la loi du 22 frimaire an VII, art. 73 ?... *Non,* selon M. Merlin (*rép. iv*, 689 *et suiv.*, *et xvj*, 405 *et suiv.*)... Néanmoins on a jugé dans la suite que le défaut d'enregistrement pendant les délais prescrits, n'expose qu'à une amende. *Arg. dud. art.* 73... V. *arr. cass.* 23 *janv.* 1810, *Nevers*, 59. — L'arrêt de 1810 forme jurisprudence d'après des magistrats distingués que nous avons consultés sur ce point. Quant aux arrêts de 1807 et 1811, cités au répertoire (*sup.*), le 1er est étranger à l'hypothèse, et lors du 2e on n'eut pas besoin d'examiner quel aurait été l'effet de l'omission de l'enregistrement par rapport à l'authenticité de l'acte.

(84 *a*) Et être notés dans un répertoire, comme ceux des huissiers. V. *p.* 82, *note* 35, *n.* 8; *L.* 22 *frim.*, *ib.*

IV. *Effets des actes.* 1° Les actes des notaires, revêtus du mandement du roi, et légalisés, sont exécutoires dans toute l'étendue du royaume. *L.* 25 *vent.*, *art.* 19, 25 *et* 28; *S-C.* 28 *flor. xij*, *art.* 141. (85)

Mais si on les attaque par la voie du faux principal, la mise en accusation en suspend l'exécution, et le juge peut aussi la suspendre en cas d'inscription de faux incident (86). *D. art.* 19; *C-c.* 1319; *cours crimin.*, *chap. de l'accusation*, *n. iij.*

(85) *V.* aussi au liv. 3, le titre des règles générales de l'exécution forcée, notes 3 et 4.

Légalisation. Cette formalité, imaginée dans le moyen âge, a pour but de rendre authentique (c'est-à-dire vrai, certain) un acte par rapport aux tiers et aux fonctionnaires étrangers au pays du notaire, et de les contraindre à l'exécuter (v. d. art. 28). Donc elle n'est point essentielle à l'authenticité intrinsèque d'un acte (*idem*, *Paris*, 19 *oct.* 1809, *J-C-c. xiv*, 306); donc une partie n'est point recevable à contester l'exécution d'un acte sous prétexte qu'il n'a pas été légalisé, ainsi que semble l'avoir jugé la cour de Colmar (*arr.* 26 *mars* 1808, *J-C-pr. ij*, 411).... En un mot, l'exécution ne peut être arrêtée par rapport aux parties (car le fonctionnaire étranger et le tiers peuvent dire qu'ils ne connaissent pas l'acte non légalisé), que dans les deux circonstances indiquées au texte...; d'où il résulte que l'exécution d'un acte vrai, mais non légalisé, ne peut être annulée. C'est aussi ce qui a été jugé par un arrêt de *Rouen*, maintenu en cassation le 10 *juill.* 1817, *rép. xvj*, 564, et par deux autres de *Poitiers*, 15 *janv.* et 19 *mars* 1822, *avoués*, *xxiv*, 10 , *Sirey* , 24, 2, 53.

Quant au *mandement*, V. tit. de la saisie-immobilière, note 16.

(86) *Observations.* 1. Faut-il absolument que l'inscription ait été effectuée?. V. *deux arrêts opposés*, de *Turin et Bordeaux*, *J-C-c. vj*, 224 et 393. — Réal semble décider l'affirmative. V. *motifs de L.* 25 *vent.* — V. aussi ci-apr., tit. de l'interrogatoire, note 15.

Dr. int. Les actes étaient exécutoires nonobstant inscription de faux, jusques à jugement définitif. *L.* 6 *oct.* 1791, *tit.* 1, *sect.* 2, *art.* 13; *arr. cass.* 25 *brum. xiij.*

2. La mise en accusation exigée ci-dessus (*idem*, *arr. de Colmar*, 3 *mai* 1808, *Sirey.*, 1810, *supp.* 557) pour que la plainte en faux principal fasse suspendre l'exécution de l'acte, n'est relative qu'aux actes qui sont tout à-la-fois authentiques et exécutoires... À l'égard des actes simplement authentiques, tels que des actes de procédure, des actes d'huissier, les juges ont la faculté de surseoir au jugement de la cause où ils sont produits, sur la seule plainte et sans attendre que l'accusation soit prononcée. V. *à ce sujet* M. *Merlin*, *réq. et arr. rej. req.* 15 *fév.* 1810, *J-C-c. xiv*, 443, *et rec.*, *ij*, 567; *id.*, *rép.*, *mot hypothèque*, *sect.* 1, § 5; *C-pr.* 250; *ci-apr.*, *tit. du faux incident*, § 3. — V. aussi *part.* 5, *tit. des ventes judiciaires*, *note* 6.

2° Les actes des notaires font pleine foi (87) des conventions ou dispositions qu'ils renferment (88), entre les parties et leurs représentans; ainsi que des énonciations qui ont un rapport direct aux dispositions : à l'égard des autres énonciations, elles ne servent que de commencement de preuve. V. *d. art.* 19, *in pr.*; *C-c.* 1319, 1320, 1347; *Pothier, obligations, n°* 701 *et suiv.* (89)

3° S'ils sont nuls comme actes authentiques, ils valent comme écritures privées, pourvu que les parties les aient souscrits. *D. L. art.* 68; *C-c.* 1318. (90)

4° Ils peuvent seuls *légitimer* la stipulation d'une hypothèque conventionnelle. V. *C-c.* 2127; *Tarrible, rép.*, *v*, 909, *mot hypothèque*, *sect.* 2, § 3, *art.* 6, *n.* 4. (90*a*)

(87) Et cela par la simple production qu'on en fait. V. *ci-par. divis.* 2 (*de la procédure incidente qui naît des preuves*), *note* 3.

Néanmoins on peut déférer le serment à celui qui les produit, *suiv. arr. de Turin*, 10 *niv. xiv*, *J-C-c. vj*, 221, *et Douai*, 29 *juill.* 1816, *avoués*, *xiij*, 272.

(88) C'est-à-dire de tout ce qui produit une obligation, soit relativement aux parties, soit relativement à leurs héritiers, parce qu'elles sont censées y avoir donné plus d'attention qu'à de simples énonciations qui n'engageaient à rien.

Observation. Nous ne pouvons nous empêcher de placer ici une réflexion de Loiseau. Les notaires, dit-il (*liv. x*, *ch.* 11, *n.* 12), « tiennent pour règle de leur charge, d'obliger toujours les parties le plus étroitement qu'ils peuvent; et ils insèrent quelquefois en leurs contrats des clauses, dont ni les parties ni eux-mêmes n'entendent pas bien l'effet et l'importance, et telles bien souvent que si les contractans les entendaient, ils ne s'y voudraient pas soumettre. »

(89) A l'égard des tiers, ils ne prouvent que *rem ipsam*, c'est-à-dire l'existence de la convention, excepté toutefois *in antiquis*, lorsque les énonciations anciennes sont soutenues d'une longue possession. V. *Pothier. sup.*; *rec. alph.*, *mots communaux*, § 7, *et religionnaires*, § 2; *arr. cass.* 11 oct. 1808, *B-c. et J-C-pr. ij*, 471.

(90) L'article 1518 est une confirmation de l'art. 68. V. *arr. de Turin*, 7 *fév.* 1809, *J-C-c.*, *t.* 14, *p.* 66 *et* 67.

L'article 1525, qui exige que les actes privés renfermant des conventions synallagmatiques soient faits en autant de doubles qu'il y a de contractans, n'est point applicable à cette hypothèse, parce que le but de la loi se trouve atteint. Elle a voulu que chaque partie eût un titre en son pouvoir, et ici chacune peut s'en procurer une copie chez le notaire, puisqu'il conserve la minute de l'acte, quoique cet acte soit nul, comme acte authentique. *Voy.* à l'appui de ce système, *d. arr. de* 1809; *Bruxelles*, 1812, *ib.*, *xix*, 332; *Paris*, 1813, *Jalbert*, 1814, 2, 84; *rép.*, *iv*, 360, *n.* 12, *conf. avec xvj*, 212, *d. n.* 12.

Pothier (*obligations*, *n.* 774) semble adopter un système différent, puisqu'il décide qu'un acte non authentique, soit par défaut de compétence (*idem*, pour ce cas, *arr. de Douai de* 1782, *rép.*, *mot commencement de preuve*), soit par défaut de forme, n'équivaut pas même à un commencement de preuve par écrit. Mais sa décision est contestée. V. *rép.* . *ib.* et *suprà.*

(90 *a*) On doit étendre cet effet à l'acte où un notaire constate uniquement le dépôt fait chez lui, d'un acte sous seing-privé dans lequel on a établi une hypothèque, *suiv. rej. civ.* 11 *juill.* 1815, *rép*, *xvj*, 403, *d. n.* 4.

V. *Surveillance.* Les notaires sont soumis à la surveillance d'une chambre de discipline. *L.* 25 *vent.*, art. 50 *et* 51; *arrété du 2 niv. xij* (**91**). — Indépendamment de l'action du ministère public lorsqu'il y a prévarication. V. *d. L.*, art. 53; *rej. requ.* 13 *mai* 1807, 31 *oct.* 1811, *J-C. c. ix*, 480, *xviij*, 86; *rép.*, *mot notaire*, § 9, *n.* 4; *ci-apr. tit. de l'acquiescement*, *note* 17.

(91) *V.* aussi circulaires du grand-juge, des 22 vent. xij et 6 vend. xiij, au répert., mot *notaire*, § 9, n. 3, t. viij, p. 637; arr. cass. crim., 5 déc. 1823; arr. de Paris, 26 août 1834, avoués, xlviij, 62.

§ 5. *Des avocats*.

Défendre les particuliers devant les tribunaux, soit de vive voix, soit par écrit, ou les éclairer par des conseils, tels sont les objets principaux de la profession d'avocat. (**92**)

La dernière fonction, c'est-à-dire la consultation, n'est défendue à personne. Néanmoins il est des circonstances où l'on n'y admet que les avocats. (93)

A l'égard de la défense, ou du moins de la défense verbale ou plaidoirie (93a), les avoués reçus licenciés en vertu de la loi du 22 ventose an XII, jusqu'au décret du 2 juillet 1812, peuvent la partager avec les avocats (94), devant les cours royales et les tribunaux civils du lieu où elles siègent; ceux qui ne sont pas dans ce cas ont besoin d'une autorisation du tribunal. V. *au surplus*, *L.* 22 *vent. xij*, *art.* 30 *et* 32; *décr.* 2 *juill.* 1812, *art.* 1 *et* 5 *à* 9. (95)

Les avocats, selon l'ordre de leur tableau (et avant les avoués), ont aussi le droit d'être appelés à suppléer les juges en cas de partage (96) ou d'insuffisance de nombre. V. *d. L. art.* 29 *et* 30; *C-pr.* 118 *et* 468; *ci-apr. tit. des jugemens, ch.* 1, *n.* 1, *et des renvois, note* 14 (97); *décr.* 14 *déc.* 1810, *art.* 35; *répert.*, *mot avocat du roi*, *n.* 2; *ci-apr. p.* 101, *note* 97, *in f.*

(92) *Observations.* 1. Pour être admis à l'exercer, il faut être licencié en droit, prêter un serment particulier, et être reçu à l'audience. — *L.* 22 *vent. xij*, *art.* 23, 24, 31; *décr.* 14 *déc.* 1810, *art.* 13 *et* 14.

2. L'avocat *reçu* a le droit de plaider, mais il ne peut être inscrit sur le tableau de son ordre, qu'après un *stage* (ou fréquentation assidue des audiences) de trois ans. — *D. décr.*, *art.* 10, 12, 15 *à* 17.

(93) *Exemples.* 1. Requêtes civiles. V. *en ci-apr. le tit.*, § 4, *et C-pr.* 495. — 2. Transaction d'un tuteur pour son mineur. V. *C-c.* 467. — 3. *idem*, d'une commune. V. *ci-apr. tit. de l'autorisation*, § 2.

(93a) Quant à ce qu'on nomme des *écritures*, il n'en est point, selon M. Merlin (*rép.*, *mot avocat*, § 12), qui soient du ministère exclusif des avocats, puisque la loi (*C-pr.* 96) les qualifie de *requêtes*, et que les requêtes sont du ministère des avoués.

(94) *Observations.* 1. Les avoués non licenciés ou reçus licenciés postérieurement au décret du 2 juillet 1812, n'ont ce droit (pour les causes où ils occupent) que dans les tribunaux où le nombre des avocats est insuffisant, ce qui est décidé chaque année par les cours royales. V. *ordonn.* 27 *fév.* 1822, *art.* 1 *à* 4.

2. Néanmoins les avoués peuvent toujours plaider les demandes incidentes de nature à être jugées sommairement, et les incidens de procédure, mais non pas les autres causes, même les causes sommaires. Voy. *d. ord. art.* 5; *B. c.* 11 *déc.* 1826, 18 *juill.* 1827 *et* 15 *déc.* 1834; *rej. requ.* 11 *janv.* 1827 *et* 15 *janv.* 1829, *avoués*, *xxxij*, 281, *xxxvj*, 262. — V. toutefois M. *Chauveau*, *ib.*, *xlvij*, 9 *et suiv.*; *xlvij*, 653 *et* 670; *xlviij*, 19.

2 a. Au contraire leur droit de plaider ne reçoit aucune restriction en matière criminelle ou correctionnelle. V. *Paris*, 21 *juill.* 1826 *et cass. crim.*, 1827 *et* 1828, *avoués*, *xxxiij*, 85 *et* 186, *xxxv*, 85, *xlvij*, 653, *par. arg. de C-cr.* 185 *et* 295.

3. *Dr. anc.* Les avocats avaient le droit de plaider et d'écrire dans toutes sortes de causes, et il en était plusieurs où ils exerçaient ce droit à l'exclusion des procureurs; telles étaient auprès des cours supérieures, les causes d'appel et de requêtes civiles, les questions d'état, et en général les causes où il s'agissait de discussions plus de droit que de fait. *Imbert et Automne sur id.*, *liv.* 1, *ch.* 12, *n.* 7; *et répert.*, *d.* § 12. — Néanmoins, observe le même Imbert, *ibid.*, « l'auctorité des procureurs est si accrue en ce royaume, qu'il faut qu'un aduocat tant sçauant soit-il, capte leur beneuolence s'il veut gaigner en son estat, parce qu'ils baillent les causes aux aduocats, mesmement s'ingerent faire escritures... et les reçoivent à ce aucuns juges, doutans qu'ils ne fussent assez diligens à leur aduancer leurs espices de sentences, etc. » (Imbert écrivait il y a près de 300 ans.)

(95) Cette autorisation est donnée lorsque les avocats sont absens ou refusent de plaider. Elle ne paraît pas toutefois nécessaire lorsque l'avocat chargé d'une cause ne peut la plaider au moment indiqué, parce qu'il est malade ou bien retenu à une autre audience. V. *dd. art...* — V. aussi *avoués*, *xlvij*, 653.

Il en est de même par rapport aux causes indiquées note 94, n. 2.

(96) *Observations.* 1. Dans les partages des cours royales, on appelle des anciens jurisconsultes. V. *C-pr.* 468 *et d. ch.* 1, *n.* 1.

2. Il n'est pas alors nécessaire que les avocats prêtent serment de juges. V. *arr. régl.* 8 *déc.* 1813, *avoués*, *ix*, 202; *et rec. alph. vj*, 358, *mot homme de loi.*

A moins qu'ils n'eussent pas encore prêté le serment prescrit par la loi du 31 août 1830. *Arr. cass.* 22 *mars et* 23 *sept.* 1831, *avoués*, *xlj*, 413 *et B. c.* — V. aussi *Colmar*, 1834, *ib.*, *xlvij*, 714.

3. Quand on appelle les avocats il faut constater l'empêchement ou le refus des juges et des suppléans. *B. c.* 19 *janv.* 1825, 11 *avr.* 1827, 4 *juin* 1828, 17 *mai* 1831. — Et quand on appelle les avoués, il faut constater en outre, celui des avocats. *Montpellier*, 2 *mars* 1824, *avoués*, *xxvj*, 317; *B. c.* 16 *juin* 1824.

(97) *Observations.* 1. On peut consulter au sujet de la profession honorable dont nous venons de parler, le dialogue des avocats, par Loisel; les lettres sur la profession d'avocat, publiées en tête de la bibliothèque de droit, par Camus; les œuvres de d'Aguesseau, t. 5 et 8; Henrys, t. 2, in f., p. xliv; et, pour *sa législation dans ses divers points*, le répertoire, h. v., surtout M. Billequin, *avoués*, xlvij, 390-397.

2. Voyez, en particulier, pour ce qui concerne, 1o la *réception* des avocats et leur inscription au tableau, *décr.* 14 *déc.* 1810, *art.* 1 à 17; *arr. de Grenoble et Amiens*, chamb. réun., 17 *juill.* 1823, *et* 28 *janv.* 1824, *Sirey*, 23, 2, 266, *et* 24, 2, 65. — V. aussi *Aix et Bourges*, 2 *avr. et* 30 *mai* 1822, *id.* 22, 2, 298, *et* 23, 2, 185;

2o Les *incompatibilités* de leur profession, *d. décr.*, *art.* 18;

3o Leurs règles de *discipline*, leur *conseil* et leur *bâtonnier*, *id.*, *art.* 19 à 32; *ordonn.* 27 *août* 1830, *art.* 1 à 3.

4o Leurs *droits et devoirs*, *d. décr.*, *art.* 33 à 45, *ci-dev.* (pour le droit de remplacer le *ministère public*), p. 23, *note* 22, n. 4.

APPENDICE

A LA PREMIÈRE SECTION.

De la jurisdiction administrative dans ses rapports avec la jurisdiction ordinaire. (a)

Le mot *administration* par lequel on désigne, en général, la gestion d'un mandataire quelconque, a été spécialement appliqué à celle des fonctionnaires chargés de la direction des affaires intérieures d'un état. Ces fonctionnaires, quant à la hiérarchie, sont distribués comme il suit :

Les maires forment le degré inférieur ; ils sont subordonnés aux sous-préfets, et ceux-ci aux préfets ; on recourt des décisions des préfets aux ministres, et des ministres au conseil d'état. (1)

Il y a en outre auprès de ces autorités administratives, divers conseils chargés d'émettre des vœux ou de donner des décisions : tels sont les conseils municipaux, les conseils d'arrondissement, ceux de département et ceux de préfecture.

Les lois nouvelles ont attribué à l'autorité administrative la connaissance (1a) de plusieurs espèces de contestations, pour les caractères desquelles on peut consulter les traités de droit administratif (2). Nous nous bornerons à parler ici sommairement de leur procédure.

(a) Lé cours de droit administratif supprimé après la quatrième édition de notre ouvrage, ayant été rétabli depuis la cinquième (*ordonn.* 19 *juin* 1828), nous croyons inutile d'ajouter beaucoup de décisions à celles qui y étaient rapportées : nous nous bornerons aux plus importantes (*voy.* d'ailleurs les traités de MM. Degérando et Foucard).

(1) V. L. 28 pluv. viij, 21 mars 1831, 22 juin 1833, et 20 avr. 1834 ; décr. 16 oct. 1813, 6 et 17 janv. et 21 fév. 1814 ; L. 28 avril 1816, art. 47 ; et pour le *remplacement des préfets*, ordonn. 29 mars 1821.

(1 a) Ainsi, 1. on se pourvoit au *conseil d'état*, dans les cas d'*abus*, c'est-à-dire d'atteinte aux libertés de l'église gallicane, de difficultés sur l'admi-

nistration des sacremens, etc. V. *L.* 18 *germ. x*, 1ʳᵉ *part.* , *art.* 6-8 ; *ord.* 23 *déc.* 1820 (*Bullet. de* 1821, *p.* 9) *et* 10 *janv.* 1824.

2. Le *conseil de préfecture* connaît du contentieux des domaines nationaux (*v. ci-apr.* , *note* 2, *n.* 2), de la grande voirie, des indemnités dues à raison des terrains pris pour les travaux publics, ou des dommages causés par les entrepreneurs ; des marchés passés sur ces travaux et sur l'habillement des troupes ; des demandes des communes en permission de plaider, etc. V. *L.* 28 *pluv. an viij, art.* 4 ; *décr.* 10 *fév.* et 25 *avr.* 1806, *art.* 13 ; *arrêté* 9 *fruct. x*; *le rép.*, *à ces mots*; *Henrion*, *ch.* 4, § 3, 4 *et* 12 ; *ci-apr. tit. de l'autorisation*, § 3.

3. Il ne faut pas confondre les *affaires* purement *administratives* avec le contentieux administratif.... Le conseil de préfecture connaît du *contentieux* tandis que les mêmes affaires sont réservées aux fonctionnaires administratifs.

Ainsi, c'est au préfet et non point au conseil de préfecture, qu'on doit s'adresser pour les objets suivans.

1° Fixation du lieu, de la largenr, de l'utilité et des réparations, etc., d'un chemin vicinal. V. *décr.* 6 *oct.* 1813 et 6 *janv.* 1814 ; *L.* 28 *juill.* 1824.—V. aussi *ordonn.* 19 *févr.* 1823, *Sirey*, 24, 2, 111.

2° Fixation de la largeur des jantes. *Ord.* 4 *fév.* 1824.

3° Décision du point de savoir si une rivière est navigable, ou non navigable. *Ord.* 27 *déc.* 1820, *Sirey*, 22, 2, 327.

4° Fixation provisoire (sauf recours au ministre de l'intérieur) du mode de jouissance d'un terrain contesté entre deux communes et sauf aux tribunaux à statuer ensuite sur la question de propriété. *Ord.* 14 *janv.* 1824, *Sirey*, 24, 2, 301.

(2) Voici quelques causes à l'égard desquelles on pourrait avoir des doutes sur la compétence : les mots *administration* et *tribunaux* indiqueront l'autorité à laquelle il faut les soumettre.

1. *Administration.* —Entreprises sur la voie publique et les chemins vicinaux. V. *L.* 9 *vent. xiij*, *art.* 6 *à* 8 ; *L.* 29 *flor. x*; *décr.* 24 *juill.* 1806, *rép.*, *ij*, 259, *mot chemin public*, *n.* 6. — V. aussi *id.*, *xiv*, 663, *mot voirie*; *Henrion*, *ch.* 4, § 8.

Tribunaux. — Question de savoir si un terrain forme un chemin public ou un chemin de *souffrance*, et par conséquent une propriété privée ; ou si une propriété privée est grevée d'un droit de passage, même envers le public. V. *décr.* 28 *juin* 1806 *et* 25 *mars* 1807, à *rép.*, *d. p.* 259, *mot chemin publics.* —Mais si, sur le premier point, il y a déjà une décision administrative, il faut d'abord la faire réformer. *B. c.* 13 *mars* 1810. — Toutefois la question de la propriété du sol du chemin peut se juger immédiatement, sans attendre une semblable décision. *B. c.* 5 *nov.* 1832.

2. *Administration.* — Contestation sur la validité ou l'interprétation d'une adjudication de biens nationaux. V. *arrêtés* 2 *niv. vj* et 5 *fruct. ix*; *Henrion*, *ch.* 4, § 2 ; *rép.*, *mot contentieux des domaines*; *ci-apr.*, § *des causes domaniales*; *B. c.* 21 *nov.* 1808, 22 *juin* 1818, 15 *avr.* 1822, 12 mai 1824, 13 *déc.* 1830, 26 *janv.* 1831, *surtout* (pour des règles générales) *décr.* 20 *juin* 1812, 10 *août* et 18 *sept.* 1813.—V. aussi *ord.* 24 *mars* 1819, *Sirey*, 21, 2, 268. — Au reste, si l'acte administratif est clair, le tribunal peut l'appliquer sans surseoir jusques à une interprétation, *suiv. rej. requ.* 2 *janv.* 1833, *avoués*, *xliv*, 203.

Tribun. Question de savoir qui de l'état ou d'un particulier est propriétaire de tel bien ou de tel droit foncier. *Rép.*, *ib.* — et toute contestation sur le domaine. *Arr. cass.* 12 *août* 1818.

3. *Tribun.* — Féodalité des rentes mêmes nationales. V. *avis du cons. d'état*, 14 *mars* 1808.

4. *Administr.* — Contentieux des contributions directes. V. *ci-après §*
des causes de contributions ; et rép., mots *contrainte et contributions, t.*
iij, p. 56 *et* 126.

Tribun. — Contentieux des contributions indirectes, et même les expropriations faites à la suite des contestations sur les contributions directes. V.
dd. mots *et d.* §.

5. *Administr.* — Entreprises sur les rivières navigables. V. *rec. alph.*
mot *cours d'eau; rép., mot écluse; Henrion*, ch. 15, § 1.

Trib. — *Id.* sur les *rivières* non navigables , et les cours d'eaux et canaux
privés. V. *dd. autorit.; décr.* 28 *nov.* 1809 (*avoués, i,* 294), *et* 12 *avr.* 1812
(tant au pétitoire qu'au possessoire : *Ord.* 22 *janv.* 1824, *ib., xxvj,* 345) .

6. *Tribun.* (*de commerce*). — Contestations entre un sous-traitant et un
fournisseur général pour le compte de l'état. V. *arr. cass.* 6 *sept.* 1808 ; *ci-*
dev. p. 63, *note* 76, n. 1, 3°. — *Idem,* entre un comptable public et sa caution
V. *arr. cass.* 22 *mai* 1811; *rép., ix,* 451.

7. *Tribun.* — Questions d'hypothèques. V. *décr.* 29 *mai* 1811. — V.
aussi *Paris,* 6 *janv.* 1812, *avoués, v,* 22; *avis cons. d'état,* 24 *mars* 1812.

8. *Tribun.* — Procès sur transactions de communes, même homologuées.
V. *décr.* 21 *janv.* 1812; *ci-apr. tit. de l'autorisation, note* 16.

☞ Autres questions sur cette matière. V. *rép., ix,* 437 *à* 455; *xvj,* 792;
B. c. 16 *mai*, 9, 14 *et* 16 *août* 1809, 1 *et* 13 *mars* 1810; *ordonn.* 10 *févr.*
et 6 *mars* 1816, *etc.*; *et ci-dev. note* 1 *a.*

I. Les affaires contentieuses attribuées aux administrations, sont portées au conseil de préfecture. Il
y statue en première instance (3). Assimilé en ceci à
un juge, il ne peut déroger ni à ses propres arrêtés,
ni à ceux des administrations antérieures, sur ces affaires (4). V. *rép., mot conseil de préf.*

Ses décisions doivent être motivées. *Ordonn.* 22
déc. 1818, *art.* 4, *ib. xvij,* 197.

Elles ont besoin, pour être exécutées, d'une ordonnance du préfet. (5)

On peut en recourir au conseil d'état, dans les
trois mois de la notification : le recours n'a point
d'effet suspensif. V. *décr.* 22 *juill.* 1806, *art.* 3 *et*
11. (*5a*)

(3) V. d. L. 28 *pluv.* viij, art. 4; arrêté 9 *fruct.* x, n. 1936, etc. ; et pour
les *partage et insuffisance de nombre* , d. ord. 29 mars 1821. — Il y a des
affaires (v. *note* 1) qu'on porte directement au conseil d'état.

(4) Cela est d'une jurisprudence constante au conseil d'état, et l'on y *tient*
aussi que les préfets ne peuvent pas non plus déroger aux arrêtés de leurs
prédécesseurs. V. *rép.*, mot *arrêté*, n. 3.

Mais on peut s'opposer à ceux que rendent en défaut les conseils de préfecture (*ord.* 23 *déc.* 1815, *Bull.* 1816 , p. 24); et il faut le faire avant d'en
recourir. — V. *id.*, 24 *mars* 1819, *Sirey*, 21, 2, 277.

(5) *V. rép., mot préfet, n.* 10. —Si le préfet refuse l'*exequatur*, il doit en informer sur-le-champ le ministre. V. *id.*—Formule d'exécution... v. *ci-ap. tit. des règles génér. d'exécution, note* 4, *n.* 3.

(5a) V. aussi avis cons. d'état, 11 *janv.* 1808 ; *décr.* 25 *fév.* 1811 , *art.* 2; *rép., mot moulin,* § 8; M. *Merlin, ib., t.* 8, *p.* 437; *d. ord.* 24 *mars* 1819; *autre, du* 31 *id., Sirey,* 21, 2, 268.

Observations. 1. Ce délai est fatal. V. *d. ord.* 24 *mars.* — Et franc. V. iid., 15 *et* 21 *juill.* 1832, *avoués, xliv,* 101.

2. Il court de la notification faite par la partie adverse, et non de l'envoi fait par l'autorité administrative. V. *à ce sujet, décr.* 17 *avr.* 1812 , surtout *aux considérans.*

2 *a.* Néanmoins, en matière de contributions, le recours formé contre un arrêté de conseil de préfecture, doit être transmis par le préfet. V. *ordonn. du* 3 *janv.* 1835, *Gaz. des trib. du* 4.

3. Les recours pour comptabilité de communes se portent à la cour des comptes. V. *ord.* 28 *janv.* 1815.

II. Lorsqu'une affaire contentieuse administrative est portée à un tribunal de première instance (6), le préfet peut, par l'entremise du procureur du roi, en demander le renvoi. Dans les cinq jours du jugement qui intervient sur ce point, on en adresse une copie à cet administrateur, et il peut élever le conflit dans la quinzaine de l'envoi si son déclinatoire a été admis, et dans la quinzaine de l'appel, s'il a été rejeté.

Il fait ensuite, dans une autre quinzaine, déposer au greffe son arrêté de conflit; le tribunal surseoit alors à l'instruction (6a); le procureur du roi transmet au ministre l'arrêté, les pièces, les mémoires des parties, etc.; dans les quarante jours (7) de l'envoi, le conseil d'état juge le conflit (8) en audience publique, sur les plaidoiries des parties et les conclusions du ministère public (un maître des requêtes); sa décision est convertie en ordonnance (9). — *Voy.* pour les détails, *ordonn.* 1 *juin* 1828, 2 *février et* 12 *mars* 1831; *surtout* M. *Duvergier, collection complète des lois, etc., t. xxviij, p.* 176 *et suiv.*

(6) Le conflit ne peut être élevé après un jugement auquel on a acquiescé, ou bien qui est en dernier ressort. *Ordonn.* 1 *juin* 1828, *art.* 4.

(6 *a*) Il peut examiner auparavant si le conflit a été élevé dans le délai légal. *Arr. d'Angers,* 26 *déc.* 1832, *avoués, xliv,* 175.

(7) Faute de dépôt de l'arrêté , ou bien de jugement du conflit pendant ces

délais de quinzaine ou de quarante jours, le tribunal reste saisi dans le premier cas, et peut être ressaisi (par reprise) dans le second. V. *ordonn.* 1 *juin* 1828, *art.* 11 *et* 16.

Ce dépôt est suffisamment établi par le récépissé du greffier. V. *à ce sujet et pour* l'inobservation des formes relatives à la *communication* du conflit, *B. c.* 26 *mars* 1834.

Observation. Les juges et les administrateurs qui ont empiété sur leurs fonctions respectives, sont passibles de peines. V .*C-pén.* 127 à 131 ; *ci-dev.* p. 18, 4ᵉ *régle.*

(8) On appelle conflits *d'attribution* ceux qui s'élèvent entre l'autorité judiciaire et l'autorité administrative. V. *rép., h. v.*; *d. ordonn.* 1828, *art.* 1 ; et pour ceux de *jurisdiction,* ci-dev., p. 12, n. 6.

Le conseil d'état ne connaît des jugemens que pour défendre la dernière autorité quand il y a un empiètement de la part de la première. V. *avis cons. d'état,* 26 *fruct. xiij.* — V. aussi *B. c.* 13 *mars* 1821.

(9) *Observations.* 1. On peut, dans les trois mois de la notification, s'opposer aux décisions de défaut du conseil ; mais l'opposition n'a point d'effet suspensif. V. *décr.* 22 *juill.* 1806, *art.* 29; 2 *juill.* 1812.

2. On n'y admet point de *révision* contre une décision contradictoire, sauf le cas de pièces fausses, retenues par la partie adverse, etc. V. *décr.* 5 *oct.* 1811. — V. aussi *ci-apr. tit. de l'appel,* ch. 5 ; n. ij, et note 48; *et de la requête civile,* § 3, n. 9.

3. A l'égard 1° de la procédure observée au conseil d'état en matière contentieuse, *voyez* d. décr., et *surtout* ordonn. 29 juin 1814, art. 20 ; 23 août (art. 13) et 29 nov. 1815. — 2° Des affaires de la liste civile, *voyez* ci-apr. tit. de l'assignation, note 38. — 3° Du droit antérieur sur les conflits d'attribution, *voy.* notre 5ᵉ édition, p. 97 et 98, n. ij, et notes 6 à 9, ib.

SECTION SECONDE.

Des actions.

Dans son acception la plus générale, le mot action (1*) indique un mouvement par lequel nos organes agissent sur les objets extérieurs : en droit, il a une acception différente. Quelle est cette acception, ou plutôt quelle est la nature de l'action, quelles en sont les espèces principales ? Voilà ce que nous allons d'abord examiner. Nous parlerons ensuite des tribunaux où l'on porte les actions.

(1 *) Le mot *acte* est souvent synonyme du mot *action* pris dans l'acception générale. En droit il désigne un fait et plus ordinairement un écrit quelconque, dont on fait usage ou que l'on conteste.

CHAPITRE PREMIER.

Des actions considérées en général.

I. « Une action n'est autre chose que le droit de « poursuivre en justice ce qui nous est dû. »—*Inst.*, *de actionib., in pr.* (2)

(2) ☞ Nous prenons les décisions du droit romain dans le sens que leur donnaient les anciens jurisconsultes et les anciens tribunaux français et qu'ont dû suivre par là même les rédacteurs de nos codes ; sauf à indiquer le véritable sens, surtout d'après les instituts de Gaïus (v. ci-apr. *p.* 108, *note* 5, *p.* 110, *note* 7, *p.* 111, *note* 1, *etc.*).

Cette définition, critiquée par de savans interprètes du droit romain comme inapplicable aux actions réelles (3), et, par conséquent, comme insuffisante, a été néanmoins adoptée par presque tous les jurisconsultes français, même par les auteurs de procé-

dure (v. entre autres *Duval, parfait procureur,
t. i, ch.* 68; *Jousse, idée de la justice, p.* 13;
Pigeau, édit. de 1787, *i,* 33), et enfin, par la Cour
de cassation, mais avec des développemens qui la
rendent complète, et qui établissent en outre une
distinction entre une action et une demande judiciaire. Voici cette définition, en quelque sorte re-
touchée : « on nomme *action* le droit de poursuivre
« devant les tribunaux ce qui nous est dû ou ce qui
« nous appartient, et *demande*, l'exercice de ce
« droit. » (4)

D'autres interprètes (*Vinnius, Heineccius, etc., d.
tit. de actionib.*) ont aussi soutenu que la définition
de Justinien est inexacte en ce que l'action est le
moyen (*medium*), la voie, par lesquels, nous parve-
nons à obtenir ce qui nous est dû, plutôt que le droit
de l'obtenir (5), et l'un d'eux (Heineccius, suivi par
plusieurs auteurs modernes) a en conséquence proposé cette nouvelle définition « l'action est un moyen
« légitime pour réclamer en justice les droits qui
« nous compètent. » V. *ejusd. institut.*, § 1088. — V.
aussi *Delvincourt, ib., p.* 3o5; *M. Burdet, ij,* 202.

_____

(3) V. entre autres, Pothier, pand., reg. juris, n. 1436.
(4) *Observations de la cour de cassation sur le projet du code de procédure, liv.* 1, *art.* 2. — Ces observations furent rédigées par une commission
nommée par la cour, et où, indépendamment de M. Merlin, se trouvaient
des magistrats de pays de droit romain et de pays coutumiers. Ajoutons, 1º que
la définition ci-dessus se trouvait en partie dans Pothier (*cout. d'Orléans,
introduct. génér.*, n. 109, 1772, *in-4, p.* 54) ; 2º qu'un des plus savans et
des plus profonds jurisconsultes de notre temps, Daniels, ancien professeur
de droit romain à l'université de Bonn, et successivement avocat général à la
Cour de cassation, procureur général et premier président de la cour supérieure de la Belgique, présentait cette définition comme incontestable. « Personne n'ignore, disait-il (*réquis.* 19 *août* 1814, *rec. alph., vj,* 639, *mot péremption*, § 6), la différence qui existe entre l'*action* et l'*instance*. Le droit
que nous avons de poursuivre devant les tribunaux ce qui nous est dû, c'est
l'*action*. L'exercice actuel de ce droit, c'est ce qui constitue l'*instance*. »...
3º Qu'on retrouve la même doctrine dans deux arrêts postérieurs de la cour
suprême (B. c. 28 *juill.* 1824, *et* 5 *mai* 1834.)
(5) Voici le texte de la définition : « *Actio nihil aliud est quam jus per-
sequendi in judicio quod sibi debetur.* » Pour bien comprendre les mots
persequi in judicio que Pothier traduit inexactement par poursuivre en ju-

gement, il faut se reporter au système de procédure en vigueur à l'époque où écrivait Celsus , auteur de cette définition (*L.* 51, *D. obligat. et act.* ; *hist. du dr. rom.*, p. 356). Les parties ne comparaissaient pas alors directement devant le juge; elles se présentaient d'abord devant le préteur (*in jure*); ce magistrat, excepté dans un petit nombre de cas où il terminait lui-même le différend (*jus dicebatur extra ordinem*) renvoyait les plaideurs devant un ou plusieurs juges (*in judicio*); et leur donnait à cet effet une formule où, après avoir désigné le juge (*judex esto , recuperatores sunto*), il lui traçait la question de droit ou de fait qu'il avait à examiner, et lui donnait l'ordre de condamner ou d'absoudre le défendeur, suivant que la question serait résolue affirmativement ou négativement (*si paret condemna... si non paret, absolve...* Gaïus (*iv*, 39, *et seq.*) expose avec développemens, les règles relatives aux diverses parties de la formule. V. au reste, *M. Ducaurroy* ; *instit. expliqu., iij*, 13.—V. aussi *ci-apr. tit. des exceptions*, note 2, observat., *n.* 1 *et suiv.*

Il est évident que si le demandeur n'eût pas obtenu du préteur la formule précédente , il n'aurait pas eu le *droit* de poursuivre *in judicio*, ce qu'il prétendait lui être dû ou lui appartenir. *F. B. s.*

II. Mais que l'on considère l'action comme un moyen de réclamer en justice, etc., ou bien comme un droit de poursuivre en justice, etc., dans l'un et l'autre système, on considère aussi l'action comme quelque chose de distinct, et du droit qui en est la source, et de la demande judiciaire par laquelle l'action sera exercée. (6)

(6) *Observations*. 1. Il résulte de là que le droit de celui qui actionne est antérieur à son action ; mais lors même que la loi nous donne un droit , elle ne nous accorde pas toujours une action ou le moyen de réclamer ce droit. V. *ci-apr., part. ij, introduction, art.* 3, § 1, *n. iij, in pr.* (soit au texte, soit aux notes).

2. La distinction entre le droit et l'action par laquelle on le réclame, était si généralement admise autrefois , qu'on regardait les actions comme formant une espèce de biens. Les auteurs étaient seulement divisés sur le point de savoir si elles étaient des biens d'une espèce particulière, ou, soit des meubles , soit des immeubles, suivant qu'elles avaient pour objet des meubles ou des immeubles. Ce dernier parti , soutenu entre autres par Gaill (*lib.* 2, *obs.* 11), par Cujas (*consult.* 3), par M. Merlin (*rec. alph.* , *mot légitime* , § 8) et par Henrion (*ch. xj* , *édit. de* 1805, *p.* 201, *et xvj*, *édit. de* 1812, *p.* 113), a été adopté par le code civil, art. 526 et 529.

3. Ajoutons que parmi les jurisconsultes modernes quelques-uns considèrent aussi les actions comme une classe de droits particuliers qui naissent de la violation des autres droits , et qui étant destinés à assurer leur exercice, peuvent être appelés droits *sanctionnateurs* (v. *M. Blondeau*, *Thémis* , *iv*, 144, *vij*, 303).

4. Mais comme les circonstances, où, ainsi qu'on vient de le dire (*n.* 1) , la loi en conférant un droit refuse une action *ad illud persequendum*, sont fort rares , et comme d'ailleurs nos codes, tout en employant souvent le mot action dans le sens de *droit* de poursuite (v. *C-c.* 137, 304, 950, 1456, 1524, 1935,

1965, 2262; *C-pr.* 401), l'emploient aussi souvent dans celui de demande, de procédure judiciaire (v. *C-c.*, 25, 183, 307, 330, 464, etc., surtout 1342, et *C-pr.* 426), d'autres jurisconsultes répugnent à considérer l'action (avant la demande formée), comme un droit distinct de celui qui lui doit servir de base.

III. Comme les droits d'une personne peuvent lui être assurés par la loi civile, ou par la loi criminelle, on divise en général les actions, en publiques ou criminelles, et en privées ou civiles. Il sera question des premières dans le cours de droit criminel (*part.* I, *sect.* I, *ch.* 3); les autres, dont nous allons nous occuper, se subdivisent en actions personnelles, réelles et mixtes. (7)

(7) Les Romains admettaient plusieurs autres divisions qui étant la plupart des conséquences du système des formules ou de l'empiètement du droit prétorien sur le droit civil, sont sans application au droit français. *Voy. Gaïus,* iv , 10, 34, 45, 62; 69, 103, 110; *Justin., instit. de actionib.,* § 3, 16, 21, 36. — Aussi est-ce mal-à-propos, selon nous, que la cour de cassation (v. *ci-apr. note* 12, *n.* 2 *a*, p. 118) a qualifié une action *d'utilis in rem,* expression qui ne nous paraît pas susceptible d'un sens raisonnable dans notre législation. *F. B. S.* (mais v. p. 107, *note* 2).

CHAPITRE II.

Des principales espèces d'actions civiles.

Ce sont, on vient de le voir, les actions personnelles, réelles et mixtes. Nous allons tâcher d'en bien développer la nature et les différences. Nous dirons ensuite un mot de quelques espèces d'actions réelles, qui, à raison de leur importance, exigent un examen particulier.

ARTICLE PREMIER.

Des actions personnelles, réelles (1) et mixtes.

I. *Définitions*. Par l'action personnelle nous agissons contre celui qui est obligé envers nous (1 *a*) à donner, faire ou ne pas faire quelque chose. Elle se dirige toujours contre la personne obligée. V. *L.* 25, *ff. de oblig. et act., in pr., ꝯ. in personam.*

Par l'action réelle nous agissons contre le possesseur de la chose que nous réclamons, ou sur laquelle nous prétendons avoir un droit réel (1 *b*). On l'intente toujours contre ce possesseur. V. *d. L. ꝯ. in rem.*

L'action mixte s'exerce contre un individu qui se trouve en même temps notre obligé et le détenteur de la chose dont nous prétendons être propriétaire, ou sur laquelle nous prétendons avoir un droit réel. V. *inst., de actionib.*, § 20.

---

(1) Les Romains disaient *actio in rem, actio in personam :* ces dénominations paraissent se rattacher à la rédaction de la partie de la formule qu'on nommait *intentio* parce qu'elle énonçait les prétentions ou conclusions du demandeur. En effet, quand l'action était personnelle, l'*intentio* était rédigée de la sorte : *si paret Numerium Negidium* (le défendeur) *Aulo Agerio* (le demandeur) *dare oportere...* Voici au contraire l'*intentio* d'une action réelle : *si paret rem ex jure quiritium Auli Agerii* (le demandeur) *esse* (*Gaïus, iv*, 41). On voit que dans celle-ci, le défendeur n'est pas nommé,

tandis qu'il l'est dans celle-là ; c'est que dans le premier cas , il s'agit d'une obligation contractée par une personne *déterminée*, qu'il est indispensable de nommer pour préciser les conclusions du demandeur ; tandis que dans le deuxième cas, il s'agit d'une question de propriété qui peut être posée nettement, abstraction faite de la personne du défendeur (*nihil facit ejus persona cum quo agitur.... Gaïus, iv,* 87). La formule peut donc être alors rédigée *in rem,* mots qui signifient *d'une manière absolue , sans désignation de personnes,* comme le prouvent divers textes du digeste (1, § 3, *Quar. rer. actio non dat.;* 9, § 1 , *Quod metus causa gestum;* 8, § 4, *Liberatione legata.*). F. B. S.

(1 *a*). Il ne s'agit pas ici d'un devoir général comme est par exemple , celui de respecter la propriété , devoir qui peut engendrer une action réelle; mais de ce lien spécial (*obligatio*) qui engage entre eux deux individus *déterminés.* F. B. S.

(1 *b.*) La partie de la définition qui est relative au droit réel, n'est pas indiquée par la loi 25; mais elle est une conséquence de la nature de l'action réelle. On verra ci-après (*art.* 5, § 1) que l'action possessoire, qui est une espèce d'action réelle, a pour objet un droit réel.

II. *Différences entre l'action personnelle et l'action réelle.* — D'après ces définitions, on voit que l'action personnelle diffère de l'action réelle, sous le triple point de vue de l'origine, de la personne passible de l'action, et de la réclamation ou des conclusions. (2)

1° *Origine.* L'action personnelle dérive nécessairement d'une obligation à laquelle l'actionné, ou ceux qu'il représente, sont soumis, soit par leur consentement, comme lorsqu'il y a eu un contrat, soit par la disposition de la loi, comme lorsqu'il y a eu un quasi-contrat, un délit ou un quasi-délit.

L'action réelle, au contraire, ne dérive pas nécessairement d'une obligation (3); elle peut tirer sa source d'un droit acquis sans la moindre participation de l'actionné ou de ses auteurs. (4)

(2) Elle en diffère encore sous un quatrième point de vue dont il est question dans la loi 14, § 2 , *ff. de except. rei judic.,* et que Cujas (*ad d.* §, *in lib.* 71 *Pauli, ad edict.*) développe avec sa sagacité ordinaire... Voici l'hypothèse. Une chose nous est due en vertu de plusieurs titres (par exemple de convention, de testament, etc.). Nous la réclamons en vertu d'un seul, et par l'action personnelle : si nous succombons, nous pouvons agir de nouveau par la même action, en vertu d'un des autres titres. Au contraire, si par l'action réelle nous revendiquons une chose en nous bornant à dire qu'elle nous appartient, et par conséquent sans spécifier le titre sur lequel est fondée notre propriété, nous ne pouvons plus , en cas que nous succombions , agir par la

même voie et en vertu d'un titre d'après lequel nous prétendrions n'avoir pas agi ; l'autorité de la chose jugée s'y opposerait. C'est 1₀ qu'en exerçant d'une manière générale l'action réelle en revendication, nous sommes censés y avoir compris tous les titres, toutes les causes de notre propriété ; 2₀ qu'une fois propriétaire d'une chose, nous ne pouvons le devenir de nouveau en vertu d'un autre titre (*causa dominii multiplicari non potest*), tandis qu'il n'en est pas de même à l'égard de ce qui nous est dû, parce que la personne qui nous est obligée peut de nouveau s'obliger ou être obligée envers nous, et à raison d'autres titres, pour la même chose. — N. B. C'est peut-être d'après ces principes qu'on a décidé que celui qui a, en quelque sorte deux droits d'hypothèque, par exemple, 1₀ comme créancier direct ; 3₀ comme subrogé à un autre créancier, aussi hypothécaire, peut les exercer successivement. *B. c*, 5 *avr.* 1831.

(3) Dans le droit romain, elle n'en dérivait en aucune façon, mais il paraît constant que chez nous, au moins depuis le Code de procédure (art. 834), la propriété peut se transférer par le seul consentement, sans tradition, ni transcription (v. *Jourdan, Thémis, v,* 481). ꜰ. ʙ. ꜱ.

(4) *Exemples.* 1. Une action en délaissement d'un héritage, dont le demandeur prétend avoir acquis la propriété à titre de succession... 2. Une action en reconnaissance d'une servitude (ou action *confessoire*) qu'il prétend avoir acquise par prescription sur le fonds de son voisin... Dans ces cas, le possesseur actionné ne s'est soumis à rien.

2° *Personne passible.* L'action personnelle s'exerce contre l'obligé ou son représentant (5). Les biens de l'actionné sont, il est vrai, le gage de l'obligation d'où résulte cette action ; mais s'il les aliène, elle ne peut plus se réfléchir contre ces biens ; elle continue à être exercée contre lui, lors même qu'il n'a plus de biens, ou contre son représentant, quand même il ne lui en a point transmis. (6)

L'action réelle s'exerce contre le possesseur de la chose qu'elle concerne ; mais ce n'est qu'en cette qualité qu'on l'attaque, et non point comme obligé, ou comme représentant de l'obligé ; de sorte que si le possesseur passible d'une action réelle, aliène la chose, cette action la suit entre quelques mains qu'elle passe, et abandonne alors le possesseur ancien pour se diriger contre le nouveau. (7)

(5) *Earum ossibus, inhæret sicut lepra cuti,* dit Loiseau, liv. 2, ch. 1, n. 3.

(6) *Observations.* 1. Supposons que le débiteur n'ait pas aliéné tous ses biens, mais que ceux qu'il a laissés à son héritier ne valent qu'une partie, même

une très petite partie de la dette antérieure à l'aliénation , l'héritier (s'il a accepté la succession) ne sera pas moins tenu de l'action personnelle dans toute l'étendue de cette action. V. *aussi L.* 25, *ff. de re judicata.*

1ᵃ. Bien plus, tant que l'héritier légal n'a pas renoncé, comme il est saisi de plein droit de la succession, l'action personnelle sera légitimement exercée contre lui, lors même qu'il ne se serait pas immiscé. V. *rec. alph.* , *mot héritiers,* § 1, *t.* 2, *p.* 646 à 649 ; *arr. cass.* 21 *flor. x, ibid.; id.* , *mot succession,* § 1, *t.* 5, *p.* 81.

2. La décision suivante paraît fondée sur ces principes. Un légataire d'immeubles, chargé de payer un legs, ne peut s'en dispenser, sous prétexte que ces immeubles, passés à l'état pour cause d'émigration , ne lui ont pas été restitués lors de son amnistie. Il suffit qu'avant l'émigration , il en eût pris possession , pour qu'il continue à être passible de l'action *personnelle* que le second légataire avait contre lui en vertu de son legs (v. *C-c.* 1017), et que ce dernier ne soit pas forcé d'agir contre les possesseurs des mêmes immeubles. V. *B. c.* 17 *mai* 1809.

(7) Même observation à l'égard d'un 2ᵉ, 3ᵉ, 4ᵉ, etc. possesseur.

3° *Réclamation* ou *conclusions.* Par l'action personnelle on demande (8) que la personne obligée ou son représentant, fasse ou donne ce qu'elle est obligée de faire ou donner.

Par l'action réelle on demande que la chose soit déclarée appartenir au réclamant, ou être affectée à son droit réel (tel qu'un droit de servitude). Si l'on conclut aussi à ce que l'actionné soit tenu de délaisser le fonds, ou de consentir au droit réel et aux suites de ce droit, c'est qu'il est impossible d'agir autrement (8 *a*). Ce qui prouve que, même alors, la réclamation ne porte pas directement contre la personne, c'est que si le possesseur délaisse la chose il est affranchi de l'action réelle (9), tandis que l'obligé ne peut se mettre à l'abri de l'action personnelle, en abandonnant ses biens (10); il faut, qu'il remplisse toute l'obligation à laquelle il est soumis. (11)

(8) C'est-à-dire, on *conclut* à ce que la personne,... soit contrainte de faire ou donner, etc.

(8 *a*) Cette conclusion n'est pas d'ailleurs prise contre le possesseur comme la conséquence d'une obligation qu'il aurait contractée.

(9) Ainsi, 1. le propriétaire d'un fonds servant, qui est chargé des réparations de la servitude, peut toujours s'affranchir de la charge en abandonnant le fonds. V. *C-c.* 699. — V. *aussi* 656.

2. Le tiers-acquéreur d'un bien grevé de rente foncière ou emphytéoti-

que, s'en libère par le *déguerpissement*. — V. M. *Merlin*, *rép.*, *h.*, *v.*; *Pothier*, *bail à rente*, *n.* 166; *Loiseau*, *liv.* 4, *ch.* 4, 5, etc.

5. Le tiers-détenteur d'un bien grevé d'hypothèques s'affranchit des poursuites des créanciers par le délaissement. V. M. *Merlin*, *id.*, *mot. délaissement*; *ci-apr*' *tit. de la saisie immobil.*, *ch.* 2, § 5.

Observation. D'après les principes exposés ci-dessus, on a jugé que l'engagiste qui, *ab initio litis*, offre de vider le fonds revendiqué, doit obtenir ses dépens. *Arr. du parlem. de Grenoble, du* 21 *juill.* 1744, *au rapport de M. de la Rio.*

(10) Le bénéfice de *cession* affranchit, il est vrai, de la contrainte par corps, mais non pas de l'action personnelle. V. *en le tit. ci-apr.*, *part.* 3. — V. aussi *Loiseau*, *liv.* 4. *ch.* 1, *n.* 7 ('la cession, dit-il, est le seul délaissement qui ait lieu aux dettes personnelles').

(11) *Observations.* 1. Il est essentiel de bien saisir les différences qui existent entre les actions personnelle et réelle, non-seulement parce que ces actions ne sont pas portées aux mêmes tribunaux, mais encore, parce qu'en exerçant l'action réelle il faut suivre une forme (la désignation du fonds litigieux) étrangère à l'action personnelle. V. *ci-apr. tit. de l'assignation*, *art.* 2, *n.* 5, etc.

2. L'action réelle conduit à une action personnelle, au moyen du jugement. V. *ci-apr.*, *ch.* 3, *n. viij et note* 12, *ibid.*

III. *Différences entre les deux actions précédentes et l'action mixte.* Par l'action réelle nous demandons la chose qui nous appartient : par l'action personnelle nous demandons, non pas ce qui nous appartient, mais ce qui nous est dû : par l'action mixte nous réclamons la chose litigieuse comme propriétaire tout à-la-fois et comme créancier. Par exemple, lorsqu'un cohéritier forme une demande en partage d'une hérédité, il exerce une action tout à-la-fois réelle et personnelle, puisque, d'une part, la portion de l'hérédité, qu'il réclame est une chose qui lui appartient, et que de l'autre, la division de l'hérédité, qu'il réclame aussi, n'est que l'accomplissement de l'obligation imposée par la loi (*C-civ.* 815) à tout copropriétaire, de subir le partage. V. *Schneidwin*, *inst.*, *actionib.*, § 1, *n.* 8 (**12**); *Pothier*, *cout. d'Orléans*, *introd. gén.*, *n.* 121. — V. aussi *C-c.* 646.

(12) Schneidwin présente comme une autre preuve de ce que l'action en partage est mixte, mais comme une preuve en quelque sorte secondaire, la circonstance que par l'effet du partage, un cohéritier peut obtenir des *prestations personnelles*, par exemple, un remboursement des dépenses qu'il a

faites, et une restitution des fruits perçus, ainsi qu'une indemnité des dommages causés par son adversaire ; prestations pour la réclamation desquelles il eût fallu user de l'action personnelle... Mais *voy.* ce que nous observons sur ce point, *ci-apr.*, *n.* 2, *p.* 117.

Observations. 1. *Droit français.* — *Existence des actions mixtes.* Les remarques qu'on vient de faire seraient fort inutiles, si l'on adoptait l'opinion de quelques personnes qui prétendent que le droit français ne reconnaît point d'actions mixtes. Mais cette opinion nous paraît inadmissible. Il est vrai que le § 20 *de actionibus*, qui est le fondement de la théorie exposée au texte, a reçu des interprétations diverses. Ainsi, selon quelques jurisconsultes (*Thémis*, *v*, 368) ce § doit être expliqué par la loi 37, § 1, *D. obligat. et action.*, qui qualifie les trois actions dont il parle, de mixtes, non parce qu'elles sont réelles et personnelles, mais parce que chaque partie y joue le rôle de demandeur et de défendeur (*uterque actor est*), c'est-à-dire parce que le demandeur est exposé dans ces trois actions, à être condamné aussi bien que le défendeur (dans la procédure par formules, le pis-aller pour le demandeur était de ne pas obtenir de condamnation). Sans discuter le mérite de cette interprétation, nous nous contenterons d'observer qu'elle était inconnue aux rédacteurs du Code de procédure ; au contraire, ils avaient sous les yeux l'ancienne explication, basée sur la traduction grecque de Théophile (en voici le sens littéral : *il est quelques actions qui renferment en elles la nature de l'action réelle et de l'action personnelle*) et adoptée par Cujas, qui n'a jamais varié dans cette opinion, et par l'immense majorité des anciens interprètes du droit romain. ɣ. ʙ. s. (v. *notre* 5ᵉ *édit.*, p. 105 et 106, *note* 10, *et* p. 756, *note* 10. *a* (nous y indiquons plusieurs de ces interprètes et plusieurs passages de Cujas).

1 *a.* On se convaincra facilement de ce point si l'on jette un coup-d'œil sur quelques-unes des décisions de nos législateurs.

1⁰ Le code de procédure, après avoir parlé, article 59, de la *matière personnelle*, qu'il attribue au juge du domicile, dit (ɣ. 3) qu'en matière *réelle* on assignera devant le tribunal de la situation de l'objet litigieux, et ajoute aussitôt (ɣ. 4): « En matière *mixte*, devant le juge de la situation, ou devant le juge du domicile du défendeur... » Il reconnaît donc que son action mixte est composée d'action réelle et d'action personnelle. D'ailleurs, comme il ne caractérise point celles-ci, il s'en rapporte évidemment aux notions anciennes qu'on en avait... Or, il n'y avait point de difficulté sur la nature particulière de chacune de ces deux actions; il est donc clair que son action mixte est composée de l'action personnelle et de l'action réelle telles qu'elles étaient admises dans l'ancien droit.

2⁰ Cela est encore plus évident dans la loi du 26 ventose an iv (u. 245) que le code n'a fait que modifier et perfectionner.

Cette loi (art. 1) décide qu'en matière ᴘᴜʀᴇᴍᴇɴᴛ *personnelle*, le défendeur sera cité au bureau de conciliation de son domicile... que (art. 3) dans les affaires *soit réelles*, *soit mixtes*, le demandeur aura le choix de le citer ou au bureau de son domicile ou à celui du canton où *les biens sont situés*... que *néanmoins* en matière de succession et jusqu'*au partage*, il citera au bureau du lieu où la succession s'est ouverte.

Son action mixte comprend donc et l'action purement personnelle et l'action réelle... Elle a pour objet et l'accomplissement d'une obligation et une réclamation de biens... enfin, il paraît que cette loi reconnaît surtout les actions mixtes anciennes (v. *ci-apr.* n. 2) puisqu'elle fait aussitôt une exception pour la jurisdiction de la première d'entr'elles, ou l'action en partage de succession.

3⁰. L'art. 59 n'est pas le seul où le Code de procédure suppose que l'action mixte est tout à-la-fois composée d'une action réelle et d'une action per-

sonnelle. Ainsi, après avoir énoncé dans l'art. 61 les formes de l'ajournement qui sont propres à toutes espèces d'actions, il indique dans l'art. 64,
celles qu'on doit en outre employer pour les actions *réelles*, savoir la désignation de l'héritage (du *fonds*) réclamé et il y joint les actions *mixtes*. « En
matière *réelle* ou *mixte*, dit-il, les exploits énonceront la nature de l'héritage, etc. V. *ci-apr. tit. de l'assignation, note 27*. —Ainsi, lorsqu'il règle la
compétence du juge de paix, il décide (*art.* 2) qu'on citera devant le juge du
domicile en matière PUREMENT *personnelle*, expressions qui étaient déjà dans
la loi du 24 août 1790 (*ci-dev. p.* 50, *n.* 1). Ainsi, lorsqu'il indique les causes sommaires, il parle (*art.* 404) des demandes PURES *personnelles*... Assurément, on n'eut point employé les mots *purement* et *pures* si l'on n'eût reconnu que deux actions, la personnelle et la réelle (v. *aussi* le projet d'or-
ganisat. judiciaire présenté aux Cinq-Cents en l'an v, par Oudot, art. 8 et
11).

2. *Espèces d'actions mixtes.* Ce premier point établi, il reste à examiner dans quelles actions on doit reconnaître un caractère mixte tel que nous
l'avons défini, et la question n'est plus aussi facile à résoudre parce que le code
ne s'en est point expliqué.

Le § 20, *de actionibus*, ne mentionne que trois actions : l'action en partage d'une succession, l'action en partage d'une communauté, et l'action en
bornage. Quelques interprètes y joignaient la pétition d'hérédité, parce
qu'elle renferme des prestations personnelles (*L.* 25, *D. hereditatis petit.*), mais à notre avis, cette action qui n'est autre chose que la revendication
d'une universalité de biens est essentiellement réelle; et il faut d'ailleurs se
garder de croire qu'il suffise qu'une demande de prestations personnelles soit
jointe à une demande de propriété ou de droits réels, pour que l'action exercée soit mixte. En effet, si l'on admettait un pareil système la disposition du
Code (*art.* 59) qui attribue au seul juge de la situation la connaissance de
l'action réelle, tandis qu'autrefois, du moins dans plusieurs provinces, il
était aussi permis de la porter au juge du domicile, serait à-peu-près illusoire
attendu qu'il n'y a presque aucune action réelle qui ne soit accompagnée de
prestations personnelles.... Et cet inconvénient est prouvé par l'expérience,
puisque des tribunaux en étaient venus au point de regarder comme *mixtes*
les actions de servitudes réelles : décisions au sujet desquelles, M. Merlin
(*rép.*, mot *servitude*, § 35) observe qu'il serait tout aussi exact de considérer
la revendication comme une action mixte.

D'un autre côté, si l'on ne voulait considérer comme mixtes que les trois
actions ci-dessus, il faut avouer que la disposition du 4 de l'art. 59, aurait
bien peu d'application. En effet, le 6 fait immédiatement une exception
pour l'action en partage d'une hérédité, exception qui s'appliquera à l'action
en partage d'une communauté, toutes les fois qu'elle ne résultera pas d'une
société commerciale (v. *C-c.* 1872 *et* 822 *conférés*); et quant à l'action en
bornage elle est d'une nature telle, que le demandeur sera rarement intéressé
à user de la faculté que lui laisse le 4 de s'adresser au juge du domicile. Il
est donc bien difficile de croire que les rédacteurs du Code n'aient eu en vue
que ces trois actions; on peut dire que c'est plutôt aux principes du droit
français résultant de la jurisprudence que le Code s'en sera référé, et en effet,
des auteurs dont la doctrine a pu servir de base à la jurisprudence admettent
des actions mixtes autres que les précédentes; ainsi Loiseau (*Déguerpissement, liv.* 2, *ch.* 1, *n.* 5 *et* 6) et Pothier (*cout. d'Orléans,* 1772, in-4, p. 58,
introduct. générale, n. 122) rangent au nombre des actions mixtes celles
qu'on désignait par le nom général d'actions personnelles *in rem scriptœ*,
dans lesquelles Loiseau comprend les actions rescisoires et révocatoires, et
Pothier, l'action en réméré; actions qui dérivent d'un contrat, et ont cependant pour effet de le détruire en remettant les choses au même état qu'aupara-

vant, de sorte que l'objet litigieux peut être revendiqué même entre les mains d'un tiers détenteur.

2 a. C'est en effet ce dernier système que semblent adopter aujourd'hui plusieurs tribunaux.

Ainsi, l'on a jugé que l'action en rescision d'une vente d'immeubles pour lésion est *mixte* parce qu'elle est *utilis in rem* (mais voy. pour cette expression, *ci-dev. note* 7, p. 110), c'est-à-dire conduit à la restitution de la chose vendue). V. *arr. de Rennes*, 25 vent. *xij* ; *rej. civ.* 5 *nov.* 1806 ; *répert. xj*, 699; *Paris*, 13 *mars* 1817, *avoués*, *xvj*, 356 ; *B. o.* 13 *févr.* 1832 ; *rej. civ.* 8 *mars* 1824, *avoués*, *xlvj*, 299.

Même décision pour l'action en désistement d'immeubles accompagnée de demande en dommages pour indue jouissance. *Arr. de Grenoble*, 29 *avril* 1824, *avoués*, *xxvij*, 83 (décision opposée... v. *arr. d'Amiens*, 13 *nov.* 1824, *ib.*, *xxvij*, 227).

3. L'action en partage de succession diffère des autres actions mixtes, 1º pour la jurisdiction... V. *ci-dev. n.* 2, *p.* 117; *ci-apr. chap. iij*, *note* 24;— 2º pour l'assignation... V. *ce tit.*, *art.* 2, *n.* 5 *et note* 27, *n.* 4.

ARTICLE II.

De quelques espèces d'actions réelles.

Les actions réelles sont régies par des principes différens, selon qu'elles sont mobilières ou immobilières, et que, dans ce dernier cas, elles ont pour objet la propriété ou la possession.

§ 1. *Des actions mobilières et immobilières.*

La qualification donnée à ces actions suffit pour indiquer que par les premières on réclame des meubles et par les autres, des immeubles.

Elles diffèrent entre elles dans plusieurs points, et surtout en ce qui concerne la jurisdiction et l'exercice. (13)

1º À l'égard de la jurisdiction, les actions mobilières, on l'a dit (*p.* 50), peuvent être soumises au juge de paix, tandis qu'il n'a pas le droit de connaître des actions immobilières, excepté quant au possessoire (*v. ci-apr.* § 2);... et elles se portent au juge du *domicile*, tandis que les actions immobilières se portent à celui de la situation. V. *C-pr.* 2; *B. c.* 5 *avr.* 1813; *ci-apr. ch. des tribun. des actions*, *n. xiij bis*; *tit. de la saisie-revendication*, *note* 2.

2° A l'égard de l'exercice, l'action mobilière se dirige bien comme l'immobilière contre le détenteur de la chose réclamée; mais elle n'a jamais pour objet la possession séparée de la propriété, ou en d'autres termes, elle s'exerce seulement au pétitoire lorsqu'elle a pour objet des meubles proprement dits (14); on ne peut l'exercer par la voie du possessoire (*v. le § suivant*) que quand elle concerne des meubles réputés immeubles, ou une universalité de meubles (15). V. *ci-dev. p. 51, note 41; ordonn. 1667, tit. xviij, art. 1; Loiseau, des offices, liv. 3, ch. 4, n. 25; Imbert et ses annotateurs, liv. 1, ch. 17, n. 3 et 12, et ch. 33, n. 3; Henrion, ch. 11 et 30.* (15 *a*)

(13) A l'égard, 1o de la nature de ces actions considérées comme biens, v. *p.* 109, *note* 6 , *n.* 2... 2° Du délaissement de meubles en matière de commerce, v. *C-com.* 369 *et suiv.*, et 431.

Exemples d'actions mobilières... V. *B. c.* 5 et 13 oct. 1813.

(14) A Rome, la question de la possession pouvait s'agiter séparément de la question de propriété, aussi bien pour les meubles que pour les immeubles, et le préteur donnait l'interdit *utrubi* à celui qui avait possédé le meuble litigieux pendant la plus grande partie de l'année (Gaius, iv, 150). Mais comme chez nous la possession des meubles vaut titre (v. *C-c.* 2279, *et rec. alph., mots donation,* § 6, *et privilége,* § 1, *t.* 6, *p.* 174 *et* 655), ou en d'autres termes équivaut à la preuve la plus complète de la propriété, il n'y a pas lieu d'en faire l'objet d'une instance séparée (v. *cout. de Paris, art.* 97) parce que dans les cas où la revendication en est admise, c'est-à-dire, lorsqu'ils ont été perdus ou volés (*C-c.* 2279, 2280), la demande de la possession se confondrait avec celle de la propriété. F. B. S. — D'où la conséquence que le propriétaire d'un meuble perdu ou volé n'a que la voie du pétitoire (il peut, pendant trois ans , revendiquer ce meuble, entre quelques mains qu'il se trouve). V. *dd. art.; Henrion, ch.* 11, *et* 30, § 3.

Observations. 1. *Quid juris* relativement au particulier non propriétaire mais qui a un droit réel sur un meuble? Les meubles n'ayant pas de suite par hypothèque (*C-c.*, 2119), peut-il lui être permis d'*agir* sur ce meuble (comme garant en quelque sorte, de son droit), lorsqu'il est sorti des mains du débiteur? Oui, s'il a un privilège spécial sur le meuble, privilège dispensé de l'inscription (*arg. de C-c.* 2106), pourvu qu'il exerce son action réelle dans le délai de revendication (trois années). Cette exception s'applique, 1° au journalier qui est privilégié à raison de ses travaux, sur les fruits des récoltes (v. *C-c.* 548 et 2102; *ci-apr.*, *tit. de la distribution, note* 54, *n.* 2), sauf à lui à exercer ensuite son action personnelle contre le fermier qui l'a employé. V. *arr. cass.* 24 *juin* 1807. — 2° A l'état, qui est aussi privilégié sans inscription , à raison des droits de mutation par décès, sur les revenus des biens dont on doit faire la déclaration à la régie d'enregistrement (*arg. de L.* 22 *frim. vij, art.* 32); pourvu que la régie exerce l'action réelle avant que les tiers aient purgé leurs acquisitions. V. *arr. cass.* 9 *vend. xiv,* 3 *janv.* 1809, 8 *mai* 1811, *au*

B. c., et 15 et 29 avr. 1807, au rép., mot *enregistrement*, § 39 et 40. —
A l'égard de son privilège pour contributions directes, v. *L.* 12 *nov.* 1808;
arr. *Limoges*, 29 *déc.* 1812, *avoués, viij*, 117.

2. Revendication de meubles en matière de commerce... v. *C-com.* 576-585.

(15) Encore faut-il que dans ce dernier cas il s'agisse d'une succession. V.
Coutume de Paris, art. 97; *Henrion*, ch. 11 et 30; *répert.*, *ij*, 663, *mot*
complainte, § 3.

(15a) *Autres différences.* 1. L'action mobilière ne se dirige que contre le
mari, pour les droits de la femme non séparée, et en conséquence, il n'est
pas besoin en ce cas, de donner à la femme une copie séparée de l'arrêt d'admission d'un pourvoi. V. *rec. alph.*, t. 1, p. 187; *ci-apr. tit. de l'autorisation*, note 4, et *de la cassation*, § 4, n. 2.

2. L'exercice des actions mobilières du mineur appartient au tuteur. *Arg.*
de *C-c.* 464; arr. *de Riom*, 15 *avril* 1809, *J-C-c. xiij*, 317.

§ 2. *Des actions possessoires et pétitoires.*

Par l'action *pétitoire*, le propriétaire d'un fonds,
où le particulier qui a un droit réel sur ce fonds,
agit contre la personne qui le possède, afin de recouvrer sa propriété, ou la jouissance des droits dont
le fonds est grevé envers lui.

Par l'action *possessoire*, on agit ou pour être maintenu dans la possession soit d'un fonds, soit d'un
droit réel (16), soit d'une universalité de meubles (17),
ou pour recouvrer cette possession. Dans le premier
cas, on la nomme *complainte* (18); dans le deuxième,
réintégrande. — V. *rép.*, *mot complainte,* § 1 à 3. (19)

Les actions pétitoires considérées en particulier,
sont assujéties aux règles de procédure de toutes les
actions civiles. Il n'en est pas de même quand on
les envisage dans leurs rapports avec les actions possessoires, car il faut alors appliquer aux unes et aux
autres, des règles spéciales (19 *a*). Enfin les actions
possessoires considérées aussi en particulier, ont
également des règles qui leur sont propres. Tels sont
les objets sur lesquels nous allons jeter un coup-d'œil.

(16) *Observations.* 1. Cette action ne peut plus être exercée pour les rentes foncières, parce qu'elles ont cessé d'être des droits réels immobiliers (v.*C.
c.*529). Elle est restreinte aux autres droits fonciers, tels que les servitudes

(v. *rép.*, mot *complainte*, §2, n. 1 et 4; et *servitudes*, § 35, n. 2 bis; B. c. 15 *avr.* 1822); encore faut-il excepter celles qui ne s'établissent que par titres; car à leur égard, on ne peut agir qu'au pétitoire. V. *d.* § 35, *n.* 2; *six arr. cass. de* 1807 *à* 1814, *ib.*; Henrion, *ch.* 21 *et* 28, § 7; *obs-cass.* 39. — En effet, la possession la plus longue ne pouvant dans ce cas servir au réclamant, à plus forte raison une simple possession annale exigée pour les actions possessoires, ne doit-elle pas lui profiter. *Henrion, sup.*

2. En conséquence de ces principes, on a rejeté l'action possessoire relative à une simple servitude de lavage, de rouissage et d'abreuvage. V. *arr. cass.* 10 *sept.* 1811, *avoués, iv,* 215. — V. un autre exemple à *arr. cass.* 25 *août* 1812, *avoués, vij,* 8.

Semblables décisions à l'égard des servitudes réclamées dans les pays où elles s'acquéraient par prescription, si la possession annale (v. *ci-apr. n.* 2, p. 125) n'en était pas acquise au moment de la publication du Code civil. V. *réqu. à rec. alph.*, mot *servitude*, § 5; *arr. cass.* 12 *août* 1810, *ib.* (on a même décidé que dans ce cas la possession annale est insuffisante, si alors la propriété de la servitude n'était pas déjà acquise. V. *arr. rej. civ.*, 10 *fév.* 1812, *Nevers*, 244, *et B. c.* 17 *févr.* 1813 *et* 31 *août* 1825.—Voy. aussi *id.*, 2 *juill.* 1823.

2 *a*. Il en est autrement lorsque l'on a tout à-la-fois la possession annale et un titre pour une servitude discontinue. V. *arr. cass.* 24 *juill.* 1810, *d. rec.*, *ib.*, t. 5, p. 597; surtout *arr. cass.* 6 *juill.* 1812, 10 *et* 17 *mai et* 7 *juin* 1820, *et* 16 *janv.* 1821, *B. c.*; *rep.*, *d.* § 35 *et d. n.* 2 *bis*; *rec. alph.*, *vj*, 744, *d.* § 5; *rej. requ.* 30 *mars* 1830, *avoués, xxxix,* 121. — Et surtout lorsque la loi donne droit à une servitude, par exemple à un passage pour parvenir à la voie publique. V. *C-c.* 682 *à* 685; *rej. requ.* 11 *déc.* 1827, 7 *mai* 1829, 16 *mars* 1830 *et* 9 *mai* 1831, *avoués, xxxiv,* 228; *xlj,* 602 *et* 604; *xliv,* 277; *B. c.* 19 *nov.* 1832.—V. aussi (pour la fixation du lieu de ce passage) *rej. requ.* 9 *nov.* 1824, *Sirey*, 25, 142.

2 *b*. Bien plus, le juge de paix peut et doit examiner le titre pour apprécier le caractère de la possession en litige; de sorte qu'il refusera ou accordera la *maintenue*, selon qu'il en résultera que la possession est ou n'est pas à titre PRÉCAIRE. V. *mêmes autorités.* — V. aussi *rej. civ. ou requ.*, 20 *mai* 1828 *et* 7 *janv.* et 4 *fév.* 1829, *avoués, xxxv,* 247, *xxxvj,* 160 *et* 198; *M. Chauveau, ib., xliij,* 459.

2 *c*. Mais il ne peut maintenir en possession un individu qui ne prouve pas avoir exercé son action dans l'année du trouble qu'il impute à son adversaire (et à plus forte raison s'il ne l'articule pas), et le maintenir par cela seul que d'après ses titres il a la propriété, et que la possession est la conséquence de la propriété. *B. c.* 5 *avr.* 1824.

2 *d*. Enfin, l'allégation du défendeur, qu'il a possédé en vertu d'un *titre*, n'empêche pas de statuer au possessoire. *B. c.* 10 *juin* 1816.

3. D'après les mêmes principes, on ne peut non plus se pourvoir au possessoire relativement à des biens non susceptibles d'une propriété privée, puisqu'ils sont imprescriptibles... Mais il est permis d'agir par cette voie à l'égard d'un sol patrimonial qui a servi aux marchés d'une commune, parce qu'il n'a pas pris pour cela le caractère d'imprescriptibilité qui appartient aux propriétés publiques. V. *arr. cass.* 1 *août* 1809, *J-C-c. xiij,* 322, *et ci-apr.*, *note* 22, *n.* 2, p. 123.

4. A l'égard des règles de détail relatives aux *droits réels* pour lesquels on peut exercer la complainte, *voy.* Henrion, ch. 28.

(17) Voyez à ce sujet, le § 1, et notes 14 et 1', p. 119 *et* 120.

(18) On dit aussi *complainte en cas de saisine et de nouvelleté...* On entend par *saisine*, la possession acquise pendant une année, et par *nouvelleté*, l'innovation ou le trouble apporté à la possession; de sorte que l'expres-

sion précédente signifie « plainte du trouble nouvellement apporté à la possession du réclamant. » V. *Ferrière et Rodier, sup.*; *Henrion, ch.* 20 *et* 21; *ci-apr. note* 29, *n.* 7, *p.* 127.

(19) *V.* aussi Ferrière, h. v.; Imbert, liv. 1, ch. 16, n. 6; Rodier, tit. 18, art. 1, qu. 2 ; Henrion, ch. 39 ; obs-cass., 27.

On distinguait encore jadis l'action possessoire où il s'agissait d'obtenir provisoirement la possession, et qu'on nommait *provision* ou *récréance* (ce dernier mot était surtout usité en matière bénéficiale). Aujourd'hui la provision n'est pas une action directe et séparée : elle est, ou une mesure prise en conséquence de la complainte ou de la réintégrande (v. *ci-apr.*, *note* 26, p. 124); ou bien un accessoire d'une action pétitoire. V. *obs-cass.* 28. — V. aussi *tit. des jugemens, note* 8.

(19a) Les actions possessoires diffèrent toutefois des pétitoires, en ce qu'elles sont de la compétence du juge de paix, tandis que les pétitoires sont soumises au tribunal civil.

I. *Règles communes aux actions pétitoires et possessoires.* Il est important pour la société et pour les parties, que pendant le débat du pétitoire, la possession ne reste pas indécise. — Pour la société, parce que le bien en litige serait vacant et sans culture; pour les parties, parce que celle qui obtient la possession est placée dans une position beaucoup plus favorable que son adversaire... par exemple, elle n'est pas obligée d'établir son droit à la propriété (**19** *b*); il lui suffit de discuter celui du *non-possesseur.* (**20**)

(19 *b*) On voit par là que la décision préjudicielle de la question de possession est encore utile sous un troisième point de vue, celui de la *procédure* puisqu'on saura par cette décision lequel des deux contendans devra être chargé de faire la preuve.

(20) Suivant l'axiome *possidentis melior est conditio... etiam in pari causa,* axiome tiré des lois 128, *ff. reg. jur.*; *si debitor* 10, *ff. de pignorib.*, et d'une foule d'autres. V. *Barbosa, ax.* 182. — V. aussi *M. Merlin, rép., mot servitude,* § 35; *Cujas, ad tit. cod. de interdictis, in pr.; instit., h. t.,* § 4; *Vinnius, in id., n.* 1 *et* 2; *Jousse, tit.* 18, art. 5; *Henrion, ch.* 25, *in f.*; *Voet, ff. de probationib., n.* 11 ; *Dunod, des prescriptions,* part. 1, ch. 4, *in f.*; *ci-apr., note* 26, *n.* 2, p. 124; surtout *rej. requ.* 7 déc. 1831, *avoués, xlvj,* 300.

Observations. 1. On suit une règle contraire lorsque le *non-possesseur* a justifié de son droit de propriété. V. *arr. de Florence,* 3 *juill.* 1810, *avoués, quest. de dr., n.* 57.

2. Soit que les principes de notre législation sur les actions possessoires aient été puisés dans les anciennes lois françaises, comme le soutient Henrion, ch. 18, soit qu'on les ait tirés du droit romain, il est certain que les dispositions de ce droit relatives aux interdits possessoires peuvent nous être ort utiles. On les trouve aux instituts *de interdictis* et aux titres correspon-

dans du digeste (v. aussi *Gaïus*, *iv*, 138 à 170); ces interdits se subdivisaient en interdits *adipiscendœ*, *retinendœ*, et *recuperandœ possessionis*. Ces deux derniers interdits ont de l'analogie avec la complainte et la réintégrande : mais nous n'avons rien qui corresponde aux interdits *adipiscendœ possessionis*, dont l'objet était de faire obtenir la possession à celui qui ne l'avait pas encore eue (**F. B. s.**). —V. *Cujas, ad tit. cod. unde-vi, in pr.* (il y fait l'éloge d'Imbert) ; *Lebrun, des successions*, liv. 3, ch. 1, n. 34; *Henrion*, ch. 17.

Les maximes suivantes reposent sur ces considérations : (**21**).

1° Le possessoire et le pétitoire ne peuvent jamais être cumulés. *Ord. de* 1667, *tit.* 18, *art.* 5, *in pr.; C-pr.* 25; *arr. cass.* 25 *juin* 1806. (**22**)

2° Le demandeur au pétitoire n'est plus recevable à agir au possessoire (**23**). *C.pr.* 26. — V. *Imbert, liv.* 1, *ch.* 33, *n.* 12.

3° Le défendeur au possessoire ne peut se pourvoir au pétitoire qu'après le jugement du possessoire, et s'il succombe, il ne le peut qu'après l'exécution complète de ce jugement. V. *d. tit.* 18, *art.* 5 *et* 4 *in pr.* (**24**); *C-pr.* 27, *in-pr.* (**25**).—V. aussi *Imbert, d. ch.* 33, *n.* 9; *Rodier, d. art.* 4, *qu.* 1.

4° Les enquêtes relatives au possessoire (**26**) ne peuvent porter sur le fond du droit (*C-pr.* 24), c'est-à-dire sur la question de propriété. V. *Treilhard*, *p.* 17. (**26** *a*)

(**21**) Elles ont été puisées dans l'ordonnance de 1667, car la loi du 26 octobre 1790, relative à la procédure de paix, ne contenait aucune règle sur les actions possessoires. *Treilhard et Faure*, p. 17 et 193. — On voit par là que les interprétations de cette partie de l'ordonnance peuvent encore servir pour l'explication du Code.

(**22**) *Observations.* 1. Il n'y a pas *cumul*, et par là même le juge de paix est compétent si, en se conformant aux *conclusions* des parties, il a uniquement statué sur le possessoire quoique elles aient aussi discuté le pétitoire. V. *B. c.* 23 *févr.* 1814, 30 *nov.* 1818, 1 *mars* 1819.

1 *a.* Il y a au contraire cumul, si au lieu d'admettre une partie à la preuve d'une possession, on s'est fondé uniquement sur un titre pour la maintenir. Voir *B. c.* 7 *août* 1833.

2. On ne doit point distinguer entre le possessoire et le pétitoire, toutes les fois que la possession ne peut pas servir à attribuer la propriété. V. *Henrion*, *ch.* 25, *in f.*; *ci-dev.* note 16, *n.* 3, *p.* 121.

3. La maxime que le possessoire et le pétitoire ne peuvent être cumulés ,

paraît avoir été puisée dans le droit romain. *Exitus*, dit la loi 35, ff. acq.
vel am. possess., *exitus controversiæ possessionis, hic est tantum, ut
prius pronuntiet judex, uter possideat : ita enim fiet ut is qui victus est
de possessione, petitoris partibus fungatur, et tunc de domino quæratur.*
V. encore *instit.*, d. § 4, et *Vinnius*, sup. — On la trouve également dans
les anciennes ordonnances, telles que celles de 1453, 1507 et 1535. *Automne
sur Imbert, liv.* 1, *ch.* 17, *n.* 14. — Néanmoins, le parlement de Bordeaux
ne la suivait pas au commencement du 17ᵉ siècle. *Voy. Guenois, sur id.,
ch.* 14.

(23) Parce qu'en agissant au pétitoire, il reconnaît tacitement que son adversaire a la possession... Le *défendeur* au pétitoire peut au contraire agir
au possessoire. V. *arr. cass.* 8 avr. 1823.

Observation. On conclut de ces règles, qu'on est libre de négliger le possessoire, et d'agir primitivement par le pétitoire. V. *arr. cass.* 3 oct. 1810.
— V. aussi *art. rej.* 25 avr. 1814, *Jalbert*, 362.

(24) Si le possesseur maintenu ou réintégré néglige de faire liquider les
condamnations, le juge peut lui fixer pour cela un délai, passé lequel l'action
de son adversaire au pétitoire sera reçue. *D. art.* 4; *Rodier, ib.; C-pr.* 27.
— Si cette mesure n'eût pas été autorisée, on conçoit que le possesseur
maintenu se déciderait souvent à abandonner le produit des condamnations
pour empêcher son adversaire d'agir au pétitoire, parce que la possession pro-
cure ordinairement des avantages bien supérieurs à ceux qu'il peut retirer de
ce produit.

(25) Il s'agit ici d'un défendeur au possessoire actionné pour avoir dépossédé le demandeur, ou l'avoir troublé dans sa possession; on a dû le soumettre aux prohibitions ci-dessus, parce qu'il faut *avant tout déterminer
quel est le possesseur*, et faire cesser un procédé illégitime. Si le défendeur
pouvait d'ailleurs, avant le jugement ou avant son exécution, agir au pétitoire, il aurait intérêt à retarder, ou même à empêcher le jugement du possessoire.

(26) *Observations.* 1. On peut les ordonner lorsque la possession ou le
trouble sont déniés. V. *C-pr.* 24; *Rodier, art.* 3.—Même par défaut, *suiv.*
M. *Chauveau*, avoués, *xliij*, 465.

1 *a.* Mais le juge n'y est pas forcé s'il se croit suffisamment éclairé. *Rej.
requ.*, 25 *juill.* 1826, *et civ.*, 22 *mai* 1833, *avoués, xxxij*, 91, *xlv*, 461;
M. *Chauveau*, d. *p.* 465.

2. Si aucune des parties n'appuie sa prétention de preuves suffisantes, le
juge peut ordonner qu'elles contesteront au pétitoire, et que pendant l'instance, l'objet litigieux sera mis en séquestre (v. *Bourges*, 18 déc. 1826,
avoués, xxxiij, 82), ou bien possédé provisoirement par celle qui a en sa faveur, soit des titres plus solides en apparence, soit des présomptions de droit.
Mais cette provision ou *récréance* ne donne pas dans ce cas au plaideur qui
l'obtient, l'avantage principal attaché à la possession, celui de le dispenser
d'établir son droit de propriété; elle n'en fait en quelque sorte qu'un détenteur de l'objet. V. *Pothier, de la possession, ch.* 6, *sect.* 1, § 5, *n.* 105;
Henrion, ch. 33; ci-dev. note 20, p. 122; surtout *rej. requ.* 14 nov. 1832,
avoués, xliij, 628. — V. aussi ci-apr. *ch. des nullités*, *note* 10, *n.* 2; *Imbert, liv.* 1, *ch.* 16, *n.* 1; *arr. de Colmar*, 19 déc. 1812, *Jalbert*, 1817, *supp.*
13; *arr. rej. requ.* 28 avr. 1813, *Nevers*, 319.

(26*a*) Ainsi, lorsque le juge de paix a ordonné la clôture d'une fenêtre donnant sur le chemin du demandeur, ou l'arrachement de pieux plantés dans
sa vanne (v. p. 130, *note* 37, *n.* 2), le tribunal civil ne peut, en appel, autoriser le défendeur à prouver que le demandeur n'était pas propriétaire du
chemin ou de la vanne. L'enquête ne pourra porter que sur les faits de possession et de trouble. *B. c.* 18 juin 1816.

II. *Complainte*. 1° Cette action a pour objet, on l'a dit, une maintenue dans la possession, soit d'un fonds, soit d'un droit réel. V. *p.* 120 *et note* 16.

2° Pour l'exercer il faut avoir la possession, paisiblement (27), par soi ou par les siens (28), depuis une année au moins, à titre non précaire (29). *C-pr.* 23, *in f.*

3° On a le droit de l'exercer lorsqu'on est troublé dans la possession, soit réellement, soit civilement, c'est-à-dire, soit par une voie de fait, soit par un acte judiciaire. V. *Henrion, ch.* 22. (30)

4° Il faut l'exercer dans l'année du trouble, sinon l'on n'y est plus recevable. V. *C-pr.* 23, *in pr.; ci-dessous, note* 27 (30 *a*).—Il ne reste alors que la voie du pétitoire. (31)

---

(27) On n'est réputé possesseur avec *saisine*, qu'autant qu'on a joui pendant une année des avantages de la possession; or, on n'en a pas joui pendant ce temps si l'on a été *troublé*. V. *ci-apr.* p. 129, 3°, *et note* 29, *n.* 7; *Henrion, ch.* 24; *Rodier, sup., art.* 1, *qu.* 5.

(28) *Par les siens* (*par les leurs*, dit C-pr. 23).. C'est-à-dire, 1° par ceux qu'on *représente*... Ainsi un acquéreur peut joindre à sa possession celle de son vendeur, afin de donner à cette possession le temps nécessaire à l'exercice de la complainte. V. *C-c.* 2235; *rec., mot complainte*, § 2; *rép., id.*, § 5; *arr. cass.* 12 *fruct. x*, 6 *frim. xiv, ib.; Rodier, sup., qu.* 4; *surtout ci-apr., note* 31, *n.* 3. — D'où il résulte que si de deux acquéreurs, aucun n'a la possession annuelle, il faudra que le juge examine leurs titres pour savoir lequel des deux a le droit de joindre la possession du vendeur à la sienne, et par là compléter l'année nécessaire pour la maintenue en possession. V. *B. c.* 16 *janv.* 1821.

L'usufruitier n'est pas compris dans les mots *par les leurs* de C-pr. 23, ni dans ceux-ci, *ou autre qui la tient* (la possession) *en notre nom*, de C.-c. 2228, parce qu'il possède pour lui-même (*arg.* entre autres, de L. 7, D. *de usufr.*) : en conséquence, le propriétaire, pour compléter l'année, ne peut joindre à sa possession celle de l'usufruitier décédé, *suiv. B. c.* 6 *mars* 1822. — Mais cette décision ne nous paraît pas conforme aux principes. En effet, les instituts (*per quas person. nob. adqu.*, § 4) disent au contraire, *fructuarius non possidet, sed habet jus utendi fruendi...* D'un autre côté, le Code civil (2236) décide en propres termes que l'usufruitier détient précairement et possède pour autrui. Dès-lors, c'est le propriétaire qui possède par l'usufruitier; il ne peut donc être question de jonction de possession dans ce cas. *F. B. s.*

2° Par ceux qui sont en *possession* pour nous, tels qu'un fermier, un procureur... car *aliud longe est possidere, aliud in possessione esse. Is possidet, cujus nomine possidetur; qui autem* in possessione *sunt, alienæ possessioni præstant ministerium.* — Vinnius, *sup.*, § 5, n. 1; L. 10, § 1 (et Cujas, in id., édit. 1614, t. 1, p. 1291), et L. 18, ff. acquir. vet am. poss.; Dunod, sup., ch. 4.

(29) *Observations.* 1. L'ordonnance n'indiquait point la durée de la possession, mais les auteurs et la jurisprudence s'accordaient à la fixer à *l'an et jour.* — V. *Rodier, sup., qu.* 4; *Imbert, sup., n.* 4, et *ch.* 33 ; *Henrion, ch.* 24; *M. Faure, p.* 193. — C'est aussi le même temps que doit durer la *dépossession* pour opérer l'interruption naturelle de la prescription. *C-c.* 2243.

2. Posséder à titre *non précaire,* c'est posséder comme maître, *animo domini.* Par conséquent, le fermier, le séquestre et autres détenteurs du même genre (tels que l'antichrésiste, le mandataire chargé de garder l'immeuble, celui qu'on laisse détenir par tolérance), n'ont pas la voie de la complainte; ils ne peuvent que dénoncer le trouble au propriétaire. V. *Rodier, sup., qu.* 3 ; *Henrion, ch.* 25 ; *B. c.* 7 sept. 1808; *rép., xij,* 595, *et ij,* 666, *n.* 7; *instit., d.* § 5 ; *Vinnius, id., n.* 1; *ci-dev. note* 28 (il en est autrement de celui qui possède, quoique sans titre, en vertu du *droit commun* ou de la *disposition de la loi*... v. *B-c.* 1 mars 1815; *avoués, xj,* 215; *observat., ibid.*).

2 a. Remarquez au sujet de la première règle du n. 2, que la *précarité,* ainsi que la bonne foi de la possession, dépend de circonstances ou actes dont l'appréciation appartient aux tribunaux, et cette appréciation ne peut donner ouverture à cassation. V. *rej. requ.* 17 *avr.* 1823, 1er *juin* 1824, *et civil,* 23 *mars* 1824, *B. c. de* 1823, *n.* 59, *p.* 239, *et de* 1824, *n.* 61, *p.* 208; *et Sirey,* 25, 1, 79.

3. Mais comment concilier cette règle avec l'art. 1725 du Code civil, qui dispense le maître de garantir le fermier, du trouble apporté par des voies de fait à sa jouissance, et ne laisse à celui-ci qu'une poursuite contre les auteurs du trouble?... Faut-il décider avec un commentateur, que le fermier a dans ce cas la voie de la complainte?... Cette décision serait admissible si en effet le fermier n'avait pas d'autre voie pour agir contre les tiers, et si l'art. 1725 contenait une dérogation positive et spéciale à l'art. 23 du Code de procédure. Mais 1o le fermier peut, pour faire cesser le trouble, se pourvoir aux tribunaux civils ou aux criminels, suivant que le trouble est causé par de simples voies de fait, ou par des contraventions ou délits, et y demander la réparation du dommage qu'il a éprouvé (tel était aussi l'avis de Rodier, *d. qu.* 3); 2o l'art. 1725, n'est point contraire à l'art. 23, puisqu'il parle seulement de troubles causés par des tiers *qui ne prétendent aucun droit sur la chose louée.* Or, la complainte ayant pour but d'assurer la possession du réclamant, serait inutile envers ces tiers. Au surplus, la loi refuse trop positivement la complainte à tout possesseur à *titre précaire,* pour qu'on puisse l'accorder au fermier. V. *rép. et Henrion. sup., Imbert. liv.* 1, *ch.* 17, *n.* 14 et 15. — V. aussi *arr. cass.* 12 oct. 1814, *Jalbert,* 1815, 39 ; *rej. requ.,* 17 *avr.* 1827, 5 *mars* 1828 *et* 10 *mars* 1829, *avoués, xxxiij,* 122, *xxxv,* 209, *xxxvij,* 212, *et, pour un exemple* (demande de faire élaguer des arbres), *id.,* 9 *déc.* 1817, *ib., xvij,* 205.

3 a. *Quid,* si le maître est absent et n'a pas laissé de procuration ? le fermier, d'après *C-c.* 112, pourra demander qu'il soit pourvu à l'administration des biens, et dénoncer ensuite le trouble (*ci-dev. n.* 2) à celui que le tribunal aura chargé de cette administration.

4. Mais il résulte de la dernière règle du n° 3 que tout possesseur qui détient pour lui-même, *animo domini,* ne fût-il pas réellement propriétaire, a la voie de la complainte. V. *ci-dev. n. ij, p.* 125.

5. On accorde aussi la même voie et par d'autres raisons, au nu-propriétaire, à l'usufruitier, au mari pour les biens dotaux, à l'emphytéote, et à tous ceux qui ont une saisine légale. V. *Henrion, sup.; rép. mot usufruit,* § 4;

n. 14; *Vinnius, d. n.* 1; *L.* 4, *ff, uti possidetis; C-c.* 1428; *Mazuer, tit. xj, n.* 53; *ci-dev. note* 28, *p.* 125; *B. c.* 26 juin 1822, *n.* 56, *p.* 181 (pour l'emphytéote).

5 *a.* Même droit pour le propriétaire par indivis contre son *co-propriétaire* quand celui-ci usurpe en tout ou en partie la possession du premier (*secùs*, quand il la reconnaît). *M. Estrangin, dissert. dans Sirey,* 24, 2, 236 ; *B. c.* 27 *juin* 1827, 19 *nov.* 1828. — V. aussi *rej. civ. ou requ.* 9 *mars* 1825, 4 *mars* et 19 *nov.* 1828, *avoués, xxx,* 384, *xxxv,* 204, *xxxvj,* 214; *M. Chauveau, ib., xxxiij,* 257.

6. Le propriétaire n'a pas la complainte contre le fermier qui continue mal-à-propos sa jouissance, suivant deux arrêts rapportés par Papon (*liv.* 8, *tit.* 4, *arr.* 14) et les annotateurs d'Imbert (*d. ch.* 17, *n.* 14)... Décision contraire. V. *arr. cass.* 6 *frim. xiv, répert., mot complainte,* § 3, *n.* 6, *t. ij, p.* 665; *M. Merlin, ib.*

7. Il résulte des observations précédentes que pour exercer la complainte, il faut avoir, non pas seulement la simple possession naturelle, ou détention de fait, mais la *saisine* ou possession civile (*nec vi , nec clam, nec precario*) d'un immeuble ou d'un droit réel prescriptible. V. *Henrion , ch.* 21. — V. aussi *C-c.* 2231, 2236 ; *ci-apr. p.* 129, *n.* 3°.

8. Par la même raison, celui qui a été condamné au possessoire par un jugement passé en force de chose jugée, ne peut pas, quelques années après, intenter la complainte, parce que, s'il a continué à posséder, ce n'a été sans contredit, qu'à titre précaire : il ne lui reste que la voie du pétitoire. V. *arr. cass.* 12 *juin* 1809, *Nevers, supp.,* 118. — V. aussi *obs. cass.* 42, *et ci-apr. tit. de l'appel, ch.* 1.

9. Remarquons au surplus qu'on est toujours présumé posséder pour soi, à moins qu'il ne soit prouvé qu'on a commencé à posséder pour un autre. *C-c.* 2230. — V. aussi 2238 à 2241.

10. Mais c'est au demandeur en complainte à prouver sa possession, ainsi que le trouble causé par son adversaire. V. *Imbert, ch.* 16, *n.* 11; *Vinnius, d.* § 5, *n.* 5 ; *Faber, C., lib.* 4, *tit.* 8, *def.* 8.

(30) *Observations.* 1. Ainsi il y a deux troubles, le trouble de fait, le trouble de droit. *Henrion, ibid.* — C'est mal-à-propos que Rodier , *art.* 1, *qu.* 5, n'admet que le premier. Il aurait dû voir dans l'auteur même auquel il se réfère pour la détermination des espèces de troubles (*Rebuffe, materiis possessoriis, art.* 1, *gl.* 2) qu'elles résultent non-seulement d'une voie de fait, mais de simples affirmations, négations, contradictions ou oppositions purement judiciaires ou civiles. Quant aux caractères de ces espèces, on peut consulter Rebuffe, *ib.*, qui, après en avoir distingué vingt-deux, ajoute que le nombre en est à-peu-près illimité. Il suffit de rapporter la définition générale qu'il en donne. *Turbatio dicitur fieri per quamcumque molestiam et impedimentum.* — V. aussi *Dargentré, art.* 106 , *gl.* 4, *n.* 2; *rép., d.* § 4 ; *ci-apr., note* 3o *a.*

2. Le juge de paix doit faire cesser le trouble... V. *à ce sujet,* ci-apr. note 37, *n.* 2, *p.* 130.

(30 *a*) L'action correctionnelle en réparation des faits de trouble, qu'on dénonce comme des délits, n'interrompt point cette prescription annale, et l'*exception* (voy. pour ce mot, *tit. des défenses , note* 5) de propriété, opposée alors par le défendeur, ne peut être considérée comme un trouble. V. *arr. cass.* 20 *janvier* 1824.

(31) *Observations.* — 1. *Tribunal.* On exerce la complainte devant le *juge de paix* de la situation des lieux. V. ci-apr., *ch.* 3, *n.* 15, *et ci-dev., p.* 51, *n.* 3 et note 43, *ib.*

2. *Dénonciation de nouvel œuvre.* (Même juge).... C'est une espèce d'opposition à la confection d'un ouvrage... Quant aux règles de détail, voy.

Henrion, ch. 23; *rép., iij.* 545, *xvj,* 168; *Rodier, sup., qu.* 6 ; *obs.-cass.* 43, 44, 60.

Observons seulement que dans le droit romain, la simple notification de la dénonciation obligeait le constructeur à cesser son ouvrage, tandis qu'il n'en est pas de même chez nous (v. *B. c.* 11 *juill.* 1820); et que le juge de paix peut sur cette action, ordonner la destruction de l'ouvrage *dénoncé.* — V. *id.,* 28 *févr.* 1814, 15 *avr.* 1812 ; *autre à note* 26 *a, p.* 124 ; *rép., xvj,* 178, *mot dénonciation.*

Le pourrait-il également si l'ouvrage est achevé?... Non, *suiv. rej. requ.* 15 *mars* 1826 *et* 14 *mai* 1827, *avoués, xxxj,* 53 , *xxxiij,* 60 ... Oui, si l'on s'est plaint de cet ouvrage dans l'année, *suiv. rej. civ.* 22 *mai* 1833 , *et arr. cass.* 27 *mai et* 17 *juin* 1834, *B. c., et ib:, xliij,* 447, *xlv,* 461, *xlvij,* 629; *M. Chauveau, ib.* — Mais le juge peut refuser de le faire détruire s'il ne cause aucun préjudice. V. *rej. civ. et requ.* 26 *août et* 6 *déc.* 1827 , *ib., xxxiv,* 76, *xxxv,* 109.

3. *Garantie.* Il n'y en a point en matière de complainte, excepté en faveur du fermier et de l'acquéreur récent. V. *Henrion, ch.* 26. — V. aussi *rej. requ.,* 11 *janv.* 1809, *J-C-pr. iij,* 44.

Nous entendons par acquéreur *récent* celui qui est troublé dans l'année de son achat, c'est-à-dire avant d'avoir toute la possession nécessaire à la *saisine* : il faut pour la compléter qu'il s'aide de celle de son vendeur (*ci-dev. note* 28*,p.* 125) et par conséquent il est juste qu'il puisse le mettre en cause. Ce temps passé, il peut se défendre par lui-même. V. *Henrion, ib.; Burgundius, de evictionib., c.* 5 *et* 7.

4. *Complainte sur complainte.* Le tiers qui prétend avoir la possession que se disputent deux particuliers en instance au possessoire, doit intervenir par une opposition et non pas agir par complainte, d'après l'axiome *complainte sur complainte n'a lieu.* — V. *Imbert, liv.* I, *ch.* 16, *n.* 11 ; *Henrion, ch.* 32. — V. aussi, pour une autre application de cet axiome, *rej. requ.* 17 *mars* 1819, *avoués, xx,* 136.

III. *De la réintégrande.* Les règles qu'on vient d'exposer *depuis la page* 123, *n°* 1°, s'appliquent à la réintégrande, excepté quant aux deux points suivans, où elle diffère de la complainte. (32)

1° La réintégrande, comme on l'a dit, ayant lieu quand il s'agit d'un recouvrement de possession, il s'ensuit qu'on ne peut l'exercer que lorsqu'on a été réellement dépouillé (33), et non point lorsqu'on a été simplement troublé.

2° La complainte ne s'exerce qu'au civil; pour la réintégrande, on peut agir au civil ou au criminel (34). V. *Henrion,* 1ʳ *édit., ch.* 39, *et* 2ᵉ, *ch.* 52.

(32) La mesure de la réintégrande a été puisée dans le droit canonique, qui l'avait tirée, avec quelque modification, du droit romain. V. *les annotateurs d'Imbert, liv.* I, *ch.* 17 *in pr.*

(33) Lorsqu'on a été dépossédé par violence ou voie de fait. V. ord. 1667, tit. 18, art. 2.—Comme il arrive souvent que la spoliation a suivi le trouble on réunit pour l'ordinaire les conclusions de la réintégrande à celles de la complainte, et l'on demande alors d'*être maintenu, et en tant que spolié, réintégré.* —Il faut au reste une voie de fait grave et positive ; une omission ne donne pas lieu à la réintégrande. *Rej. requ.* 4 déc. 1833 ; *avoués*, *xlvj*, 358.

(34) *Observations.* 1. Cette disposition du même article 2, de l'ordonnance, n'est point abrogée par les lois nouvelles. V. *Henrion, ib.*— V. aussi *Imbert, liv.* 1, *ch.* 17, *n.* 5 (Carré, *anal. i*, 52, *et quest., i*, 49, *n.* 129, est d'un avis contraire).

2. Celui qui a d'abord agi par la voie civile ne peut plus agir par la voie criminelle. V. *d. art.* 2 ; *Rodier, ib.; Henrion, sup.; arr. cass.* 6 oct. 1806 ; *autre,* 17 *niv. xiij, Sirey,* 205 ; *rép.*, mot *chose jugée,* § 14 *et* 16 ; *notre cours de dr. crim., chap. des actions, art.* 2, § 2, *n.* 2 ; *surtout ci-apr. part.* 2, *introduction, note* 18 *et les autorités qui y sont citées.*

La réintégrande diffère encore de la complainte selon la doctrine de plusieurs jurisconsultes, et notamment d'Henrion (*ibid.*), quant à ces deux autres points :

3° Pour la complainte, il faut avoir la saisine ; pour la réintégrande, il suffit de la possession effective au moment de la spoliation. (**35**)

4° Celui qui succombe dans l'action en complainte n'a plus que la voie du pétitoire ; il en est autrement s'il s'agit de la réintégrande. (**36**)

Il résulte de là, que le possesseur effectif *sans saisine*, qui est dépouillé par le possesseur *avec saisine*, a contre celui-ci l'action en réintégrande. V. *ci-dessous, note* 35.

Mais d'autres auteurs soutiennent que le possesseur *avec saisine* peut, pourvu que ce soit sans voie de fait punissable, se rétablir dans sa possession, et n'être pas néanmoins passible de l'action en réintégrande. **Nous pencherions à adopter cette doctrine.** (**37**)

(35) C'est que, dit-on, comme il n'est permis à personne de se faire justice à soi-même (v. *ci-dev., introduct., note* 23, p. 9), le possesseur légitime ne devait point se remettre en possession par voie de fait, mais par la voie légale de la complainte. En conséquence, lors même qu'il a la saisine, le possesseur effectif dépouillé par lui, doit d'abord être réintégré : *spoliatus ante omnia restituendus* ; sauf au possesseur avec saisine, à exercer ensuite la

complainte. V. *Henrion*, ch. 59; *rép.*, mot *réintégrande*; *instit.*, *sup.*, §6; *Vinnius*, *id.*, *n.* 5; *rej. requ.* 10 sept. 1819, 16 mai 1820, *et* 28 déc. 1826, *avoués*, *xxj*, 259, *xxij*, 153, *xxxij*, 138.—Mais voyez *le texte*, p. 129, *et la note* 37, *ci-apr.*

Observation. Il n'y a point de *garantie* en matière de réintégrande. V. *note* 51, *n.* 3; *Burgundius*, *d.* *c.* 7; *L.* 17, *C.* *action. empti*; *arg. de C-c.* 1725 à 1727.

(36) *Observations.* 1. La condamnation à la réintégrande *emporte* la contrainte par corps. V. *C-c.* 2060, ♪ 2; *surtout Carré*, *lois*, *i*, 57, *n.* 132, pour l'interprétation de cet article.

2. La complainte et la réintégrande font remettre les choses dans l'état où elles étaient avant le trouble et la spoliation, et indemniser le possesseur. V. *obs.-cass.* 41; *ci-apr.-note* 37; *n.* 2.

(37) V. à ce sujet, M. Merlin, au *rép.*, x, 518 à 521; xiv, 652 et suiv., mots question préjudicielle et voie de fait; arr. rej. crim. 8 janv. 1813, p. 521; rej. civ. 11 juin 1828, avoués, xxxv, 261; M. Chauveau, ib. et xliij, 447 à 454; M. Toullier, xj, 174.

Observations. 1. Le système opposé nous semble porter atteinte au droit de propriété. Il en résulte en effet que parce qu'il vous aura plu, par exemple, d'élever à mon insu un mur sur mon sol, il ne me sera pas permis de le détruire quelque pressant que cela puisse être pour moi. Je serai au contraire forcé, par le seul fait que votre construction a été achevée il y a un mois, un jour, peut-être même une heure, d'intenter contre vous une complainte, d'attendre que les juges du premier et souvent même du second degré aient pu y statuer, et de m'exposer à supporter les frais de la procédure si vous êtes insolvable!..

2. TROUBLE. *Cessation.* Il résulte de tout ce qui a été dit ci-devant, que lorsque le juge de paix maintient un individu dans la possession par rapport à laquelle il a été troublé, il doit ordonner la cessation du trouble, et il peut prescrire des mesures pour l'opérer, par exemple, faire détruire les ouvrages qui constituaient le trouble. On en voit des exemples aux *notes* 26 *a* et 31; *n.* 2, p. 124 et 127.

3. *Id.* On a même jugé qu'il peut ordonner cette destruction quoique il reconnaisse que les deux compétiteurs ont la possession (tous deux, dans l'espèce, avaient prouvé des faits de possession). *Arr. rej. civ.* 8 déc. 1824, *avoués*, *xxvij*, 312.

4. *Id.* Il peut même prescrire des ouvrages tendant aussi à faire cesser le trouble, tels qu'une plantation de bornes, un rétablissement de clôture. *Rej. civ.* 26 janv. 1825, *et requ.*, 16 avril 1833, *avoués*, *xxix*, 117, *xliv*, 427.

CHAPITRE III.

Des tribunaux où se portent les actions.

Les lois, pour le choix des tribunaux auxquels elles attribuent le jugement des actions, paraissent s'être attachées aux considérations suivantes : 1. l'obligé mérite plus de faveur que le créancier ; 2. le juge à portée d'instruire le mieux une cause (à raison des localités ou de certaines circonstances) est préférable à tout autre ; 3 et 4. il faut, autant qu'il est possible, prévenir la multiplication des procès et faciliter les transactions des particuliers (1)..... C'est ce que l'on reconnaîtra facilement si l'on parcourt le tableau où nous allons indiquer par ordre alphabétique, les tribunaux auxquels on doit porter les principales espèces d'actions. (2)

(1) On ne peut contester la justice des dernières considérations (v. ci-après, note 8, in f., n. 2°, p. 133) ; la première seule serait susceptible de discussion ; cependant, en y réfléchissant, on aperçoit moins d'inconvéniens dans le parti que nous avons pris d'après les Romains, que dans le système qui ferait préférer le juge du créancier au juge du débiteur (v. Salénier, corps législatif, 5 nivose iv). Les inconvéniens de ce dernier système étaient surtout bien graves au temps de la vénalité des offices de juges, du moins, si l'on s'en rapporte au témoignage de Loiseau : « Si les préventions avaient lieu, un demandeur aurait cet avantage de choisir tel juge qu'il lui plairait et qu'il estimerait lui être plus favorable, et ce au préjudice du pauvre défendeur... Avantage qui n'est pas moindre en justice, que d'avoir le choix des armes en duel, principalement en ce temps, que les juges ayant acheté leurs offices bien cher, recherchent tous les moyens de les faire valoir : c'est pourquoi il y en a beaucoup qui sont trop enclins à favoriser ceux qui leur amènent l'eau, comme on dit, au moulin, et plusieurs mêmes qui se rendent, selon les occurrences, ou plus rigoureux, ou plus faciles et accessibles que de raison, afin d'attirer pratique. » — Abus des justices.

(2) En effet, on aperçoit que la loi s'est déterminée d'après la première des quatre considérations précédentes pour régler la jurisdiction des actions de cession et faillite, personnelle et de saisie-arrêt ; d'après la deuxième, pour les actions d'enregistrement, d'élargissement, d'exécution de jugement, de frais d'instances, hypothécaire, possessoire, réelle, de requête civile, de saisie-exécution, foraine et immobilière, et de société ; d'après la troisième, pour les actions de garantie et de tierce-opposition; d'après la quatrième, pour les actions de commerce et d'exécution d'acte; d'après la première et la deuxième réunies, pour les actions de comptes, mixtes et successoriales ; d'après la première et la troisième réunies, pour les actions de désaveu et de saisie-revendication.

Observation. — Quand a-t-on une action? Quand et contre qui faut-il l'exercer? Est-on obligé de choisir entre deux actions? V. *part.* 2, *introduct.*, *art.* 3, § 1; *et ci-dev.*, *ch.* 2, *note* 34, *n.* 2, *p.* 129.

I. *Actions de cession de biens et de faillite.* — Au juge du domicile (3) du failli ou du cédant. V. *C-pr.* 59, ꝯ 6; 899, 901 (4). — V. aussi *arr. réglem.* 26 *juin* 1817, *B-c.*

II. *Actions de commerce.* — Au juge, ou du domicile du défendeur (5), ou du lieu où la promesse a été faite *et* la marchandise livrée (6), ou du lieu du paiement (7). *Ord. de* 1673, *tit.* 12, *art.* 17; *Espagne, sup., n.* 138; *C-pr.* 420. — Si le lieu du paiement n'est pas indiqué, c'est au juge du domicile. V. *arr. cass.* 4 *déc.* 1811 *et* 14 *juin* 1813, *rép. xiv,* 187; *régl.* 20 *janv.* 1818 *et* 14 *nov.* 1821, *B-c.*

(3) Du domicile qu'ils avaient au temps où la déconfiture s'est ouverte. *Rép.*, *mot cession*; *arr.* 16 *mars cité*, *note* 63, *p.* 37. — La demande en cession que fait le débiteur, s'y porte aussi, soit par égard pour sa situation, soit parce qu'un autre juge serait moins à portée d'apprécier la question de savoir si elle est fondée.

(4) La connaissance de ces actions est attribuée dans certains cas aux juges civils, dans d'autres aux juges de commerce. V. *C-com.* 635. — V. aussi *MM. Berlier et Siméon*, *p.* 157 et 160; *Hautefeuille*, 539; *Carré*, *anal.*, *ij*, 681. — Elle l'est, par exemple, aux juges civils, 1º lorsque des créanciers ont un privilège spécial. V. *à ce sujet*, *arr. cass.* 19 *mars* 1808, *J-C-pr.*, *ij*, 75. — 2º S'il s'agit de ventes d'immeubles, d'ordre, etc. V. *tit. des ventes judiciaires*, *note* 11, *n.* 3.

(5) Du *défendeur*, parce que le débiteur et le créancier ont tous les deux la faculté d'assigner à ce domicile. V. *arr. cass.* 30 *juin* 1807, *J-C-pr.* *ij*, 143. — Autre question... V. *id. régl.* 20 *janv.* 1818, *B. c.*

(6) La conjonction *et* montre qu'il faut le concours de ces deux circonstances. V. *Espagne*, *n.* 318; *arr. d'Angers et cassat.*, 3 *janv.* 1810 et 4 *déc.* 1811, *Nevers*, 1810, *supp.* 60, *et* 1812, 230; *Limoges*, 10 *févr.* 1821, *avoués*, *xxiij*, 43.

Observations. 1. Il résulte de cette disposition, 1º qu'il n'est point de marché passé dans une foire, qui ne puisse être soumis au juge du lieu où elle se tient; 2º qu'il en est de même de tous les actes de commerce, sans distinction, qui ont été faits dans un *lieu*, avec la délivrance de la marchandise dans ce lieu, et avec l'obligation d'y faire un paiement. V. *rép. iv*, 886, *mot étranger*, § 2.

2. Mais cela ne s'applique point au lieu de négociation d'une lettre de change. V. *arr. cass.* 4 *oct.* 1808, *rép. xvj*, 684, *h. v.*, § 4, *n.* 18. — Autres questions... V. *ci-apr. Appendice du domicile*, *note* 9, *n.* 4; *et note* 19, *n.* 2.

3. Dans les cas indiqués au texte, *n.* 11, et dans le *n.* 1 de la présente note, l'article 420 régit-il les ÉTRANGERS qui ont contracté entre eux? ... V. *à ce*

sujet, et pour d'autres questions analogues, *rép.*, d. § 2, *et addit.* à *id*, t. 16, *p.* 332 *et suiv.*; *arr. rej. civ.*, 6 *février* 1822 *et* 28 *juin* 1820, *ib.*

(7) *Observations.* 1. Dans ce dernier cas, le délai de comparution peut être calculé eu égard au lieu du paiement ; mais il n'y a pas de loi précise sur ce point. V. M. Merlin, *rép.*, *mot consuls des march.*, § 3.

2. Lorsqu'une traite n'a pas été acceptée, on ne doit pas plaider devant le juge du lieu du paiement. V. *arr. cass.* 3 *fév.* 1806.—V. aussi *id.*, 31 *mars* 1825; *arr. à avoués*, *xxxj*, 21.

3. C'est le juge, non du lieu de l'acceptation d'une traite, mais du lieu de son paiement *effectif*, qui a jurisdiction. V. *arr. cass.* 29 *janv.* 1811, *avoués*, *iij*, 138.

4 à 8. Commissionnaire-chargeur... V. *Trèves*, *Montpellier, rej. requ.*, *Rouen et Lyon*, 1810 à 1824, *avoués*, *ij*, 53, *iv*, 338, *xj*, 6, *xxvj*, 44 et 128. — Vente par un commis-voyageur... V. *Turin*, *Aix*, *rej. requ. et Toulouse*, 1811, 1813, 1824, *ib.*, *v*, 102, *ix*, 302, *xxvj*, 247; *rép. xiv*, 187. Endosseur... V. *note* 19, p. 138. — Consignataire... V. *B. c.* 19 *janv.* 1814. — Matières civiles... V. *ci-apr. append. du domicile*, note 9.

III. *Action en reddition de compte.* — Au juge du domicile du comptable, excepté pour les comptables judiciaires, qui sont poursuivis devant le juge qui les a commis ; et pour les tuteurs, qui le sont devant le juge du lieu où la tutelle a été déférée (8). *C-pr.* 527.—V. aussi *C-pr.* 541; *C-c.* 406; *ordonn. de* 1667, *tit.* 29, *art.* 2; *Espagne, sup.*, n. 138, *p.* 698. (9)

(8) C'est-à-dire du domicile des mineurs. *C-c.* 406.

Quid juris s'il s'agit d'un tuteur légal, tel qu'un ascendant ? Rodier, *ordonn.* 1667, *tit.* 29, *art.* 2, décide qu'il sera assigné devant le juge de son domicile. Cette décision était fondée sur la loi, parce qu'elle ne distinguait (*d. art.* 2), relativement à la compétence, que deux sortes de comptables, les comptables commis et les comptables non commis par le juge. Il n'en doit pas être de même aujourd'hui, puisque le Code distingue trois sortes de comptables, les judiciaires, les tuteurs, et ceux qui ne sont ni tuteurs, ni commis par justice ; classification qui résulte évidemment de la rédaction de l'art. 527, et qu'expose d'ailleurs, d'une manière expresse, l'orateur du gouvernement (*Réal*, p. 92). D'ailleurs, 1º en supposant que la loi offrît quelque doute, il faudrait l'interpréter en faveur du mineur ; or, il est de l'intérêt du mineur de ne pas se déplacer pour un compte dont le tuteur pourrait rendre la discussion embarrassante et coûteuse, en choisissant un domicile éloigné du lieu où la tutelle s'est ouverte... 2º Les lois romaines (v. *L.* 54, § 1., *ff. procuratorib.*; 1 et 2, *C. ubi de ratiociniis*) décident que l'action du compte, soit de tutelle, soit de toute autre administration, doit se porter au juge du lieu où elle a été gérée, parce que *ibi instructio sufficiens*, *et nota testimonia*, *et verissima possunt documenta prœstari*; ce qui est conforme aux observations présentées ci-dev. p. 131. Pigeau, qui avait d'abord (*i*, 102) reproduit la décision de Rodier, est revenu dans son édition de 1819 (*t*, 108), à notre sentiment, qui, depuis, a été également adopté par la cour de Bordeaux (3 *août* 1827, *avoués*, *xxxij*, 346). — V. aussi *Cujas*, *paratit. C. eod.*; *Bornier, tit.* 29, *art.* 2.

(9) Si le jugement qui rejette la demande en reddition de compte est infirmé, le compte est rendu devant le tribunal de la demande, ou devant celui qu'indique l'arrêt... Si ce jugement a statué sur le compte, l'exécution de l'arrêt infirmatif appartient à la cour royale, ou à un autre tribunal qu'elle désigne également. V. *C-pr.* 528; *Réal et Favard*, p. 92 *et* 308; *ci-après*, *note* 13, p. 135 *et* 136, *et ses renvois; tit. des comptes*, *note* 2, *n.* 3.

IV. *Action en désaveu;* 1° d'acte judiciaire... au juge devant lequel il s'est fait; 2° d'acte extrajudiciaire, au juge du défendeur.... V. *C-pr.* 356 *et* 358; *ci-apr. tit. du désaveu.*

V. *Action en élargissement.* —Au juge du lieu où le débiteur est détenu. Mais c'est au juge d'exécution lorsque la nullité est basée sur des moyens tirés du fond de la cause. V. *C-pr.* 794, 805; *ci-apr.*, *tit. de la contrainte, notes* 31 *et* 47.

V *bis.* Actions relatives aux *domaines de l'état* (**10**) et aux *douanes* (**11**). V. ci-apr., not. 10 et 11.

VI. *Action pour droits d'enregistrement.*—Au juge du bureau qui doit les percevoir. *Arg. de L.* 22 *frim. vij, art.* 64; *B-c,* 5 *mai et* 30 *déc.* 1806, 14 *déc.* 1819, 21 *févr.* 1831; *rép., mot enregistrement,* § 53.

VI *bis. Actions contre un étranger....* V. ci-dev., *art. de la compétence, n. iij,* p. 34.

(10) L'action en recouvrement des *revenus* de ces *domaines* et les *saisies-arrêts* faites à cette occasion, se portent au tribunal de la situation, parce qu'il est chargé (L. 12 *sept.* 1791, *art.* 4) d'en viser les contraintes. V. *B. c.,* 8 *juill.* 1823.—Tout comme la demande en *validité* d'une saisie-arrêt, faite par suite d'une contrainte décernée pour des contributions, se porte au tribunal qui doit connaître de la contrainte. V. *tit. de la saisie-arrêt, note* 17, *n.* 3; *arr. rej. civ.* 23 *janv.* 1822, *Sirey,* 22, 316. — C'est que les lois sur les procédures de contributions étant spéciales, n'ont pas été abrogées par le Code de procédure qui est une loi générale. V. *p.* 145, *n. ij, et p.* 146, *note* 12; *d. arr.* 23 *janv.*

(11) *Douanes.* L'action se porte au juge du bureau où l'on a dressé le procès-verbal de contravention, *suiv., rép. h. v.,* § 5, *n.* 3, *t. iv, p.* 322.

VII. *Actions en exécution d'un acte...* V. ci-apr. *note* 17, *in f., p.* 138.

VIII. *Actions relatives à l'exécution d'un jugement* (**12**). — Au juge qui a rendu le jugement, même de première instance, s'il n'y en a pas appel, ou s'il est confirmé en appel; s'il est réformé, c'est au juge d'appel, ou à celui qu'il indique. *C-pr.* 472, 528. (13)

Si les difficultés d'exécution exigent une décision prompte, le juge du lieu statue provisoirement, et renvoie le fond à celui qu'on vient d'indiquer. V. *C-pr.* 554; *arr. de Bruxelles, Paris et Colmar*, 29 1808, 8 mai 1811, et 10 nov. 1813, *J-C-pr. ij*, 401, *avoués, iij*, 338, *x*, 51.

S'il s'agit d'un jugement arbitral ou de commerce, *v. art. des arbitres et trib. civils*, *p.* 46 *et* 56. (13 *a*)

(12) *Observations.* 1. Cette action est personnelle, lors même que l'action jugée était réelle, parce que la *contestation* forme entre les parties un contrat judiciaire tacite qui produit une novation, *suiv.* M. *Merlin*, *rép.*, *mot réunion*, § 2, *t. xij*, *p.* 29. — V. aussi *ci-apr. chap. des dépens*, *note* 2, obs. 1; *tit. des jugemens* (*ch.* 1, *in f.*) *et de l'appel*, *note* 41; *Voët, de re judic.*, *n.* 31.

Quoique cette doctrine de M. Merlin paraisse consacrée par la jurisprudence, il est permis d'observer qu'il ne peut être question ici d'une novation proprement dite, ou de la substitution d'une obligation à une autre; il s'agit seulement d'un changement dans la position ou dans les droits des parties, préparé par le contrat judiciaire. V. *en ci-apr. l'appendice* (voyez d'ailleurs ce que nous observons *ci-apr. tit. de l'assignation*, *note* 54, *n.* 3, *et des jugemens*, *note* 42, relativement à la *litis contestatio* et à *l'action judicati*).

2. Dans tous les cas, il résulte de là qu'on obtient en vertu du jugement une action qui n'est prescriptible que par 30 ans, quoique l'action primitive pût être prescrite par un moindre intervalle. V. *rép.*, *ib.*

(13) A moins qu'il ne s'agisse d'affaires à l'égard desquelles la loi attribue jurisdiction. V. *tit. de l'appel*, *note* 116; *d. art.* 472.

Observations. 1. Le tribunal d'appel peut-il indiquer le juge dont il a réformé la décision? Voici le texte de l'art. 472 : « Si le jugement est confirmé, l'exécution appartiendra *au tribunal* dont est appel; si le jugement est infirmé, l'exécution *entre les mêmes parties* appartiendra à la cour *d'appel* qui aura prononcé, ou à un *autre tribunal* qu'elle aura indiqué par le même arrêt... ». Quoi qu'en dise Pigeau, *i*, 597 (*et* 3e *édit.*, *p.* 622), ces mots *autre tribunal* ne sont point mis simplement par opposition *à la cour d'appel*, mais bien pour désigner qu'il s'agit d'un tribunal *autre* que celui qui a rendu le premier jugement, ainsi que le déclare positivement l'orateur du tribunat (*Albisson*, *p.* 292). — Si l'on eût adopté le système de Pigeau, on aurait mis simplement *ou à un tribunal*, etc. — Enfin le nôtre a été consacré par trois arrêts de *Nîmes*, 2 *janv.* 1808, *J-C-pr.*, *i*, 379; *de cassat.*, 8 *juill.* 1812, *Nevers*; 568, *et* 4 *août* 1818, *B. c.*, *p.* 206. — V. aussi *rej. requ.* 24 *janv.* 1826, *et* 22 *janv.* 1828, *et Pau*, 9 *nov.* 1831, *avoués*, *xxx*, 390, *xxxv*, 97, *xliij*, 510.

2. Les mots *entre les mêmes parties* annoncent qu'il faut suivre d'autres règles pour l'exécution relative à des tiers. V. *Pigeau*, *i*, 597.

3. Questions diverses... *v. avoués, ij*, 314 ; *arr. de Turin*, 6 *mai* et 3o *juill.* 1813, *ib.*, *ix*, 160,

4. L'action en exécution embrasse tous les obstacles à l'exécution du jugement, tels qu'opposition, etc. V. *arr. cass.* 5 *juill.* 1809, *Nevers*, 1809, p. 281.

5. C'est au juge d'appel à proroger le délai de l'inventaire qu'il a ordonné, *suivant Angers*, 3o *août* 1809, *J-C-c. xiv*, 36o.

6. Il peut aussi liquider des dommages , *suiv. arr. de Rome*, 26 *janvier* 1811, *avoués, iv*, 34o.

7. *Questions diverses...* V. arr. de Turin et de cass. 7 et 14 avr. 1812, J-C-c. *xix*, 11 et 465; ci-apr. tit. des expertises, note 27.

(13 *a*) Les difficultés d'exécution des arrêtés des conseils académiques sont de la compétence des tribunaux. V. *décr.* 15 *nov.* 1811, *art.* 156 ; *et ci-dev.* p. 67 , *note* 84 *a.*

IX. *Actions de faillite.*—V. ci-dev., n° 1, p. 132.

X. *Actions pour frais d'instances.* — Au tribunal où les instances ont été soutenues. V. *L.* 20 *mars* 1791, *art.* 14; *C-pr.* 60 ; *arr. de Paris*, 3 oct. 1810, *avoués, ij*, 3o2, *et cass.* 17 *fév.* 1817, *B. c.*; *ci-dev.* p. 69, *note* 1, *n.* 2 *a.* (13 *b*)

XI. *Actions en garantie, ou incidentes.*—Au juge de l'action principale. *C-pr.* 59, 181, 356. (14)

(13 *b*) S'il s'agit de frais d'*agréés* de commerce, c'est au tribunal civil. V. *arr. cass.* 5 sept. 1814.

(14) *V.* aussi d. ord., tit. 8, art. 8; Espagne, sup.; L. 49, ff. judiciis ; ci-dev. art. de la compétence , règle 5e, p. 36, et note 64, n. 4, p.37, et pour une *exception*, B. c. 21 fév. 1831.

Cela est fondé sur le principe de l'abréviation des procédures. V. *ci-apr.*, ch. 2, p.148.

Observations. 1. Même méthode, 1° pour les actions ou demandes accessoires. V. *d. règle* 5e. — 2o et 3° pour l'intervention et le faux incident. V. *en ci-apr. les tit.*, not. 8 et 15.

2. Le garant peut demander le renvoi à son propre tribunal, lorsque l'action principale n'a été évidemment exercée que pour le priver de sa jurisdiction naturelle (v. *d. art.* 181 ; *Rodier, tit.* 8, *art.* 8 , *qu.* 1 ; *arr. d'Angers*, 3 *janv.* 1810, *et cass.* 26 *août* 1812, 12 *juill.* 1814, etc., *au rép., vij*, 412, *et xvj*, 678; lorsque par exemple , sous prétexte qu'un particulier doit le montant d'une lettre de change, on l'a amené en garantie, quoiqu'il ne l'ait ni tirée, ni acceptée, ni endossée. V. *arr. cass.* 12 *févr.* 1811, *Nevers*, 3o5, *et* 17 *juin* 1817 , *B. c.*; *Bordeaux*, 22 *avr.* 1828, *avoués, xxxvij*, 44.—V. *d'autres exceptions* à la règle du texte, *dans Espagne*, sup. ; *ci-apr.* § de la *garantie, notes* 49 et 53 ; *et tit. de l'appel, note* 104; *rej. requ.* 16 *nov.* 1826, *avoués, xxxiij*, 83.

5. Mais la caution solidaire peut être assignée devant le tribunal du défendeur et conjointement avec lui, pour être condamnée solidairement. V. *arr. du cons. d'état* , 1781, *rec. alphab.*, *mot connexité.* — V. aussi *arr. cass.* 26 *juill.* 1809, *Nevers* , 1809, 3o5.

XII. *Actions hypothécaires.* — Au tribunal de la situation, puisque ce sont des actions réelles. V. *C-c.* 2159, 2161; *Tarrible, au rép., mots inscription,* § 5, *radiation, saisie-immobilière,* § 4 (**15**); *arr. de Colmar,* 25 *nov.* 1809, *J-C-c. xiv,* 80; *arr. cass.* 17 *déc.* 1807, *Nevers,* 1808, *supp.* 5.

XII *bis. Action en main-levée d'opposition à un mariage.* — Au juge du lieu de la célébration. *C-c.* 176 *à* 179; *arr. de Paris,* 15 *oct.* 1809, *J-C-c. xiv,* 304. — V. aussi *tit. de l'opposition, note* 2.

XIII. *Actions mixtes.* — Au juge du domicile du défendeur, ou à celui de la situation des biens. *C-pr.* 2 *et* 59, *ℱ.* 3 (**16**); *ci-dev. p.* 116, *note* 12, *n.* 1 *a.*

---

(15) *Observations.* 1. Telles sont les actions en radiation, réduction, expropriation et purgement.

1 *a.* L'action en radiation se porte au tribunal où l'on a pris l'inscription, à moins que celle-ci n'ait été prise pour sûreté d'une condamnation éventuelle, sur l'exécution ou la liquidation de laquelle on doit être jugé à un autre tribunal. V. *C-c.* 2159; *arr. cass.* 15 *mai* 1822. — V. aussi *Tarrible, d. mot radiation.*

2. *Questions div...* V. arr. cass. 5 et 6 mai 1812, Nevers, 1812, 502, 1813, 73; Paris, 23 mai 1817, Jalbert, supp. 103.

3. *Ordre.* — Il doit être porté au tribunal qui a prononcé l'adjudication. V. *en ci-apr. le tit., note* 6; *et rép. mot saisie immobil.,* § 8.

(16) *V.* aussi Expilly, arr. 73; L. 26 vent. iv, art. 5; et pour *une exception,* ci-apr. note 24, n. 2, p. 140.

XIII *bis. Action mobilière.* — Au juge du domicile. V. *ci-dev. p.* 118.

XIII *ter. Action en péremption.* — Au juge de l'instance susceptible de péremption. V. *répert. xvij,* 324, *n.* 14; *Bruxelles,* 15 *juin* 1822, *ib.*

XIV. *Actions personnelles en général.* — Au juge du domicile du défendeur (**17**); et à celui de la résidence, au défaut de domicile (**18**). V. *C-pr.* 2, 50 *et* 59 *in pr.* — V. aussi *L.* 3, *C. ubi in rem; ci-dev. p.* 116, *note* 12, *n.* 1 *a.*

S'il y a plusieurs défendeurs, c'est au juge du domicile de l'un d'eux, au choix du demandeur (**19**). *L.* 26 *vent. iv, art.* 2; *C-pr.* 59, *ℱ.* 1; *arr. de Paris,*

25 août 1807, *J-C-pr.*, i, 212; *et de cass.*, 14 mars 1810, *Nevers*, 137.

XV. *Actions possessoires.* — Au juge de *paix* de la situation.... Il en est de même des actions pour dommages, réparations locatives et indemnités de louages. *C-pr.* 3; *ci-d. p.* 50 à 53, *n.* 2, 4 *et* 5. **(20)**

XVI. *Actions réelles en général.* — Au juge de la situation de l'objet litigieux. *D. L.* 3; *C-pr.* 59, ꝟ. 2; *d. note* 12, *n.* 1 *a.* **(21)**

XVII. *Requêtes civiles.* — Au tribunal qui a rendu le jugement attaqué. V. *en ci-apr. le tit.*, § 4, *n.* 3.

---

(17) *Exceptions.* 1. Demandes en cession de biens... V. *ci-dev. note* 5, p. 152. — 2. Actions contre les femmes mariées... V. *ci-apr. tit. de la séparat. de biens, note* 4. — 3. *Iid.* contre les étrangers... V. *ci-dev.*, p. 34. — 4. *Iid.* de commerce... V. p. 132. — 5. Soumission d'une caution... V. *en ci-apr. le tit., note* 12.

Si les parties ont élu un domicile pour *l'exécution de l'acte*, ce sera au juge ou du domicile élu ou du domicile réel. V. *C-c.* III, *C-pr.* 59, *et* pour les détails, *ci-apr. appendice du domicile, not.* 11 à 13.

(18) *Dr. anc.* Même règle pour les vagabonds. V. *Espagne, sup.*
Changement de domicile, v. ci-dev., note 62, p. 35.
Droit de committimus, v. sect. 1, ch. 1, n. 4, p. 15.

(19) Même en matière, 1. de conciliation... V. *C-pr.* 50. — 2. de commerce. Ainsi le débiteur d'un billet à ordre peut être cité au même tribunal que l'endosseur. V. *arr. de Paris*, 20 mai 1811., *Nevers, supp.* 221. — V. aussi *ci-d. p.* 62, *n.* 4, *et p.* 63, *note* 78.

Dr. anc. Il fallait assigner les défendeurs devant le juge supérieur commun à tous. *Espagne, sup.*

(20) A l'égard des autres causes attribuées au juge de paix, telles que les causes personnelles, ou pour salaires de domestiques, ou pour injures ou rixes, il faut suivre les règles ordinaires.

(21) Cette règle s'applique par conséquent aux actions hypothécaires (*ci-dev., n. xij*), confessoires, négatoires, de revendication, etc. V. *Espagne, sup.* — Elle reçoit exception à l'égard de la conciliation (on la porte au bureau de paix du domicile). V. *C-pr.* 50.

Observations. 1. *Quid juris* si l'objet est situé sur plusieurs ressorts ?... V. *ci-dev. l'art de la compétence, n. iij, p.* 33.

2. Les actions relatives à des *questions d'état*, quoique réelles (v. *Instit. de actionib.*, § 13), se portent au juge du domicile parce que la chose réclamée n'a pas de situation. *F. B. s.*

XVIII. *Actions relatives à des saisies.*
1. Permission de *saisie-arrêt.* — Au juge du domicile du débiteur ou du tiers-saisi. *C-pr.* 558.
2. Validité ou main-levée des *saisies-arrêts* et de

rentes, et déclarations des tiers-saisis. — Au juge du débiteur. V. *C-pr.* 567, 570 *in pr.,* 637 *in f. conféré avec* 643 *, in pr., et ci-apr. , tit. de la saisie-arrêt, notes* 17, 21 *et* 23. (**22**)

3. Décharge des gardiens constitués et revendication des effets frappés de *saisie-exécution :* au juge du lieu de la saisie. *C-pr.* 606, 608.

4. *Saisie-exécution.* Autres difficultés... Au même juge. *Arg. de C-pr.* 583, 584. — V. *en ci-apr. le tit., notes* 39 *et* 60, *surtout* 47, *n.* 4 *et* 5.

5. Permission de *saisie-foraine :* au juge du lieu des effets. V. *en le tit., ci-apr., et C-pr.* 822.

6. *Saisie immobilière.* Au juge de la situation. *Arg. de C-pr.* 719, 726, 727; *L.* 14 *nov.* 1808 *, art.* 4; *arr. cass.* 10 *déc.* 1807, *J-C-pr., i,* 304. — V. *le tit. de cette saisie, art.* 2, *n. ij.*

7. Validité de *saisie-revendication :* au juge du détenteur, ou au juge de l'instance à laquelle cette action est connexe. V. *en le tit., note* 2, *et C-pr.* 831.

(22) *Observations.* 1. Si la déclaration du tiers est contestée, ne fût-ce que sur le mode et le terme du paiement, il peut demander d'être renvoyé à son propre juge. V. *C-pr.* 570 *in f.,* 638 ; *arr. de Turin,* 30 *janv.* 1808, *J-C-pr., t.* 2, *p.* 6; *et d. note* 21. — Règle contraire si elle ne l'est que pour vices de forme. V. *Bordeaux,* 23 *mars* 1815, *avoués, ix ,* 300. — V. aussi *même note* 23.

2. Cette contestation est portée au tribunal civil, quoiqu'il y ait litispendance à celui de commerce. *Rej. requ.,* 12 *oct.* 1814, *Jalbert,* 611 , *par arg. de C-pr.* 567.

XVIII *bis. Actions relatives au scellé.* — V. *ce tit., note* 44, *n.* 6.

XIX. *Actions en matière de société.* — Au juge du lieu où la société (**23**) est établie. *C-pr.* 59, $\mathcal{F}$. 4. — Même règle pour la conciliation. *Id.* 50, $\mathcal{F}$. 2.

(23) « Tant qu'elle existe ». *D.* $\mathcal{F}$. 4. — D'où il résulte qu'après la dissolution les anciens associés doivent être cités devant le juge de leur domicile , à moins que l'acte de dissolution ne soit secret et attaqué comme nul, *suiv. arr. cass.* 10 *déc.* 1806, *rép., mot société, sect.* 6, § 3, *n.* 1.

Observations. 1. Lorsque le défendeur nie l'existence de la société, il ne doit pas moins paraître au tribunal où il est cité, pour y proposer cette exception. V. *arr. cass.* 14 mars 1810, et 9 mai 1826, avoués, i, 305, xxxij, 35. — V. aussi *ci-dev. note* 31, in f., p. 48, et pour le mot exception, ci-apr. tit. des défenses, note 5.

2. On a excepté de la règle du texte, les sociétés en participation, parce qu'elles n'ont pas d'assiette et cessent d'exister quand l'affaire qu'elles ont pour objet est terminée. V. *arr. cass.* 14 mars 1810, *ib.*, p. 235; ci-dev., d. note 31. — On peut alors assigner au domicile du défendeur. V. *arr. cass.* 28 mai 1817.

3. Comment assigne-t-on les associés?.. V. *tit. de l'assignat.*, note 23.

XX. *Actions successoriales.* — Demandes entre héritiers jusques au partage inclusivement (24); demandes intentées par les créanciers avant le partage (25); demandes relatives à l'exécution des dispositions à cause de mort, jusqu'au jugement définitif (26) : au juge de la succession. *C-pr.* 59, ꝟ. 5 (27). — V. aussi *Espagne, sup.* — Il en est de même soit pour les difficultés relatives aux répudiations d'hérédité et de communauté (v. *C-pr.* 997, *conf. avec C-c.* 1457 et 1458); soit pour les demandes en rescision de partage, ou en garantie des lots. *C-c.* 822.

XXI. *Action pour surenchère.* — V. en ci-apr. le tit. (part. 3, liv. 1), n° 3.

XXII. *Action pour tierce-opposition.* — V. en aussi le tit., § 1, ci-apr. part. 2, liv. 2.

(24) Cette règle et la suivante sont fondées sur ce que jusques au partage, la succession est une personne civile qui représente le défunt, et qu'il n'est pas toujours possible de savoir par lequel des héritiers devraient être exercées les actions successoriales. D'ailleurs c'est au lieu d'ouverture de la succession que sont les titres et documens propres à éclairer le juge.

Observations. 1. *Quid juris* si quelques-uns des biens de l'hérédité sont restés indivis après le partage des autres? La demande en licitation doit-elle être portée au tribunal de la succession?... On a jugé l'affirmative pour le cas où le partage a été extrajudiciaire et imparfait, où, par exemple, on n'y a pas réglé tous les droits soit actifs, soit passifs des cohéritiers; où, en un mot, on a d'une manière quelconque laissé entre eux une universalité. V. M. *Merlin*, répert., vij, 472, mot *licitation*, § 2, n. 2; *arr. cass.* 11 mai 1807, *ibid.*

2. On voit que l'action en partage est assujétie à une marche différente selon que l'indivision résulte ou d'une succession, ou d'une autre cause. Dans le premier cas elle se porte au tribunal de la succession; dans le second, elle se porte comme toutes les actions mixtes, en général, ou au tribunal du domicile du défendeur, ou à celui de la situation des biens. V. *ci-dev.*, n. xiij, p. 137. — V. aussi rép., d. n. 2; obs cass. 58; ci-apr. part. 3, tit. des partages, note 2. — *Quid* si la succession s'est ouverte à l'étranger?.. L'action

en partage se portera au tribunal français de la situation des biens, *suiv.* Colmar, 12 *août* 1817, *avoués, xviij,* 127.

3. Autres questions. V. *arr. cass.* 21 *mess. xiij, rép., mots droits successifs, n.* 7; 25 *août* 1813, *ib., xv,* 5o, *mot bâtard,* § 9; 1 *juill.* 1817 (pour des comptes) *et* 6 *août* 1823 (pour une indemnité à raison de spoliation d'effets), *au B. c.*

(25) *Observations.* 1. D'après les motifs exposés au commencement de la note précédente, il est clair que cette règle n'est pas applicable lorsqu'il n'y a qu'un héritier, fût-il simplement bénéficiaire. V. *arr. de Grenoble et Cassation,* 21 *août* 1806 *et* 11 *juin* 1807, *J-C-pr. i,* 177, *et surtout rép., mot héritier, sect.* 2, § 3, *n.* 5.

2. On porte au tribunal de la succession, même la question de savoir si le fonds saisi par les créanciers en fait partie (jusques à ce qu'elle soit décidée, le tribunal de la saisie doit surseoir à sa poursuite). V. *arr. cass.* 22 *juill.* 1822, *B. c, p.* 207 *et suiv.*

2 *a. Idem* (lorsqu'il n'y a pas eu partage), la contestation sur la légitimité des créances pour lesquelles on a fait saisir-arrêter le prix des domaines licités judiciairement par des héritiers bénéficiaires, et non pas au tribunal où l'on a porté la demande en validité de la saisie. *Arr. régl.* 20 *juill.* 1821, *B. c., n.* 65.

2 *b. Idem,* l'ordre du prix des biens licités, et non pas au tribunal où s'est inscrit un des hypothécaires. V. *id.,* 21 *id., n.* 66.

3. Autres questions... V. *arr. de Paris,* 9 *nov.* 1813, *avoués, ix,* 280; *M. Coffinières, ibid.*

(26) *Observations.* 1. « Cette disposition, dit M. Merlin, paraît devoir se concentrer entre les héritiers et les légataires, et je ne crois pas qu'elle puisse empêcher ceux-ci de se pourvoir contre des tiers-détenteurs, soit par action réelle, soit par action hypothécaire devant le juge de la situation des biens. » *Id., rép., mot légataire, vj,* 800, § 6, *n.* 20.

2. Elle ne se restreint pas aux questions relatives à la validité des dispositions. *Turin,* 18 *avr.* 1810, *avoués, ij,* 162.

(27) C'est-à-dire au juge du lieu où la succession s'est ouverte (*art.* 59), ou en d'autres termes, du lieu où le défunt avait son domicile, et non pas à celui où il n'était que passagèrement. V. *C-c.* 822 *et* 110; *Paris, et cass.,* 29 *juin* 1810 *et* 22 *juill.* 1813, *avoués, ij,* 149, *J-C-c. xxj,* 99. — V. *aussi* (pour une exception) *tit. des ventes judiciaires, note* 9.

Observations. 1. La conciliation, pour ces diverses causes, se porte au bureau de paix du même lieu. *C-pr.* 5o, ✓ 3. — V. aussi *L.* 26 *vent. iv, art.* 5; *tit. de la conciliation, note* 19.

2. Le juge de la succession d'une femme est toujours celui du domicile de son mari, même lorsqu'elle en était *de fait* séparée. — V. *arr. cass.* 26 *juill.* et 20 *avr.* 1808, *Nevers,* 471, *et supp.* 72; *ci-apr. tit. de la sépar. de biens, note* 8, *et de la renonciat. à succession, note* 5. — Il n'en est pas de même à l'égard de la veuve. V. *arr. Montpellier,* 9 *mai* 1810, *avoués, ij,* 172.

SECTION TROISIÈME.

Observations générales sur la procédure civile.

Nous présenterons dans cette section des observations et des règles générales, qui s'appliquent à toute la procédure, ou à plusieurs de ses actes.

~~~~~~

CHAPITRE PREMIER.

Des lois relatives à la procédure.

Ces lois sont de deux sortes, les lois générales et les lois spéciales. (1)

I. *Lois générales.* On distingue dans la législation générale relative à la procédure, depuis 1667, quatre époques principales.

1re *Epoque.* Temps antérieur à la loi du 3 brumaire an ij...On a dû suivre jusque-là les dispositions de l'ordonnance de 1667, avec les modifications résultant des lois nouvelles (2). *L.* 19 *oct.* 1790, *art.* 3.

2e *Epoque.* Depuis la loi du 3 brumaire jusques à la fin de l'an viij, la procédure a été régie par cette loi, qui entre autres dispositions, supprimait les avoués.

3e *Epoque.* Depuis la fin de l'an viij, on est revenu à la législation de la première époque, parce que l'on a considéré la loi du 3 brumaire comme implicitement rapportée par celle du 27 ventose an viij (3). *Arrêté* 18 *fruct. an viij.*

4e *Epoque ou époque actuelle.* Le Code de procédure est la loi *générale* qui régit les procès intentés depuis le 1er janvier 1807, et même les procédures postérieures, lorsqu'elles sont des suites de procès antérieurs, telles que les appels interjetés, les saisies faites, les contributions et ordres ouverts, et les (4) expropriations affichées depuis le même jour. *C-pr.* 1041; *avis cons. d'état*, 16 *févr.* 1807 (*bull.* 139, *p.* 131).

(1) Une loi générale embrasse un grand nombre de matières de droit différentes dont elle donne les règles d'après un système commun ; une loi spéciale ne traite que d'un objet particulier. Le Code de Justinien, l'ordonnance de 1667, le Code civil, le Code de procédure sont sous ce point de vue, des lois générales. Chacune des novelles de Justinien et des ordonnances ou lois modernes, dont l'intitulé annonce un objet unique, comme les ordonnances de 1731 et 1735 sur les donations et les testamens, les lois des 1 décembre 1790, 20 septembre 1792, 11 brum. an VII, 27 vent. an 8, sur la cassation, le mariage, les hypothèques, l'organisation des tribunaux..., voilà des lois spéciales. *Extrait d'une consult. de l'auteur, du 25 janv.* 1809.

(2) *Observations historiques sur les lois anciennes.* 1. Au temps du régime féodal, lorsque les tribunaux ecclésiastiques se furent emparés de la connaissance de presque toutes les causes, on suivait pour la procédure les règles qu'ils avaient introduites et dont on pourra se former une idée par le passage suivant de Loiseau (*liv.* 3, *ch.* 3, *n.* 8) : « C'est chose certaine que la plupart de nos chicaneries, longueurs et procédures vicieuses ont été apprises des praticiens de cour d'église, lorsque les papes séaient en Avignon. » V. aussi *Lamoignon, au proc. verb., tit.* 2, *art.* 10.

2. François Iᵉʳ commença à remédier à ces abus et fut imité sur ce point par plusieurs des rois suivans. Les ordonnances de 1535, 1539, 1560, 1566, 1579 et 1629 sont en grande partie relatives à la procédure, et on y a pris, mais en les améliorant et rectifiant, la plupart des formes prescrites par l'ordonnance de 1667, où les rédacteurs du Code ont à leur tour puisé une partie de leurs décisions. On jugera par un seul fait des abus de l'ancienne procédure. Jadis on ne pouvait, dans les causes ordinaires, obtenir une sentence contre un défaillant, qu'après avoir levé successivement au greffe, *quatre* défauts contre lui, et fait un serment, une production et une seconde assignation. L'ordonnance de 1539 réduisit ces défauts à deux (*id.*, *art.* 24 ; *Imbert, liv.* 1, *ch.* 10); et celle de 1667 à un seul (*id.*, *tit.* 5, *art.* 1-3). Le Code a tout-à-fait supprimé cette formalité. V. *note* 6, *p.* 149, *et tit. des défenses, note* 11.

3. Au reste, nous n'avons indiqué ci-dessus que les plus importantes des lois générales de procédure. Il y en a un grand nombre sur diverses branches de cette partie du droit ; d'autres qui n'ont été faites que pour quelques provinces (telles que les ordonnances d'Ys-sur-Thyle, Abbeville, etc.); enfin, chaque cour avait son style ou ses usages particuliers, que Louis XIV avait essayé sans succès (*Rodier, préambule, qu.* 2) d'abroger. Espérons que le Code aura plus d'efficacité.

(3) Cette règle a occasioné plusieurs embarras dans la marche de la procédure pendant cette époque, parce qu'il y avait quelques dispositions de la loi du 3 brumaire auxquelles on ne pouvait l'appliquer, et qui ensuite ont été reproduites dans le Code; celle entre autres qui proscrit les nouvelles demandes en cause d'appel.

(4) *Observations.* 1. Parce que « ces appels, saisies, contributions et af- « fiches sont, dans le fait, le principe d'une nouvelle procédure. » *D. avis du* 16 *fév.* 1807. — V. aussi *ci-apr. tit. de l'appel, note* 71 ; *des règles générales d'exécut., note* 23, *n.* 2 ; *de la saisie-arrêt, note* 17 ; *de la saisie immobil., note* 25, *n.* 1.

2. L'effet attribué ci-dessus aux affiches des expropriations, se rapporte aux expropriations commencées sous l'empire de la loi du 11 brumaire au vij, parce qu'elles commencaient aussi en quelque sorte à acquérir de l'existence par l'affiche. V. *aussi d. avis.*

3. Même marche pour les jugemens interlocutoires et les demandes en péremption. V. *arr. cass.* 23 *fév.* 1807 et 5 *janv.* 1808, *J-C-pr.*, *iij*, 259, *ij*, 56 ; *Montpellier,* 16 *juill.* 1810, *avoués*, *ij*, 178 (cela est conforme à la règle exposée au *texte, ci-dessous, lignes* 2 *à* 6).

A l'égard des anciens procès, il est certain que « tout ce qui touche à l'instruction des affaires, tant qu'elles ne sont pas terminées, se règle d'après les formes nouvelles sans blesser le principe de non-rétroactivité, que l'on n'a jamais appliqué qu'au fond du droit. » *Arrêté* 5 *fruct. ix* (**5**). — Mais on a dérogé à ce principe dans cette occasion, et en conséquence l'instruction des procès commencés avant le 1er janvier 1807, a dû être continuée conformément aux réglemens antérieurs au Code (**6**). *D. avis du* 16 *févr.* 1807.

Cette dernière règle, on le voit, n'est qu'une exception ; d'où l'on peut conclure que les mêmes procès n'ont été affranchis des règles du Code, qu'autant qu'elles ont rapport à l'*instruction* (**7**), et qu'on a dû se conformer, pour ces procès, aux dispositions purement législatives qu'il renferme. Telle est par exemple la disposition qui autorise les juges civils à prononcer la contrainte par corps pour des dommages. V. *rej. requ.* 12 *août* 1807 (**8**), *J-C-pr.*, *i*, 27; *C-pr.* 126; *rec. alph.*, *iij*, 88 *à* 90, *mot inscript. hypothéc.*, § 2. (**9**)

Lorsque les dispositions du Code offrent quelque lacune ou quelque obscurité, il faut suivre les règles ordinaires d'interprétation ; avoir recours, par exemple, aux lois et réglemens, ou explicatifs, ou antérieurs, etc. — Parmi les premiers, il faut s'attacher surtout aux décrets des 16 février 1807 (**10**) et 30 mars 1808 sur le tarif des dépens, et sur la police et discipline des tribunaux.

(5) *V.* quant à ce principe, admis de tout temps, rec. alph., mots sections, § 2, et testament, § 11; rép., mots compétence et preuves, sect. 2, § 3, art. 1; B. c. cr. 19 pluv. xij, n. 101; arr. cass. 23 fév. 1807 et 22 mars 1809, J-C-pr. iij, 259 et 269; Nîmes, 22 flor. xij, J-C-c. ij, 253; Bruxelles, 18 juin 1812, avoués, vij, 32; L. 3 brum. ij, art. 11. — *V. surtout* répert. xvj, 287, mot effet rétroactif, § 7, 8, 9 et 10, notamment le § 8 pour les règles de procédure qui tiennent au fond; le § 9, pour les jugemens et leurs effets; le § 10, pour le mode d'exécution des jugemens et des contrats. — *V.* aussi pour des *exemples,* nos titres des partages, note 31, n. 1, et de la contrainte, note 13, n. 2.

Observations. 1. Ainsi pour l'exécution des actes et jugemens anciens, il faut observer les formes nouvelles. V. *B. c.* 8 *fév.* 1813; *Bruxelles,* 13 *août* 1811, *à rép.* xvj, 287. — Même quant à la contrainte par corps. V. *en ci-apr. le tit.,* note 13, *n.* 2, *et rép., d. p.* 287.

2. Mais il en est autrement à l'égard des *délais,* parce que ce sont des espèces de *prescriptions,* et que par là même ils sont régis par les lois en vigueur à l'époque où ils ont commencé à courir. V. *arr. cass.* 1 mars 1820; *autres ci-après, note* 9, *n.* 2. — Voyez toutefois sur ce point. *rej. requ. et civ.* 15 *juill.* 1818 *et* 25 *nov.* 1823, *avoués, xviij,* 265, *xxv,* 367, *et les observat. de M. Merlin,* rép. xvij, 416 à 419, *n. xiij,* 3°.

(6) C'est-à-dire, à l'ordonnance de 1667 modifiée par les lois nouvelles. V. 1re *et* 3e *époques, p.* 142. — Cela s'applique même aux enquêtes. V. *arr. cass.* 20 *oct.* 1812, *B-c.,* et 29 *février* 1816, *avoués, xiv,* 157; M. *Coffinières, ibid.*

(7) Cette règle a également donné lieu à bien des difficultés; mais il est impossible d'éviter cet inconvénient dans une législation transitoire. — *Voy.* dans la J-C-pr., t. 1 et 2, des décisions sur des difficultés de ce genre, relatives aux appels des jugemens de défaut, aux oppositions à des arrêts de défaut, à la contrainte par corps, aux saisies, amendes d'appel, reprises d'instance, expertises, péremptions, etc.

(8) Le droit ancien était différent. V. *d. arr. du* 12 *août.*

(9) *Observations.* 1. Ces dispositions législatives n'ont dû être appliquées dans les procès anciens, qu'autant qu'elles ne portaient point atteinte au fond du droit des parties; autrement c'eût été leur donner un effet rétroactif.

2. D'après ce principe, on a jugé qu'on ne devait point appliquer aux conciliations anciennes la règle du Code d'après laquelle elles n'interrompent la prescription qu'autant qu'elles sont suivies dans le délai d'*un mois,* d'un ajournement. V. *arr. de Toulouse et Montpellier,* 15 *mai* 1808, *et* 30 *déc.* 1812, *J-C-pr. ij,* 166, *avoués, vij,* 49.

(10) V. arr. de Poitiers, 14 déc. 1807, J-C-pr., t. 1, p. 427.

Observations. 1. Le tarif indique la taxe de tous les actes de procédure, en retraçant les circonstances où ils doivent avoir lieu, de sorte qu'il sert naturellement d'explication pour ces circonstances.. Il ajoute même souvent des règles à celles du Code. V. *ci-dev. introduct.,* note 12, *p.* 4.

2. Néanmoins lorsque les parties sont libres de faire ou de ne pas faire des actes dont le tarif fixe la taxe, on ne peut induire de sa fixation, que l'acte taxé soit indispensable. V. *à ce sujet,* arr. de Limoges, 11 *mai* 1816, *avoués, xiij,* 130.

II. *Lois spéciales.* C'est un principe que les lois *spéciales* doivent être appliquées de préférence aux lois générales, même postérieures, lorsque celles-ci n'y ont pas (11) dérogé d'une manière positive. Il résulte de là qu'on doit observer les lois spéciales relatives à quelques parties de la procédure, plutôt que le Code, puisqu'il n'en est que la loi générale. V. *avis cons. d'état, 1 juin et 18 août 1807; B-c. cr. 7 juin 1821 et 8 août 1822.* (12)

Mais lorsque ces lois n'ont point déterminé les formes de quelques-uns des actes qu'elles indiquent ou qu'elles supposent, c'est dans la loi générale, et par conséquent dans le Code de procédure qu'il faut puiser ces formes. V. *arr. cass. crim. 11 flor. x; 25 germ., 16 flor. et 1 fruct. xj; et 18 juill.* 1817, *n.* 66; *id. civ.,* 13 *août* 1813, 18 *avr.* 1821, *et rej. civ.* 24 *juill.* 1815, *B-c ; rej. requ.* 9 *août* 1832, *avoués, xliij,* 652; *avis cons. d'état,* 26 *vent. xj, au répert., mot contumace,* § 3, *n.* 3. (13)

En effet, c'est encore un principe certain que lorsque le législateur n'a pas tracé des formes particulières de procéder pour un cas déterminé, il faut se référer aux règles générales, ou en d'autres termes au Code de procédure. V. *arr. de Paris, 25 juill.* 1816, *avoués, xiij ,* 267. — V. aussi *B. c. cr. 22 août* 1834, *n.* 284.

(11) Ce principe est fondé sur la règle *in toto jure generi per speciem derogatur, et illud potissimum habetur quod ad speciem directum est.* — L. 80, ff. reg. jur. (*v.* aussi rec. alph., mot triage, § 1).

Mais quel est aussi le fondement de la règle *in toto*, etc.?... Les interprètes (Bronchorst, Ramus, Barbosa, Pothier, etc.) n'en donnent aucune explication satisfaisante. On pourrait dire, ce nous semble, que lorsque le législateur statue en particulier sur un objet, il est censé l'examiner avec plus d'attention que lorsqu'il s'occupe en même temps d'un grand nombre d'objets ; il est dès-lors présumable que son intention est de faire prédominer les règles spéciales qu'il trace sur cet objet. Quoi qu'il en soit, les exemples qu'on donne pour l'application de la règle *in toto,* d'après les lois romaines relatives aux legs (v. *Pothier, pand., de legat. , n.* 179; *Cujas, ad. d. L.* 80, *et in lib.* 34 , *quæst. Papin.*) favorisent tous cette explication — *Extrait de la consultat. citée note* 1, p. 143.

(12) V. aussi arr. cass. 19 frim. viij, 27 fruct. x, 18 vend. xij, 28 déc. 1807; de Bruxelles, 25 mars 1806, J-C-c. vij, 76.

Telles sont, 1o les lois relatives aux causes des contributions et domaniales, et en général aux droits du trésor public. V. *B. c.* 9 *janv.* 1815; *ci-apr., sect. des procéd. spéciales; ci-dev. p.* 134, *note* 10, *n.* 1. — 2o Les dispositions du Code civil relatives aux qualités des témoins testamentaires, dispositions qui doivent être appliquées au lieu de la loi sur le notariat. V. *Jaubert, corps législat.,* 9 *flor. xj, et d. arr.* 25 *mars* 1806. — V. aussi *B. c.* 11 *janv.* 1826, *p.* 11 *et s.*

(13) *Motifs de la règle.* Une loi, quelle qu'en soit la nature, doit être exécutée tant qu'elle n'a été abrogée ni expressément ni implicitement par une autre loi; or, si la loi spéciale abroge la loi générale dans les points où la première statue, elle ne l'abroge pas dans ceux sur lesquels elle garde le silence.

Loin de là, ainsi que l'observe M. Merlin (*rép., mot douanes,* § 7), la loi spéciale est censée, à l'égard des mêmes points, se référer à la loi générale. En un mot, toute loi doit toujours être exécutée quant aux dispositions non abrogées, n'en restât-il qu'une seule sur un très grand nombre. *Extrait de la d. consultat.*

Exemples. 1. La loi du 14 fructidor an iij, *spéciale* en matière de douanes, décide que l'appel doit contenir assignation à trois jours, mais ne statue point sur le jour de l'échéance. Il faut donc à cet égard s'en référer à la loi générale, c'est-à-dire, jadis à l'ordonnance de 1667 (elle veut, comme le Code, que ce jour ne soit pas compté.. v. *ci-après,* § *du délai général*), ainsi que le prouve M. Merlin (*rec. alph., mot appel,* § 10, *art.* 2), et que l'a jugé la Cour de cassation, le 14 nivose an viij (*bullet. civ.*).— *Extrait de la d. consult.*

2. La loi du 18 pluviose an ix, *spéciale* pour les tribunaux spéciaux, gardait le silence sur la forme des listes de témoins à communiquer aux accusés... Donc il fallait avoir recours à la loi générale en matière d'instruction criminelle, c'est-à-dire au code de brumaire an iv, et c'est ce qu'a jugé l'arrêt du 25 germinal an xj, déjà cité. — *Extrait de id.*

3. *Quid juris* à l'égard des *testamens publics* ?... Faut-il y observer les formes de la loi du 25 ventose an xj, qui est *générale* pour les actes de notaires (v. *note* 62, *p.* 89), dans les points où la loi *spéciale* sur les formes des testamens, c'est-à-dire le Code civil garde le silence ?... L'affirmative soutenue dans la même consultation, a été adoptée par M. Merlin (*rép., mot testament, sect.* 2, § 3, *art. ij, n.* 8, *et mot loi, au t.* 16, *p.* 703), et par plusieurs arrêts. V. *arr. cass.* 1 oct. 1810, *ib.*; *B. c.* 4 *janv.* 1826; *Bruxelles et Turin,* 18 *avr. et* 18 *nov.* 1811, *J-C-c. xvij,* 418, *avoués, qu. de dr., n.* 153 (d'autres cours avaient jugé différemment). — Il faut entre autres dispositions observer celles que prescrit cette loi, pour la mention du *lieu* de l'acte. V. *arr. cass.* 7 *juill.* 1816, *et ci-dev.* § *des notaires, n.* 3, *p.* 94. — Mais non pas pour celle de la signature. V. *B. c.* 18 *août* 1817.

4. Il est clair que ce qu'on vient de dire ne concerne point les testamens *olographes*...V. *arr. cass.* 11 *juin* 1810, *rec. alphab., t.* 5, *p.* 237, *mot testament,* § 16.

CHAPITRE II.

De l'esprit des lois relatives à la procédure.

La procédure a pour but d'éclairer le juge sur les contestations qui lui sont soumises, et de l'éclairer dans l'espace de temps le plus court, et avec le moins de frais possible, afin de ne pas nuire aux personnes qui sont forcées d'avoir recours aux tribunaux. *Rapidité dans la marche et économie dans les frais,* autant que cela est compatible avec une instruction suffisante, voilà le résultat que les législateurs ont toujours cherché à obtenir en matière de procédure. (1)

Il suffit de jeter un coup-d'œil sur les lois tant anciennes que modernes pour être convaincu que tel a été leur système constant. Ce qui ne laisse aucun doute à cet égard, c'est qu'ils ont préféré souvent de sacrifier quelques-uns des autres principes afin d'obtenir et cette rapidité et cette économie. Ils ont, par exemple, introduit l'exception de garantie, qui autorise à faire suspendre le jugement de l'action principale pendant le délai nécessaire pour appeler le garant, et qui en outre force le garant de plaider ailleurs que devant ses juges naturels (2). Cette décision et d'autres semblables (3) portant une atteinte aux droits de quelques-unes des parties, n'ont pu être adoptées que parce qu'elles étaient conformes aux grands principes de la rapidité et de l'économie.

---

(1) Pussort (*pr.-verb., tit.* 2, *art.* 1) et le tribunat, dans les observations faites pendant les conférences sur le projet du Code, le déclarent positivement... cela est aussi reconnu indirectement par Prost de Royer (*mot acquiescement, n.* 3) et par M. Merlin, *rec. alph.*, mot appel, § 9.—V. aussi *ci-dev.* p. 8, *et* p. 143, note 2.

(2) *V.* ci-apr., § de la garantie; et ci-dev., note 14, p. 124.

(3) Telles que celles qui sont relatives, 1° au délai commun accordé à plusieurs défendeurs domiciliés à différentes distances. V. *ci-apr. ch. des jugemens de défaut, n.* 1. — 2° A l'admission des intervenans. V. § *de l'intervention, note* 7. — 3° Au jugement des causes en état, quoique interrompues. V. *titre des reprises, note* 26. — V. en d'autres *aux titres des liquidations, note* 19; *du désaveu, note* 18; *et ci-dev.* p. 35 *et* 36, *art.* 5, *n.* 4.

Il importe de ne pas perdre de vue ces deux principes, parce qu'ils sont d'une application fréquente,
soit pour reconnaître l'intention du législateur
quand il a prescrit ou défendu certaines formes, soit
quand il s'agit d'interpréter une disposition obscure. (4)

C'est en les prenant pour règle que les rédacteurs
du Code se sont attachés à n'ordonner que des formalités indispensables (5), et qu'ils ont supprimé
beaucoup d'actes inutiles (6), qui retardaient la marche des procédures et en augmentaient les frais.

Par exemple (7), toutes les fois qu'il faut paraître
à l'audience, ils veulent que ce soit sur *un simple
acte*, c'est-à-dire sur une seule sommation de plaider (8), faite d'avoué à avoué. V. *C-pr.* 79, 80, 82,
145, 161, 217, 218, *etc.* (9). — V. aussi *Rodier, tit.*
11, *art.* 8; *ci-apr. tit. des défenses, note* 13.

(4) V. entre autres les titres du faux incident, note 7, n. 1, des liquidations note 19, in pr., et de l'ordre, note 4, n. 1.— V. *aussi* arr. de Nîmes,
4 avril 1810, Nevers, supp. 86.

(5) V. Jaubert, corps-législat., 12 mai 1806.

(6) Entre autres les présentations et défauts. V. *ci-apr. le tit. des défenses, note* 11, *et ci-dev.* note 2, n. 2, p. 143.

(7) *Autres exemples.* 1. Ils n'exigent qu'une sommation ou qu'une assignation pour les vacations des experts, ou les audiences en vertu de jugemens de jonction. V. *C-pr.* 1034; *ci-apr.*, part. 2, *introduction, note* 50,
et titre des demandes incidentes, note 10. — V. aussi *tit. des enquêtes,*
note 5, *et des expertises*, note 20.

2. Ils obligent les avoués à se présenter, sans sommation, aux jours indiqués par les jugemens préparatoires ou de remise. V. *tarif, art.* 70; arr.
Paris, 21 *juill.* 1814, *avoués, xj,* 118. — V. d'autres cas de remise sans
sommation ou assignation, même pour les parties, *au C-pr.* 28, 199, 267,
297, 332, 354, 539, 918, 977; *C-com.* 508, etc.; *ci-apr. tit. de l'accès de
lieux, note* 7, *et de l'interrogatoire, note* 16, *etc.*

(8) A l'avenir, nous nous bornerons, dans le texte, à indiquer les
circonstances où l'on doit paraître à l'audience, ou la poursuivre : il suffira
de rappeler que c'est en vertu d'un *simple acte.*

(9) On dispense même quelquefois de la sommation. V. *la note* 7, *n.* 2,
et C-pr. 94, 280, 297, 354, 539, 664, 803, *etc.*

D'après les mêmes principes (10) on a aussi accordé des prérogatives aux parties *les plus diligentes,*
c'est-à-dire, à celles qui agissent les premières pour

une procédure (**11**); ce qui est également conforme aux anciens axiomes : *Prior tempore, potior jure... vigilantibus non dormientibus jura subveniunt.* (**12**)

(**10**) C'est encore d'après les mêmes principes qu'on astreint les juges, 1° à prononcer par un même jugement sur une demande provisoire et sur une demande définitive, lorsque la cause est en état sur le provisoire et sur le fond. V. *ci-apr. tit. des jugemens, note* 11. — V. *aussi C-pr.* 288. — 2o A ne point s'arrêter à une *intervention*, lorsqu'une cause principale est en état. V. *en ci-apr. le* §, *note* 12, *et C-pr.* 340.

(**11**) *Exemples.* 1° Toutes les fois qu'un acte indiqué par la loi peut être fait par les deux parties, la plus diligente a le droit de le faire, et les autres sont en conséquence obligées de le souffrir ou d'y déférer. *C-pr.* 47, 97, 199, 204, 297, 299, 307, 719, 761, 765, 775, 966, *etc.* — V. aussi *ci-apr., tit. des rapports de juges, note* 17.

2o Lorsque la loi attache un avantage à la poursuite d'une procédure, la partie la plus diligente en jouit jusques à ce qu'elle néglige de faire quelqu'un des actes indiqués, et alors une autre partie *plus diligente* peut la forcer à céder la poursuite et par-là même l'avantage qui en résulte. *C-pr.* 97, *in f.*, 231, 653, 658, 719, 724, 725, 750, 779, 967, 981, 999. — V. aussi *tit. de la distribution, note* 15; *de l'ordre, art.* 1, § 1, *n.* 1 *et note* 5 *a; de la saisie immobil., art.* 4.

Observations. 1. La cession dont on vient de parler est ce qu'on nomme la *subrogation* aux poursuites. On en a puisé l'institution dans la loi *cum unus,* 12, *in pr., ff. de rebus auctorit. judic.*—V. rép. *xiij,* 21, *mot subrog. de personne.*

2. En cas de concours dans les diligences, la poursuite est accordée en général aux porteurs des plus anciens titres, et successivement aux avoués les plus anciens, ou bien réglée par le président du tribunal (nonobstant appel ou opposition). *C-pr.* 653, 719, 658, 750; *tarif,* 95, 130.

3. La loi prive quelquefois le plaideur négligent du bénéfice attaché à certains actes. *C-pr.* 366, 396.

4. Diligence d'autrui... V. *ci-apr., p.* 150 *note* 5.

(**12**) *V.* Barbosa, ax. 188 et 227; M. Merlin, rép. mot subrogation de personnes, sect. 2, § 8, et sect. 1. — *V. aussi,* ci-apr., part. 2, introduct., art. 3, § 1, n. 2.

CHAPITRE III.

De la dresse et rédaction, et des nullités des actes.

§ 1. *Dresse et rédaction.*

On entend par *dresse* l'action de composer un acte judiciaire ou extrajudiciaire suivant les formes légales ou usitées, et par *rédaction* celle de lui donner les mêmes formes. (**1**)

Les formules et les expressions *sacramentelles* ne sont point prescrites chez nous (**2**). On peut donc, dans les actes de procédure, employer indifféremment toutes espèces de termes et de tournures, pourvu que ces termes et ces tournures expriment les formalités prescrites par les lois. V. *Rodier, préface, in f.* (**3**)

(1) V. tit. de la vérification, note 26, et des enquêtes, note 65. — *Voyez aussi* arr. de Besançon et de Caen, maintenus en cassat. les 4 févr. et 26 juill. 1808, rép., mot testament, sect. 2, § 2, art. 4, et J-C-c. xj, 163.

La *rédaction* est de l'office d'un juge commis à une enquête, ou d'un notaire. Ils ne sont chargés en effet que de constater les dépositions ou les actes qu'ils reçoivent; ils n'ont donc pas le droit de les composer; ils peuvent seulement y donner la tournure et employer les termes convenables, ce qui est le véritable objet de la rédaction... La *dresse* est de l'office d'un juge chargé d'une opération (telle qu'un accès de lieu), ou d'un avoué; le premier agit par lui-même, le second pour la partie et comme son mandataire. V. *aussi dd. notes* 26 *et* 65; *ci-dev.*p. 89, *note* 62, et pour l'application de ces principes aux notaires, B. c. 8 nov. 1828.

(2) *Observations.* 1. A Rome, il n'en était point ainsi, du moins au temps des actions de la loi..... Gaius (*iv*, 11) raconte qu'un plaideur qui agissait pour des vignes coupées, perdit son procès, pour avoir employé dans son action le mot *vignes* au lieu du mot *arbres* dont se servait la loi des xii tables. — Il y avait aussi des engagemens qui se contractaient par *stipulation*, c'est-à-dire par des paroles solennelles. V. *Gaïus, iij*, 92, 93 (la stipulation *dari spondes?.. spondeo*, n'était valable qu'en latin et entre citoyens romains seulement). *F. B. S.*

Chez nous, le mot *stipulation* indique toutes les clauses qui peuvent se trouver dans un acte. *Répert., h. v.* — Néanmoins, il garde quelquefois en partie son ancienne signification et désigne alors le rôle que joue le créancier dans une convention. *C-civ.* 1119, 1121, 1162. — Enfin, on l'emploie aussi quelquefois dans le sens de *rédaction*.

(3) *V.* aussi Jousse, ord. 1667, préface, n. 1; Furgole, ord. 1731, art. 5;

Loiseau, liv. 3, ch. 4, n. 7; Imbert, liv. 1, ch. 15; M. Merlin, rec. alph., mot appel, § 5; ci-apr., titre de l'appel, note 70.

Observations. 1. Quelles lois doit-on observer pour ces formes? 1º la loi du *temps* de l'acte. V. *p.* 145, *note* 5.—2º celle du *lieu*, conformément à la maxime *locus regit actum.*—V. ci-apr., n. 1 *a.* — V. aussi Nîmes, 6 mai 1807, J-C-pr. 1, 21; rec. alph., vj, 286, mot forclusion. — 3º et 4º la loi *spéciale* par préférence à la loi *générale*, et celle-ci au défaut de la première. V. *p.* 146.

1 *a.* On distingue quatre espèces de formes : 1º les habilitantes, 2º les intrinsèques (ou substantielles), 3º les extrinsèques ou probantes, 4º celles d'exécution. V. *rép. xvj*, 695, *mot loi*, § 6.

La loi du LIEU régit dans les contrats, les formes intrinsèques ; dans les contrats et testamens, les extrinsèques; dans les contrats, les testamens et les jugemens, les formes d'exécution. V. *d.* § 6.

2. Il résulte de la règle du texte, qu'on ne peut plus admettre le vieil adage *qui cadit a syllaba, cadit a toto.*

§ 2. *Nullités.*

I. Non-seulement les termes employés dans les actes sont indifférens (4), mais encore l'inobservation des formes indiquées n'annule les actes que lorsque ces formes ont été prescrites par la loi sous peine de nullité (5). V. *C-pr.* 1030; *Jaubert, corps législ.*, 12 *mai* 1806.—D'autant mieux que le juge ne peut *créer une nullité* sans excès de pouvoir. V. *tit. de la cassation, note* 20, *n.* 2.

Cette règle reçoit exception « lorsqu'il s'agit de formalités prescrites par la loi, en premier lieu, pour un acte qui ne prend son essence que par ces formalités mêmes; cet acte est toujours présumé n'exister légalement qu'autant que ces formalités ont été remplies. » *Grenier, corps législ.*, 4 *sept.* 1807; *B-c.* 22 *avr.* 1807 (6)..; en second lieu, pour les *jugemens*, parce que l'article 1030 ne leur est point applicable. V. *à ce sujet B-c.* 15 *janv.* 1821; *ci-ap. note* 12, *n.* 2.

_____

(4) Les actes *publics* doivent tous être rédigés en langue française.. V. *arrêtés, décrets, etc., au rép.*, *h. v.*, *vj*, 729, *et xv*, 431. — *V.* surtout pour la Corse, *B. c. cr.* 16 *févr.* 1833, *n.* 68.

(5) Sauf les peines à prononcer (5 à 100 fr. d'amende) contre les officiers ministériels qui n'ont pas observé ces formes. V. *ci-dev.*, *p.* 69, *note* 1; *ci-apr., ch. des dépens, note* 8; *C-pr.* 1030.

Observations. 1. *Dr. interm.* On avait abandonné quelque temps cette règle consacrée par la jurisprudence ancienne, et l'on décidait que l'inobservation des formes prescrites simplement par les lois nouvelles, donnait ouverture à la cassation des jugemens. *L. 4 germ. ij, art.* 3.

2. Cette règle atténue beaucoup les résultats souvent fâcheux du vieil adage *la forme emporte le fond*, puisqu'elle en restreint l'application à un petit nombre de circonstances, et à celles-là seulement où l'observation des formes est rigoureusement nécessaire.

3°. Au surplus, elle n'est applicable qu'aux *exploits et actes de procédure*; elle ne concerne point les actes prescrits par la loi pour l'établissement et la conservation des droits des citoyens. V. *arr. cass.* 6 *juin* 1810, *Nevers,* 278, *Sirey,* 290.

4. Des 1042 articles du Code, 92 (en comptant tous ceux qui sont énoncés dans l'art. 717) portent la peine de nullité.

(6) V. aussi M. Merlin, rép., mot *subrogat.* de personne, sect. 2, § 8; B. c. cr., sect. réun., 5 janv. 1810; id. civ., 6 fruct. xj, 1er octobre 1810 ; Bordeaux et Limoges, 1811, avoués, iv, 102, v, 45.

Observations. 1. Cette dernière règle est conforme à l'axiome *actus consistere non potest sine substantia* (Barbosa, ax. 12)... On en verra l'application ci-après, tit. des procédures de paix, note 23 ; saisie-exécution, note 21, etc... V. *aussi* d. arr. 23 janv.

2. Elle est encore utile lorsqu'il s'agit de faire des actes pour lesquels la loi *n'a prescrit aucune forme*. Pourvu en effet que dans ces actes on emploie les formes propres à leur essence d'après leur caractère et leur espèce, et autorisées par les règles générales de la procédure (v. *ci-dev. ch.* 1, *p.* 142), ils devront être valables... ce qu'on peut aussi fonder sur la maxime citée par Loiseau (liv. 5, ch. 3, n. 9), *necessitas, seu impossibilitas facit ut sufficiat formam per æquipollens servari.*

II. Lorsque le Code prononce, soit des nullités, soit des amendes et déchéances, il faut l'exécuter à la rigueur; aucune de ces peines n'est comminatoire (7). *C-pr.* 1029; *Faure et Mallarmé, p.* 225 *et* 418. (8)

(7) *Observations.* 1. On nomme ainsi une peine prononcée par simple menace, qui ne doit avoir de l'effet qu'après un délai, une interpellation, etc. ou dont le juge peut anéantir ou ajourner l'effet.

Il paraît que la jurisprudence ancienne, d'après laquelle les peines prononcées par les lois de procédure étaient souvent réputées comminatoires, s'était formée par une application un peu forcée de plusieurs lois romaines qui n'accordaient pas l'autorité de la chose jugée aux peines dont le juge ou le magistrat menaçait quelquefois les plaideurs. V. *LL.* 1, 2, 4, 6, *C. comminationes ; et rec. alph.,* mot *emphytéose,* § 3.

Il résulte de la règle du Code, 1° que le juge ne peut plus (on se le permettait autrefois) confirmer ou annuler un acte, prononcer une amende ou en faire la remise, déclarer une déchéance encourue ou en relever ; d'après des considérations particulières : il ne doit consulter que la loi. V. *Mallarmé, p.* 418; *ci-dev., p.* 22, *note* 19... 2° qu'il faut renoncer à l'ancien axiome du palais, *nullité sans griefs n'opère rien,* axiome dont on avait déjà montré le peu de fondement. V. *Rodier,* tit. 1, *art.* 1, *qu.* 2.

2. Les règles précédentes ne sont pas applicables aux obligations de donner; il faut, après l'échéance du terme, que le débiteur soit constitué en demeure de remplir son obligation, par une sommation ou un autre acte équivalent, à

moins que la convention ne dispense de cet acte. *C-c.* 1159; *arr. Bruxelles*, 24 *mai* 1809, *J-C-c. xiij*, 290.

(8) Si la loi ne prononce point de déchéance, le juge doit fixer un délai pendant lequel l'engagement ou la formalité indiqués seront accomplis sous cette peine. V. *Nîmes et Montpellier*, 1808 et 1818, *J-C-pr.*, *i*, 378, *avoués*, *xix*, 240; *B. c.* 1·*avril* 1812, *et* 9 *fév.* 1825 (pour l'époque d'où court ce délai); *d. rec.*, *vj*, 128, *mot délai.*

III. Supposons à présent qu'un acte contienne une nullité, sera-t-il par cela seul anéanti de plein droit (**9**)? Non, parce que ce serait accorder à une partie le droit de décider que la nullité existe... or, c'est une maxime reçue en France, que les nullités doivent être prononcées par les tribunaux (**10**). V. *arr. rej. requ.* 3 *flor. xiij*, *rép.*, *i*, 271 *et suiv.*, *mot appel*, *sect.* 1, § 5, *n.* 4; *et arr. cass. cr.* 27 *août* 1818 (*B-c.*, *p.* 349) *et* 28 *avr.* 1826, *p.* 232.

On n'est même pas toujours admis à obtenir une semblable décision.

1° Il est des nullités de forme qu'il faut proposer à des époques précises, sinon elles sont *couvertes.*— V. *ci-apr. tit. des exceptions, ch.* 1. (**11**)

2° On ne peut se faire un moyen des nullités qu'on a commises soi-même. V. *ci-apr. tit. de l'appel, note* 100; *de la cassation, note* 20, *etc.*

(9) C'est-à-dire, par la seule force de la loi, sans qu'il soit besoin de l'intervention du juge. V. *M. Merlin, rec.*, *iij*, 607, *mot papier-monnaie*, § 4. — V. aussi *C-pr.* 399.

(10) Cette maxime est rapportée, 1° par Espagne (*dict. de Prost de Royer*, *mot appel*, *n.* 69); d'après Loisel, liv. 5, tit. 2, n. 5, et d'autres autorités; 2° par les auteurs indiqués ci-après *tit. de l'appel, note* 11 (voyez aussi *décr.* 1 *mars* 1808, art. 41, *conf.* avec 42)... Enfin, elle semble indirectement confirmée par la loi, puisque le Code a jugé nécessaire de décider expressément qu'on n'a pas besoin, 1° de prononcer la nullité dans deux circonstances où elle existe en effet; 2° d'autoriser une exécution dans un cas où l'acte qui pouvait l'empêcher n'est plus recevable. V. *C-pr.* 366, 692 et 162, et ci-apr. *tit. des réglemens, note* 10, *de la saisie immobil.*, *note* 41, *et de l'opposition, n. iij.*

Observations. 1. En suivant cette maxime à la lettre, tout ce qu'on fait au préjudice d'un acte nul, mais dont la nullité n'a pas été prononcée, devrait être illégitime : telle serait une adjudication passée au préjudice de l'appel du jugement en vertu duquel on l'a poursuivie, lorsqu'on n'a pas fait annuler l'appel. V. *Bruxelles*, 13 *mai* 1807, *J-C-pr.*, *i*, 86; *Turin*, 1 *fév.* 1815, *avoués*, *vij*, 163; *B. c.* 7 *janv.* 1818; *rej. requ.* 23 *juill.* 1811, *Nevers*,

490, *et ci-apr. tit. de la saisie-immobil.*, *note* 102, *n.* 3 (on y maintient l'annulation d'une adjudication faite au mépris d'une offre réelle que néanmoins on avait postérieurement déclarée nulle.—V. aussi *Rennes, Paris et Limoges*, 1828, 1830 *et* 1832, *avoués*, xxxiv, 197, xxxiij, 249, xlv, 517.; B. c. 19 *janv.* 1829. — V. surtout *ci-apr. n.* 1 *c.*

1 *a.* D'un autre côté, d'après l'axiome également reçu en droit, *quod nullum est nullum producere potest effectum* (v. *Barbosa*, *ax.* 164), il faudrait prendre un parti diamétralement opposé, et décider que l'acte nul ne peut être un obstacle; qu'on a en un mot le droit d'agir malgré cet acte, même sans le faire annuler; qu'ainsi l'appel nul d'une adjudication définitive n'empêche point l'ordre (v. *arr. Toulouse*, 24 *juin* 1807, *J-C-pr. i*, 72)... pas plus que l'appel nul d'une adjudication préparatoire, n'empêche l'adjudication définitive (*arr. de Caen*, 15 *nov.* 1824, *avoués*, xxxv, 360); pas plus que l'appel *prématuré* d'un jugement préparatoire rejetant une demande en sursis, ne peut faire renvoyer la même adjudication (v. *rej.* 17 *déc.* 1834, *Sirey*, 34, 496... v. aussi *Montpellier*, 1811, *avoués*, iij, 305); pas plus enfin qu'une opposition irrégulière à un arrêt de défaut qui rejetait l'appel d'un jugement d'adjudication préparatoire, n'a pu empêcher de passer cette même adjudication définitive. V. *Toulouse*, 1824, *ib.*, xxvj, 202.

N. B. Dans cette espèce, l'arrêt était par défaut de constituer avoué, et un certificat du greffier constatait qu'il n'existait point d'opposition; seulement au moment de l'adjudication définitive, un avoué fit une opposition verbale, ce qui était d'autant plus irrégulier, qu'il n'avait point de mandat; enfin, la requête d'opposition fut signifiée après le délai de huitaine et après l'adjudication.

1 *b.* Pour concilier deux maximes qui ont des résultats si différens, on pourrait dire que lorsque l'acte qui produit l'obstacle est nul, la partie adverse de l'auteur de l'acte est libre d'agir malgré l'obstacle, et sauf à le faire lever, c'est-à-dire à faire annuler l'acte; mais que dans ce cas, elle se soumet aux risques attachés à sa démarche; que par exemple, si l'acte n'est pas annulé, tout ce qu'elle aura fait ensuite le sera, et elle devra en outre être condamnée à des dommages: que si au contraire l'acte est annulé, tout ce qu'elle aura fait sera validé. Ce système semble avoir été adopté par deux arrêts de Turin (21 *août* 1807, *J-C-pr.*, *i*, 332), et de cassation (17 *févr.* 1807, *extr.* ci-apr., *tit. de la contrainte*, *note* 6).

1 *c.* Mais le système exposé au n° 1 de cette note paraît prévaloir dans la jurisprudence. Ainsi on vient de décider que l'appel d'un jugement d'adjudication préparatoire, quoique interjeté après le délai légal, ne permet pas, surtout lorsqu'on en a informé les premiers juges, de procéder à l'adjudication définitive. V. *B. c.* 5 *nov.* 1834.

2. Pendant l'instance en nullité, à qui accorde-t-on la possession provisoire?... En matière de testament, si la nullité est *extrinsèque*, c'est à celui des héritiers testamentaires que le droit est le plus apparent (v. *ci-dev.* p. 124, *note* 26): si elle est *intrinsèque*, c'est au premier. V. *L.* 3, ¶. *sin autem*, et *L.* 2, *C. edicto divi Adriani*; *rec. alph.*, *mot légataire.* —V. aussi *Amiens*, 13 *therm. xij*, *Sirey*, *supp.* 18, *surtout ci-apr. tit. des jugemens*, *note* 8, *et de la vérification*, *note* 34.—Décision contraire... V. *Liége*, 19 *févr.* 1810, *J-C-c. xvj*, 9.

3. Jugement nul... V. ci-après, tit. de l'appel, note 11.

(11) *V.* aussi tit. de la requête civile, § 3, n. 2; des saisies de rentes, § 2, et immobilière, ch. 2, § 3, etc.; M. Merlin, rec. alph., mot conclusions, § 2, et nullités, § 3.

En général, les nullités de forme sont couvertes par les défenses. V. *le tit. des exceptions*, *chap.* 1.

Quand peut-on et doit-on agir en *nullité*?... V. *rép.*, *h. v*, § 8.

IV. Si la loi exige qu'on fasse mention de l'observation d'une forme qu'elle prescrit, l'omission de cette
mention fait présumer que la forme n'a pas été observée : si elle n'exige pas la mention, on doit présumer
le contraire. V. *rej. requ.* 2 *niv. ix*, 19 *fruct. x, J-C-c.
ij*, 248 ; *Loiseau, sup.* (**12**). — A moins qu'il ne s'a-
gisse des formes *constitutives* d'un acte, car elles doivent être constatées par l'acte même. V. *ci-apr. note
12, n.* 2 *et* 3 ; *ci-dev.* p. 86, *note* 48, *n.* 1.

(**12**) V. aussi arr. de Toulouse, Paris et Aix, J-C-pr., i, 437, ij, 55,
ijj, 156; ci-apr. tit. de la saisie immobilière, note 83.
C'est que l'officier public qui en était chargé mérite de la confiance (ci-apr.
ch. vj, n. 8), et que la présomption est toujours pour la régularité des opérations judiciaires, surtout lorsqu'elles ne sont pas contredites au moment où
elles se font. V. rec. alph., mot bail, § 8.
Observations. 1. La règle du n. IV du texte (p. 156) s'applique, suivant
M. Merlin, aux formalités qui ne laissent point de traces après elles, qui sont
en quelque sorte fugitives, mais non pas aux formalités d'un autre genre,
telles 1° que les conclusions du ministère public. V. d. rec., mot divorce,
§ 2; rép., v, 277, mot formalités; arr. cass. 19 déc. 1809, Nevers, 1810,
64; ci-dev. note 31, p. 26. — 2° Les rapports de juges quand la loi les
exige. V. arr. cass. 25 avril 1808, Nevers, sup. 66 ; d. arr. 19 déc. ; autre
du 23, ib., 1810, 65; autres, 8 mai 1810, 10 fév. 1819, 5 juill. 1821, 27
fév., 27 mars et 7 août 1822, et 13 juin 1825, et 11 therm. ix, B. c. et d.
rec., mot rapport; répert., xvj, 375 et 548. — 3° Les signatures, etc. Voy.
ci-apr., ch. 6, n. 2. — 4° La vocation des départiteurs (ils doivent être appelés selon l'ordre du tableau, tandis qu'on n'y est pas astreint pour les rempla-
çans en cas d'empêchement). V. arr. cass. 4 juin 1822; Nîmes, 19 août 1824,
avoués, xxvij, 159, et ci-apr., tit. des jugemens, note 25.
2. D'ailleurs, comme nous l'observons au texte (p. 156), les formes constitutives des jugemens doivent être constatées par les jugemens eux-mêmes.—V. d. arr. 19 déc.; autres, 19 mai 1813, 9 juill. et 14 août 1815 et
22 janv. 1817, B. c.; ci-apr. tit. des matières sommaires, note 11 ; arr.
de 1810, cité ib.
3. On ne peut prouver par témoins l'accomplissement d'une forme qui
d'après la loi doit être constatée par écrit. V. arr. cass. 7 déc. 1810.

CHAPITRE IV.

Des temps, délais et dates des procédures.

ARTICLE PREMIER.

Des temps.

Les actes de procédure et les décisions des tribunaux ne peuvent être signifiés et exécutés (1) pendant la nuit (2), et pendant les jours de fête, si ce n'est, dans ce dernier cas, avec la permission (3) du juge. *C-pr.* 1037, 828; *L.* 27 *mars* 1791, *art.* 35; *L.* 17 *therm. vj.* (4)

(1) « Aucune *signification* ni *exécution* ne pourra... » — *C-pr.* 1037. Donc il est permis de faire les jours de fête, des actes qui ne sont ni des notifications ni des exécutions, tels que des enregistremens. *V. arr. de Riom*, 12 *mai* 1808, *J-C-pr. iij*, 329; *tit. de la saisie immobil., note* 34; *arr. cass.* 18 *fév.* 1808, *ib., ij*, 231. — Mais afin de prévenir les inconvéniens qui pourraient résulter de cette règle relativement aux transcriptions hypothécaires, le ministre défend d'ouvrir les bureaux d'enregistrement ces jours-là. *Lett. du Grand-juge, ib.*

(2) *Heures prohibées* : du 1ᵉʳ octobre au 31 mars, depuis six heures du soir jusqu'à six heures du matin; et dans les autres mois, depuis neuf heures du soir jusques à quatre heures du matin. *D.* art. 1037, *et déc.* 4 *août* 1806. — V. aussi *tit. de la contrainte, note* 5.

On a poussé la manie de la dispute jusqu'à demander quand une heure est finie, si c'est au coup du prélude ou au premier ou dernier coup de l'heure suivante; et un grave tribunal a décidé après avoir consulté des mathématiciens, que c'est au coup du prélude. *Voet, ff. de divers. temporalib., n.* 1 *in f.*

(3) *Observations.* 1. La permission est accordée dans le cas où il y a du péril en la demeure. *D. art.* 1037. — Mais cela ne se rapporte qu'aux jours de fête : la loi ne dit point qu'on pourra donner la permission pour les heures prohibées. *V. d'ailleurs, constit. an iij, art.* 359, *et an viij, art.* 76. — On a néanmoins jugé que vu le silence du Code sur la nullité on pouvait refuser d'admettre une partie à prouver que la signification d'un protêt avait eu lieu le 2 janvier après six heures du soir. *Rej. requ.* 29 *juin* 1819, *avoués, xx*, 176. — On était jadis plus rigoureux : un arrêt de Paris (de 1584) annula un exploit qui avait été signifié pendant la nuit. V. *annot. d'Imbert, liv.* 1, *ch.* 5, *pr.*

2. La même règle (celle qui est relative à la permission) s'applique aux ajournemens et aux saisies revendications. *C-pr.* 63 *et* 828.

3. La prohibition est aussi étendue aux emprisonnemens par l'art. 781, † 2, mais sans ajouter que le juge pourra les autoriser. Néanmoins il semble que cela doive être permis, parce que la disposition de l'art. 1037 est posté-

rieure et générale, et que cela est d'ailleurs conforme à l'ancien usage. *Voyez ci-apr. tit. de la contrainte*, § 1, *n.* 2, *et note* 5 , *n.* 1 *et* 2 ; *surtout Jousse, tit.* 34, *art.* 11.

3 *a.* Si la signification a été faite sans permission sera-t-elle nulle ?... Oui, *suiv. Bordeaux*, 10 *fév.* 1827 , *avoués, xxxij,* 249... Non; l'huissier sera seulement passible d'amende. V: *rej. civ., Rouen, Bordeaux, Poitiers, Toulouse et Montpellier*, 1825 à 1834, *ib., xxix,* 37 et 39, *xxxiij,* 247, *xxxix,* 339, *xlij,* 288, *xlvj,* 311, *xlvij,* 620.

4. Les huissiers ne peuvent faire aucune opération en vertu d'un acte passible d'enregistrement avant qu'il ait été enregistré. *L.* 22 *frim. vij, art.* 41.
— Comment pourront-ils donc signifier ou exécuter un jour de fête en vertu de l'ordonnance du juge, dès qu'il leur sera impossible de la faire enregistrer (v. *note* 1, *p.* 157) ? Il est clair que le Code déroge sur ce point à l'art. 41, qui déjà exceptait positivement les notifications urgentes, telles que celles des protêts et même les simples exploits. V. *d. art.* 41.

5. *Exceptions.* Il y a quelques actes que la loi elle-même permet de faire les jours de fête. Tels sont, 1° les actes de procédure de douanes et d'octrois. *B. c.* 28 *brum. viij; ord.* 9 *déc.* 1814, *art.* 77.—2° (les dimanches) les ventes après saisie-exécution et brandon, et les affiches des ventes judiciaires d'immeubles. *C-pr.* 617, 632, 961 ; *ci-apr. les titres relatifs à ces matières; L.* 17 *therm. vj, art.* 5, *in f.*

(4) *V.* aussi *Jousse,* lit. 2, art. 10; Rodier, id., art. 16; arrêté 7 therm. viij; ci-dev. p. 27, art. 3.

Observations. 1. *Dr. anc.* On pouvait faire les notifications, mais non pas les exécutions, les jours fériés. *Mazuer et Fontanon, tit.* 1, *n.* 6 ; *Rodier, sup.; ci-dev., p.* 28, note 37.

2. *Juridiction gracieuse et droit criminel...* V. d. p. 27, note 37.

ARTICLE II.

Des délais.

Le délai est un espace de temps pendant lequel on doit, ou l'on peut faire une certaine opération, un certain acte. On en distingue trois espèces principales : le délai général, le délai d'augmentation, et le délai de grâce.

§ 1. *Du délai général.*

Il est accordé pour les préparatifs et la rédaction d'un acte, en un mot pour tous les préliminaires à remplir relativement à cet acte (*arg. de C-pr.* 1033; *Tarrible, rép., xij,* 266, *n.* 9).—Il importe surtout de connaître les règles qui en concernent le commencement, la fin, l'espace intermédiaire, la suspension, la prorogation et l'abréviation. (4 *a*)

(1 a) On parlera aussi de son indication, et des exemptions de délais pour les militaires.

Observations. 1. Quant à la *durée* des divers délais généraux, on l'indiquera en traitant des diverses procédures pour lesquelles ils sont établis. V. *par exemple, les titres de l'assignation, art.* 4, *de la requ. civile*, § 4 , *de la cassation*, § 4.

2. Quelquefois la durée est fixée par le juge lui-même (au défaut de la loi) comme pour faire une *option*, remplir une certaine forme, etc., et il peut y ajouter la peine de la déchéance. V. *p.* 154, *note* 8 ; *B. c.* 9 *fév.* 1815. — S'il n'en a point ajouté, on peut faire l'option, remplir la forme, etc. après le délai fixé. V. *rej. requ.* 10 *juill.* 1832, *avoués*, *xliij*, 719 ; *Metz* , 1822 , *ibid.*, *xxiv*, 22.

I. *Commencement.* 1° Lorsque le délai doit commencer à une signification, il ne court qu'en faveur de la partie qui l'a faite, et non pas contre elle. *Arg. du C-pr.* 257... V. *arr. cass.* 17 *prair. xij*, *rép.*, *mot délai*, *sect.* 1, § 2 (5). — Cela est conforme à la maxime « nul ne se forclot soi-même » (v. *M. Merlin, rec. alph.*, *mot appel*, § 8; *arr. de Turin et Paris*, 12 *mars* 1808 *et* 18 *fév.* 1811, *J-C-pr. ij*, 375, *avoués*, *iij*, 158) ; maxime fondée sur ce qu'aucun particulier n'est censé vouloir faire des actes qui lui soient préjudiciables.

2° Le jour de l'acte (*dies a quo*) qui fait courir, ou bien d'où doit courir (6), ou bien qui détermine le délai n'y est pas compris, d'après l'ancien axiome *dies termini non computatur in termino.*—V. Barbosa, ax. 11 ; arr. cass. 27 février 1815. (7)

(5) *V.* aussi B. c. 2 flor. vij , 4 prair. xj ; Turin et Nîmes, 1806 et 1808, J-C-c. vij , 253, J-C-pr. ij, 342; rec. alph., mot délai, § 1 ; ci-apr. titre de l'appel, note 44, de la vérification, note 30, et (pour des *exceptions*) des enquêtes, note 26, de la distribution par contribution, note 31, et de l'ordre, note 19.

D'après le même principe, on ne peut profiter des diligences d'autrui. Ainsi la signification d'un jugement faite par un des demandeurs ne fait pas courir en faveur des autres, les délais d'appel, de requête civile, etc., contre le condamné. V. *d. mot délai*, § 1; arr. cass. 17 prair. xij, ib.; ci-dev. p. 149, et ci-apr.; lit. de l'assignation, note 52. — V. aussi tit. de l'appel, ch. 2, n. 1; et ch. 3, note 44.

(6) Ces termes *à dater*, *à compter du jour*, signifient toujours en droit (à moins d'une disposition expresse du législateur) à dater de l'*expiration* de ce jour. V. *M. Merlin*, rép., mot loi, § 5; B. c. 18 frim. vij; Bruxelles, 9 fév. 1808, J-C-pr., i, 534; Liège, 27 avril 1812, avoués, vij, 164.—Dès

que l'on ne compte point les délais par heures, il serait difficile de prendre
ces termes daus un sens différent. V. *ci-apr.* p. 163; *tit. de l'appel, note*
59; *arr. de Besançon,* 20 *mars* 1809, *J-C-c. xiij,* 168; *arr. cass.* 9 *nov.*
1808, *Nevers,* 551; *Riom,* 31 *août* 1816, *Jalbert,* 1817, *supp.* 53; *B. c.*
27 *févr.* 1815; *Colmar,* 16 *juill.* 1813, *et rej. civ.* 17 *juin* 1817, *répert.,*
xvj, 450 *et* 470; *Caen,* 18 *déc.* 1823, 19 *fév. et* 6 *mai* 1825; *rej. requ.,*
5 *août* 1825, *avoués, xxx,* 522, *Sirey,* 25, 1, 152, *et* 2, 65. — V. toutefois
arr. de Turin, 22 *août* 1812, *J-C-c. xxj,* 57; *et rej. civ.* 12 *oct.* 1814, *Jal-*
bert, 1815, 131; *B. c. civ.* 1 *août* 1831, *et crim.,* 7 *sept.* 1833, *n.* 368;
M. Merlin, rép., xvij, 28.

(7) Les premiers interprètes du droit romain ont été singulièrement divisés sur ce point parce que plusieurs lois semblent comprendre le jour *a quo*
dans le délai, et d'autres l'en exclure. Leurs opinions et les autorités sur lesquelles ils les fondent, sont exposées avec beaucoup de détails dans le savant
traité de Tiraqueau, § 1, gl. 11, *n.* 17-*ult.* —
M. Merlin se trompe lorsqu'il annonce (*répert., mot délai, sect.* 1, § 3),
que suivant ce docteur, le jour *a quo* est compris dans le délai. Tiraqueau,
après avoir exposé, 1° le système *exclusif,* 2o le système *inclusif,* et indiqué les partisans de l'un et de l'autre, se prononce pour le premier... *Ego*
dit-il (n. 22), *ego priorem partem sequendam esse potius arbitror...* Et il
se fonde sur ce qu'on l'a adopté dans l'usage, et sur ce que, dans le doute, il
faut s'attacher à l'interprétation la plus douce. Mais ensuite, effrayé en quelque sorte du nombre de ses adversaires, il propose presque le choix des deux
systèmes : *quod si,* dit-il (n. 42), *posteriorem partem sequi malis, etc.;* et
il ajoute (n. 61) que c'est sans doute pour couper court à cette discussion, *ad*
summovendam illam controversiosissimam controversiam, qu'on a fixé le
délai du retrait à *une année et un jour,* et non pas simplement à une année
(v. *Ferrière, h. v.*).

Observations. 1. Quoi qu'il en soit, il est certain que le même système
(exclusif du jour *a quo*) a été en effet et dès long-temps consacré par l'u-
sage, et qu'il n'est plus contesté. V. *Gui-Pape et Ranchin, qu.* 270; *Im-*
bert et ses annotat., liv. 1, ch. 33, *n.* 2; *Dumoulin, cout. de Paris, tit.*
des fiefs, § 10, *n.* 13; *Despeisses, ordre judic., tit.* 1, *n.* 33; *Voet, inff.*
de feriis, n. 14; *Jousse et Rodier, tit.* 3, *art.* 6 *et* 7; *M. Merlin, sup.;*
Mynsinger, cent. 5, *obs.* 15, *etc.*

2. Tiraqueau (*n.* 23-41) indique jusques à quinze exceptions à la règle *dies*
termini, c'est-à-dire quinze circonstances dans lesquelles le jour *a quo* n'est
pas exclu du délai, ou du moins dans lesquelles il faut compter le délai *de mo-*
mento ad momentum, en le faisant commencer à l'instant même de l'acte et
terminer à un instant correspondant du dernier jour. Mais il n'est que trois
de ces exceptions que nous puissions admettre parce qu'entre autres motifs,
nous ne comptons point par heures; les voici. La première est fondée sur
l'intérêt de la partie. Ainsi le particulier chargé d'une opération est libre de la
faire pendant le jour *a quo.* — V. *id., n.* 30; *arr. de Grenoble, de* 1645,
dans *Chorier, liv.* 5, *sect.* 3, *art.* 12. — La seconde résulte de la nature
même de la matière, lorsqu'elle est telle qu'on ne puisse douter que le même
jour ne soit compris dans le délai (v. *Tiraqueau,* n. 35). Par exemple, quoique la loi ait dit que les vacances auront lieu depuis le 1er septembre, il est
clair que ce jour y est compris. V. *décr.* 10 *fév.* 1806 *et* 6 *juill.* 1810, *art.*
31; *ci-dev.* p. 27. — V. aussi *B. c.* 25 *oct.* 1808, *n.* 140; *Paris,* 19 *oct.* 1809,
J-C-c. xiv, 304; *répert. vj,* 550, *et xvj,* 585, *mot loi,* § 5. — Enfin, la
troisième dérive d'une disposition expresse du législateur comme au cas du
Code de commerce, art. 440 (délai de trois jours pour déclarer une cessation de paiemens). — V. *Tiraqueau, n.* 37. — V. encore *ci-apr. tit. de la*
péremption, note 7, *n.* 2.

II. *Fin.* Au contraire le dernier jour du délai (*dies ad quem*) y est compris en entier. Par conséquent on peut, pendant tout ce jour, s'acquitter de ce dont on est chargé. V. *Voët, d. n.* 14, *in f. ; et la plupart des auteurs précédens.* (8)

Bien plus, on a la même faculté pendant le jour suivant (8*a*) dans les délais fixés par les ajournemens, citations, ou autres actes faits à personne ou domicile, car les jours de la notification et de l'échéance n'y sont point comptés. *C-pr.* 1033, *in pr.* (8 *b*).—On dit alors que ces délais sont FRANCS.

(8) Cette règle est fondée d'ailleurs sur la raison. Dès que nous excluons le jour *a quo*, il est clair que le délai accordé ou prescrit ne serait point complet si l'on n'y comprenait pas en entier le jour *ad quem*. — V. *ci-apr.*, *note* 9.

(8 *a*) V. rej. cr., 7 déc. 1832, B. c. cr. ; B. c. civ. 23 avril 1833.

Observations. 1. Même règle pour les délais d'*enregistrement* des actes et des déclarations, lorsque le dernier jour se trouve être FÉRIÉ. *L.* 22 *frim. vij, art.* 25.

2. La jurisprudence avait d'abord étendu cette règle, en semblable cas, aux autres délais. V. *B. c.* 3 *vent. x.* — V. aussi *id., au rec. alph., mot douanes, § 6; arr. de Montpellier,* 18 *fév.* 1811, *avoués, iij,* 302; *Rebuffe, de contumacia, art.* 1, *gl.* 1, *n.* 24 *et* 25; *Voet, sup., n.*4; *Rodier, tit.* 4, *art.*7. — Mais on a ensuite décidé le contraire, soit parce qu'il est libre à la partie (v. *art.* 1, *p.* 157) de demander au juge la permission d'agir pendant le jour férié. V. *arr. rej. et cass.* 6 *juill.* 1812, *Nevers,* 469 , *et* 7 *mars* 1814, 27 *fév.* 1821 , 1 *mars et* 26 *mai* 1830 , *B. c.* ; *de Bruxelles et Rouen,* 13 *mars* 1812 *et* 14 *janv.* 1815, *avoués, vj,* 368, *xij,* 115 (contra.. *Nancy ,* 23 *juill.* 1812, *ib., vij,* 166)... soit plutôt parce qu'elle a pu agir pendant les jours précédens (v. *id., xlij,* 225); d'où il résulte que si le délai n'est que d'un jour, tel que celui de la dénonciation d'une surenchère (*tit. de la saisie immobilière, note* 96, *n.* 1), comme elle ne peut pas agir lorsque ce jour est férié, elle pourra faire l'opération le lendemain. *Rej. requ.* 22 *juill.* 1828, *avoués, xxxv,* 384. — V. aussi *répert. xvij,* 36 *et suiv., mot délai, sect.* 1, § *iij, n.* 5.

(8 *b*) *V.* aussi ord. de 1667 , iij , 6 ; Bornier, Jousse et Rodier , ib.; B. c. 18 germ. vij, 3 mess. ix, etc.

L'article 1033, dit le délai fixé *pour* ces actes : de sorte qu'en prenant ces expressions à la lettre, il semble que le DÉLAI FRANC soit le délai accordé *pour donner* un ajournement, etc... Mais l'art. 6 (tit. 3) de l'ordonnance où l'art. 1033 a été puisé, et qui par là même lui sert d'interprétation , dit *les délais des assignations....* et en comparant le même art. 6 avec les précédens (voyez *entre autres, art.* 1 , *conf. avec art.* 5), on voit que cela signifie *les délais* pour paraître, etc., *sur les assignations...* D'ailleurs, un usage constant a consacré cette interprétation.

Observations. 1. Cette règle s'applique aux assignations données en matière d'enquête (v. *en ci-apr. le titre,* § 2) au domicile des avoués. V. *arr. cass.* 11 *janv.* 1815.

2. *Idem* aux assignations à bref délai (v. ci-apr. leur tit., note 1, n. 3), *suiv. arr. de Bruxelles,* 12 *juill.* 1809, *avoués, i,* 243.

3. Mais non pas aux actes signifiés entre avoués. V. *arr. cass.* 27 *févr.* 1815.—*Quid* des annonces de *ventes judiciaires?*.. V. ce tit., note 20 *a*.

Mais comme il s'agit ici d'une exception à un principe général (9), cette dernière règle doit être restreinte aux actes qu'on vient d'indiquer (10), surtout lorsque, d'après sa rédaction, la loi suppose que le jour *ad quem* est le dernier du délai qu'elle détermine. (11)

(9) En effet, 1° toutes les fois que la loi prescrit de faire quelque chose pendant un certain temps, on ne peut plus en avoir la faculté si l'on n'a pas agi pendant la durée de ce temps. V. *Faber, C. judiciis, def.* 36; *Turin,* 14 *mai* 1808, *J-C-pr. iij,* 345; *ci-dev. note* 8.

La cour suprême a aussi décidé que c'est une EXCEPTION, et en conséquence qu'un délai d'OPTION (v. *ci-dev.,* p. 154, *note* 8, p. 159, *note* 4 *a,* n. 2) qui, d'après un jugement, devait courir du jour du prononcé, n'était pas *franc. B. c.* 9 *févr.* 1825.

M. Merlin pense également (*rép. xvj,* 449) que c'est une *exception;* mais plus loin (*p.* 450), il dit que le jour *a quo* est compris dans le délai de la *prescription,* ce que nous ne croyons pas fondé (v. *B. c.* 27 *fév.* 1815; *rej. requ.* 3 *août* 1825, *Sirey,* 26, 152).

2° L'axiome ne dit point *dies termini non* COMPUTANTUR, mais seulement *non computatur.* Il ne s'applique donc qu'au jour *a quo,* ainsi qu'on le voit dans tous les auteurs (ceux entre autres cités, note 7) qui ont écrit avant l'ordonnance de 1667, et dont plusieurs s'expliquent positivement sur ce point. *Sunt,* dit par exemple Tiraqueau (*suprà,* n. 18), *sunt qui tenent* diem termini sive assignationis ut vulgus vocat *non computari in termino,...* et plus loin, n. 27, il ajoute à l'occasion du dernier jour du terme, que, *sine controversia, computatur in termino,...* aucun d'eux n'a appliqué ni le qualificatif ni la règle au jour *ad quem,* et n'a par conséquent soutenu qu'il ne dût pas être compté. Parmi ceux que nous avons examinés, Bornier (*tit.* 3, *art.* 6) est le premier qui y ait étendu la règle (c'est-à-dire, exclu du délai le jour *ad quem*), et il a été suivi sans motifs par Jousse et Rodier (*d. art.*), et par plusieurs modernes. Mais Bornier ne se fonde que sur l'autorité de Gui-Pape et de Ranchin (*sup.*) et précisément ces auteurs ne favorisent point son système. Bien loin de là, Ranchin, après avoir appelé, comme les précédens, *dies termini,* le jour de l'assignation, décide qu'il doit être compté dans le terme lorsque le juge a fixé le délai depuis le jour de la prononciation jusques à tel jour désigné : *si judex dixerit... hinc ad decem dies, tunc dies termini bene in eo termino computaretur.*

Au surplus, Bornier, Rodier et Jousse ont pu être induits en erreur par l'ordonnance, *d. art.* 6, parce qu'elle dit en général « les délais des assignations et des *procédures* », terme vague qui semble appliquer à tous les actes l'exclusion du jour *ad quem* ou de l'échéance; mais une telle ambiguïté n'existe pas dans le Code, puisqu'on a vu ci-dessus (*au texte p.* 161) que l'article 1033 caractérise expressément les actes par rapport aux délais desquels le jour de l'échéance ne doit point être compté.

(10) C'est-à-dire en général aux actes qui obligent l'ajourné ou l'inter-pellé à faire quelque chose : la loi dérogeant en sa faveur à la règle générale, rend le délai *franc*, et lui permet d'agir le lendemain du jour *ad quem*, et sans compter non plus le jour *a quo*; mais il n'en est pas de même des délais fixés à l'ajournant ou interpellant; il faut leur appliquer la même règle géné-rale, et les faire terminer avec le jour *ad quem*.

Observations. 1. D'après cette distinction judicieuse, faite par la cour de Turin (*arr.* 14 *mai, à note* 9), on a décidé que les délais suivans ne sont pas FRANCS.

1. Huitaine pour la notification d'une demande en validité de saisie-arrêt. V. *ce tit., note* 20, *et d. arr.*

2. Quatre jours pour l'enregistrement des exploits. V. *L.* 19 *déc.* 1790, *art.* 8; 22 *frim. vij, art.* 25; *rec. alph., mot enregistrein.,* § 15; *ci-devant* p. 85, *n.* 3 *et* p. 86, *note* 56.

3. Quinzaine pour l'appel des incidens de saisie immobilière. V. *ce titre, note* 111, 113; *Besançon,* 27 *déc.* 1807, *J-C-pr. ii,* 249; *cass.* 8 *août* 1809, *Nevers,* 293; *Metz,* 12 *fév.* 1817, *Sirey,* 18, 2, 345.

4. Dix jours et un mois pour l'appel et les contestations d'ordre. V. *ce tit., note* 19 *et* § 1, *n.* 4; *Limoges, Aix et Caen,* 1811, 1826 *et* 1828, *avoués, v,* 45, *xxxiv,* 334, *xxxvij,* 252 ; *B. c.* 27 *fév.* 1815.

5. Quarante jours pour la notification d'une surenchère. V. *ce tit., n.* 2 ; *arg. d'arr. Paris,* 27 *mars* 1811, *avoués, iij,* 333.

2. Règle contraire pour le délai général d'*appel*. V. *ce tit., ch.* 3, *n. iij.* — Quant au délai de *cassation,* v. ce tit., note 28.

(11) Comme lorsque la loi dit « que l'opposition n'est recevable QUE *pen-dant* huitaine. » V. *C-pr.* 157 ; *B. c.* 27 *fév.* 1821 ; *Bordeaux,* 1828, *avoués, xxxv,* 75 *et ci-après, tit. de l'opposition, note* 12, *n.* 1.—Où que l'appel de l'ordonnance de référé ne sera pas recevable *après* la quinzaine. V. *C-pr.* 809; *Limoges et Amiens,* 25 *mars et* 16 *août* 1825, *avoués, xxxj,* 234, *xxxij,* 211 (contra... v. *Bourges,* 16 *mars* 1822, *ib., xxiv,* 82. — V. aussi quant aux délais, 1o des assemblées pour les anciens divorces, *B. c.* 25 *oct.* 1808; 2o des dépôts des répertoires des notaires, *id.* 6 *juin* 1809; 3o des actes respectueux, *arr. de Paris,* 19 *oct.* 1809, *J-C-c. xiv,* 304.

Heures. Dès que le dernier jour du délai y est compris en entier, par une conséquence nécessaire on ne compte point les délais, d'heure à heure, mais de jour à jour (**12**); de sorte qu'il n'y a ni avantage ni inconvénient de faire un acte plutôt à une heure qu'à une autre du même jour, à moins que la loi ne l'ait décidé. (**13**)

(12) *V.* L. 8, ff. de feriis ; C-c. 2260, 2147; arr. de cass. 8 nov. 1808, J-C-pr., t. 2, p. 392; répert. xvij, 432, n. 10.

Observation. Un défendeur ayant fait une signification datée seulement par *jour*, d'une demande en péremption, son adversaire lui fait le même jour, sous la date de *deux heures* de relevée, une notification d'acte..... Comme il était évident que, d'après ses circonstances accessoires, cette noti-fication était postérieure à la demande, on a jugé qu'elle n'avait pu arrêter la péremption. *Arr. de Montpellier*, 18 *juin* 1810, *maintenu en cassat. le* 6 *août* 1811 , *avoués, iv*, 207 ; *ci-apr. tit. de la péremption, n. ij.*

(13) *Exemples.* 1. Une inhumation ne peut être faite avant vingt-quatre heures, à dater du décès. *C-c.* 77.

2. L'extrait d'un procès-verbal forestier doit être déposé au greffe de la justice de paix dans le même intervalle. *C-for.* 167.

3 et 4. Les juges de paix et de commerce peuvent permettre d'assigner d'heure à heure. V. *C-pr.* 6, 417, 418, *et les titres de leurs procédures.*

5 et 6. On indique l'heure dans les transcriptions de *saisie immobilière* et les visas de demandes en *partage*, afin de déterminer qui a le droit d'en poursuivre la procédure. V. *C-pr.* 678 *et* 967 ; *et ces tit. , notes* 52 *et* 7. — *Idem*, l'heure de la comparution, dans les citations à la justice de paix. *C.pr.* *art.* 1. — V. aussi *ci-après, art.* 3, *p.* 168; *et d'autres exemples à C-pr.,* 96 *et* 97, *à C-com.* 125, 322 *et* 532, *et à rec. alphabét., mot douanes*, § 6, *t.* 2, *p.* 276.

Observation. On exige aussi vingt-quatre heures pour la dénonciation d'une surenchère (*C-pr.* 711); mais il paraît que ce délai doit s'entendre d'un *jour*, d'autant plus que la loi ne prescrit pas d'énoncer l'heure. *Voyez arr. de Liége*, 5 *janv.* 1809, *J-C-pr. iij*, 342 ; *autres , cités à la note* 96, *tit. de la saisie immobilière.*

III. *Espace intermédiaire.* Tous les jours autres que ceux des termes, sont continus et utiles, et par conséquent les jours de fêtes et de vacations comptent dans le délai. V. *ord.* 1667, *tit.* 3, *art.* 7. (14).

Jour bissextile. Il est compté dans les délais de jours, mais non pas dans les délais de mois et d'années. (15)

Délais de mois. On les compte d'un *quantième* à un autre, sans faire attention au nombre de jours dont ils sont composés. *Arg. de C-c.* 2261, 1re *édit.* (16)

(14) *V.* aussi Bornier et Jousse, ib.; Guenois sur Imbert , liv. 1 , ch. 5; *C-com.* 162 ; arr. cass. 28 nov. 1809, avoués, t. 1, p. 1.

Observation. Lettres-de-change. Elles sont payables la veille du jour férié auquel le délai expire. *C-com.* 134.

(15) V. *L.* 3, § 3. *in f., ff. minorib.; L.* 98, *ff. verb. sign.; L.* 2 *in f., ff. divers. temporalib.* ; Cujas ad d. *L.* 98 *et ad L.* 7 , *de usurpationib.;* M. Merlin, sup., mot *délai*, § 4 , *et rép. mot bissextile.* — Il en était de même des jours *complémentaires*, au temps du calendrier équinoxial. *Voy. rép., sup. et h. v.; L.* 1 *frim. ij; C-c.* 2261 (1re éd.).

(16) V. *aussi Paris et Cass. cr.*, 9 *août et* 27 *déc.* 1811, *J. du Palais,* n. 777, *et Nevers*, 1812, 171; *Grenoble*, 10 *mars* 1812, *J. de Grenoble*, 20 *mai ; rej. civ.* 12 *mars* 1816, *Jalbert*, 147 ; *et* 13 *août* 1817, *B. c.* — C'est entre autres motifs, que ce nombre est variable ; ainsi un délai de trois mois peut comprendre depuis 89 jusqu'à 92 jours.

Observations. 1. Si le délai de mois, comme par exemple celui de l'appel

(v. *ce tit.*, *ch.* 3, *n. iij*) est *franc*, il n'expirera que le lendemain du second quantième.

2. En matière de *peines*, le mois est de *trente* jours. V. *C-pén.* 40 , et *cours crimin.*, *tit. des peines, note* 18, *n.* 2.

IV. *Suspension*. Certains évènemens, tels qu'une *force majeure*, ne permettant pas de faire pendant le délai ce qui était prescrit, en opèrent la suspension. Il reprend ensuite son cours lorsque l'opération redevient praticable. V. *Colmar*, 9 *nov.* 1814, *et rej. civ. ou requ.* 21 *juin* 1815 *et* 11 *juin* 1834, *avoués*, *xj*, 251, *xij*, 85, *Sirey*, 34, 309; *C-pr.* 1015. (**16** *a*)

V. *Prorogation*. Il est permis de demander la prorogation de certains délais lorsqu'ils sont insuffisans; mais il faut, en général, le faire avant leur expiration. V. *Turin, Trèves, Bruxelles et Paris*, 1807 à 1812, *J-C-pr.*, *i*, 255; *J-C-c. xx*, 311; *avoués, vj*, 87 *et* 100.—V. aussi *C-pr.* 74, 179, 279.

VI. *Abréviation*. Le délai étant fixé par la loi, le juge ne peut l'abréger qu'autant qu'elle l'y autorise. V. *L.* 1, *ƒ. quod ita*, *C. dilationib.* (*iij*, 11); *Rodier*, *tit.* 3, *art.* 2, *qu.* 3. (**16** *b*)

(16*a*) *V.* aussi ci-apr., tit. des enquêtes, notes 26 et 27 ; de l'opposition, note 17; de l'appel, ch. 3, n. iv; de la requête civile, § 4; et du bénéf. d'inventaire, note 4.

Observations. 1. Nous disons au texte, que le *délai reprend son cours...* cela signifie que le temps antérieur à la suspension doit compter, de sorte que quand la suspension est levée, il ne reste plus que celui qui manquait alors pour compléter le délai. V. *rej. civ.* 14 *fév.* 1815, *Jalbert*, 275 (il s'agissait d'un délai de notification d'admission de pourvoi (v. *tit. de la cassation, note* 34) suspendu par une *invasion*).

2. *Droit int... Militaires.* Aucune prescription, expiration de délai ou péremption d'instance n'a pu être acquise, ni aucune expropriation prononcée contre eux avant la paix générale. V. *L.* 6 *brum. an* 5, et 21 *déc.* 1814; rec. alph. *vj*, 231 à 234, *mot expropriation* ; arr. cass. 10 *nov.* 1818.

(16 *b*) Quant au cas où l'abréviation est permise. V. *ci-apr. tit. de l'assignation*, art. 4, de l'assignat. à bref délai, de la procéd. de commerce, et de l'appel, note 87.

§ 2. *Du délai d'augmentation.*

Il est accordé pour le temps qu'exige soit le transport des parties, soit une transmission de pièces. —

L'augmentation est d'un jour par trois myriamètres de distance (**17**), et de deux jours quand il y a lieu à voyage ou envoi et retour. *C-pr.* 5, 1033 *in f.* (**18**)

Quant à la *distance*, les lois prennent en général pour points de départ, 1° le domicile de celui (**19**) à qui l'on notifie, et le lieu dans lequel il est obligé, ou dans lequel il a intérêt de paraître, ou enfin dans lequel il aurait déjà dû paraître. (**20**)

2° Les deux communes dans lesquelles on doit s'occuper, ou au moins prendre connaissance de deux opérations successives (**21**)... A l'aide de cette méthode on a le temps (**22**) de se rendre au lieu indiqué, ou de faire ce qui est prescrit ou utile. (**23**)

(**17**) La même mesure d'augmentation est adoptée dans les Codes civil et de commerce. V. *entre autres C-c.* 411 *et* 439; *C-com.* 511.—Il y a néanmoins des cas où elle est différente ; ainsi les art. 2061 et 2185 (ỳ 1) du Code civil ne la fixent qu'à un ou deux jours par 5 myriamètres , et les art. 165 et 201 du Code de commerce, à un jour par 2 myriamètres et demi.

Dr. anc. et int... *V.* Espagne, mot assignat., n. 139 ; Jousse , tit. iij , art. 2 et 3 ; L. 26 vent. iv.

(**18**) C'est-à-dire lorsqu'on doit faire porter un envoyer un acte, et justifier ensuite qu'il a été remis. *Carré, lois, iij ,* 497.

Observations. 1. L'augmentation n'est accordée que pour le délai général dont on a parlé, § 1, p. 158 (v. *d. ort.* 1033). Ainsi elle ne s'applique point aux autres espèces de délais, tels que celui d'une adjudication définitive. *Voy. rej. requ.* 21 août 1816, *Jalbert*, 1817, 77.

2. Le même délai général est relatif aux actes qu'on réclame de la partie qu'on assigne ou qu'on interpelle...L'augmentation, à moins de décision contraire de la loi, ne s'applique donc pas non plus à la personne qui agit (v. *cidev., note* 10, *in-pr., p.* 163).

3. Il résulte de là que les délais d'appel et d'opposition et autres du même genre, n'en sont pas susceptibles. V. *tit. de l'opposition, notes* 12 *et* 23, *et de l'appel, ch.* 3, *n.* 3; *arr. de Bordeaux,* 16 *févr.* 1808 , *J-C-pr. ij,* 68; *id., d'Orléans et cass.,* 2 *févr. et* 8 *août* 1809, *Hautefeuille,* p. 595 , *M. Chauveau, avoués, xliv,* 327 ; et pour l'assignation au domicile de l'avoué , *ciaprès, tit. des enquêtes,* § 2 *et note* 29, *n.* 2, *ib.* , *et tit. des règlemens de juges , note* 9.

4. L'augmentation se compte-t-elle du domicile *élu,* ou du domicile *réel?* V. *appendice du domicile, note* 13.

(**19**) Lorsqu'il y a plusieurs défendeurs, c'est en général le domicile du plus éloigné. V. *C-pr.* 97, 151 *et* 175; *ci-apr.* § *de la garantie , note* 56 ; *chap. des jugemens de défaut, note* 8.

(**20**) *Exemples.* La commune du tribunal où il est cité; celle où l'on doit vendre ses meubles saisis ; celle où on l'a nommé tuteur; celle où il doit prêter caution, ou faire vérifier ses créances. V. *C-pr.* 1033, 175 *et* 630; 602 *et* 614; 882, 993 ; *C-com.* 511.

(21) *Exemples.* 1. Transcription au greffe, d'une saisie immobilière ; ou publication de nouvelles annonces d'adjudication d'immeubles saisis... la distance se compte entre la commune du tribunal et celle des immeubles. *C-pr.* 680 *et* 703, *et tit. de la d. saisie, chap.* 1, *art.* 4 *et* 5.

2. Dénonciation de cette saisie au débiteur... c'est entre la commune du domicile et celle des immeubles. *C-pr.* 681, *et d. art.* 4.

3. Notification des affiches aux créanciers... c'est entre la commune du bureau des hypothèques et celle de la vente. *C-pr.* 695 *et d. art.* 5.

4. Surenchère sur aliénation volontaire... V. *en le titre, note* 2.

(22) Puisque le délai est proportionné à la distance.

(23) Ces deux règles posées, il nous suffira d'indiquer dans des notes, les augmentations particulières relatives aux délais que nous aurons à citer par la suite. V. *par exemple, pour ceux des saisies-arrêts et de rentes, les titres des d. saisies, notes* 20 *et* 15.

§ 3. *Du délai de grâce.*

On nomme ainsi un délai que le juge accorde quelquefois pour l'exécution de son jugement. Ce délai, dont le jugement doit indiquer le terme et les motifs, court de la prononciation, lorsque le jugement est contradictoire (**24**). V. *C-pr.* 122, 123. (**25**)

Un débiteur ne peut obtenir un semblable délai, ou ne peut en jouir s'il l'a déjà obtenu, lorsqu'il est en état de faillite, de contumace ou d'arrestation, lorsque ses biens sont vendus par d'autres créanciers ou qu'il a diminué par son fait les sûretés que la convention donnait au créancier qui l'a fait condamner. *C-pr.* 124.

(24) C'est que la partie est censée le demander, et par conséquent être présente et bien le connaître.

Observations. 1. Si le jugement est par défaut, ce délai court de la signification. *D. art.* 123.

2. Il ne peut être accordé par un second jugement, ni par une ordonnance de référé, *suiv. Colmar et Paris,* 30 *août* 1809 *et* 11 *avr.* 1810, *avoués, i,* 199, 324. — Ni quand il s'agit de l'exécution d'un titre exécutoire, *suivant Pau, Bruxelles et Colmar,* 1807, 1812 *et* 1815, *Jalbert,* 1814, 2, 90, *avoués, vij,* 109, *xij,* 117. — Décision contraire... V. *Aix, Bordeaux et Pau,* 1813, 1814 *et* 1822, *Jalbert, ib., Sirey,* 22, 2, 313. — V. aussi rej. requ.!, 1 fév. 1830, *avoués,* xxxix, 212. — Autre question... V. *Dijon,* 1817, *avoués,* xvij, 175.

3. Il n'y en a plus pour les lettres-de-change. *C-com.* 157.

4. On peut pendant ce délai faire des actes conservatoires. V. *C-pr.* 125; *ci-apr. introduction, art.* 3, § 1, *n.* 7.

5. Il n'empêche pas la compensation. *C-c.* 1292.

6. Le juge n'est pas forcé de l'accorder. V. à ce sujet *B. c.* 26 *mars* 1817, *p.* 92 *et suivant.*

(25) Lorsqu'un créancier légitime agit après l'expiration du délai de l'obligation, le juge, s'il n'accorde point de délai de grâce, doit condamner le défendeur, et réciproquement si ce créancier agit avant l'expiration du délai conventionnel le juge doit *rejeter* sa demande. Toutefois comme cette dernière règle paraît un peu dure on ne la suivait pas jadis et le juge se bornait à déclarer le *créancier non recevable quant à présent*; c'est ce qui nous avait d'abord déterminés à adopter l'avis de Lange (*liv.* 4, *tit.* 11), de Rodier (*tit.* ix, *art.* 1, *qu.* 1) et de Pothier (*part.* 1, *ch.* 2, *sect.* 6, *art.* 3) qui rangent le moyen tiré de la non-échéance du terme ou délai conventionnel parmi les exceptions dilatoires (v. *en le chap. ci-apr.*).. mais un usage ne pouvant l'emporter sur les principes, nous avons abandonné cette doctrine. Observons en finissant qu'on n'est pas tenu de proposer avant les défenses, le moyen tiré de la non-échéance du terme, comme le dit Pigeau (*i*, 188); ce moyen est, ainsi que toutes les fins de non-recevoir simplement dites (v. *en ci-apr. le* §) proposable en tout état de cause.

ARTICLE III.

Des dates.

On nomme date l'indication de l'époque précise, c'est-à-dire, ordinairement, du jour, du mois et de l'année où un fait, ou bien un acte s'est passé.

Il résulte des observations présentées à l'article 2, que la *date* est essentielle à tous les actes qui doivent faire courir des délais, puisque autrement il serait impossible d'en connaître le terme. Il faut même ajouter qu'en général elle est nécessaire à tous les actes qui ont besoin de l'entremise d'un officier de justice, tel qu'un huissier (**25 a**), afin qu'on puisse savoir si l'on a instrumenté un jour où cela était permis. *Dies est de solemnitate instrumenti*, dit Gui-Pape, qu. 582. (**26**)

Mais il résulte aussi de ces observations que la date par *heure* n'est nécessaire qu'autant que la loi l'exige, ou que le délai se compte par heures. (**27**)

Il faut remarquer à ce sujet, qu'en général la loi exige (**28**) la mention de l'heure dans toutes les opérations où les parties intéressées sont appelées.

(25*a*) Ou un notaire (v. *en le* §, *n.* 3 *et note* 80, *n.* 1, *p.* 94 *et* 95.)
(26) V. *d. note* 80; § *des huissiers, n.* 3, *note* 50, *p.* 86; *les tit. de l'assignation, de l'appel, des saisies, etc.*; *Rebuffe, de chirographorum re-*

cognit.; prœf., n. 39, 85 *et suiv.; Ferrière, mot date; Rodier, tit.* 2, *art.* 2, *qu.* 2; *arr. cass.* 8 *nov.* 1808, *J-C-pr. ij*, 392; et quant aux exceptions, *Ranchin et Ferrière sur Gui-Pape, eod.*

(27) Voyez quant à ce dernier point, ci-dev. art. 2, n. 2, texte, p. 165, et note 13, p. 164.

Observations. 1. Le *lieu* ne fait pas partie de la date. *Arr. de Nîmes*, 20 *janv.* 1810, *J-C-c. xv*, 312.

2. Il faut faire mention du *jour*, lorsque la loi fixe la date par *jour.* V. *arr. de Lyon et de cass.* 28 *déc.* 1810 *et* 4 *déc.* 1811, *avoués, iij*, 114, 234, *et v*, 80; autres, d. p. 234. — Autre question... V. *arr. cass.* 19 *janv.* 1814, *Jalbert*, 233.

3. *Quid juris* pour *l'année ?... V.* arr. d'Aix, Nîmes, Caen et Bourges, 1810, 1817 et 1825, avoués, ij, 374, iij, 234, xvij, 118; Sirey, 24, 2, 34; arr. cass. cr. 30 nov. 1811, Nevers, 10, 126; B. c. 15 janv. 1810; rép., xvij, 664, mot testament, art. 6, n. 3.

4. Date erronée et tacitement rectifiée. V. *rép., mot* date, *n. xj; rec. alph.* t. 5, *p.* 283, *mot testament*, § 16; *arr. cass.* 18 *mai* 1813, *avoués, vij*, 341; *Montpellier*, 24 *juill.* 1816, *ib., xiv*, 302; *B. c.* 2 *avr.* 1823, *et cr.*, 28 *août* 1812, *Bourges*, 1823 *et* 1827, *et rej. requ.*, 31 *janv.* 1821 *et* 7 *déc.* 1829, *avoués, xxiij*, 33, *xxv*, 142, *xxxvj*, 60, *xxxviij*, 157.—V. surtout *rép., xvj*, 394 *à* 398 (*mot* hypothèque), *et xvij*, 666 *à* 688 (*mot* testament) 26 ; *M. Boncenne*, *ij*, 103.

(28) *Observations.* 1. Elle l'exige directement pour les procès-verbaux d'enquête et de scellé (*C-pr.* 269 *et* 914, ✝ 1), et indirectement pour les autres opérations où les parties sont appelées, puisqu'elle décide que les ordonnances ou sommations préliminaires de ces opérations indiqueront l'heure où elles auront lieu, et où par conséquent les parties pourront paraître.

2. *Exemples.* 1° Vérification d'écriture. *C-pr.* 201, 204, 208.

2° Enquêtes. *Id.*, 259, 267 *et* 407.

3° Accès de lieux. *Id.*, 28 *et* 297.

4° Expertise. *Id.* 29, 315 *et* 317.

5° Interrogatoire sur faits et articles... *Id.* 327.

6° Présentation de caution en matière de commerce. *Id.* 440.

7° Reddition de comptes. *Id.* 538.

8° Ventes de meubles saisis. *Id.* 617 *et* 618.

9° Délivrance de grosse. *Id.* 844.

10° Scellé. *Id.* 916 *et* 931.

11° Sommation pour expertise, et assignation en vertu d'un jugement de jonction. *Id.* 1034.

12° Offres réelles. *C-c.* 1259.

3. Citations devant le juge de paix... Mêmes règles. *C-pr.* 1 *et* 20.

4. *Acte privé...* Il n'a pas date contre un tiers, du jour où il l'a *connu*; il n'en acquiert que dans les seuls cas de *C-c.* 1328. — V. *arr. cass.* 27 *mai* 1825, *n.* 55 (contra... *M. Toullier, viij*, 368).

CHAPITRE V.
Des frais ou dépens des actes de procédure.

I. Celui des deux plaideurs qui est condamné par le juge est censé mal fondé dans ses prétentions et par conséquent avoir mal-à-propos forcé son adversaire à paraître ou à rester en justice (1); il est donc juste qu'il supporte les frais de la procédure. V. *C-pr.* 130 (2).—V. aussi *art.* 724, 766; *C-c.* 441, 1080; *L. properandum* 13, § 6, *C. de judic.; Gaill, observ.* 152; *Rebuffe, de expensis, art.* 1, *gl.* 1, *n.* 8, *et* 16; *Bornier et Rodier, tit.* 31, *art.* 1; *Mazuer et Fontanon, tit.* 34; *Imbert, liv.* 1, *ch.* 52; *Lange, liv.* 4, *ch.* 57; *Ferrière, mot dépens.*

(1) *Observations.* 1. La même présomption et par conséquent la même décision ne peut être admise à l'égard du défendeur qui a passé condamnation aussitôt que l'injustice de sa prétention lui a été prouvée, de celui en un mot *qui antea justam litigandi causam habebat,* suivant l'expression des docteurs. *Arg. ex L.* 8, *C. his quæ ut indignis..* V. *Rebuffe, n.* 14; *Gaill, obs.* 152, *n.* 3; *Lange, liv.* 4, *ch.* 37; *Imbert, ch.* 52; *M. Merlin, rec. alph., mot dépens,* § 2, *et* 3 arrêts, *ibid.*; *arr. d'Aix,* 27 mai 1808, *J-C-pr. iij,* 164.

2. Mais quand cette injustice lui est-elle prouvée? C'est aussitôt qu'on lui a donné une connaissance légale de la réclamation et des titres qui l'appuient, parce que dès-lors il n'a plus de motif de la contester. V. *Rebuffe, n.* 15.— V. aussi rej. civ. 9 avr. 1834, *Sirey,* 1, 247.—Les dépens, dit aussi Loiseau (*liv.* 5, *ch.* 14, *n.* 4), tant en demandant qu'en défendant, ne sont dus que du jour de la sommation.

3. Il ne faut pas néanmoins induire de là que le demandeur doive toujours supporter les frais de la demande à laquelle le défendeur a adhéré sur-le-champ. Peu importe, quoi qu'en dise Rebuffe (*n.* 27), que ces frais soient peu considérables; s'il s'agit d'une créance échue, le défendeur était censé déjà averti, d'après la maxime *dies interpellat pro homine (Barbosa, ax.* 71); l'équité voulait qu'il n'attendît pas une réclamation judiciaire. Faber (*C. de fructib., lib.* 7, *tit.* 18, *def.* 2) propose d'autres objections qui ne semblent pas mieux fondées. Les dépens, dit-il, sont dus *ex officio judicis;* donc on ne doit prendre en considération que la demeure qui a eu lieu *in judicio.* En supposant que le principe soit vrai, la conséquence n'est pas juste, parce que l'acquiescement ou le désistement du défendeur sont des condamnations en quelque sorte volontaires... D'après ce système Faber n'admet le nôtre qu'autant que le défendeur s'est soumis aux dépens dans l'obligation. Mais cette soumission n'est-elle pas comprise tacitement dans tous les contrats? (voyez *C-c.* 1135).—Au surplus, en suivant l'opinion de Faber, il faudrait mettre à la charge du demandeur tous les frais préliminaires du procès, tels que l'enregistrement de l'acte, etc., ce qui est contraire à l'équité, à l'usage et à la loi. V. *tit. de la vérification, note* 9.

4. Le défendeur n'est pas suffisamment averti par une assignation bien motivée, mais où l'on n'a pas donné copie des titres, quoique cette omission ne l'annulle point (v. *tit. de l'assignat.*, art. 2 , n. 8). Le demandeur est tenu de prouver la justice de sa réclamation , par la production des titres, lorsqu'elle est basée sur des titres (v. *ci-avr.*, *liv.* 1, *divis. des preuves*); de simples allégations ne peuvent les suppléer.

5. Il résulte de là que le défendeur condamné par suite d'une production de titres légitimes, faite après avoir long-temps contesté sur des titres illégitimes , ne supporte pas les frais antérieurs. *Rebuffe et Lange*, *sup.*

6. *Quid juris* dans ce cas , à l'égard du demandeur ?.., Il semble qu'il ne faille pas suivre la même règle, à cause de la maxime *qui agit certus esse debet*, etc. — V. *tit. de l'assignation, note* 12.

7. Autrefois, on *tenait* que l'intimé condamné en appel ne devait pas les dépens, parce que la sentence lui avait fourni un juste motif de contester. V. *Gaill*, *sup.*, *n.* 5 ; *Mazuer*, *id.* , *n.* 11. — On suit aujourd'hui d'autres principes... Outre que l'intimé a eu tort de soutenir une sentence injuste, l'ordonnance (*tit.* 31 , art. 1) et le Code (*d. art.* 130) n'admettent pas cette exception, déjà proscrite dans l'usage (v. *Rebuffe*, *n.* 40 ; *Fontanon*, *n.* 15; *Lange*, *sup.*), tellement qu'une condamnation vague *aux dépens*, prononcée par le juge supérieur, est censée comprendre les dépens de première instance comme ceux d'appel. V. *Limoges et Toulouse*, 6 mars 1812', et 26 *janv.* 1827, *avoués, viij*, 353, *xxxiij*, 221. — Il en serait autrement si l'intimé ne succombait que par suite d'une production nouvelle. V. *sup.*, *n.* 5; *Bornier*, *d. art.* 1; *d. arr. d'Aix*.

(2) La disposition du Code est absolue. « Toute partie qui succombera sera condamnée aux dépens. » *Art.* 130.—On peut en tirer plusieurs conséquences, entre autres les suivantes :

1° La partie qui succombe dans un incident sur lequel on statue séparément, doit en supporter les frais lors même qu'en définitive, elle obtiendrait gain de cause. Telle était la décision de Rebuffe, *art.* 2, *gl.* 1, *n.* 2 ; de l'ordonnance de Charles VIII, qu'il rapporte, et de celle de 1667, *tit.* 31, *art.* 3. Il est vrai que cela n'était point observé, mais fort mal-à-propos (v. *Rodier*, *d. art.* 3), et le Code ne fait aucune distinction (v. *aussi Imbert*, *Lange*, *Bornier et Ferrière*, *sup.*)—On peut d'ailleurs, citer à l'appui de cette décision, 1° un arrêt sur des frais d'incident (*B. c.* 7 *mai* 1823); 2° un autre qui a compensé des dépens d'appel, parce que le plaideur auquel il donnait gain de cause en avait occasioné une partie par sa non-comparution en première instance (*Limoges*, 27 *août* 1816, *avoués*, *xv*, 239) ; 3° un autre qui les a aussi compensés, parce que le défendeur avait laissé procéder long-temps avant d'opposer son déclinatoire (*Metz*, 1823, *Sirey*, 23, 2, 312).

Mais il en est autrement à l'égard des contestations provisoires et interlocutoires; ou peut se réserver de prononcer en définitive sur leurs dépens, parce que la justice des jugemens qui y statuent est subordonnée au jugement définitif. V. *Lange et Bornier*, *ibid.*; *Rebuffe*, *art.* 2, *n.* 8; *ci-apr. note* 10 ; *n.* 5, *p.* 176.

2° On ne doit pas exiger avec les anciens interprètes une demande (voyez *Rebuffe*, *art.* 3, *n.* 2 ; *Gaill*, *obs.* 151, *n.* 21), mais décider avec Bornier, Rodier et Ferrière, *sup.*, que les dépens sont dus même sans demande. Outre qu'ils sont la peine des plaideurs téméraires, la disposition du Code, on le répète, est absolue.

3° Celui qui succombe sur quelque chef est tenu des dépens du jugement à moins de décision contraire du juge. V. *Rodier*, *art.* 1, *in f.* — V. aussi *note* 5, *n.* 2, *p.* 174.—V. toutefois, M. *Boncenne*, *ij*, 560.

Observations. 1. Lorsque plusieurs débiteurs solidaires sont condamnés, ils ne doivent les dépens qu'à raison de leur part dans le principal , et sans solidarité (excepté au criminel... v. *C-pén*, 55), parce que le créancier, en agissant contre tous, *a divisé* son action pour les dépens qui sont dus en vertu d'une obligation personnelle tacite, et que le jugement produit une novation. Telle était la jurisprudence générale fondée sur les lois 43, *ff. re judic.*; 10, § 8, *ff. de appellationib.*, 56, § 3, *ff. mandati*; attestée par *Despeisses*, *ordre judic.*, *tit.* 11, *sect.* 3, *n.* 21; *Faber*, *C. de fructib.*, *lib.* 7, *tit.* 8, *def.* 1; *Raviot sur Perrier*, *qu.* 198, *n.* 6; *Ferrière*, *Denisart et le rép.*, *mot dépens*, et qui semblait confirmée tacitement par le Code civil (1202), puisqu'il exige une stipulation expresse ou une disposition légale pour la solidarité, et qu'aucune loi ne l'a prononcée dans le cas qui nous occupe. V. d'ailleurs, *arr. cass.* 15 *mai* 1811, 21 *mess.* iv, *rép.*, *ib.*, *n.* 7; *Agen*, 18 *fév.* 1824, *avoués, xxvij*, 84.

1 *a.* Mais tout en admettant le principe de la *division* de l'action, on a ensuite décidé que les parties solidaires peuvent être condamnées solidairement aux frais. V *rej. requ.* 11 *janv.* 1825, *avoués, xxix*, 71. — V. aussi *B. c.* 20 *juill.* 1814, 1 *déc.* 1819, 30 *déc.* 1828; *ci-apr. note* 6 *a.*

1 *b.* On a même jugé que plusieurs cohéritiers demandeurs pour une créance de l'hérédité, doivent solidairement les frais. *Arr. de Rouen*, 17 *mars* 1808, *J-C-pr. ij*, 214. — Mais cette décision est tout-à-fait contraire aux principes; car dès qu'il n'existe entre les cohéritiers ni solidarité légale, ni solidarité conventionnelle, par quel motif pourrait-on la créer en quelque sorte à l'égard des dépens ? V. *au surplus dd. B. c.* 20 *juill.* 1814, *et* 1er *décembre* 1819.

2. Selon Despeisses (*ibid.*) les dépens doivent être divisés entre les condamnés (à moins que ce ne soient des cohéritiers) par portions viriles, et non pas à proportion de leur intérêt. *Lange*, *liv.* 4, *ch.* 37; *Ferrière*, *mot dépens*; *Denisart*, les auteurs du *Répertoire*, *h. v.*, et autres sont du même avis. On se fonde sur ce que la comparution des parties produit un contrat judiciaire, et que toutes sont également coupables d'avoir mal contesté. Enfin l'on cite quatre arrêts à l'appui de cette opinion... Mais comme l'injustice en est évidente, ces arrêts, dont, au reste ne sont pas rapportés avec assez de détails (v. *Papon*, *liv.* 18, *tit.* 2, *arr.* 1; *Bouvot*, *t.* 2, *mot dépens*, *qu.* 21; *Denisart*, *sup.*, *n.* 38), et dont l'un qui est le plus important, comme rendu en *robes rouges* (*Montholon*, *arr.* 37) statue sur une hypothèse tout-à-fait spéciale, ne suffisent pas pour établir le système que nous combattons. — Il faut donc en revenir à la règle incontestable d'équité, d'après laquelle on n'est tenu d'indemniser d'un dommage qu'à raison de la part qu'on y a prise... *Lange* (ib.) insiste : il faut, dit-il, apprécier l'équité plutôt d'après la disposition de la loi que d'après nos propres idées. Rien de plus vrai : mais nous ne connaissons point dans nos lois de disposition qui consacre l'opinion de Despeisses. A l'égard des lois romaines, celles qu'on cite, telles que les lois 10, *ff. de appellationib.*, 1, *C. si plures una sent.*, décident seulement que les dépens ne sont point solidaires; elles gardent le silence sur cette étrange division par *têtes*.

3. Quant aux dépens du *défaut*, v. tit. de l'opposition, notes 26 et 28; Rebuffe, *sup.*, art. 5 et 8; Faber, p. 29; Ferrière, *sup.*

4. Les *administrateurs* tels que les tuteurs, héritiers bénéficiaires, etc., qui, en plaidant, ont compromis les intérêts de leur administration, peuvent être condamnés personnellement aux dépens. V. *C-pr.* 132. — V. aussi *Faber*, *sup.*, *def.* 7 et 69; *Mazuer*, *n.* 9; *Ferrière*, *sup.*; *B. c.* 19 *août* 1807; *Angers*, 1809, *J-C-c. xiv*, 357; *L.* 6, *C. administr. tutor*; *Basset*, *t.* 1, *liv.* 2, *tit.* 31, *ch.* 7 et 8; *t.* 2, *liv.* 8, *tit.* 4, *ch.* 3; *Turin*, 1808 *et* 1810, *Sirey*, 1810, 2, 540; *Nevers*, 1811, 2, 34; *rej. requ.* 25 *mars* 1823, *B. c.*, *n.* 58, *et* 17 *mars* 1827, *avoués, xxxiij*, 122; *B. c.* 2 *févr.* 1831. — V. aussi *id.*, 25 *oct.* 1808.

4 a. Cette règle reçoit exception lorsque ces personnes ont pris les mesures nécessaires pour ne pas soutenir ou entreprendre mal-à-propos une contestation ; si par exemple l'héritier bénéficiaire a donné connaissance aux créanciers, du procès qu'on lui a intenté, ou si avant d'en commencer un il a pris l'avis de jurisconsultes éclairés. V. *Basset, sup.*

4 b. Au reste l'on doit condamner aux dépens les maires qui ont plaidé sans autorisation. V. *arr. cass.* 21 août 1809 ; *ci-apr. tit. de l'autorisation,* § 2. — Et il en est de même des particuliers qui ont agi sans pouvoirs, en qualité de syndics. V. *arr. cass,* 19 août 1807.

5. *Ministère public...* V. note 33, n. 2, p. 27.

6 à 12. Dépens en matière d'actions réelles, de garantie, interrogatoires, contributions indirectes, ordre, saisie-gagerie, expédition d'actes, etc, V. *les chap., tit. ou §§ relatifs à ces matières.*

D'après le même principe, 1° les frais doivent aussi être supportés par ceux qui ont laissé périmer une instance, ou qui s'en sont désistés (3), ou qui n'ont pas accepté les offres légitimes qu'on leur (4) a faites (v. *C-pr.* 401, *in f.,* 403, 525; *Rebuffe, n.* 12 à 15 *et* 52); puisque dans toutes ces hypothèses ils sont présumés s'être eux-mêmes condamnés tacitement.

2° Les frais peuvent (4 *a*) être compensés en tout ou en partie (5), lorsque chacun des plaideurs succombe sur divers points. V. *C-pr.* 131 *in f.; Rebuffe, n.* 53.

Des considérations morales ont fait accorder au juge la faculté d'ordonner la même compensation quand les plaideurs sont des époux, ou bien des parens en ligne directe, des frères et sœurs ou des alliés au même degré. *C-pr.* 131, *in pr.* (6)

Enfin, il lui est permis d'adjuger à une partie ses dépens à titre de dommages-intérêts (6 *a*). V. *C-pr.* 137, *et obs. du tribunat sur cet art.* (6 *b*)

(3) Voy ci-apr. tit. de la péremption et du désistement.

(4) *Observations.* 1. Si le condamné n'a point fait d'offres, il doit les frais, lors même que le demandeur a réclamé au principal plus qu'il ne lui revenait, V. *Faber, def.* 34 *et* 61 ; *Fontanon, n.* 17 ; *Ferrière, sup.*

2. Mais il n'est pas nécessaire de faire des offres *réelles*; du moins *Lange, sup.,* atteste qu'on le *tient* ainsi, tandis que Denisart, *sup., n.* 43, décide le contraire.

3. Au reste, celui qui a refusé les offres, ne doit les dépens, qu'à dater de ces offres, V. à ce sujet, *tit. des liquidations, note* 9, *n.* 1.

(4 *a*) Donc il est loisible au juge de condamner suivant les circonstances, une partie à tous les dépens, quoiqu'il lui donne gain de cause sur quelques

chefs. V. *rej. requ.* 14 *août* 1817 , 25 *janv.* 1827 , 18 *mars* 1829 , 26 *avr.* 1832, *avoués, xviij*, 118, *xxxiij*, 54, *xxxviij*, 245, *xlij*, 361. — V. aussi *ci-apr. note* 5, *n.* 2.

(5) C'est-à-dire que chaque plaideur pourra être condamné à supporter, ou la totalité ou une certaine partie de ses propres dépens.

Observations. 1. Le mal jugé, quant à l'étendue de la compensation, n'est pas un motif de casser le jugement. V. *arr. cass.* 18 *mai* 1808, *J-C-pr.*, ij, 185 ; *et ci-dev. note* 4 *a.*

2. En cas de compensation totale , une des parties peut-elle être forcée à payer la moitié des frais de l'expédition du jugement, lorsque le juge ne s'est pas expliqué sur ce point ?. Il semble qu'on doive décider l'affirmative à l'égard du demandeur, parce qu'il a forcé mal-à-propos son adversaire à plaider et que celui-ci a besoin de l'expédition pour se prévaloir à l'avenir de l'autorité de la chose jugée... A l'égard du défendeur, la question paraît plus difficile.

(6) Cette règle avait été abrogée par l'art. 1er de l'ordonnance, contre lequel le parlement de Grenoble avait fortement réclamé (*Saint-André, titre* 31) et qu'on avait bientôt cessé d'observer. V. *Ferrière, sup.*; *Pigeau, édit. de* 1787, *t.* 1, *p.* 417.

(6a) Même avec solidarité. V. *Lyon et cass.* 22 *août* 1810 *et* 6 *juin* 1811, *rép., mot dépens, n.* 7; *B. c.* 17 *janv.* 1832.

(6 b) V. aussi pour des exemples, Limoges et Metz, 1815 et 1823, ci-dev., p. 171, note 2, 1e; d. rec., *mot dépens, n.* 7; rej. requ. ou civ., 4 févr. 1829 et 15 juin 1830, et Metz, 1 août 1834, *avoués, xxxvj*, 259, *xlij*, 421, *xlvij*, 408; M. Chauveau, *ibid.*

II. Mais il n'est pas juste que le condamné supporte les dépens ;

En premier lieu, des actes qui sont inutiles à l'instruction ou au jugement de la cause; (7)

En second lieu, des actes nuls ; (8)

En troisième lieu, des parties où les actes excèdent l'étendue à laquelle la loi les a restreints. (9)

Enfin, quant aux actes légitimes, il n'en doit que les taxes déterminées par les réglemens (10); et, en cas de retard de paiement, il n'est tenu de l'intérêt de ces taxes, qu'à dater de la demande que l'avoué lui en a faite en justice. (11)

(7) Tels sont les actes que la loi n'a pas jugés nécessaires, et dont on trouve des exemples dans le Code, art. 81, 102, 105 , 162, 335 , 521, etc.— V. *aussi tit. des défenses, note* 13, *des rapports, note* 20 , *etc.*

Obervations. 1. Si ces actes sont *frustratoires* , c'est-à-dire tellement inutiles aux intérêts du client, qu'ils paraissent uniquement faits pour augmenter les émolumens de l'officier ministériel, ils sont à la charge de cet officier. Le Code (*art.* 152, 191 *et* 192) en donne des exemples (v. *aussi ci-dev. p.* 69 *et* 87, *notes* 1, 57 *et* 58).

2. Mais on ne doit pas considérer comme tels , 1° les actes utiles des pro-

cédures dont le Code ne parle pas. V. *des exemples, tit. de l'intervention*, § 2, *de la saisie-exécution, note* 31, *etc.* — 2o Les actes non prohibés et qui sont utiles à la défense du client.... Les derniers sont à la charge de celui-ci, les premiers doivent être payés par le condamné. V. *tit. de l'appel, note* 75. — 3o ceux auxquels les exceptions du débiteur ont forcé le créancier. *Rej. requ.* 13 déc. 1831, *avoués, xlij,* 102. — V. un autre exemple à *id.,* 6 *nov.* 1832, *ib., xliv,* 110.

3 à 5. *Demande, distraction et réception* des dépens... V. *ci-dev. note* 2, 2°, p. 171; *note* 22, p. 77; *note* 1, n. 2, p. 69.

(8) Si c'est par la faute de l'officier ministériel, ils sont à sa charge. *Voyez dd. notes* 1, 57 *et* 58, *et ci-dev. note* 5, p. 192. — *Idem*, quelquefois à la charge de l'expert. V. *tit. des expertises*, n. 1. — Ou même du juge (v. *tit. des enquêtes,* § 5, *obs.* 2). — Mais ce n'est que quand la loi le décide expressément; car, en règle générale, le juge ne peut être condamné à des dépens et à des dommages qu'à la suite d'une prise à partie. V. *en le tit, note* 25; *et* B. c. 7 *juin* 1810.

(9) V. des exemples au Code, art. 103 *et* 531, *et ci-apr. tit. des défenses et des redditions de comptes.* — Mais il faut sur ce point faire les mêmes distinctions qu'à la note 7 ci-dessus.

(10) V. tarif. 129, in f., 151. — *V.* aussi *C-pr.* 1042. — A l'égard, 1o du mode de *liquidation* des dépens, v. en le § (part. 2, liv. 3, sect. 1); 2° de l'*exécution provisoire*, v. ci-apr. tit. de l'appel, note 88; et ci-dev. p. 61, note 71, in f.

Les règles suivantes annoncent l'intention où est le législateur, de maintenir l'observation des principes ci-dessus.

1° On n'indemnise le plaideur qui a obtenu gain de cause, que d'un voyage par instance (autrefois quatre ou cinq et même davantage... v. *Imbert, ch.* 53, n. 4); on prend diverses précautions pour prévenir l'augmentation des dépens : on ordonne, par exemple, que l'officier ministériel indique le nombre des rôles contenus dans les actes, et que les requêtes en réponse n'en aient pas plus que les requêtes en demande ; on rejette, quant à la taxe, les écrits d'appel qui ne contiennent qu'une répétition des moyens de première instance, etc. V. *tarif,* 146, 75, *in f.,* 66 *et* 74; *C-pr.* 104, 465, *etc.; Treilhard,* p. 28 *et* 29; *ci-apr. tit. des rapports de juges, note* 20. — V. aussi *C-pr.* 81, 82, 162, 298, 335, 521, 880, 922, 944 *et* 977; *tarif,* 129 *et* 156; *Amiens,* 24 *août* 1825, *avoués, xxx,* 571.

2° Les parties qui ont le même intérêt dans certaines espèces de procédures, ne peuvent avoir d'avoué particulier qu'à leurs frais. V. *C-pr.* 529, 667, 760, 932 *et* 933; *ci-dev. note* 17, p. 76.

3° On ne passe pas en taxe les frais d'impression des requêtes et défenses, même autorisées. V. *tarif* 75, *in f.* — Et surtout, on n'accorde pas à l'avoué un *droit de copie* à raison de l'impression. V. B. c. 12 *mai* 1812, p. 157, *et Nevers,* 389.

4o On ne doit pas non plus soumettre le client à des honoraires envers son avoué, pour les *soins extraordinaires* que lui ont donnés les procès du client, *suiv. arr. cass.* 25 *janv.* 1813. — « Cette décision, observions-nous dans nos 4e et 5e éditions (p. 161), nous paraît susceptible de difficulté. L'avoué, pour de tels *soins*, aurait pu être regardé comme un agent salarié du client. »... Et l'on a en effet jugé depuis, qu'il a droit à des honoraires dans ce cas, surtout lorsqu'il y a eu une convention à cet égard. *Arr. de Bruxelles,* 1827, *rej. civ. et requ.* 16 *déc.* 1818 *et* 10 *août* 1831, *et Rouen,* 1834, *avoués, xxxvj,* 311, *xix,* 145, *xlij,* 505, *xlvij,* 557.

Observations. 1. Malgré toutes ces sages précautions du législateur, on se récrie sans cesse contre la cherté des dépens. Ces plaintes ne sont pas nouvelles; on en faisait, il y a trois siècles, de plus vives. Rebuffe (v. *proem.*

constit., gl. 5, *n.* 154) disait alors : *si quis voluerit tunicam tuam tollere, et in judicio contendere,* DA EI ET PALLIUM.

2. Suivant des arrêts cités par le même auteur (*de expens.,* art. 5, gl. 1, n. 28), une partie peut répéter les honoraires dont les avocats et les avoués lui ont fait la remise, et un avoué peut réclamer ceux des actes qu'il a rédigés lui-même dans sa propre cause... Fontanon sur Mazuer (*tit.* 34) et Papon (*liv.* 18, tit. 2, art. 14 *et* 15) adoptent la première décision (*id.*, *Ferrière, mot dépens*), mais rejettent la seconde.

3. Mazuer (*ibid.*, *n.* 26) *tient* qu'on ne doit exiger aucun honoraire dans les causes des pauvres. V. *à ce sujet décr.* 17 *nov.* 1811, art. 73.

4. Lorsque l'avoué a rendu ses pièces au client, il est censé payé des dépens (soit honoraires, soit déboursés). V. *Pothier, mandat*, n. 158; ci-*dev.*, *note* 22, n. 4, p. 78. — Mais cela n'ôte point au client le droit de les faire taxer. V. *Paris*, 9 *mai* 1810, *avoués, ij,* 22. — Et le client, condamné à lui payer des dépens, a également ce droit. V. *id.*, 23 *mai* 1808, *Sirey, supp.* 267.

5. *Provisions.* Les dépens s'en réservent en général, pour y statuer par le jugement définitif. V. *Colmar*, 31 *mai* 1811, *avoués, iv,* 244; *ci-apr. ch. des jugemens, notes* 8-11; *ci-dev. note* 2, ✝ 1°, p. 171.

6. Les dépens adjugés par un jugement irrévocable forment une créance tellement distincte, qu'ils sont dus même après qu'une loi postérieure a éteint le droit adjugé, *suiv.* M. *Merlin*, *rép.*, *iij,* 538, *et arr. cass.* 4 *germ. xiij, ibid.*

7. *Copie.* Quand le droit en est-il dû? V. *B. c.* 12 *mai* 1812, *et ci-dev.* n. 3°, p. 175.

(11) V. arr. cass. 23 mars 1819.

Il en est autrement à l'égard d'un mandataire, ou gérant; les intérêts lui sont dus du jour des avances. V. *d. arr.* 23 *mars,* et *C-c.* 2001. — C'est encore là une différence entre les effets du mandat et ceux de la constitution (*v. ci-dev.* p. 77, *note* 21).

III. Il faut observer 1° qu'on ne peut, sous peine de nullité, prononcer la contrainte par corps, pour des dépens. *B. c.* 4 *janv.* 1825, 17 *janv.* 1832, 30 *juill.* 1833. (12)

2° Que les frais d'une quittance, tels que timbre, amende, etc., sont à la charge de celui qui l'exige. V. *id.*, 24 *août* 1809; *et pour ceux de la* reconnaissance d'écritur., *ci-apr. son* §, *note* 9.

(12) Même en matière de commerce. V. *d. arr.* 4 *janv.* et *B. c.* 14 *nov.* 1809, 14 *avr.* 1817.

Observation. Cette exception n'était pas jadis applicable aux étrangers suivant la cour de Metz (11 *févr.* 1820, *Sirey,* 21, 2, 18); mais la loi (17 *avr.* 1832, art. 14) ne les soumettant à présent à la contrainte que lorsque la *somme principale* de la condamnation excède un certain taux (149 fr.); il semble qu'ils doivent en être affranchis pour les dépens. M. *Chauveau, xlij,* 203.

CHAPITRE VI.

De quelques règles générales de la procédure.

Le sujet des règles générales que nous allons proposer, sera indiqué par les intitulés des n⁰ˢ de ce chapitre (*a*) : on verra à la suite (ou en note), les autorités ou les motifs sur lesquels nous les avons fondées.

I. *Lecture et signature.* Les actes où les parties ou témoins, etc., agissent, déposent, répondent en personne, doivent toujours leur être lus. *C-pr.* 39, 271-273, 334; *C-c.* 38, 244, 255, *etc.* (1)

Il faut de plus que ces actes soient signés. *Dd. art.* (2). — Si l'on excepte un très petit nombre de cas indiqués positivement par la loi, rien ne supplée la signature, que l'attestation d'un officier public (3), des causes pour lesquelles on ne l'a pas mise. V. *ci-apr. n. viij*, *p.* 182; *ci-d. note* 83, *p.* 96.

(*a*) Elles concernent, 1 et 2, la lecture, la signature, et la mention de la signature des actes (v. ci-dessus, et p. 178);

3. Les actes qu'on doit faire en personne (d. p. 178);

4. Les visas à y mettre (p. 179);

5. Les nominations de certains officiers, tels que des experts, des notaires, pour certaines procédures (d. p. 179);

6. Les réponses qu'on a droit de faire à certains écrits (p. 180);

7. Les significations des actes (p. 180, 181);

8. La foi due aux actes des fonctionnaires (p. 182, 183);

9. L'égalité de condition des parties dans une instance (p. 184).

(1) Comme les actes se rédigent à mesure qu'ils agissent, etc., cette précaution est nécessaire pour qu'ils puissent reconnaître s'ils n'ont point commis d'erreurs ou d'omissions.... Par la même raison on leur demande à la fin des réponses et dépositions, s'ils y *persistent*, s'ils n'ont rien à ajouter, et s'ils ont dit la vérité. V. *dd. art.*; *ci-dev. p.* 96, *note* 82; *ci-apr. tit. des enquêtes*, § 5, etc.

(2) Parce que d'après un usage constant de plusieurs siècles, consacré par diverses lois, la signature est la marque à l'aide de laquelle les *Français* attestent qu'ils ont fait ce qu'énonce l'écriture dont elle est précédée. V. *Rebuffe, chirographor. recognit., præf., n.* 84; *rép., mot signature; diverses questions, ib. et au rec. alph., h. v.* — V. aussi *ci-apr. tit. de la vérification, note* 2; *Bornier,* 1670, *tit.* 9, *art.* 7; *rej. requ.* 8 *juill.* 1818, *rép. xvij,* 548, *mot signature,* § 1.

Dans le moyen âge, comme peu de personnes savaient écrire, au lieu de la signature on traçait divers signes, ou bien le plus souvent, on apposait un sceau. V. *Ferrière, science du notaire, liv.* 1, *ch.* 14; *Loiseau, tr. des offices, liv.* 2, *ch.* 4; surtout *D. de Vaines, dictionn. de diplomatique,* ij, 353. — Les mots *seing* et *signature* désignaient alors, la plupart du temps, ce que nous appelons un sceau : en un mot, *signare* c'était tracer des figures, ou apposer un sceau, et non pas écrire un nom (v. aussi *d'A-gusseau, éd. in-4°,* ij, 91).

(3) Une marque (telle qu'une croix) et un certificat (même d'un maire) ne la peuvent point remplacer (v. *Bruxelles, Colmar et Metz,* 1807, 1809, 1817 *et* 1818, *J.-C.-c. viij,* 370, *Sirey,* 1810, 2, 268, *avoués, xvij,* 103, *xix,* 303; *avis cons. d'état,* 1 *avr.* 1808); l'écriture non accompagnée de signature peut seulement dans certains cas, servir de preuve, ou de commencement de preuve. V. *au reste, C.-c.* 1330, 1331 *et* 1332 ; *B. c.* 27 *avr.* 1831 ; *ci-apr. tit. des enquêtes, note* 4, *règle* 1 *et* 2.

II. *Mention de signature, etc.* Lorsqu'un acte doit être signé ou *parafé,* il faut en même temps qu'on fasse mention de l'accomplissement de ces formalités, ou de la cause qui l'a empêché, telle qu'un refus ou une impossibilité physique. (4)

(4) *V. C-pr.* 7, 36, 39, 42, 68, 198, 212, 216, 218, 227, 234, 235, 273-275, 334, 370, 384, 402, 432, 599, 813, 916, 980 *et* 1016; *C-c.* 39, 237, 244, 287, 998, *etc.* —V. aussi *ci-dev. p.* 166, n. 4.
Observations. 1. Il y a quelques articles où en exigeant la signature, on ne parle point de la mention; mais ils concernent des actes qui ne se passent pas en présence d'un fonctionnaire, ou bien des fonctionnaires eux-mêmes, dont la signature est certaine indépendamment de la mention. V. *C-pr.* 45, 109, 133, 309, 317, 353, 511, 585, 601 *et* 922. — V. aussi *d. n.* 4.
2. A l'égard des circonstances ou le PARAFE est exigé, v. *tit. de la vérific. d'écritures, note* 18.

III. *Actes faits en personne.* Si la présence de la partie ou sa signature est nécessaire à un acte de procédure, à une instruction, etc., elle ne peut se faire remplacer que par un procureur spécial. (5)

(5) V. *C-pr.* 9, 45, 198, 216, 218, 227, 309, 336, 353, 370, 384, 421, 511, 534, 572 *et* 710; *C-c.* 66, 2185, ỷ. 4, *etc.* — V. aussi *ci-apr. tit. du désistement, note* 6.
Il est même des cas où la partie ne peut être suppléée par un procureur spécial. V. *C-pr.* 125, 333, 877 *et* 901 ; *ci-apr. tit. de l'interrogatoire, du serment, de la séparat. de corps, note* 3, *et de la cession de biens.*

IV. *Visas*. Lorsqu'un acte est notifié à un fonctionnaire, il doit être *visé* (sans frais) par lui, ou à son refus (6) par le procureur du Roi de son domicile. *C-pr.* 1039, 4, 68, 69 (*v*. 5), 561, 601, 673, 736, *etc.; tarif* 66.

(6) Dans ce cas il est passible d'une amende (5 francs au moins), sur la poursuite du ministère public. *C-pr.* 1039. — Et la copie doit être laissée au fonctionnaire qui donne le visa. *Voy. ci-apr. tit. de l'assignation, note* 38, *n.* 1.

Les assignations peuvent être visées par le juge de paix. *C-pr.* 69.—C'est le seul acte où le visa soit prescrit sous peine de nullité. V. *Colmar, 24 juill.* 1812, *avoués, viij*, 368, *et cass.* 20 *août* 1816, *Jalbert*, 1817, 9.—V. aussi *d. tit. de l'assignation, note* 34, *n.* 5.

V. *Nominations*. Si les parties autorisées à nommer des officiers pour faire certains actes conservatoires, ou préparatoires, ou recueillir des (7) renseignemens, ne s'accordent pas sur la nomination, c'est le juge qui doit la faire d'*office*. (8)

(7) Par exemple : 1. Des notaires pour des inventaires ou opérations de partage. *C-pr.* 935, 976 *et* 978; *C-c.* 828.

2. Des experts et des commissaires-priseurs, pour des vérifications et des évaluations. *C-pr.* 132, 196, 305, 316, 429, 935, 943 *et* 978; *C-c.* 834, 1559 *et* 1678 *à* 1680.

3. Des arbitres de commerce. *C-pr.* 429.

4. Un mandataire pour assister à des scellés. *C-pr.* 932.

Observations. 1. Même règle s'il s'agit de choisir de simples particuliers, comme 1° celui à qui l'on doit confier les titres et papiers trouvés pendant un inventaire ou reconnus communs à plusieurs héritiers dans un acte de partage. *C-pr.* 943; *C-c.* 842. — 2o Le cohéritier qui sera chargé d'une formation de lots. *C-pr.* 979; *C-c.* 834; *ci-apr. tit. des partages, § 2, n.* 3 *et note* 20, *et de l'inventaire, note* 10.

2. Mais on n'a point recours au juge pour la nomination de l'avoué commun, en cas que la constitution soit légale, et que les parties ne soient pas d'accord. V. *à ce sujet, ci-dev. note* 17, *p.* 76; *ci-apr. tit. des reddit. de comptes, note* 15.

(8) *Ex officio*, d'après le devoir de sa place, ou le droit qui y est attaché. — *Quid juris* à l'égard des cas où la loi ne s'est pas expliquée ? Par exemple, est-ce à l'héritier bénéficiaire ou bien au tribunal à choisir le notaire chargé de procéder à l'inventaire ?... C'est à l'héritier, *suiv. Turin*, 14 *août* 1809, *avoués, i*, 123. — V. aussi *ci- apr. tit. de l'inventaire, note* 5; *Orléans*, 1808, *Hautefeuille*, 443.

☞ Les règles exposées aux n. 1 à 5 étant connues, nous ne les répéterons pas dans toutes les circonstances où elles s'appliquent : la simple indication de la nécessité des signatures ou lecture, ou du parafe, ou de l'intervention de la personne, ou de la notification à un fonctionnaire, ou de la nomination des parties, suffira (dans le texte) pour les rappeler; mais nous donnerons plus de détails dans les notes.

VI. *Réponses.* En général, lorsqu'une partie fait un acte ou notifie une requête, où elle forme quelque demande, ou bien soutient quelque fait ou droit susceptible d'une contestation qui doit ensuite être décidée à l'audience, son adversaire peut rédiger et notifier une réponse à cet acte ou à cette requête. *Arg. du tarif* 71 *et* 75. (**9**)

(9) On avait omis dans le Code, d'énoncer une foule de cas où il est juste de permettre une réponse à un acte; on y a suppléé dans ces deux articles, dont nous rappellerons les dispositions (du moins dans les notes) quand nous parlerons des divers actes qu'ils indiquent.

Observations. 1. La règle précédente est fondée sur cet axiome de droit naturel : « nul ne peut être jugé qu'après avoir été entendu ou légalement appelé » (*const. an* 3, *tit. prél., art.* 11); axiome omis dans le Code, « mais qui y est nécessairement sous-entendu, et est d'ailleurs rappelé implicitement par C-c., art. 100. » —V. *rép.*, *mot opposition,* § 1; *ci-apr. autorités de partie ij, introduction, note* 28; *tit. des audiences, note* 5, n. 3. — V. aussi *B. c.* 30 *mars* 1812.

1 *a.* Cette règle doit être suivie même en matière de *discipline*, et par conséquent un *avoué* ne peut, sur la simple réquisition du ministère public, et sans avoir été *mis à portée de se défendre*, être interdit, recevoir des injonctions, etc.. pour avoir exigé des frais excessifs, etc... *B. c.* 25 *nov.* 1823, *et* 30 *août* 1824.

Idem, et par la même raison, un AGRÉÉ. V. *arr. de Pau*, 1 *sept.* 1813, *avoués, xviij,* 313.

2. On ne déroge point à la même règle, en permettant de juger l'appel des récusations (voy. *ce tit., note* 39 *et* 43) sans appeler les parties, puisqu'elles ont eu la faculté d'exposer leurs moyens en première instance. V. *d. tit.,* § 1 *et n.* 2; *C-pr.* 384 *et suiv.*

3. On pourrait également prouver, et par d'autres motifs, que la disposition (*C.-com.* 608) d'après laquelle les créanciers opposans à la réhabilitation d'un failli ne doivent jamais être parties dans la procédure qui la précède, n'est pas non plus une exception à la même règle, d'autant plus qu'on leur réserve leurs autres droits.

VII. *Signification.* Lorsqu'on veut faire quelque acte de procédure, ou faire courir un délai, en vertu d'un autre acte, il faut, à moins que la loi n'en dispense (**10**), notifier officiellement ce dernier acte, c'est-à-dire en donner, par l'entremise d'un officier

ministériel, une copie à la partie, lors même qu'elle
en doit avoir une connaissance particulière ; et en général, un acte non signifié est considéré comme
n'existant pas. (11)

(10) *Exemples.* S'il s'agit : 1. D'un jugement de paix qui ne soit pas définitif, ou qui ordonne la mise en cause d'un garant. *C-pr.* 28 *et* 32 ; *ci-apr.*
tit. de la procéd. de paix.
2 et 3. D'un jugement qui ordonne un délibéré ou accorde un délai de
grâce. *C-pr.* 94 *et* 123; *et ci-dev.* p. 167.
4. D'un arrêt qui ordonne une enquête sommaire. *Arg. de C-pr.* 413 *et*
257, *conf.*, *arr. Turin et Paris*, 1807 *et* 1812, *J-C-pr.*, i, 255, *avoués*,
vj, 87.
(11) V. ci-apr. part. 2, introduction, art. 3, § 3, n. 5, et notes 40-42,
p. 198; ci-dev. § des délais, n. 1, p. 159. — V. aussi C.-pr., 535, 670, 692,
714, 780, 893, etc.; arr. cass. 20 août 1806, n. 125; ci-apr. tit. des règles générales d'exécution, n. 2 et 3.
Exemple. Quoique une partie ne puisse moralement ignorer les dispositions d'un jugement rendu sur sa plaidoirie (v. *C-pr.* 85; *ci-apr. tit. des au-*
diences, note 3), il faut le lui notifier pour pouvoir l'exécuter. V. *C-pr.* 147.
— V. aussi 148, 763, *etc.*; *arr. cass.* 13 oct. 1807, *J-C-pr.*, i, 94 ; *ci-apr.*
tit. des règles gén. d'exéc., notes 7 et 8; *de l'ordre*, *note* 4, *etc.* — C'est
que s'il y a impossibilité morale, il n'y a pas impossibilité *physique* qu'elle
ignore le jugement. Or, pour pouvoir l'exécuter, il est nécessaire qu'elle en ait
une connaissance certaine et détaillée. V. *aussi ci-apr.*, *tit. de l'appel*, *note*
41. — Nous disons qu'il n'y a pas impossibilité *physique*... En effet, il n'est
point impossible, qu'un évènement imprévu empêche cette partie d'assister
à la prononciation ou à une partie de la prononciation, ou bien de l'entendre, etc.
Observations. 1. Lorsque l'officier ministériel, donne la copie dont nous
parlons au texte, il n'est pas nécessaire de déclarer expressément qu'il *signi-*
fie l'acte, *suiv. rec. alph.*, cité ci-apr. tit. des règles génér. d'exéc., note 8.
— Mais il l'est toujours de donner une copie séparée à chacun des intéressés,
s'agît-il de deux époux (v. *ci-dev.*, p. 86, *note* 52, n. 1, *et ses renvois*), et ces
époux fussent-ils, 1° séparés ; 2° cités en matière d'enquêtes, chez leur
avoué. V. *B. c.* 23 *juill. et* 17 *nov.* 1823; *Dijon*, 14 *mars* 1818 , *avoués,*
xvij, 304. — Ou enfin, le mari ne fût-il cité dans le second cas, que pour autoriser sa femme en appel, *suiv. Nancy*, 7 *juin* 1833, *avoués*, *xlvj*, 356 (v.
ci-apr. tit. de l'autorisation , note 6).
1 *a.* Mais la répétition des copies est inutile, lorsqu'il s'agit, soit de biens
paraphernaux, soit d'un jugement d'ordre notifié à l'avoué de plusieurs parties
qui ont un intérêt distinct, *suiv. Limoges*, 5 *févr.* 1817, *et Toulouse*, 4 *mai*
1824, *avoués*, *xvj*, 177, *xxvj*, 269. — Ou d'époux non séparés. *B. c.* 20 *juin*
1827, 8 *avr.* 1829.
2. *Signification à avoué.* Lorsqu'on en a rempli les formes d'usage, toutes laconiques qu'elles sont, comme la loi n'en prescrit point de particulières
la signification est valable. V. *Limoges*, 1811, *et Grenoble*, 1822, *avoués*,
v, 45, *xxiv*, 265. — Et cela lors même qu'elle n'a pas toutes les formes des
exploits, telles que les professions et domiciles des parties , les noms de l'a-
voué et de l'huissier. V. *Bordeaux*, 1823, *Sirey*, 23, 2, 227; *Grenoble*, 1822
(ci-dessus) *et* 1824, *Metz*, 1822, *rej. requ.* 23 *août* 1827 , *Toulouse* , 1832 ,

et rej. requ. 13 *nov.* 1834 (signification d'une demande en péremption), *avoués, xxiv , 334, xxviij,* 128, *xxxiv,* 114, *xliv,* 286, *xlvij,* 719; M.*Chauveau, ib.*

2 *a.* Faudra- t-il qu'elle ait ces dernières formes quand elle est destinée à faire courir un délai ? oui, *suiv. Besançon,* 1811, *ci-apr. n.* 2 *b,* Metz, 17 *août* 1818 *et* 15 *juin* 1824, *Lyon,* 27 *avr.* 1827, *avoués, xix,* 252, *xxviij,* 158, *xl,* 68... NON, il suffira des formes laconiques ci-dessus, *suiv. d. arr. de Metz,* 1822, *et rej. requ.* 1827, ci-dessus ; *Amiens,* 31 *janv.* 1825, *Montpellier,* 4 *juin* 1830 *et Pau,* 14 *juill,* 1832, *ib., xxx,* 67, *xxxix,* 266, *xliv,* 288.

2 *b.* Dans tous les cas, elle sera nulle si l'on n'y indique pas à qui la copie est remise (v. *tit. de l'assignation, note* 33, *n.* 6), parce qu'elle manque alors d'une des formes substantielles (*ci-dev. p.* 152, *et note* 6 , *p.* 153) d'usage dans les significations. V. *arr. de Bordeaux,* 23 *janv.* 1811, *et Pau,* 3 *sept.* 1829, *avoués, iv,* 102, *xxxix,* 221.—V. aussi *Besançon,* 29 *août* 1811, *ib., v,* 295, *et cass.* 24 *déc.* 1811, *B. c.*

3. Signification de jugement... Formes et effet... V. *d. tit. de l'appel, notes* 41 *et* 43. — Autres questions... V. *arr. de Turin et Bruxelles,* 4 *et* 14 *janv.* 1812, *J-C-c. xviij,* 474, *avoués, vj,* 163.

VIII. *Foi due aux actes des fonctionnaires.* Tout acte auquel a présidé un fonctionnaire public quelconque *fait foi* en justice, c'est-à-dire que l'on considère comme *vrai* cet acte, tant que la fausseté n'en a pas été prouvée par la voie de la procédure du faux principal ou de celle du faux incident. (**12**)

(**12**) *Observations.* 1. Cette règle est fondée sur ce qu'un fonctionnaire mérite la confiance de l'autorité publique, parce qu'il est censé n'avoir obtenu son emploi qu'à raison de ce qu'il avait les qualités nécessaires pour le remplir, et par conséquent la probité et la véracité exigées dans toutes les fonctions possibles.

2. On conçoit que lorsqu'un fait attesté par un simple particulier est nié par un autre, le juge ne peut le considérer comme vrai s'il n'est pas prouvé de la manière exigée par la loi, puisque rien ne lui assure légalement que celui qui affirme ait plus de véracité que celui qui nie, et réciproquement. Il n'en est pas de même lorsque le fait est attesté par un fonctionnaire : la seule qualité de ce dernier est une preuve de sa véracité. Ce n'est pas sans doute une preuve mathématique, puisqu'on a des exemples d'actes publics déclarés faux, mais c'est une présomption assez forte pour qu'on ne puisse la détruire qu'en suivant le mode indiqué par la loi elle-même ; d'autant plus que l'attestation du fonctionnaire est ordinairement accompagnée de solennités ou de formes qui tendent à lui donner plus de poids. Par exemple , la vérité des conventions constatées par un acte notarié ne résulte pas seulement de l'attestation du notaire, mais de la présence des témoins, du mode observé dans la rédaction, etc.

3. Au surplus, la règle précédente est si certaine , que la simple signature du fonctionnaire porte avec elle-même la preuve de sa vérité. V. *C-pr.* 200, ỳ. 1.— V. aussi *ci-apr. tit. de la vérification, notes* 4 *et* 6; *et ci-dev. note* 4, *p.* 178.

Mais on ne peut étendre la foi due aux actes, qu'à la seule partie de ces actes dont la vérité est attestée par le fonctionnaire qui y préside, et est attestée par lui en qualité de fonctionnaire (13)... Hors de ces deux circonstances, un acte, quoique rédigé par un fonctionnaire, ne mérite pas plus de confiance que si un simple particulier y avait présidé. (14)

(13) *Observations*. 1. C'est que le fonctionnaire n'a d'autre pouvoir que celui qu'il a reçu de la loi ; d'où l'on a tiré la maxime *tantum permissum quantum commissum.*—V. *Furgole, art. 5 de l'ord. de* 1731 ; *avis cons. d'état,* 2 *juill.* 1807. — En un mot, il n'en est pas d'un fonctionnaire comme d'un particulier : celui-ci peut faire (ou du moins ne peut être empêché de faire) tout ce que la loi ne lui défend pas ; le fonctionnaire ne peut faire que ce que la loi lui permet ou lui ordonne de faire. V. *rec. alph., mots réparation, signature,* § 3, *succession,* § 11 ; *Rodier, tit.* 12 , *art.* 6, *qu.* 1. — V. aussi *arr. cass.* 10 *janv.* 1810, *surtout avis cons. d'état,* 4 *juill.* 1813.

2. Il faut d'ailleurs se rappeler que le fonctionnaire ne fait foi que des seuls faits *matériels* aperçus par l'intermédiaire de ses sens ; ce principe , exposé et appuyé d'autorités, note 62, p. 89, est encore rappelé d'une manière formelle , par un arrêt du 29 janvier 1825 (*rej. au B. c. cr., n.* 13) dont voici l'espèce. Un commissaire de police déclare, au simple coup-d'œil, qu'un sac ne contient pas la quantité de grains prescrite par un réglement... Décidé qu'on a pu regarder cette preuve, non fortifiée de celle du mesurage, comme insuffisante.

(14) *Observations*. 1. Nous avons déjà fait une application indirecte de cette dernière règle aux actes des huissiers et des notaires (v. *leurs* §§, *notes* 59, 60, 61 *et* 62, *ci-dev.* p. 88 *et* 89... Nous la ferons aussi à ceux des experts (v. *leur tit., note* 54), etc.

2. Il résulte de cette règle qu'il faut distinguer dans les actes , 1° ce qui est déclaré simplement par les parties , de ce qui est attesté par le fonctionnaire comme s'étant passé en sa présence ; par exemple un paiement que les parties allèguent avoir eu lieu avant un acte , ne serait pas considéré sous le même point de vue qu'une numération réelle d'espèces monnayées , faite devant un notaire (v. *B. c.* 16 *févr.*, 2 *août et* 6 *sept.* 1813, 24 *janv.* *et* 15 *mars* 1815)... 2o ce qui est attesté par le fonctionnaire agissant en cette qualité, c'est-à-dire ce que la loi lui permet ou lui prescrit d'attester , de ce qui est attesté par lui hors de ses fonctions, c'est-à-dire sans qu'il lui soit permis ou prescrit de l'attester. Ainsi, une convention passée devant un un huissier pendant un acte d'exécution qui est de son ministère , n'aurait pas le caractère d'un acte public , parce qu'il n'a pas le droit de présider à des conventions (v. *Lange, liv.* 4, *ch.* 37 ; *Bouvot, t.* 1, *part.* 1, *mot sergent, qu.* 2 ; *ci-dev. d. note* 60, *in f.,* p. 88) ; il n'est plus alors considéré que comme simple particulier. V. *d'autres exemples*, *ci-apr. tit. de la conciliation, note* 25 ; *Cours crimin., tit. de la procéd. de police, note* 7.—V. toutefois, *d. note* 60.

3. L'ignorance générale où l'on est sur l'incapacité d'un officier public couvre la nullité de ses actes. V. *L. Barbarius Philippus* 3, *ff. officio prœt.*; *Voët, ib., n.* 5 ; *M. Merlin, rép., vj,* 9, *et xvj,* 413, *mot ignorance,*

§ 2 ; *rec. alph., h. v.* ; *Rodier, tit. 2, art.* 16, *n.* 11 ; *avis,* 2 *juill.* 1807 ; *B. c. cr.* 11 *juin* 1813 ; *rej. civ.* 5 *oct.* 1812 , *Jalbert,* 1815 , 571 ; *Angers ,* 30 *mai* 1817, *avoués, xviij,* 247 ; *Colmar,* 13 *juill.* 1819, *rép., d. p.* 413 ; *Montpellier,* 30 *nov.* 1824 , *avoués, xxviij,* 8. — Mais voyez toutefois *Henrys, t.* 1, *liv.* 2, *qu.* 28, *et Bretonnier, ibid.* ; *Colmar,* 10 *août* 1818, *cité p.* 92, *note* 71, *n.* 3 ; *Caen,* 5 *mai* 1829, *avoués, xl,* 210.

IX. *Condition des parties.* Elle doit être égale dans l'instruction d'une cause. (15)

(15) *Non debet actori licere quod reo non permittitur.* L. 41, ff. reg. jur. — *V.* Barbosa, ax. 9 ; Faber, C. , lib. 4 , tit. 15, def. 36 ; rec. alph., mot dern. ressort, § 4 ; ci-apr. tit. des jugem. de défaut , note 14, et des enquêtes, note 7 ; ci-dev. note 40, n. 1, p. 83.—Ce principe est d'ailleurs une conséquence de la première règle que nous avons établie (*p.* 16) en matière de jurisdiction.

FIN DE LA PREMIÈRE PARTIE.

COURS

DE PROCÉDURE CIVILE.

~~~~~~~~~~~~~~~~~~~~~~~~~~~~~~~~

SECONDE PARTIE.

DE LA PROCÉDURE JUDICIAIRE.

———◦———

INTRODUCTION.

ARTICLE PREMIER.

Définition.

La procédure judiciaire, on l'a dit (1), indique ou comprend (2) la série des actes qui sont ordinairement terminés par la décision d'un tribunal : par cette expression on désigne aussi la science qui nous apprend les règles à observer dans ces actes; ces règles sont l'objet de la seconde partie de notre cours (3).

(1 et 2) Part. I, notions préliminaires, § 1, p. 2.

(3) Cette partie correspond à la première partie du Code, intitulée *De la procédure devant les tribunaux*; notre dénomination nous paraît plus convenable, en ce qu'elle marque mieux l'opposition qui existe entre la procédure *judiciaire* et la procédure *extrajudiciaire*. D'ailleurs ces termes, *devant les tribunaux*, semblent devoir désigner la procédure destinée à éclairer le juge sur la contestation primitive, plutôt que celle qu'on fait en exécution du jugement. Aussi les avons-nous réservés pour l'intitulé du livre premier, où l'on traite de cette première espèce de procédure.

Observation. Quoique les actes judiciaires ne se passent pas tous en la présence du juge, et ne soient pas toujours suivis de la décision d'un tribunal, cette expression procédure *judiciaire* n'est pas moins exacte, parce que le premier acte de toute procédure de ce genre, c'est-à-dire la *demande*, soumet la contestation au juge, l'en *saisit* et appelle en quelque sorte sa décision... Par conséquent tous les autres actes sont censés faits, ou en sa présence, ou sous son autorité, ou sa surveillance. *Voy. ci-apr.*; art. 3, § 3, n° 1, p. 195, le livre 1er, in pr., p. 203, et les titres de l'assignation et des défenses.

I.   24

ARTICLE II.

Divisions.

Nous exposerons ces règles, nous l'avons annoncé (4), en suivant l'ordre des livres et titres du Code (5), avec quelques modifications nécessitées par la méthode analytique propre à un enseignement élémentaire : voici ces modifications.

La première partie (6) du Code est divisée en cinq livres intitulés : 1. des justices de paix; 2. des tribunaux inférieurs; 3. des tribunaux d'appel; 4. des voies extraordinaires pour attaquer les jugemens; 5. de l'exécution des jugemens.

Notre seconde partie sera divisée en trois livres seulement, savoir : 1. procédure devant les tribunaux; 2. voies contre les jugemens; 3. exécution des jugemens : de sorte que le livre premier correspondra aux livres 1er et 2e du Code; le livre second, aux 3e et 4e; le livre troisième, au 5e. (7)

---

(4) Notions préliminaires, § 2, p. 3.

(5) Si nous faisions un *traité* complet de procédure, nous agirions peut-être différemment. 1° La procédure a tant de rapports avec le droit civil, qu'il est souvent impossible d'en développer les principes sans expliquer les règles de ce droit. 2° Il y a plusieurs sortes de procédures, dont on a tracé la marche dans le Code civil. Il résulte de cet état de choses une espèce de mélange qui peut forcer d'adopter pour un *traité* de procédure, une division bien différente de celle du Code. Il n'en est pas de même pour un *cours*, et surtout un cours de Faculté de droit, parce que l'enseignement doit en être fait de telle sorte, 1° qu'il facilite les examens des élèves, où précisément il est naturel que les professeurs s'attachent par préférence à l'ordre du Code; 2° qu'il concorde avec celui des autres cours de la Faculté. Or ces cours sont consacrés à l'enseignement du Code civil, du Code de commerce, du droit romain, du droit administratif, etc., et par conséquent resserrent le Cours de procédure dans des limites qu'on pourrait, qu'on devrait même franchir dans un traité.

Autres motifs de notre méthode : 1. Secondé par ces mêmes cours, le professeur de procédure est dispensé de beaucoup de détails... 2. il peut en omettre aussi beaucoup de ceux qui dépendent de la procédure, parce qu'ils appartiennent plutôt à l'explication orale qu'aux élémens proprement dits, que les élèves sont obligés d'apprendre... 3. le cours de procédure faisant partie de la seconde année du cours d'étude, est destiné à des élèves qui ont déjà une certaine instruction.

(6) Quant à l'objet de cette partie, v. ci-devant note 3, p. 185.

— **187** —

(7) Motifs de ces modifications.

1. Quant au livre 1er, nous avons cru utile d'y réunir les deux premiers livres du Code, soit parce que nous évitons par là beaucoup de répétitions (presque tous les sujets des titres du livre 1er du Code sont répétés dans le deuxième), soit parce que les justices de paix sont des tribunaux inférieurs aussi bien que les tribunaux d'arrondissement et de commerce.

2. Le livre 3e du Code a aussi du rapport au 4e, parce que l'appel n'est pas moins une voie contre les jugemens que la tierce-opposition, etc. On a donc pu les réunir.

Voyez, au surplus, les notes mises au commencement de tous ces livres et remarquez que cette division ne produit d'autre déplacement que celui du livre 1er du Code, c'est-à-dire du moins important; les 2e, 3e, 4e et 5e y restent dans l'ordre du Code.

ARTICLE III.

Coup-d'œil général sur la procédure judiciaire.

Avant d'exposer les règles de détail de la procédure judiciaire, il est utile d'en examiner rapidement la marche, afin de s'en former une idée générale. C'est ce que nous allons faire, et en même temps nous indiquerons quelques principes qui n'ont pu trouver place dans la première partie (8), ainsi que les endroits du cours où l'on trouve les développemens nécessaires aux objets sur lesquels nous sommes forcés ici de passer légèrement. (9)

La procédure judiciaire peut être envisagée sous neuf points de vue principaux selon qu'on s'en occupe relativement : 1. aux soins à prendre avant de commencer une instance; 2. à la demande ou à l'acte par lequel on commence l'instance; 3 et 4. à l'instruction et aux preuves qui préparent la décision; 5. aux incidens qui retardent la procédure elle-même; 6. à ceux qui la suspendent ou l'anéantissent; 7. au jugement qui la termine; 8. aux voies ouvertes contre le jugement; 9. à l'exécution du jugement.

(8) Parce qu'elle est une introduction à la procédure extrajudiciaire comme à la procédure judiciaire.

(9) Le parti que nous avons pris de nous écarter le moins possible de la division du Code, nous oblige d'ailleurs de donner ces indications.

§ Ier *Soins à prendre avant de commencer une instance.*

A-t-on intérêt à commencer ou soutenir une, instance? De quel droit dérive cet intérêt? A-t-on une action pour le faire valoir? Quelle action exercerat-on? Devant quel tribunal? Est-on capable d'*ester* par soi-même en justice? Si on ne l'est pas, par l'intermédiaire de qui agira-t-on? Peut-on avant la demande, ou pendant l'instruction, faire des actes conservatoires? Sera-t-on obligé de tenter la voie de la conciliation?. de se faire assister par un avoué? Suivra-t-on une marche ordinaire ou une marche extraordinaire?..... Voilà à-peu-près les questions qu'on doit s'adresser avant le premier acte judiciaire.

I. *Intérêt.* C'est la première chose à examiner, car «point d'intérêt, point d'action.» (**10**)

(10) V. *M. Merlin*, *rec. alph.*, 2e *éd.*, *iij*, 66, 495 *et* 566; *B. c. août* 1807. — V. aussi *Barbosa*, ax. 129; ci-apr. *tit. de l'assignation*, art. 1, *règle* 1 (on y parle aussi de ceux qui peuvent *agir pour autrui*), *et de la requête civ.*, *note* 5; *arr. Bruxelles*, 21 avr. 1810, *Nevers*, 1811, supp., 26; *arr. cass.* 28 mai 1809, *J-C c. xiij*, 565.

Cette règle est générale comme le dit M. Merlin; mais c'est s'exprimer trop absolument, que d'ajouter (v. d. rec., d. p. 366) qu'elle ne reçoit aucune exception (v. d. tit. de l'assignat., d. règle 1).

II. *Droit.* Sur quelle loi, sur quelle règle du droit est fondé cet intérêt? Cette question n'est pas moins essentielle à examiner. Je puis avoir un intérêt, c'est-à-dire un avantage à obtenir, ou un inconvénient à éviter en formant ou soutenant une réclamation; mais cela ne suffit pas, il faut encore que la faculté d'obtenir cet avantage ou d'éviter cet inconvénient me soit accordée par le droit. Les élémens de la solution de cette question sont dans les divers codes ou autres lois, et sont développés dans les cours de droit civil, de droit romain, commercial, etc., des Facultés de *droit*: nous y renvoyons dès à présent.

III. *Action*. 1. Il faut examiner si l'on a une action (*v. ci-dev, p.* 107) pour faire valoir cet intérêt parce que, d'après des considérations politiques ou morales, la loi ne nous permet pas toujours d'agir pour réclamer ce à quoi nous avons droit. (**11**)

Il est en effet des cas où la loi nous reconnaît un droit en ce sens, qu'elle ne permet pas à celui qui s'est exécuté volontairement envers nous, de revenir sur cette exécution, et où néanmoins elle ne nous permet pas non plus de le contraindre en justice à cette même exécution, c'est-à-dire, où, selon l'expression du code civil, elle nous refuse une action contre lui. (**12**)

D'autre part, lorsque l'intérêt n'a pas, en quelque sorte, commencé en notre personne, lorsque, par exemple, nous agissons en qualité d'héritiers ou de créanciers, il faut examiner si le droit ou l'action n'étaient pas attachés à la personne de notre auteur ou de notre débiteur. (**13**)

(**11**) *Exemples.* 1. On n'a pas d'action pour forcer à remplir une obligation purement naturelle; et néanmoins si l'obligé l'a remplie, a payé ce qui en était l'objet, il n'a pas lui-même d'action pour répéter ce qu'il a payé. V. *C-c.* 1235. — V. aussi *arr. de Grenoble*, 25 *août* 1809, *J-C-c. xiv*, 337.

2. Même règle pour les dettes de jeu et de pari. V. *C-c.* 1965, 1967 ; *arr. Poitiers*, 4 *mai* 1810, *ib.*, 477.

3. Un acheteur n'a pas non plus d'action contre un vendeur qui l'a trompé si la vente a été passée en faisant usage de mesures prohibées. V. *C-pén.* 424 ; *B. c. cr.* 24 *déc.* 1818.

4. Il en est de même pour l'exécution des jugemens qui ordonnent des consignations, les préposés de l'amortissement n'ont pas d'action pour la réclamer, quoique ils aient le droit de recevoir les consignations. *L.* 28 *niv. xiij, art.* 6.

5. Il en est encore de même pour un simple engagement d'*honneur*, et puisqu'il ne produit aucune action, le juge peut sans déni de justice déclarer qu'il n'y a lieu à statuer sur la demande tendant à le faire annuler. V. *Lyon*, 1834, *et rej. requ.* 25 *fév.* 1835, *Sirey*, 35, 225.

(**12**) A Rome il existait une foule de conventions (*nuda pacta*) qui ne produisaient pas d'action en droit civil, mais que le droit prétorien validait indirectement au moyen d'une exception. Chez nous, tout individu qui a un droit de créance ou de propriété a par cela même le droit de s'adresser aux tribunaux pour faire respecter sa créance ou sa propriété sans être obligé d'obtenir une autorisation préalable. La loi, il est vrai, n'accorde pas d'action dans le cas d'une obligation naturelle ou d'une dette de jeu (*C-c.* 1965, 1967, 1235) tout en refusant la répétition au débiteur s'il a payé (v. *ci-dev.*, *note* 11), mais cela signifie seulement selon nous, qu'elle ne sanctionne ces sortes d'obligations qu'autant qu'elles sont exécutées volontairement ; jusque-là elle ne leur reconnaît aucun effet : ce ne sont pas des *obligations civiles...*. *F. B. s.*

(15) Tels sont des droits d'usufruit, d'usage, d'habitation., une rente viagère.. les pouvoirs du tuteur, et de l'exécuteur testamentaire ne passent pas non plus à leurs héritiers ; un droit de succession qui n'était pas encore ouvert, ne saurait être exercé par les héritiers de celui auquel il appartenait si ce n'est par voie de représentation. V. *C-civ.* 617, 625, 1980, 419, 1032, 739. *F. B. s...*—V. aussi *ci-apr. sect. iv* (de la procédure interrompue), *note* 6, n. 2.

Pareillement le créancier ne peut demander les alimens dus à son débiteur, mort sans les avoir réclamés, d'autant plus qu'ils ne sont pas dus de plein droit, *suiv. B. c.* 17 *mars* 1819.

2. Il faut aussi examiner si l'on est obligé d'agir en justice pour faire valoir son intérêt, parce que quelquefois un avantage est acquis de plein droit, sans qu'il soit besoin de le réclamer (**14**) ; que d'autres fois il n'est accordé qu'autant qu'on le réclame (**15**) ; et qu'enfin la loi accorde aussi souvent des prérogatives à la partie qui agit la première. V. *ci-dev., ch. de l'espr. des lois*, p. 149.

3. Si l'on a en effet le droit d'agir, il importe de rechercher si l'on n'a pas à opter entre deux actions (**16**), hypothèse qui se présente quelquefois (**17**), et il est nécessaire alors de méditer sur son *choix d'action*, parce que lorsqu'on l'a fait, il n'est, en général, plus permis de *varier*. (**18**)

4. Il n'est pas moins important d'examiner contre qui l'on exercera son action. Au premier aperçu cela paraît fort simple : en matière réelle, on s'adresse au possesseur ; en matière personnelle, à l'obligé ou à ses représentans. Mais, en premier lieu, il est des circonstances où l'on ne peut attaquer les représentans de la même manière que l'auteur (**19**) ; en deuxième lieu, certaines personnes ne sont pas actionnées immédiatement, mais bien leurs administrateurs (*v. tit. de l'assignation, art.* 1, 2ᵉ *règle*) ; en troisième lieu, les débiteurs accessoires ne peuvent pas l'être toujours avant le débiteur principal (**20**).

(14) Exemples. 1o La *subrogation*... Elle est acquise sans demande à certaines personnes qui paient, et dans certains cas, tels que celui où elles ont payé un créancier qui leur était préférable. V. *C-c.* 1251.

2o Les *intérêts* de sommes dues... ils courent aussi sans demande et dans certains cas, au profit de quelques créanciers, tels que les mineurs, les femmes mariées. V. *C-c.* 1153, 456, 474, 1473, 1548.

3o La *saisine* d'une succession... Elle est accordée également sans demande, aux héritiers légitimes. *C-c.* 724.

(15) *Exemples.* 1o La *même saisine*... quand il s'agit de successeurs irréguliers. *C-c.* 724, 725, 770, 773.

2o La *péremption.* V. en ci-apr. le titre.

3o La *révocation* des donations pour inexécution des conditions, et pour ingratitude. *C-c.* 956, 957.

4o La rescision des conventions pour erreur, violence, ou dol, et pour condition résolutoire sous-entendue. *Id.*, 1117, 1184.

5o Les intérêts non accordés par la loi. *Id.* 1153.

6o et 7o La faculté qu'a un créancier d'exercer les droits utiles et de faire révoquer les actes frauduleux de son débiteur. *Id.* 1166, 1167, 1447, 1464, (mais v. *ci-dev. note* 13, *n.* 5).

(16) A Rome, il fallait rechercher si l'on pouvait invoquer telle ou telle action : ainsi le vendeur avait l'action *venditi*, le locateur, l'action *locati*. Quelquefois le même contrat pouvait donner lieu à deux formules différentes. V. *Gaius, iv*, 47. — Mais il y avait difficulté lorsque la convention d'où naissait la contestation ne pouvait être rangée parmi celles qui produisaient une action d'après le droit civil, et que cependant on était d'accord de lui en faire produire une. V. *Dig.* 1, *œstimat.*; 1, 2, 3, 4, *præscr. verbis.* — Si la convention était un *pacte* (*nudum pactum*) c'est-à-dire purement consensuelle, elle ne produisait point d'action en général... — Le propriétaire avait la *revendication* ; l'héritier, la *pétition d'hérédité*. A l'égard de la possession il n'y avait point d'action, les préteurs y suppléèrent au moyen des interdits. *P. D. s.*

(17 et 18) Ainsi lorsque on a tout à-la-fois l'action pétitoire et l'action possessoire, il importe d'exercer d'abord la dernière, autrement, on n'en aurait plus la faculté (quelque avantage qu'elle pût offrir) si l'on avait commencé par agir au pétitoire. V. *ci-dev. p.* 123, *al.* 2o

Observations. 1. On cite encore pour exemple, l'hypothèse où un particulier a une action civile en indemnité des dommages causés par un délit, parce que cette action peut être portée soit au juge civil, soit au juge criminel, et que lorsqu'il l'a portée au juge civil, il ne peut l'abandonner pour la soumettre au juge criminel (v. *notre cours crimin.*, *ch. des actions*, *art.* 2, § 2); et l'on en donne pour raison qu'il ne doit pas être permis de traîner, par pur caprice, un citoyen, d'un tribunal à un autre, ni d'enlever arbitrairement une cause au juge qui en est saisi, ni de se procurer, en procédant de cette manière, un tribunal dont on espérerait une décision plus favorable. V. *d.* § 2; *rép. iij*, 431, *mot* délit, § 1; *ci-dev. p.* 129, *note* 34; *ci-apr. titre du désistement*; *L.* 43, *ff. reg. jur.*; *L.* 1, *C., furtis* ; SURTOUT *réc. alph.*, *vj*, 621 *et suiv., mot* option, § 1, où est une dissertation sur la règle de la *non variation.*

Mais la règle du texte ne nous semble pas applicable à cette hypothèse. Il y est question en effet plutôt du choix entre deux tribunaux que du choix entre deux actions, car l'individu lésé par un délit n'a réellement qu'une action à exercer, savoir l'action civile.

On peut objecter, il est vrai, que si le lésé prend la voie criminelle, sa plainte déterminera le ministère public à exercer l'action criminelle à raison du même délit (v. *même cours, tit. des procéd. de police judic.*, § 1,

n. 4), de sorte qu'on pourrait, à la rigueur, regarder la plainte du lésé comme un commencement de l'exercice de l'action criminelle, et telle est peut-être la pensée qui a entraîné l'auteur de la dissertation précédemment citée, à qualifier, ainsi qu'on va le voir, cette plainte d'action criminelle.

2. Quoi qu'il en soit, la règle qu'il n'est pas permis de varier dans le choix d'un tribunal, ou d'une réclamation, reçoit des exceptions qui sont indiquées dans la même dissertation. Par exemple, si après qu'un juge civil a été saisi d'une demande dont les élémens paraissaient absolument civils, on découvre des faits qu'on avait dû ignorer et qui peuvent donner à l'affaire un caractère criminel, on doit alors être admis à intenter une action *criminelle*. — V. d. § 1, *n*. 7, *p*. 627, *et rép.*, *d*. *p*. 431.

(19) *Exemples.* 1. Quoique l'obligation, même naturellement divisible, soit indivisible entre le créancier et le débiteur, elle devient divisible à l'égard de leurs héritiers. Ainsi l'héritier du créancier ne peut actionner, et celui du débiteur ne peut être actionné, en général, qu'à proportion de sa part cohéréditaire. V. *C-c.* 1220; *Rouen*, 25 *mai* 1808, *J-C-c. xij*, 482. — Mais v. toutefois, *Limoges*, 18 *juin* 1816, *avoués*, *xiij*, 145.

2. On peut user quelquefois de la voie de la contrainte par corps contre une caution, mais non pas contre son héritier. V. *C-c.* 2017; *ci-apr.*, *tit. des réceptions de caution*, note 12.

(20) Tels sont les cautions non solidaires, qui n'ont pas renoncé au bénéfice de discussion. *C-c.* 2021.

IV. *Tribunal.* A l'égard du choix du tribunal où l'on doit porter l'*action*, nous renvoyons à ce que nous en avons dit dans la première partie, *sect.* 1, *ch. 3, et sect.* 2, *ch. 3, p.* 39 *et* 131.

V et VI. *Capacité et incapacité d'ester.* Il faut être capable d'*ester* en justice, c'est-à-dire de procéder devant un tribunal, pour agir directement, sinon l'on agit indirectement par l'intermédiaire d'un administrateur. V. 2ᵉ *règle*, *citée p.* 190, *n.* 4.

VII. *Actes conservatoires.* On désigne par ce nom les actes qui tendent à assurer un droit ou l'effet d'un droit, abstraction faite de toute réclamation judiciaire; tels sont les actes d'inscriptions hypothécaires, les saisies-arrêts ou oppositions. En général, on est libre de les faire avant, et à plus forte raison pendant une instance (21), pourvu qu'on ait les titres ou permissions exigés par la loi. (22)

VIII et IX. *Conciliation et avoués.* Dans beaucoup d'affaires la loi exige qu'avant de commencer une instance, on essaie la voie de la conciliation (*v.*

en le titre ci-après), et dans presque toutes, qu'on soit assisté d'un avoué. V. *ci-dev.* § *des avoués, p.* 76; *ci-apr. les tit. de l'assignation et des défenses, et la section des procédures spéciales.*

X. *Marche ordinaire ou extraordinaire.* Il y a plusieurs sortes de causes pour lesquelles la loi a tracé une marche particulière; telles sont les causes d'enregistrement. V. *ci-après le titre des matières sommaires et la même section.*

(21) Cela est fondé sur l'équité.
(22) *Voyez* à ce sujet, ci-dev. part. 1, sect. 3, note 24, n. 4, p. 167; ci-apr. tit. de l'assignation, note 10, et de la saisie-arrêt; part. 3, in pr., et tit. de l'autorisation, note 18, etc.

§ 2. *De la demande.*

La demande est l'acte par lequel on commence une instance (*v. B. c.* 27 *nov.* 1822; *ci-dev. p.* 2, *note* 5 *a*). On la forme ordinairement par une assignation (22 *a*); quelquefois par une requête. Enfin il est des actes qui, pour l'introduction d'une instance, sont considérés comme tenant lieu d'une demande : tels sont les appels, les saisies, les réquisitions d'ordres et de contributions (v. *ch. des lois, p.* 142; *note* 4, *p.* 143 *et ses renvois*), les contraintes pour contributions. V. *ci-apr. sect.* 6, § *des causes de contributions, n.* 3.

Nous exposerons les règles des requêtes et des assignations dans le premier livre (*tit. de l'assignation et appendice*); il suffit de remarquer ici que, soit que l'on forme une demande par voie d'assignation, soit qu'on la forme par voie de requête, il faut nécessairement en exposer l'objet précis, c'est-à-dire *prendre des* CONCLUSIONS, puisque c'est dans les conclusions qu'on expose cet objet, ce qui constitue en un mot le (23) différend sur lequel le tribunal doit prononcer.

Observez que les *effets* de la demande sont en général ceux de l'assignation. V. *en le tit., art.* 5 (23 *a*).

(22 *a*) Si l'on a plusieurs réclamations à faire, il faut examiner s'il n'est pas nécessaire de les réunir dans le même acte. V. *C-c.* 1546.

(23) V. d. § des avoués , p. 71, et ci-apr. l'appendice des conclusions. — Mais cela ne paraît pas indispensable pour les *requêtes* de la troisième espèce. V. *en ci-apr. l'appendice.*

(23 *a*) Nous n'avons parlé jusqu'ici que du demandeur, les mêmes principes peuvent aussi s'appliquer au *défendeur.* Il doit examiner avec non moins de soin que son adversaire, si la prétention de ce dernier est bien ou mal fondée. S'il reconnaît la justice de la réclamation, il est évident qu'il doit s'exécuter de lui-même au lieu de soutenir un mauvais procès.

Si la demande lui paraît excessive, il doit offrir de payer ce qui est réellement dû (v. *ci-apr. tit. des offres réelles*)... si elle lui paraît injuste, ou formée devant un juge incompétent, ou irrégulière, etc., il constituera un avoué (autrement il serait exposé à être jugé par défaut) qui fera valoir ses droits en notifiant des *défenses*, ou en proposant des *exceptions*, etc. (v. *ces titres*)... Si l'assistance d'un avoué n'est pas nécessaire, il se présentera en personne, ou par un mandataire, pour se défendre (v. *tit. des procéd. de paix et de commerce, et sect. des procédur. spéciales*).

§ 3. *De l'instruction.*

On nomme *instruction* (v. *pag.* 2) la série des actes qui précèdent le jugement (24); c'est que ces actes sont destinés à éclairer le juge, à le mettre en état de prononcer sur la contestation. (25)

L'instruction est faite par l'entremise, en présence et sous l'autorité de certaines personnes, et conformément à des règles générales et particulières de formes... On y suit une marche ordinaire ou extraordinaire... Elle a pour objet une difficulté principale, avant la solution de laquelle il faut souvent discuter des questions préjudicielles ou provisoires... Lorsque les intéressés sont présens, les actes de l'instruction leur sont réciproquement communiqués... Elle doit se terminer lorsque le juge est censé suffisamment éclairé... Voilà les principaux points de vue dans lesquels nous allons considérer rapidement l'instruction. Quant aux incidens, aux preuves, etc., qui en suspendent, retardent ou interrompent la marche, nous en dirons un mot dans les §§ suivans.

I. *Personnes.* On a dit aussi que l'instruction est faite devant la plupart des tribunaux par l'entremise des avoués (26); il faut ajouter, en premier lieu, qu'elle doit l'être en présence des parties, ou du moins les *parties appelées* (**27***); car comment découvrir la vérité sur le seul exposé de l'une d'elles (**28**)? Cette règle, fondée sur le droit naturel, est si stricte, qu'on l'observe même envers le particulier qu'un premier jugement a interdit *(C-pr.* 894). — En un mot, elle ne reçoit exception que dans un petit nombre de circonstances peu importantes, et indiquées précisément par la loi. V. *C-pr.* 47, *in f.;* 307, *inf.,* 333, 394, 950. — V. aussi 456, 844, 850, 951.

En second lieu, l'instruction se fait sous la surveillance directe ou indirecte du juge; car plusieurs des actes en sont passés devant lui ou devant le magistrat qu'il délègue, et tous doivent lui être soumis tôt ou tard. D'ailleurs, outre que l'instruction a pour but de l'éclairer, la demande l'a saisi de la cause. (**29**)

Par le même motif on peut établir comme règle générale (**30**), que lorsque l'instruction est insuffisante, le juge, pour la compléter, peut d'*office* ordonner tous les actes et prendre toutes les mesures qui lui paraissent nécessaires et qui ne sont pas (**31**) contraires aux lois de la procédure. V. *L.* 2, *ff. jurisd.; Loiseau, déguerpissement, liv.* 5, *ch.* 10, *n.* 14; *Carré, analyse, t.* 1, *p.* 591; *arr. de Rennes,* 25 *août* 1807, *ib.*

(24) Il faut y comprendre la demande, d'autant plus que dans certaines procédures elle forme seule une grande partie de l'instruction.

(25) Quant à la nécessité de faire des actes (c'est-à-dire une procédure) pour éclairer le juge, v. *ci-dev. notions prélim.,* § 3, *p.* 4.

Il faut observer que le silence et l'inaction d'une partie, ou certaines mesures qu'elle prend, équivalent parfois à des actes écrits positifs, comme en matière d'acquiescement (v. *ci-apr. sect.* 4); d'acceptation d'hérédité (v. *C-c.* 778); de réception de caution (v. *en le titre*);... c'est pourquoi l'on divise quelquefois les actes en *exprès* et *tacites.*

(26) *V.* ci-devant le n. 8, p. 192, et les divers titres, chapitres ou §§ auxquels il renvoie.

(27*) La partie appelée est censée présente (v. *C-pr.* 48, 206, 262, 463, 534; *C-c.*1008, 1463), parce que c'est sa faute si elle n'a pas comparu. — Au reste ce que nous disons ici et ailleurs (v. *entre autres, p.* 197, *n. v*), *des parties,* s'entend, en général, des avoués qui, on l'a vu (*p.* 71 *et* 72, *et note* 10 *a, p.* 73), les représentent quant à l'instruction.

(28) *V*. à ce sujet, ci-dev. p. 180 , note 9, n. 1 ; C-pr. 337 ; décr. 22 juill. 1806, art. 40 ; C-pr. 421, 422 ; arr. cass. civ. 30 mars 1812, B. c. ; id. crim. 6 juill. 1809, Nevers, supp., 159 ; M. Merlin , ib. ; Rodier, tit. 11 ; art. 11, qu. 2 ; Pussort, pr.-verb., tit. 11, art. 21 ; Pigeau, i, 688 ; *surtout* ci-après tit. de l'opposition, n. 1 et note 6.

D'après cela on *tient* qu'on peut se pourvoir contre les décisions rendues sur simple requête , et par conséquent sur l'exposé d'une seule des parties. *V. d. note* 6 , *n.* 3 ; *L.* 71, *ff. reg. jur.* ; *Pothier, eod.* ; ord. 1667, tit. 35, art. 2 ; *Rodier, sup.* ; arr. Turin , 22 août 1810, *Nevers,* 1811, *supp.,* 48 ; *B. c.* 20 *juin* 1810.

(29) *V.* ci-dev., art. de la compétence , p. 35 , n. 4 ; ci-apr. tit. de l'assignation, art. 5, n. 4.

(30) Et ces deux-ci : 1° il a le droit de déléguer certaines opérations d'instruction.—2° Il supplée aux nominations sur lesquelles les parties ne s'accordent pas. V. *part.* 1, *p.* 17, 3° *règle* ; *titre des règles général., p.* 179, *n. 5 et notes 7 et 8 , ibid.*

(31) Tels sont les accès de lieux , enquêtes, rapports d'experts. V. *C-c.* 38 et 295 ; 254 et 389 ; 322 ; *M. Merlin, rec. alph. , mot experts, §* 1. — Tels sont encore la comparution des parties , le serment , les interpellations aux témoins et aux parties interrogées , la communication au ministère public, la défense aux parties de plaider, la tenue des audiences à huis-clos, la représentation des livres de commerce, etc. *C-pr.* 119 *et* 428 ; *C-c.* 1366 *et suiv.* ; *C-pr.* 37, 273 *et* 333 ; 83 *in f.* ; 85 *in f.* ; 87 *in f.* ; *C-com.* 15.—V. aussi *ci-apr. tit. des audiences, note* 5 *et de la tierce-opposition, note* 21.

II. *Règles relatives aux formes.* Nous avons exposé les plus importantes de celles qui sont communes à tous ou presque tous les actes (32) ; les autres seront indiquées dans chacun des titres qui ont pour objet les espèces diverses d'actes.

III. *La marche de l'instruction* est, ou ordinaire (33), ou extraordinaire (34). Pour la première on suit les règles que nous donnons dans les quatre premières sections du livre premier, et dans quelques chapitres des suivans : celles de la seconde sont tracées dans les deux dernières sections du même livre.

(32) V. d. part. 1, sect. 3, chap. 1, 3, 4 et 6, p. 142, 151, 157 et 177. Quant aux formes non indiquées par la loi, *voyez* ci-après l'appendice des requêtes, et ci-dev. § des nullités, note 6, p. 153.

(33) Nous appelons ainsi la marche qu'on doit suivre dans toutes les causes , à l'exception de celles de la note 34. V. *ci-apr. sect.* 2 (de la procédure ordinaire), *p.* 211.

(34) C'est celle qui est propre aux causes pour lesquelles on a déterminé une procédure particulière, telles que les causes qu'on porte aux juges de paix et de commerce, celles de l'enregistrement, etc. V. *ci-apr., liv.* 1, *sect.* 5 *et* 6.

IV. *Difficultés principales, incidentes, préjudi-cielles, provisoires.* Tout procès commence par une réclamation d'un objet quelconque; c'est ce qu'on nomme le *fond* ou le *principal* du procès, par opposition aux réclamations incidentes, préjudicielles et provisoires, parce que c'est principalement cette réclamation qu'on a formée dans l'origine, tandis que les réclamations *incidentes* ne sont survenues que pendant l'instruction de la cause principale (**35**).

Le principal étant donc l'objet essentiel, l'objet spécial d'une cause, on devrait en général y statuer le plus promptement possible. Néanmoins il est une foule de circonstances où les demandes incidentes sont de telle nature, qu'elles doivent nécessairement précéder le jugement du principal. Telles sont toujours les questions préjudicielles (**36**), et souvent les demandes provisoires. V. *au surplus, d. sect.* 3.

(35) *V.* d. part. 1, p. 2, note 6; ci-apr. § 5, p. 200; le titre des défenses et la section 3 (de la procédure incidente).
Les diverses réclamations formées pendant une instance sont aussi appelées le *fond* de la cause, par opposition à la *forme* ou aux actes de l'instruction; de sorte que dans ce cas le mot *fond* a un sens plus étendu. V. *d. note* 6; *et ci-apr., d. tit. des défenses, note* 8.
(36) Celles dont la décision peut rendre inutile le jugement du principal. V. *d. sect.* 3, *divis.* 1, *note* 9; *ci-dev. part.* 1, p. 32, *note* 52.

V. *Mémoires, écrits, communications, etc.* Lorsque les parties sont présentes, l'instruction se fait *contra-dictoirement* entre elles, c'est-à-dire qu'elles débattent leurs prétentions respectives (**57**)... Comme le demandeur a exposé les siennes dans la demande, le défendeur doit naturellement agir le premier après cet acte. Il y répond, ou par des *exceptions,* c'est-à-dire par des mémoires ou écrits, où il soutient que la demande n'est pas admissible (**58**); ou par des *défenses,* où il soutient qu'elle n'est pas fondée (**59**). V. *ci-apr. les tit. des exceptions et défenses..*

Ces débats se faisant par écrit, il faut, pour que

chacune des parties en ait connaissance, que tous les
actes dont ils sont composés ou fortifiés leur soient
communiqués. C'est ce qui se pratique, ou par la remise des pièces originales, soit aux défenseurs des
parties, soit au greffe ; ou bien par la *signification* ou
notification d'une copie de ces pièces, à l'aide d'un
huissier (40). V. *dd. tit.; ci-dev.* § *des huissiers, p.*
80; *et sect.* 3, *ch.* vi, *n.* 7, *pag.* 181.

Sans ces mesures, les mémoires ou pièces sont
considérés comme n'existant pas (41), suivant les
maximes *non esse et non apparere sunt unum et idem;
paria sunt non esse et non significari* (42).

Lorsque ces débats (43) ne suffisent point pour
éclairer le juge on ordonne un délibéré, ou bien une
instruction par écrit, et, dans le second cas, il se fait
de nouvelles communications, appelées productions,
et, dans tous les deux, un des juges fait un rapport.
V. *ci-apr. tit. des rapports, de juges, in pr.* (44).

(37) Toute partie peut répondre à une réclamation : cela est fondé sur le
droit naturel. V. *au reste, ci-dev.*, *note* 9, *p.* 180.

(38) Ou, en d'autres termes, il lui oppose une *fin de non-recevoir.*—V. le
tit. des défenses, surtout notes 7 et 8.

(39) Dans l'instruction abrégée ou sommaire, les défenses se proposent en
général de vive voix à l'audience. V. *ci-apr.*, *liv.* 1, *sect.* 5 (*procédure
sommaire*), etc.

(40) Ou faite à l'amiable entre avoués. V. *d. p.* 81, *note* 31 ; M. *Merlin,
rép.*, *mot signification.*

On exige en outre dans quelques procédures, des publications par apposition d'affiches ou insertion dans des journaux. V. *ci-apr.*, *liv.* 3, *tit. des
régles générales d'exécution*, *n.* 5, *de la saisie-exécution*, § 6, *de la saisie-
immobil.*, *art.* 5.

(41) Ils n'existent point en effet pour la partie qui n'en a pas connaissance.

(42) *V.* Barbosa, ax. 162; M. Merlin, rec. alph., mot faux, § 6, et enregistrement, § 16; arr. cass. 7 germ. xj, ib.; rép., mot bois, § 2; d. ch. 6,
n. vij, p. 181.

(43) Les débats des parties dans une procédure forment entre elles une
convention tacite nommée *contrat judiciaire*, qui les assujétit à diverses
obligations. V. *ci-apr.*, *appendice du contrat judiciaire.*

Le juge consacre ordinairement les déclarations des parties par cette formule *donner acte.*—V. *ci-apr.*, *tit. de la vérificat. des écrit., note* 11, *surtout tit. des jugemens, note* 15.

(44) Observez que les actes précédens doivent être faits dans certains délais. V. *en l'art., p.* 158.

VI. *Fin de l'instruction.* Lorsque ces débats suffisent ou que les procédures destinées à les compléter, ont été faites, l'instruction est *consommée*, et les parties ne peuvent plus, relativement à la même cause, former de nouvelles réclamations, soit de vive voix, soit par écrit (**44 *a***).

(44 *a*) *Observations.* 1. L'instruction est consommée ou terminée, en premier lieu, dans les procès d'audience non sujets à communication au ministère public, lorsque le président déclare les plaidoiries terminées. V. *ci-apr. tit. des audiences, note* 5, *n.* 2 et 3.

En second lieu, dans les procès sujets à la même communication, lorsque le ministère public a pris la parole. V. *ci-dev. p.* 26, *note* 32; *arrêts ib.*; *rej. requ.* 28 *août* 1834, *avoués, xlvj;* 82.

En troisième lieu, dans les procès suivis de rapports de juges, lorsque le rapport a été fait. V. *en le titre, in pr.*

2. Certaines réclamations peuvent être présentées jusques à la fin de l'instruction; ce sont celles que la loi autorise à proposer *en tout état de cause*, ce qui signifie en effet, *tant que l'instruction n'est pas terminée.* Voy. à ce sujet, ci-apr. tit. des exceptions, ch. 1, appendice, § 1; chap. 2, n. 1; tit. de l'interrogatoire, n. 1 et notes 7 et 20; tit. de l'appel, ch. 3, n. 5, et note 57.

§. 4. *Des preuves.*

Une contestation peut offrir une question de fait (**45**), et une question de droit (**46**). Avant de prononcer sur celle-ci, il est nécessaire de résoudre celle-là (**47**). Par conséquent si les faits essentiels (**48**) sont contestés par une des parties, et non justifiés par l'autre, il faut en *administrer* la preuve (**49**). V. *ci-apr. section* 3, *division des preuves.*

La preuve s'*administre* ou directement par le moyen des titres, des aveux, vérifications d'écriture, enquêtes, accès de lieu, rapports d'experts et interrogatoires; ou indirectement par des argumentations tirées des mêmes genres de preuves, par des présomptions légales ou de fait, etc. V. *d. section* 3.

(45). Si les faits ne sont pas contestés, il n'y a plus qu'une question de droit.

(46) *Exemple.* Pierre demande à Joseph le paiement d'une obligation résultant d'une promesse. *Question de fait:* y a-t-il eu une promesse ?..

Question de droit : s'il a été fait une promesse , est-elle obligatoire d'après la loi?.. — V. *tit. des jugemens , ch.* 1, *n.* 3.

(47) Parce que la question de droit naît des faits constatés.

Ainsi dans l'exemple précédent, s'il n'est pas certain qu'il y ait eu une promesse, il est au moins inutile d'examiner si cette promesse prétendue a une force légale.

(48) C'est-à-dire des faits qui puissent servir à la décision. V. *d. division des preuves.* — On conçoit qu'il serait fort inutile de prouver des faits dont l'existence n'aurait aucune influence sur la décision du juge , tels que des faits non *pertinens* ou non *concluans.*—V. *à ce sujet d. division, et le tit. des enquêtes,* § 1.

(49) Si toutefois la loi le permet. V. *d. division et d. tit.* note 4.

§ 5. *Des incidens.*

L'incident est une contestation qui survient pendant la contestation primitive ou principale, et qui en interrompt le cours. Le demandeur, par exemple, ayant fondé sa réclamation sur un titre, le défendeur soutient que ce titre est faux, voilà un incident; car on est obligé d'interrompre l'instruction de la demande principale pour examiner si le titre qui en est la base est ou n'est pas faux. V. *ci-apr. la section de la procédure incidente.*

Les incidens sont jugés avant la demande principale ou en même temps. Dans ce dernier cas on en ordonne la *jonction* au principal (50*). V. *la même section.*

(50*) Une *jonction* est l'action de réunir deux instances connexes ou deux parties connexes d'une instance, pour les instruire, ou pour y statuer par un même jugement. V. *d. section, division* 1, note 10.—Cette méthode est fondée sur le grand principe de l'abréviation des procédures. V. *part.* 1, *sect.* 3, *ch.* 2, p. 148.

§ 6. *Des interruption, reprise et anéantissement d'une instance.*

L'instruction d'une instance peut être interrompue par des évènemens (tels que la mort de l'une des parties) qui ne permettent pas de la continuer; il faut alors, ou s'en départir, ou la reprendre, c'est-à-dire annoncer qu'on va la continuer; autrement on serait exposé à avoir deux instances et deux décisions, peut-être contraires, sur la même contestation. V. *au surplus le tit. des reprises d'instances.*

Si l'on ne reprend pas une instance (51), on est aussi exposé à la voir anéantir par une demande en péremption ; et si cela arrive, on est obligé d'en commencer une nouvelle (52).

(51) Même interrompue volontairement, ou abstraction faite de tout évènement d'où résulte une interruption forcée.

(52) V. *tit. de la péremption* (ou espèce de prescription de l'instance).

§ 7. *Des jugemens.*

On a déjà indiqué (53) 1. ce que c'est que le jugement, ou l'acte par lequel une contestation est terminée ; 2. quel est le tribunal à qui l'on doit porter la contestation (54), et par conséquent qui doit rendre le jugement ; 3. quel est son pouvoir relativement à l'instruction (55)... On donnera de nouveaux détails au titre des jugemens, où l'on dira aussi comment le jugement se forme, se rédige, etc. (56).

(53) Part. 1, sect. 1, ch. 2, art. 2, § 1, p. 21.

(54) D. part. 1, sect. 2. ch. 5. p. 131.

(55) Ci-dev. § 5, n. 1, p. 194.

(56) A l'égard du *pouvoir* du juge en matières qui ne sont pas proprement contentieuses, telles que les émancipations, autorisations d'ester, homologations de délibérations, etc., on en parlera dans la troisième partie, surtout dans son introduction, et dans les notes 2 et 3, ibid.

§ 8. *Voies ouvertes contre les jugemens.*

Un jugement ne termine tout-à-fait une contestation qu'autant qu'il n'est pas permis de l'attaquer, ou qu'on ne l'a pas attaqué lorsque cela était permis. Les voies d'attaque ou de recours (57*) sont ordinaires ou extraordinaires. Les voies ordinaires sont l'opposition simplement dite, l'opposition d'exécution et l'appel ; les voies extraordinaires sont la tierce opposition, la requête civile, la prise à partie, le désaveu, la cassation. Les unes et les autres peuvent faire anéantir, réformer ou rétracter le jugement, en tout ou en partie. V. *sur tous ces points, le livre* 2.

(57*) *Recours* signifie ici l'action d'attaquer un jugement par une voie quelconque; c'est l'acception la plus générale de ce mot. Pris dans un sens plus restreint, il désigne la voie par laquelle on attaque les jugemens en dernier ressort, devant la Cour de cassation. V. *en l'art. ci-dev.*, p. 63, *et ci-apr., tit. de la cassation.*

§ 9. *De l'exécution des jugemens.*

Le jugement exécutoire par provision, ou non attaqué, ou en dernier ressort, est exécuté par le moyen de la saisie, ou de la personne, ou des biens du condamné, et par la remise du prix de ceux-ci entre les mains du particulier qui a obtenu gain de cause. V. *pour les détails, le livre* 3.

LIVRE PREMIER.

Procédure devant les tribunaux (1).

D'après les observations que nous venons de présenter dans l'introduction de la seconde partie, on conçoit facilement que la procédure devant les tribunaux (2) peut être envisagée sous six différens points de vue, suivant qu'elle est préparatoire, ordinaire, incidente, interrompue et anéantie, sommaire ou abrégée, et enfin spéciale : en conséquence nous diviserons ce livre en six sections particulières (3).

(1) Ce livre correspond aux livres 1 et 2 et au titre dernier de la 1re partie du Code. Nous avons donné (*introduction, art. 2, note* 7, p. 187) les principaux motifs de la réunion des deux premiers livres; quant au titre dernier, il traite des *référés*, qui se placent naturellement dans la procédure *sommaire.* — V. *ce tit., et ci-apr. sect.* 5.

Nous avons déjà (*d. introduct.,* p. 185, *note* 3) exposé les motifs pour lesquels nous intitulons ce livre « procédure devant les tribunaux. » Ajoutons que nous avons supprimé le mot *inférieurs* qu'on y a joint dans la *rubrique* du livre 2 du Code, parce que, 1° si les tribunaux d'arrondissement et de commerce sont des tribunaux inférieurs par rapport aux cours royales, ils sont des tribunaux supérieurs par rapport aux juges de paix et aux prud'hommes ; 2° la procédure d'appel et des voies extraordinaires leur est propre en cette qualité, et d'ailleurs ne diffère qu'en un très petit nombre de points de la procédure des tribunaux de première instance. V. *ci-apr., liv.* 2, *surtout lit. de l'appel, note* 79.

(2) Quant au motif de cette dénomination , *voyez d.* introduction , note 3, p. 185.

(3) Chacune d'elles aura pour objet la procédure envisagée dans l'un de ces six points de vue, et sera subdivisée suivant que la nature des matières l'exigera. Ainsi la première n'a qu'un titre, la conciliation : la seconde en a six , savoir, l'assignation, les défenses , les exceptions, les audiences , les rapports de juges, les jugemens : la troisième, quatre divisions (savoir, procédure incidente, 1. proprement dite ; 2 , naissant des preuves; 3, relative à un changement dans les parties; 4 , relative à un changement dans les tribunaux), et chaque division, un ou plusieurs titres, etc.

SECTION PREMIÈRE.

Procédure préparatoire, ou de la conciliation (1).

La conciliation est une formalité qui a pour but d'accorder des particuliers prêts à plaider.

Nous la considérons comme formant une procédure *préparatoire* (1 *a*) parce qu'elle n'est pas un acte d'une instance, mais l'acte préalable d'une instance (2); en un mot, un *préliminaire*, suivant l'expression du Code, art. 49 et 320.

Le législateur ne desire pas seulement, comme nous l'avons observé (3), que la marche des procès soit rapide et économique, il veut encore, autant qu'il est possible, prévenir les procès eux-mêmes (4). Tel est le motif (5) pour lequel il exige impérieusement qu'avant d'entreprendre une discussion judiciaire quelconque (6), on essaie de s'accorder sur le différend qui peut y donner lieu. V. *Treilhard, exposé des motifs*, p. 22.

Nous allons examiner quelles sont les causes pour lesquelles la conciliation est exigée, et quels en sont le mode et les effets.

(1) Cette section correspond au titre 1, liv. 2 du Code.

(1 *a*) On pourrait aussi l'appeler procédure *préventive*. F. B. S.

(2) « Aucune demande, dit la loi (*C-pr.* 48), ne sera reçue devant les tribunaux de première instance, que le défendeur n'ait préalablement été appelé en conciliation, etc. » Comme la demande est nécessairement le premier acte d'une instance (v. *le tit. de l'assignation, et ci-dev.* p. 2, note 5 *a, et* p. 193, § 2), il paraît clair que la loi ne considère pas la conciliation comme faisant partie d'une instance... Au reste, telle est aussi l'opinion des cours de Seine-et-Marne (*arr.* 21 *pluv. xj, au rec, alph., mot suppression*) et de Grenoble (*arr. de* 1823, *ci-apr.* p. 210, *note* 28, *n.* 7); et telle paraît être celle de M. Merlin, *ib., ij,* 216, *iv,* 49, *mots domicile,* § 4, *et pignoratif; et rép. iij,* 349, *mot déclinatoire,* § 1. — V. d'ailleurs, *ci-apr.* note 24, *n.* 2, p. 208.

(3) Part. 1, sect. 3, ch. 2, p. 148.

(4) *Histoire.* C'est à l'Assemblée Constituante que nous devons cette institution bienfaisante et utile. Créée par la loi du 24 août 1790, tit. 10, elle a été maintenue par tous les actes constitutionnels (1791, *tit.* 3, *ch.* 5, *art.* 6;

an iij, art. 215; *an viij, art.* 60), et développée par plusieurs lois. V. *L.* 27 *mars* 1791, 26 *vent. an iv, etc.* — V. aussi l'*instr. du comité de constit.*, *du* 18 *nov.* 1790, § 14, *et Treilhard, p.* 22.

(5) L'intention du législateur est manifestée si clairement dans les règles que vous allons exposer, qu'on pourrait, ce nous semble, établir ce principe général : *dans le doute, il faut décider pour la conciliation.*

(6) Il y a des exceptions, mais les motifs mêmes qui les ont fait établir (v. *ci-apr., notes* 11, 15, 16 *et* 17, *p.* 206), prouvent l'intention précédente.

I. CAUSES. — *Règle générale.* La conciliation est exigée (**7**) dans toute demande principale (**8**) et introductive d'instance (**9**), formée entre des parties capables de transiger (**10**), et sur des objets qui peuvent être la matière d'une transaction (**11**) et doivent être soumis aux tribunaux d'arrondissement (**12**). *C-pr.* 48.

(7) Aucune demande *ne sera reçue,* dit la loi. V. *notes* 2 *et* 5, *p.* 204, 205, *et note* 27, *n.* 2, *p.* 209.

(8) *V.* sur ce mot, ci-devant, p. 197, n. 4, et ci-après sect. 3 (procédure incidente).

(9) Il faut qu'elle soit aussi *introductive,* parce qu'il y a des demandes qui, quoique principales (du moins dans un sens) comme la garantie et l'intervention, ne sont pas introductives d'instance. V. *ci-apr. note* 16.

Observations. 1. Une demande *additionnelle* est aussi sujette à la conciliation, parce qu'au fond elle est principale et introductive pour le point sur lequel on ne s'est pas concilié. Mais l'on n'y est pas tenu pour une demande *réduite,* puisqu'elle a été implicitement comprise dans la conciliation primitive. V. *au reste, rec. alph., mot bur. de paix,* § 4; *rép., mot révocation de donat.,* § 2; *arr. cass.* 4 *nov.* 1807, *ib.; ci-apr. append. des conclusions, n. ij.* — V. aussi *Aix,* 16 *août* 1811, *J-C-c. xix,* 25.

2. La reconvention qui ne sert que de défense à la demande principale est également dispensée de conciliation (*arr. rejet* 17 *août* 1814, *Jalbert,* 483), tandis qu'il n'en est pas de même, 1° quant à la reconvention qui n'a aucun rapport avec cette demande (à moins qu'elle n'en soit aussi dispensée par elle-même). V. *rép., mot reconvention, n.* 4; *Agen,* 31 *mars* 1824, *avoués, xxvij,* 124. — 2° Quant à une seconde demande qui diffère de la première, c'est-à-dire à une *nouvelle* demande, v. *arr. d'Aix et cass.* 27 *mai* 1808 *et* 22 *févr.* 1809, *J-C-pr. iij,* 162 *et* 347; *ci-apr. tit. de l'appel, ch.* 6.

(10) Et par conséquent on excepte les causes des parties qui sont incapables, telles que l'état, les communes et établissemens, les mineurs... *C-pr.* 49, § 1.

Mais 1° comme ces personnes peuvent transiger *indirectement* par l'intermédiaire de leurs administrateurs et en observant certaines formes, il est clair que l'art. 48 n'entend soumettre à la conciliation que les causes des parties *capables absolument* de transiger (v. *d. rec. mot légitimité,* § 2).

2° Le majeur qui actionne conjointement avec un mineur, n'est pas dispensé de la conciliation. V. *rej. civ.,* 30 *mai* 1814, *Jalbert,* 576. — A moins qu'il ne s'agisse d'un objet indivisible entre eux, *suiv. Bordeaux,* 29 *août* 1833, *avoués, xlvij,* 601.

(11) Et non pas ceux sur lesquels on ne peut compromettre. V. *ci-devant art. des arbitres*, n. 1, p. 40; *C-pr.* 1004.—Dans ce cas et dans le précédent, il serait fort inutile de tenter un accord qui ne pourrait avoir aucun résultat légal.

(12) La loi dit, tribunaux *de première instance*, mais tout le texte du titre 1 (v. note 1) prouve qu'il s'agit des tribunaux d'arrondissement, qu'on nomme d'ailleurs aussi tribunaux de première instance. V. *d. part.* 1, *art. de ces tribunaux*, p. 55, *note* 58.

Au reste, on voit par cette expression, que la loi excepte les causes de la compétence des juges de paix et des juges de commerce (v. *aussi C-pr.* 49, ✝ 4); c'est que les causes soumises à ces derniers exigent une prompte décision, et que les premiers sont tenus, par la nature de leurs fonctions, de chercher à concilier les parties et même de les inviter à se concilier. V. *constit. an viij*, *art.* 60.

Exceptions (13). Les demandes, 1. intéressant les personnes administrées par d'autres (14); 2 et 3. formées contre plus de deux personnes (15), ou à l'occasion d'instances ouvertes ou jugées (16); 4. urgentes (17); 5. désignées spécialement par la loi (18), V. *C-pr.* 49, *et les notes ci-dessous.*

(13) Ces exceptions ne sont pas des prohibitions, mais seulement des dispenses (v. *C-pr.* 49, *in pr.*), de sorte qu'il n'y a pas nullité si l'on a essayé la conciliation dans les cas suivans. V. *arr. de Montpellier*, 5 août 1807, *J-C-pr.*, t. 1, p. 143.

(14) C'est-à-dire, les personnes indiquées ci-devant, note 10, et par conséquent les demandes relatives à des tutelles, à des curatelles, délibérations de famille, etc. V. *au surplus, C-pr.* 49, ✝ 7; *et* 883; *ci-apr. tit. des avis de parens*, n. 1 et note 3, n. 1.

(15) Encore qu'elles aient le même intérêt. V. *C-pr.* 49, ✝ 6.—Ou qu'une seule ait intérêt. V. *B. c.* 20 *févr.* 1810—C'est que la conciliation serait trop difficile ou ralentirait trop l'action. — V. toutefois sur ce point, *Nancy et Besançon*, 20 *juin* 1824, *et* 22 *mai* 1827, *avoués, xxxj*, 240, *xxxiij*, 130; *autres arr. ibid.*

(16) Mêmes motifs qu'à note 15.—Cette exception embrasse les demandes relatives à des interventions, à des garanties, vérifications d'écriture, désaveux, renvois, réglemens et prises à parties de juges, reprises d'instance, saisies, offres réelles, remises et communications de titres. V. *C-pr.* 49, ✝ 3 *et* 7; 545, 566, 570, 718, 871, *et pour la* tierce opposition, *ce tit.*, § 3, n. 1, *et note* 18, n. 2.

Observation. D'après les mêmes motifs, il n'est pas besoin de conciliation lorsqu'on porte une affaire au tribunal auquel elle est renvoyée par un arrêt de cassation. V. *rec. alph., mot cassation*, § 2; *arr. cass.* 26 *pluv. xj*, *ib.; notre cours crimin., art. de la cassation, note* 25.

(17) Encore mêmes motifs qu'à la note 15. — Cette exception comprend les demandes relatives à des mises en liberté, à des main-levées de saisie et opposition, paiemens de loyers, pensions, arrérages de rentes, et dépens. V. *C-pr.* 49, ✝ 5; *ci-dev. p.* 69, *note* 1, n. 2.

(18) Telles que les séparations de biens et de corps, les dépôts de rapports

d'experts, délivrances d'expéditions d'actes, rectifications d'actes de l'état civil. *C-pr.* 49, *in f.*, 320, 839, 856, 878 ; *ci-apr. part.* 3 , *tit. de la séparat. de corps, note* 4.

II. MODE. — 1. Les parties paraissent devant un juge de paix (19), ou volontairement, ou en vertu d'une citation, dans laquelle on énonce sommairement l'objet de la conciliation (20). *C-pr.* 48 *in f.*, 52.

2. Les parties doivent comparaître en personne, et en cas d'empêchement, par l'entremise d'un mandataire (21). *C-pr.* 53.

3. Si l'une des parties ne comparaît pas, il en est fait mention sur le registre et sur la citation (21 *a*); et elle n'est admise à plaider qu'après avoir payé une amende (22). *C-pr.* 58, 56; *tarif* 13.

(19) Quant au choix de ce juge, il faut suivre les règles exposées p. 119 et suiv., excepté pour les causes réelles, car dans ce cas il faut s'adresser au juge du domicile. V. *C-pr.* 50; *et p.* 138, *note* 21. — V. aussi (pour les causes de succession), p. 141, *note* 27, *n.* 1. — Observez aussi que ce n'est pas en qualité de *juge* (expression peu exacte du code), mais de *magistrat conciliateur* qu'on s'adresse à lui.

(20) Elle est donnée à trois jours au moins de délai. *C-pr.* 51.

(21) *Observations.* 1. Ce mandataire devait jadis être muni de pouvoirs suffisans pour transiger. *L.* 27 *mars* 1791, *art.* 16. — Le code se bornant à dire que les parties comparaîtront par un *fondé de pouvoir* (*d.* art. 53), et ses rédacteurs ayant supprimé (sur la demande du Tribunat) un article (46) du projet qui reproduisait la disposition de la loi du 27 mars, il est probable qu'on n'a pas voulu la maintenir. V. aussi *M. Hautefeuille*, *p.* 70, *et Bourges*, 2 *févr.* 1825, *avoués*, *xxix*, 89.

2. Le mari peut, sans pouvoir, représenter sa femme en conciliation, surtout pour une action immobilière. V. *arr. rej. requ.* 10 *mars* 1814, *Jalbert*, 391, *avoués*, *x*, 135.

3. Le défendeur qui y a paru ne peut ensuite demander la nullité du procès-verbal pour un défaut de pouvoir du représentant du demandeur. V. *id. et Grenoble*, 25 *mai* 1825, *avoués*, *xxxiij*, 147.

4. *Dr. anc.* On ne pouvait prendre ce mandataire parmi les gens de loi (*d.* art. 16). On le peut à présent (*M. Faure*, p. 199); mais l'avoué mandataire n'a pas de taxe pour cet objet. V. *tarif*, 69.

(21 *a*) Ou sur sa copie... sans qu'il soit besoin de dresser de procès-verbal. *D.* art. 58.

(22) Cette amende (10 fr.) doit être prononcée par le tribunal civil (non par le juge de paix... *B..c.* 8 *août* 1832) ; même 1o lorsqu'il juge par défaut (*décision du Gr.-juge*, 31 *juillet* 1808, *J-C-pr. iij*, 136) ; 2o contre le demandeur. V. *instruction sur les amendes.* — Ajoutons que le ministère public peut requérir que l'audience (*C-pr.* 56) soit refusée jusques au paiement de l'amende, *suiv. rej. requ.*, 25 *nov.* 1828, *avoués*, *xxxvj*, 67. — Autre question.. V. *B. c.* 20 *juin* 1810.

4. Si les deux parties se présentent, le demandeur peut expliquer (**23**) et même augmenter sa demande; le défendeur former celles qu'il juge convenables, et l'un et l'autre se déférer et prêter un serment (**24**). *C-pr.* 54 *in pr.,* 55.

5. Le juge doit tâcher de concilier les parties (*L.* 24 *août, art.* 2); s'il y réussit, on *insère* leurs conventions au procès-verbal : ces conventions *ont force d'obligation privée* (**25**). *C-pr.* 54 *in f.*

S'il n'y réussit pas, il constate simplement que les parties n'ont pu s'accorder. V. *Id., et tarif* 10. (**26**)

(**23**) Par exemple, en indiquer précisément ou avec détails, l'objet qu'on a pu n'énoncer que sommairement dans la citation. V. *à ce sujet*, *Pigeau*, i, 43, règle 3.

(**24**) *Observations.* 1. On ne pourrait augmenter une demande après la conciliation. V. *ci-dev. note* 9, *p.* 205.

2. On a jugé 1º que la réponse du défendeur non acceptée par sa partie adverse ne le lie pas; 2º que l'aveu fait au bureau de paix est un aveu judiciaire. V. *arr. d'Aix et de Turin,* 22 *juin* 1809 *et* 6 *déc.* 1808, *J-C-c. xiij,* 436 *et xiv,* 217.—On a donc considéré tacitement la conciliation comme une poursuite judiciaire, comme une dépendance de l'instance, et c'est aussi ce qui paraît résulter indirectement de deux arrêts des cours de cassation et de Grenoble, des 9 novembre 1809 et 5 mars 1810 (*Nevers,* 1809, 489, *et J-C-c. xiv,* 297). Néanmoins, l'avis proposé note 2, p. 204, nous semble mieux fondé sur les principes, et d'ailleurs est conforme à ceux qui ont déterminé la décision suivante (v. aussi *arr. rej. civ.* 14 *juin* 1814, *Jalbert,* 390, surtout *ci-apr. note* 29, *n.* 7, *p.* 210).

3. Le serment admissible au bureau de paix n'est pas judiciaire, et en conséquence le refus de l'y prêter n'exclut pas du droit de le faire devant le tribunal civil, et ne doit pas être considéré comme un commencement de preuve qui puisse autoriser la preuve vocale. V. *arr. cass.* 17 *juillet* 1810; *avoués,* ij, 77, *Nevers,* 334.

4. Si le défendeur y forme une demande et la fait suivre d'un ajournement, il est considéré dès-lors comme demandeur. V. *à ce sujet, M. Merlin, rec. alph.,* 2º *édit., mot pignoratif* (*contrat*), t. 4, p. 47, *plaid.* 22 *mars* 1810.

(**25**) Des doutes s'étaient d'abord élevés (v. *notre* 5º *édit.* , p. 189, *note* 25) sur le sens de ces expressions incorrectes (le Code civil ne distingue pas des *obligations publiques* et des *obligations privées*); mais il paraît surtout, d'après une observation de Treilhard (on ne pouvait, dit-il, p. 25, attribuer aux conventions de conciliation le caractère *d'un acte* public), qu'on a employé ici le mot *obligation* comme on le fait quelquefois dans l'usage, pour désigner l'acte d'où résulte l'obligation, car on dit par exemple « N. est porteur d'une obligation » pour énoncer qu'il est porteur d'un acte contenant une obligation. Le sens de l'article 54 est donc que le procès-verbal de conciliation aura force d'un acte sous seing-privé. Dès-lors, il ne sera jamais exécutoire ; il ne pourra renfermer des conventions d'hypothèques ou autres qui ne peuvent être faites que par-devant notaire ; mais il ne s'ensuit point de là qu'il ne doive pas faire foi en justice comme un acte authentique. Il en réunit en effet, sous ce rapport, les diverses conditions. Le juge de paix est bien un officier public et la loi lui attribue compétence pour dresser le procès-verbal de conciliation. V. *C-pr.* 54 ; *C-c.* 1317. — Ce procès-verbal doit donc, s'il n'a pas la même *force*, obtenir la même *foi* qu'un acte authentique, et tel est aussi l'avis de Pigeau (*i*, 43) et de M. Merlin (*rép. xvj*, 135, *mot bureau de conciliat.*, *n.* 5).

2. La reconnaissance d'écriture faite au bureau de paix n'emporte pas hypothèque. V. *B. c.* 22 déc. 1806, *n.* 189 ; *rép. xvj*, 391 (ce n'est pas là en effet une reconnaissance faite en justice... v. *C-c.* 2123).

3. Un compromis peut être passé au bureau de paix , *suiv.* Grenoble, 17 janv. 1822, *Sirey*, 22, 2, 114, *rej. requ.* 11 fév. 1825 , et *Toulouse*, 25 juin 1831, *avoués, xxviij*, 19, *xlij*, 291.

(26) Jadis on constatait les *dires*, aveux , dénégations. V. *d. L.* 24 août, *art.* 5. — Selon M. Toullier (*ix*, 202), le Code n'a pas voulu abroger cette disposition dont il ne contient (*d. art.* 54) qu'une répétition abrégée. Mais si le code offre quelques doutes, ils ont été levés par l'article 10 du tarif. Le procès-verbal, y est-il dit, ne doit contenir qu'une mention sommaire que les parties n'ont pu s'accorder.

III. Effets. — La formalité de la conciliation a trois principaux effets.

1. Elle autorise à exercer une action (**26 a**), car on est obligé, sous peine de nullité, de produire (**26 b**) avec l'ajournement, le certificat de non-conciliation ou de non-comparution (**27**). *C-pr.* 48 *in pr.*, 65 *in pr.*; *d. L.* 24 *août et* 27 *mars, art.* 21.

2 et 3. Lorsqu'elle est suivie (**28**) d'un ajournement, elle interrompt la prescription et elle fait courir les intérêts. V. *C-c.* 2245 ; *C-pr.* 57 ; *arr. rej.* 1809 *et* 1814, *J. C-c. xiv*, 384, *xxij*, 259. (**29**)

(26 *a*) Et même se défendre contre une action ; du moins on doit refuser l'audience au défendeur (comme au demandeur) jusques au paiement de son amende. V. *C-pr.* 56, et *ci-dev. p.* 207, *n.* 3.

(26 *b*) C'est-à-dire de donner une copie du certificat, etc... V. *ci-apr. p.* 219, *n.* 7.

(27) *Observations.* 1. L'irrégularité de la citation est couverte par les défenses au fond, par là même qu'elles couvrent l'irrégularité de l'assignation. V. M. Merlin, *rec. alph.*, *t.* 1, *p.* 327, *mot bur. de paix*, § 5 ; *rej. requ.* 6 *vend. xj*, *ibid.*

2. Le défaut de citation en conciliation peut être opposé en tout état de cause, et même suppléé d'office par le juge, comme étant une *exception* d'ordre public, *suiv.* M. Merlin. *ibid. et mot appel*, § 9, *arr. cass.* 27 *vent. viij*, Toulouse, 8 *juill.* 1820, *avoués, xxvij*, 121, *Pigeau*, *i*, 145, édit. de 1807 ; et M. Boncenne , *ij*, 47 *et suiv.* — Cette doctrine a été rejetée par *arr. cass.* 22 *therm. et* 11 *fruct. xj* (v. *d. rec.*, *i*, 326), 26 *mess. xiij*, 19

janv. 1825 (B. c.) ; *Bruxelles* , *Limoges* , *Agen* , *rej. requ.* , *Bourges* (5 , *arr.*), *Colmar* , *Toulouse et Orléans* , 1812 *à* 1831, *avoués* , *vij*, 362 , *xiij*, 117, *xxvij*, 118 , *xxxj*, 28, *xxxij*, 291, *xxxiij*, 128 , *xlj*, 563, *xliij*, 727, *xlv*, 527 ; *par M. Sirey* , *cité d. t.* 27, *p.* 121, et par Pigeau lui-même, 3ᵉ *édit.*, *t.* 1, *p.* 152.—Voy. d'ailleurs, quant aux exceptions d'*ordre public* , ci-apr. *tit. des exceptions* , *note* 21.

(28) Dans un mois à partir de la non-conciliation ou de la non-comparu- tion en conciliation. *C-pr.* 57.

(29) *Observations.* 1. Ces deux effets datent alors de la citation en con- ciliation. *D. art.*

2. La loi ne parlant que de la citation , la simple comparution volontaire au bureau de paix ne produit pas ces effets , *suiv. Colmar*, 15 *juill.* 1809 , *avoués*, *i*, 44. — V. toutefois *M. Boncenne, ij*, 59.

3. *Dr. int.* Le délai précédent n'était point fixé , d'où l'on a conclu que l'ajournement pouvait être donné au moins dans les trois années suivantes. V. *arr. de Toulouse*, 15 *mai* 1808, *J-C-pr. ij* , 164 (v. aussi *arr. d'Agen*, 7 *mars* , *ibid.*, *t.* 1, *p.* 441).—Mais il faut au moins que ce soit dans le mois qui a suivi la publication du code de procédure, *suiv. arr. de Montpellier et cass.*, 30 *décembre* 1812 *et* 27 *avril* 1814 , *et Bourges* , 1824 *et* 1828 , *avoués*, *vij*, 49, *x* , 143 , *xxvij*, 223, *xxxv* , 351 (contra... *v. d. arr. de Toulouse*).

4. La citation en conciliation sur une demande en péremption d'instance, n'étant pas nécessaire, elle n'a pu empêcher d'interrompre , par acte de pro- cédure, le cours de la péremption, *suiv. Paris*, 11 *fév.* 1811 , *avoués*, *iij* , 153.—V. *ci-apr.*, *tit. de la péremption* , *note* 12.

5. Elle ne suffit pas pour faire considérer un droit comme litigieux. V. *Metz*, 6 *mai* 1818, *avoués*, *xix*, 351.

6. Elle ne compte pas pour les poursuites exigées après un jugement de séparation de biens (v. *ci-apr. ce tit.* , *note* 15), lorsqu'elle n'a pas été suivie de l'ajournement ci-dessus. V. *arr. de Nîmes*, 21 *mai* 1819, *ib.*, *xxij*, 124.

7. La péremption de l'instance n'anéantit pas la conciliation, parce qu'elle n'est pas un acte de l'instance (elle est au contraire destinée à la prévenir); de sorte qu'en recommençant le procès, l'on n'aura pas besoin de citer au bu- reau de paix. V. *Grenoble*, 6 *mars* 1823 , *Sirey*, 24, 2, 64 ; *M. Merlin*, *rép. xvij*, 540, *mot péremption*, *sect.* 1, § 2, *n. vj*.—V. aussi *Aix*, 25 *avr.* 1825, *avoués* , *xxviij*, 331; ci-dev., *p.* 204 , *note* 2.

SECTION DEUXIÈME.

De la procédure ordinaire.

La procédure ordinaire est celle qui doit être observée dans toutes les espèces de causes soumises aux tribunaux d'arrondissement. Elle comprend : 1. *l'assignation*, ou acte qui introduit l'instance et soumet la contestation au juge; 2. les *exceptions* et les *défenses*, ou *requêtes* (1), ou mémoires par lesquels le défendeur et le demandeur établissent, écartent ou réfutent par écrit leurs prétentions respectives; 3. les *audiences*, où l'un et l'autre achèvent d'éclairer, de vive voix, le juge; 4. les *délibérés* et *instructions par écrit* et les *rapports*, où ils remplissent le même soin par des mémoires écrits, et où l'un des juges se joint à eux dans le même objet (1 *a*); 5. enfin les *jugemens*, par lesquels la contestation est terminée. Aucune cause n'est affranchie de ces espèces d'actes, ou au moins des trois premières et de la dernière (2). Mais il en est où il faut en faire un plus grand nombre ; ce sont les causes où il survient des incidens (3), et qui seront indiquées dans les sections suivantes.

(1) Les exceptions et défenses, on le verra dans les notes de leurs titres, se proposent par des écrits nommés *requêtes* ; mais ce mot a aussi un sens spécial (voy. *l'appendice des requêtes*).

(1 *a*) Il faut ajouter ici les *conclusions du ministère public*, lorsqu'elles sont nécessaires ; mais comme nous en avons déjà traité (*part.* 1, *sect.* 1. *ch.* 2, *p.* 23) nous n'y reviendrons point dans cette section.

(2) Parce que l'instruction par écrit ou sur *rapports* n'est faite que lorsque elle est ordonnée. V. *ci-apr.*, *tit. des rapports de juges.*

(3) On voit que nous n'appelons la procédure dont nous exposons les règles dans cette section, *procédure ordinaire*, que par opposition à l'autre espèce de procédure, c'est-à-dire à la procédure *incidente*.

TITRE PREMIER.

De l'assignation, ou ajournement, ou citation. (1)

L'assignation est un acte par lequel une personne en requiert une autre de paraître devant un tribunal (2) pour entendre prononcer (3) sur une contestation qui les divise.

Nous allons parler des personnes qui peuvent donner ou recevoir une assignation, des formes qu'elle doit contenir, du mode à suivre quand on en fait la remise, des délais qu'elle doit indiquer, des effets qu'elle produit. (4)

(1) Ce titre correspond aux tit. 1, liv. 1, et tit. 2, liv. 2 du code.

Observations. 1. Les mots assignation, ajournement et citation sont synonymes. L'ordonnance de 1667 et le code se servent du second ; le premier est plus usité dans la pratique (on le trouve d'ailleurs ainsi qu'*assigner*, dans le code.... v. 59, 69, 72, 73, 74, 364, 418, 419, 438, 456, 483, 492...); le troisième s'emploie dans la procédure de paix ou de conciliation, ou des chambres de discipline (jadis dans les tribunaux ecclésiastiques).

2. Ajournement vient d'ajourner, fixer un jour pour faire quelque chose (v. aussi *Bornier*, tit. 2, art. 1).

3. *Histoire de l'assignation*, V. ci-dev. part. 1, notions prélim., § 3, p. 6; Espagne, h.-v. n. 5 ; et la note suivante.

(2) *Observations.* 1. La législation a beaucoup varié sur cette matière. D'après la loi des douze tables (v. *d. not. prél.*, § 3; *Pothier*, pand., lib. 2, tit. 4) l'n'était besoin d'autorisation pour appeler son adversaire en justice, mais l'édit du préteur qui se trouve rapporté dans la loi 4, § 1, D. *de in jus vocando*, défendit d'appeler sans la permission de ce magistrat, les ascendans, les patrons et leurs enfans ou ascendans. V. *Gaius, iv*, 46... F. B. s.—V. aussi L. 13, *ff. in jus voc.* ; *Pothier, sup.*

2. L'ordonnance de 1302, art. 22 (v. *Bornier, tit.* 2, art. 6), fit de cette exception une règle générale et absolue, que celle de 1667 restreignit aux assignations données devant les tribunaux supérieurs pour lesquelles elle exigea la permission préalable du prince, accordée par des lettres de chancellerie (id., tit. 2, art. 12 et 13, et *Rodier, ib...* v. aussi *Lamoignon, pr. verb., ij*, 10). La loi du 11 septembre 1790, art. 20 et 21, supprima cette formalité, de sorte que dès-lors tout Français a pu traduire en justice, sans autorisation, comme on le pouvait sous la loi des douze tables, si ce n'est qu'il a fallu se servir de l'entremise d'un huissier.

3. Le code a maintenu cette dernière faculté, excepté pour les citations à bref délai (*ci-apr., sect.* 5) et pour quelques espèces de causes, telles que les réglemens de juge, les prises à partie, autorisations forcées de femmes mariées, séparations, actions contre les communes. V. *C-pr.* 364, 510, 861, 865, 878 ; ces divers titres, et ci-apr., art. 1. — Le législateur a sans doute considéré que le juge ne pouvant légitimement refuser la permission dans le

plus grand nombre des causes, elle n'était plus qu'une formalité inutile. C'est aussi par ce motif qu'il a supprimé la cédule qu'il fallait obtenir du juge de paix (*L.* 26 *oct.* 1790, *tit.* 1, *art.* 1) pour pouvoir citer à son tribunal. V. *Treilhard, p.* 18 (elle est seulement maintenue pour les citations aux experts et abréviations de délai... *C-pr.* 6, 29; *tarif* 7).

4. Cependant on doit convenir que la loi qui exigeait l'autorisation du magistrat pour assigner de proches parens, était bien loin d'être opposée aux règles de la saine morale.

(3) Ou pour se concilier, s'il s'agit d'une citation au bureau de paix (v. *ci-dev. p.* 207, *n. ij*).

(4) Quant aux matières pour lesquelles on doit user de cet acte, on peut établir en règle générale, que ce sont toutes espèces de matières civiles, si ce n'est celles où la loi prescrit l'usage des requêtes; encore dans celles-ci l'assignation est-elle un complément de la requête. V. *ci-apr. l'appendice des requêtes.*

'À l'égard du *but* de l'assignation, il est indiqué par la définition précédente. V. aussi *ci-apr. l'art.* 5, *p.* 227, *et ci-dev. introd.,* § 2, *p.* 193.

ARTICLE PREMIER.

Des personnes qui peuvent assigner ou être assignées. (5)

Pour pouvoir assigner ou être assigné, il faut avoir un intérêt à la contestation et être capable d'ester en justice.

I.º *Règle.* Il faut avoir un intérêt (6) à la contestation. Cette règle (7*) est fondée sur l'équité et sur la nature même de l'action. Sur l'équité, parce qu'il ne doit pas être permis de forcer, par pur caprice, un particulier à paraître devant le juge (8) : sur la nature de l'action, parce qu'elle n'est que le droit ou le moyen de réclamer ce qui nous *compète.* V. *ci-dev. p.* 107 *à* 110. (8 *a*)

(3) En général, qui peut assigner peut être assigné... Il faut excepter, 1º les *envoyés publics* et les gens de leur suite. V. à *ce sujet, rép., mot ministre public* ; *arr.* de *Paris,* 29 *juin* 1811, *avoués, iv,* 80.—2º Les accusés contumaces. V. *cours de droit crimin.,* § *de la procédure de contumace, note* 5, *n.* 1 et 2.

(6) *Observations.* 1. Avoir un *intérêt,* c'est avoir un avantage à obtenir, ou un inconvénient à éviter.

Néanmoins des personnes qui n'ont point d'intérêt, au moins immédiat, sont admises 1º à agir pour faire interdire ou mettre sous la direction d'un conseil, un majeur, ou s'opposer à l'homologation de délibérations relatives à des mineurs ; 2º à provoquer ou requérir des mesures utiles à ceux-ci ou à des femmes mariées, telles que des nominations de tuteur, des inscriptions hypothécaires, des appositions de scellés. *Voy. C-c.* 406, 490, 514, 2139;

C-pr. 888, 894, 900, 909, surtout *ci-apr. tit. de l'ordre, note* 41 *a*, *des avis de parens, notes* 3 *a* et 8, *de l'interdiction, notes* 1 et 6, *du scellé, note* 8.

2. Il faut aussi avoir *qualité* pour agir, ou en d'autres termes, il faut agir comme maître ou représentant du maître du droit (le premier a tout à-la-fois *qualité* et *intérêt*; le second a seulement *qualité*, mais réclame *l'intérêt* de son commettant)... D'où la règle « point de qualité, point d'action » V. *rec., mot appel*, § 9.

3. Un gérant d'affaires (v. *C-c.* 1372-1375) a-t-il qualité? NON, *suiv. rej. requ.* 11 *nov.* 1829, *avoués, xxxix,* 169.

4. Est-on censé reconnaître comme héritier, époux, etc., celui qu'on a assigné en partage d'hérédité, de communauté, etc.? NON.. v. *répert. xvj,* 744, *mot mariage, sect.* 5, § 2.

(7ᵃ) *Point d'intérêt, point d'action.* — *V.* ci-dev., introduct., art. 3, § 1, p. 188, note 10.

Observations. 1. Si l'intéressé (une femme par exemple) vient en appel agir en son nom et ratifier ce qu'a fait le non-intéressé (le mari, par exemple; dans le cas du nᵒ 1 *a* ci-après), cela suffit pour réparer le défaut primitif *d'intérêt* et de *qualité*, puisque les adversaires n'ont plus à craindre d'irrégularité, *suiv.* Colmar, 17 *avr.* 1817, *avoués, xviij,* 50.

1 *a.* Le mari, peut exercer les actions immobilières de sa femme sans le concours de celle-ci, sauf à elle à intervenir, ou à la partie adverse à l'appeler. *B. c.* 14 *nov.* 1831. — V. aussi *rej. requ.* 15 *mai* 1832, *avoués, xlij,* 365; *ci-dev. n.* 1.

2. Exceptions à la règle, *point d'intérêt, etc.,* v. ci-dev. note 6, n. 1; ci-apr. tit. de la contrainte par corps, note 51.

(8) L'obligation de comparaître, à laquelle le défendeur ne pourrait se soustraire sans s'exposer à une condamnation, lui cause un préjudice réel en ce que lors même qu'il obtiendrait gain de cause, il ne serait pas indemnisé de tous les dépens, des frais de déplacement et des inquiétudes causés par l'instance. — Aussi les Romains avaient-ils imaginé divers moyens de contenir les plaideurs téméraires : tels étaient pour le demandeur l'action et le serment *de calumnia* et la stipulation d'une peine pour le cas où il succomberait (*restipulatio*). A l'égard du défendeur, il s'exposait, en contestant mal-à-propos à se voir, selon les cas, condamner au double, au triple, ou au quadruple, ou noté d'infamie. On pouvait aussi quelquefois stipuler de lui une peine (*sponsio*) ou lui faire prêter serment. V. *Gaius, iv,* 171 à 182... *F. B. S.*

(8 *a*) Si en effet on n'a pas un intérêt, à plus forte raison n'a-t-on pas un droit à réclamer.

Il faut, soit par la même raison, soit parce qu'on n'a pas le droit d'agir pour autrui (9), que cet intérêt soit personnel, c'est-à-dire inhérent au particulier qui agit. Mais cela n'est pas nécessaire lorsqu'il représente légalement la personne en qui réside l'intérêt (10); lorsqu'il est, par exemple, son mandataire, ou son tuteur, ou même son créancier (10 *a*), car celui-ci peut exercer les droits et actions de son débiteur. V. *C-c.* 1166; *ci-dev. p.* 191, *note* 15. (11)

Il résulte encore de ces observations que celui qui fait une réclamation doit prouver son intérêt. Si l'intérêt est né en sa personne il suffit de produire le titre qui en est la source ; un acte d'acquisition, par exemple, lorsqu'on réclame des droits inhérens à la chose achetée. Si l'intérêt a été transmis, il faut joindre au titre de l'intérêt celui de la transmission : ainsi l'héritier de l'acquéreur doit produire son titre à l'hérédité, avec l'acte d'acquisition. (12)

(9) *Arg. ex L.* 73, § 4, *ff. reg. jur.; C-c.* 1119.
Observations. 1. De là vient la maxime vulgaire, *en France nul, excepté le prince, ne plaide par procureur;* maxime dont on étend le sens outre mesure, lorsqu'on en induit (v. *Pigeau, i,* 52 ; *M. Desmasures, ch.* 2; *arr. d'Aix et Rome,* 1808 *et* 1811, *J-C-pr., ij,* 48, *avoués, iv,* 309) qu'il faut absolument que l'action soit exercée *sous le nom* du maître; comme si quelque loi défendait au mandataire d'agir en sa qualité de mandataire, comme si dans ce cas ce n'était pas au fond le mandant lui-même qui agit par l'entremise du mandataire! V. *au reste à ce sujet, M. Merlin, rec. alph., mot prescription,* § 14 (2ᵉ *édit.,* § 15); *arr. cass.* 22 *brum. xij, ib.; rép., mot plaider.*—V. toutefois pour le système opposé, *rej. requ.* 7 *sept.* 1814, *Jalbert,* 547; *B. c.* 18 *juin* 1823, *n.* 72; *obs.-cass.* 155; *Toulouse,* 23 *déc.* 1830, *rej. requ.* 6 *avr.* 1831, *et Bruxelles,* 7 *avr.* 1832, *avoués, xlj,* 409 *et* 432, *xlv,* 525.
2. La maxime précédente n'est d'ailleurs applicable qu'à un mandataire *conventionnel :* un mandataire *légal,* tel qu'un liquidateur nommé en justice, y peut agir en son propre nom, *suiv. Aix,* 5 *avr.* 1832, *Sirey,* 35, 2, 22.
(10) Il est en général nécessaire que l'intérêt soit actuel (v. par exemple, *C-c.* 187). Mais lorsqu'il ne s'agit que de prendre des mesures conservatoires, il suffit qu'il puisse naître dans la suite. V. *C-c.* 1180; *Pothier, obligat., n.* 221, 222; *ci-dev. p.* 192, *n.* 7.
(10 *a*) Ou même son mari. V. *la note* 7.
(11) Mais non pas les actions attachées à la personne du débiteur (*d. art.* 1166); comme s'il s'agit de puissance paternelle, ou d'alimens (v. *ci-d. p.* 190, *note* 13).
(12) L'omission de ces justifications n'opère pas une nullité (*arr. de Paris,* 31 *mars* 1806, *prat. fr., iv,* 330); mais il est clair qu'elle doit produire en tout temps une fin de non-recevoir. Point d'intérêt et point de qualité, point d'action, on le répète. Donc on peut toujours opposer au demandeur l'ancien axiome, *tu quis es, et quid petis?*
D'ailleurs, bien que celui qui actionne succède au fait d'autrui, il ne doit pas moins être certain de son droit. *Qui agit certus esse debet, cum sit in potestate ejus, quando velit experiri : et ante debet rem diligenter explorare, et tunc ad agendum procedere. L.* 42, *ff. reg. jur.* — V. aussi *B. c.* 29 *mars* 1808; *obs.-cass.* 95; *arr. rej.* 10 *déc.* 1812, *Nevers,* 221.

IIᵉ *Règle.* Il faut être capable d'*ester* en justice, c'est-à-dire d'y paraître, ou de faire les actes propres à amener la décision d'un différend. V. *Espagne, sup.*, n. 19 *et* 20.

La capacité d'ester en justice appartient en général à toutes personnes, soit réelles, soit civiles (**13**). On excepte, 1. celles qui sont administrées par d'autres (**14**); elles ne peuvent ester que par l'intermédiaire de leurs administrateurs. Tels sont les mineurs, les interdits (**15**), les communautés, les établissemens publics (**16**), les condamnés à une peine infamante, ou par contumace... 2. Celles dont les droits ont été transmis à d'autres. Tels sont les morts civilement, les absens déclarés, les faillis. (**17**)

Il est d'autres personnes qui ne sont admises à ester en justice qu'après certaines formalités; ainsi l'étranger est tenu en général de fournir une caution, et la femme mariée d'obtenir une autorisation. (**18**)

(**13**) Cela dérive du droit naturel (*Arg. de déclarat. des droits de* 1791, *art.* 2 *et* 4), et les exceptions suivantes, de la loi civile; néanmoins plusieurs de ces exceptions, comme celle qui concerne les interdits, sont fondées sur la nature même des choses.

(**14** et **15**) Quant aux mineurs et interdits, v. tit. de la requ. civile, § 3, n. 8 et 11 et note 35.

(**16**) Les communes, établissemens, etc., sont des personnes *civiles* ou *morales*, c'est-à-dire des personnes à qui, par la pensée, et à raison de leurs droits ou obligations, on donne de l'existence.

(**17**) V. *C-c.* 450, 482, 25 (ỿ. 6), 134; *C-pén.* 29; *C-pr.* 1032; *C-com.* 494; *Cours de dr. criminel, § de la procéd. de contumace, note* 5; *rép. et arr. cités, ibid.*

Observations. 1. Les actions contre les absens déclarés sont dirigées contre les possesseurs légaux de leurs biens. V. *C-civ.* 134.

2. Les actions civiles relatives aux faillites le sont contre les agens ou syndics de faillites. V. *C-com.* 494; *Paris et Bruxelles*, 18 *juin et* 3 *déc.* 1812, *avoués, vj,* 31, *vij,* 366.

2 *a.* Le failli est incapable d'ester dès le jugement qui déclare la faillite, et avant même qu'il ait été affiché. *B. c.* 2 *juill.* 1821, *n.* 47. — De là plusieurs conséquences :

1° Un créancier ne peut isolément, et pendant les opérations de la faillite, le contraindre par corps, ni le retenir en prison par une recommandation, ni le poursuivre en paiement. V. *Paris*, 12 *oct.* 1821, *Sirey,* 23, 2, 319; *Angers et Montpellier,* 1823 *et* 1825, *avoués, xxv,* 279, *xxxj,* 270. — Surtout après le jugement de déclaration de faillite et tant qu'il n'est pas attaqué. V. *Rouen,* 15 *janv.* 1824, *ib., xxvj,* 124.

2° La contrainte par corps exercée avant le jugement doit cesser alors. V. *Colmar et Rouen,* 17 *janv. et* 26 *avr.* 1824, *ib.,* 118 *et suiv.*; où l'on en cite d'autres (contra... *Colmar, 2 août* 1823, *Sirey*, 23, 2, 321).—Et même à la délivrance du sauf-conduit, *suiv. d. arr. de Rouen.*

5. Si le mineur émancipé est cité pour droits immobiliers, il faut une copie pour lui et une pour son curateur. V. *rép., vj,* 364, *mot institution, sect.* 1, *n.* 8; *arr. cass.* 26 *juin* 1809, *ib.*—V. aussi *ci-dev.* p. 181, *note* 11, *n.* 1 *et* 1 *a,* et quant au mineur, *p.* 120, *note* 15 *a, n.* 2.

(18) V. § *de la caution du jugé, et titre de l'autorisation.*

Les communes, les hospices, l'état, etc, sont assujétis à cette dernière forme; et l'exercice des actions des premières appartient à leurs maires. V. *d. titre.*

ARTICLE II.

Des formes de l'assignation.

Pour qu'une assignation atteigne le but indiqué par la définition que nous en avons donnée, on conçoit, 1. qu'elle doit indiquer quel est celui qui forme la demande, quand, contre qui, par l'entremise de qui, pour quel objet, en vertu de quels titres et droits, pour quel temps, devant quel juge il forme cette demande; 2. qu'elle doit être transmise d'une manière certaine à l'assigné. D'après cela il est facile d'apercevoir pour quels motifs on exige que la remise en soit accompagnée des solennités indiquées ci-après à l'article 3, et que l'acte contienne les énonciations suivantes :

1. La date des jour, mois et an (**19**), et la personne à qui la remise de la copie est faite. *C-pr. art.* 1 *et* 61, ℱ. 1 *et* 2.—V. aussi *ord. de* 1667, *tit.* 2, *art.* 2 *et* 3; *Rodier, d. art.* 2; surtout *ci-apr. art.* 3, *p.* 221.

2. Les noms, profession (**20**) et domicile (**21**) du demandeur et de l'huissier (**22**), et les noms et demeure du défendeur (**23**). *DD. art.* —V. aussi *d. tit.* 2, *art.* 2; *Espagne, n.* 149.

(19) *V.* à ce sujet, l'art. des *dates,* surtout note 27, p. 169.

(20) *Observations.* 1. La loi dit les *noms* au pluriel; d'où l'on peut conclure qu'elle exige la désignation, et du nom de famille, et des *prénoms,* qu'on a toujours regardés comme des espèces de noms. V. *L.* 4, *C. testament.*; *Gravina, de ortu et progressu jur., lib.* 2, *cap.* 25 ; *Prateius, Brisson, Ferrière,* et le *répert., h. v.*; *rec. alph., vj,* 15, *mot assignation,* § 10, *n.* 2. — D'ailleurs le nom de famille pourrait ne pas suffire pour faire connaître le demandeur.

Mais il en serait autrement si, surtout grâce à d'autres désignations, il n'y avait aucun doute à cet égard (ce qui s'applique aussi au défendeur). V. d. § 10, n. 2.; arr. rej. 7 août 1811, ib.; *Angers*, *Montpellier et Poitiers*, 1824, 1825 et 1826, avoués, xxvj, 511, xxx, 143 et 242. — Et même si le nom est mal écrit, lorsque les copies jointes à l'assignation ont empêché de se méprendre sur le véritable nom. V. rej. requ. 23 avr. 1834, gaz. trib. 2 mai, Sirey, 54, 768.

2. Le nom de *dignité* suffirait-il?. Oui, si le fonctionnaire agit comme fonctionnaire; si c'est un préfet, par exemple, qui actionne en cette qualité, il est fort inutile d'ajouter son nom propre, car il ne peut dans ce cas y avoir de doute sur la personne du demandeur. V. aussi *Jousse et Rodier*, d. art. 2; arr. cass. 12 sept. 1809, *Nevers*, supp. 158 ; *Lyon*, 1823, et rej. requ. 7 mai 1829, avoués, xxv, 384, xxxvij, 216 ; *B. c.* 23 juill. 1823.— Bien plus, cette indication supplée celle du domicile, lorsque le fonctionnaire, tel qu'un juge, est inamovible, puisque son domicile est alors de droit au lieu d'exercice de ses fonctions. V. répert., xj, 349 à 351.

3. *Profession.* Quoique le demandeur ait une profession, l'énonciation de sa qualité de propriétaire suffit, *suiv. Paris, Poitiers et Nancy*, 1810, 1824 et 1827, avoués, ij, 219, xxviij, 53, xxxij, 178.

S'il n'en a point, l'absence d'une énonciation à cet égard ne saurait opérer une nullité. V. *Rouen*, 9 déc. 1813, *J-C-c.* xxj, 363.

L'omission de la profession n'annule pas si on l'a réparée dans un acte postérieur (un jugement de défaut, par exemple) et avant la comparution du défendeur, *suiv. Limoges*, 5 févr. 1817, avoués, xvj, 177 (v. aussi *Nîmes*, 1812, à note 21, in f.).—Et il en est de même d'une erreur dans la désignation de cette profession si elle n'a pu tromper le défendeur.. *Arr. de Nancy*, 20 juin 1824, avoués, xxxj, 240 ; *plusieurs autres, cités par M. Chauveau*, ibid., 242.

(21) *Observations.* 1. Quelques commentateurs substituent dans leurs modèles la mention de la *demeure* à celle du domicile; cela ne nous paraît pas remplir l'intention de la loi. 1° La demeure n'est point la même chose que le domicile. On peut en avoir plusieurs et en changer quand on veut, dans un seul moment, et sans formalités; on n'a au contraire qu'un seul domicile, et le changement en est assujéti à des formes, ou résulte de diverses circonstances parfois très compliquées. V. *C-c.* 102 ; *Emery, Tronchet et Mallarmé*, cons. d'état, 16 fruct. ix, et corps législat., 23 vent. xj. — 2° Il est des actes, tels que les offres réelles (*C-c.* 1258, ỷ. 6), qu'il faut notifier au *domicile* de la partie, et dont le défendeur serait frustré, ou qu'il serait exposé à faire irrégulièrement, si le demandeur n'indiquait que sa demeure... 3° Le Code (art. 61, ỷ. 1 et 2) se servant du mot *demeure* pour le défendeur après avoir employé le mot *domicile* pour le demandeur, annonce évidemment qu'il n'attache pas le même sens à ces deux mots. — 4° Enfin, c'est ce qui a été jugé plusieurs fois, et consacré par la doctrine des auteurs. V. arr. du cons. d'état, 6 août 1668, *Lange*, liv. 4, ch. 1, *Bornier, Jousse et Rodier*, art. 2, sup.; du parl. de *Toulouse*, 17 mars 1750, *Rodier*, art. 16; de *Gênes*, 5 août 1808, *J-C-c.* ij, 369; *Turin*, 24 avril 1810, avoués, ij, 241, et *Colmar*, 1 fév. 1812, *J-C-c.* xix, 83.—V. aussi arr. du parl. de *Paris*, 9 janv. 1708, *Augeard*, i, n. 89, et deux autres, cités ib. ; règl. requ. 1 mars 1826, *B. c.*

2. On a néanmoins décidé que la mention de la *demeure* suffit si le domicile n'est pas contesté. V. *B. c.* 28 juill. 1818. — Ou a d'ailleurs également décidé, 1° que la demeure et l'habitation sont indicatives ou suppositives du domicile... V. *Grenoble*, 25 mai 1818, rej. requ. 23 déc. 1819, et *Poitiers*, 31 déc. 1830, avoués, xxj, 152, xl, 306. — 2° Que l'indication du domicile peut être suppléée par la copie de la non-conciliation... V. *Nîmes*, 1812,

avoués, *vj*, 359 (contra... V. *Bourges*, 1822, *ib.*, *xxiv*, 238). —3° Qu'une indication implicite est suffisante. B. c. 18 *févr.* 1828; *rej. civ. et requ.* 26 *avr.* 1830 *et* 22 *mars* 1831, avoués, *xxxix*, 40, *xl*, 373.

3. Autres questions... V. *ci-apr.*, appendice, *ch.* 2, *p.* 232 *et suiv.*

(22) Plus son immatricule, sa patente, etc. V. *à ce sujet*, § *des huissiers*, *n.* 3, *p.* 85 *et* 86, *et les notes, ibid.*

(23) L'ordonnance ne parle pas de cette condition, et l'on jugeait qu'il n'était besoin que d'une désignation suffisante du défendeur. V. *Espagne*, *n.* 139.

Observations. 1. Ce mot les *noms* est-il restreint aux noms propres, ou comprend-il les noms collectifs, de sorte (par exemple) qu'une assignation à un *établissement public*, à une *société*, sans indication des noms des administrateurs ou associés, soit valable? OUI. *Arg. du C-pr.* 61 *et* 69; *arr.* cass. 21 *nov.* 1808.—V. aussi *ci-apr.* note 38, *n.* 3, et quant aux prénoms, *note* 20, *n.* 1, *p.* 217.

2. En la *personne* de qui sont assignés ces établissemens, l'état, le roi, et les communes?... V. *art.* 3, *p.* 224.

3. Le délai (*ci-apr. art.* 4, *p.* 225) pour comparaître (**23** *a*) et le tribunal qui doit connaître de la cause (**24**). *D. art.* 1 *et* 61, ℣. 4—V. aussi *Jousse*, *tit.* 2, *art.* 3, *n.* 7; *B. c.* 21 *prair. viij.*

4. L'objet de la demande (c'est-à-dire les conclusions), et un exposé sommaire des moyens (**25**). *D. art.* 1 *et* 61, ℣. 3.—V. *d. ord.*, *tit.* 2, *art.* 1; *Rodier*, *art.* 2; *L.* 1, *ff. de edendo* (**26**).

5. En matière réelle ou mixte, la désignation précise des biens réclamés (**27**). *Ord., tit.* 9, *art.* 3 *et* 4; *Jousse*, *ibid.*; *C-pr.* 64.

6. La constitution d'un avoué, chez qui l'élection de domicile est de droit. *C-pr.* 61 (**28**).

7. Une copie du procès-verbal de non-conciliation ou de la mention de non-comparution. (**29**)

Toutes les formes précédentes sont prescrites sous peine de nullité. *C-pr.* 61 *in f.*, 64 *in f.*, 65.

8. Une copie des pièces ou des parties des pièces sur lesquelles la demande est fondée. *C-pr.* 65 (**30**). — V. aussi *d. ord.*, *art.* 6 *et* 3 (**31**); *L.* 1, § 3 *et* 4, *de edendo; ci-apr.* § *de la communicat. des pièces.*

(23 *a*) Cette expression de l'art. 61 signifie *pour constituer avoué* lorsqu'on cite devant un tribunal où il faut l'assistance d'un avoué (v. *ci-apr.* *chap. des jugem. de défaut*).—D'ailleurs, l'avoué représentant le défendeur

(v. *p.* 72) sa constitution équivaut implicitement à une comparution de celui-ci ; aussi disait-on jadis dans l'acte de présentation (v. *p.* 237, *note* 11) auquel le Code a substitué l'acte de constitution : N. procureur *s'est présenté* pour N., etc.

(24) L'ordonnance n'exigeait pas cette dernière indication (v. *Rodier, sup.*) ; elle est cependant nécessaire, car, vu les difficultés qui s'élèvent assez souvent en matière de compétence, le défendeur pourrait de bonne foi se présenter à un tribunal incompétent.

(25) Un ajournement qui contient ces deux conditions, est ce que l'ordonnance (*tit.* 2, *art.* 1) nomme un ajournement *libellé*, du moins suivant l'explication de Ferrière (*h. v.*) adoptée par Jousse et Rodier (*d. art.*), et les auteurs du répertoire. Mais il paraît par ce que dit Bornier (*d. art.*) que la *libellation* exigeait en outre l'indication des parties, du juge et du lieu de comparution. Ce qu'il est plus essentiel de remarquer, c'est qu'en général elle n'est prescrite que pour les exploits introductifs d'instance. *Arg. d'ord.* 1539, *art.* 16. — V. aussi *ord.* 1667, *tit.* 8, *art.* 4 ; *Imbert, liv.* 1, *ch.* 2, *n.* 2, *à la note.*

(26) *V.* aussi, ci-apr., appendice au tit. des audiences, et rej. requ. (*objet peu clairement exposé dans la demande*) 27 juin 1831, avoués, xlj, 634 ; M. Chauveau, ib.

Justice de paix. Ces quatre premières formes (non les deux suivantes) sont propres à la citation, et la loi ne prononce aucune nullité. V. *d. art.* 1, et ci-après, sect. 5.

(27) C'est-à-dire, la nature de l'*héritage*, la commune et même, s'il est possible, la partie de la commune où il est situé, et deux au moins des *héritages* limitrophes... S'il s'agit d'un domaine, d'un corps de ferme, ou d'une métairie, il suffit d'en désigner le nom et la situation. *D. art.* 64. — V. aussi *Rodier, tit.* 9, *art.* 5 ; *B. c.* 2 vent. vij ; 14 et 28 niv. viij ; arr. de Nîmes (omission de la commune), 1829 *et* 1830, avoués, xlij, 62, *et Montpellier*, 1830, ib., xxxix, 48.

Observations. 1. Le code en prescrivant la désignation de l'*héritage*, se borne à parler des matières *réelles* ou *mixtes* ; mais cela comprend évidemment les matières *hypothécaires* ; d'autant plus 1º qu'il la prescrit pour la saisie immobilière (*art.* 675).. 2º Que l'ordonnance de 1667 qui lui sert naturellement d'interprétation, la prescrivait quant à l'*héritage* sur lequel on prétend un droit foncier, une charge réelle, une hypothèque (*tit.* 9, *art.* 3 *et* 4, *et Jousse, ib.*)

2. L'action en partage étant mixte (*ci-dev. note* 12, p. 116), il faut désigner dans l'assignation, les confins de l'immeuble à diviser. Mais on n'y est pas tenu lorsqu'il s'agit de la division d'une universalité de choses, comme d'une succession, parce que la loi (*C-pr.* 54) parle seulement de *l'héritage*, c'est-à-dire, d'un ou de plusieurs *immeubles déterminés*, tandis que dans une succession il s'agit aussi de meubles, de créances, et d'autres droits actifs ou passifs. V. *arr. de Limoges*, 24 déc. 1811, *avoués, t.* 5, *p.* 113 ; M. *Coffinières, observ., ib.* — V. aussi *arr. de Bourges*, 27 déc. 1826, *ib.*, t. 33, p. 275.

3. Nous disons que par le mot *héritage* le code désigne un ou plusieurs immeubles déterminés.. C'est qu'on a puisé cette expression dans l'ordonnance (*d. art.* 3) où l'on voit qu'*héritage* est employé uniquement dans ce sens (id., dans *C-c.* 466 *et* 637, *et C-pr.* 478). — V. aussi *ci-apr. tit. des partages, note* 11 *b.*

4. On n'est pas non plus tenu de désigner les confins du fonds dont on demande le partage par suite de l'action qu'on intente en rescision d'une cession de droits successifs... outre qu'il y a ici même raison, il fallait d'abord juger la question de rescision. V. Limoges, 1817, *cité note* 20, *n.* 3.

(28) A moins d'élection contraire dans l'exploit. V. *id.* — V. aussi *ci-apr.* *appendice, p.* 234; *tit. de l'appel, note* 87; *ci-dev., p.* 75, *note* 16, *n.* 3; *rej. requ.* 5 *janv.* 1815, *Jalbert,* 48.

Observations. 1. L'arrêt (de 1815) maintient un arrêt de Bourges (11 mai 1813) qui annulait une assignation d'appel, où au lieu d'un avoué l'on constituait un avocat (même décision... v. *arr. cass.* 4 *sept.* 1809, *et Rennes,* 18 *mai* 1824, *avoués, i,* 61, *xxviij,* 48).

2. Mais le mot *avocat* n'entraînerait pas la nullité si le constitué était avoué. V. *Limoges,* 30 *déc.* 1812, *avoués, vij,* 191. — Ou si ayant cessé d'être avoué, sa démission n'était pas connue. V. *Bourges,* 29 *juin* 1828 *et* 1 *mars* 1831, *ib., xlj,* 569, *xlij,* 59.

(29) V. *ci-dev. p.* 209, *n.* 1, *et C-pr.* 65.

(30) Produites plus tard, leur copie n'entre point en taxe. *C-pr.* 65.

(31) Cet article 3 exigeait que la copie fût insérée dans la même feuille; mais sa remise séparée n'était pas une nullité. V. *Jousse, ib.; rec. alph. ij,* 502. — Nombre de copies... *V. note* 32, *n.* 3.

☞ *Formes générales des exploits...* V. § des huissiers, p. 85.

ARTICLE III.

De la remise de l'assignation.

La remise de la copie de l'assignation doit être faite à la personne ou (32) au domicile de l'assigné; s'il n'y a à ce domicile aucun de ses parens ou serviteurs (33), à un voisin, qui signe l'original; et si le voisin ne peut ou ne veut signer, au maire ou adjoint... et l'huissier fait mention de toutes ces formes sur l'original et sur la copie. *C-pr.* 68. (34)

(32) *Observations.* 1. Cela ne veut pas dire que, lorsque l'on est assuré de trouver la personne (un prisonnier, par ex.) on ne puisse l'assigner à son domicile. V. *Mazuer et Fontanon, tit.* 1, *n.* 10; *Despeisses, de l'assignat., n.* 18; *arr. Paris,* 25 *vend. xiv, J-C-c. vj,* 147.

2. La remise se fait au domicile, non en plaçant la copie dans le domicile, mais en la remettant à une personne trouvée au domicile. V. *d. ord., art.* 3; *Rodier, ibid.; arg. de C-pr.* 68. — C'est ce qu'on indique, dans l'usage, par l'expression *parlant à,* après laquelle l'huissier écrit (mais non pas au crayon.. v. *Colmar,* 25 *avr.* 1807, *avoués, i,* 366) le nom de cette personne. S'il n'en écrit point, l'acte est nul. — V. *arr. de Paris,* 22 *déc.* 1809 *et* 10 *mai* 1810, *ib., i,* 26, *ij,* 83; *de Bruxelles et cassat.,* 11 *nov. et* 24 *déc.* 1811, *ib., vj,* 99, *et B. c.; Grenoble,* 2 *janv.* 1829, *et cass.* 19 *juin* 1832, *avoués, xxxviij,* 118, *xliij,* 694.

3. Il faut une copie pour chaque assigné. V. *p.* 86, *note* 52; *p.* 181, *note* 11. — V. aussi *p.* 217, *note* 17, *n.* 3.

(33) La copie doit y être remise *alicui ex familia* (v. Gui-Pape, qu. 191; *Rodier, tit.* 2, *art.* 3; B. c. 20 juin 1808); mais non pas à un autre individu, parce qu'on n'aurait pas la même certitude qu'elle fût transmise à l'assigné... Les décisions suivantes dérivent de ce principe.

Observations. 1. On a maintenu des remises faites au domicile de l'ajourné, *parlant* à sa salariée, à sa servante, à sa femme. V. *arr. cass.* 10 messid. xj, 18 niv. xij, et 8 déc. 1806, *rec. alph.*, mot *exploit*, § 1, et *rép.*, mot *cassation*, § 5, t. 2, p. 60; *autre*, 22 janv. 1810, *avoués*, i, 65. — Voy. aussi *B. c.* 15 janv. 1833.

2. On a annulé d'autres remises faites au domicile, mais où il n'y avait que les désignations suivantes : parlant à une femme, à un citoyen, à une citoyenne, à une tourrière (d'un couvent), au domestique d'un frère ou d'un voisin, à un locataire, à un commis. V. *arrêts aux rép. et rec. alph.*, sup., et mot *inscription de faux*, § 4; à *J-C-pr.*, i, 42, ij, 279 et 411; et *avoués*, i, 145, 352; *arr. cass.* 7 août 1809.

3. Si l'individu à qui l'on remet la copie est réellement parent (ou domestique), est-il nécessaire de l'indiquer?.. NON, suiv. *arr. cass.* 23 janv. 1810, *avoués*, i, 66.... OUI, suiv. *Bruxelles et Montpellier*, 1810 et 1811, *avoués*, iij, 37, iv, 165... V. au reste, *ci-apr.* note 54, n. 2.

3 a. Mais il faut toujours qu'on l'ait trouvé au domicile de l'ajourné. V. *arr. Colmar*, 4 déc. 1807, *J-C-pr.* ij, 411; *de cass.*, 26 fruct. xj, *rec. alph.*, d. § 1; autres, *ci-apr.*, n. 5.

3 b. Quel âge doit-il avoir?.. Au moins celui où l'on peut être témoin, suiv. *Guenois et Automne sur Imbert*, liv. 1, ch. 5, n. 2, ce qui exclut assurément un enfant de sept ans (*Montpellier*, 20 sept. 1827, *avoués*, xxxv, 80), mais non pas un enfant plus âgé, un enfant de treize ans, par exemple, si on le juge capable d'avoir transmis la copie. *Arr. de Poitiers*, 24 et 25 mai 1825, *ib.*, xxix, 197.

4. La remise faite au domicile, parlant à *une* servante, à *un* domestique, à *une* fille de confiance, est-elle valable?.. OUI, suiv. *arr. cass.* (*B.c.*) 22 janv. 1810, et *Grenoble*, 1824, *avoués*, xxix, 119... NON, suiv. *arr. cass.* 28 août 1810, et 4 nov. 1811; *avoués*, i, 65, ij, 273, v, 14; *rép.*, mot *exploit*, n. 9; *Poitiers et Bourges*, 1825 et 1828, *avoués*, xxix, 120, xxxvj, 60. — Ceux-ci nous paraissent plus conformes à la règle précédente, parce que d'après l'expression, *un*, *une*, on ne peut savoir si la servante ou le domestique appartiennent à l'ajourné, *sont en un mot ex ejus familia*. Néanmoins on a décidé qu'un arrêt qui déclarerait valable une semblable remise, ne serait pas susceptible d'être cassé. V. *rec. alph.*, vj, 230; *h. v.*; *réj. civ.* 22 nov. 1816, *ib.*

5. Le commandement antérieur à l'arrestation est nul si la copie en a été remise à la femme du débiteur, dans une auberge où il résidait momentanément, suiv. *arr. Bruxelles*, 24 oct. 1808, *Sirey*, 1810, *supp.*, 550. — Même décision pour l'ajournement à elle remis sans indication de domicile. *Montpellier*, 3 déc. 1810, *avoués*, iij, 55.

6. Les notifications d'avoué à avoué peuvent se faire en la personne d'un de leurs clercs ou substituts. V. *Rodier*, sup.; *Nîmes*, 17 avril 1812, *avoués*, viij, 351. — Quant à leurs formes, v. p. 181, *note* 11, n. 2.

7. Signification collective... V. *ci-apr.*, *note* 38, n. 3, p. 225; *tit. de l'appel*, ch. 3 et note 53, n. 1; *et de la cassation*, notes 27 et 28; *ci-dev.*, p. 219, *note* 23.

(54) C'est que la formalité du *parlant à* est essentielle, et doit être constatée dans l'acte même. V. d. *arr. cass.* 24 déc. 1811; autre du 25 mars 1812, *Nevers*, 326. — V. aussi *ci-dev.* p. 86, note 48, n. 1.

Observations. 1. On ne peut s'adresser au maire qu'au défaut, 1. de parens ou serviteurs au domicile; 2. de voisin qui veuille recevoir et signer... et tout cela doit être constaté par l'exploit. V. *rej.* 1816, *ci-après*, n. 2, et *cass.*, 12 nov. 1822, *B. c.* — V. aussi *Angers*, *Limoges*, *Rouen*, *Douai*, *Orléans et Toulouse*, 1807 à 1828, *J-C-pr.*, i, 163; *avoués*, iij, 215, x, 255, xxxiv, 35, xxxv, 232, xxxvj, 51 (on avait mal-à-propos jugé le contraire pour la mention relative au voisin... V. *Montpellier*, 1814, *ib.*, v, 28).

2. Il faut , dans le même cas., désigner ce voisin , et s'il refuse aussi de dire sou nom, indiquer sa maison.ou s'adresser à l'autre maison voisine, *suiv. arr. de Bruxelles*, 28 *juin* 1810, *avoués* , *ij* , 379. — Mais on a décidé de-puis, et avec raison., que l'indication des noms, soit des domestiques, soit des voisins, n'est pas nécessaire. V. *rej. requ.* 24 *janv.* 1816, *Jalbert*, 123; *ci-dev. note* 33, *n.* 3; *ci-apr. n.* 5; *Bruxelles* , 11 *janv.* et 15 *fév.* 1832, *avoués* , *xlv*, 477.

3. La cour de Colmar avait jugé que la signature du voisin n'est pas non plus nécessaire quand on assigne au domicile élu; et qu'en général, les dispo-sitions de l'art. 68 ne s'appliquent pas à la citation faite à ce domicile; mais son arrêt (5 *août* 1809, *avoués*, *i*, 195) a été cassé (29 mai 1811 , B. c.).

4. *Justice de paix.* S'il n'y a personne au domicile, on s'adresse , non au voisin, mais directement au maire ou à l'adjoint. *C-pr.* 4.

5. *Visa et maire.* Le visa et la mention du visa du maire ou adjoint sont indispensables (sur l'original et sur la copie). V. *arr. de Lyon*, 16 *janv.* 1811, *Bourges*, 16 *déc.* 1828, *et rej. requ.* 19 *mai* 1830, *avoués*, *iv* , 98, *xxxvj*, 86, *et xxxix*, 331; M. *Merlin*, *rec. alph.*, 2ᵉ *édit.*, *i*, 190.

Mais il n'est pas besoin, 1° d'indiquer leur nom. V. *d. arr. de Mont-pellier.* — 2° De déclarer (même en cas de notification ou de visa d'une sai-sie-immobilière) que c'est parce que le maire est empêché qu'on s'adresse à l'adjoint. V. *B. c. cr.* 1 *sept.* 1809 *et* 31 *janv.* 1823; *Besançon*, 1811, *Pa-ris*, 1815, *et Lyon*, 1833, *avoués*, *iv* , 305, *xij*, 285, *xlv*, 596; *ci-apr.*, *tit. de cette saisie, notes* 31 *et* 65.

Cette règle reçoit plusieurs exceptions.

1. Celui dont le domicile en France n'est pas connu, est assigné à sa résidence; si elle est inconnue, on affiche une copie de l'exploit à la porte principale de l'auditoire du tribunal où la demande est portée, et l'on en donne une autre au procureur du Roi. — V. *C-pr.* 69, γ. 8; *tarif* 27. (35)

2. C'est chez le même fonctionnaire (35 *a*) qu'on assi-gne les individus établis à l'étranger, ou habitant le ter-ritoire français hors du continent. *Id.*, γ. 9. (36)

(35) V. *aussi arr. de Paris*, 19 *août* 1807 *et* 10 *mai* 1810, J-C-pri *t.* 1, *p.* 107, *et avoués*, *ij*, 83. — Si le défendeur a indiqué lui-même sa résidence, il y est valablement assigné. — V. *arr. cass.* 27 *juin* 1809, *Nevers*, supp. 214.—V. aussi *Nancy*, 21 *nov.* 1831 *et Bordeaux*, 28 *mars* 1833, *avoués*, *xliv*, 47, *xlv*, 548.

Dr. anc. Il était assigné par cri public au marché, et le juge paraphait l'exploit.—V. *d. ord.*, *tit.* 2, *art.* 9; *Rodier*, *ibid.*—Mais cela ne se prati-quait guère.

(35*a*) Chez le procureur du roi du tribunal où la demande doit être por-tée. *C-pr.* 69, γ. 9. — V. *ci-apr.*, *note* 36, *n.* 3.

(36) *V.* aussi C-com. 201, C-pr. 560; ci-apr. tit. des saisies-arrêts.

Observations. 1. Le procureur du roi vise ces exploits (ainsi que ceux du n° 1), et il en envoie la copie au ministre (des relations extérieures, pour les étrangers ; de la marine, pour les colons)... V. *C.-pr.* 69, ɣ. 8 *et* 9. — Autrefois il se bornait à la conserver, ce qui rendait à-peu-près inutile cette mesure, prescrite seulement à l'égard des étrangers. — V. *d. ord. art.* 7; *Rodier, ibid; M. Merlin, rec. alph.* , *mot expropriation*, § 3. — Et si aujourd'hui il négligeait de l'envoyer, l'assignation ne serait pas nulle. V. *rej. requ.* 11 mars 1817, *Jalbert*, 487.

2. Quant aux colons, v. *d. rec., mot assignation*, § 2; *L.* 28 *germ. xj.*

3. *Étrangers...* Ils doivent, eu appel, être cités chez le procureur général (non chez le procureur du roi de première instance). *Montpellier*, 1828, *rej. requ.* 14 *juin* 1830, *avoués, xxxv*, 294; *xxxix*, 111 *et Nancy*, 1834, *Sirey*, 1835, 2, 107. — V. aussi, pour l'instance de cassation, *rej. civ.* 21 *déc.* 1830, *et* 16 *mars* 1831, *ib.*, 227, *xlj*, 431.

Autres décisions diverses sur les significations à leur faire... V. *sept arr. de cass., Paris, Trèves et Colmar*, 1807 à 1815, *J.-C-pr.*, *i*, 35, *ij*, 293, *Nevers*, 1811, 413, *et supp.* 216; *Hautefeuille*, 81; *avoués, xij*, 316, *et vj*, 143; *rej.* 1822, *ci-apr., tit. de la contrainte*, *note* 11, *n.* 4.

3. L'état, pour ses domaines et droits domaniaux, est assigné chez le préfet (37); 4. le trésor public, chez son agent; 5. les établissemens publics, en leurs bureaux ou chez leurs préposés; 6. le roi, en la personne des administrateurs de son domaine privé, ou de la dotation de la couronne; 7. les communes, en la personne ou au domicile de leurs maires; 8. les sociétés de commerce, en leur maison, sinon chez un des associés; 9. les unions de créanciers chez un des syndics. V. *d. art.*, ɣ. 1 *à* 7, *et* (pour le n. 6) *L.* 2 *mars* 1832, *art.* 27. — V. aussi *C-com.* 201. (38)

Toutes les règles précédentes (tirées de *C-pr.* 68 *et* 69) sont prescrites sous peine de nullité. *C-pr.* 70.

(37) Du département où siège le tribunal compétent pour connaître de la demande en première instance. V. *ci-apr., sect.* 6, § *des causes domaniales, note* 26.

(38) *Observations.* 1. Les assignations des nos 3 à 7 sont visées par les fonctionnaires ci-dessus, et en cas d'absence ou de refus, par le juge de paix ou par le procureur du roi, auxquels on laisse alors la copie. V. *C-pr.* 69, ɣ. 5, *et ci-dev. p.* 179, *ch.* 6, *n.* 4.

1 *a.* On avait conclu de là qu'en cas d'absence ou empêchement du maire, la copie d'une assignation donnée à sa commune, ne pouvait être laissée à l'adjoint, ni l'original être visé par lui. V. *arr. cass.* 10 *juin* 1812, 22 *nov.* 1815 *et* 10 *févr.* 1817, *au rec. alph. vj*, 16 et suiv., *mot assignation*, § 11 *et* 12; *B. c.* 7 *juill.* 1828; *rej. requ.* 12 *mai* 1830, *avoués, xxxix*, 112, *etc.*

Mais on a ensuite décidé le contraire conformément à la doctrine de M. Merlin (*d. p.* 16, *etc.*). *Arr. rej. sect. réunies*, 8 *mars* 1834, *avoués*, *xlvj*, 147.—V. aussi *ordonn.* 13 *juill.* 1825; *Bourges, Grenoble et Lyon*, 1830, *ib., xxxij*, 47, *xl*, 207, *xliv*, 208; *Colmar et Montpellier*, 1834, *Sirey*, 1835, 2, 151.

1 *b.* Le même jurisconsulte (*ib.*) adopte le système de l'arrêt du 10 juin 1812, d'après lequel il est irrégulier d'assigner le maire sans parler de la commune, et il faut citer la commune ou ses habitans, en la personne ou au domicile du maire.

2. Les actions judiciaires du roi sont exercées par les administrateurs désignés *p.* 224, *n.* 6... V. *d. L.* 2 *mars* 1832, et pour le droit antérieur, *notre* 5e *édition, p.* 205, *note* 38, *n.* 2.

Quant au mode de signification aux personnes habitant dans les maisons royales, v. *ordonn.* 28 *août* 1817.

3. Il n'est pas besoin d'assigner les *associés* en la personne de l'un d'eux; il suffit de les assigner collectivement (parlant à un commis). V. *B. c.* 21 *nov.* 1808; et pour d'autres questions, *ci-d. note* 23, *p.* 219; *note* 59, *n.* 1, *p.* 88; *arr. Paris*, 11 *sept.* 1811, *avoués, iv*, 277.

ARTICLE IV.

Des délais généraux de comparution.

Les délais généraux de comparution varient suivant les tribunaux et les domiciles.

I. *Justice de paix.* Un jour franc, si la partie citée est domiciliée dans la distance de trois myriamètres (**39**)... En cas d'urgence, le juge peut permettre d'abréger les délais (**40**), et s'ils n'ont pas été observés, il ordonne la réassignation (**41**). *C-pr.* 5, 6 *et* 19.

(**39**) *Dr. int.* — V. L. 26 oct. 1790, art. 7; arr. cass. 21 prair. viij. — *Augmentation* pour la distance excédant 3 myriamètres... v. *art. des délais, p.* 166.

(**40**) Même d'assigner dans le jour et à une heure indiquée... Il donne dans ce cas une *cédule*... *C-pr.* 6.

Observation. Il n'est pas besoin de donner une copie de cette cédule lorsque la citation indique implicitement le délai qui y est fixé, *suiv. rej. requ.* 4 *févr.* 1829, *avoués, xxxvj*, 198.

(**41**) Le demandeur doit les frais de la première citation... *C-pr.* 5.

II. *Tribunaux civils.* Huitaine pour les individus domiciliés en France, et le président peut aussi abréger le délai (**42**). *C-pr.* 72, 345, 346.

A l'égard des domiciliés hors de France le délai est beaucoup plus considérable (**43**), à moins qu'ils ne soient asssignés à leur personne, en France. (**44**)

I.   29

(42) V. à ce sujet, ci-apr., tit. de l'assignation à bref délai.

Observations. 1 et 2. Conciliation et reconnaissance d'écriture : *trois jours...* V. p. 207, note 20 ; ci-apr. tit. de la vérification, § 1.

3. Tribunaux de commerce : *un jour...* V. ci-apr., sect. 5, tit. 4.

4. *Dr. anc. sur les délais.* V. d. ord. tit. 3, art. 5 ; B. c. 22 prair. ix, etc. — Le parlement de Grenoble pensait que presque tous les délais fixés par l'ordonnance pour les défendeurs (plusieurs ont été adoptés par le Code) étaient trop courts. *Saint-André, tit.* 11 *in pr. et art.* 8.

(43) Corse, Elbe, Capraïa, Angleterre et états limitrophes de France, deux mois ; autres états de l'Europe, quatre ; en-deçà du Cap de Bonne-Espérance, six ; au-delà, un an. V. *C-pr.* 73.

Ces délais ne sont pas augmentés à raison des distances. V. *arr. de Colmar,* 1 *août* 1812, *avoués, vj,* 358.

(44) Dans ce cas, il n'y a que le délai ordinaire , mais le tribunal peut le proroger. *C-pr.* 73 *et* 74.—Même règle s'ils sont assignés à un domicile élu en France, *suiv.* Trèves, 22 *oct.* 1812, *J-C-c. xx,* 5.

III. *Cour de cassation.* Quinze jours pour les domiciliés dans l'espace de dix lieues; et un mois à un an et davantage pour ceux qui sont plus éloignés, et suivant le ressort de leurs anciens tribunaux supérieurs (45). V. *régl. de* 1738, *part.* 2, *tit.* 1. (46)

(45) Arras, Dijon, Douai, Metz, Paris, Rouen, *un mois* ; Aix, Besançon, Bordeaux, Colmar, Grenoble, Pau , Perpignan , Rennes , Toulouse , *deux* ; îles d'Amérique, *un an* ; colonies plus distantes, *délai plus long* (il est fixé par la cour suprême). V. *règl.* 1738, p. 2, t. 1, art. 3 et 4, surtout *ci-apr. tit. de la cassation , note* 34, n. 6.

(46) *Observations.* 1. *V. aussi* Espagne, n. 130 ; rép. mot *délai,* § 1.

2. *Indication du délai.* — Faut-il préciser dans l'assignation le délai de la comparution, ou suffit-il d'assigner, d'une manière vague , comme cela se pratiquait jadis, pour paraître *dans le délai de la loi ?...* Le Code (art. 61, y. 4, *et* 456) ne s'explique pas sur ce point, mais la jurisprudence a généralement consacré le dernier système. V. *arr. de Bourges , Pau, Bruxelles et Lyon,* 1809-1811 , *J-C-c. xij,* 415 , *xviij,* 405 , *avoués, i,* 124 , *Nevers,* 1811, *supp.* 75; *autres dans id.,* 1809, *supp.,* 232 ; *arr. cass.* 21 *nov.* 1810, 8 *janv. et* 18 *mars* (B. c.) 1811, *et* 7 *janv.* 1812, *id.* 1810, 1811, 1812, p. 549, 143, 249 ; *autres,* 6 *mai,* 24 *juin, et* 28 *déc.* 1812, *et* 20 *avr.* 1814, B. c., *et rép. xv,* 172. — Le premier système avait été adopté par *deux arr.* de Turin et Colmar, 1808, 1810, *J-C-pr., ij,* 249 , et par *Pigeau, édit. de* 1807, *i,* 121 (il y a persisté, mais sans donner de nouveaux motifs, ni parler des arrêts ci-dessus... v. *édit. de* 1819, *p.* 128) ; et il l'a été depuis par *M. Boncenne, ij,* 173 (c'est aussi le système que nous croyons le plus conforme à l'intention du législateur.)

Justice de paix. Il faut indiquer le jour et même l'heure de la comparution. V. *C-pr., art.* 1.

3. *Dr. anc.* Lorsque le délai indiqué était *trop court,* il n'y avait pas nullité si l'on n'avait fait juger le défaut qu'après le véritable délai. V. *arr. du p. de Grenoble,* 21 *févr.* 1674, *Saint-André, tit.* 5; *autres dans Rodier, tit.* 3 , *art.* 4, *qu.* 5 (il en cite aussi de contraires).

Dr. act. Le Code ne prouonçant pas de nullité, M. Merlin (*rép.*, *1*, 410), *par arg. de C-pr.* 5, pense que le juge doit ordonner la réassignation et condamner le demandeur aux frais (*ci-dev.* note 41), et que le défendeur *peut*, en comparaissant, demander à jouir de tout le délai. Néanmoins on a annulé des assignations sur appel, données à un délai trop court... V. *Bruxelles*, *Limoges*, *Montpellier et Nîmes*, 12 *juill.* 1810, 28 *janv.* 1812, 17 *déc.* 1811, *et* 17 *nov.* 1812, *et Lyon*, 22 *juin* 1831, *avoués*, *iij*, 37, *v*, 181, *vj*, 103, *xlj*, 675, *J-C-c. xx*, 10, *par arg. de C-pr.* 456. — Décision contraire de *Nîmes*, *Trèves et Limoges*, 15 *mai* 1811, 22 *oct.* 1812, 30 *janv.* 1816, *J-C-c. xx*, 9 *et* 5, *avoués*, *xiij*, 114.

3 *a*. L'assignation donnée (même en appel) à huitaine *franche*, est bonne. V. *Bourges*, 21 *mars et* 18 *mai* 1821, *et Nîmes*, 28 *juin* 1824, *avoués*, *xxvij*, 66.

S'il n'y a que le mot *huitaine*, et si l'assigné est à plus de trois myriamètres, elle est nulle, *suiv. Bourges*, 15 *mars* 1821 *et* 11 *mai* 1824; *Grenoble*, 29 *mars et* 2 *juill.* 1824, *et* 10 *mai* 1833; *Poitiers*, 30 *nov.* 1820 *et* 3 *juill.* 1821, *ib.*, 136, *xxvij*, 233, *xlvj*, 362 (contrà... *Nîmes*, 15 *mai* 1811, *d. p.* 136).

4. *Délai trop long...* V. ci-apr. note 48.

ARTICLE V.

Des effets de l'assignation.

L'assignation a huit principaux effets.

1. Elle oblige les deux parties de paraître devant le juge (**46** *a*) sous les peines du défaut (**47**). V. *Espagne*, *n.* 175; *ci-apr. tit. des jugemens de défaut.*

2 *et* 3. Elle oblige encore le demandeur de suspendre ses poursuites jusques à l'expiration du délai qu'elle indique (**48**), et les deux parties de rester en instance jusques à la décision. V. *Espagne*, *ib*; *B. c.* 2 *vend. vij*; *M. Merlin*, *rép.*, *mot compte*, § 2.

4. Elle saisit le juge de la cause. V. *Espagne*, *ib*; *Guenois sur Imbert*, *liv.* 1, *ch.* 2, *n.* 3. (**49**)

5. Elle détermine l'étendue de la contestation principale sur laquelle le juge doit statuer. V. *part.* 1, *sect.* 1, *art.* 5, *n. ij*, 2°, *p.* 33.

6. Elle interrompt la prescription (**50**), même lorsqu'elle est donnée devant un juge incompétent (**50** *a*), mais non pas lorsqu'elle est nulle (**51**), ou périmée, ou abandonnée, ou enfin lorsque la demande est rejetée (**51** *a*). V. *C-c.* 2244 à 2250. (**52**)

7. Elle fait courir les intérêts (**53**). V. *C-c.* 1153 à

1155, 1207, 1479, 1682, 1904; *Espagne, sup.; arr. cass.* 10 *sept.* 1811, 23 *nov.* 1812.

8. Elle constitue en mauvaise foi le possesseur. *Arg. de C-c.* 549, 550. (54)

(46 a) Ou dans certains tribunaux, de constituer un avoué. Voy. *p.* 219, *note* 23 a.

(47) Cette obligation est-elle si rigoureuse, que le défendeur, qui n'a aucun intérêt à la contestation, soit obligé de se présenter devant un juge incompétent ?... Quoique le Code n'ait pas résolu d'une manière directe, cette question, dont jadis la solution était considérée comme fort difficile (v. *Espagne, n.* 175), il semble qu'on pourrait argumenter de plusieurs de ses dispositions combinées, soit entre elles (v. *C-pr.* 169 à 171, *et ci-apr. le chap. des déclinatoires*), soit avec la jurisprudence moderne en matière de jugement nul (v. *tit. de l'appel, note* 11), pour soutenir que la comparution du défendeur est toujours nécessaire, ne fût-ce que pour demander son renvoi. En effet, dirait-on, en cas d'incompétence *ratione personœ*, le silence du défendeur attribue la jurisdiction au tribunal; et dans toute espèce d'hypothèse, le jugement de défaut acquerrait contre lui l'autorité de la chose jugée, s'il n'en recourait pas par les voies légales, parce que tout jugement conserve parmi nous sa force, tant qu'il n'est pas réformé ou rétracté suivant les mêmes voies... d'où la conséquence que le défendeur est tenu de se présenter tôt ou tard.... Et ces principes paraissent aussi avoir été suivis dans plusieurs arrêts de cassation. V. *arr.* 14 *mars et* 7 *juin* 1810 (*celui-ci sur les conclusions de M. Merlin*), *Nevers*, 213 *et* 250 *et suiv.*; 25 *fév.* 1812, *ib.*, 1812, 285; 7 *oct. suivant, au B. c.; répert.*, *xvij*, 491.

On pourrait toutefois répondre, au moins pour le cas où le tribunal indiqué est incompétent *ratione materiœ*, que son jugement ne devrait pas acquérir l'autorité de la chose jugée (v. *B. c.* 22 *prair. viij*), comme étant rendu par un fonctionnaire sans pouvoir. V. *d. note* 11, *n.* 2. — V. aussi *arr. du parlement de Douai*, 22 *mai* 1776, *recl. alph.*, *mot appel.* § 1, *n.* 10 (2 *édit., i*, 76). — Mais voyez toutefois, *d. arr.* 25 *fév. et* 7 *oct.* 1812, *et arr. cass. cr.* 19 *janv.* 1821, *B. c.*, *n.* 14.

(48) *Observations.* 1. Jousse, *tit.* 5, *art.* 3, et Espagne, *sup.*, étendent la même obligation au défendeur; mais cela n'est plus admissible. Le défendeur peut constituer avoué *dans le délai* et par conséquent avant l'expiration du délai de l'assignation, et poursuivre aussitôt l'audience, et même prendre défaut. *Arg. de C-pr.* 75, 154; *M. Merlin, répert., iij*, 411, *mot délai, sect.* 1, § 1, *n.* 6; *arr. de Bruxelles*, 8 *août* 1810, *et* 5 *mars* 1832, *avoués, iij*, 49, *xlv*, 445.

2. Par le même motif, si le délai indiqué est *trop long*, il n'y a pas nullité d'autant plus que l'assigné ou intimé peut aussi *anticiper* le demandeur (*arr. de Montpellier et Turin*, 2 *et* 9 *janv.* 1811, *avoués, iij*, 239, 313) même dans les tribunaux où il n'y a pas d'avoué, et prendre également défaut. V. *M. Merlin, ib.*, par arg. de *C-pr.* 19 *et* 434; *Rodier, d. qu.* 5. — V. aussi ci-apr. *tit. de l'appel, note* 64; *d. arr. de Bruxelles, de* 1810; *arr. de Paris*, 14 *juin* 1814, *avoués, x*, 48. — Mais il nous semble qu'alors il faudrait demander la jonction des deux causes, parce qu'autrement l'assignation du demandeur ne serait point *évacuée.* V. ci-apr. *tit. des reprises d'instances*, § 1, *in f.*).

3. Lorsque le défendeur a constitué un avoué, le demandeur doit encore suspendre ses poursuites pendant la quinzaine accordée pour les défenses (v.

p. 237, *n.* 2)... Le jugement qu'il obtiendrait pendant ce temps serait nul. *Bordeaux,* 9 *juill.* 1828 *et Paris,* 27 *août* 1829, *avoués, xxxvj,* 24, *xxxvij,* 277.

(49) V. *aussi ci-dev.* art. 5, *n.* 4, *p.* 55; *Rebuffe, de contumacia,* art. 1, *gl.* 1, *n.* 26; *ci-apr., tit. de l'appel, note* 82.

(50) *Dr. anc.* Il fallait qu'elle fût libellée et suivie de quelque formalité. V. *act. de notor. de Grenoble,* 5 *juin* 1767, *Espagne, n.* 176.

(50 *a*) Dans ce cas, elle interrompt même la péremption. V. *B. c.* 12 *nov.* 1832 (il s'agissait d'une assignation en reprise d'instance).

(51) *Dr. anc.* Les avis étaient partagés sur ces deux points (la nullité et l'incompétence). V. *Espagne, d. n.* 176.

(51 *a*) Lors même qu'elle ne l'a été que *quant à présent.* V. B. c., 5 mai 1834.

(52) *V.* aussi C-com. 434; ci-après, tit. des jugemens, ch. 1, in f., n. 4, de la péremption, n. 3, et du désistement, n. 5.

Observations. 1. *Dr. anc.* —Même règle.... V. Espagne, n. 176, 177.

2. L'interruption civile profite à celui qui agit, et non point à son adversaire. V. *arr. cass.* 30 *mars* 1808.—V. aussi *ci-dev.* § *des délais, note* 5, *p.* 159; *arr. rej.* 5 *janv.* 1814, *Jalbert,* 229.

3. Elle s'opère quand même il y a eu cessation de poursuites pendant trois années et que ce temps suffit pour compléter la prescription, si la *péremption* n'a pas été demandée (v. ce *titre*). B. c. 19 *avril* 1831.

(53) Pourvu qu'on y ait conclu. *Arg. de C-c.* 1153 *conf. avec* 1207; *Merlin, rép., mot intérêts,* § 4, *n.* 16. — V. aussi *C-com.* 185. — Mais non pas lorsqu'elle tombe en péremption. V. *arr. du p. de Pau,* 1726 *et* 1751, *rép., ib.,* § 7, *n.* 8.— Autre question. V. *B. c.* 23 *nov.* 1812. — Au reste, ils courent malgré la saisie-arrêt du capital. V. *arr. cass.* 17 *nov.* 1807, *d.* § 7, *n.* 4, *et* § 4, *n.* 10; et quoique le juge désigné soit incompétent, *suiv. Paris,* 27 *juin* 1816, *Jalbert,* 1817, 2, 81.

(54) *Observations.* 1. Elle n'a pas seule cet effet. *Arg. des dd. art.* (contra... *Dijon,* 7 *janv.* 1817, *avoués, xvj,* 94). — Mais il faudrait que la mauvaise foi antérieure fût au moins prouvée par acte, *suiv. Malleville sur ces articles.*

2. *Autres effets* de l'assignation... V. *ci-dev. p.* 190, *n.* 2.

3. *Dr. anc.* Lorsqu'elle était suivie de *contestation en cause,* elle rendait perpétuelles, c'est-à-dire, prorogeait au moins pour trente ans les actions de courte durée. Mais cette ancienne jurisprudence, critiquée dans la suite (1830) par M. Merlin (*rec. alph., mots bureau de paix,* § 6, *et prescription,* § 4, *n.* 3, 2e *édit., t.* 7, *p.* 532, *t.* 9, *p.* 597) est aujourd'hui sans application parce que le Code de procédure n'a pas maintenu ce que l'ordonnance de 1667 (*tit.* 14, *art.* 13) nommait *la contestation en cause* (mauvaise traduction des mots latins, *litis contestatio*) et qu'elle fixait au premier réglement ou appointement ou jugement survenu après les défenses.

4. A l'égard de la *litis contestatio* des Romains, il faut, pour s'en former une idée exacte, se rappeler (v. *p.* 108, *note* 5) qu'à Rome les parties se présentaient d'abord devant le préteur (*in jure*) pour recevoir une formule. Jusque-là il n'y avait qu'un différend (*controversia*); ce n'est que lorsque les parties allaient devant le juge (*in judicio*) qu'il y avait véritablement procès, instance (*res in judicium deducta*). Les parties avaient soin de constater, sans doute par témoins, ce changement survenu dans la nature de leur débat; c'est ce qu'on appelait *litem contestari...* V. *M. Ducaurroy, inst. expl., iij,* 104. — F. n. 8.

5. *Justice de paix.* La citation n'y est pas nécessaire. V. *C-pr.* 7, *et ci-apr.,* sect. 5, *tit. de la procéd. de paix, n.* 3.

APPENDICE AU TITRE PREMIER.

CHAPITRE PREMIER:

Des requêtes.

Nous avons observé (*p.* 193) que la demande se forme quelquefois par une requête ; il est naturel de dire ici un mot de cette dernière formalité.

On nomme *requête*, un acte par lequel on fait une espèce de supplication au juge (**1**).

(**1**) *Observations.* 1. On donne encore (tel était également l'ancien usage à Paris), le nom de requêtes aux écrits notifiés entre avoués, tels que les défenses, les réponses, etc. (v. *art.* 72), parce qu'ils sont rédigés sous forme de supplique au juge, quoique dans le fait ils ne lui soient pas soumis avant leur notification.

2. Si une requête désignait nécessairement une supplique, il faudrait décider avec les cours de Colmar et de Riom (*arr. de* 1808, 1809, 1829 *et* 1830, *J-C-pr. iij*, 293, *avoués*, *xxxiv*, 126, *xxxvij*, 199, *xlv*, 425), que lorsqu'elle est prescrite par le Code pour certains actes, tels que les demandes en péremption, en intervention, en opposition (v. *ces titres*), elle est inefficace si elle n'est pas suivie d'une ordonnance du juge... Mais le Code ayant pu dans ces cas, prendre le mot requête dans l'acception indiquée n. 1, on a jugé avec raison que l'ordonnance est inutile. V. *Lyon*, 25 *mars* 1829, *avoués*, *xxxvij*, 211; *arr. cass.* 14 *fév.* 1831, *B. c.*, *et* 3 *fév.* 1835, *Sirey*, 186. — Ce dernier annulle l'arrêt de Riom, de 1830, cité ci-dessus. — V. aussi *M. Chauveau*, *observat., avoués*, *xliv*, 229, *et xlv*, 425.

La loi n'en indique point le mode (**2**), quoiqu'elle en consacre l'usage pour beaucoup de circonstances (**3**); mais on peut déterminer ce mode d'après l'objet qu'on se propose (**4**). La requête doit-elle tenir lieu d'une assignation, comme en matière d'intervention (*v. C-pr.* 339)? Il est nécessaire d'y observer les règles de l'assignation qui sont susceptibles de s'adapter à une requête, telles que l'indication des noms, profession et domicile des parties, la constitution d'avoué, l'objet de la demande, le tribunal, l'indication des objets litigieux; ou au moins d'y suppléer dans l'acte où l'on en fera la notification. V. *d. art.* (5)

Ne s'agit-il, au contraire, que d'un simple acte d'instruction ? on peut se borner dans la requête, aux règles propres aux significations ; en observant qu'on regarde les requêtes comme étant essentiellement du ministère des avoués (v. *ci-dev. p.* 100, *note* 93 *a ; M. Merlin, cité, ib.*).

Enfin, s'il n'est question que d'obtenir du juge une permission sur un fait étranger à une contestation proprement dite, il ne paraît pas nécessaire d'y observer d'autres formes que celles propres à toute espèce de supplique (**6**). V. *ci-dev. introduction, p.* 194, *note* 23.

(2) Même lacune dans l'ordonnance... L'usage des requêtes était cependant (v. *Rodier, xj,* 11, *qu.* 2) général (il fut passagèrement aboli par L. 3 brumaire ij).

(3) Elles sont indiquées dans le tarif, art. 72 à 79, et nous les indiquerons aussi dans les divers titres auxquels ont rapport ces articles.

(4) *Motifs... V.* part. 1, sect. 3, ch. 3, note 6, p. 153.

(5) *V.* aussi arr. de Colmar et Nîmes, 22 fév. 1809 et 23 avril 1812, J-C-pr. iij, 295, J-C-c. xx, 261; Bordeaux, 16 juin 1828, avoués, xxxvj, 48; Rodier, tit. 2, art. 2, qu. 2; ci-dev. note 4, p. 213.

C'est d'ailleurs ce qui se pratiquait en Lorraine, d'après l'ordonnance de 1707. V. *rec. alph.*, mot *frais préjudiciaux*, § 1.

(6) *Voies* pour attaquer les décisions données sur requêtes non communiquées... V. *ci-dev. note* 28, p. 196, *et surtout ci-apr. tit. de l'opposition*, *note* 6, *n.* 3 *et* 3 *a.*

CHAPITRE II.

Du domicile en matière de procédure.

Considéré dans ses rapports particuliers avec la procédure, le domicile offre quelques points de vue sur lesquels nous allons jeter un coup-d'œil rapide. (7)

I. *Effets du domicile.* 1° On peut établir pour règle générale, que lorsqu'il s'agit d'une notification, *le domicile supplée la personne*, ou en d'autres termes, qu'une notification au domicile d'un particulier, a le même effet qu'une notification directe à sa personne (8). V. *C-pr.* 68, 69, 147, 155, 199, 223, 257, 260, 329, etc.; *C-c.* 66, 1264, etc.; *ci-d. note* 32, p. 212.

2° Le domicile est attributif de jurisdiction dans les affaires personnelles (9), c'est-à-dire qu'on doit citer en matière personnelle, le défendeur devant le juge de son domicile. V. *ci-dev. chap. des tribunaux des actions*, p. 137, *n. xiv.* (10)

(7) A l'égard des règles relatives aux caractères du domicile, à ses changemens, lieux, espèces, etc., *voy.* Code civil, tit. 3.

(8) *Observations.* 1. Il a son principal établissement (*C-c.* 102) à son domicile; on peut donc supposer qu'on lui transmettra la copie donnée à ce domicile. V. *not.* 32 et 33, p. 221.—Il serait trop facile d'éluder les notifications si elles ne pouvaient être faites qu'à la personne (*exception...* v. tit. de la contrainte par corps, § 2, et note 27).

2. On peut en remettant l'assignation au domicile élu, citer devant le juge au domicile réel, et réciproquement. *Rép. xvj*, 203, *mot domic. élu*, § 2, *n.* 12; *ci-apr. note* 11.

(9) *Observations.* 1. Ces deux effets ne sont pas attachés rigoureusement au domicile réel; une notification faite et une assignation donnée à un domicile *apparent* sont tout aussi valables que si c'était au véritable domicile du particulier à qui l'on notifie ou que l'on assigne; s'il en était autrement, il dépendrait de lui de se mettre à l'abri des notifications, assignations, etc., ou tout au moins de les éloigner et de constituer en frais ses adversaires, en se donnant un domicile réel qu'ils ne pourraient soupçonner. V. *Merlin, rép., mot déclinatoire*, § 1; *Espagne, n.* 8 et 87; *Rodier, ij*, 3, *qu.* 7, *n.* 13; *Malleville, i*, 426. — On peut aussi fonder indirectement cette règle sur l'article 69, ÿ. 8 du Code (v. *ci-dev. tit. de l'assignation, art.* 3, *p.* 223, *n.* 1).

2. Il résulte de là qu'une notification (même pour une contrainte par corps

et un arrêt d'admission de pourvoi) faite à l'ancien domicile *connu*, est valable, lorsque le nouveau domicile n'a pas été légalement constitué, ou
même, s'il y a une instance, lorsqu'il n'a pas été notifié. V. *Nîmes* , 3 *mai*
1808, *J-C-pr. ij*, 462 ; *Turin*, 14 *fév*. 1810, *et Paris*, 3o *janv*., 10 *juin*,
5 *juill*., 28 *nov*. 1811 *et* 3o *janv*. 1813, *avoués*, *ij*, 156, *iij*, 90, *iv*, 13 *et* 82,
v, 17, *vij*, 154; *Cassat*., 3 *sept*. 1811, *Nevers*, 417 ; *Limoges*, 29 *mars*
1817, *rej. requ*. 22 *mai* 1821, *et Amiens*, 21 *fév*. 1826 ; *avoués*, *xvj*, 180,
xxiij, 182, *xxxvij*, 219. — V. aussi *ci-dev*. *note* 35, *p*. 223; *Riom*, 4 *fevr*.
1830 , *ib.*, *xlvj* , 297.

3. Règle contraire dans les cas inverses... V. *dd. arr.*

4. Le domicile indiqué pour le paiement n'est pas attributif de jurisdiction
en matière civile comme en matière de commerce... V. *arr. cass.* 29 *octob.*
1810 ; *ci-dev. p.* 132, *n. ij.*

(10) Affaires *mixtes :* il n'y a qu'attribution facultative... *D. p.* 157, *n.* 13.

II. *Election de domicile*. L'effet accordé au domi-
cile de suppléer la personne et d'attribuer la jurisdiction, a vraisemblablement donné l'idée de l'élection de domicile, c'est-à-dire de la faculté accordée (**11**), ou de l'obligation imposée par la loi de
choisir (**12**) un domicile fictif dans certaines circonstances. (**13**)

(11) L'élection faite par contrat (*ci-apr. note* 19) est une facilité, un
avantage accordé à l'une des parties, avantage auquel elle peut renoncer ;
d'où il résulte que l'assignation qu'elle donne au domicile réel de son co-
contractant est aussi valable que si elle la donnait au domicile élu. V. *d.
mot déclinatoire, §* 1; *rec. alph., mot domicile élu, §* 2; *ci-dev. p.* 134,
n. vij, et p. 232, *note* 8, *n.* 2.

(12) Parce qu'au moyen de l'élection, les notifications et exécutions des
actes judiciaires, et le jugement des difficultés qui naissent des conventions,
se font avec plus de commodité et de rapidité.

(13) Notamment pour l'exécution des contrats, la notification des actes
judiciaires, l'exécution des jugemens... Dans ces cas, et pour ces objets, l'é-
lection de domicile produit en général les effets attachés au domicile réel.
V. *ci-dev, n.* 1, *p.* 232 ; *note* 34, *n.* 3, *p.* 223. — V. aussi *tit. des règles génér. d'exécut., n.* 5.

Observations. 1. Le délai d'une assignation se calcule d'après la distance du tribunal au domicile réel et non pas au domicile d'élection : cela
est incontestable (excepté en matières de douanes) *suiv.* M. *Merlin, rép.*,
mots douanes, § 7, *et domic. élu, §* 2.—V. aussi *arr. cass.* 25 *vent. xij*,
d. § 7, *et mot consul des march.*, § 3, *n.* 2 ; *rej. requ.* 9 *juin* 1830, *Bruxelles*, 1829 *et Montpellier*, 1831, *avoués*, *xxxvij*, 167, *xl*, 93, *xliij*, 426 ;
ci-apr. tit. de l'ordre, note 19; *Nevers*, 1808, 59.—Néanmoins il y a des
décisions contraires. V. *Colmar et Poitiers* 1809 *et* 1828, *arr. cass.* 20 *mars*
1810, *avoués*, *i*, 83 *et* 200, *et xxxvij*, 209; *Nevers, sup.*; *ci-apr. tit. des
enquêtes, note* 29.

2. D'après ce principe, on a décidé que le délai d'une assignation donnée
à un étranger, au domicile du procureur du roi, se calcule d'après son domicile réel. *Rec. alph.*, *mot délai, §* 2 ; *arr. cass.* 22 *prair. ix, ib.*

I.   30

5. Il n'est pas nécessaire d'indiquer le domicile réel dans l'assignation si-
guifiée au domicile élu. V. *arr. cass. et de Bordeaux*, 12 *et* 14 *fév.* 1817,
Jalbert, 333; *et supp.* 127.

4. On peut faire l'élection au lieu où est le domicile réel. V. *pour ses effets*,
arr. rej. 24 *janv.* 1816, *Jalbert*, 123.

5. Où et devant qui peut-on assigner ?.. V. *p.* 232, *note* 8, *n.* 2.

On pressent déjà que l'élection de domicile est une
dérogation au droit commun (14), et l'on en doit
conclure qu'il faut restreindre les effets de cette élection aux objets que les parties ont eu en vue (15) ou
pour lesquels la loi l'a exigée. V. *arr. cass.* 21 *prair.
xiij,* 25 *vend. xij,* 13 *mai et* 7 *août* 1807; *rec. alph.,
ij,* 219, *mot domicile élu,* § 3.

De cette règle on peut tirer les conséquences suivantes.

1. L'élection faite dans l'assignation, ayant pour
objet d'autoriser celui chez qui on élit domicile (16)
à recevoir la communication de tous les actes relatifs
à l'instruction de la cause (17), cesse d'avoir son effet
après le jugement, et ne peut ainsi servir aux notifications de l'appel, de l'admission du recours, etc.
DD. arr. 25 *vend. et* 21 *prair.* (**17 a.**)

2. Par la même raison, l'élection faite dans un appel ne doit servir qu'aux actes qui sont la suite (18)
nécessaire de cet appel. V. *rec. alph., mot récusation
péremptoire,* § 1; *arr. cass., ibid.*

3. L'élection de domicile perd son effet non-seulement lorsque l'affaire ou l'opération qu'on a eue en
vue est terminée (*B. c.* 14 *prair. ij*), mais encore
lorsque celui qui a fait l'élection vient à décéder (19).
Ferrière et Fromental, mot domicile; Espagne, n. 121.

(14) V. *ci-apr. tit. de la saisie immobilière, note* 14.—C'est qu'on a eu
pour accorder les effets précédens au domicile *réel*, différens motifs qui
n'existent qu'en partie pour le domicile *élu.*

(15) Celui qui élit doit s'expliquer clairement dans son élection... l'ambiguïté serait interprétée contre lui. V. *B. c.* 8 *therm. xj,* 25 *v̈ vend. xij.*

(16) C'est-à-dire l'avoué. V. *ci-dev. note* 28, *p.* 221.

(17) *V.* ordonn. 1667, tit. 12, art. 4; Jousse, ib.; M. Merlin, rec. alph.,
mots domicile élu, § 3, et prescription, § 14.

(17 *a*) V. aussi M. Merlin, *rép.*, mot domicile élu ; 4 arr. cass. ib. ; 2 autres, 28 oct. 1811, Nevers , 506 ; Imbert , liv. 1, ch. 17, n. 33 à 35.; ci-apr. tit. de l'appel, note 68.—Cela s'applique au domicile élu (v. *C-pr.* 422) chez un agréé pour la procédure de commerce, *suiv. arr. de Florence*, 11 déc. 1811, *avoués, v,* 301.

(18) L'ordonnance (*ij*, 15) prescrivait à ceux qui habitaient des châteaux , d'élire domicile dans la plus prochaine ville, faute de quoi on pourrait leur notifier valablement au domicile de leurs fermiers, greffiers, etc. *Voy.* quant à cette mesure singulière, notre Coup-d'œil sur les violences exercées jadis contre les huissiers, *Mémoires de la société des antiquaires, xj* (1er de la nouv. série), 530 *et suiv.*

(19) *Observations.* 1. M. Merlin (*rép.*, *mot déclinatoire*, § 1) excepte avec Baquet (*id.*, le Tribunat), l'élection faite dans un *contrat*, qui doit comme le contrat, être irrévocable, tandis que l'élection pour la procédure est une espèce de procuration *ad lites*, essentiellement révocable. V. arr. *Colmar*, 5 août 1809, J-C-c., *xiij*, 209; *rép. xvj*, 195, *n.* 7 ; *arr. ib.; ci-apr. tit. de la saisie immobil.*, *note* 14, *n.* 2. — *V.* toutefois quant aux avoués, *leur* §, *p.* 79 *et note* 25, *ib.*

2. La signification de l'appel et du jugement de 1re instance peut-elle être faite au domicile élu pour le paiement d'une lettre de change?... V. *des arr. opposés de Turin*, *Trèves*, *Agen et Paris*, 1809, 1810, 1812, *avoués, i,* 277, 282, *ij,* 94, 154, *vj,* 84; surtout *répert., xvj*, 193, *h. v.,* § 3, *n.* 4.

3. Quoique le domicile *élu par contrat* semble être entièrement assimilé au domicile *réel* (*v. C-c.* 111), néanmoins c'est au domicile réel qu'il faut notifier , 1º les jugemens qui prononcent une condamnation. V. *B. c.* 29 *août* 1815 ; *rép. xvj*, 200, *n.* 10. — 2º L'appel de ces jugemens , à moins qu'il n'en ait été fait une mention spéciale dans l'élection. V. *rej. requ.* 8 *août* 1821 *et* 20 *juill.* 1824 , *Poitiers*, 1829, *Montpellier*, 1831, *Colmar et Bordeaux*, 1832, *avoués, xxiij*, 266, *xxvij,* 27 , *xxxix*, 46, *xliij* , 426 *et* 564, *xliv*, 301 *et* 303.

4. On peut transporter dans un autre lieu de la même commune, ce domicile élu. V. *B. c.* 19 *janv.* 1814 ; *rép., ib.,* 202, *n.* 11.

5. *Voyez*, pour diverses questions relatives, 1º *au domicile élu*, ci-apr., tit. de la procéd. de commerce; des règles gén. d'exécution, n. 5, et note 20; des saisies, etc... 2º *Au domicile de droit*, ci-d. tit. des tribun. des actions, p. 141, note 27.

TITRE II.

Des défenses. (1)

Les défenses sont en général les moyens par lesquels la partie actionnée repousse la demande (2) de celle qui l'actionne (3). Il importe d'en bien connaître les caractères (4), ainsi que le mode à suivre en les proposant.

I. *Caractères*. On distingue deux espèces de défenses, les défenses proprement dites et les exceptions (5). Les premières sont les moyens qui consistent à soutenir que l'action exercée est illégitime, en un mot, qui sont dirigés en quelque sorte, contre le fond de la demande... Les exceptions (6*) ou fins de non-recevoir (7), sont les moyens qui, sans toucher au fond (8), établissent que le demandeur ne doit pas être admis à proposer, ou à faire instruire, ou juger sa demande. V. *Jousse, tit.* 5, *art.* 1; *Pothier, part.* 1, *ch.* 2; *Pigeau, introd. à la procéd., part.* 2, *tit.* 1; *Lange, liv.* 4, *ch.* 6; *Carré, lois, i,* 423; *etc.*

(1) Ce tit. correspond au tit. 3, liv. 2 du Code.

(2) La demande est une espèce d'attaque.

(3) Le mot *défense*, pris dans une acception plus générale, désigne aussi les moyens du demandeur : on dit, par exemple dans ce sens, qu'un arrêt contradictoire est rendu sur les *défenses* des deux parties. C'est que l'actionné devient demandeur, non-seulement quand il fait une *reconvention* (*p.* 56), mais encore par sa défense (il y réclame en effet, au moins un renvoi et des dépens), et le demandeur, défendeur par rapport à cette défense (v. *aussi ci-apr. tit. des audiences*).

(4) Parce que les défenses proprement dites ne doivent, en général, être proposées qu'après les exceptions. V. *le tit. suivant.*

(5) Le mot *défense* n'indique pas toujours un moyen de ce genre, pas plus que le mot *exception*, un moyen du genre de celui qu'on indique au texte, lignes 11 à 15. On se sert au contraire assez souvent de l'un ou de l'autre terme et surtout du dernier, pour indiquer l'un ou l'autre genre de moyens; il faut même quelquefois examiner avec soin le texte d'une loi, d'un jugement, d'un livre de droit pour reconnaître si le mot *exception* y est employé, 1° dans son sens propre; 2° dans celui de *défense*; 3° en même temps dans l'un et dans l'autre sens.

(6*) En dernière analyse, on pourrait définir la *défense*, le moyen d'anéantir l'action, et *l'exception*, le moyen de l'écarter ou de faire suspendre le cours de la procédure par laquelle ou l'exerce.

(7) *Fins de non-recevoir*, c'est-à-dire conclusions (*fins* et *conclusions* sont synonymes) tendant à ce que la demande ne soit pas reçue et à plus forte raison, examinée. Il y en a plusieurs sortes : les fins de non valoir, ou exceptions de nullité (v. *ci-apr. tit.* 3, *ch.* 1, p. 242), les fins de non-recevoir simplement dites (v. *d. ch.*, *appendice*, p. 244), les fins de non-procéder ou déclinatoires (v. *id.*, *ch.* 2, p. 251), les fins tendant à différer, ou exceptions dilatoires (v. *d. tit.* 1, *ch.* 3). —A Toulouse, les fins de non-valoir étaient les fins de non-recevoir tirées du défaut de qualité du demandeur. (*Rodier, tit.* 5, *art.* 5).

(8) C'est-à-dire, sans examiner si la demande principale est légitime, car la demande principale forme le *fond* de la cause, par opposition aux fins de non-recevoir. V. *ci-apr.* p. 245, *note* 11, *n.* 6.

Observations. 1. Il résulte de tout ce qui précède, que par *l'exception* ou fin de non-recevoir, on s'oppose à ce que le juge examine la demande en elle-même, tandis que par les *défenses* on réclame en quelque sorte cet examen.

2. Il y a des moyens qui profitent aux cautions, etc... v. p. 241, *note* 5.

II. *Mode.* 1. L'actionné doit préalablement constituer un avoué (9), par écrit (10), ou même, si l'assignation est à bref délai, à l'audience (11). V. *C-pr.* 75, 76.

2. Il signifie ensuite (11 *a*) les défenses (avec offre de communiquer les pièces.. v. *ci-apr. tit.* 3, *note* 75); mais il faut que ce soit dans la quinzaine de la constitution, sinon le demandeur peut poursuivre l'audience (12). *C-pr.* 77, 79.

3. Le demandeur, de son côté, s'il veut répondre aux défenses, doit le faire dans la huitaine de leur signification (13), faute de quoi le défendeur peut aussi poursuivre l'audience (14). *C-pr.* 78, 80, 81. (15)

(9) *Doit...* c'est son avoué qui déclare être constitué.—*Préalablement...* c'est-à-dire dans les délais de l'ajournement. V *C-pr.* 75, 76. — Causes où il ne faut pas d'avoué. *V.* § *des avoués*, p. 76 ; *ci-apr. sect.* 5 et 6.

(10) Par un acte d'avoué à avoué (v. *C-pr. et tarif*, 75), nommé acte d'occuper. V. *d.* § ; *rép.*, mot *présentation* ; *Pigeau*, i, 125.

(11) En la réitérant dans le jour, par acte. V. *C-pr.* 76 *et ci-apr. tit. de l'assignation à bref délai, note* 3.

Effet, 1° de la constitution... V. *tit.* du *désistement*, note 11, *n.* 3. — 2° De son omission... V. *ch.* des *jugem.* de *défaut*, n. 1 *et note* 13.

Dr. anc. La constitution devait se faire au greffe, dans un certain délai, par un acte écrit nommé *présentation*. Le délai passé, sans présentation, le demandeur inscrivait au greffe un autre acte nommé *défaut*; mais la présentation pouvait encore être faite tout comme les défenses signifiées, après le défaut, tant qu'il n'y avait pas de jugement ; et comme le jugement ne pouvait être obtenu qu'au bout d'un second délai, ces actes étaient inutiles ; aussi les a-t-on supprimés. Il en a été de même de la présentation encore plus inutile à laquelle on assujétissait le demandeur dans les tribunaux supérieurs, ainsi que des *congés-défauts* que le défendeur prenait contre le demandeur qui l'avait omise. V. *Jousse, tit.* 4 et 5 ; *Treilhard*, p. 228 ; *ci-dev.* p. 149, *note* 6.

(11 *a*) Il peut s'en dispenser et poursuivre l'audience aussitôt après la constitution. V. *C-pr.* 154 ; *d. tit. des jugem. de défaut* ; *ci-d.* p. 228, *note* 48, *n.* 1.

(12) Par un simple acte d'avoué à avoué... Le demandeur le peut même pendant cette quinzaine, après la signification des défenses et sans y répondre. *C-pr.* 79 *et* 80.

(13) *Dr. anc.* La réponse devait être signifiée dans trois jours ; mais cela n'était pas observé, non plus que la prohibition de passer en taxe, d'autres écritures que ces deux-là. V. *d. ord., tit.* 14, *art.* 2 et 3.

Dr. act. Cette prohibition a été renouvelée par le Code, qui ne passe non plus en taxe qu'un seul acte pour l'audience, lorsqu'elle peut être poursuivie sur un acte (*C-pr.* 81, 82). On a ainsi obvié à l'abus qu'on faisait de ces actes (des *avenirs* ou *sommations*... v. *tit. des audiences, note* 10, *n.* 2) en les multipliant contre la défense de la loi (*d. art.* 1).;V. *Treilhard,* p. 28 ; *ci-dev.* p. 149, *ch.* 2.

Observation. Il ne faut qu'un *seul acte* pour chaque jugement de défaut, interlocutoire ou contradictoire, et il n'en faut point pour ceux de remise ou d'indication de jour, qu'on ne peut même lever, ni pour lesquels on ne peut non plus signifier de qualités. V. *tarif,* 70, 83 ; *d. ch.* 2, p. 149 ; *ci-apr. tit. des jugemens, n.* 3.

(14) Aussi sur un *simple* acte... *C-pr.* 80.

(15) *Observations.* 1. *Justice de paix.* On ne peut point y notifier de défenses. *C-pr.* 9.

2. Quant à la *composition* des défenses et réponses, ou de ce qu'on nomme vulgairement des *écritures* (v. *C-pr.* 252, 335, 521), nous pensons qu'il serait utile d'observer les règles suivantes :

1o Lire attentivement toutes les pièces du procès, et surtout les actes qui servent de fondement à l'action ou à la défense. 2o Rechercher avec soin les questions auxquelles on peut réduire la contestation. 3o Consulter les lois et les ouvrages de droit où elles sont décidées, ou discutées. 4o Méditer sur l'application de ces lois et de ces autorités aux mêmes questions.

Après ces travaux préparatoires, on fera un plan, soit des défenses, soit des réponses, et on les composera suivant ce plan.

Il y a peu de conseils à donner à cet égard : l'avoué qui connaît bien son sujet, trouvera sans peine la meilleure manière de le traiter avec méthode... Nous nous bornerons à quelques remarques : 1o on doit en général commencer ces sortes d'ouvrages sans emphase, les écrire avec simplicité et y insérer des conclusions rédigées avec soin.... 2o S'il s'agit des *défenses*, on peut les commencer par un résumé de la demande ou assignation. On expose ensuite le fait, s'il a été dénaturé par le demandeur ; on réfute les moyens qu'il a présentés, et l'on propose enfin ceux du défendeur... 3o Quant aux *réponses*, on peut aussi les commencer par un résumé rapide des défenses. Comme il est inutile de répéter les faits indiqués dans l'assignation, qui n'ont pas été contestés, on cherchera seulement à établir ceux qui l'ont été ; ensuite on réfutera les moyens des défenses, on insistera sur ceux de la demande et l'on en proposera au besoin de nouveaux.

3. Les *défenses* et *réponses* sont proposées sous la forme de requêtes. *Tarif* 72 et 73.—V. aussi p. 230, *note* 1.

TITRE III.

Des exceptions. (1)

Nous venons de donner la définition de l'exception et d'indiquer les différences qui existent entre les exceptions (2), ou fins de non-recevoir, et les défenses au fond; il nous reste à parler des exceptions considérées en particulier, de leurs principales espèces et des règles qui leur sont propres.

(1) Ce titre correspond au tit. 6. liv. 1, et au tit 9, liv. 2. du Code. Nous l'avons mis à la suite de celui des défenses à cause de leur grande connexité.

(2) Voy. le titre précédent, texte, in pr. et n. 1, et surtout les notes 6, 7 et 8, p. 236, 237.

Observations. 1. *Droit romain.* Les exceptions, comme les possessions de biens et les interdits étaient des moyens plus ou moins détournés employés par les préteurs pour corriger le droit civil (*Hist. du droit romain, p.* 62; *L.* 1, *D. doli mali et metus except.*) Voici comment. Le préteur, ainsi qu'on l'a vu (*p.* 108, *note* 5, *et p.* 111, *note* 1) donnait aux parties une formule où il prescrivait à un juge désigné, de condamner ou d'absoudre le défendeur, suivant qu'il reconnaîtrait ou non que le défendeur était obligé envers le demandeur, ou que la chose revendiquée appartenait à ce dernier (*si paret, N. Negidium A. Agerio centum dare oportere,* ou bien *si paret rem A. Agerii esse ex jure quiritium, judex N. N. A. A. centum condemna; si non paret, absolve...* Gaïus, iv, 41, 43). La question ainsi posée devait être résolue par le juge d'après les principes du droit civil; dès-lors si le défendeur ne faisait valoir que des moyens de défense que le droit civil n'autorisait pas (comme le dol et la violence), il devait être condamné. Mais le préteur, toutes les fois que le moyen présenté lui paraissait assez équitable pour le faire prévaloir sur l'application rigoureuse de la loi ou sur les inductions tirées de son silence (*sæpe accidit,* disent les iustit., in pr., de except., *ut persecutio, licet justa sit, tamen iniqua sit*), insérait dans la formule une restriction à l'ordre de condamner; par exemple, dans le cas de dol, on ajoutait : *si in ea re nihil dolo malo A. Agerii actum sit neque fiat* (Gaïus, iv, 117, 119). Cette restriction, qui rendait la condamnation conditionnelle (*Gaius, iv,* 119) en ce sens que le juge ne pouvait plus la prononcer qu'autant qu'il aurait reconnu faux le fait allégué par le défendeur, était ce qu'on nommait une exception. Elle entraînait l'absolution si le fait était reconnu vrai. V. *Thémis, vj,* 10.

2. Les exceptions servirent surtout à multiplier le nombre des moyens d'éteindre les obligations. Ainsi l'exception *jurisjurandi* permettait au défendeur d'alléguer une prestation de serment; la chose jugée, dont l'autorité n'était consacrée par le Droit civil (*ipso jure*) que dans certains cas (*Gaius, iij,* 180, 181; *iv,* 106, 107), produisait dans tous les autres l'exception *rei judicatæ*; la compensation qui ne pouvait être opposée *ipso jure* que dans

les actions *bonæ fidei*, pouvait l'être dans les actions *stricti juris* au moyen de l'exception de dol (*instit.* § 30, *action.*); la remise de la dette qui n'avait lieu *ipso jure*, qu'au moyen d'une acceptilation, pouvait résulter d'un pacte au moyen de l'exception *pacti conventi*. Cette même exception servait à faire valoir le terme ou délai accordé par un pacte postérieur au contrat (si le terme avait été fixé au moment de la formation du contrat, l'exception était inutile: il suffisait d'invoquer la plus-pétition à raison du temps (*Instit.*, § 33, *action...* Thémis, vj, 5). Les exceptions pouvaient aussi servir à repousser des actions réelles (*Gaius iv*, 117); par exemple la possession de dix et de vingt ans procurait au possesseur une exception nommée *præscriptio longi temporis*.

3. Il faut observer que le demandeur pouvait dans certains cas, obtenir à son tour une exception appelée *replicatio* pour détruire l'effet de l'exception du défendeur; par exemple, si après une remise effectuée par un pacte, les parties en faisaient un nouveau pour rendre au créancier ses premiers droits, le demandeur pouvait opposer à l'exception *pacti* une *replicatio*. On ajoutait alors dans la formule: *si non postea convenerit ut eam pecuniam petere liceret* (*Gaius, iv*, 126). Un troisième pacte intervenu pour faire de nouveau remise de la dette, aurait produit en faveur du défendeur une *duplicatio* et ainsi de suite (*Gaius, iv*, 127, s.)

4. Toutes ces notions étaient ignorées ou mal comprises avant la découverte de Gaius. On traduisait généralement les mots *ipso jure* par ceux *de plein droit*, et l'on opposait en conséquence les modes d'extinction des obligations *per exceptionem* (d'après le droit prétorien), à des modes d'extinction qu'on supposait avoir lieu de plein droit, au lieu de les opposer aux modes d'extinction selon le droit civil. Les réplications et duplications étaient assimilées aux écritures de procureur ou d'avoué (v. *Demiau, p.* 76; ordonn. 1667, tit. *xiv, art.* 3; *Serres*, instit., *iv*, 14; *avoués*, 2ᵉ édit., *xij*, 416); ou bien aux répliques des avocats à l'audience. V. *Vinnius, ad* § 3, *inst., replic.; Heineccius, Elem. jur.*, § 1264; *M. Burdet, ij*, 219.

5. Il paraît aujourd'hui constant (v. *Thémis, vj*, 15) que les exceptions qui chez les Romains eux-mêmes, n'étaient nullement en usage avant la procédure par formules (*Gaius, iv*, 108), ont dû disparaître avec elles sous le bas empire; le nom seul a pu être transporté dans nos codes. Mais quelle que soit la signification qu'on lui attribue (v. *ci-dev. p.* 236, *note* 5), on ne peut plus admettre le système qui consisterait à distinguer parmi les moyens de droit relatifs au fond, des défenses proprement dites et des exceptions. Il ne faut pas dire par exemple, que la chose jugée n'empêche pas l'action du créancier de subsister *ipso jure*, et qu'elle ne produit qu'une exception (*M. Toullier, x*, 117; *Pothier, oblig., n*.642; *réc. alph. vij*, 607; outre qu'il resterait à expliquer pourquoi en droit romain même elle produisait quelquefois son effet *ipso jure* (*Gaius, iv*, 106, 107), nous n'avons point chez nous de droit honoraire marchant parallèlement avec le droit civil; notre législateur est un; et tous les modes d'éteindre les obligations qu'il reconnaît, doivent par cela même produire leur effet *ipso jure*, aussi bien la prescription et la compensation, que le paiement et la novation, puisque la loi les met sur même ligne (*C-civ.* 1234, 2219) *F. B. s.*

Nous diviserons les exceptions en péremptoires, en déclinatoires et en dilatoires (3) : les premières ont pour objet d'anéantir l'instance; les secondes, de la faire renvoyer à un tribunal différent de celui de la demande (4); les dernières, d'en faire suspendre l'instruction (5). — Les unes et les autres peuvent être proposées par écrit. (6)

(3) Péremptoire vient de *perimere*, anéantir... Dilatoire, de *differre*, retarder, — Quant à *déclinatoire*, v. p. 251, note 22.

Observations. 1. On ne qualifie dans le Code aucune exception de péremptoire et à plus forte raison l'on n'y divise pas les exceptions en péremptoires et en dilatoires; mais déjà consacrées par l'ordonnance de 1667 (*tit.* 5, *art.* 5, *tit.* 9, *art.* 1), la qualification et la division ont été généralement admises dans la doctrine. V. *Jousse*, d. *tit.* 5, *art.* 1, *note* 4; *Pothier, part.* 1, *ch.* 2, *sect.* 1, § 4; *Pigeau, i*, 528; *Carré, lois, i*, 424; *M. Chauveau*, 2ᵉ éd., *xij*, 416.

2. *Dr. romain.* Les exceptions se divisaient aussi en péremptoires et dilatoires. *Gaius, iv*, 120. — Les exceptions péremptoires ou plutôt perpétuelles pouvaient toujours être invoquées, c'est-à-dire qu'on les insérait dans la formule à quelque époque que celle-ci eût été obtenue par le demandeur (v. *M. Ducaurroy, iv*, 173); les dilatoires ou temporaires ne pouvaient au contraire être demandées que pendant un certain délai, ou à raison de circonstances accidentelles, par exemple, parce que le *cognitor* qui agissait pour le demandeur, était incapable de jouer ce rôle. *Gaius, iv*, 124. — Du reste, il est essentiel de remarquer que si le demandeur exerçait son action au mépris de l'exception dilatoire, l'effet de celle-ci n'était pas moins entier, pas moins péremptoire, si l'on veut (*Thémis, vj*, p. 6) que celui de l'exception péremptoire elle-même: elle entraînait l'absolution du défendeur qui se trouvait désormais à l'abri de toute poursuite, au moyen de l'exception *rei in judicium deductæ*. V. *Gaius, iv*, 123. — Il est facile de voir d'après cela que parmi les exceptions du Code de procédure, il n'en est point qui soient péremptoires ou dilatoires dans le même sens que les exceptions des Romains. F. B. S.

3. On verra toutefois (*ci-apr., livre ij, in pr., note* 9, *et tit. de la cassation, notes* 25, 33 *et* 34), qu'en matière de *cassation*, l'irrégularité de certaines procédures, peut faire déchoir d'un pourvoi quoique le délai n'en soit pas expiré.

4. *Dr. anc.* Même remarque pour l'action en *retrait lignager*; la nullité de l'exploit par lequel on exerçait cette action en entraînait l'extinction. *Pothier, part.* 1, *ch.* 2, *sect.* 2, *art.* 1.

(4 et 5) Voyez au surplus les chapitres suivans.

Parmi les exceptions, et ceci s'applique également aux défenses, surtout lorsque le mot *exception* est employé dans le sens de défense (v. p. 236, *note* 5), il en est qui tiennent à la cause, et servent aux cautions et autres débiteurs accessoires: telle est la chose jugée. V. *L.* 7, *ff. de except.; inst. de replicat.,* § 4; *rép., mot caution,* § 5, n. 3; *arr. cass.* 29 *brum. xij, ib.* — Tels sont également une déchéance acquise par le débiteur principal; les moyens dont il s'est servi, quoiqu'il ait ensuite acquiescé; la prescription accomplie, quoiqu'il y ait renoncé. V. *C-c.* 2225; *arr. cass.* 5 *août* 1807, *rép., mot douanes,* § 14; *M. Merlin, ib., mot prescription, sect.* 1, § 5; *rec alph., mots garantie,* § 7, *et transfert.* — D'autres sont attachées à la personne du débiteur, et ne servent qu'à lui. *C-c.* 1208, 2012, 2036; *B. c.* 27 *nov.* 1811.

(6) On fonde cette décision sur le tarif (70 et 75), qui indique ce mode pour plusieurs espèces d'exceptions, et sur ce qu'il n'y a aucune raison de le rejeter pour les autres espèces. V. *Pigeau, i*, 194.

I.   31

CHAPITRE PREMIER.

Des exceptions péremptoires, ou de nullité.

Ces exceptions sont, comme l'indique leur qualification, tirées des irrégularités des formes (**6** *a*),
c'est-à-dire, des nullités des exploits ou autres actes
de procédure. Il faut les proposer à de certaines époques indiquées par la loi et ordinairement très rap-
prochées (**7**), et, dans tous les cas, avant les défenses
au fond (**7** *a*), autrement elles ne sont plus admissibles (**8**). *C-pr.* 173.

Par exemple, les exceptions tirées des nullités de
la demande (**9**), doivent rigoureusement être proposées avant toutes défenses ou exceptions (**9** *a*) autres que celles d'incompétence (**10**). V. *C-pr.* 173;
tar. 75; *ci-apr.* § *de la garantie, note* 45; *ord.* 1667,
tit. 5, *art.* 5; *B. c.* 6 *oct.* 1806, *etc.*

(6*a*) D'après cela, on les nommait aussi exceptions péremptoires de forme
(v. *Pothier, d. sect.* 1 *et* 2; *Pigeau, i,* 128, 141), par opposition aux fins
de non-recevoir, qu'on nommait aussi exceptions péremptoires du fond. V.
l'appendice, p. 244.

(7) Nous les indiquerons dans les divers titres où le Code les détermine.
V. *tit. de la saisie immobil., ch.* 2, § 3 (*des nullités*), *des expertises, note*
20, *n.* 1, *de la cassation, note* 20, *n.* 3, etc.

Ces exceptions ne sont directement péremptoires que relativement à la procédure par laquelle on exerce l'action; mais elles peuvent le devenir indirectement par rapport à l'action elle-même, si la procédure était nécessaire pour
en prévenir l'anéantissement. V. *ci-apr. tit. de la péremption, n. iij,* surtout
alin. 2 *et* 3.

(7 *a*) S'agit-il même de nullités de saisie immobilière. V. *Montpellier,*
22 *juill.* 1822, *rej. requ.* 7 *avril* 1827. *Riom,* 21 *janv.* 1832, *avoués,*
xxiv, 245, *xxxiv,* 8, *xliv,* 184; *ci-apr. tit. de cette saisie, note* 19 (*n.* 1 *b*)
et 112, *n.* 1, *et,* pour d'autres espèces de nullités, *les divers titres cités ci-*
dessus, note 7.

(8) Parce que l'observation des formes étant exigée le plus souvent pour
l'avantage de la partie adverse, elle est censée, par son silence, avoir reconnu
que les actes faits contre elle ont été suffisamment réguliers... On dit alors
que les *nullités sont couvertes* (v. *p.* 155, *n. iij*).

Observations. 1. C'est probablement d'après de semblables motifs qu'on a
considéré comme couverte par les *défenses,* la fin de non-recevoir tirée de l'inobservation du délai d'opposition. V. *arr. rej. civ.* 9 *janv.* 1827, *avoués, xxxiij,*
36.—V. toutefois, M. *Chauveau, ib.*

2. Il n'est pas nécessaire d'énoncer nommément la nullité ; il suffit de déclarer *in limine litis* , qu'on la fera valoir, et de la *relever* ensuite en plaidant, *suiv. Aix*, 7 *mai* 1809 , *J-C-c. xiv* , 14. — M. Merlin soutient, au contraire, qu'il faut alléguer expressément la nullité. V. *rép. xiij*, 538 , *mot testament* , *sect.* 1 , *art.* 1 , *n.* 2 *bis*. — V. aussi *Bruxelles* , *ci-dessous* , *note* 9.

(9) Puisque elle est formée par exploit. V. *C-pr.* 173 , *et p.* 193 , § 2.

Observation. L'appel étant une espèce de demande, on n'est pas recevable à en *exciper* les nullités de forme, après avoir défendu au fond, c'est-à-dire demandé la confirmation du jugement. V. *M. Merlin, rép.* , *mot loi* , § 5 , *n.* 9 ; *rec. alph.* , 2ᵉ *édit.* , *mot commune* , § 5 , *n.* 3 ; *arr. rej. requ.* 22 *avr.* 1806, 10 *janv.* 1810, *ibid.*; *arr. de Bruxelles*, 3 *juin* 1807, *J-C-pr.*, *i* , 64.

(9 *a*) Même avant une demande en garantie dénoncée (v. *ci-apr.* note 54) au demandeur principal, *suiv. arr. de Limoges*, 13 *juillet* 1822, *avoués* , *xxiv*, 232.

(10) *Observations.* 1. Peuvent-elles l'être après une constitution d'avoué, une demande de production ou une production de pièces, telles qu'un exploit, etc?... *Oui*, parce que ce sont de simples actes d'instruction propres à donner de la régularité à la procédure (*ci-dev.*, *tit.* 2 , *p.* 237) et non pas des défenses au fond. V. *B. c.* 22 *brum. xiij*, 26 *juill.* 1808, 9 *janv.* 1809 , 17 *nov.* 1823; *rép.*, *mot présentation*, surtout *t.* 15, *p.* 213 *et* 214, *addit. à domicile élu*; *rec. alph.*, *mot papier-monnaie*, § 5; *arr. de Bruxelles, Agen et cass.*, 4 *déc.* 1807, 4 *avr.* 1810, 28 *oct.* 1811, *J-C-pr. i* , 310, *avoués* , *ij*, 58 , *v* , 11. — V. aussi *Rodier, tit.* 2 , *in f.*, *obs.* 13. — Il en est de même lorsqu'on n'a défendu et conclu au fond que *subsidiairement* , et pour le cas où la nullité ne serait pas accueillie par le tribunal. V. *d. arr. cass.* 28 *oct.* 1811, *ibid. et B. c.*

1 *a*. On a néanmoins jugé que si la demande de production concerne des titres relatifs à la défense au fond, la proposition des nullités n'est plus admissible. V. *rej. req.* 30 *janv.* 1810 , *Nevers* , 63, *Sirey* , 132; *Turin et Rouen*, 1809, *Besançon*, 1818, *et Orléans*, 1820, *avoués*, 2ᵉ *édit.*, *xij*, 463, (contrà.. v. d. arr. d'Agen).

On peut observer à l'appui de cette décision que la demande de production n'est, en dernière analyse, qu'une *exception* (*ci-apr.* § *de la communication des pièces*) , et doit ainsi être précédée de la demande en nullité. V. *C-pr.* 173 , *Bourges* , 30 *mars* 1829 *et* 25 *fév.* 1834, *avoués*, *xxxvij* , 191, *xlvj*, 357. — Mais cela ne s'applique point 1º à la constitution d'avoué, et elle peut toujours être faite avant la demande en nullité. V. *les autorités précédentes*, surtout *répert.*, *dd. pp.* 213 *et* 214. — 2º A une demande de production formée sous des réserves. V. *Pau*, 26 *juill.* 1809, *avoués*, 2ᵉ *édit.*, *xij*, 469.

1 *b*. Les exceptions de nullité sont proposées par une requête, à laquelle on peut répondre. *Arg. de tarif*, 75 (il parle des nullités de la *demande* ou du jugement).

2. Quelques auteurs, tels que Voët, ont prétendu qu'il est contradictoire de paraître sur une assignation et d'en demander la nullité. Le parlement de Grenoble voulait même qu'on fût non recevable dans ce cas (*Saint-André*, *tit.* 5 , *art.* 5). L'opinion opposée a été défendue par Jousse, *tit.* 2 , *art.* 1 , et par M. Merlin, *rec.*, *mot assignation*, § 5.

APPENDICE AU CHAPITRE PREMIER.

§ 1er. *Des fins de non-recevoir simplement dites.*

On les tire de vices ou de circonstances inhérens, soit à la personne du demandeur, soit à sa réclamation, et étrangers à la forme. (11)

Par exemple, lorsqu'on soutient que le demandeur n'a pas qualité, ou qu'il est sans intérêt (v. *p.* 213 à 215 *et notes* 6 *et* 12, *dd. pp.*), ou bien lorsque l'on oppose à sa réclamation, une prescription, une transaction, un jugement (v. *tit. de l'appel, ch.* 1, *except.* 1re), un acquiescement (v. *en le tit.*)..., on propose par là même des fins de non-recevoir (v. *ci-apr.* note 13, *p.* 246. (12)

(11) *Observations.* 1. L'interprète du droit romain le plus savant et le plus habile des derniers siècles, Pothier (*d. ch.* 2, *sect.* 2, *et art.* 2, *ib.*), et le principal rédacteur du Code de procédure, Pigeau, (*i,* 128) nomment les fins de non-recevoir, *exceptions péremptoires du fond*, pour les distinguer des exceptions de nullité, qu'ils nomment *exceptions péremptoires de forme.*

2. Les observations présentées, note 2, p. 239, nous ont déterminé à abandonner ces dénominations que, cédant à des autorités si imposantes, nous avions d'abord adoptées. Nous avons pris le parti de revenir aux dénominations anciennes, *exceptions de nullité* et *fins de non-recevoir*, consacrées, la première par l'ordonnance de 1667 et par le Code de procédure (art. 173), et la deuxième, par la même ordonnance, par le Code civil (*tit. du divorce, ch.* 2, *sect.* 3, *et art.* cités ci-apr. note 12, n.2) et par le Code de commerce, *liv.* 2, *tit.* 14 (elle vient de l'être encore dans le projet de loi sur les faillites, soumis à la chambre des députés (janvier 1835) et adopté par elle.(25 février), art. 520, 540, 580.

3. La dernière nous offre d'ailleurs un avantage; celui de nous dispenser d'employer des circonlocutions longues et même peu claires pour désigner les objets dont nous nous occupons dans le présent appendice. En effet, au lieu de *fins de non-recevoir,* il faudrait annoncer que nous y parlons en premier lieu, *des moyens du fond qu'il est utile de proposer avant les autres moyens du fond;* en second lieu, *des moyens du fond dont la proposition rend superflu l'examen des autres moyens du fond;* en troisième lieu, *des moyens du fond qui ne permettent plus au juge de s'occuper des autres moyens du fond et d'y statuer;* etc., etc... Elle nous en dispense parce qu'étant employée en France dans les lois, dans les jugemens, dans les traités ou commentaires et dans la pratique depuis plusieurs siècles (v. *tit. des enquêtes, note* 3) jusqu'à nos jours (dans un grand nombre d'arrêts récens il est question de fins de non-recevoir, ou de parties non rece-

vables... v. *B. c. de* 1834, *n.* 4, 16, 20, 32, 35, 51, 61, 66, 67, 69, etc.; *autres arr. cités ci-apr. n.* 4, *et note* 13, *n.* 1 *et* 4, *p.* 246 *et* 247), le sens en est sur-le-champ saisi par ceux qui ont la plus légère notion de notre système de procédure.

4. Elle suffit en effet lorsqu'on s'en sert à propos, pour indiquer, soit aux défenseurs, soit aux juges, les moyens du fond dont il leur sera souvent utile, ou même nécessaire de s'occuper préliminairement; ce qui nous conduit à présenter une observation importante. Comme en considérant les fins de non-recevoir sous ce dernier rapport, il était certainement avantageux de les distinguer des autres moyens du fond, on a été porté insensiblement à regarder ces derniers moyens comme tenant plus particulièrement au fond de la cause, et les questions auxquelles ils donnaient lieu, comme constituant elles-mêmes le *fond*. Ce système a été dès long-temps et généralement consacré par l'usage. Aussi trouve-t-on fréquemment dans les arrêts où l'on avait à prononcer sur des moyens du fond, de l'une et de l'autre classe (c'est-à-dire, et sur des moyens constituant proprement le fond dans le système précédent, et sur quelqu'une des fins de non-recevoir simplement dites, telles que celles tirées du défaut de qualité, ou de la chose jugée, ou de la prescription, etc.), les formules suivantes : (statuant d'abord) *sur la fin de non-recevoir*, (statuant ensuite), *sur le fond*, ou bien, *au fond....* (statuant) *sur la fin de non-recevoir, et sans qu'il soit besoin de s'occuper du fond...... rejette la fin de non-recevoir et ordonne de* (ou *renvoie pour*) *plaider le fond*, ou *au fond...* V. B. e. 1er août 1810, 13 mars et 20 et 27 juin 1820, 28 juill. 1824, 7 mars 1826, 17 févr., 5 et 11 mars et 26 nov. 1834, etc.... Rej. civ. 15 juill. 1807 et 14 août 1821, répert., iv, 177, mot dot, § 2, n. 7, Sirey, 22, 1, 106... Rej. requ. 10 juill. 1821, ibid, 148... Arr. de Dijon, 1816, répert., xvij, 182, mot motifs, v. 6; Montpellier, 1819, Riom, 1821, Bourges et Bordeaux, 1822, Sirey, 22, 1, 520, et 2, 205 et 315 ; Rennes, 1831, avoués, xlij, 63.

5. Le même système quoique susceptible de critique, sous certains points de vue, n'est d'ailleurs point contraire à la loi. On aurait quelque motif de le soutenir, si, comme quelques personnes semblent le croire, elle n'opposait jamais le *fond* ou principal, qu'à la *forme* ; mais précisément elle l'oppose aussi à des objets étrangers à la forme. Il suffit pour s'en convaincre, en premier lieu, de comparer quelques-unes des dispositions (*C-pr.* 338, *surtout* 339 *et* 340) du titre des incidens et interventions (*C-pr.*, *part.* 1, *liv.* 2, *tit.* 16), soit entre elles, soit avec la rubrique de ce titre (v. aussi *C-pr.* 231).... En second lieu, de lire l'art. 426 du Code où l'on distingue expressément *du fond* d'une cause les contestations sur la *qualité* des parties (v. *ci-dev. p.* 64, *note* 80), c'est-à-dire précisément sur ce qui peut donner lieu à la première des fins de non-recevoir dont nous parlons dans le commencement de notre appendice, texte, p. 244.

6. D'après les observations précédentes on conçoit que nous n'avons pas dû nous borner à opposer au fond ou principal d'une cause, les fins de non-recevoir relatives aux formes, c'est-à-dire les exceptions de nullité (*ci-dev. p.* 2, *note* 6; *p.* 242, *ch.* 1) ; mais que nous avons aussi dû y opposer toutes les fins de non-recevoir qu'elle qu'en fût la source (v. *p.* 237, *note* 8... v. aussi *p.* 197, *n.* 4 *et* 5; *p.* 215, *note* 12), et que nous avons pu qualifier de *fond* (*ci-apr. notes* 13, 19, *etc.*, *p.* 246, 248, *etc.*) les questions distinctes des fins de non-recevoir.

7. Les fins de non-recevoir simplement dites étant, ainsi que les défenses, étrangères aux formes, tirées des principes du droit civil et proposables en tout état de cause, il semble qu'il eût fallu transporter à la suite du titre des défenses, ce que nous exposons dans le présent appendice ; mais (sans parler d'autres considérations) comme plusieurs des décisions ou remarques dont

se compose cet appendice, s'appliquent aussi aux exceptions péremptoires ou de nullité, ce déplacement aurait occasioné plus de confusion qu'il n'eût offert d'utilité.

(12) *Observations*. 1. Si nous appelons la prescription et la chose jugée des fins de non-recevoir, ce n'est pas en ce sens qu'elles éteindraient les obligations d'une autre manière que le paiement, la novation, etc. V. *ci-dev.* note 2, n. 5, p. 240.

2. Autres exemples de fins de non-recevoir : v. C-c. 135, 139, 181, 196, 426, 273, 438, 559.

L'ordonnance de 1667 (*d. art.* 5) exigeait en général que les fins de non-recevoir, les nullités d'exploit ou autres *exceptions* fussent employées dans les défenses, pour y être préalablement fait droit; il est en effet naturel de s'occuper d'abord de ces exceptions, puisque si elles sont admises, elles dispensent d'examiner le *fond* de la cause. (13)

(13) *Observations*. 1. Bien plus, on est même obligé de s'en occuper auparavant, 1° parce que le juge est tenu de statuer sur toutes les réclamations des parties, contenues dans les conclusions ; 2o parce que si la réclamation relative à la fin de non-recevoir est jugée légitime, il ne peut plus statuer sur le *fond* (v. pour ce mot, p. 245, note 11, n. 4 à 6) surtout contre le réclamant. Par exemple, l'intimé soutient que l'appel est non recevable à cause d'un acquiescement qui a donné l'autorité de la chose jugée au jugement de première instance : si le tribunal d'appel décide qu'en effet l'appelant a acquiescé, il ne peut plus statuer sur le fond, c'est-à-dire décider si le jugement de première instance est juste ou non, et surtout le réformer comme injuste, puisque ce jugement est devenu la vérité. V. *au reste*, *B. c.* 4 *flor. ix*, 5o août 1808, 5 *mars* 1810 ; *ci-apr.*, *tit. de l'appel*, *ch.* 7 *et note* 116 ; *ci-dev.* § *des juges*, p. 21.—Aussi a-t-on cassé un arrêt pour avoir omis de statuer sur une fin de non-recevoir essentielle (celle tirée de l'autorité de la *chose jugée*), et par là même contrevenu indirectement à la loi (20 avril 1810, art. 7) qui prescrit de motiver les jugemens. V. *B. c.* 19 *mars* 1834.—V. aussi pour la fin de non-recevoir tirée du défaut de qualité, *B. c.* 13 *mars* 1820, 7 *mars* 1826, 9 *avr. et* 25 *juin* 1834, et pour d'autres questions analogues, *B. c.* 25 *janv.* 1821; *rej. cr.* 17 *janv.* 1835, *Gaz. trib. du* 26 ; *arr. cités*, *tit. des jugemens*, *note* 34, *n.* 2 *et* 2 a.

2. Ces observations s'appliquent à plus forte raison aux fins de *non-procéder*, parce qu'il faut bien que le juge s'assure préalablement de sa compétence; et il est même tenu souvent de la régler par une disposition séparée. V. *chap.* 2, p. 251, surtout *not.* 22, 23, et 35.

3. *Quid*, si, dans le cas où la compétence n'est pas contestée, une partie se défendant à *toutes fins* (v. *note* 19, *n.* 2, p. 249), conclut à ce que le demandeur soit déclaré et non recevable, et mal fondé?.. Le juge, on le pressent (v. *ci-dev.*, *n.* 1), non-seulement pourra, mais encore devra examiner ces deux chefs de conclusions, et pourra aussi lui adjuger l'un et l'autre, tout comme après avoir adjugé le premier, il pourra aussi se borner à déclarer qu'*il n'y a lieu à statuer* (v. *ci-d.* p. 245, *note* 11, *n.* 4, *in f.*) sur le

deuxième (ce n'est pas une omission de prononcer), en motivant cette déclaration sur ce que l'admission de la fin de non-recevoir, objet du premier chef, rend inutile la décision du second... Mais lorsque le défendeur se bornant à soutenir que la demande est inadmissible (parti qu'il prendra souvent parce que souvent aussi la preuve de la fin de non-recevoir sera plus facile que celle de la défense au fond), conclut simplement à ce que le demandeur soit déclaré non recevable, assurément le juge après avoir déclaré le demandeur non recevable, ne pourra pas aussitôt le déclarer mal fondé. D'un côté, il n'a ni dû ni pu examiner la question du fond ; et de l'autre, il ne lui est pas permis de prononcer sur des points litigieux non compris dans les conclusions (v. *p.* 21 *et* 22, *note* 20 ; *tit. de la requête civile, note* 26; surtout *ci-dessous, n.* 4).

4. On a néanmoins dans un journal estimable de jurisprudence, professé une doctrine bien différente de celle-ci. En effet, à l'appui d'une critique de la distinction faite entre les défenses et les anciennes exceptions péremptoires du fond (les fins de non-recevoir simplement dites), on a allégué, en paraissant l'approuver, l'usage où l'on prétend que sont nos tribunaux, lorsque dans un jugement ils repoussent un demandeur *par un motif quelconque,* de le déclarer *toujours* purement *non recevable,* et, EN TOUS CAS, *mal fondé* (ce qui signifie, ou la phrase n'aurait pas de sens, qu'en supposant que le demandeur soit recevable, il est du moins mal fondé)... De semblables jugemens s'ils étaient rendus dans la première hypothèse du précédent numéro et s'ils contenaient des motifs pour chacun des deux chefs de dispositif qu'elle embrasse, seraient sans doute valables ; mais s'ils l'étaient dans la seconde hypothèse, ils seraient susceptibles de réformation, ou de rétractation, ou de cassation.

Indépendamment en effet, de ce que, comme on vient de l'observer, ils statueraient sur un point (le 2e) non compris dans les conclusions, ils seraient nuls par cela seul qu'ils n'auraient pas de motifs (v. *ci-apr. tit. des jugemens, chap. v, n. iij et note* 34, *n.* 2) pour ce même point; car, si l'on excepte peut-être quelques cas tout-à-fait extraordinaires, le *motif quelconque* dont parle le journal, ne pourrait suffire à justifier un dispositif où l'on déclarerait une partie et non recevable et en même temps mal fondée... et cependant il est certain qu'après avoir motivé l'adoption d'une fin de nonrecevoir, telle que celle tirée du défaut de qualité, il faut motiver aussi la décision suivante par laquelle le même jugement déclare la demande mal fondée. V. *entre autres arr. de cassat., celui du 7 mars* 1826, *B. c., p.* 97, surtout *p.* 99.

Au reste, l'allégation du journal est au moins très hasardée. On aura pris l'usage de quelque tribunal inférieur, pour celui de tous les tribunaux. Nous n'avons pas l'idée d'avoir vu dans aucun des arrêts de notre siècle que nous avons lus (nous en comptions déjà près de deux mille, lors de notre 5e édition), ce mode si vicieux de statuer, et s'il s'était seulement rencontré dans un petit nombre, il est à-peu-près impossible que nous n'en n'eussions pas été frappé.

Néanmoins si l'on a oublié de proposer, dans le principe, les fins de non-recevoir, on sera admis à les faire valoir dans un écrit ultérieur, et même à l'audience, en un mot, en tout état de cause, c'està-dire, tant que l'instruction n'est pas terminée (14)...

Ce système (**15**), fondé sur le droit romain (**16**), et embrassé par Rodier dans ses questions sur l'ordonnance de 1667 (**17**), a été consacré par la jurisprudence (**18**), et maintenu tacitement par le Code puisqu'il garde le silence sur ce point (**19**), et que le juge ne peut sans excès de pouvoir (v. *ci-apr. tit. de la cassation, n.* 2), créer des fins de non-recevoir (v. d'ailleurs, *C-c.* 1360, 2224).

(**14**) Et même en appel. V. *M. Merlin, rec. alph. mot signature.* — Quand l'instruction d'un procès est-elle terminée? V. *ci-dev., introduct., p.* 199, *n. vj.*

(**15**) Il avait d'abord été contredit par Pigeau (*édit. de* 1787, *i,* 202) dont l'avis paraissait fortifié par le procès-verbal de l'ordonnance (*tit.* 4, *art.* 2). Cet auteur soutenait qu'on ne peut revenir sur les fins de non-recevoir omises, que lorsqu'elles l'ont été par un mineur, ou par erreur, ou bien lorsqu'elles tiennent à l'ordre public. Mais dans la suite (*édit. de* 1807 *et* 1819, *p.* 129 *et* 136), il s'est borné à soutenir qu'il faut proposer ces fins de non-recevoir avant les défenses au fond, en quoi il ne se trompe pas moins, comme on le voit.

(**16**) Du moins, d'après le sens dans lequel on prenait jadis les lois sur cette matière. —V. L. 2, *C. sentent. rescindi, et* 4, *C. exceptionib., et ci-devant, p.* 110, *note* 2.

(**17**) Titre 5, question 5, art. 2.

(**18** (*V.* répert., édit. de 1784, t. 13, p. 304; M. Merlin, rec. alph., 1° édit., t. 1, p. 275; t. 2, p. 266, t. 8, p. 543; t. 9, p. 279; et surtout t. 5, p. 361 (2° édit., iij, 37), mot inscription de faux, § 4, et arr. cass. 18 nivose xij, ibid.; rép., 3° édit., t. 4, p. 803; t. 9, p. 412; et arr. cass. 25 janv. 1808, ibid.; autres, 4 avr. et 5 juin 1810, Nevers, 159 et 262; rép., 4° édit., t. 4, p. 906, t. 9, p. 494 et arr. 8 déc. 1812, ib.; et t. 15, p. 384; arr. cass, 29 juin 1819, B. c. — *Voyez* en particulier pour la fin de non-recevoir tirée du *défaut de qualité,* Amiens, 15 juill. 1826, rej. requ. 31 août 1831 et 11 avril 1833, Bordeaux et Rennes, 11 et 27 juin 1833, avoués, xxxvij, 84, xlj, 649, xlvj, 355, M. Boucenne, iij, 266... et pour celle tirée de la *chose jugée,* arr. de Corse, 2 août 1827, avoués, xxxiv, 102.

(**19**) Cela ne contredit point la doctrine relative à la nécessité de statuer préalablement sur les fins de non-recevoir. V. *note* 13, *p.* 246.

Mais le juge n'est pas forcé d'y statuer par un jugement séparé. S'il s'aperçoit, par exemple, que l'instruction d'une fin de non-recevoir exige trop de temps, il ordonne d'instruire le fond en réservant la fin de non-recevoir, pour les décider l'un et l'autre par le même jugement. On le pratiquait ainsi jadis, et cela paraît conforme à l'esprit du Code. V. *l'art.* 172. — V. aussi *B. c.* 29 *niv. xj; ci-apr. chap. des déclinatoires, note* 35, *n.* 2, et, pour une exception, *d. ch., n. iij; p.* 253.

Observations. 1. On n'est pas obligé de se renfermer dans une seule exception péremptoire, dans une seule fin de non-recevoir : on est libre d'y ajouter toutes les autres *exceptions* (ce mot est pris ici dans le sens de fin de non-recevoir et dans celui de moyen au fond... v. *p.* 215, *note* 5), qu'on croit utiles à la défense de la cause. V. *M. Merlin, rec., mot chose jugée, par arg. de L.* 43, *D. reg. jur.*

2. On peut aussi présenter les dernières *exceptions* (mot pris encore dans ces deux sens) simplement comme *subsidiaires* des premières, c'est-à-dire, pour être examinées en cas que celles-ci ne soient pas accueillies (Pigeau, *i*, 195); c'est ce qu'on appelait jadis *défendre à toutes fins*. — V. *ci-apr. tit.* 4; *appendice des conclusions, note* 14; *ci-d.p.* 243, *note.* 10, *n.* 1; *p.* 246 *et* 247, *note* 13, *n.* 3 *et* 4.

§ 2. *Des nullités et fins de non-recevoir d'ordre public.*

Il résulte des observations et des décisions précédentes, que les nullités et les fins de non-recevoir simplement dites, en un mot que les *exceptions*, en employant ce terme dans le sens le plus étendu qu'on lui donne (v. *p.* 236, *note* 5, *in f.*), doivent être proposées par les parties (**20**) : on pensait *jadis* que le juge pouvait suppléer d'office celles qui tenaient à l'ordre public. V. *rec. alph., mot appel,* § 9; *rép. xvj,* 86, *h. v., sect.* 1, § 5, *n.* 5, *et ses renvois.* (**21**)

(20) Et (au moins celle de *nullité*) proposées à une certaine époque. Voy. *ci-dev. p.* 242.

(21) On considérait comme telles, celles qu'on avait établies pour prévenir, abréger ou simplifier les procès, par exemple, celles qui étaient fondées sur l'inobservation des délais d'appel, et de recours, et de signification de l'arrêt qui admet le recours : sur la défense d'appeler des jugemens préparatoires; sur un excès de pouvoir lorsque le juge a statué mal à propos en dernier ressort, etc. V. M. *Merlin, ibid...* V. aussi *id.* , *mot triage*, § 2; *rép., v,* 873; *arr. cass.* 3 *juin* 1811, *ib.*; *obs-cass.* 99.

Observations. 1. Cette doctrine ne paraît plus admissible depuis que le Code civil (*ci-apr. n.* 3) a défendu au juge de suppléer d'office la prescription. Il est du moins certain que la cour de cassation l'a rejetée quant à la fin de non-recevoir fondée sur le défaut de conciliation (*ci-dev. p.* 209, *note* 27, *n.* 2), fin de non-recevoir que M. Merlin regardait aussi, comme tenant à l'ordre public (en effet la conciliation a bien pour but de prévenir les procès), et telle a été aussi l'avis unanime de plusieurs magistrats distingués que nous avons consultés sur ce point (v. *pour un autre exemple, ci-dev. p.* 17, *note* 5, *n.* 2).

Il en est toutefois qui , avec Carré (*lois, ij,* 141, *n.* 1595) et plusieurs cours (*Toulouse*, 1828, *et Bruxelles*, 1829 *et* 1830, *avoués, xxxviij,* 34 *et* 171 , *xl,* 309), accordent au juge le droit de suppléer la fin de non-recevoir fondée sur l'inobservation du délai d'appel (v. *ce tit.* , *note* 62)... Non qu'ils s'appuient sur la doctrine relative aux *exceptions* dites *d'ordre public*; mais parce que le jugement de première instance ayant obtenu l'autorité de la chose jugée, faute d'appel dans le délai légal, l'intimé leur paraît dès l'expiration de ce délai, avoir un *droit acquis* dont on ne saurait le priver... On leur objecte que ce *droit acquis* n'est, en dernière analyse, que le droit d'opposer à l'adversaire la déchéance de celui qu'il avait d'appeler, en un mot, d'opposer en quelque sorte la prescription de l'appel ; que précisément on peut renoncer à la prescription acquise, et que l'intimé, en se défendant contre l'appel, sans en opposer la prescription, doit être considéré comme y ayant renoncé... Ce dernier système, pour lequel nous nous étions prononcé dans notre 5ᵉ édition (p. 762, n. 19 *b*) a été depuis adopté par un arrêt (*rej. civ.* 3o *nov.* 1830 ; *avoués*, *xl*, 31o) et par M. Chauveau, (*observat.*, *ib.*, *xl*, 31o *et xliv*, 326).

1 *a.* On a, toutefois, admis pour quelques cas spéciaux, une dérogation à ce même dernier système, et en conséquence, on a permis de faire valoir pour la première fois en cassation contre des jugemens, les nullités fondées sur ce qu'ils étaient viciés d'une incompétence *ratione materiæ* (v. *B. c.* 2o *mai* 1829, 18 *janv.* 1830 *et* 14 *juin* 1831), ou qu'ils préjudiciaient aux droits d'une commune non appelée. V. *B. c.* 14 *déc.* 1831. — V. aussi *rej. requ.* 29 *avr.* 1818, *avoués*, *xviij*, 28.

2. Quant aux moyens sur lesquels on doit établir la plupart des fins de non-recevoir simplement dites, ou tous autres moyens du *fond*, il faut les chercher dans les principes du droit civil.

3. Le moyen tiré de la prescription proprement dite ne peut être suppléé. *C-c.* 2223. — V. à ce sujet, *ci-dev. n.* 1 ; *répertoire, ix, mot prescription, sect.* 1, § 3, *n.* 5, *p.* 495, 496, 498 ; *B. c.* 19 *avr.* 1815, *p.* 93, 94 (dans ces divers passages, au lieu de *moyen*, on dit presque toujours *exception*... v. *ci-dev. p.* 236, *note* 5.)

CHAPITRE II.

Des exceptions déclinatoires (22) ou des renvois. (23)

Un particulier peut demander le renvoi de sa cause lorsqu'il a été cité devant un juge incompétent (24); ou lorsqu'il y a connexité ou litispendance. V. *C-pr.* 168; *et part.* 1, *sect.* 1, *p.* 17 *et* 35.

I. *Incompétence.* Elle est relative, 1° au domicile du défendeur ou à la situation de l'objet litigieux; 2° à la nature de la cause. V. *M. Faure, p.* 222. — En un mot, elle procède, dit-on, ou, 1° *ratione personæ*, ou 2° *ratione materiæ* (25). — V. *Pothier, part.* 1, *ch.* 2. (26)

Dans le premier cas, le renvoi doit être proposé avant toutes autres exceptions (27) et défenses (28). V. *C-pr.* 169; *tar.* 75; *arr. Bruxelles,* 1807, *J-C-pr.* 1, 336; *rej. requ.,* 22 *mai* 1822, *avoués, xxiij,* 182; *ci-dev., note* 47, *p.* 228.

Dans le deuxième, il peut l'être en tout état de cause, et le tribunal doit même l'ordonner d'office. *C-pr.* 170. (29)

(22) On les appelle ainsi parce qu'elles ont pour but d'éviter la jurisdiction du tribunal où l'on est cité, du mot latin *declinatio,* action de se détourner, d'éviter, etc.

Observations. 1. Nous en avions d'abord fait une subdivision des exceptions dilatoires; mais nous étant aperçu que cela donnait lieu à quelque confusion dans l'esprit des élèves, nous nous sommes décidé à en traiter dans un chapitre particulier. Nous n'en persistons pas moins à penser avec Cujas, Rodier et Pothier (v. *notre édit. de* 1825, *p.* 223), que ce sont des espèces d'exceptions dilatoires.

2. Quoi qu'il en soit, il ne faut pas du moins, comme on paraît le faire dans le journal déjà cité (*p.* 247, *note* 13, *n.* 4), assimiler absolument l'exception déclinatoire à l'exception de nullité, en la considérant comme anéantissant la procédure de la même manière que celle-ci. Comme l'assignation donnée devant un juge incompétent interrompt la prescription tandis que l'assignation nulle ne l'interrompt pas, il est clair que l'exception déclinatoire et l'exception de nullité diffèrent précisément entre elles quant à l'effet le plus important que peuvent avoir des exceptions (v. à ce sujet, *tit. de l'assignat., art.* 5, *n.* 6, *p.* 227).

(23) On les nomme aussi *fins de non-procéder,* c'est-à-dire conclusions tendant à ce qu'on cesse de procéder, ou en d'autres termes, d'agir, de dé-

battre une demande, d'instruire une cause devant le tribunal à qui elle a été soumise, et cela parce qu'elle aurait dû l'être à un autre. Ces exceptions sont donc fondées uniquement sur le défaut de pouvoir du juge, tandis que les *fins de non-recevoir* le sont sur des vices inhérens à la procédure, ou à la réclamation, ou à la personne du demandeur... V. *ci-dev.*, p. 236, *texte*, *et note* 7 *et* 8, *p.* 237, *et p.* 244, § 1.

(24) Jousse (*vj, art.* 3) distingue le déclinatoire du renvoi ; par le premier, on se borne à décliner la jurisdiction ; par le renvoi, on la décline et on demande à être renvoyé à un autre juge. Mais dans l'usage, on confond ordinairement ces deux termes (*rép.*, *mot renvoi*) ; d'autant plus qu'il suffit que l'incompétence soit prouvée pour que le juge soit forcé de se dessaisir, et qu'il n'est pas besoin de lui indiquer quel est le juge compétent. V. *arr. cass.*, 4 *mars* 1818.

Autres espèces de renvois... V: ci-apr. tit. des renvois, in pr.

(25 et 26) V. aussi ci-dev., p. 36 à 38, notes 61, 64 et 65.

Observations. 1. Il y a incompétence *ratione materiæ* lorsque la jurisdiction est attribuée à raison de la nature de la cause ; et *personæ* lorsqu'elle est réglée surtout en considération de la personne ou de la situation de l'objet litigieux. Pour reconnaître la première, il faut s'attacher aux règles que nous avons exposées sur la jurisdiction (*p.* 50 *à* 67) ; et pour la deuxième, à celles qui déterminent auquel des tribunaux de même espèce on doit porter la demande (*v. p.* 131 *à* 140). — On voit qu'il ne faut pas induire de cette expression vague des auteurs, *ratione personæ*, qu'un tribunal civil soit incompétent *ratione materiæ*, par cela seul que l'objet litigieux n'est pas situé dans son territoire ; il ne l'est qu'autant que cet objet est placé par la loi hors de la jurisdiction qu'elle lui attribue dans son territoire, comme si on lui a soumis une affaire administrative ou criminelle. V. *à ce sujet*, *rec. alph. ij,* 209 ; *arr. cass.* 8 *mars* 1810, *ib.,* 721 ; *surtout B. c.* 10 *juill.* 1816 ; *Bourges*, 15 *nov.* 1826, *avoués, xxxviij,* 219. — V. aussi *ci-dev.*, § *des trib. de comm.*, *p.* 64, *note* 78, *n.* 4.

2. D'après ces principes, le tribunal de commerce est bien incompétent *ratione materiæ* pour les causes civiles, mais il n'en est pas de même du tribunal civil pour les causes de commerce. V. *d. B. c.* 10 *juill.* 1816 ; *rej. civ.* 9 *avr.* 1827, *avoués, xxxiij,* 105 ; *Caen*, *Colmar, Bordeaux, Paris et Poitiers*, 1825 *à* 1833, *ib., xxxj,* 191, *xxxiv,* 333, *xl,* 355, *xliij,* 532, *xlvij,* 472 ; *M. Chauveau, ib.*

(27 et 28) Même de nullité. V. *rép.*, *mot compte*, § 2 ; *ci-apr.*, *note* 45, *p.* 257 ; *ci-dev.*, *ch.* 1, *p.* 242, *et les notes*, *ibid...* V. aussi *LL. ult.*, *C. exceptionib.* ; 52, *ff. judiciis* ; et pour une autre question, *ci-dev. p.* 171, *note* 2, *alin.* 1°, *in f.*

Observations. 1. Le déclinatoire ne peut plus être proposé par le défendeur, lorsqu'il a amené un garant en cause, *suiv.* Toulouse, 29 *avr.* 1812, *Sirey*, 22, 2, 260.

On pourrait opposer à cette décision que le garanti est obligé d'appeler le garant dans la huitaine de la demande primitive (*ci-apr. p.* 259, *n.* 1, *et C.-pr.* 175) et par conséquent pendant le délai qu'on lui accorde à lui-même pour comparaître (v. *p.* 225).. Donc, si avant d'appeler le garant, il était forcé de paraître et de proposer son déclinatoire, il serait presque toujours déchu de la faculté d'exercer sa garantie, puisqu'il est presque impossible que, dans huit jours, il puisse comparaître et faire juger le déclinatoire... toutefois il serait prudent, pour prévenir toute difficulté, de notifier au demandeur principal, qu'on va assigner le garant et qu'on se réserve de proposer en même temps le déclinatoire.

2. Le déclinatoire *ratione personæ* peut-il être proposé en appel quand le jugement de première instance (de commerce) était en défaut ? Oui, *suiv.*

Angers, 11 *juin* 1824, *avoués, xxvij*, 5o... Non, *suiv. Aix*, 15 *janv.* 1825, *ib., xxviij*, 253.

3. Mais il n'y est pas proposable si, en première instance, on avait conclu purement au *rejet* des poursuites. V. *arr. de Toulouse*, 27 *déc.* 1819, *ib.*, 20, 2, 312.

4. *Dr. anc.* Le renvoi devait être demandé avant la *contestation en cause. D. ord., tit.* 6, *art.* 5; *Jousse, ibid.; ci-dev. tit. de l'assignation*, p. 229, *note* 54, *n.* 3.

(29) Il peut être proposé en appel et même en cassation. *Arg. de C-pr.* 170; *arr. Bruxelles*, 4 *juin* 1807 *et* 29 *juin* 1808, *J-C-pr.*, i, 2o3, ij, 4o1 ; *arr. cass.* 26 *nov.* 1810, *Nevers*, 1811, 85; *ci-dev.*, p. 36, *note* 61. — V. aussi *rép.*, 4ᵉ édit., *vj*, 70; *arr. cass.* 12 *août* 1818.

Observations. 1. *Tribunaux de commerce...* Mêmes règles. V. *C- pr.* 424; *arr. cass.* 12 *juillet et* 6 *nov.* 1809; *Colmar*, 17 *juin* 1809, *avoués, i*, 191; *Agen*, 12 *déc.* 1810, *Sirey, supp.* 366.

2. Les renvois se proposent par requête (avec réponse). *Tarif*, 75.

II. *Connexité et litispendance.* Il y a *connexité* lorsque par son objet une cause a tellement de rapport avec une autre cause soumise à un tribunal différent, que le jugement de celle-ci pourrait influer sur le jugement de la première (30). V. *C-pr.* 171.

Il y a *litispendance* lorsque la cause elle-même (31) est déjà soumise à un autre tribunal... Dans ces deux cas, on peut demander et faire ordonner qu'elle soit renvoyée au premier tribunal (32). *D. art.* 171. (33)

III. *Procédure.* Les renvois de tout genre doivent être jugés *sommairement* (34), sans réserve ni jonction au principal. *C-pr.* 172. (35)

IV. *Voies de recours.* Les jugemens sur des renvois pour incompétence sont susceptibles *d'appel* devant le tribunal immédiatement supérieur (36), et même quelquefois d'attaque en réglement de juges devant la Cour de cassation. (37)

---

(30) *V.* Rodier, tit. 6, art. 1, qu. 1 (ajoutons *et que la même instruction peut suffire aux deux causes*). — Ainsi la discussion du compte d'un tuteur doit être soumise au même juge que celle du compte de son cotuteur. V. *L.* 5, *C. arbitr. tut.* — Autres exemples, ou exemples inverses... V. *rép., h. v.*; *arr. cass.* 1807 *et* 1808, *J-C-pr.*, i, 131 , ij, 58 *et* 199; autres, 1810, 1811 *et* 1817, *avoués, ij*, 261, *iij*, 140 *et* 281; *B. c.* 14 *janv.* 1819, n. 2; *C-pr.* 831; *ci-d.* p. 35, *règle* 4ᵉ; *ci-apr. divis. des demandes incidentes, note* 10; *arr. régl.* 4 *juin et* 20 *août* 1817, 22 *mars*, 22 *mai et* 9 *août* 1821, *B. c.*

(31) Il faut qu'il y ait *eœdem personœ, eadem res, eadem causa petendi*. — V. *Ferrière, h. v.*; *Jousse et Rodier, sup.*; obs.-cass., 74; ci-apr., tit. *des réglemens de juges* , note 2. — Et il suffit d'une simple demande. V. *M. Merlin, rec. alph., mot litispendance*.

(32 et 33) *Observations*. 1. Si ces causes sont portées au même tribunal, il suffit d'en faire ordonner la *jonction*. — V. *Pigeau*, i, 140; ci-d. p. 200, note 5o; ci-apr., d. note 10.

2. Le mot *pourra* de C-pr. 171, semble accorder une faculté, néanmoins en cas de *litispendance* le tribunal est forcé de renvoyer, les principes du même article étant absolus. *B. c. 22 juill.* 1822.

3. Peut-on devant nos tribunaux opposer l'exception de litispendance au Français qui a déjà saisi de la cause un juge étranger ?.. *Oui*, suiv. arr. de Paris, 3 mai 1834, avoués, xlvj, 365, 366... *Non* , suiv. M. Boncenne, iij, 222 et suiv.

(34) Sur le sens de ce mot, V. *ci-apr.* sect. 5, tit. des matières sommaires, n. iij et note 15 et 15 a.

(35) *Procédure de commerce et dr. anc*... Même règle. V. *en le tit.*, n. 4, et notes 14 et 15 ; ord. 1667, *tit. 6, art.* 3. — Motifs de cette règle... v. p. 246, note 13, n. 2.

Observations. 1. Elle ne s'applique pas aux exceptions dilatoires proprement dites. V. *M. Merlin, rec. alph.* , *iij*, 557 , *mot opposition aux jug. de défaut*, § 14.

2. Il n'est pas pour cela défendu de statuer sur le *fond*, par le même jugement dans lequel on a *préalablement* rejeté le déclinatoire. V. *arr. rej.* 5 juill. 1809, *Nevers*, 2 , 284; rec. alph., ij, 51; *Trèves*, 14 mars 1808, J-C-pr. iij, 272; surtout *B. c. 8 mai* 1822. — Carré, an., i, 348, et lois, i, 450. , soutient le contraire et son opinion a été adoptée dans quelques arrêts (*Toulouse*, 27 mai 1828 et *Lyon* , 25 mars 1830, avoués, xxxvj, 114, xliv; 212).

(36) *V*. à ce sujet, ci-apr. tit. de l'appel, ch. 1, et note 27.

(37) *Observations*. 1. On peut se pourvoir en règlement devant la cour de cassation lorsque le tribunal auquel on demandait que le renvoi fût fait , n'est pas du ressort de la même cour que celui qui a rejeté le déclinatoire ; car, s'il est du même ressort, on doit agir par appel devant cette cour. V. *ci-apr. tit. des réglem. de juges, n. ij, et note* 5, n. 3 ; *arrêts rej. ou régl.* 3o juin 1807, *J-C-pr. ij*, 139; 27 mars 1812, *Nevers*, 369; 8 et 12 juill. 1814 et 20 juill. 1815, *avoués, x*, 194, *xj*, 6, *xiij*, 63; *id.* 3o janv. et 15 avr. 1817, 20 janv. 1818 , 29 août 1821 , 27 juill. 1823 et 21 avr. 1829, *au B. c.*; 3o mai 1827, avoués, xxxiv, 3o1.

2. On peut statuer en *règlement de juges*, en cas de *connexité* de deux causes pendantes à deux cours, tant qu'il n'y a rien de jugé..: Règle contraire, lorsque l'une des deux cours a prononcé définitivement; sauf à agir en cassation, s'il y échoit, pour violation de chose jugée. V. *B. c.* 21 *mai* 1821; *arr. régl.* 14 *févr.* 1828, *avoués, xxxv*, 191.

3. Le règlement est encore non recevable et le recours en cassation doit lui être préféré: 1o Quand le déclinant a plaidé et conclu au fond ; 2o quand on a rejeté le déclinatoire et jugé le fond ; 3o quand les délais d'appel et pourvoi sont expirés. V. *dd. arr.* 27 mars 1812, 20 juill. 1815 et 3o janv. 1817 ; *autres*, 7 *août* 1817, 22 *mai* 1821 *et* 14 *mars* 1826, *avoués, xviij*, 114, xxiij, 189, xxxj, 19.

CHAPITRE III.

Des exceptions dilatoires.

I. On distingue plusieurs espèces d'exceptions dilatoires : telles sont celles de la caution du jugé, de la garantie, de la communication des pièces, des délais pour faire inventaire et délibérer, etc. — V. *Rodier, tit.* 9, *art.* 1, *qu.* 1 (38). — Nous allons parler des premières; nous traiterons des délais d'inventaire à la 3ᵉ partie. (39)

II. *Observation préliminaire.* Les exceptions dilatoires, sauf la dernière (40), sont soumises à la règle générale suivante : celui qui en a plusieurs à faire valoir doit les proposer toutes ensemble et avant de défendre au fond (41). V. *C-pr.* 186. (42)

(38) On range aussi dans cette classe les exceptions de discussion et de division, qui appartiennent au tiers détenteur ou à la caution. V. *C-c.* 2170, 2022. — V. aussi *rép., ij,* 97, *cité ci-apr. note* 41.

Observations. 1. Dans le § des exceptions dilatoires, le Code ne donne des règles que pour celles de la garantie et des délais d'inventaire ; mais il ne s'ensuit point de là qu'il ne reconnaisse que ces deux sortes d'exceptions dilatoires, car alors l'art. 186 placé à la fin de ce § et analysé dans notre texte (*n. ij*) serait absolument sans application. En effet, d'une part, la première de ces deux exceptions est (v. *d. n. ij et note* 40), dispensée de la règle par l'article 187, et de l'autre, celui qui a plusieurs garans est obligé de les appeler tous dans un délai déterminé (*C-pr.* 175; *ci-apr. p.* 259 *et note* 56, *p.* 260). La règle de l'article 186 s'applique donc évidemment à des exceptions dilatoires autres que ces deux-là, et telle est aussi l'opinion de Pigeau (i, 179) au moins pour celle de discussion... L'omission des autres exceptions dilatoires tient à la précipitation avec laquelle la loi fut rédigée. Dans le projet, après avoir consacré deux §§, les 3ᵉ et 4ᵉ, aux exceptions dilatoires et à la communication des pièces, on passait aux fins de non-recevoir; mais des trois articles dont se composait leur §, le 1ᵉʳ seulement, ou le 185ᵉ du projet, y avait rapport, et précisément le tribunat en demanda la suppression. Il fut alors naturel de faire aussi supprimer l'intitulé du même § et reporter les deux autres articles, c'est-à-dire ceux qui ont formé dans le Code les art. 186 et 187 dont nous venons de parler, à la suite du § des exceptions dilatoires, auquel ils semblaient se rattacher ; et c'est ce qui fut adopté au conseil d'état sans aucune discussion (v. *M. Locré, législat. de la France, xxj,* 215, 440, 514).. L'omission dont nous parlons n'est pas d'ailleurs sans exemple ; il y en a une semblable dans le titre du Code civil relatif aux quasi-contrats, car on n'y donne des règles que pour deux quasi-contrats, la gestion d'affaires et le paiement de la chose non due, quoique l'on convienne généralement (v. *Delvincourt, iij,* 677; *M. Toullier, xj,* 25 *et* 142; *M. Duranton, des obligations*, iv, n. 1415; M. *Merlin*, rép., h. v., n. 2 et 5; etc.) qu'il y en a plusieurs autres.

2. Quoi qu'il en soit, le système qui reconnaît des exceptions dilatoires autres que celles de garantie et des délais d'inventaire, et qui leur fait appliquer la règle de l'art. 186, a été adopté par les cours, 1o de cassation (*rej.* 12 oct. 1813, *cité note* 42), pour l'exception de discussion ; 2o de Paris (27 nov. 1828, *avoués, xxxvj*, 192) pour celle de la communication des pièces ; 3o de Bordeaux (20 *mars* 1826, *ib.*, *xxxj*, 307) pour l'exception tirée du défaut d'exécution d'un jugement sur le possessoire opposable au défendeur qui veut agir au pétitoire (v. *ci-d. p.* 123, 3o).

(39) Voy. tit. du bénéfice d'inventaire.— Toutes ces exceptions sont dilatoires puisqu'elles tendent toutes à éloigner plus ou moins le jugement de la contestation dans laquelle ou les fait valoir, V. *Rodier*, d. qu. 1 ; *Cujas*, ad L. 4, C. de exceptionib.—A l'égard du *terme* ou *délai*, placé jadis parmi les exceptions, v. p. 168, note 25.

(40) C'est-à-dire qu'on peut ne proposer les autres exceptions qu'après les délais d'inventaire et de délibérer. V. *C-pr.* 187, 177.

(41 et 42) V. aussi d. ord., tit. 9, art. 1 ; Rodier et Jousse, ib. ; C-c. 2022; rej. requ., 12 oct. 1813, Jalbert, 1815, 21.—Mais V. *toutefois* rép., 4e édit., ij, 97, mot caution, § 4.

Observations. 1. La règle de l'article 186 a eu pour objet d'empêcher de retarder le jugement de la cause, comme cela serait facile si l'on était libre de proposer les exceptions dilatoires, les unes après les autres.

2. Mais si la partie n'a connu ces exceptions que successivement, à cause d'évènemens indépendans de son propre fait, elle doit être libre de les employer les unes après les autres. Outre que le motif de la loi ne subsiste plus dans ce cas, lorsqu'elle prescrit que toutes les exceptions dilatoires seront proposées en même temps, elle suppose bien que ces exceptions existaient ou étaient connues certainement à la même époque, ainsi qu'elle le dit pour les demandes incidentes (v. *C-pr.* 338).

§ 1. De l'exception de la caution du jugé. (42 a)

La caution du jugé a pour objet la garantie du paiement des frais et dommages auxquels peuvent être condamnés certains demandeurs, en qui l'on ne trouve pas les sûretés nécessaires.

Le défendeur peut l'exiger des étrangers (43), demandeurs principaux ou intervenans, lorsqu'il ne s'agit pas de matières de commerce (44); mais ils peuvent se dispenser de la fournir en consignant une somme déterminée par le juge, ou en justifiant qu'ils possèdent en France des immeubles suffisans. *C-c.* 16; *C-pr.* 166, 167, 423.

L'exception de la caution du jugé doit être proposée avant toute autre. *D. art.* 166. (45)

(42 a) *Observations.* 1. Le Code dit : *de la caution à fournir par les étrangers...* On va voir qu'il est un cas où les Français y sont soumis.

2. Quelques auteurs l'appellent caution *judicatum solvi* (v. rép., h. v.). Cette dénomination nous semble mal-à-propos empruntée au droit romain : elle ne s'appliquait en effet qu'à la caution donnée par le défendeur (*Gaius, iv*, 25, 91). Quant au demandeur, il ne donnait jamais caution à moins qu'il n'agît en qualité de *procurator* (un *cognitor* était dispensé de toute garantie); et alors même ce n'était pas pour l'exécution de la sentence, le demandeur ne courant pas risque d'être condamné : il donnait la caution *ratam rem dominum habiturum*, parce qu'il était à craindre que son mandant ne recommençât le procès (*Gaius, iv*, 96 à 100). *F. B. s.*

3. Questions diverses sur *la caution du jugé...* V. M. Billequin, avoués, xlvij, 513 à 516.

(43) Même en matière criminelle. V. *B. c. cr.* 3 *fév.* 1814. — Même des Français demandeurs en *incidens* de saisie immobilière. V. *en le chap.*, §. 3.

Observations. 1. La caution ne peut être exigée de l'étranger appelant qui était défendeur en première instance. V. *Metz, Limoges et Paris*, 1817, 1832 *et* 1835, *avoués, xx,* 301, *et xlv,* 517; *auteurs cités, ib., xlvij,* 515; *Sirey,* 35, 2, 82. — Et même qui y était demandeur s'il s'agit du cas indiqué p. 253, note 27, n. 3... V. *Toulouse, ib.*

2. S'en rapporter à la prudence du juge sur la prestation de cette caution, ce n'est pas acquiescer au jugement qui l'ordonne. V. *Metz*, 26 *mars* 1821, *Sirey,* 23, 2, 126.

3. *Dr. anc.* On pouvait l'exiger des dévolutaires de bénéfices et des cessionnaires de biens. *Rép. et Ferrière*, mot *caution judicatum.*

(44) Ou de l'exécution d'un titre paré et exécutoire. V. *rej.* 9 *avr.* 1807, *J-C-c. ix,* 46; *rép., xvj,* 138; *Paris,* 1831, *avoués, xliv,* 176; *M. Boncenne, iij,* 178. — Ou bien lorsqu'ils ne donnent pas un gage ou nantissement suffisant. *Arg. de C-c.* 2040, 2041. — Ou enfin quand ils jouissent en France des droits civils. V. *C-c.* 11, 13; *MM. Boncenne, iij,* 180, *et Billequin, avoués, xlvij,* 515.

Observations. 1. Il résulte des expressions demandeurs *principaux* ou *intervenans,* qu'on ne doit pas l'exiger de l'intervenant passif ou forcé. V. *ci-apr.* le § *de la déclaration du jugement commun.*

2. Même règle par rapport à l'intervenant qui ne vient qu'appuyer la cause du défendeur, dit Pigeau, *i,* 151. — On pourrait objecter qu'il est un intervenant volontaire, et qu'il est au moins demandeur, quant à l'admissibilité de son intervention (v. § *de l'intervention, note* 10, *n.* 1).

(45) L'étranger est tenu de donner caution, dit l'article 166, *si le défendeur le requiert avant toute exception.*

Observations. 1. Comment concilier cet article, avec l'art. 169, d'après lequel le renvoi ou déclinatoire doit être proposé (v. *p.* 251) avant *toutes autres exceptions*, et avec l'art. 173 qui veut que la nullité soit proposée *avant toute exception autre que celle d'incompétence?..* Il nous semble résulter de ces deux dispositions restrictives combinées, que la première exception à proposer est le déclinatoire ; la seconde nullité, celle qui résulte (*v.* p. 242) de formes ; .. de sorte que l'exception de la caution du jugé ne doit passer qu'avant les exceptions *autres* que ces deux-là ; et c'est aussi ce qu'ont décidé Pigeau (*i,* 374 *et* 380) et la cour de Paris (28 *nov.* 1811, *avoués, v,* 17). Selon la cour de Metz, au contraire (*arr.* 26 *avr.* 1820, *Sirey,* 21, 2, 347), l'exception de la caution doit être proposée la première de toutes. Voici ce qu'on fait remarquer (v. *M. Boncenne, iij,* 200) à l'appui de cette décision. Sur la demande du tribunat d'ajouter à cette phrase du projet de Code, *si le défendeur le requiert*, celle-ci, *avant toute exception au-*

tre que celles de renvoi et de nullité, le conseil d'état n'a adopté que les trois premiers mots de l'addition proposée, d'où l'on conclut qu'il a rejeté la restriction exprimée dans les autres. Mais nous croyons que ce fut par pure inadvertance qu'on omit ces autres mots; si on les eût supprimés à dessein, on eût sans doute en même temps rectifié les articles 169 et 173 pour faire disparaître l'antinomie signalée plus haut.

2. L'exception de la caution est proposée par une requête à laquelle on peut répondre. *Tarif*, 75.

§ 2. *De la garantie.*

On entend en général par *garantie* l'obligation imposée à un particulier (le garant) d'en défendre un autre (le garanti) contre une action.

On en distingue deux sortes, la garantie formelle et la garantie simple (46). La première s'applique aux actions réelles (47), la deuxième, aux (48) personnelles. V. *C-pr.* 182; *ord.* 1667, *tit.* 8, *art.* 1; *Pothier, sect.* 6, *art.* 2; *surtout Rodier, tit.* 8; *Lange, sup..*

La garantie est une exception dilatoire (49) en ce que l'actionné a le droit de demander qu'on suspende les poursuites, jusques à ce que son garant ait été mis en cause... Nous allons parler des conditions sous lesquelles elle est autorisée, des effets qu'elle produit, et du jugement qui termine la contestation. (50)

(46) Quelques auteurs la divisent aussi en garantie de *droit*, ou résultant de la loi, et en garantie *conventionnelle*, ou qui naît de l'accord des parties. L'une et l'autre peut être, ou *formelle*, ou *simple*; cependant Lange (*part.* 1, *liv.* 4, *ch.* 14) dit que la garantie de droit est la même chose que la garantie formelle; mais la garantie due par le cédant au cessionnaire, qui n'est point une garantie formelle, est bien une garantie de droit. V. *C-c.* 1693.

(47) En parlant de la garantie formelle, le Code, art. 182, ajoute : *pour les matières réelles ou hypothécaires.*

(48) 1° *Aux réelles*, telles qu'une action en revendication exercée contre un acheteur : celui-ci a sa garantie contre le vendeur...

2° *Aux personnelles*, telle qu'une action en paiement exercée contre un débiteur solidaire ou une caution : ceux-ci ont une garantie contre les co-débiteurs ou contre le débiteur principal.

Complainte et réintégrande.... V. p. 128, note, 31, p. 130, note 35.

Adjudication sur saisie immobilière... V. ce tit., note 94.

(49) Par rapport au demandeur primitif... Mais par rapport au garant, 1° elle est une *action* qui tend à le forcer de protéger le défendeur contre ce demandeur; aussi le garant ne peut-il malgré lui être cité pour la première fois en cause d'appel (*ci-apr., tit. de l'appel, note* 104); 2° elle peut fournir une fin de non-recevoir, en cas que le garant agisse lui-même contre

ce défendeur, suivant la maxime *quem de evictione tenet actio, eumdem agentem repellit exceptio* (Barbosa, ax. 85).

(50) Le Code, sur ces points, s'est fort peu écarté de l'ordonnance. *M. Faure, p.* 223.

I. *Conditions.* Il faut, 1. proposer l'exception (50 *a*) avant l'expiration du terme de la demande primitive, avec déclaration qu'on a exercé (51) la demande en garantie (52); 2. exercer cette demande (53) dans le même délai (v. *ci-dessous n.* 1 *a*); 3. justifier qu'on l'a exercée, et cela sous peine de jugement (54) au principal (55). V. au reste, *C-pr.* 179; *tarif* 70.

I *a*. Le délai de l'exercice de la garantie est de huitaine, à dater de la demande primitive; celui de la sous-garantie est le même, à dater de la demande en garantie. L'un et l'autre sont augmentés à raison des distances. *C-pr.* 175, 176. (56)

(50 *a*) C'est-à-dire, faire la déclaration dont on va parler, note 51, n. 1.

(51 et 52) Cette proposition et cette déclaration ne sont pas nécessaires lorsque le défendeur primitif a exercé sa demande en garantie, et que le délai de comparution en écheoit en même temps que celui de la demande primitive. *Arg. de C-pr.* 179.

Observations. 1*. Lorsque la déclaration a été faite (par avoué) dans le délai ci-dessus indiqué (*texte*, *n.* 1 *a*), c'est-à-dire dans la huitaine (outre l'augmentation), à dater de la demande primitive, on ne peut prendre aucun défaut contre le défendeur jusques à l'expiration du délai de comparution du garant. *Arg. de id.*

2. Si le demandeur primitif conteste (par requête) l'exception de garantie, cet incident est jugé sommairement. V. *C-pr.* 179, 180, *tarif*, 75, *et ci-apr.*, *sect.* 5, *tit.* 2.—Or, il peut la contester, s'il paraît que le défendeur ne la propose que pour écarter le jugement du principal, que, par exemple, aucune garantie ne lui est due (v. *p.* 136, *note* 14, *n.* 2).

3. L'exercice de la garantie est presque toujours utile, et très souvent nécessaire pendant l'instance primitive, parce que le garant peut soutenir que, s'il y eût été appelé, il aurait empêché, par une meilleure défense, la condamnation du garanti. V. *C-c.* 1625 à 1640; *rép.*, *h. v.*; *Rodier, art.* 14, *qu.* 2; *Loiseau, déguerpissement, liv.* 5, *ch.* 14; *ci-apr. tit. de l'appel*, *note* 104.

(53) *Observations.* 1. Elle s'exerce devant le juge de l'action principale. V. *part.* 1, *p.* 136, *n. xj.* — A moins qu'à raison de sa nature, elle ne soit hors de la compétence de ce juge. Par exemple, le tribunal de commerce ne peut pas connaître de la garantie exercée contre un huissier pour la nullité d'un protêt. V. *arr. cass.* 19 *juill.* 1814; et pour d'autres exceptions, *p.* 136, *note* 14, *n.* 2, et *tit. de l'appel*, *note* 104.

2. Question sur le déclinatoire... V. *ci-d. p.* 252, *note* 27, *n.* 1.

(54 et 55) Même de dommages si on ne l'a pas exercée.. V. *C-pr.* 179. — On veut par là prévenir l'inconvénient indiqué, note 65, p. 262.

Il faut justifier de son exercice après l'échéance du délai de garantie. V. *d. art.* 179. — C'est ce délai (celui de garantie) surtout que critiquait (*v. p.* 226, *note* 42) le parlement de Grenoble. *S-André, t.* 5, *art.* 1 et 2.

Observations. 1. La peine ci-dessus n'est prononcée que dans l'intérêt du demandeur primitif; le garant ne peut se plaindre de ce qu'il n'a pas été cité dans ce délai. V. *Bruxelles,* 12 *juill.* 1809, *avoués, i,* 41, et *Limoges,* 4 *février* 1824, *Sirey,* 26, 2, 178.

2. *Justice de paix.* — Il faut que la mise en cause du garant soit demandée à la première comparution , autorisée par le juge, et faite par citation dans le délai qu'il a fixé, sinon l'on procède aussi au jugement du principal. V. *C-pr.* 32, 33; *tarif* 21.

(56) L'augmentation est réglée sur la distance du garant ou sous-garant dont le domicile est le plus éloigné. V. *dd. art.*

Observations, 1. Les délais ne sont pas plus longs pour les causes *privilégiées* (expression impropre copiée dans l'ordonnance, *d. tit.* 8, *art.* 7), telles que celles des mineurs, sauf à eux à poursuivre séparément la garantie (jadis on exigeait mal à propos qu'ils attendissent pour cela le jugement de l'action principale. *M. Faure, p.* 224). *C-pr.* 178.

2. Ces délais ne courent pas pendant ceux d'inventaire et de délibération. V. *note* 40, *p.* 254; *C-pr.* 177.

II. *Effets*. Le garant formel *peut* prendre fait et cause pour le garanti (**57**); et celui-ci est mis hors d'instance, s'il le *requiert* (**58**), avant le *premier* jugement (**59**), sauf à lui à y assister pour la conservation de ses droits (**60**), et au demandeur primitif à l'y faire rester pour la conservation des siens (**61**). V. *C-pr.* 182; *d. ord., art.* 9 *et* 10. (**62**)

Le garant simple, au contraire, peut seulement intervenir (**63**), sans prendre fait et cause (**64**). V. *C-pr.* 183; *d. ord., art.* 12.

(57) Parce que la garantie formelle met le garant à la place du défendeur. En effet, quand une action réelle est exercée, ce n'est qu'à cause de sa qualité de détenteur que le défendeur est actionné (v. *l'art. des actions, p.* 113), et non point parce qu'il a des droits à discuter avec le demandeur : c'est au contraire le garant seul (sous l'exception de la note 61) qui en a à discuter. Si , par exemple, Joseph assigne Paul en revendication du domaine A que Paul a acheté d'Abel, et dont Joseph se prétend propriétaire , c'est Abel seul qui doit discuter avec Joseph la question de propriété ; l'entremise de Paul (défendeur et garanti) , dont Abel est garant, est inutile à cette discussion, puisqu'il ne peut avoir d'autres droits que ceux que son vendeur lui avait transmis (*C-c.* 2182, *C-pr.* 731; *tit. de la saisie immob.*, *note* 94).

(58) Ces expressions de l'art. 182 (la règle de notre texte y est puisée) annoncent que le garant a la faculté de prendre fait et cause pour le défendeur avant que celui-ci le demande et même sans qu'il le demande; mais elles prouvent également que cette faculté devient une obligation lorsque le défendeur le requiert. Telle est aussi la remarque de Rodier (*art.* 9, *qu.* 1), remarque

appuyée sur les principes en matière de garantie formelle : car si le garant ne conteste point la justice de la garantie, la présence du défendeur ou garanti est inutile à la discussion.

Au surplus, la loi prononce positivement cette mise hors de cause, lorsqu'il s'agit d'un fermier troublé dans sa jouissance. V. *C-c.* 1727, *et pour son interprétation, rép., mot garantie,* § 1.

(59) Cette expression générale désigne toute espèce de jugemens qu'on peut rendre dans l'instance, et par conséquent, un jugement préparatoire.... Jadis c'était avant la *contestation en cause.* V. p. 229, *note* 54, n. 3; d. ord., art. 9; *M. Faure,* p. 224.

(60) C'est-à-dire afin de veiller à ce que le garant se défende comme il faut, et ne collude pas avec le demandeur, pour se faire condamner; car il peut être utile au garanti de conserver l'immeuble qu'il détient, ou d'empêcher qu'il ne soit grevé.

Au reste, on lui a accordé la faculté d'*assister,* afin de le dispenser, dans ce cas, de l'embarras de faire recevoir son intervention. *Répert.,* h. v., § 4; *et ci-apr.* § *de l'intervention.*

(61) Si par exemple le défendeur avait, pendant la détention, dégradé le fonds revendiqué, parce qu'alors le demandeur a une action directe et personnelle contre lui pour ses dégradations, en cas de mauvaise foi. V. *ci-apr., note* 72, p. 262.

(62) Si le garant est condamné après que le défendeur a été mis hors d'instance, comment celui-ci obtiendra-t-il les effets de la garantie qui lui est due?.. V. *Rodier,* art. 9, qu. 3.

(63) Il en a le droit pour empêcher une collusion entre les deux parties primitives. V. § *de l'intervention.*

(64) Parce qu'en garantie simple, le défendeur primitif est obligé personnellement envers le demandeur, et par conséquent passible de son action; le garant ne peut donc prendre fait et cause pour le défendeur, et priver par là le demandeur d'une partie de l'effet de cette action. — On conçoit toutefois que si le demandeur souffre que le garant simple fasse une *assomption* de cause pour le défendeur, il n'y aura point d'irrégularité dans la procédure (v. pour un exemple, *Poitiers,* 11 *mars* 1830, *avoués, xxxix,* 130).

III. *Jugement.* On statue par un seul jugement sur l'action primitive et sur la garantie. Si la garantie n'est pas instruite, le demandeur primitif peut obtenir une décision séparée (65) en faisant prononcer la disjonction des deux causes (66). *C-pr.* 184; *d. ord.,* art. 13.

Le jugement rendu sur le fond contre le garant formel est exécutoire contre le garanti, à qui il suffit de le signifier (67). V. *au reste, C-pr.* 185 *in pr.;* rép. *mot garantie,* § 4.

Quant aux dépens et dommages, ils doivent être à la charge du garant (68) formel (69); mais s'il est insolvable (70), le garanti qui n'a pas été mis hors de cause (71), est passible des dépens et peut même

être chargé des dommages (**72**). V. *dd. art. et* §;
Jousse, Pothier et Rodier, sup.

(65) Le retard d'instruction de la garantie provient ou de la négligence du
défendeur, ou de ce que cet incident exige plus de discussion que la réclamation principale. Dans l'un et l'autre cas, le demandeur ne doit point en souffrir…. D'ailleurs on peut, après ce jugement, et s'il y *écheoit*, statuer sur la
garantie. V. *d. art.* 184; *B. c.* 27 *juin* 1810 ; *d. ord.*, *art.* 13.

(66) C'est-à-dire la séparation des deux instances (celles qui existent 1° entre le demandeur et le défendeur ou garanti; 2° entre le garanti et le garant,.
si elles ont été jointes. — v. *C-pr.* 184). La disjonction se prononce au commencement du jugement de la première… On *tient* que le juge peut la prononcer d'office; et en effet, cela paraît résulter du pouvoir qui lui est accordé, quant à l'instruction (*ci-dev.* p. 195… Contra… Carré, *lois, i*, 486)…
Au reste, il est difficile que la disjonction ait lieu lorsqu'il s'agit d'une garantie formelle. V. *Rodier*, *art.* 13, *qu.* 3; *d. ord.*, *art.* 13.

(67) La raison en est claire si le garanti formel est resté en instance… S'il
s'est fait mettre hors de cause, il est réputé s'en être référé à la défense du
garant; ainsi il devra délaisser l'immeuble, ou souffrir l'exercice du droit
contesté, sur la simple signification.
Selon Rodier (*art. xj*, *qu.* 4). Il faut en dire autant du garanti simple,
contre lequel le jugement est en outre exécutoire pour les dépens et dommages (sauf son recours contre le garant pour la part de celui-ci), parce qu'il est
obligé personnellement (v. *ci-dev.* note 64) envers le demandeur primitif.
Mais cette décision (Rodier omet de le dire) n'est applicable qu'au cas où la
garantie simple, quoique exercée, n'a pas été jugée (v. *n. iij*, p. 262), car si
elle l'a été par le jugement qui statue sur la demande principale, il est bien
clair que ce jugement sera exécutoire et contre le garanti et contre le garant,
et le sera à raison des condamnations qu'on aura dû prononcer contre eux (v.
ci-apr., note 69).

(68) Et par conséquent liquidés contre lui seulement. *D. art.* 185, ✠ 1. —
V. *aussi C-c.* 1630, ✠ 3.

(69) *Observations.* 1. Nous disons *formel*, parce qu'outre que l'art. 185
ne parle au commencement de sa disposition que de ce garant, il est sensible
que le garant simple ne peut être chargé de tous les dépens, si le garanti est
un codébiteur, tandis qu'il doit les supporter en entier si le garanti est une
caution, ou un cessionnaire, suivant la remarque du parlement de Grenoble.
Saint-André, *tit.* 8, *art.* 14.
2. Si c'est le demandeur qui succombe, il doit supporter les dépens des instances en garantie que son action a nécessitées. *Rej. requ.* 20 *juill.* 1832,
avoués, xliv, 12.
3. Si, dans ce cas, il est insolvable, c'est le garant qui supporte les dépens du garanti. *Id.*, 3 *janv.* 1833, *ib.*, 270.

(70) *Dr. anc.* L'ordonnance ne statuait pas sur ce point, et les opinions
étaient partagées. V. *Rodier, art.* 11, *qu.* 2. — Mais le parlement de Grenoble avait demandé une décision semblable à celle-ci, qui est aussi fondée
sur l'avis de Dumoulin, ordonnance de 1539, art. 20. *Saint-André*, *tit.* 8,
art. 11; *Lange, sup.*

(71) Parce qu'en y restant il a tacitement consenti à être responsable des
dépens.

(72) Tels que ceux qui résultent des dégradations du fonds, ou de la priva-
tion des fruits perçus par le garanti… Les juges l'y condamneront s'il leur
paraît avoir agi de mauvaise foi. V. *note* 61, p. 261.

§ 3. *De la communication des pièces.*

Nous avons dit précédemment (*tit.* 1 , *p.* 219) que le demandeur (**73**) doit donner une copie (**74**) des titres sur lesquels sa réclamation est fondée : mais une copie ne fait foi que de ce qui est contenu au titre original, et par conséquent on doit toujours avoir le droit de demander la représentation ou communication de ce titre (**75**). *C-c.* 1334; *C-pr.* 188; *ci-dev., introduct., n.* 5, *p.* 198.

Cette demande peut être formée dans les trois jours après la notification ou l'emploi des copies (**75** *a*). La communication se fait entre avoués, ou par dépôt (**76**) au greffe. L'on ne doit pas déplacer les pièces dont il n'y a pas de minutes, sans le consentement de la partie. *C-pr.* 188, 189. (**77**)

(**73**) Cette règle s'applique au défendeur, 1. lorsqu'il forme une réclamation contre le demandeur, puisque, dans ce cas, il devient lui-même demandeur (*ci-dev.* p. 236, *note* 3) ; 2. quand le demandeur a justifié de sa réclamation... Car, s'il n'en a pas justifié, le défendeur doit être mis hors d'instance, même sans produire de titres. V. *L.* 1, *ff. edendo* ; 4, *Cod. eod.* ; *ci-apr. note* 75; *lit.* 6, *ch.* 2, *et divis.* 2 (*procéd. incidente*).

Observations. 1. Lorsqu'une des parties fonde une prétention ou une défense sur un titre, elle doit en donner la copie, et ensuite si l'adversaire l'exige, en représenter l'original. V. *ci-dessus, le texte ; et Loiseau, déguerpissement, liv.* 5, *ch.* 10, *n.* 13 *et* 14; *d. L.* 1, § 3.

2. *Quid juris* à l'égard des titres sur lesquels on ne se fonde point?... C'est une maxime que *nemo tenetur edere contra se* (v. *L.* 7 , *C. testib.* ; *Pothier, ff. de edendo*, *n.* 10) ; mais cette maxime reçoit exception dans les cas où le titre non représenté est considéré comme appartenant au réclamant ; ou comme étant commun entre lui et son adversaire. V. *au reste, L.* 5, *C. eod* ; *C-c.* 842, 2004 ; *rép., mot compulsoire,* § 2 ; *Lange, liv.* 4, *ch.* 28; *Rodier, tit.* 14, *in f., n.* 16; *C-cr.* 456; *Paris,* 29 *janv.* 1818, *avoués , xviij*, 120.

3. La production suffit pour rendre commun aux deux parties le titre produit par l'une d'elles. *V. Faber, C. de edendo, def.* 2, *n.* 3; *arg. de C-pén.* 400 ; *ci-apr. note* 77, *n.* 1.

4. D'après la maxime *quod produco non reprobo*, on peut toujours argumenter d'un acte contre celui qui l'a produit. V. *à ce sujet, Faber, C. de fide instrument., def.* 2 *et* 10 ; *ci-apr. tit. du faux incident,* § 2 , *note* 21 , *et des enquêtes,* § 4, *n.* 2; *arr. de Rouen,* 19 *févr.* 1814, *Jalbert,* 1815, *supp.* 97.

Mais cette maxime ne s'applique pas aux actes d'huissiers (par ex. à une copie de jugement). V. *p.* 89, *note* 61, *n.* 3; *et p.* 243, *note* 10, *n.* 2.

(74) *Observations.* 1. Les copies doivent être exactes, lisibles et complètes (*d. L.* 1, § 4; *ci-dev.* p. 82, *note* 35, *n.* 7).. 2. lorsqu'on les donne par extrait, il faut qu'elles contiennent les parties générales qui sont nécessaires pour constater la régularité de l'acte... 3. le plaideur qui les a égarées peut en réclamer de nouvelles à ses frais. V. *Rodier, tit.* 2, *art.* 6, *qu.* 2, *et art.* 16, *qu.* 3, *n.* 3, 4 *et* 12. — V. aussi *ci-dev.* p. 219, *n.* 8.

4. Mais les copies ont si rarement les deux premières qualités, que le parlement de Grenoble demandait que l'on pût requérir de les faire collationner sur les originaux, après la signification. *Saint-André, tit.* 1, *art.* 6.—Aujourd'hui on rejette de la taxe les copies qui ne sont pas correctes et lisibles (*tarif*, 28, *in f.*); et l'huissier qui les a signifiées, est passible d'une amende, sauf son recours contre l'avoué signataire. V. *décr.* 14 *juin* 1813 (*art.* 43) *et* 29 *août suiv.*, *art.* 1 *et* 2; *instruct. du minist. de la justice*, 18 *mars* 1824, *avoués, xxvj*, 192; *d. note* 35, *n.* 7, *p.* 82.

(75) Même en appel, quoiqu'elle ait déjà eu lieu en première instance. Voy. *arr. Rouen*, 9 *et* 24 *déc.* 1807, *J-C-pr.*, *i*, 232.

À l'égard du défendeur, il doit, on l'a vu (*p.* 237, *n.* 2), offrir de communiquer les pièces sur lesquelles il fonde ses défenses.

(75 *a*) *Observations.* 1. Ce délai ne doit pas être compté à partir de la constitution d'avoué... D'ailleurs le code ne prononce point de nullité dans le cas où la demande serait *postérieure* à ce même délai. V. *arr. cass.* 14 *mai* 1821; *ci-dev.* p. 237, *n. ij.*

Mais il nous semble que le juge pourrait rejeter une semblable demande si elle lui paraissait n'avoir d'autre but que de retarder le jugement; ou du moins en mettre les frais à la charge de celui qui la formerait.

2. *Employer* une pièce c'est en argumenter ou la signifier à l'appui d'une prétention.

(76) Pendant un délai indiqué par l'avoué, ou par le jugement, sinon fixé à trois jours... et sur le récépissé de l'avoué. V. *C-pr.* 106. — V. aussi *id.*, 189, 190 *conf.*

L'avoué qui, après ce délai, ne restitue pas les pièces communiquées, peut y être contraint par corps, par une ordonnance sur une simple requête (ou sur un simple *mémoire* de la partie), et même à payer personnellement, indépendamment des frais, trois francs de dommages, par jour de retard; sauf à lui de former (à l'ordonnance) une opposition qui est jugée sommairement et dont il supporte, sans répétition, les dépens, s'il succombe. V. *C-pr.* 191, 192; *tarif*, 75, 76; *ci-dev.*, p. 79, *note* 23.

(77) V. aussi *C-pr.* 77, 97, 98, 196, 198, 228, 337, 523, 871, etc.; *tarif*, 70 *et* 91.

Observations, 1. Il est défendu, sous peine d'amende, de soustraire une pièce qu'on a produite. V. *C-pén.* 409; *ci-dev.*, *note* 73, *n.* 3.

2. Les règles du texte s'appliquent aux procès d'audience, et non pas aux communications et productions des procès par écrit, ainsi que l'a observé le Tribunat. V. *ci-apr.*, *tit.* 5, § 2 (de l'instruction par écrit), p. 273.

3. À l'égard, 1° de la restitution des pièces, *voy.* ci-dev. note 76; — 2° de leur extraction des dépôts publics, *voyez* ci-apr. tit. de la vérification, note 34; — 3° de la représentation des livres de commerce, *voy.* ci-apr. tit. de la procéd. de commerce, note 19, *n.* 4.

TITRE IV.

Des audiences. (1)

L'instruction dont nous avons parlé jusqu'ici (**1** *a*), n'est en quelque sorte que préparatoire. La défense (**2**) des parties est ensuite développée, ou de vive voix, c'est-à-dire par des plaidoiries faites (**3**) à l'audience (**4**); ou par des mémoires écrits... Nous parlerons de ce dernier mode, au titre suivant.

Quant au premier, c'est une règle générale que toute cause doit être discutée à l'audience, à moins que la loi ou le juge n'ordonne qu'elle sera traitée par écrit. *Arg. du C-pr.* 93, 95, 461. (**5**)

Les audiences doivent être publiques (**6**), excepté dans les causes (**7**) où les mêmes autorités décident qu'elles seront secrètes. *C-pr.* 87. (**8**)

Il faut que le jugement y soit rendu (**9**)... et il ne peut l'être avant l'époque précisément indiquée. V. *arr. cass.* 3 *fév.* 1817. (**10**)

Mais de quelque manière qu'on propose la défense, que ce soit de vive voix ou par écrit, elle doit toujours contenir des conclusions. V. *p.* 267, 268.

(**1**) Ce titre correspond au titre 2, liv. 1, et au titre 5, liv. 2 du Code.

(**1** *a*) Titres de l'assignation , des défenses et des exceptions (*p.* 212, 236 *et* 239 *et suiv.*)

(**2**) Ce mot est pris ici dans le sens le plus général. V. *p.* 236, *note* 3. — V. aussi *id.*, *note* 5.

(**3**) 1° Par elles-mêmes ; mais le juge peut les priver de ce droit, si elles ne l'exercent pas avec décence ou *clarté* ;... 2° par un avocat ou par un avoué (v. *leurs* §§, *p.* 74 *et* 100); mais non pas par un magistrat , à moins qu'il ne soit leur parent ou allié direct, ou époux, ou tuteur. V. *C-pr.* 85, 86. — Et il faut toujours l'assistance d'un avoué. V. *p.* 76 , *et d. art.* 85.

Observations. 1. Un magistrat (un juge, un procureur du roi) ne peut même faire des consultations. *D. art.* 86.

2. *Dr. anc.* Le juge inférieur pouvait, en appel, plaider la cause qu'il avait jugée en premier ressort. *Rodier, tit.* 24, *art.* 6.

(**4**) Sens de ce mot... V. *p.* 30, *note* 44. — Questions diverses sur les audiences.. V. *avoués, xlvij,* 577-583.

(**5**) V. aussi C-pr. 111, 231, 338, 341, 351, 858, etc.; Bornier, tit. 11, art. 12 ; Rodier, art. 10, qu. 2 ; ci-dev. art. 4, p. 28.

Observations. 1. *Quid juris* à l'égard des causes , où après avoir ordonné la communication des instructions *probatoires*, telles que les procès-verbaux de vérifications, enquêtes , rapports d'experts, accès de lieux , etc. (v. *en ci-apr. les titr.*), le Code décide que la cause sera portée à l'audience sur un simple acte?.. On pourrait dire qu'il ne défend pas alors expressément l'instruction par écrit, qui souvent est nécessaire après ces sortes de preuves; qu'il exige seulement d'une manière tacite, que le juge la prononce positivement quand on lui portera la cause à l'audience. V. *au surplus C-pr.* 461 *et tit. de l'interrogatoire, note* 32.

2. Le président fait cesser les plaidoiries lorsque les juges trouvent la cause suffisamment éclaircie. V. *décr.* 30 *mars* 1808, *art.* 34.—V. aussi *ci-dev. introduct.*, p. 199, *n, vj.*

2 *a.* On ne peut alors prendre de nouvelles conclusions. V. *Turin,* 22 *août* 1812, *J-C-c. xxj*, 53 ; *Caen, Grenoble et Rennes* , 1825 , *et rej. requ.* 22 *déc.* 1829, *avoués, xxiv,* 277, *xxix,* 279, *xxxij,* 168, *xxxviij,* 146.—V. aussi *d. p.* 199 *et note* 44 *a, ib.*

3. La décision du juge sur l'étendue de la défense n'est pas susceptible de cassation, *suiv. rép.*, *mots défense et chose jugée*, § 15. — A moins qu'il n'ait refusé la parole au défenseur d'une partie. V. *rép.*, § 15, *ibid; Bourges*, 1829, *avoués, xxxvij,* 275. — Car nul ne peut être jugé sans avoir été entendu. V. *ci-dev.* p. 180, *note* 9.

4. Il n'est plus besoin pour obtenir audience d'adresser un placet au tribunal (*L.* 21 *vent., vij, art.* 3); les affaires doivent être jugées dans l'ordre selon lequel le jugement en a été requis par les parties (*L.* 21 *août* 1790, *tit.* 11, *art.* 18). On tient à cet effet au greffe un registre ou rôle général où les avoués font inscrire les causes au plus tard la veille du jour où l'on se présentera à l'audience. *Décr.* 30 *mars* 1808, *art.* 55.—V. au surplus *ci-après note* 10.

(6) C'est un principe sacré, dit Treilhard. V. *aussi p.* 29.

(7) Telles que les approbations d'adoption et d'avis de parens. V. *C-c.* 355 *à* 358, 458.—V. aussi *p.* 29, *note* 43, *n.* 1.

(8) Les tribunaux doivent rendre compte de cette décision, savoir 1o ceux de première instance, au procureur général ; 2o les cours royales, au ministre de la justice. *D. art.* 87.

(9) *V.* ci-dev., art. du lieu où se rend la justice, p. 28.

(10) *Observations.* 1. A l'égard, 1o des *feuilles*, rôles et affiches , et de l'appel des causes d'audiences, *voy*. d. décr. 30 mars, art. 66-70; ci-dessus, n. 47, ci-apr. tit. 6, note 27;—2o de la police des audiences, *voy*. ci-dev. p. 29; —3o des *sommations* ou actes pour venir à l'audience, *voy*. note 13, p. 238, et ch.2, p. 149 ;—4o des audiences *solennelles*, V. d. décr., art. 23 ; tit. de l'appel, note 76 ; ci-dev. p. 66, note 83, n. 2.

2. Le mot SOMMATION signifie en général, *interpellation , réquisition*; mais on l'applique en particulier aux *avenirs*, parce que ce sont les actes de réquisition les plus communs.

3. *Justice de paix.* Les parties y sont entendues en personnes ou par l'entremise de leurs mandataires... Le juge prononce sur-le-champ ou à l'audience suivante, à moins qu'un délai ne soit nécessaire pour des garanties, des enquêtes, accès de lieux, examens de pièces. *C-pr.* 9, 13,32, *etc.*; *L.* 26 *oct.* 1790, *tit.* 3, *art.* 5 *à* 7.

APPENDICE AU TITRE IV.

Des conclusions.

I. Les conclusions, on l'a dit (*p.* 22 *et* 71), sont l'exposé sommaire des prétentions des parties. Elles sont principales ou subsidiaires. Les conclusions *principales* exposent dans toute leur latitude les prétentions quant au fond des droits contestés : les conclusions *subsidiaires* indiquent, ou bien les prétentions auxquelles on se réduit dans le cas où le juge ne voudrait pas accueillir toutes les prétentions primitives; ou bien les preuves qu'on desire faire à l'appui des prétentions primitives, lorsqu'on craint que le juge ne les trouve pas suffisamment justifiées. (**11**)

Il faut considérer les conclusions par rapport au demandeur et par rapport au défendeur.

II. *Demandeur.* Il est tenu de prendre littéralement des conclusions, parce que c'est dans les conclusions qu'il expose l'objet précis de sa réclamation, ce qui constitue rigoureusement la contestation sur laquelle le juge doit prononcer. (**12**)

Les conclusions doivent être prises dans l'acte introductif de l'instance, c'est-à-dire dans la demande, parce que tous les actes ultérieurs de l'instruction étant destinés à éclairer le juge, ne pourraient s'appliquer à des conclusions qu'ils précéderaient. Bien plus, si la cause est sujette à conciliation, il faut au moins *annoncer* les conclusions devant le bureau de paix, autrement l'on pourrait dire que toute la cause n'a pas subi l'épreuve de la conciliation (**12** *a*). V. *rép., mot conclusions; ci-dev. p.* 205, *note* 9. — Enfin on n'a pas le droit de prendre en appel, des conclusions qui n'ont pas été soumises au premier juge, parce qu'on violerait alors indirectement la règle des deux degrés. V. *rép., ib.; ci-dev. p.* 16; *ci-apr. tit. de l'appel, ch.* 6, *n.* 1, *et note* 93, *ib.* (**12** *b*).

Il faut cependant observer, en premier lieu, qu'on n'est pas obligé de s'en tenir aux conclusions littérales prises dans la demande, ou devant le bureau de paix ; il est permis, au contraire, de les modifier dans la suite (**13**), pourvu toutefois que les conclusions modifiées se trouvent comprises au moins tacitement ou indirectement dans les conclusions primitives, sinon l'on pourrait user à leur égard des argumens que nous venons d'indiquer. (**14**). V. *dd. ch.* 6 *et not.* 93.

En second lieu, que lorsque l'instruction est assez avancée pour porter une cause sur les affiches d'audience (v. *p.* 266, *note* 10), les conclusions définitives doivent être signifiées trois jours au moins avant l'audience où l'on doit se présenter pour plaider, ou même simplement poser les qualités (**15**). *Décret* 30 *mars* 1808, *art.* 70.

En troisième lieu, qu'au jour de l'audience, il faut avant de les réitérer de vive voix (**16**), les remettre, signées, au greffier ; formalité qui est également nécessaire lorsqu'on les prend simplement sur le barreau (**17**). *D. décret, art.* 68 *à* 73 (**18**).

On exige les formalités précédentes afin de bien déterminer l'état du différend sur lequel le juge devra prononcer (**18** *a*); de telle sorte que les parties sont réputées s'en tenir aux conclusions qui ont été prises avec ces formalités et avoir renoncé aux précédentes. V. *répert., mots loi,* § 5, *et lésion,* § 6; *arr. cass.* 22 *avril* 1807 *et* 6 *juin* 1811, *ib., vij,* 550 *et* 385.

III. *Défendeur.* On *tenait* jadis qu'il n'était pas obligé de prendre des conclusions expresses, et qu'il lui suffisait de proposer ses moyens de défense pour être renvoyé absous (**19**). V. *ord. de* 1667, *tit.* 2, *art.* 1; *tit.* 5, *art.* 5; *tit.* 14, *art.* 4; *L.* 3 *brum. ij, art.* 1; *arr. cass.* 8 *niv. xj; M. Merlin, rec. alph., mot mariage,* § 5, *et rép., mot divorce,* § 10.

IV. *Effets des conclusions.* Indépendamment des effets indiqués ci-devant, les conclusions en produisent deux bien remarquables; savoir, que la cause est censée *en état*, et le jugement *contradictoire*, lorsqu'elles ont été respectivement prises à l'audience. V. *ci-apr. les tit. des reprises d'instances, n.* 3 *, des jugemens, p.* 278, *et de l'opposition, note* 5 (19 *a*).

On a dit aussi (20) que le juge doit statuer sur tous les *chefs* ou points des conclusions, et qu'il ne peut statuer sur d'autres; néanmoins il a le droit de prononcer sur les réclamations qui ne sont pas faites d'une manière expresse, lorsqu'elles sont contenues tacitement dans les réclamations exprimées (21). V. *tit. des jugemens, note* 10 *et des liquidations, note* 2.

---

(11) Ainsi un créancier conclura *principalement* au paiement du capital et des intérêts promis dans une obligation, et *subsidiairement*, 1° au paiement du seul capital ; 2° à être admis à la preuve de l'obligation, ou à ce que le défendeur prête un serment. V. *ci-dev. p.* 243; *note* 10 ; *p.* 249, *note* 19, *n.* 2; *arr. cass.* 30 *oct.* 1810, *avoués, iij,* 9.

Observations. 1. On voit que ces conclusions sont appelées *subsidiaires*, parce qu'elles sont prises comme une espèce de recours ou de refuge , en cas que le juge ne veuille pas adopter les conclusions principales.

2. *Droit rom.* Les conclusions ou prétentions du demandeur étaient exposées dans une partie de la formule appelée à cause de cela *intentio*. Si elles étaient excessives il y avait plus-pétition et le demandeur perdait son procès (v. *C-c.* 2216) : si elles indiquaient une chose pour une autre, le procès perdu pour la chose indiquée pouvait être recommencé pour celle que le demandeur avait réellement en vue. Si elles étaient au-dessous de la réalité, le demandeur pouvait agir de nouveau pour le surplus de la dette pourvu que ce ne fût pas dans le cours de la même préture, sans quoi le défendeur eût été absous au moyen de l'exception dilatoire *litis dividuæ. Gaius, iv,* 53 , 55, 56. — Toutes ces décisions étaient des conséquences plus ou moins rigoureuses de l'obligation imposée au juge de se conformer aux prescriptions de la formule. F. B. s.

(12) Par conséquent les plaidoiries et mémoires doivent exposer avec plus ou moins de développemens, les motifs sur lesquels on établit les divers points des conclusions. V. *au reste, p.* 22 *et* 71.

. *Observation. Conclusions motivées.* On prescrit quelquefois de simple conclusions motivées, c'est-à-dire auxquelles on joint des moyens très sommaires... V. *entre autres, C-pr.* 406, 465, 972.

(12 *a*) On a vu d'ailleurs (*p.* 219), que pour être valable, l'assignation doit exposer l'objet de la demande, ce qui est la même chose que prendre des conclusions (v. aussi *B. c. crim.* 19 *déc.* 1834).

(12 *b*) On a aussi observé (*p.* 199, *n. vj, et note* 44) qu'on ne peut prendre de nouvelles conclusions quand l'instruction est terminée.

(13) V. Jousse , tit. 5 , art. 5 ; C-pr., 465 , ✝. 1 ; d. note 93 ; Bornier , tit. 31, art. 1 ; ci-apr., note 17, p. 270 ; M. Merlin, rec. alph., mot bureau de paix , § 4 ; obs. mss. du Tribunat sur les art. 455 à 460 ; ci-apr. p. 275, note 21, n. 1.

(14) Cette dernière règle s'applique aux conclusions principales, ainsi qu'aux conclusions subsidiaires de la première espèce, mais non pas à celles de la seconde (v. *note* 11, p. 269), parce que, purement relatives au mode d'instruction, elles ne concernent point le fond du droit réclamé.

(15) C'est-à-dire désigner les parties, énoncer les qualités en lesquelles elles agissent, et prendre verbalement les conclusions. V. *Ferrière*, mot *qualité*, et *ci-apr. tit. des jugemens*, *chap.* 1, *n.* 3, *p.* 281.

(16) *Observations.* 1. Il est d'usage que ce soit avant de commencer la plaidoirie (*répert.*, mot *plaidoyer*); ce qui a sans doute pour but de fixer l'attention du juge sur les points de la plaidoirie, qui sont le plus relatifs au différent.

2. *Dr. rom.* Cet usage paraît remonter au temps des actions de la loi qui ont précédé à Rome la procédure par formules, témoin ce passage de Gaius.(*iv,* 15)...antequam aput (judicem) causamperorarent, solebant breviter ei et quasi per indicem rem exponere : quæ dicebatur causæ collectio , quasi causæ suæ in breve coactio. *F. B. s.*

(17) Car on peut, tant que dure l'instruction, modifier les conclusions, en observant les règles précédentes. V. *ci-dev.* p. 268... V. *toutefois, ci-apr.*, *tit.* 5, *note* 12, p. 273; et *tit. de l'appel, note* 93.

(18) Les règles de cet alinéa et du précédent sont communes au demandeur et au défendeur. V. *dd. art.*—Celles du décret du 3o mars ont été tirées en grande partie des arrêtés *des* 6 *floréal* x, 29 *therm.* xj.

(18 a) Et par là même aussi, à fixer sa jurisdiction pour le premier ou pour le dernier ressort. V. *B. c.* 11 *avr.* 1831.

(19) *Observations.* 1. Il semble qu'aujourd'hui cette jurisprudence ne doive plus s'appliquer qu'aux premiers actes de l'instruction, puisque l'obligation de prendre des conclusions avant et pendant l'audience est imposée au défendeur comme au demandeur. V. *note* 18; d. *décr.*, *art.* 68 *à* 73, 21 *et* 59.

2. Par une conséquence des principes sur lesquels elle était fondée on décidait aussi qu'en défendant, les officiers ministériels étaient libres de prendre les conclusions qu'ils jugeaient convenables à la défense, tandis qu'en actionnant ils devaient, sous peine de désaveu, se conformer au pouvoir qu'ils avaient reçu. V. *Roubaud, répert.*, mot *conclusions*; et *ci-apr. tit. du désaveu, note* 5.

(19a) Elles servent aussi à déterminer la compétence. V. *ci-dev. art. des actions possess.*, *note* 22, *n.* 1, *p.* 123.

(20) V. *ci-dev.* p. 21; *ci-apr. tit. des jugemens, note* 35.

(21) Si pour toutes conclusions l'on s'en est rapporté à la *prudence*, au *bon plaisir* du juge, cela ne signifie point qu'on l'autorise à juger arbitrairement sans consulter les règles du droit ou de l'équité, ni qu'on renonce à attaquer sa décision. V. *rec. alph.*, *mots appel*, § 14, *et section*, § 2; *arr. cass.*, *ib.*; *rép.*, mot *condamnation*; d. *tit. du désaveu, note* 5; *et de l'acquiescement, note* 12; *Paris*, 1811, *avoués*, *iv*, 12; *Metz*, 1821, *ci-dev.* p. 257, *note* 43, *n.* 2; *et Nancy*, 9 *avr.*, et *rej. civ.*, 7 *mai* 1834, *avoués*, *xlviij*, 40 et 179; M. *Chauveau*, *ib.*; *obs-cass.* 101.— V. aussi *ci-dev.* § *des just. de paix, note* 42, p. 51. — Bien plus, si c'est en première instance qu'on a agi de cette manière, on peut, en appel, prendre des conclusions directes. V. *arr. de Rouen*, 7 *nov.* 1811, *J-C-c.* *xviij*, 33.

Il semble qu'il faille suivre les mêmes principes lorsque c'est la loi qui s'en rapporte à la prudence du juge, comme dans les cas indiqués au C-pr. 122, 126, 127, 205, 222, 226, etc.; et au C-c. 499, etc.

TITRE V.

Des rapports de juges, ou des délibérés et instructions par écrit. (1)

Certains procès offrent des questions si difficiles et si importantes, ou bien sont tellement compliqués, que les plaidoiries ne suffisent pas pour mettre les juges en état d'y statuer. Ils y suppléent en ordonnant, soit un délibéré, soit une instruction par écrit; dans l'un et l'autre cas ils prononcent sur le rapport que fait (2) l'un d'entre eux (3) après avoir examiné les pièces. *C-pr.* 93 *et* 95.

Un rapport est un résumé des faits de la cause et des moyens des parties (4); le juge qui en est chargé, n'y énonce point son avis (5)... On l'ordonne (6) et on le fait toujours à l'audience (7)... Il termine l'instruction, car la seule faculté qui reste aux défenseurs des parties, c'est de remettre (sur-le-champ) au président (8), des notes où ils peuvent indiquer les omissions ou inexactitudes des rapports, quant aux faits (9). *C-pr.* 95, III; *tarif* 85.

---

(1) Ce titre correspond au tit. 6, liv. 2 du Code.

(2) La loi indique aussi heaucoup de causes où il faut un rapport, mais sans instruction par écrit, telles sont celles des renvois et règlemens de juges, récusations, comptes, etc. Voy. *C-pr.* 371, 385, 394, 539. — V. encore *C-pr.* 199,202, 222, 280,542, 668, 762, 779, 856,859, 863, 885, 891,981, 987.—Il n'en est pas de même pour les matières sommaires ; elles ne sont sujettes ni à rapport, ni à instruction écrite. *Arg. de C-pr.* 405... V. *ci-apr.*, *sect.* 5, *til.* 2.

(3) Il est nommé par le jugement... En cas de décès, démission ou empêchement, le président en nomme un autre par une ordonnance rendue sur une requête, et signifiée trois jours au moins avant le rapport. *C-pr.*, 93, 110; *tarif,* 76, 70. — Lorsqu'il y avait des juges-auditeurs, on pouvait, dans les délibérés, le choisir parmi ceux d'entre eux qui n'avaient pas l'âge requis (27 ans) pour la voix délibérative. *V. L.* 27 avr. 1810, *art.* 12 *et* 13; *avis cons. d'état,* 27 févr. 1811; *déclarat.* 10 mai 1713; *ci-dev.*, *art. des devoirs des juges*, *p.* 19, *note* 9, *n.* 1.

Il n'est pas nécessaire d'indiquer dans le jugement, l'ordonnance qui a subrogé le nouveau rapporteur, *suiv. M. Merlin, rec. alph.* 2ᵉ, *édit.*, *mot mariage*, § 8, *t.* 3, *p.* 582.

(4) D'après d'anciennes ordonnances, on devait lire à la suite l'inventaire de production et les pièces. V. *Rebuffe, de inventariis, art.* 3, *gl.* 1 ; *Pigeau, édit. de* 1787, *t.* 1, *p.* 336.

(5) Le rapporteur opine le premier lorsqu'on recueille les voix pour le jugement. *D. décr.* 30 *mars* 1808, *art.* 35 *et* 73.

(6) On l'ordonne à la pluralité des voix , et après les observations des avoués. *C-pr.* 95; *tarif* 84.

(7) V. *C-pr.* 95 , 111 ; LL. 24 août 1790 , tit. 2, art. 14 ; 1 déc. 1790 , art. 13 ; 3 brum. ij , art. 10; B. c. 10 pluv. xiij et 13 mai 1806.

Dr. anc. On l'ordonnait aussi (sauf la mise en délibéré , qu'on ne prononçait pas), mais on ne le faisait point à l'audience. V. *d. ord., tit.* 11; *Pigeau, ibid., p.* 313.

(8 et 9) *Observations.* 1. *Dr. anc.* Il était impossible de relever les omissions ou inexactitudes d'un rapport , parce qu'il se faisait à huis-clos ; et cependant la publicité eût encore été plus nécessaire alors qu'aujourd'hui , car , ainsi que l'observe M. Merlin (*rép. , mot conventions matrimoniales,* § 2), « l'irréflexion n'accompagnait que trop souvent les arrêts rendus sur de simples rapports, c'est-à-dire sur des extraits faits par des secrétaires. » — C'est sans doute pour remédier à ces inconvéniens , 1° qu'on avait déclaré les rapporteurs récusables pour des causes qui n'empêchaient pas d'être juge. Voyez *Faber, lib.* 3, *tit.* 4, *def.* 3 , *note* 4; *Basset , tit.* 1 , *liv.* 2 , *tit.* 6 , *ch.* 1 ; *Rodier, tit.* 24, *art.* 13, *qu.* 1. — 2° Qu'on décida ensuite que les parties seraient entendues après les rapports. V. *d. L.* 1 *déc., art.* 12 *et* 13 ; *arr. cass.* 2 *et* 14 *niv. et* 25 *germ.* 7; 7 *vend. , et* 27 *vent.* 8. — Mais , comme on abusa de cette faculté précieuse en faisant des plaidoiries complètes , ce qui rendait les rapports à-peu-près inutiles, on l'a modifiée par l'art. 111 extrait p. 171, texte in f., et où l'on décide que les défenseurs ne peuvent prendre la parole sous aucun prétexte. V. *M. Faure, p.* 213.

1 *a.* En est-il de même lorsqu'il s'agit de rapports qui n'ont pas été ordonnés à la suite d'un délibéré ou d'une instruction par écrit ? NON, les parties peuvent plaider après ces rapports, *suiv. B. c.* 21 *avr.* 1830 ; *Bordeaux ,* 25 *juill.* 1833, *avoués, xlvj,* 54; *M. Chauveau, ib.* — OUI , *suiv. Montpellier,* 26 *fév.* 1810 , *cité , ib.* — La négative nous paraît plus conforme aux principes.

2. Le jugement rendu sur le rapport doit constater qu'il a été fait. Voy. *ci-dev. p.* 156, *note* 12, *n.* 1.

3. Ce jugement doit être prononcé à l'audience.. *B. c.* 29 *nov.* 1831.

§ 1. *Des délibérés.*

Un délibéré est une discussion des juges , précédée d'un rapport (mais non pas d'une nouvelle instruction), et suivie d'un jugement. **(10)**

Le jugement qui ordonne le délibéré, indique en même temps le jour du rapport : ce jugement doit être exécuté sans expédition , interpellation ou **(11)** signification , tellement que la cause peut être jugée **(12)** quoiqu'une des parties n'ait pas remis ses pièces. *C-pr.* 93, 94.

(10) *Observations.* 1. On dit aussi qu'un jugement quoique non précédé de rapport, a été rendu sur délibéré lorsqu'on a préalablement décidé que les juges discuteront l'affaire, et conviendront de la décision à la chambre du conseil... Il n'est pas nécessaire que ce délibéré soit vidé (c'est-à-dire terminé, jugé) le jour où on l'ordonne. V. *dd. LL.* 1 déc. et 3 *brum.*, art. 13 et 10 ; *C-pr.* 116 ; rép., *h. v.* — Dans cette espèce de délibéré, les juges se font souvent remettre les pièces de la cause, et toujours dans le délibéré proprement dit. V. *tar.* 90.

Justice de paix. Même remise (facultative). V. *C.-pr.* 13.

2. Quelques auteurs nomment *délibéré* le jugement même qui est la suite du délibéré. V. *Ferrière,* et *répert., h v.*

(11) *Dr. anc.* — Règle contraire. V. *Pigeau*, d. p. 313.

(12) En l'état où elle se trouvait lorsqu'on a ordonné le délibéré ; de sorte qu'on ne peut, depuis cet instant jusques à la décision, prendre de nouvelles conclusions, produire de nouvelles pièces. V. *arr. cass. crim.* 27 *fruct. viij,* rec. alph., i , 494, § 2, et rép., sup. ; *Caen et Pau,* 1825 et 1833, *avoués, xxix,* 277, *et xlv,* 450. — V. aussi *ci-dev.,* p. 24, n. ij, p. 26, *note* 32, p. 199, n. *vij et* p. 268 (contra. *Garré, lois,* i, 258).

Observations. 1. On a induit de là qu'on ne peut non plus interjeter alors un appel incident. V. *Amiens,* 30 *juin* 1824, *avoués, xxvj,* 329; *ci-apr., tit. de l'appel,* ch. 3, n. 5.

2. Si l'un des juges n'a pas assisté aux audiences avant le délibéré, le jugement ultérieur est nul. *B. c.* 23 *juin* 1834.

3. Ce jugement est au contraire valable si l'on a de nouveau plaidé, rapporté et conclu devant le juge d'abord absent. V. *arr. rej.* 25 *avr.* 1815, *avoués, xij,* 15; 14 *mars* 1816, *Jalbert,* 535, et rép. *xvj,* 549, *mot jugement,* § 1, n. 9, et 11 *nov.* 1828, *avoués, xxxvij,* 109.

4. Il en est de même si les conclusions antérieures ont été répétées devant de nouveaux juges et avant le rapport. V. *rép. xvj,* 550; *rej. requ. ou civ.* 27 *fév.* 1821, 5 *fév.* 1825, 24 *avr.* et 4 *juin* 1833, *avoués, xxiij,* 66, *xxviij,* 130, *xliij,* 595, *xlv,* 423.

5. Règle semblable si les conclusions postérieures au rapport sont un simple développement des anciennes et ne contiennent pas de nouvelles demandes. *B. c.* 7 *nov.* 1827.

§ 2. *De l'instruction par écrit.*

On nomme ainsi une instruction faite à l'aide de mémoires écrits et de remises de pièces, et suivie d'un rapport... Voici la marche tracée à cet égard par le Code. (13)

1. Dans la quinzaine après la notification du jugement (13 *a*) qui ordonne l'instruction, le demandeur doit signifier ses moyens (14) avec un état des pièces à l'appui (15), et dans les vingt-quatre heures suivantes (15 *a*), *produire* ses pièces au greffe et en donner avis en signifiant l'acte de produit. Passé ces délais, le défenseur peut produire ; le demandeur n'a plus

que huitaine pour prendre connaissance de la production et la contredire; après quoi l'on peut juger sur la production du défendeur. *C-pr.* 96, 98, 101; *tarif* 70, 91.

2. Le défendeur, ou, s'il y en a plusieurs qui aient tout à-la-fois des intérêts et des avoués différens (16), chacun des défendeurs a les mêmes délais de quinzaine et vingt-quatre heures pour prendre communication (17) de la production du demandeur, pour la contredire, faire signifier sa réponse et remettre sa production (18). Ces délais passés (19), on peut juger sur la production du demandeur, ou sur celles qui ont été faites. *C-pr.* 97, 99, 100.

(13) *Dr. anc.* Il y avait deux modes pour l'instruction par écrit, l'appointement *en droit* (pour les procès les plus chargés), et l'appointement *à mettre* (pour ceux qui l'étaient moins)... On ne pouvait appointer les matières sommaires et les questions de déclinatoires, de renvois, incompétence, défaut, cautionnemens, évocations, reproches, récusations, mais seulement y ordonner un délibéré... Les lois avaient déterminé avec soin les écrits et les productions qu'on pouvait faire dans les appointemens; mais elles n'étaient guère observées. V. *d. ord., tit.* 11, art. 9 et 10, *tit.* 14, art. 7 et 8; *Jousse et Rodier, ib.*

(13 *a*) Faite sans doute par la partie *la plus diligente*; cela paraît résulter du silence et de l'esprit du code.

(14) Par roquête (de même que le défendeur pour sa réponse). V *C-pr.* 96; surtout *tar.* 73.

Nous disons avec la loi, ici, dans le texte et dans les notes suivantes, le *demandeur*, le *défendeur*, pour l'*avoué* du demandeur, du défendeur. V. *p.* 73, *note* 10 *a*.

(15) Cet état a remplacé l'ancien *inventaire de production*, qui est tacitement abrogé par C-pr. 96, 97, 1041. — V. M. *Merlin, rép.*, *h. v.* — La production est le cahier des pièces remises, et l'*inventaire* la notice de ces pièces; mais les anciens inventaires étaient fort considérables, parce qu'on les motivait. *Rodier, tit. xj, art.* 33.

(15 *a*) C'est-à-dire celles qui suivent la signification qu'il a faite et des moyens et de l'état. V. *C-pr.* 96.

Voilà donc un délai fixé par heures. *V. à ce sujet*, p. 163 et 164.

(16) Lorsqu'ils ont un intérêt commun, on ne leur donne qu'un seul délai, parce que le demandeur ne doit pas souffrir de ce qu'il leur a plus de constituer plusieurs avoués pour défendre une même cause. C'est alors le plus ancien de ces avoués qui prendra la communication. *Arg. de C-pr.* 529, 536; v. *p.*, 76, *note* 17.

(17) C'est d'abord le plus *diligent*. V. *C-pr.* 97, *et ci-dev. ch. de l'espr. des lois*, p. 149, 150.

(18) Et rétablir celle du demandeur. D. art. 97. — Sous peine de dommages (10 fr. par jour de retard) et même de contrainte par corps et d'inter-

diction, prononcés contre l'avoué, en dernier ressort, sur la demande des parties, qui peut être formée même par de simples mémoires et sans assistance d'avoué. V. *C-pr.* 107 ; *ci-dev. p.* 58, *n.* 5, *et p.* 76 *et* 79, *notes* 19 *et* 23, *n.* 1 *et* 2.

Le juge toutefois, selon l'importance de l'affaire et le nombre des pièces, peut proroger les délais accordés à l'avoué du défendeur, *suiv. Bordeaux*, 15 *juin* 1833, *avoués*, *xlv*, 685.

(19) Ou même l'un de ces délais, si aucun des défendeurs n'a pris communication. V. *C-pr.* 100 ; *Pigeau, édit. de* 1807, *i*, 384.

3. La partie qui a de nouvelles pièces, est libre de les remettre, mais sans requête ni écriture (**20**). Les autres ont huitaine pour y répondre. *C-pr.* 102, 103, 105 ; *tarif.,* 71, 73, 90.

Après ces productions ou ces délais (**21**), le greffier, sur la réquisition de la partie la plus diligente, transmet les pièces au rapporteur. *C-pr.* 109, 110 ; *tarif,* 90. (**22**)

(20) Lors même qu'elle prend de nouvelles conclusions ; du moins ou ne passerait pas en taxe cette écriture ni toute autre que celles indiquées ci-dessus (il faut en noter l'étendue). Voy. *au reste C-pr.* 102 *à* 105 ; *Treilhard*, p. 212 ; *ci-dev. ch. des dépens*, p. 175 *et note* 10, 1°, *ib.*

La remise des nouvelles pièces se fait au greffe, avec un acte de produit qui en contient l'état et est signifié à avoué. V. *C-pr.* 102.

(21 *et* 22) Jugement en défaut de produire... V. *C-pr.* 113 ; *ci-apr.*, p. 286, *note* 7 ; *tit. de l'opposition, n.* 1 *et note* 9.

Observations. 1. L'exclusion d'opposition en cas de non-production, et les dommages, etc., en cas de retard de remise de pièces, etc., sont les seules peines prononcées dans cette procédure, et l'art. 109 ne parle point de forclusion.... Donc, quoique les pièces aient été transmises au rapporteur, on peut, tant que le rapport n'est pas fait, *additionner* ses moyens et ses conclusions, *suiv. Caen*, 1er *févr.* 1824, *avoués*, *xxvj*, 68. — Mais *voy. ci-dev.* *note* 12, *p.* 273.

2. Quant aux enregistrement, remise, décharge et retrait des productions et pièces, et à l'étendue que les premières peuvent avoir, *voyez C-pr.* 103 à 108, 114, 115 ; *tarif,* 70, 73, 74, 90, 91 ; *d. p.* 175.

TITRE VI.

Des jugemens. (**1**)

Un jugement, nous l'avons dit (*p.* 21, *et note* 18, *p.* 22), est, en général, l'opinion du juge que la loi statue, d'une certaine manière, sur la cause qui lui est soumise; ou bien l'application qu'il fait de la loi à cette cause (**2**). On en distingue neuf espèces principales : les préparatoires, les interlocutoires, les provisoires, les définitifs, les convenus, les contradictoires, enfin ceux qui sont rendus par défaut, ou en premier, ou en dernier ressort. (**2** *a*)

1 et 2. Le jugement *préparatoire* prescrit, pour l'*instruction* d'une cause, une opération qui puisse mettre le juge en état de rendre un jugement *définitif...* Le jugement *interlocutoire* (**3**) prescrit aussi une opération dans le même objet; mais il diffère du préparatoire en ce que l'opération prescrite (**4**) préjuge le fond (**5**), tandis que celle qu'exige le jugement préparatoire ne le préjuge point (**6**). V. *C-pr.* 452 (**7**); surtout, *ci-apr., tit. de l'appel, ch.* 1, *exception* 2°.

(**1**) Ce titre correspond au tit. 2, liv. 1, et aux tit. 7 et 8, liv. 2 du Code (v. toutefois, note 16, p. 279).

(**2**) Les lois ou réglemens, peut-être pour les distinguer des décisions d'un simple juge, qu'on nomme *ordonnances* (v. *p.* 22, *note* 17), donnent le nom de *jugemens*, à toutes celles d'un tribunal. Or, la définition ci-dessus ne s'applique pas à plusieurs de ces décisions, par exemple, aux jugemens de remise (v. *tarif*, 70).

(**2** *a*) On pourrait faire une classification particulière de ces neuf espèces de jugemens, en réunissant dans une même division ceux qu'on oppose ou que l'on compare les uns aux autres. Ainsi, on mettrait dans la première les jugemens définitifs, préparatoires et provisoires... dans la deuxième, les jugemens de défaut et les contradictoires... dans la troisième, les jugemens en premier et les jugemens en dernier ressort... dans la quatrième, les jugemens convenus.

(**5**) Ce mot vient d'*interlocutio*, nom d'une décision donnée par le juge au commencement ou au milieu de la cause. V. *Brisson, h. v.*

(**4**) Une preuve, une vérification, ou une *instruction*, dit l'art. 452. — Une preuve, par exemple, du paiement d'une obligation.

(5) C'est-à-dire annonce d'avance comment le juge statuera sur le fond. Ainsi, en autorisant la preuve du paiement (*note* 4), le juge a annoncé tacitement que le défendeur sera renvoyé de la réclamation, s'il fait cette preuve, V. au reste, *tit. de l'appel*, ch. 1, *exception* 2ᵉ.

(6 et 7) Telle est une simple communication de pièces. — Quand et comment ces jugemens sont-ils réparables en définitive, et susceptibles d'appel ? V. *ci-apr.*, *note* 4o, *p.* 284, *et d. exception* 2ᵉ.

3. Par le jugement *provisoire* on ordonne des mesures propres à pourvoir aux inconvéniens dont pourraient souffrir, soit les parties, soit les objets contestés, soit la chose publique (8) pendant le temps qu'exige l'instruction d'une cause (9)... Comme il n'a pas d'autre objet, si la cause est en état, et sur la question du provisoire (10) et sur celle du fond, on est obligé d'y statuer en même temps par un seul jugement (11). V. *C-pr.* 134. — V. aussi *d. ord.. tit.* 17, *art.* 17; *Jousse et Rodier, ib.*; *ci-dev. p.* 150, *note* 10.

4. Le jugement *définitif* (12) statue sur toute la cause et la termine. V. *ci-apr. ch.* 1, *p.* 284; *n.* 3.

(8) *Exemples.* 1. Si une partie a besoin d'alimens, comme une femme pendant l'instance en *séparation* de corps. V. *en ci-apr. le tit.*, *note* 7. — 2. Si une maison réclamée risque d'être dégradée par le détenteur. — 3 et 4. Si un créancier porteur d'un titre a besoin d'un à-compte ; un domaine revendiqué, d'être cultivé, etc.

En règle générale la *provision est accordée au titre et à la possession* (comme dans le premier et le 3ᵉ cas); mais il faut dire aussi que le juge l'accorde souvent d'après les circonstances, car cette règle est susceptible de plusieurs modifications (v. *rép., mot provision*)...; de même, suivant les circonstances, il assujétira à une caution ou en dispensera celui à qui il adjuge le provisoire. — V. aussi, pour d'autres exemples ou questions, *Aix et Liège*, 1807 et 1810, *J-C-c. viij*, 462, *xviij*, 9; *Nancy et Bordeaux*, 1828 et 1831, avoués, *xl*, 53; *xlj*, 629; *Imbert, liv.* 1, *ch.* 8, *n.* 3; *rec. alph., iij*, 364 ; *ci-apr., tit. de l'appel*, *note* 21 ; *de la requ. civile*, notes 14 et 24; *ci-dev.* § *des nullités*, note 10, *n.* 2, *p.* 155.

(9) Il n'a aucune influence ni sur le fond ni sur l'instruction... Il peut être rétracté par le juge qui l'a rendu (v. *arr. cass.* 25 *fév.* 1812, *Nevers*, 365)... Enfin, celui qui l'a obtenu peut être condamné par le jugement définitif, c'est-à-dire au principal, parce que le provisoire n'est adjugé que sur des présomptions (*v. aussi d. arr. d'Aix*).

(10) On a pu *élever* cette question en tout état de cause (v. *d. arr.*; *et arr. cass.* 20 *avr.* 1808, *Nevers, supp.*, 72); bien plus, le juge peut d'office la décider, lorsqu'il reconnaît qu'il y a péril et qu'il n'est pas encore assez éclairé pour statuer sur le fond. C'est que la demande de la décision principale peut être considérée comme renfermant tacitement celle de la décision provisoire.

(11) Dans ce cas la décision de la question provisoire n'est pas inutile, parce qu'il faut bien juger qui supportera les *dépens* auxquels elle a donné lieu (v. *p.* 176, *note* 10, *n.* 5)... Observons d'ailleurs que le juge doit statuer sur toutes les contestations à lui soumises, et qu'avec un système différent les parties auraient à supporter des frais frustratoires assez considérables (ceux d'un second jugement et de sa signification).

(12) Ce mot vient de *definire*, limiter, terminer.

5. Le jugement *convenu*, appelé aussi *expédient*, est une espèce de transaction arrêtée entre les parties (13) sous la forme de jugement, présentée (14) au juge et légalisée par lui (15). V. *Bornier, tit.* 6, *art.* 4 *et* 5; *Ferrière, h. v.*

6 et 7. Le jugement *contradictoire* est rendu sur la défense des deux parties, tandis que le jugement par *défaut* n'est rendu que sur celle d'une partie. V. *ci-apr., ch.* 2, *et tit. de l'opposition, note* 5.

8 et 9. Le jugement en *premier ressort* peut être attaqué par la voie de l'appel; le jugement en *dernier ressort* n'est pas susceptible de cette espèce de recours. V. *part.* 1, *p.* 11, *n.* 1.

Nous allons exposer les règles propres aux jugemens considérés en général, et ensuite celles qui concernent en particulier les jugemens de défaut.

(13) Il faut donc que les parties soient capables de transiger, et qu'il s'agisse d'objets susceptibles de transaction. V. *ci-dev. p.* 41.

(14) Par les avoués avec le consentement des parties.

(15) *Jugement d'homologation.* La légalisation dont nous parlons, s'exprime par le terme *homologuer,* et dans d'autres circonstances où il s'agit de l'appliquer à des aveux, déclarations, consentemens, etc., des parties, par ceux-ci, *donner acte...* Son effet principal est de rendre authentique et exécutoire l'accord exprès (comme en cas de jugement convenu) ou tacite (comme en cas d'acquiescement) des parties et de lui faire produire hypothèque; mais elle n'est point essentielle à cet accord, ainsi que le prétendent plusieurs auteurs, et notamment Pigeau (*i*, 461), parce que l'accord existait déjà. V. *rép., mots contrat judiciaire et homologation, et t.* 16, *p.* 402.— Aussi décide-t-on qu'un tel jugement n'est pas susceptible d'appel. V. *tit. de l'appel, note* 30, *n.* 2.

2. *Quid* s'il n'a pas été rendu par *voie contentieuse?...* V. *part.* 3, *tit.* des avis de parens, *note* 8, *n.* 1 *a.*

CHAPITRE PREMIER.

Des jugemens en général.

Les règles qu'il nous reste à exposer à l'égard des jugemens, sont relatives à leur délibération, à leur prononciation, à leur rédaction et à leurs effets. (16)

I. *Délibération.* Un jugement s'arrête à la pluralité (17) des suffrages : s'il se forme parmi les juges (18) plus de deux opinions, ils sont tenus de se réunir (19) à l'une des deux opinions (20) émises par le plus grand nombre des votans (21). *C-pr.* 116, 117, 467.

Si ces deux opinions sont émises par un nombre égal de juges (22), il y a *partage* (23). On vide (24) un partage dans les tribunaux civils, en appelant un juge, ou un suppléant, ou un avocat, ou un avoué (25); et dans les cours royales un au moins ou plusieurs juges ou auditeurs (26), sinon trois anciens jurisconsultes. *C-pr.* 118 *et* 468.

L'affaire est ensuite plaidée ou rapportée de nouveau (27). *Dd. art.; L.* 14 *prair. vj, art.* 2.

---

(16) *Nombre des juges, et publicité. V.* ci-dev. p. 20 et 29.
Ce chapitre 1ᵉʳ correspond au titre 7, livre 2 du Code. Mais ce titre contient aussi diverses règles détachées que nous avons placées dans des titres avec lesquels elles avaient plus de rapport, telles que les règles sur l'exécution provisoire ou forcée, les dépens et le serment. V. *en les tit. ci-apr.*, *liv.* 3, *sect.* 1 et 2, *in pr.; ci-dev. part.* 1, p. 60 et 170.—V. aussi *ci-apr.*, *note* 29 *et n. iv.*

(17) C'est-à-dire, à un nombre de suffrages plus grand que celui de tous les autres suffrages réunis; par exemple, à deux suffrages lorsqu'il y a trois juges, à quatre lorsqu'il y en a sept, à huit lorsqu'il y en a quatorze ou quinze : en un mot, un nombre plus grand que la moitié, et non égal à la moitié et une voix en sus, comme le dit un auteur (*M. Boncenne, ij,* 375). Quant au nombre de juges dont le concours est nécessaire pour que le jugement soit valable, *voy.* p. 55, note 58, n. 3; p. 63, note 75; p. 66, note 83, n. 2; p. 68, note 89, n. 1.
Cette pluralité est exigée rigoureusement au civil. Au criminel, le partage forme jugement en faveur de l'accusé. V. *M. Merlin, rec. alph.*, 2ᵉ *édit.*, t. 5, p. 388; *C-cr.* 347, 583; *notre cours crimin., part. ij, observat. préli-min.*, n. 9.

(18) La voix de deux juges parens ou alliés, jusques au 4ᵉ degré, ne compte que pour une. V. *avis cons. d'état*, 23 *avr.* 1807 ; *Rodier, tit.* 24 ; *arr. à Sirey*, 1808, 263, *et rec. alph., vj*, 605.—Nombre de parens ou alliés qui peuvent être juges dans un même tribunal... v. *L.* 20 *avr.* 1810 , *art.* 63.— V. aussi *rép. xvij*, 262. — Juge honoraire. V. *arr. cass.* 10 *janv.* 1821, *B. c.*

(19) Après le second tour d'opinions (le dernier reçu opine le premier). *Décr.* 30 *mars* 1808, *art.* 35 ; *M. Merlin, rép., mot opinion.*

(20 et 21) A moins que l'une des deux n'ait la pluralité indiquée ci-devant, note 17, p. 279.

A l'aide de ces mesures, on obtient cette pluralité... C'est aussi ce que décidait l'ordonnance d'Ys-sur-Thylle, ch. 1, art. 86.

(22 et 23) Il y a aussi partage quand trois, quatre...., opinions ont un nombre égal de suffrages , et même lorsqu'elles concourent avec une opinion qui a la majorité relative. Autrefois on forçait le plus jeune des juges à abandonner, dans ce cas, son opinion (v. *Rodier, sup.*); mais le Code n'autorise rien de semblable.

(24) *Vider*, c'est terminer quelque opération : vider un partage, c'est le faire cesser... Jadis il y avait partage dans les cours supérieures, lorsque l'avis prépondérant n'avait qu'une voix de plus que l'autre. V. *Rodier, tit.* 11.— Autres questions... V. *ci-apr. tit. de l'interrogatoire, note* 7 ; *arr. cass.* 12 *mars* 1834; *B. c.*

(25) Les uns au défaut des autres, et dans l'ordre de leurs tableaux. V. *d. décr.*, 30 *mars, art.* 49; *L.* 20 *avr.* 1810, *art.* 41 ; *ci-dev. p.* 101, *note* 96, *et p.* 156, *note* 12, *n.* 1.—Il suffit d'appeler le plus ancien des avocats présens à l'audience, *suiv. rej. civ.* 22 *mai* 1832, *avoués, xliij*, 550 (v. *M. Chauveau, observ., ib.*)

(26) Toujours en nombre impair. *C-pr.* 468.

Observations. 1. C'est un nombre pair si l'un des juges divisés est décédé. V. *arr. de Grenoble, maintenu en cass.*, 12 *avr.* 1810, *Nevers*, 177, *Sirey*, 234.—C'est que sa voix n'est plus comptée, et que lorsqu'on vide le partage, les premiers opinans peuvent changer d'avis. V. *décis. du grand-juge*, 28 *mai* 1810, *avoués, ij*, 371 *et d. arrêt.*

2. Les jurisconsultes sont appelés lorsque tous les juges ont *connu* de l'affaire (v. *ci-apr. tit. de la récusation, note* 21). — V. *d. art.* 468.—V. aussi *avoués, xlvij*, 394.

3. C'est devant les juges *partagés* que devra se discuter de nouveau la cause, quoique plusieurs d'entre eux aient changé de chambre, *suiv. B, c.* 15 *juill.* 1829.

4. A l'égard des auditeurs, *voy.* p. 19, note 9, n. 1.

(27) C'est qu'un jugement rendu par des juges qui n'ont pas tous assisté aux défenses des parties, est nul (v. *B. c.* 13 *vend. ix*, etc.; *d. L.* 20 *avr.*, *art.* 7 ; *ci-dev. p.* 30, *note* 45 ; *p.* 26, *note* 31, *n.* 2); et cela lors même que le juge qui vide le partage a en effet assisté aux premières défenses s'il n'y assistait pas comme juge. V. *M. Faure, p.* 214; *Paris*, 21 *mars* 1816, *avoués, xiij*, 195.—Mais quoique on n'ait pas assisté à un jugement interlocutoire, ou préparatoire, ou d'incident, on peut participer au jugement définitif. V. *arr. cass.* 18 *avr.* 1810, *Nevers*, 208 ; *et cr.* 9 *déc.* 1819, *B. c.*; *rép. xvj*, 550; *arr.* 1818, *ib.*

Au reste, pour s'assurer si un juge a en effet assisté à toutes les plaidoiries, etc., d'une cause, on tient à chaque *audience* une *feuille* où l'on indique les noms des magistrats présens. V. *C-pr.* 138 ; *ci-dev. p.* 266, *note* 10, *n.* 1.—Ceux qu'on n'y désigne pas, sont présumés avoir été absens. V. *au surplus, arr. cass.* 16 *mai* 1821, *n.* 38.

Autres questions... V. *ci-dev. p.* 273, *note* 12.

II. *Prononciation.* — (27 *a*) Un jugement peut être arrêté à la chambre du conseil, mais il doit être prononcé à l'audience et sur-le-champ, à moins que le juge n'ait, comme il le peut, *continué la cause* (28) à une autre audience pour la prononciation. *C-pr.* 116, *in-f.* (29). — V. aussi *arr. cass.* 21 *mai* 1821, *n.* 40.

(27 *a*) *Prononcé* serait plus correct, mais le Code se sert du mot *prononciation* (v. *art.* 247,736 *et* 1038).

(28) C'est-à-dire qu'il n'ait ajourné la prononciation.

(29) V. aussi *p.* 29, *n.* 2 *et not.* 44 *et* 45, *p.* 30—On y a observé que le *jugement* n'existe que par la prononciation : donc, tant qu'il n'est pas prononcé, il peut être changé. V. *M. Merlin, rép. vij,* 615, *mot jugement, h. v.,* § 3, *n.* 4; *ci-dev. note* 26.

Observations. 1. On distingue dans les jugemens, la forme *extérieure* ou *extrinsèque,* de la forme *intérieure* ou *intrinsèque.* Suivant un commentateur, la délibération faite en temps utile et par des juges (en nombre suffisant) qui ont assisté à l'instruction, la rédaction en langue française, enfin la prononciation dans la salle d'audience en présence des parties constituent la forme extérieure, et les formalités indiquées par l'article 141 (*ci-dessous,* n° III), la forme intérieure... M. Merlin (*rép.* , *mot formalités*) place, 1° le nombre des juges dans la forme intérieure (décision contraire... v. *arr. cass. cr.* 24 *oct.* 1817, *B. c.*); 2° la signature des juges et du greffier, dans la forme extérieure, ce qui fait présumer qu'il y place également la consignation sur les registres... Nous y comprendrions aussi, 1. la prononciation, puisqu'elle est de l'essence du jugement; 2. la qualité de celui qui prononce , parce qu'assurément un acte auquel a présidé un simple greffier, un simple avoué, etc., ne peut être considéré même extrinsèquement , comme la décision d'un tribunal. V. *au reste ci-apr., tit. de l'appel, ch.* 1, *note* 11, *n,* 2, *in f.; arr. ibid.*

2. Les motifs doivent être prononcés tout aussi bien que le dispositif. V. *B. c. cr.* 19 *août* 1830, *n.* 207; *B. c. civ.* 26 *juill.* 1831.

III. *Rédaction et qualités.* Voici ce qu'un jugement doit contenir.

1 à 4 (30). Les noms, profession et demeure des parties, les noms des avoués, les conclusions (31), l'exposition sommaire des points de fait et de droit. *C-pr.* 141 (32). — C'est ce qu'on nomme les *qualités.* (33)

5. Les noms des juges et du procureur du roi, s'il a été entendu; 6. (sous peine de nullité), les motifs (34); 7. Le dispositif (35) du jugement. V. *d. art.* 141; *Loi du* 20 *avril* 1810, *art.* 7. — V. aussi *d. arr. cass.* 21 *mai* 1821. (36)

La rédaction se fait sur les qualités ; en conséquence la partie la plus diligente les signifie aux avoués adverses, qui peuvent s'y opposer (37), et qui sont *réglés* (38) sur ce point par le président de la cause (39). *C-pr.* 142 à 145.

(30) *Observations.* 1. Ces quatre formes sont une espèce de procès-verbal de ce qui s'est passé en la présence du juge (v. *Rodier, tit.* 11, *art.* 15). D'où il résulte que l'on ne peut joindre au jugement rien qui y soit étranger, et par conséquent que le juge ne peut d'office *suppléer aux faits* exposés par les parties, à l'audience ou dans les pièces. D'ailleurs, ce n'est que de ces faits seuls qu'il peut avoir connaissance comme juge. Bien plus, 1° Faber pense que le juge ne peut suppléer les *faits notoires*, lorsqu'ils n'ont pas été allégués; 2° Bornier soutient que le juge doit se récuser lorsqu'il s'aperçoit que les preuves de la cause sont contraires aux faits dont il a une connaissance particulière; et ces décisions nous paraissent justes, parce qu'on peut les fonder sur les mêmes raisons. V. *au surplus, ord. de* 1344; *Barbosa, ax.* 131; *Faber, C., l.* 1, *tit.* 2, *def.* 29, surtout *tit.* 3, *def.* 20; *Rodier, t.* 10, *art.* 7, *qu.* 1, *n.* 3; *tit.* 24, *art.* 12, *qu.* 1; *Bornier, d. art.* 7 et 12; *Despeisses, t.* 11, *sect.* 2, *n.* 9; *ci-apr. tit. des enquêtes, note* 34, *n.* 1; *B. c. crim.* 21 *mars* 1833, *n.* 106.

2. Par la raison inverse le juge peut et doit *suppléer aux moyens de droit* des parties; puisqu'en la même qualité, il doit avoir aussi connaissance de tous ceux qu'on aurait fait valoir pour les parties (d'après les lois) si elles avaient été bien défendues. V. *L. un., C. ut quæ desunt; rép.*, 4° édit., *xiij*, 44; *arr. cass.* 5 *mai* 1806.—On a même jugé (mais mal-à-propos, selon nous... v. *rec. alph.*, 2° *édit., i*, 495) qu'il peut d'office et d'après un semblable moyen, annuler une convention comme illicite, quoique les parties n'aient ni proposé le moyen, ni demandé la nullité. V. *arr. cass.* 12 *décembre* 1810, *Nevers*, 1811, 30.

(31) On conçoit qu'il faut constater quelles sont les parties, leurs défenseurs et leurs réclamations (v. *Bruxelles*, 3 *mai* 1831, *avoués, xlj*, 717; *B. c.* 8 *nov.* 1825 *et* 19 *mars* 1833). — Mais il n'y a pas nullité si l'on a omis leurs professions et demeures. *Rej. civ. ou requ.* 26 *août* 1823 *et* 28 *mai* 1834, *Sirey*, 25, 51, *et* 35, 235; surtout *rej. crim.* 23 *novemb.* 1832, *avoués, xlv*, 467.

(32) V. aussi *L.* 24 *août* 1790, *tit.* 5, *art.* 15; *arr. cass.* 22 *br. vij*, 13 *vent. x*, 25 *juin* 1806; *ci-dev.* p. 199, *notes* 45 à 48. — Cette exposition est sans contredit fort utile en cas que le jugement soit obscur ou attaqué.—Est-elle une forme substantielle ?.. v. p. 283, *note* 36.

(33) L'article 142 comprend expressément toutes ces choses dans les *qualités*... Toutefois, l'art. 144 semble en séparer (ce qui vaudrait peut-être mieux) les points de fait et de droit.

On n'est pas obligé d'énoncer les *qualités* que les parties ont dans la société; il ne s'agit ici que de leurs qualités par rapport à l'instance, telles que celles de demandeurs, d'appelans, d'héritiers, de garans; etc. V. *rec. alph., h. v.* — Quant à la *position* des qualités, *voyez* ci-dev., p. 268, *texte*, et p. 270, *note* 15.

(34) Les tribunaux anciens ne motivaient pas leurs jugemens; il est inutile d'indiquer les inconvéniens de cette méthode.

Observations. 1. On a d'abord exigé que les motifs fussent appuyés sur le texte précis d'une loi (*Const. an iij, art.* 208). Mais cette règle a été ensuite abrogée implicitement, excepté pour la cour de cassation. V. *const. an viij, tit.* 5; *arr. cass.* 5 *fruct. viij*; *rép.*, *vj*, 610 *et xiij*, 780, *mots jugemens*, § 2 , *n.* 3 *et testament, sect.* 3.

2. Il faut des motifs pour toutes les décisions, même pour rejeter une exception, et leur omission fournit alors un moyen de cassation (non de requête civile). V. *B. c. 9 juin et 23 nov.* 1818, 13 *mars* 1820 , 17 *avr. et 23 mai* 1821, 14 *mars* 1826, 25 *nov.* 1828; *répert. xvij,* 171, *mot motifs des jugemens, n. ij.*

2 *a.* Il en faut encore, 1° pour un rejet, soit de certaines conclusions (*B. c.* 17 *avril* 1822); soit d'une exception tendant à écarter l'opposition, puisque en l'accueillant, on aurait donné force de chose jugée à l'arrêt de défaut (*id.*, 12 *août id.*); soit d'une autre exception comprise dans la formule générale de mise hors de cour sur les autres conclusions (*id.* 18 *mars* 1823) ; soit d'une reconvention fondée sur un dol (*v. id.* 4 *janv.* 1825)... 2° Pour décider, même tacitement, que l'autorisation d'un mari n'est pas nécessaire (*id.* 24 *déc.* 1822)... 3° Pour ordonner une preuve contestée (*id.* 23 *nov.* 1824)... — *Voyez* pour d'autres exemples, id. 20 *août* 1822, 14 *juill.* et 12 *août* 1823, 17 *mars* , 4 *mai*, 7 *juill.* et 11 *août* 1824, 7 *déc.* 1830, 16 *avril* et 30 *juill.* 1833; *répert. xvij,* 185; *surtout* ci-dev., p. 246, note 15, n. 3 et 4.

2 *b.* Mais la formule *avant dire* ou *avant faire droit* suffit pour les motifs d'un interlocutoire. V. *rej. civ.* 4 *janv.* 1820, *avoués, xxj,* 154. — Voy. toutefois, *répert., xvij,* 189, *sup., n.* 13.

2 *c.* Des motifs sommaires suffisent, quoique on eût pu les développer davantage. V. *rej. civ.* 26 *août* 1823, *Sirey,* 25, 51, *et requ.* 15 *déc.* 1825 , *B. c. de* 1826, p. 88.

2 *d.* Même règle pour des motifs implicites, c'est-à-dire , s'appliquant indirectement à des chefs non motivés. V. *rej. requ. ou civ.* 1822, *répert., xvij,* 188; 1824, *Sirey,* 25, 1, 213 ; 1824, 1831, 1832 et 1833, *avoués, xxvj,* 226, *xliij,* 525, 530, 751, *xliv,* 172, 353, *xlv,* 595.

3. L'*adoption* des motifs du premier juge, *s'il en a en effet donné* , est suffisante pour le juge d'appel : mais il faut au moins énoncer cette adoption. V. *arr. cass.* 18 *oct.* 1814, *avoués, xj,* 78; *et B. c.* 27 *déc.* 1819, 9 *déc.* 1821, 13 *juin et* 7 *juill.* 1824; *rej. civ.* 1820 *et* 1824, *rép. xvij,* 182, 188 *et* 199, *sup.*, *et requ.* 6 *févr.* 1827, *B. c.*

4. Autres questions. V. *B. c.* 28 *juin* 1819 , 5 *déc.* 1832 *et* 12 *nov.* 1834 ; *rej. requ. ou civ.* 1827, 1828, 1829 *et* 1831 , *avoués, xxxiij,* 99, *xxxiv,* 17, *xxxv,* 249 *et* 302, *xxxvij,* 212, *xliv,* 39.

(35) C'est-à-dire , ce que le juge dispose, statue précisément sur tous les points des réclamations. V. *L.* 25, § 8 *in f., ff. œdilit. edicto ; et surtout ci-dev.*, § *des juges, p.* 21 *et* 22.

Les motifs peuvent servir à interpréter le dispositif (exemple à *B. c.* 7 *août* 1833), mais c'est le dispositif seul qui forme l'essence du jugement; de sorte que le jugement, bon en lui-même, doit être confirmé, quoique les motifs en soient mauvais. *Gui-Pape, quest.* 136 (*il la nomme casus aureus, quæstio aurea*), *n.* 12, *par arg. de L.* 8, *ff. quod cum pro eo.*—V. aussi *ci-apr. tit. de l'appel, note* 118; *rec. alph., mots appel,* § 1 *et* 9, *et papier monnaie ,* § 4; *B. c.* 15 *frim. xij*; pour une autre question , *ci-apr., tit. de l'acquiescement, note* 10; *et pour des exemples , arr. rej. civ.* 27 *oct.* 1812 , 15 *mai* 1816, *et* 22 *mars* 1824, *avoués, vij,* 146, *xv,* 66; *Sirey,* 25, 45; *B. c. cr.,* 6 *nov.* 1817.

(36) V. aussi *d. L.* 24 *août, art.* 15 ; *arr. cass.* 9 *fruct. vij et* 15 *frim. xij*; *C-pr.* 138 *et* 433.

Observations. 1. Les sept formes précédentes constituaient jadis ce qu'on appelait le *dictum* du jugement. *Rodier, tit.* 11, *art.* 15.

2. Aucune de ces formes (à l'exception des motifs... v. *ci-dessus le texte,*

n. 5 à 7, p. 281; *arr. cass.* 4 *juill.* 1810, 22 *mai* 1811, 21 *août* 1816) n'est prescrite sous peine de nullité : il en est néanmoins qui tiennent à l'essence du jugement, et dont l'inobservation doit par conséquent opérer la nullité de la décision. Voy. § *des nullités*, *note* 6, p. 153; *d. arr.* 22 *mai*; *autres*, 8 *août* 1808, *Nevers*, 426; *et* 1 *août* 1810, *id.*, 479. — Tels sont les points de fait et droit. V. *B. c.* 5 *juill.* 1821, 15 *août* 1822, 1 *mars et* 19 *avril* 1831, 19 *mars* 1833, 4 *août et* 30 *déc.* 1834 (contra, pour les points de droit... v. *rej. requ.* 1 *déc.* 1832, *avoués*, *xliv*, 55; et pour ceux de fait indirectement exposés... v. *id.*, 11 *déc.* 1833 *et* 9 *mai* 1834, *ib.*, *xlvj*, 361, *xlvij*, 631).. Telle est l'indication des noms des juges. V. *B. c.* 11 *juin* 1811, 5 *déc.* 1827, surtout 24 *nov.* 1834, *n.* 110.

3. A l'égard, 1. de la mention de ces formes, v. *arr. cass.* 19 *déc.* 1809; *d.* §, *note* 12, p. 156; — 2° de l'appel d'un jugement nul, v. *tit. de l'appel*, *note* 11; — 3° des autres formes, v. *ci-dev. note* 16.

(57) En le déclarant, dans le jour, à l'huissier dépositaire de l'original.... *C-pr.* 143, 144.

Observations. 1. Si l'on n'a pas formé cette opposition, on ne pourra contester devant le tribunal supérieur les faits posés dans les qualités. *Rej. requ.* 29 *mars* 1832, *avoués*, *xliij*, 682. — Effet de cette opposition... Voy. *tit. de l'appel*, *note* 118, *n.* 2.

2. L'omission d'énoncer la signification des qualités, n'annulle pas le jugement. V. *arr. rej. requ.* 12 *fév.* 1817, *Jalbert*, 280.

(58) C'est-à-dire que le président, sinon le plus ancien juge (de la cause) statue sur l'opposition. *D. art.* 145. — On ne peut joindre aux *qualités* les motifs des conclusions, et les moyens, et il n'est permis de signifier que celles des jugemens contradictoires. *Tarif*, 87, 88.

(59) Sur un simple acte d'avoué à avoué. *D. art.* 145; *tarif*, 90.

Exception à ces régles... V. p. 238, note 13, in f.

IV. *Effets.* 1. Le jugement est considéré comme la vérité (v. *C-c.* 1350, 1351; *L.* 207, *D. reg. jur.*; *ci-dev.* p. 21), et par conséquent ne peut être modifié, réformé, etc. (**40**) par une décision du juge qui l'a rendu, mais seulement par les voies de droit.

2. Il produit une hypothèque (**40** *a*). V. *C-c.* 2123; *Rodier, tit.* 27, *art.* 17.

3. S'il est définitif, il termine la contestation (**41**).

4. Il anéantit l'interruption de prescription opérée par la demande V. *C-c.* 2247; *ci-dev.* p. 208.

5. Il produit une action contre la partie condamnée, au profit de son adversaire. — V. *Bigot-Préameneu, exposé des motifs*, p. 52. (**42**)

(40) *Observations.* Il faut excepter les jugemens interlocutoires; en général ils sont *réparables* en définitive (v. *rec. alph.*, mots *appel*, *chose jugée*, § 1, *et testament*, § 14, surtout *interlocutoire*, § 2, *n. vj* (t. 7, p. 381, ad-

dit.); rép., mots nullité, § 7, jugement, § 3, addit. à communaux (t. 15); plus. arr. cass. ib.; ci-apr. tit. de l'appel, note 23 et 116, de la requéte civile, note 14, de la cassation, note 13 ; surtout rej. requ. et civ. 17 fév. 1825 et 5 déc. 1826, avoués, xxix, 46, xxxij, 287), c'est-à-dire que le juge peut, dans le jugement définitif, donner une décision contraire à celle que semblait annoncer le jugément interlocutoire. V. aussi obs.-cass. 177. — Toutefois il en est autrement par rapport aux interlocutoires ordonnés sur discussion contradictoire (et non pas d'office) et auxquels on a acquiescé. V. à ce sujet, d. rec., vj, 421, 422, mot hypothèque, § 19; et rép. xvj, 515, h. v., n. ij, surtout d. rej. requ. 17 fév. 1825, avoués, xxix, 46 (il paraît adopter un avis contraire.)

2. Juge de paix. Règles concernant ses jugemens préparatoires... V. C-pr. 28 à 30.

(40 a) Même sur les biens non affectés à l'hypothèque de la créance sur laquelle il statue. V. B. c. 13 déc. 1824.

(41) Observations. 1. Si la demande est juste, le jugement définitif condamne le défendeur; si elle n'est pas fondée, il en déboute le demandeur, et met hors de cause (ou de cour, ou de procès, ou d'instance) le défendeur ; si elle n'est pas admissible, il déclare le demandeur non recevable (v. ci-dev. p. 247, note 13, n. 3 et 4), etc.

2. Le dispositif du jugement préparatoire est ordinairement précédé de cette clause, avant dire (ou faire) droit sur les conclusions des parties (effet de cette formule.... v. note 54, n. 2 b).

3. Quant à ce mot ridicule de débouter qu'on trouve encore dans le code (art. 516), voyez notre Coup-d'œil sur l'emploi de la langue latine dans les actes anciens, Mémoires de la société des antiquaires (1825), t. 7, p. 273 et suiv.

(42) C'est l'action dont nous parlons, p. 134 et 135, texte, n. viij, et notes, ibid, et à laquelle on donnait autrefois le nom d'action judicati. Voy. surtout note 12, d. p. 135.

Observations. 1. Durée de l'effet du jugement... Trente années. Voyez arr. cass. 5 flor. xij. — V. aussi d. tit. de l'appel, note 41, et des règles générales d'exécution, n. 6 ; Bigot-Préameneu, p. 52.

2. A l'égard des minutes et expéditions des jugemens, voyez C-pr. 28, 31, 146, 138, 140, 433; décr. 30 mars 1808, art. 36 à 39, 73, 74; d. part. 1, § des greffiers, p. 70; ci-apr. tit. de l'appel, note 118 ; — Et pour la foi due au plumitif, et la signature du président, arr. rej. civ. 13 juill. 1808 ; Paris et Toulouse, 4 déc. 1812 et 10 avril 1820, J-C-pr. iij, 72, avoués, vij, 28, Sirey, 21, 2, 251 ; répert., ix, 319 et xvij, 396 (confer.) et 551, mots plumitif et signature, § 2.

3. On peut donner au juge les conseils qu'on adressait aux présidens de provinces. « Observandum est jus reddenti, ut in adeundo quidem facilem se præbeat, sed contemni non patiatur : unde mandatis adjicitur, ne præsides provinciarum in ulteriorem familiaritatem provinciales admittant; nam ex conversatione æquali contemptio dignitatis nascitur... Sed et in cognoscendo neque excandescere adversus eos, quos malos putat, neque precibus calamitosorum inlacrymari oportet : id enim non est constantis et recti judicis, cujus animi motum vultus detegit. Et summatim ita jus reddet, ut auctoritatem dignitatis ingenio suo augeat. L. 19, ff. officio presidis.

CHAPITRE II.

Des jugemens de défaut. (1)

On entend en droit par *défaut*, l'action de manquer à une chose à laquelle on est assujéti. Celui, par exemple, qui ne vient pas à une audience où il est tenu de paraître, *fait défaut* (2) : son infraction aux règles est punie par une condamnation appelée jugement de défaut ou par défaut... Les principes relatifs à la prononciation et aux effets de ce jugement sont l'objet du présent chapitre.

I. *Prononciation*. Il faut distinguer le défaut du demandeur, de celui du défendeur.

Quant au premier (3), le défendeur qui a un avoué peut suivre l'audience (par un seul acte), et prendre défaut contre le demandeur, même sans avoir fourni des défenses (4). *C-pr.* 154, 434.

Quant au second (5), le défaut est adjugé au demandeur lorsque le défendeur n'a pas d'avoué (6), ou que son avoué ne se présente pas à l'audience au jour indiqué (7). V. *C-pr.* 149 ; *ci-apr. note* 19.

(1) Ce chapitre correspond au tit. 3, liv. 1, et au tit. 8, liv. 2 du Code.
(2) C'est-à-dire, *defecit, defuit*, il a manqué.
(3) C'est-à-dire si le demandeur a fait défaut (v. *aussi p.* 228, *note* 48).
(4) Ni des pièces. V. *ci-apr.*, *note* 13, *p.* 288.
Observations. 1. D'après la même règle l'intimé quoique demandeur en première instance, doit obtenir le défaut contre l'appelant par cela seul que celui-ci n'a point fourni de griefs. V. *rej. requ. ou civ.* 4 *févr.* 1819; 26 *févr.* 1828 *et* 18 *juill.* 1831, *avoués, xx,* 69, *xxxiv,* 130, *xliv,* 169. — V. aussi *B. c.* 20 *févr.* 1833.
2. Quant au *profit* du défaut, c'est-à-dire à l'avantage ou aux adjudications que le défaut du demandeur doit procurer au défendeur, *voy*, d. note 13.
(5) C'est-à-dire si le défendeur a fait défaut.
Justice de paix. En cas de non-comparution du demandeur ou du défendeur, le défaut est jugé sauf la réassignation. V. *C-pr.* 19; *ci-dev.*, *p.* 225, *et notes, ib.* ; *ci-apr.*, *tit de l'opposition, note* 12, *n.* 4.
(6) L'assistance de l'avoué étant nécessaire, le défaut de constitution équivaut au défaut de comparution.
(7) *Observations*. 1. Voilà donc deux espèces de défaut, toutes deux faute de paraître ou de se présenter par l'entremise d'un avoué (v. *la fin de cette note*).

mais n'y a-t-il plus que celles-là, comme le prétend un auteur moderne ?...
Il est très vrai que le Code ne prescrit positivement de *donner défaut* que
dans ces deux circonstances; néanmoins, 1° il suppose qu'on le peut dans
une troisième, c'est-à-dire lorsqu'il décide que les jugemens rendus *faute
de produire* ne sont pas susceptibles d'*opposition* (v. *ci-apr.* note 11 ; *tit.
de l'opposition, note* 9 ; *C-pr.* 113 ; *ci-dev.* note 21, p. 275) ; 2° la régularité de la procédure exige qu'on prononce le défaut dans une quatrième,
c'est-à-dire lorsqu'une partie présente ne veut pas *conclure* ou *plaider* ; autrement on ne saurait pas si le jugement est contradictoire ou par défaut (*v.
à ce sujet, d. tit., note* 5)... Au surplus, le silence du Code doit d'autant
mieux être interprété par l'usage, qu'il ne prononce pas de nullité. Ainsi,
quatre espèces de défaut, savoir, 1. de constituer avoué ; 2. de faire présenter à l'audience l'avoué constitué ; 3. de produire ; 4. de conclure ou
plaider.

2. Dans les procédures des tribunaux où il n'y a pas d'avoués, les deux
premières espèces de défaut se confondent en une seule, savoir le défaut *de se
présenter* (soit par soi, soit par un mandataire). V. *ci-dev.* p. 286, *note* 5 ;
ci-apr. tit. de la proc. de commerce.

Mais, lorsqu'il y a plusieurs défendeurs cités à différens délais, le défaut n'est adjugé qu'après le plus
long délai (8), et tous les défendeurs y sont compris...
Si quelqu'un d'entre eux s'est présenté, on prononce
le défaut contre les non-comparaissans, sans en adjuger le *profit* au demandeur (8 *a*); on joint au contraire ce profit à la cause (9), c'est-à-dire à la discussion
qui existe entre les parties comparaissantes ; on donne
connaissance de la décision aux défaillans (10) ; enfin
l'on statue et sur le profit et sur la cause, par un même
jugement (11). V. *C-pr.* 151 à 153 ; *d. note* 19, *n.* 7 ;
Paris, 20 *déc.* 1814, *avoués, xj,* 121 ; *surtout B. c.*
15 *janv.* 1821.

Le défaut est prononcé à l'audience (12) : le demandeur (13) y obtient ce qu'il réclame, si ses conclusions se trouvent justes et bien vérifiées. V. *C-pr.*
150, 434 *in f.; arr. cass.* 4 *déc.* 1816. (14)

(8) *Dr. anc.*—Idem.—V. *réglement de* 1738 ; *Jousse, tit.* 5, *art.* 5.
Si l'avoué du demandeur prend contre eux des défauts séparés, les frais
en sont à sa charge, sans répétition. *C-pr.* 152.

(8 *a*) C'est donc un pur défaut qu'on prononce. V. *Paris*, 11 *avr.* 1826,
avoués, xxxiv, 109.

(9) Toutes ces règles sont fondées, 1. sur le système d'abréviation des procès (*part.* 1, p. 148) ; 2. sur ce que les intérêts des défaillans peuvent être de
même nature que ceux des présens ; d'où l'on doit conclure qu'ils peuvent

aussi obtenir gain de cause avec ces derniers. *Arg. de C-pr.* 150... V. *encore ci-apr.*, p. 295, *note* 10, *et* p. 290, *note* 19, *n.* 7.

On ne rend point de jugement de jonction s'il n'y a qu'un défaut de plaider. V. *rej. civ.* 4 *juill.* 1826, *avoués, xxxj,* 327, *et autorités, ib.*

(10) Par une signification du jugement de jonction avec assignation (par huissier commis) au jour où la cause sera appelée. V. *C-pr.* 153... V. *aussi tit. de l'assignat. à bref délai, note* 3.

Doit-on *joindre* en matière de saisie immobilière? Non, *suiv. Agen,* 8 *mai* 1810, *J. C-c., xv,* 51; *et Turin* (*par arg. de décr.* 2 *févr.* 1811), 19 *avr.* 1811, *avoués, iv,* 294. — Mais il a été décidé en principe général, que la jonction est indispensable dans toutes les causes, même sommaires. V. *B. c.* 15 *janv.* 1821 (on y déclare seulement ne pas s'expliquer sur celles de paix et commerce) *et Rouen,* 1824, *avoués, xxviij,* 31.

(11) *Dr. anc.*—Idem.—V. *Jousse, sup.*

On ne peut s'opposer à ce jugement (v. *C-pr.* 153, *in f.*; *et pour les exceptions, ci-apr. tit de l'opposition, n.* 1 *et note* 10), qu'on appelle vulgairement, de *profit-joint.*

(12) Sauf la remise des pièces sur le bureau. V. *C-pr.* 150, *in f.*

(13) *Observations.* 1. Le Code (150) dit la *partie qui le requiert* (le défaut). Mais il ne suit point de là qu'il faille aussi vérifier les conclusions du défendeur pour lui adjuger le profit du défaut. 1° L'article précédent ne parle que des cas où le défendeur fait défaut; 2° L'art. 154, qui traite du défaut du demandeur, n'exige rien de semblable à l'égard du défendeur; 3° l'art. 434, qui applique ces deux dispositions à la procédure de commerce, n'exige la vérification que pour le demandeur et en cas de défaut du défendeur (v. aussi *C-pr.* 524); 4° cette règle ainsi entendue est conforme à la raison et aux principes du droit (*L.* 42, *ff. reg. jur.*; 4, *C. edendo*; *Jousse, v,* 3). En effet, le demandeur ayant eu le loisir de méditer sa demande, d'en rechercher les titres et d'en préparer les moyens, sa contumace doit inspirer des préventions plus défavorables que celle du défendeur.—V. aussi p. 215, *note* 12; *rej. req.* 7 *févr.* 1811. *avoués, iij,* 257; *réqu. à B. c. cr.* 18 *nov.* 1824; surtout *ci-d.* p. 286, *note* 4, *n.* 1.

2. C'est sans doute par ces derniers motifs qu'on a jugé que, quoique son assignation soit libellée, le demandeur ne peut obtenir le profit du défaut, s'il n'a pas donné copie des pièces. *Arr. du p. de Grenoble, chambr. consult.,* 7 *juill.* 1673, *Saint-André, tit.* 5.

(14) V. *aussi d.* réq. ord. de 1667, t. 3, art. 8; B. c. 23 *mes. ix,* 6 *vend. xj.*

Observations. 1. Rodier (*tit.* 5, *art.* 2, *qu.* 2), conclut de là que, d'après la maxime *non debet actori licere,* etc. (*ci-dev.* p. 184, *note* 15), le profit du défaut obtenu par le défendeur doit être un *congé* de l'action et non pas seulement de l'assignation (v. aussi *B. c.* 15 *janv.* 1821; *Orléans,* 30 *août* 1809, *Hautefeuille,* 115, 118). Cette décision, qui est fortement combattue (v. *Imbert, liv.* 1, *ch.* 13, *n.* 3; *Voët, in ff, lib.* 2, *tit.* 11, *n.* 8; *Turin,* 1809, *et Paris,* 1816, *Nevers,* 1810, 2, 20, *et* 1817, 2, 146; *Nîmes,* 14 *nov.* 1825, *avoués, xxxj,* 148; *M. Boncenne, iij,* 16), nous paraît incontestable si le jugement de défaut est motivé sur ce que la réclamation du demandeur n'est pas fondée, et c'est ce que paraît avoir décidé la cour de Dijon (1 *févr.* 1830, *avoués, xxxviij,* 102).

2. Suivant la cour de Paris il y a simplement *congé de l'assignation,* lorsque le jugement de défaut n'a prononcé que par *fin de non-recevoir.* — V. *d. arr.* de 1816 (du 30 *déc...* est aussi à *avoués, xvj,* 228). Quoique cette décision ne soit pas entièrement opposée à l'avis que nous avons émis ci-dessus, elle nous paraît fort douteuse.

3. Le système de Rodier a été adopté par la cour de cassation. V. *rej. requ.* 29 *nov.* 1825, *avoués, xxxj,* 149.

II. *Effets et exécution.* Un jugement, quoique rendu par défaut, n'en est pas moins un véritable jugement; il a tous les effets d'un jugement contradictoire (v. *B. c.* 24 *th. xiij*, 12 *nov.* 1806); tellement que, s'il n'est pas attaqué dans les délais, et par les voies de droit, il acquiert l'autorité de la chose jugée. V. *B. c.* 15 *juin* 1818, 12 *août* 1822, 27 *avr.* 1825.

Cependant, comme on peut supposer que si le défaillant n'a pas paru, c'est qu'il a ignoré la citation, ou qu'il a été détourné par quelque empêchement légitime (15), on suspend l'exécution du jugement (16) pendant un espace de temps assez considérable (17) pour qu'il puisse, et être informé de ce jugement, et user du remède (18) que la loi lui accorde; et, s'il n'a pas d'avoué, on exige que cette exécution ait lieu dans les six mois de la prononciation, faute de quoi le jugement est réputé non avenu. *C-pr.* 155, *in pr.*, 156, *in f.* (19)

(15) Si le défaillant n'a pas d'avoué, l'huissier (excepté en saisie immobilière... v. *en le tit.*, *note* 86, *n.* 5) qui lui notifie le jugement doit être commis (sur une requête) par le tribunal (ou par le juge de son domicile qu'indique le tribunal).—V. *C-pr.* 156; *tarif* 76; *Treilhard et Faure*, p. 55 *et* 218; *arr. d'Agen*, 6 *févr.* 1810, *avoués*, *ij*, 94. — Mais s'il avoue avoir reçu la copie, le défaut de commission n'est pas une nullité, *suiv. arr. rej.* 7 *déc.* 1813, *ib.*, *ix*, 230.

(16 et 17) Pendant huitaine après la notification à l'avoué ou à la partie (si elle n'a point d'avoué), à moins que l'exécution provisoire n'ait été ordonnée pour urgence ou péril. V. *au reste*, *C-pr.* 155; *tar.* 89; *d. tit. de l'opposition.*

(18) C'est-à-dire de l'opposition. V. *d. titre.*

(19) *V. aussi* arr. de Paris, 22 janvier 1810, avoués, t. 1, p. 95 ; et surtout d. tit. de l'opposition, n. 5 et notes 15 et 23, ib.; répert., xvij, 351, mot péremption, sect. ij.

Observations. 1. La dernière règle ne s'applique pas aux jugemens *de défaut*, 1° de paix, 2° de plaider ou conclure ; ainsi ces derniers jugemens (même rendus par un tribunal de commerce, quand on y a d'abord paru en personne ou par un procureur spécial) ne se périment pas pour inexécution dans les six mois (c'est qu'il y a certitude que l'assignation était parvenue au défaillant). V. *arr. cass.* 13 sept. 1809, *Nevers*, 573 ; 18 *janv.* 1820, 26 déc. 1821, 5 *mai* 1824 *et* 7 *nov.* 1827, *B. c.*; répert., xvij, 389, *n. ij* (*contra* pour les jugemens de commerce.. v.*Dijon*, 4 *avr.* 1818, *avoués*, xviij, 180).

1 a. Le défaut d'exécution se couvre par l'opposition du défaillant. V. *Liège*, 25 *avr.* 1812, avoués, *vij*, 173.— Même lorsqu'il ne l'a pas réitérée. V. *Lyon et Poitiers*, 4 *févr. et* 29 *avr.* 1825, *ib.*, xxviij, 163.

1 *b.* Un jugement de défaut qui prononce un *débouté d'opposition* ne se périme pas faute d'exécution, parce que l'opposition montre que le défaillant a connu l'objet de la contestation. V. *arr. rej. ou cass.* 2 juill. 1822, *et* 23 *févr.* 1825, *B. c.*; *répert. xvij*, 58, *n.* 19. — Et il en est de même d'un jugement de défaut rendu après un profit-joint (v. *p.* 287), ainsi que de tous ceux qui ne sont pas susceptible d'opposition (v. *en le tit.*, *n..* 1), la péremption ci-dessus étant restreinte aux jugemens qui en sont passibles. V. *au surplus*, *d. arr.* 23 *févr.*; *rej. civ.* 18 *avr.* 1826, *avoués*, *xxxj*, 5; *autres*, *ib.*

2. On conclut de la règle du texte (sur l'exécution du jugement de défaut) 1º que le jugement doit être signifié pendant les six mois; 2º qu'après la première huitaine on est libre de l'exécuter tant qu'il n'y a pas opposition. V. *Tarrible*, *rép.*, *mot saisie immobil.*, § 5; *ci-apr. tit. de cette saisie*, *note* 12; *arg. de C-pr.* 155.

3. Suivant Imbert et d'anciennes ordonnances qu'il cite, 1º le juge peut, s'il n'est pas suffisamment éclairé, ordonner des productions, des enquêtes, etc., avant d'adjuger ses conclusions au demandeur; 2º le défaut n'est définitivement acquis que lorsqu'on n'a pas paru à toute l'audience. *Id.*, *liv.* 1, *ch.* 11, *n.* 1, *et ch.* 8, *n.* 9.

4. Le tarif, art. 82, passe une taxe pour la *plaidoirie* du défaut.

5. *Défauts anciens..* V. note 11, p. 257, et note 2, p. 143.

6. L'anéantissement du jugement de défaut qui résulte de son inexécution dans les six mois, s'étend-il aux actes de procédure sur lesquels il est intervenu? OUI, *suiv. Limoges*, 24 *janv.* 1816, *avoués, xiij*, 112, *et rép. ix*, 255, *h.v.*, § 6 (on y argumente d'*arr. cass.* 23 oct. 1810, au *B. c.*; mais le fait jugé s'était passé sous l'empire de l'ancien droit)... NON, *suiv. Rouen*, 17 *nov.* 1812, *J-C-c. xx*, 84; *M.* Coffinières, *avoués*, *ij*, 179; *Paris*, 1826, *et* 1832, *ib.*, *xxxij*, 62, *xlij*, 272; *M.* Merlin, *rép. xvij*, 587; surtout *B. c.* 11 juin 1823, *à notre tit. de la sépar. de biens*, note 18, *n.* 2. —Ajoutons que le tribunat, dans ses observations (v. *M. Locré*, *xxj*, 430) sur l'art. 150, avait déclaré que le jugement seul serait périmé, que l'action subsisterait, et que l'exploit (d'ajournement) pourrait encore produire son effet, si lui-même n'était pas périmé.

Il résulte de ce dernier système, que les actes antérieurs au jugement subsisteront, si, par une discontinuation de poursuites pendant trois années (v. *ci-apr. tit. de la péremption*, *n. j*), ils ne sont pas susceptibles de tomber en péremption, et qu'ainsi, suivant la remarque de M. Coffinières (*sup.*) ils pourront eux-mêmes interrompre la péremption de la procédure. V. *d. tit.*, *n. ij.*—V. aussi *M. Merlin*, *sup.*, 388; *Nîmes*, 1809, *ib.*; *Bourges*, 1828, *avoués, xxxviij*, 333.

7. Le jugement qui ne prononce pas sur le profit du défaut *joint* à la cause, est nul, *suiv. Montpellier*, 2 *janv.* 1811, *avoués, iij*, 239.

8. Peut-on prendre une *inscription hypothécaire* en vertu d'un jugement de défaut non signifié?.. NON, *suiv. Riom*, 7 mai 1809, *J-C-c. xiv*, 186; *et Bruxelles*, 15 déc. 1810, *avoués, iv*, 21... OUI (parce que c'est une mesure conservatoire, et non pas une mesure d'exécution).. V. *arr. cass.* 21 mai 1811, *Nevers*, 288; *Besançon*, 13 août 1811, *id.*, 1812, 2, 51; *Rouen*, 7 déc. 1812, *J-C-c. xx*, 63; *rej. requ.* 19 déc. 1820, *et civ.* 19 juin 1833, *avoués, xxvij*, 331, *xlv*, 604; *arrêts à d. p.* 331; *B. c.* 29 nov. 1824.

9. Le jugement de défaut est tellement réputé *non avenu* faute d'exécution dans les six mois, que l'acquiescement postérieur du condamné ne peut le faire revivre au préjudice des tiers qui ont intérêt à sa péremption, *suiv. Bourges*, 7 *févr.* 1822, *Sirey*, 1825, 2, 78.

SECTION TROISIÈME.

De la procédure incidente.

On nomme, nous l'avons dit (1), *procédure incidente*, ou *demande incidente*, ou *incident* (2), une contestation accidentelle qui survient pendant la contestation principale (3) et qui en interrompt le cours. (4)

On conçoit, d'après cela, 1º que toute espèce d'instruction judiciaire, étrangère aux actes de la procédure ordinaire, indiqués dans la seconde section (5), est à la rigueur une procédure incidente ou un incident (6); 2º que le nombre des incidens doit être fort considérable.

Ce nombre est en effet tel que la loi n'a pu prévoir tous les incidens; elle s'est bornée à tracer des règles spéciales pour les plus importans et les plus communs, et à en prescrire de générales pour les autres, en les confondant sous le nom particulier de demandes incidentes.

On peut néanmoins réduire à quatre classes tous les incidens possibles, en comprenant dans la première ceux qui n'ont point de nom particulier (7), dans la seconde, ceux qui sont relatifs à des preuves (8), et dans les troisième et quatrième, ceux qui concernent des changemens dans les parties plaidantes (9), ou dans les juges ou tribunaux (10); ce seront les sujets d'autant de divisions de cette section. (11)

(1) *V.* introduct. art. 3, § 3, n. 4, p. 197, et § 5, p. 200.
(2) Incident vient d'*incidere*, advenir, survenir, interrompre.
L'incident est au fond l'évènement à l'occasion duquel on fait une procédure incidente, et la demande incidente, le premier acte de cette procédure; mais dans l'usage, tous ces termes sont synonymes.
(3) Ou autrement, pendant la discussion du fond, du principal de la demande primitive. V. *d.* nº 4, p. 197.
(4) *V.* ci-après, note 11, p. 292.

(5) Ou dans les sections (5e et 6e) de la procédure abrégée et de la procédure spéciale.

(6) Nous disons à la rigueur, parce que certaines espèces de preuves semblent se rattacher à la procédure ordinaire : mais, comme elles sont presque toujours incidentes, on peut les ranger toutes dans cette classe : c'est aussi ce que fait Treilhard, qui (p. 38 et 39) appelle *incidens* les vérifications d'écriture, les inscriptions de faux, enquêtes, rapports d'experts, etc., et même les exceptions de nullité, de la caution du jugé et des délais pour faire inventaire et délibérer.

(7) Ce sont ceux dont nous parlerons dans la première division. Comme les incidens des trois divisions suivantes ont des noms spéciaux (par exemple le faux incident), on s'est accoutumé à les désigner par ces noms, et à n'appliquer particulièrement celui d'incident qu'aux demandes qui n'ont point de nom propre : c'est surtout à l'occasion de ces demandes que les praticiens qui en faisaient souvent usage, étaient appelés des *incidenteurs*, et que l'ordonnance de 1536 (v. *Bornier, tit. xj, art.* 24) leur avait défendu, sous peine de responsabilité, de former *aucuns* incidens inutiles. — V. aussi *Ferrière*, *mot incidenter*.

(8) Tels que les vérifications, les inscriptions de faux, les enquêtes, les expertises, les accès de lieux, les interrogatoires. V. *ci-apr. division* 2, p. 246 *et suivant...*

(9) Tels que l'intervention et la déclaration de jugement commun (ou intervention passive). V. *ci-après, division* 3.

(10) Tels que les récusations, les renvois, les réglemens et conflits. V. *ci-après, division* 4.

(11) On peut aussi considérer comme incidens les évènemens ou actes qui n'interrompent pas seulement le cours d'une instance, mais qui interrompent l'instance elle-même, et qui diffèrent des précédens en ce que ceux-ci suspendent l'instance, plutôt qu'ils ne l'interrompent. Cette différence de caractère nous a déterminé à les placer dans une section particulière. V. *ci-après*, *sect.* 4 *de ce livre* (procédure interrompue), *et surtout le titre des reprises d'instance*.

A l'égard des *sous-incidens*, ou *incidens d'incidens*, voyez ci-apr., note 8, p. 294.

DIVISION I.

Des demandes incidentes proprement dites. (**1**)

On vient de donner une idée générale de ces sortes de demandes; les exemples suivans de quelques-unes des circonstances où elles ont lieu, les feront mieux concevoir.

Une partie peut former une demande incidente pour ajouter à la demande principale (**2**), pour la repousser (**3**), pour prendre une mesure conservatoire (**4**), pour réclamer une provision (**5**), pour anéantir ou rendre sans effet les titres de son adversaire (**6**), etc.

Mais, 1° il faut que ces sortes de demandes aient de la connexité avec la demande principale, autrement elles ne sont pas admissibles (**7**). *L.* 4, *C. de temporib. et repar.; arg. de la cout. de Paris, art.* 106; *Rodier, tit xj, art.* 23; *Perrin, p.* 261.

2° Il faut que toutes les demandes incidentes, dont la cause existait à l'époque de la première d'entre elles, soient formées en même temps, sous peine de rejet des frais (**8**). *C-pr.* 338, *in-pr.*

3° Elles sont formées par un simple acte libellé où l'on offre de communiquer les pièces, et l'on y défend également par un simple acte. *D. ord., tit.* 11, *art.* 23 *à* 25; *C-pr.* 337; *tarif* 71.

4° Elles sont discutées à l'audience (**8 a**), même dans les procès par écrit, et jugées préalablement, s'il y a lieu (**9**). *C-pr.* 338, *in f.*

Dans le cas contraire on les *joint* (**10**) au principal; ou même on les renvoie à une instance séparée, si elles ne sont pas encore suffisamment instruites, tandis que le principal est en état d'être jugé. V. *arr. rej.* 18 *août* 1812, *J-C-c. xxij*, 351.

(1) Cette division correspond au § 1, tit. 16, liv. 2 du Code.

(2) Par exemple, des dépens ou des intérêts oubliés; certains droits échus depuis la demande... V. *ci-après, note* 7.

(3) Par exemple, par une reconvention qui produise une compensation. V. d. *note* 7.

(4) Par exemple, une apposition de scellé, une mise en séquestre (v. *p.* 124, *note* 26, *n.* 2.

(5) *V.* ci-dev. tit. 6, n° des jugemens provisoires, p. 277.

(6) Par exemple, par un appel incident du jugement (v. *tit. de l'appel*), ou une demande en rescision du contrat que celui-ci fait valoir (v. *d. tit.*, *not.* 97, *n.* 4, *et* 101, *n.* 7).

Observations. 1. C'est surtout pour ces deux espèces de demandes qu'on a imaginé les règles sur les incidens, insérées dans les art. 22 à 25 et 27 du tit. xj, de l'ordonnance de 1667, d'où ont été extraits les art. 337 et 338 du Code (v. *ci-dev. p.* 293), et on ne voulait appliquer ces règles qu'aux procès par écrit, où en effet la proposition des demandes incidentes offrait et offre même encore bien des inconvéniens. V. *procès-verbal, tit. xj, art.* 18 à 22, *pag.* 131 *et suivant...*

2. Par quels motifs les rédacteurs du Code ont-ils ensuite donné ces règles en termes si généraux, qu'elles semblent s'appliquer, et à toutes les espèces d'incidens, et aux incidens d'audience comme incidens d'instruction par écrit?... nous n'avons pu le découvrir. Quoi qu'il en soit, en les entendant même dans le sens le plus général, ces règles ne sont point en contradiction avec celles qu'on a prescrites pour les incidens des trois divisions suivantes (v. *note* 8, *ci-apr.*); et au surplus, les règles de ces derniers incidens ayant été tracées dans des titres particuliers, devraient être suivies par préférence aux dispositions du titre dont nous allons présenter l'analyse. V. *quant à ce dernier point, ci-dev., part.* 1, *ch. des lois, n°* 2, p. 145, 146 *et* 147, *et notes, ibid.*

(7) Parce qu'elles ne pourraient pas être instruites par les mêmes actes. V. *ci-dev., chap. du déclinatoire, notes* 30 *et* 31, p. 253.

Ainsi, le demandeur en paiement d'un loyer, a le droit de réclamer un terme échu depuis l'instance (*cout. de Paris, art.* 106), mais non pas les intérêts d'une obligation non comprise en la demande... Ainsi, celui qui se défend contre une action en remboursement d'un prêt, a le droit d'opposer la compensation de sa propre créance, ou de former une *reconvention* (voy. *ci-dev. art. de la compétence, note* 64, *n.* 2, p. 57; *et d. art.* 106), mais non pas d'opposer qu'il lui est dû une servitude. Dans ce cas, ils doivent intenter une action séparée. V. *aussi* quant à ces exemples, *ci-apr., tit. de l'appel, ch.* 6, *n°* 2, 1re *et* 3e *exceptions*; et pour d'autres, *Lyon, rej. requ. et Metz,* 1817, 1818 et 1820, *avoués, xviij,* 269, *xxiij,* 101; surtout *M. Augier, ib., xliij,* 471 *et suiv.*

(8) Donc on peut les former successivement, sauf cette peine. V. *Pratic. franc., ij,* 311; *Pigeau, i,* 589.

Observez d'ailleurs que ce sont les réclamations ou exceptions formées ou proposées dans le cours d'une instance par un plaideur, qui obligent le plus souvent son adversaire à présenter des demandes incidentes; on ne peut donc charger celui-ci des frais de ces demandes, puisque jusque-là, il n'avait aucune raison de les proposer. V. *au reste*, p. 256, *note* 42, *n.* 2.

Il en est de même à plus forte raison, d'un sous-incident, ou *incident d'incident*, c'est-à-dire, d'une demande incidente formée à l'occasion d'une autre demande incidente.

(8a) Cela est fondé, soit sur ce que toute cause doit d'abord être portée à l'audience (*ci-dev., p.* 265); soit sur ce que la publicité de l'audience détournera peut-être de former trop légèrement ces demandes.

(9) *Observations*. 1. Il y a d'abord *lieu*, si le jugement de l'incident doit influer sur l'instruction et le jugement du principal, en un mot si ces demandes sont des *questions préjudicielles*, dont la décision puisse rendre inutile la question principale. Par exemple, Joseph demande le partage de la succession de Louis, dont il se dit le fils; les autres héritiers soutiennent qu'il ne l'est pas; cet incident forme une question *préjudicielle*, parce que si l'on décide que Joseph n'est pas fils de Louis, il sera inutile de statuer sur sa demande en partage. V. M. *Merlin*, rép., *h. v.* — Une des règles les plus irréfragables de l'ordre judiciaire, observe le même auteur (*J-C-c.*, *t.* 14, *p.* 454), est qu'il ne peut être statué sur le principal tant que les incidens ne sont pas vidés. Voyez *aussi* pour des exemples *J-C-c.*, *t.* 9, *p.* 189; *arr. rej.* 23 *juill.* 1811, *avoués, t. v, p.* 1; surtout *l'art. des trib. de commerce, ci-dev.*, *note* 80, *p.* 64; *titre du désaveu*, *no iij*, *et cours de droit criminel, chap. des actions, art.* 3, *n. iv et suiv.*

2. Il y a encore *lieu* à juger préalablement une demande incidente lorsqu'elle est en état et distincte du principal, et que le principal exige une instruction plus approfondie; telle serait la demande d'un séquestre en paiement de son salaire, incidente à une action en désaveu de l'exécution pendant laquelle il a été constitué gardien. V. *arr. de Colmar*, 14 *nov.* 1815, *avoués, xiv*, 52; et pour le cas inverse, *ci-dev.*, *texte*, *p.* 293.

(10) Nous l'avons déjà remarqué (*introd.*, *note* 50, *p.* 200).
Observations. 1. Nous ajouterons ici qu'en général on doit faire la *jonction* de toutes les causes ou parties de causes qui ont un objet commun, qui peuvent être instruites et jugées en même temps : *causæ continentia dividi non debet*, disent les auteurs d'après la loi 10, *C. de judic.*, loi précise sur ce point. V. *Barbosa, ax.* 40; M. *Merlin*, rép., *mot vente*, § 2. — V. aussi *C-pr.* 153, 184, 231, 288, 719, 720, 733, etc.; *ci-dev. d. note* 50, et ch. du *déclinat.*, *p.* 253, *note* 30.

2. Exemples de causes à joindre... V. *arr. de cassat.* 23 *mai* 1808, *J-C-pr.*, *ij*, 197; *rej. requ.* 27 *avr.* 1825 *et* 8 *avr.* 1828, *avoués, xxxij*, 214, *xxxv*, 226, *B-c.* 1828, *p.* 108.

3. Exemples de causes qu'on ne peut joindre... V. *Paris*, 1810, *et Bordeaux*, 1833, *avoués, ij*, 291, *xlvij*, 689. — Les déclinatoires sont de cette dernière espèce, et l'on en conçoit facilement la raison. Voy. *p.*253, *n.* 3 *et note* 35, *p.* 254.

3 *a.* La partie dont la cause a été disjointe peut former tierce opposition au jugement rendu ensuite entre les autres parties, *suiv. rej. requ.* 24 *janv.* 1826, *avoués, xxxij*, 355.

4. Autres questions sur les jonctions et disjonctions... V. *rej. requ.* 18 *août* 1818, *et Limoges*, 20 *juill.* 1832, *ib., xviij*, 335, *xlv*, 517.

DIVISION II.

De la procédure incidente qui naît des preuves.

Nous avons fait observer (1) que le jugement des contestations dépend très souvent de l'existence des faits allégués par les parties ; si cette existence est contestée, qui est-ce qui doit la prouver?... c'est celui qui l'affirme, celui-là qui, soit en demandant, soit en défendant, présente des faits comme le fondement de sa prétention (2) : *ei incumbit probatio qui dicit, non qui negat.* — *L.* 2, *D. de probationib.*

Les parties peuvent se servir pour ces faits, de cinq espèces de preuves dont les principes sont établis par le droit civil, et par conséquent semblent étrangers à notre cours ; mais, comme dans leur mode d'application ils sont souvent modifiés, développés ou déterminés par les lois de la procédure, ils rentrent plus d'une fois dans notre enseignement, ainsi que nous allons l'indiquer.

1re Espèce. *Preuve littérale.* Elle se fait par la simple production des titres qui la constituent. (3)

Si les titres ne sont pas certains, celui qui les produit doit les faire *vérifier ;* s'ils sont faux, son adversaire doit *s'inscrire en faux* contre eux, comme on le verra ci-après, *titres* 1er *et* 2e, *p.* 298 *et* 306.

2e *Preuve vocale.* Elle résulte du témoignage des hommes... Comment est-il reçu? *Voyez le tit.* 3.

3e *Présomptions.* Elles sont légales ou de fait... Nous aurons occasion de parler des sources de la plus importante, l'autorité de la chose jugée. V. *le tit. de l'appel, ch.* 1er, *exception* 1re.

4e *Aveu de la partie.* Nous parlerons de celui qui se fait dans l'interrogatoire. V. *ci-apr. tit.* 6.

5e *Serment.* Comment doit-il être prêté? V. *le liv.* 3, *sect.* 1, *tit.* 2. (4)

Indépendamment de ces cinq espèces de preuves, il en est deux dont l'emploi est plus spécialement déterminé par les lois de procédure; ce sont celles qu'on tire de l'examen d'un local contesté, ou de titres, faits, documens, questions, etc., qui ne peuvent être appréciés que d'après des connaissances spéciales. V. *ci-apr. tit. des accès de lieux et des expertises.* (5)

(1) Introduction du liv. 1, art. 3, § 4, p. 199.

(2) *Fundamentum intentionis suæ...* Parce que tous les plaideurs étant égaux aux yeux de la loi, le juge ne peut, en général, accorder plus de confiance aux assertions du demandeur qu'à celles du défendeur.

Observations. 1. Le demandeur, par exemple, réclame le paiement d'une obligation : il faut qu'il prouve que l'obligation a été contractée... Cette preuve faite le défendeur prétend avoir acquitté l'obligation... Il faut qu'il prouve sa libération. V. *C-c.* 1315; *ci-dev.*, p. 263, *note* 75; *rép., mot bois; rec. alph., mot action ad exhib.; Voët, ff., de probationib., n.* 9 et 10; *arr. cass.* 3 *août et* 28 *déc.* 1818.

1 *a.* Cette règle reçoit exception lorsqu'une des parties a en sa faveur une présomption qui la dispense de la preuve. *C-c.* 1352. — Ainsi la remise de la grosse du titre faite au débiteur est une présomption de sa libération. *C-c.* 1283.

2. *Actions négatoire* et pour *contravention de douanes...* Règle contraire. V. *Schneïdwin, de actionib.*, § 2, n. 36 et 37; *L.* 4 *germ. ij, tit.* 6, art. 6 et 7; *arr. cass. cr.* 5 *janv.* 1810, n. 5.

(3) Cette production suffit. V. *ord. de Moulins, art.* 55; *Rodier, tit.* 22, art. 1; *M. Merlin, rec. alph., mot. succession,* § *xj.* — Quant au mode et à l'effet de cette production, v. *ci-dev. tit. de l'assignat., art.* 2, *n.* 8, p. 219; *et des exceptions,* § 3, p. 263.

Observations. 1. Lorsqu'on n'a pas ces titres, la loi indique des moyens pour se les procurer. V. *ci-apr., part.* 3, *liv.* 1, *tit.* 5.

2. *Quid juris* si l'on ne produit point le titre, mais un autre titre où il est relaté?.. Cette production ne sera pas une preuve, mais une simple présomption de l'existence du titre, d'après la maxime *non creditur referenti nisi constet de relato.*—V. *au surplus, Aug. Barbosa, ax,* 201; *M. Merlin, rép., xiij,* 723, *et mots emphytéose et effets publics; arr. cass.* 17 *mars* 1807, *ib.; autres,* 1 *août* 1810 *et* 14 *mars* 1821, *avoués, ij,* 204, *et xxiij,* 83; *rec. alph., t.* 5, *p.* 458, *mot union,* § 2, *et succession,* § *xj; arr. de Colmar,* 7 *déc.* 1816, *Jalbert,* 1817, *supp.,* 75.

3. C'est à celui qui produit un titre, à prouver qu'il lui est acquis, et qu'il est revêtu des formes extérieures légales. V. *à ce sujet, arr. Rouen,* 6 *avr.* 1811, *J-C-c., xvj,* 332.

4. Peut-on lui déférer le serment?.. V. *ci-dev.*, p. 98, *note* 87.

(4) Quant aux autres règles relatives à ces cinq espèces de preuves, *voyez* C-c. 1315 à 1369; Pothier, des obligations, part. 4, ch. 2; C-com. 11, 39, 40, 195, 311, 547, 550.

(5) Ainsi, cette division comprendra six titres, la vérification d'écritures, le faux incident, les enquêtes, les expertises, les accès de lieux, l'interrogatoire sur faits et articles, *ci-apr.*, p. 298 *et suiv.*

TITRE PREMIER.

De la vérification des écritures. (1)

La *vérification* est une procédure au moyen de laquelle on recherche si les titres dont on se sert dans une contestation judiciaire émanent réellement des particuliers à qui on les attribue (2)... Avant d'en exposer le mode nous présenterons quelques observations, où l'on verra quels sont les motifs et les principes généraux de cette procédure, ainsi que les circonstances où elle doit avoir lieu.

Si les titres ont été écrits en présence d'un officier public *compétent* (3) et avec les solennités prescrites, on les nomme *écritures publiques*, et l'on considère alors ces écritures comme vraies, c'est-à-dire comme émanées réellement des personnes à qui elles sont attribuées (4), du moins jusques à ce que le contraire soit prouvé par la voie du faux principal ou du faux incident. V. *C-c.* 1317 *à* 1319.

Si au contraire les titres ont été écrits hors de la présence d'un officier public compétent, on les nomme *écritures privées* (5), et on ne les considère comme vrais qu'autant qu'ils sont avoués expressément ou tacitement par ceux à qui on les attribue (6), ou que l'on constate qu'ils sont émanés d'eux. V. *C-c.* 1322 *à* 1324.

On parvient à obtenir leur aveu exprès ou tacite, au moyen de la procédure de *reconnaissance*. Si elle ne conduit qu'à une dénégation ou à une déclaration équivalente, on constate qu'ils sont les auteurs des écritures, au moyen de la procédure de vérification simplement dite. Nous allons parler de l'une et de l'autre.

---

(1) Ce titre correspond au tit. 10, liv. 2 du Code.

(2) On la nomme vérification d'*écritures*, parce que les titres résultent

presque toujours d'écritures..., et par le mot *écriture*, nous entendons aussi parler de la *signature*. — V. *part.* 1, *sect.* 3, *ch.* 6 (des règles générales), *n. 1*, *p.* 177.

(3) *V.* d. ch. 6, n. 8, p. 182, 183.

(4) Parce que ce fait est attesté par l'officier public, à qui la loi accorde de la confiance. V. *d. p.* 182; *Rodier, t.* 12, *art.* 6, *qu.* 1.

(5) Ce mot vient de *privatum*, particulier.

(6) C'est que rien n'atteste que l'écriture privée émane réellement de celui à qui on l'attribue. V. *dd. pp.* 182, 183.

§ 1er. *De la reconnaissance d'écriture.*

D'après les observations précédentes, on voit que lorsqu'on veut se servir de titres privés, il faut d'abord les faire reconnaître par celui dont ils émanent; dans cet objet, on l'assigne (7) pour paraître dans trois jours, devant le juge (8). *C-pr.* 193, *in pr.* (9)

Un particulier doit connaître son écriture; il est donc naturel qu'il soit forcé de l'avouer ou de la désavouer, tandis que ses représentans sont seulement tenus de déclarer qu'ils ne connaissent point l'écriture de leur auteur. *C-c.* 1323. (10)

Si l'auteur avoue l'écriture, le tribunal en *donne acte* (11); et s'il ne comparaît pas, le tribunal, par un jugement de défaut (12), tient l'écriture pour reconnue (13). *C-pr.* 194.

Si l'auteur nie, ou si ses représentans déclarent ne pas connaître l'écriture, on en ordonne la vérification judiciaire. *C-c.* 1324; *C-pr.* 195. (13 a)

(7) Pour reconnaître, ou voir *tenir* pour reconnue son écriture.

(8) Sans conciliation. *Arg. de C-pr.* 49, ɣ. 7.

(9) *V. aussi* l'édit de 1684, art. 1 et 2; Pothier, procédure, part. 1, ch. 5, sect. 2, art. 1.

Observations. 1. *Frais de la reconnaissance.* Si elle a été provoquée avant l'échéance de l'obligation, ils ne sont remboursables qu'autant que le débiteur a nié son écriture; mais les droits d'enregistrement sont à sa charge, même dans le cas où il reconnaît son écriture s'il refuse de payer à l'échéance. V. *L.* 3 sept. 1807, *art.* 2, qui modifie en ce point l'art. 193 du Code (il mettait en cas d'aveu de l'écriture tous les frais, sans exception, à la charge du demandeur).

2. Il résulte encore du même art. 2, selon Tarrible (*rép., mot hypothèque, sect.* 2, § 3, *art.* 5, *t.* 5, *p.* 905, 906), une autre modification à l'art. 193 du Code, en ce qu'il met implicitement les frais de la reconnaissance à la charge du débiteur, soit qu'il avoue, soit qu'il dénie son écriture, lorsque

cette reconnaissance n'a été provoquée qu'après l'exigibilité de la créance, tandis que l'art. 193 ne faisait aucune distinction.—V. d'ailleurs le principe établi, *ci-dev. ch. des dépens, note* 1, *n.* 3, *p.* 170.

3. Du reste si la demande en reconnaissance a été formée avant l'exigibilité de l'obligation, il ne peut être pris hypothèque en vertu du jugement qui déclare l'écrit reconnu, qu'au défaut de paiement après l'échéance, sauf stipulation contraire... *L.* 3 *sept.* 1807, *art.* 1 (c'est une dérogation à l'article 2123 du code civil).

(10) V. aussi *arr. cass.* 17 *mai* 1808, *J-C-c.*, *xj*, 254.

Il est très possible en effet qu'ils ne la connaissent pas du tout, ou qu'ils ne la connaissent point assez pour avouer ou désavouer le titre qu'on leur présente. V. *ci-apr. notes* 32 *et* 34, *n.* 2, *p.* 305.

(11) Sens de ces mots... V. *p.* 278, *note* 15.

Observations. 1. Il faut présenter l'original au défendeur. V. *Rodier, tit.* 12, *art.* 5.—V. aussi *ord. de* 1737, *tit.* 3, *art.* 1.

2. Le jugement qui *donne acte* de la reconnaissance d'un écrit privé, n'est pas un titre exécutoire en vertu duquel on puisse faire exécuter l'obligation; il faut pour cela une condamnation. V. *Agen*, 18 *déc.* 1823, *Sirey*, 25, 2, 11.

3. Effet de la reconnaissance faite au bureau de paix. *Voyez ci-dev.*, p. 209, *note* 25, *n.* 2.

(12) Quoique le Code ne s'en explique pas comme pour le jugement dont il est question dans la note 22, *ci-apr. p.* 303, le jugement de reconnaissance rendu en défaut doit être passible d'opposition. V. *arr. de Rouen*, 7 *déc.* 1812, *J-C-c.*, *xx*, 63; *et la règle générale établie ci-apr. tit. de l'opposition, n.* 1.

2. L'inscription prise dans les six mois, en vertu de ce même jugement (il produit une hypothèque. v. *C-c.* 2123, *et ci-apr. p.* 305, *note* 33) étant le seul acte d'exécution dont il soit susceptible, empêche qu'il ne tombe (v. *ci-dev. p.* 289) en péremption, *suiv. Lyon et rej. requ.* 9 *févr.* 1819 *et* 19 *déc.* 1820, *rép. xvij*, 359, *mot péremption, sect.* 2, § 1, *n.* 5... mais v. M. Merlin, *ibid.*—V. aussi *ci-dev. p.* 290, *note* 19, *n.* 8; *arrêts opposés, cités ibid.*

(13) Dans ces deux cas, l'écriture a la même foi (entre les parties) qu'un titre public. V. *C-c.* 1322; *arr. cass.* 9 *avr.* 1807, *J-C-c.*, *viij*, 359.—Par conséquent on ne peut plus, dans la même instance, l'écarter par une simple dénégation; il faut l'attaquer par la voie de l'inscription de faux. V. *ci-apr., note* 23, *p.* 303.

(13 a) *Observations.* 1. L'article 1324 du Code civil relatif à une écriture non reconnue par des héritiers auxquels on l'oppose, étant conçu en termes impératifs (*la vérification en est ordonnée*), le juge est tenu de l'ordonner, même d'office, *suiv. B. c.* 10 *juill.* 1816 *et* 15 *juill.* 1834, *et Sirey*, 16, 334, *et* 34, 649.

2. On suit une règle différente dans les autres cas, le juge n'est pas même tenu de faire vérifier une écriture dont la vérité lui est démontrée par les pièces. V. *rej. civ.* 25 *août* 1813, *J-C-c.*, *xxij*, 307; *rej. requ.* 11 *févr.* 1818 *et* 6 *déc.* 1827, *Caen*, 23 *juin* 1825, *et Bordeaux*, 1834, *avoués, xviij*, 8, *xxxv*, 113, *xxxj*, 83, *xlvij*, 619.

3. Cette distinction faite entre le cas où il s'agit d'héritiers et celui où il s'agit d'autres personnes nous paraît susceptible de critique; elle ne résulte point en effet de la loi puisque le même art. 1324 parle aussi du cas où *une partie* (sans distinction) désavoue sa signature. La doctrine consacrée dans le n° 2; nous semblerait donc préférable à celle des arrêts cités n. 1 (voyez aussi *M. Chauveau, xxxv*, 112).

§ 2. *De la vérification simplement dite.*

On a déjà dit (*p.* 298) quel est l'objet de cette procédure : nous en allons indiquer le *poursuivant*, le *mode* et les *résultats.*

I. *Poursuivant.* C'est le porteur du titre, c'est-à-dire de l'écriture, qui poursuit (**14**) la vérification. *Perrin, p.* 229, 230.

II. *Mode.* La vérification se fait à l'aide de trois moyens, les titres, la comparaison, l'audition des témoins (*C-pr.* 195); et c'est surtout du concours de tous les trois que doit naître la vérité, *L.* 22, *C.* ad *L. corn. fals.; Treilhard et Perrin, p.* 39, 40, 230, 234. (**14** *a*)

1° Le Code ne prescrit aucune règle à l'égard des *titres* qui peuvent servir à prouver la vérité de l'écriture contestée; c'est au juge à décider, d'après les principes du droit civil en matière de preuves, jusques à quel point ceux qu'on lui produit atteignent ce but (**15**). *Perrin, d. p.* 230.

(14) C'est-à-dire, qui est demandeur dans cette procédure (v.*ci-apr. note* 23, *p.* 303.

(14 *a*) Mais on n'est pas forcé d'employer en même temps ces trois moyens (surtout si le défendeur ne réclame pas) : on peut, par exemple, après avoir échoué dans l'expertise recourir à la preuve vocale. V. *Liège,* 29 *mars* 1811, *avoués, iv,* 92; *Toulouse,* 1ᵉʳ *mai* 1817, *et Angers,* 5 *juill.* 1820, *Sirey,* 23, 2, 16; *rej. requ.* 5 *janv.* 1825, *avoués, xxix,* 62. — V. aussi *répert., xvij,* 786.—Et réciproquement, on n'est pas obligé de les employer successivement, les uns après les autres, les derniers en cas d'insuffisance des premiers. V. *B. c.* 13 *nov.* 1816.

(15) Tel serait un acte authentique, ou non contesté, dans lequel le défendeur aurait reconnu directement ou indirectement le titre soumis à la vérification, ou les résultats, ou l'existence de ce titre.

2° La *vérification par comparaison* est confiée, sous la direction d'un juge (**16**), à trois experts (**17**). Elle est précédée de la description (**18***) et du dépôt de la pièce, au greffe, où le défendeur peut l'examiner, *C-pr.* 196, 198 ; *tarif* 92. — Elle se fait en comparant l'écriture contestée avec d'autres écritures émanées de l'auteur prétendu, et en cas d'insuffisance, avec un *corps* d'écriture qu'il fait pendant la vérification.

Les anciennes écritures sont admises comme pièces de comparaison, sur le consentement des deux parties (**19**), citées à cet effet (**20**) devant le juge-commissaire. Si le demandeur en vérification ne paraît pas, la pièce contestée est rejetée ; si c'est le défendeur, elle peut (**21**) être tenue pour reconnue (**22**). *C-pr.* 199, *in-pr.*

Si les parties se présentent et ne s'accordent pas sur les pièces, le juge (**22** *a*) ne peut admettre que les suivantes : 1. Les signatures apposées à des actes de notaires, ou à des actes judiciaires passés devant un juge et un greffier ; 2. les actes écrits et signés par l'auteur prétendu, en qualité de personne publique (**22** *b*) ; 3. Les écritures privées reconnues expressément (**25**) par lui ; 4. La partie non contestée de la pièce à vérifier. *C-pr.* 200.

(**16 et 17**) Le juge commissaire et les experts sont nommés par le jugement qui autorise la vérification (il ordonne aussi le dépôt de la pièce au greffe) ; les experts le sont d'office, au défaut d'accord des parties... Ils prêtent ensuite serment en leur présence et devant ce juge (aux jour et lieu par lui indiqués) d'après une sommation de la partie la plus diligente (elle requiert aussi les dépositaires de la pièce, de la représenter). V. *C-pr.* 196, 204, 207 ; *tarif*, 92.

En les nommant d'office, il n'est pas besoin de faire mention du désaccord ou de la négligence des parties quant à la nomination. V. *d. arr.* 13 *nov.* 1816.

(**18***) On la fait signer et parapher par les parties (le défendeur peut être remplacé par un procureur spécial), ou par leurs avoués. V. *C-pr.* 196, *inf.*, 198, *in f.* — A l'aide de cette mesure, on peut plus sûrement reconnaître si, depuis son dépôt, la pièce a éprouvé quelque altération, ou si une autre pièce lui a été substituée.

Paraphe. En règle générale, la mesure du paraphe est prescrite dans les procédures de vérification et d'*inscription de faux*, à toutes les personnes qui doivent examiner les pièces contestées, ou donner un avis ou un témoignage au sujet de ces pièces. V. *dd. art.*, et *C-pr.* 212, 227, 234, 255, 256.

(**19**) On conçoit que les écritures du temps le plus rapproché de celui de la pièce doivent être préférées ; que diverses circonstances peuvent autoriser chaque partie à refuser d'admettre tels ou tels écrits comme pièces de comparaison ; ceux par exemple qui sont suspects par leur nature, qui ont été faits dans un temps de maladie, etc.

(20) Par une sommation (de la plus diligente) à avoué ou à domicile, notifiée par un huissier commis et donnée en vertu d'une ordonnance du commissaire, rendue sur une requête. *C-pr.* 199 ; *tarif,* 76.

(21) L'absence du défendeur ne prouve pas aussi positivement que celle du demandeur, qu'il se reconnaît mal fondé. V. *ch. des jugem. de défaut,* *note* 13, *p.* 288; *ci-apr. tit. des enquêtes, note* 19.

(22) Ces deux décisions sont rendues à la prochaine audience sur le rapport du commissaire, sans avenir et sauf opposition. V. *C-pr.* 199, *in f.;* *ci-apr. tit. de l'opposition, note* 8.

(22 *a*) Quel juge ?.. C'est le commissaire, *suiv. Pigeau, i,* 3o6*, et* 3ᵉ *édit. i,* 322.—Mais la cour de Bourges (20 *juill.* 1832, *avoués, xlv,* 448), a démontré, selon nous, jusqu'à l'évidence (*arg. de C-pr.* 199 *et* 200, *conf.*) que c'est le tribunal, et qu'ainsi, en cas de contestation sur l'admission des pièces, le commissaire doit lui renvoyer les parties.

Ajoutons que Pigeau lui-même reconnaît ailleurs (*i,* 3o7) que dans l'art. 199 le juge est pris pour le tribunal (toutefois Carré, Demiau, et d'autres commentateurs disent que dans l'art. 200 c'est du juge commissaire qu'il est question).

(22 *b*) Telle que juge, notaire, avoué, greffier. *C-pr.* 200.

Il résulte de l'énumération faite dans l'art. 200 (v. *le texte, p.* 3o2) qu'on ne peut admettre des actes de l'état civil ou en général des actes authentiques autres que ceux indiqués au texte, et même des procès-verbaux de vérification auxquels le juge ou le greffier auraient assisté isolément (voyez aussi *M. Locré, xxj,* 45o).

(23) On ne doit pas même admettre celles qu'on aurait reconnu légalement être de lui. V. *d. art.* 200, †. 2, *in f.,* et *Perrin, p.* 238.

Cette règle, contraire au droit ancien (*obs. mss. du Tribunat, art.* 204; *Pothier, d. ch.* 3) est fondée sur les considérations suivantes : 1. lorsque l'écriture a été reconnue précédemment comme émanée du défendeur par un jugement de défaut, il n'avait pas contesté la reconnaissance; 2. lorsqu'elle l'a été après une vérification, le défendeur n'avait pas la poursuite de la procédure (*ci-dev., note* 14); 3. il pouvait n'avoir pas les mêmes motifs de contester, parce que peut-être l'objet du procès était d'une modique valeur; 4. le jugement ancien de reconnaissance n'a pas l'autorité de la chose jugée dans la seconde procédure, puisqu'il n'y a point *eadem res;* 5. la loi n'ajoute pas une grande confiance à l'art des experts (v. *nov.* 73; *Talon, au* *pr. verb. de* 1670, *tit.* 8, *art.* 15, *p.* 99; *rép. xiij,* 611, *mot testament, sect.* 2, § 2, *art.* 4), etc.

Le corps d'écriture s'il est ordonné par le commissaire, est fait par le défendeur sous la dictée des experts, le demandeur appelé (**25** *a*). *C-pr.* 206.

Les pièces admises, ou le corps d'écriture fait, les parties ont le droit de proposer leurs réquisitions ou observations (**24**) dans le procès-verbal du commissaire. *C-pr.* 204, 207 ; *tarif* 92.

Les experts procèdent ensuite à la vérification devant le greffier ou le juge (**25**); ils *dressent* (**26**) un rapport commun et motivé; ils énoncent même leurs

motifs particuliers (**27**), mais sans se désigner individuellement, lorsqu'ils sont divisés d'opinion (**28**). *C-
pr.* 208, 210.

3° On peut entendre comme *témoins* ceux qui ont
vu faire l'écriture contestée, ou qui connaissent des
faits propres à conduire à la découverte de la
vérité (**29**). *C.pr.* 201. — V. aussi *nov.* 73, *cap.* 1, *ÿ.
etenim.* (**30**)

(23 *a*) Il l'est par sommation (son avoué assiste à l'opération). Voy. *tarif,*
70, 92.

(24) D'inviter, par exemple, les experts à examiner telles ou telles ressemblances ou différences de l'écriture contestée avec les autres pièces, etc.
(les parties se retirent après le sermen. des experts et ces observations.
C-pr. 207).

(25) Si cela est ordonné, et au temps indiqué par le juge. S'ils ne peuvent
terminer le même jour, ils remettent au temps indiqué également par le juge
ou par le greffier. *C-pr.* 208.

(26) Cette expression de l'art. 210 qui est également dans l'art. 318, au
titre des rapports d'experts, et dans l'art. 1678 du Code civil relatif aux expertises pour lésion, indique avec exactitude la fonction principale des experts. Ils sont en effet chargés plutôt de *composer* que de *rédiger* leur rapport (v. *ci-dev.* p. 138). Dans l'art. 317 du Code de procédure on emploie,
il est vrai, en parlant des rapports, les termes *rédigés* et *rédaction*, mais ce
n'est, selon toute apparence, que parce qu'on vient d'y citer les *dires* que les
parties peuvent *faire* lors d'un rapport et qu'il faut y mentionner ; car relativement à ces *dires*, les experts ne sont que des rédacteurs.

(27) *V.* ci-après, tit. 4 (des expertises), in f., notes 24 et 25.

(28) Le rapport est annexé au procès-verbal et n'a pas besoin d'être af-
firmé... Il est délivré exécutoire pour la taxe, contre le demandeur. *C-
pr.* 209.

(29) S'ils ont, par exemple, entendu le défendeur avouer qu'il est l'auteur
de l'écriture vérifiée. *Rodier, tit.* 12, *art.* 9.—Leurs dépositions ne doivent
d'ailleurs porter que sur la question de savoir si le défendeur a écrit l'acte,
mais non sur celle de savoir s'il a contracté l'obligation ; sinon il faudrait
appliquer les distinctions du Code civil sur l'admission de la preuve testimoniale.

(30) On observe dans ces dépositions les règles des enquêtes. V. *C-pr.*
212, *et ci-apr. titre des enquêtes*, § 5. —En conséquence, la signification
du jugement interlocutoire à avoué suffit et fait courir le délai, même contre
le garant qui n'a pas signifié. V. *arr. cass.* 8 *mars* 1816 ; *et ci-dev. art. des
délais*, § 1, *n.* 1, p. 159.

III. *Résultat de la procédure* (**31**). S'il est prouvé
que l'écrit émane de celui qui l'a dénié, il est condamné à 150 francs d'amende et aux dommages, et il
peut l'être par corps (**32**), même pour le principal

(v. *C-pr.* 2ı3); et dès-lors l'écrit doit faire la même foi qu'un acte authentique (33). V. *ci-d. notes* ı3 *et* 23, *p.* 3oo, 3o3. (34)

(3ı) Le Code ne parle point des actes qui ont dû suivre les *rapports* et *enquêtes* et précéder le jugement. Il paraît qu'on doit au moins faire ceux qui sont prescrits pour les procédures où il y a aussi des rapports d'experts et enquêtes ; c'est-à-dire que la partie la plus diligente notifiera les enquêtes, rapports et procès-verbaux ci-devant indiqués, et pourra sur-le-champ poursuivre l'audience. V. *C-pr.* 286, 32ı.—V. aussi *ci-dev.*, *tit. des audiences, note* 5, *p.* 266; *ci-apr. tit.* 3, *in* ƒ; *tit.* 4, *n.* 3.

Effet du rapport... V. ci-apr. tit. des expertises, note 3o, n. 2.

(3ı) Ces peines ne s'appliquent point à ses héritiers, parce que leur refus de reconnaître l'écrit peut être de bonne foi. V. *note* ıo, *p.* 299.—Mais ils doivent être condamnés aux frais. V. *Amiens,* ıo *janv.* ı82ı, *Sirey,* 22, 2, 88; *rej. requ.* 6 *juill.* ı822, *Nîmes et Poitiers*, ı826 *et* ı834, *avoués*; *xxiv,* 23ı, *xxxj,* 287, *xlvij,* 342; *B. c.* ıı *mai* ı829.

L'amende est due quoiqu'il ait ensuite rétracté sa dénégation. V. *B. c.* 5 *janv.* ı820, et pour son mode de poursuite, *id.,* ı6 *juin* ı823.

(33) *Observations.* ı. Le jugement de vérification produit une hypothèque. V. *C-c.* 2ı23, *et ci-dev. note* ı2, *p.* 3oo.

2. La coutume de Paris, art. ıo7, et l'ordonnance de ı539, art. 93 (v. *Rodier, tit.* ı2, *in* ƒ), adjugeaient l'hypothèque à dater de la dénégation, afin d'empêcher que pendant la vérification, le défendeur n'aliénât ou n'hypothéquât ses biens. Les dispositions du Code civil (2ı23, *in-pr.*) sont trop précises pour donner aujourd'hui cet effet à un acte de la procédure autre que le jugement; mais le demandeur exercerait avec avantage une action pour la révocation des hypothèques postérieures à la dénégation du débiteur (v. *C-c.* ıı67), parce qu'on présumerait plus facilement qu'elles auraient été frauduleusement constituées.

(34) *Observations.* ı. A l'égard, ı° de la récusation des experts et commissaires, des mesures à prendre pour l'*apport*, l'examen et le renvoi des pièces de comparaison à tirer des dépôts publics, et de la taxe des experts et dépositaires de pièces, *voyez C-pr.* ı97, 20ı-205; *tarif*, ı63-ı66, 29, 70, 76; ci-après, division 4, tit. ı; ci-dev., § des notaires, note 67, p. 9ı; Berlier, exposé des motifs du C-cr., liv. 2, tit. 4, etc. — 2° Des règles du droit ancien, relatives à la vérification, *voyez* l'édit de ı684, et Pothier sup. — 3° Des vérifications demandées devant les arbitres et juges de paix et de commerce, *voyez* ci-dev. part. ı, p. 32, n° ı, 3°; et ci-apr. sect. 5, tit. ı et 4.

2. *Testamens olographes.* Ils sont en cas de dénégation, soumis à la vérification. V. *Colmar, Bruxelles et Turin,* ı8o7 *et* ı8ıo, *J-C-c. xj,* 457, *xvj,* 355; *Nevers,* ı8ıı, *supp.* 65; *et cassat.,* ı3 *nov.* ı8ı6, *Jalbert,* ı8ı7, 67; *répert., xvij,* 769 *et suiv.* (contra.. *Caen,* 4 *avril* ı8ı2, *J-C-c. xix,* 263).—Et ils sont examinés d'après les règles exposées ci-dev. note ı4 *a,* p. 3oı. V. *Toulouse et Angers, ib.* —Enfin jusque-là, l'héritier *à réserve* doit être maintenu en possession. V. *Toulouse et rej. civ. ou requ.,* ı824 *et* ı825, *Sirey,* 24, 2,223; 25, ı, ı58; 26, ı, ıı7 (contra.. v. *répert, xvij,* 778 *et suiv.*).—Autres quest.. v. *ci-dev.* p. ı55, note ıo, *n.* 2; *M. Billequin, avoués, xlviij,* ı8.

‿‿‿‿

TITRE II.

Du faux incident. (1)

On entend en général, par faux, tout ce qui est opposé à la vérité; en droit, suivant CUJAS (2), c'est un changement ou une suppression de la vérité, faits frauduleusement au préjudice d'autrui. (3)

On distingue le faux en principal et en incident. Il est principal lorsque l'imputation en est faite directement, et par la voie criminelle : il est incident lorsqu'elle est faite dans le cours d'une procédure, qui primitivement n'avait pas cet objet.

Le faux incident est criminel ou civil, suivant que l'imputation s'en fait dans une procédure criminelle ou dans une procédure civile. Comme la dernière hypothèse se présente bien plus souvent que l'autre, on désigne dans l'usage par les seuls mots de *faux incident*, le faux incident civil (4)... C'est de celui-ci que nous allons nous occuper. Nous examinerons quand il a lieu, comment on l'instruit, ce qu'on doit prescrire en particulier, par le jugement.

(1) Ce titre correspond au tit. xj, liv. 2 du code.

(2) Cujas, cité par Pothier, pand., lib. 48, tit. 10, n. 1.

(3) Il n'est question ici que des moyens d'établir le faux dans un écrit qu'une partie produit à l'appui de ses prétentions ; à l'égard du faux considéré comme *délit*, *v.* notre cours de droit crim.

(4) *Observations.* 1. Les définitions et divisions précédentes nous paraissent conformes à l'état actuel de notre droit. Les auteurs ne s'accordent ni sur les unes ni sur les autres. V. *Jousse, ord.* 1670, *tit.* 9 ; *Sallé, ord.* 1737, *tit.* 2, *art.* 1 ; *Pigeau, i,* 320. — M. Merlin paraît n'admettre comme faux principal, que l'accusation intentée au criminel contre l'auteur ou le complice présumé du faux, tandis que dans le faux incident, on ne s'occupe en aucune manière de l'auteur du faux. V. *rec. alph., iv,* 250, *mot quest. d'état,* § 1, *et ci-apr., note 6, p.* 307.

2. Le faux se nomme aussi *formel* lorsqu'il y a fabrication d'un acte, et *matériel,* si c'est une altération d'un acte véritable. Si le faux est formel, on est obligé de prendre la voie de l'inscription. Il n'en est pas de même à l'égard du faux matériel, suivant M. Merlin (*rép. et rec. mot inscription,* § 1), parce que ce faux peut être tellement frappant, qu'il soit inutile d'avoir re-

cours à une procédure pour le découvrir ; et cette doctrine appuyée sur plusieurs auteurs et arrêts anciens a été ensuite adoptée par la section des requêtes (*arr. rej.* 18 août 1815, 20 *févr.* 1821, *et* 12 *janv.* 1833, *rec. vj*,
435, *rép. xvj*, 425 *et avoués, xlvij*, 470). On pourrait y opposer, disions-
nous dans nos éditions précédentes (1811-1825), l'art. 1319 du Code civil.
En décidant en effet que l'exécution des actes n'est ou ne peut être suspendue qu'en cas de plainte en faux suivie d'accusation, ou en cas d'inscription,
ne semble-t-il pas prononcer indirectement que l'inscription au moins est
nécessaire?... et c'est aussi ce qu'a reconnu depuis, formellement, la section
civile... V. *B. c.* 2 *juin* 1834.

§ 1. *Des circonstances où le faux incident civil a lieu.*

D'après ce qu'on vient d'observer, on pressent que
le faux incident a lieu, ou en d'autres termes, que
l'inscription de faux *peut* être faite ou reçue (5), lorsqu'*une des pièces* produites à l'appui d'une demande
ou d'une défense est *arguée* de fausseté. (6)

Nous disons *peut être* reçue, 1° parce que l'inscription n'est pas admissible dans les questions de filia-
tion, à moins qu'il n'y ait un commencement de
preuve, ou les présomptions légales exigées en ce
cas. V. *C-c.* 323; *arr. de Paris et Cass.*, 29 *juin* 1807
et 28 *mai* 1809, *J.-C-c. x*, 281, *xiij*, 357; *et cours de
droit criminel, chap. des actions*, art. 3, n. 6.

2° Parce que dans les autres circonstances l'inscription n'est admise qu'autant qu'elle est utile au jugement de la cause. *Arg. de C-pr.* 214. (7)

(5) C'est l'acte introductif de cette espèce de procédure.
(6) Sans s'occuper de savoir quel est l'auteur, soit, du faux, soit de la
pièce; car lorsqu'on impute directement le faux à un particulier, on est
obligé de prendre la voie criminelle. V. *ci-dev., note* 4, *n.* 1.
Observations. 1. L'inscription est admissible même contre un acte (tel
qu'un contrat de mariage) qu'on a signé, *suiv. Bourges*, 23 *mai* 1822, *Sirey*, 22, 2, 315. — Ou qu'on a produit, le croyant sincère, *suiv. Montpellier*, 16 *juill.* 1830, *avoués*, *xl*, 278. — Ou contre un billet qu'on a payé.
V. *rej. civ.* 10 *avr.* 1827, *ib.*, *xxxiij*, 172.
2. Elle n'est pas nécessaire pour prouver l'antidate d'un testament ologra-
phe, *suiv. Caen*, 8 *avr.* 1824, *Sirey*, 25, 2, 2.. Voy. toutefois *répert. xiij*,
754, *et xvij*, 791. — Mais on peut s'en servir pour cet objet. *Rej. requ.* 16
déc. 1829, *avoués*, *xxxviij*, 141.
(7) V. Jousse et Sallé, ord. de 1737, tit. 2, art. 2 et 3; M. Merlin, rec.
alph. et rép., sup.; arr. cass. 26 flor. xiij, ibid.; autre, 13 juill. 1808, J-C-pr.

·iij, 72; et de Turin, 7 févr. 1809, J-C-c, xiv, 64; dd. arr. 29 juin et 28 mai ci-dessus.

Observations. Cela est fondé sur le grand principe de l'abréviation des procédures, et sur la maxime *frustra probatur*, etc., ci-apr., p. 321. — Ajoutons que cela est abandonné à l'appréciation du juge. V. *rej. requ.* 5 av. 1820, 8 *mai et* 26 *déc.* 1827 et 12 *août* 1829, *avoués, xxij*, 17, *xxxiij*, 569, *xxxv*, 113, *xxxvij*, 12.

2. On ne peut refuser d'admettre l'inscription lorsqu'elle est nécessaire pour empêcher l'exécution de l'acte. V. *d. B. c.* 6 *juin* 1834.

Nous disons encore *une des pièces*... Il faut distinguer à ce sujet les actes publics, des actes privés.

A l'égard des premiers, l'inscription, on l'a (8) déjà dit, est indispensable pour en détruire l'effet (9); quant aux seconds, elle n'est nécessaire (10) qu'autant qu'ils ont déjà été vérifiés ou tenus pour reconnus; hors de là il suffit de les dénier. V. *le tit.* I., *in pr.*, p. 298, *et surtout note* 13, p. 300.

Mais l'inscription n'est admissible ni envers les uns ni envers les autres, quand ils ont déjà été reconnus vrais dans une procédure de faux principal ou de faux incident (11); tandis qu'elle l'est envers une pièce privée, même vérifiée et jugée vraie avec le demandeur ou le défendeur en faux (11 *a*) dans toute autre espèce de procédure (12). V. *C-pr.* 214. (13)

On peut s'inscrire en faux pendant tout le cours de l'instance (14). *Arg. du C-pr.* 214, *in pr.*

(8) V. ci-devant § des notaires, p. 97 et 98, et note 86, ibid., et tit. de la vérification, p. 298.

(9) *Observations*.. 1. Cela s'applique à tous les actes publics, même aux minutes et expéditions de jugemens. V. *arr. cass.* 29 *mess. viij*, 11 *fruct. xj* (au B. c,), 29 *juill.* 1807, au *rép.*, h. v., et à J-C-pr., i, 161; 15 *juill.* 1833, *avoués, xlv*, 744. — V. aussi M. *Merlin, rec. alph.*, mot *partage*, § 5 , t. 3, p. 631; *Bourguignon, manuel d'instruct. crimin.*, liv. 2, tit. 4, ch. 1, t. 2, p. 414.

2. On a vu que suivant les autorités citées à la note 4, n. 2, p. 306, l'inscription n'est pas nécessaire en cas de faux *matériel*; ajoutons qu'elle ne l'est pas non plus lorsque l'acte, un procès-verbal de douanes, par exemple, renferme des contradictions évidentes, puisqu'alors il n'est pas possible que la loi lui accorde de la confiance. V. *arr. rej.* 15 *janv.* 1817, au *rec. alph.*, vj , 436, *addit. à inscription*.

3. Une pièce peut être fausse comme acte public, c'est-à-dire quant à son authenticité, quoiqu'elle soit vraie comme acte privé. V. *arr. de Bruxelles*, 4 *févr.* 1809, J-C-pr., iij, 301.

(10) Mais on est libre de s'en servir, au lieu de s'en tenir à une simple dénégation.

(11) La loi ne suppose pas qu'une seconde procédure de faux puisse donner des résultats différens. V. *au reste, ci-apr. liv.* 2 (voies contre les jugemens), *in pr., note* 6.

Observation. L'inscription est par conséquent admissible après une procédure de faux principal, si l'arrêt criminel qui rejette la plainte en faux, ou bien acquitte ou absout (v. *notre cours crimin., ch. de l'accusation, et des procédures d'assises, § du jugement*) de l'accusation du faux n'est pas fondé sur la *vérification* de la pièce. — *V.* à ce sujet, *arr. de Caen et Paris*, 15 *janv. et* 4 *juill.* 1823, *Sirey*, 24, 2, 56 et 269; *arr. rej. requ.* (il maintient l'arrêt de Paris) 24 *nov.* 1824, *B. c., n.* 96; *Corse*, 15 *mai* 1833, *avoués, xlv*, 451.

C'est qu'alors, l'homme seul a été jugé au criminel, tandis que c'est la pièce seule qui doit l'être au civil... Ainsi, point de contravention à la maxime *non bis in idem* (v. d. § *du jugement*). — *Voyez* aussi pour des questions analogues, *Aix*, 7 *janv.* 1823, *Sirey*, 23, 2, 158; surtout *ci-apr., note* 50, *n.* 2, et ses *renvois*, p. 316.

(11 a) Ou même reconnue vraie par une déclaration signée. *V.* à ce sujet, *arr. de Bordeaux et Riom*, 28 *déc.* 1850, *et* 22 *juin* 1831, *avoués, xlj*, 668, *xlv*, 594.

(12) On peut justifier la décision ci-dessus, par les motifs de la note 23, tit. 1, p. 303, en y ajoutant un autre motif tiré de l'intérêt public, savoir que la procédure d'inscription peut conduire à découvrir l'auteur du faux... D'ailleurs, il est possible que le résultat de la première procédure ait été produit par une collusion entre le coupable et le poursuivant.

(13) *V.* aussi ordonnance de 1737, tit. 2, art. 1 et 2; Pothier, part. 4, ch. 2; Perrin, p. 238.

Les règles prescrites par le code sur l'inscription du faux, ont été presque entièrement puisées dans cette ordonnance (*Perrin*, p. 236) : il est donc utile d'indiquer les dispositions de l'une et de l'autre loi.. D'ailleurs, l'ordonnance de 1737 (sauf quelques modifications, dérivant de la loi du 3 brumaire an ij) a dû être exécutée jusqu'à la publication du code. V. *arr. cass.* 8 *brum. vij*, 22 *brum. ix*, etc.

(14) C'est-à-dire, tant que l'instruction n'est pas terminée. Voy. *p.* 199, *n. vj* et note 44 *a, ib.*

Observations. 1. Ainsi l'on n'y serait pas admis après les conclusions du ministère public. V. *arr. de* 1704, dans *Pothier, sup.; ci-dev., p.* 25 *et note* 32, p. 26; *rec. alph. cité ib.*—Mais bien en appel. V. *Paris, Amiens, Montpellier et Rennes*, 1810, 1815 *et* 1824, *avoués, i*, 276, *ij*, 296, *viij*, 168, *xxvj*, 114; M. *Chauveau, ib.*

2. On le pourrait lors même que la pièce aurait déjà été vérifiée dans cette instance. *Arr. du parl. de Paris*, 1691, *Augeard, ij, n.* 19. — Même quand le faux principal est prescrit. V. *rej. requ.* 25 *mars* 1829, *avoués, xxxviij*, 255.

3. Celui qui a été condamné par un jugement civil de défaut, passé en force de chose jugée, faute d'opposition, à souffrir l'exécution d'un acte authentique qu'il avait argué de fausseté sans prendre la voie de l'inscription, ne peut prendre cette voie pendant l'expropriation poursuivie en vertu du même jugement, parce qu'il faut une instance principale pour être admissible au faux incident : il ne lui reste alors que la voie du faux principal, *suiv. Colmar*, 17 *mai* 1816, *avoués, xv*, 314.

§ 2. *De la procédure du faux incident civil.*

Les formalités à observer dans cette procédure (15), sont relatives à la déclaration d'inscription, à la remise des pièces, à l'examen qu'on en fait, aux débats et aux preuves du faux : nous les exposerons sommairement.

I. *Déclaration d'inscription* (16). Celui qui projette de s'inscrire doit interpeller (17) son adversaire de déclarer s'il veut ou non se servir de la pièce suspectée (18) et lui annoncer que dans le premier cas on s'inscrira en faux. *D. ord. art.* 3 ; *C-br.* 533; *C-pr.* 215; *C-cr.* 458; *Perrin, p.* 239.

Si le défendeur *en faux* (c'est-à-dire celui qui a produit la pièce) garde le silence pendant huitaine, ou s'il renonce à se servir de la pièce (19), le demandeur *en faux* peut (20) la faire rejeter par rapport au défendeur (21), et ensuite en tirer avantage (22) ou réclamer des dommages-intérêts (23). Si le défendeur veut se servir de la pièce (24), le demandeur déclare au greffe, en personne, ou par procureur spécial (25), qu'il s'inscrit en faux. Il poursuit alors l'audience (25a) pour faire admettre, par un jugement, l'inscription, et nommer un juge-commissaire qui présidera à la procédure. V. *d. ord., art.* 8 *à* 15; *C-brum.* 534, 535; *C-pr.* 216 *à* 218; *C-cr.* 459.

(15) Elle se fait devant le juge de l'action principale, excepté, 1o devant les arbitres et les juges de paix ou de commerce. V. *art. de la compétence*, *p.* 32 *et notes* 53 *à* 55, *ibid.* — 2° Devant la cour de cassation. V. *tit. de la cassation, note* 35 ; — 5o Devant le conseil d'état. V. *décr.* 22 *juill.* 1806, art. 20.

(16) L'inscription est une espèce d'accusation intentée contre la pièce : elle n'est pas usitée dans la procédure du faux principal. V. *d. ordonn., tit.* 1, *art.* 1; *Jousse, ibid.*

(17) *Dr. anc.* Il fallait d'abord consigner une amende. *D. ord. art.* 4. — Cela n'a pas été maintenu. *Treilhard et Perrin, p.* 40 *et* 239.

(18) Il doit l'*interpeller* par acte d'avoué. *C-pr.* 215; *tarif* 71. — Cette interpellation est avantageuse, en ce que, si le défendeur garde le silence, ou renonce à se servir de la pièce qu'il avait produite, le poursuivant sera dispensé

d'une procédure onéreuse, et qui d'ailleurs, est dans ce cas inutile pour lui, puisqu'il ne se propose point d'attaquer l'auteur du faux.

(19) Il faut qu'il le déclare par acte (notifié entre avoués), signé de lui ou d'un procureur spécial. *C-pr.* 216 ; *tarif*, 71. — Une déclaration verbale ne suffirait pas. *Perrin, p.* 239.

(20) A l'audience, sur un simple acte. *C-pr.* 217.

Observations. 1. Ainsi le rejet de la pièce n'a pas lieu de plein droit par le fait du silence du défendeur ; il faut que ce rejet ait été demandé. V. *Rouen*, 24 *août* 1816, *et Bordeaux*, 31 *déc.* 1823, *avoués, xviij*, 126, *Sirey*, 24, 2, 272. — Et le juge peut ne pas l'accorder, *suiv. d. arr. de Bordeaux.* — V. aussi *Rouen*, 5 *déc.* 1829, *avoués, xl*, 95.

2. Jadis le rejet était de droit (v. *rec. iij*, 43, § 5), et il paraît qu'il l'est encore au conseil d'état (*d. décr.* 22 *juill., art.* 20).

(21 et 22) Le demandeur peut, par exemple, se former un moyen des faits qu'elle énonce... Ainsi elle n'est pas absolument rejetée de la cause. — 1° Le défendeur doit être puni de sa mauvaise foi ; 2° cette décision est fondée sur la maxime : *quod produco*, etc. (p. 263, note 73, n. 4).

(23) Par exemple, à cause du retard de l'instruction du principal. Mais on ne peut juger le fond avant l'expiration de cette huitaine. **V.** *B. c.* 12 *nov.* 1828, *et* (pour une exception), *rej. civ.* 13 *mai* 1829, *avoués*, *xlj*, 596.

(24) Pour sa déclaration, même règle qu'à note 19.

Observations. 1. Il peut ensuite y renoncer pendant l'instruction (sauf les dommages du demandeur), *suiv. un arr.* de 1704, *cité par Jousse, article* 13, tandis qu'à Grenoble on jugeait qu'il ne pouvait jamais revenir contre sa déclaration. *Arr.* de 1673, 1685 et 1690, *rapportés dans nos recueils.* Au reste, une fois qu'il a renoncé, il n'a plus le droit de se servir de la pièce dans la même cause. *Jousse, ibid.*

2. Le demandeur peut se désister de son inscription. V. *C-pr.* 247.

(25) Avec assistance d'avoué. *C-pr.* 218 ; *tar.* 92. — Effet de l'inscription.. V. *ci-dev.*, ou *ci-apr. p.* 97 *et* 98, *note* 86 ; *arr.* 15 *fév. ib.*, p. 306, 316 *et* 317, *notes* 4, 48 *et* 54.

(25 *a*) Encore sur un simple acte. *C-pr.* 218.

II. *Remise et examen de la pièce.* — Dans les trois jours après la signification du jugement d'admission (**26**), le défendeur est tenu de remettre la pièce au greffe, sinon la remise est faite à ses frais (**27**), ou la pièce peut être rejetée (à l'audience) sur la réquisition du demandeur. *D. ord., art.* 14 *et* 15 ; *C-pr.* 219, 220 ; *tarif* 70, 91. (**28**)

La remise étant effectuée et notifiée, on dresse (**29**) un procès-verbal de l'état de la pièce et des expéditions attaquées. Ce procès-verbal décrit les ratures, surcharges, interlignes, toutes les circonstances en un mot qui tendent à faire connaître les altérations, etc. (**30**). Il est rédigé par le commissaire, en présence

du procureur du Roi et des parties (**31**). *C-pr.* 225 à
227; *d. ord., art.* 23 à 25.

Le demandeur peut ensuite examiner la pièce en
tout état de cause (au greffe, sans déplacement ni retard). *D. ord., art.* 26; *C-pr.* 228; *tarif* 92.

(26) *Dr. anc.* On ne donnait qu'un jour (*d. ord. art.* 14), délai insuffisant, et qui néanmoins était fatal. *Perrin, p.* 240.

Observations. 1. Le délai actuel de trois jours est-il aussi fatal? Oui,
suiv. Besançon, 18 *juill.* 1811, *avoués, iv*, 303... NON, *suiv. rej. requ.*
2 *févr.* 1826 *et* Rouen, 5 déc. 1829, *ib., xxx,* 373, *xl,* 95.

2. On ne peut par un seul et même jugement statuer et sur l'admission de
l'inscription, et sur l'admission ou le rejet des moyens (*ci-apr. p.* 313) de
faux. V. Rennes, 4 *mai* 1812, *Jalbert,* 1815, *sup.* 69; Riom, 14 *juillet*
1826, *avoués, xxxv,* 162.

(27) Du moins il doit rembourser les frais que le demandeur a faits pour
cette remise, et il peut y être contraint par un exécutoire délivré à celui-ci.
C-pr. 220.

(28) *Observations.* 1. S'il y a une minute de la pièce, les dépositaires
sont obligés dans un délai fixé par le juge ou le tribunal, de l'apporter,
(quelques-uns même par corps), d'après les sommations et autres mesures
prescrites par le C-pr., art. 221 à 224, et le tarif, 76, 92, 70 (v. aussi ordonn., art. 16 et 17). — Si ce délai expire sans que le défendeur ait fait des
diligences pour *l'apport,* le demandeur peut réclamer le rejet de la pièce
comme il est dit, *p.* 310... *D. art.* 224.

2. Le Code indique aussi les règles à suivre pour la restitution et les expéditions soit de cette pièce, soit de celles qui auront été produites lors de l'examen. V. *C-pr.* 242 à 245. — Et il prononce des peines (une amende, une interdiction, des dommages) contre les greffiers qui ne les observeraient pas. V.
id., 244, 245.

3. On s'en remet à la prudence du juge, si la minute ne peut être apportée
ou a été soustraite ou perdue. V. *C-pr.* 222; *d. ord., tit.* 1, *art.* 7; *Jousse,
art.* 16; M. Merlin, *rép., mot conscription,* § 9. — V. aussi *arr. de Colmar,* 1 *févr.* 1812, *avoués,* 253. — Il peut, par exemple, ordonner la continuation de la procédure de faux incident, sans attendre l'apport de la minute. *D. art.* 222.

(29) Au greffe, dans les trois jours, et après une sommation d'y assister.
C-pr. 225; *tarif,* 70. — L'acte de la remise est notifié par celui qui l'a faite.
D. art. 225.

(30) Par exemple, l'état du papier; s'il est neuf, usé, déchiré, taché,
gratté... la nature de l'encre, l'écriture...

(31) Ou de leurs procureurs spéciaux.. Les pièces sont aussi paraphées. Voy.
C-pr. 227; *ci-dev., tit.* 1, *note* 18, *p.* 302.

III. *Débats et preuves du faux.* — Dans les huit
jours (**32**) après le procès-verbal, le demandeur doit
signifier ses moyens de faux (**33**), et le défendeur
doit y répondre (**34**) dans les huit jours suivans (**35**),

sinon ils peuvent demander (36), le dernier, la déchéance de l'inscription, et le premier, le rejet de la pièce. V. *C-pr.* 229, 230; *ci-d. p.* 310, *et* 311, *note* 20.

Si au contraire ces deux écrits ont été notifiés, trois jours après le dernier, ou les réponses, les parties peuvent poursuivre (37) l'admission ou le rejet (38), ou la jonction à l'incident ou au principal (39), des moyens ou d'une partie des moyens de faux. *C-pr.* 231.

Si le tribunal admet les moyens, son jugement (le second de cette procédure) les énonce expressément, en ordonne la preuve tant par titres que par témoins (40), et nomme d'*office* (41) des experts pour la vérification de la pièce. *C-pr.* 232, 233.

---

(32) Ce délai n'est pas fatal, *suiv. Rouen*, 5 *déc.* 1829, *cité*, *p.* 312, *note* 26, *n.* 1.

Dr. anc. Dans les trois jours (*d. ord., art.* 27), délai encore trop peu considérable (v. *d. note* 26). *Perrin*, *p.* 242.

(33) *Observations.* 1. C'est-à-dire, indiquer les faits, circonstances et preuves d'après lesquelles il veut établir le faux (v. *C-pr.* 229); telles que les ratures, les surcharges, les additions faites par une autre main ou avec une autre encre, les différences qui existent entre l'original et la copie, etc. Voyez *Jousse, art.* 27.

2. Si l'on s'est borné à de simples dénégations de faits constatés par un acte public, sans indiquer des circonstances de la nature de celles que nous venons d'énumérer, les moyens ne sont pas admissibles. V. *B. c.* 31 *janv.* 1825. — V. aussi *B. c. cr.* 18 *févr.* 1813, *et réqu.*, à *rép. xv,* 459, surtout, *xvij,* 203 *et suiv.*, mot *moyens de faux*; *Toulouse*, 13 *déc.* 1831 *et Colmar*, 27 *janv.* 1832, *avoués, xliij,* 538, *xlv,* 464.

(34) Réfuter les moyens de faux, soutenir qu'ils sont inadmissibles (v. *ci-apr., note* 38), etc... Les réponses aux moyens, et les moyens sont exposés par requêtes. *Tarif,* 75.

(35) *Dr. anc.* Les moyens ne pouvaient être communiqués au défendeur. *D. ord. art.* 28. — Cela n'a pas été adopté comme contraire à l'humanité. *Treilhard et Perrin, p.* 41 *et* 242. — Au reste, l'ordonnance avait déjà été modifiée par la loi du 3 brumaire an II, pour ce qui était relatif au secret de l'instruction. *B. c.* 27 *frim. et* 15 *vent. xiij.*

(36) A l'audience. *C-pr.* 229, 230. — Pour faire ordonner, s'il y *échet*, que le demandeur sera déchu de l'inscription, dit l'art. 269... Donc le juge peut, suivant les circonstances, ne pas prononcer sa déchéance. V. *Nîmes*, 4 *mars* 1822, *Sirey*, 24, 2, 154.

(37) Egalement à l'audience. *C-pr.* 231.

(38) On ne doit en admettre que de pertinens et concluans. *Arg. de l'ord.,* art. 30 *et* 31, *et de C-pr.* 233, *in pr.* — V. *Jousse, art.* 29; *M. Merlin*, *rép., h. v,* § 7; *ci-apr.*, § 1, *p.* 320.

(39) *Observations.* 1. On les joint au *principa*, 1° lorsqu'on n'aperçoit pas encore s'ils sont assez décisifs pour y faire surseoir (v. *Bornier, ord. de*

1670, *tit.* 9, *art.* 12; *Sallé*, *sup.*, *art.* 29), c'est-à-dire, s'il est nécessaire d'instruire et juger le faux incident pour pouvoir statuer sur le principal... 2° (*selon Duparc-Poulain*, *xij*, 703, *suivi par Carré*, *lois*, *art.* 231, *et par Pigeau*, *i*, 340) lorsqu'on a besoin d'instruire le principal pour découvrir leur mérite, c'est-à-dire, s'ils sont admissibles.

2. On les joint à l'*incident* (ils deviennent par là l'objet de l'instruction du faux), quand on en admet la totalité, ou même seulement plusieurs, dans le cas où il faut *instruire* ceux-ci pour reconnaître si les autres sont admissibles. V. *Poullain et Carré*, *sup.*

3. Par ces mesures le juge se réserve d'admettre dans la suite les moyens qu'il a joints, ou de les prendre en considération quand il jugera le principal, ou le faux incident.

4. On doit statuer sur chacun de ces moyens. V. *M. Merlin*, *rép.*, *xiij*, 304, *mot succession future.*

(40) *Observations.* 1. Aucun autre moyen ne peut être prouvé. Mais les trois experts écrivains, nommés d'office par le jugement, pour la vérification de la pièce suspectée, sont libres de faire toutes les observations dépendantes de leur art, qu'ils jugent à propos, sauf au tribunal à y avoir tel égard que de raison. V. *C-pr.* 232, 233.

2. En cas de récusations des experts ou du commissaire, on procède (voy. *C-pr.* 237) comme ci-apr. *tit. des expertises*, *note* 13, *et tit. de la récusation*, *note* 28.

3. La preuve par témoins peut suffire, puisqu'il s'agit d'un délit, ou d'un dol. V. *arr. rej. ou cass.* 29 *juill.* 1807, 6 *août* 1813 *et* 7 *déc.* 1818, *J-C-pr.*, *i*, 161, *rép. vj*, 147, *et xvj*, 425, mot inscript. de faux, § 1, n. 9. — V. aussi *id.*, *xvj*, 308.

4. On peut entendre contre la vérité d'un acte les notaires et témoins de cet acte. Voy. *Paris*, 5 *juin* 1817 *et* 11 *avr.* 1832, *et rej. requ.* 17 *déc.* 1818, *avoués*, *xvj*, 235, *xix*, 267, *xliij*, 683 : surtout *répert. xiij*, 405 *et xvij*, 623, *conf.*, mot *témoin instrument.*, § 2, *n.* 7, *et xvij*, 704, *mot testam.*, *sect.*, 2, § 3, *art.* 2, *quest.* 9. — Voy. aussi *tlt. des enquêtes*, *note* 46, *n.* 3. — V. toutefois, *Douai*; *Toulouse et Bordeaux*, 1828, 1829 *et* 1830, *avóués*, *xxxvij*, 361 *et* 924, *xxxix*, 78, *et répert.*, *d. p.* 623.

(41) Parce que l'affaire peut intéresser l'ordre public (v. *ci-devant*, *note* 12, *p.* 309).

L'objet de la preuve littérale et vocale est de constater que l'écriture n'émane pas de celui à qui on l'attribue. Il prouvera par exemple, à l'aide d'un titre, son *alibi* à l'époque où l'écriture a été faite.

La preuve par vérification et comparaison tend au même but en établissant que l'écriture suspectée diffère d'autres écritures du même particulier.

Quant aux règles à observer dans cette dernière procédure, 1°. les pièces suspectées sont représentées, et les pièces de comparaison (42) peuvent l'être (43) aux témoins (44), qui eux-mêmes, ont aussi la faculté d'en produire. *D. ord.*, *art.* 40 *et* 41; *C-pr.* 234, 235. (45)

2° Les pièces de comparaison sont convenues (46) ou indiquées, et le rapport est dressé (47) suivant la méthode du titre précédent. *D. ord., art.* 33 *à* 37; *C-pr.* 236, ÿ 1 *et* 3; *ci-dev., p.* 301, 302.

(42) Et autres à soumettre aux experts. V. *C-pr.* 234.
(43) Si le commissaire le juge convenable. *D. art.*
(44) Leur audition est soumise aux règles des enquêtes (v. ce tit., p. 318 et suiv.). *D. art.*
(45) Ils doivent les parapher. V. *dd. art., et la règle générale établie*, p. 302, *note* 18.
(46) Le demandeur ne peut s'inscrire en faux contre les pièces de comparaison produites par le défendeur; il doit attendre pour cela la décision du fond, *suiv. arr. cass.* 22 *juin* 1807, *J-C-pr., i*, 102.
(47) On remet auparavant aux experts les jugemens, pièces et procès-verbaux dont on a parlé; ils font mention de cette remise, et paraphent les pièces suspectées. V. *d. ord., art.* 39; *C-pr.,* 236, ÿ. 2.

§ 3. *Du jugement et de ses effets.*

1° L'instruction étant achevée, le jugement est poursuivi sur un simple acte. *C-pr.* 238, *et ci-dev., tit. des audiences, note* 5, *n.* 1, *p.* 266.

Néanmoins, si le demandeur se pourvoit en faux principal (48), ou si la procédure offre des indices d'un faux susceptible de poursuites criminelles (49), l'on renvoie à statuer sur le civil après le jugement sur le faux. *D. ord., art.* 19 *et* 20, *et* 41 *à* 48; *C-pr.* 239, 240, 250, 427; *C-br.* 536; *C-cr.* 460; *B. c.* 22 *brum. ix.* (50)

Mais la poursuite et le jugement du faux incident ne peuvent être arrêtés par une transaction qui n'a pas été homologuée (50 *a*) sur les conclusions du ministère public (51). *D. ord., art.* 18; *C-pr.* 249; *Treilhard et Perrin, p.* 41, 42 et 247.

2° Si le demandeur en faux succombe, indépendamment des dommages, il supporte encore une amende. *C-pr.* 246 *à* 248. (52)

3° Si la pièce est déclarée fausse, et si en conséquence on en ordonne la suppression, la lacération, la radiation , la réformation ou le rétablissement. (52*a*), on surseoit à ces opérations tant que le condamné n'a pas acquiescé , ou tant que les délais d'appel, de requête civile et de pourvoi ne sont pas expirés (53). *C-pr.* 241.

4 Enfin, on statue sur le fond, s'il est en état. (54)

(48) Il le peut toujours (*C-pr.* 250). — V. *réquis. et arr. rej. requ.* 15 *févr.* 1810, *rec. alph. ij*, 567.—Et, à plus forte raison, le ministère public. V. *notre cours de droit crimin.*, § de la *procéd. du faux, note* 3, *n.* 2.— Le ministère public le peut même malgré le désistement du demandeur en faux incident, et dans ce cas, on surseoit au jugement du procès civil. V. *Nîmes,* 19 *janv.* 1819, *avoués, xx,* 242.

(49) Dans ce cas, suivant l'art. 239, s'il n'y a pas prescription d'après les règles du Code *pénal* (lisez Code *criminel*) et si les auteurs ou complices du faux sont vivans, le président délivre un mandat d'amener contre les prévenus et remplit envers eux les fonctions d'officier de police judiciaire... Mais d'après le Code criminel la délivrance du mandat d'amener n'est plus que facultative pour le président, et il doit dans tous les cas transmettre les pièces au procureur du roi. V. *au reste C-cr.* 460 , 462. — V. aussi *notre cours de dr. crim.* ; *rép.*, *vj,* 184 , *xvj,* 426 ; *arrêt, ib.*; *ci-apr. note* 53, *n.* 3.

(50) A moins que la cause ne puisse être jugée indépendamment de la pièce attaquée. V. *dd. art.* 250 *et* 427 *; ci-d. , art. de la compétence, p.* 32, *note* 55, *ibid.*

Observations. 1. Le juge civil ne peut surseoir avant d'avoir statué sur la pertinence des moyens de faux, mais il ne doit pas procéder lui-même à la preuve de ces moyens. V. *arr. cass. crim.* 11 *nov.* 1808, 6 *et* 19 *janv.,* 24 *mars,* 21 *avr.,* 1 *déc.* 1809, 31 *août* 1810; *rec. alph.,* 2e *édit.*, *mot inscript. de faux,* § 9 *à* 11.—V. aussi pour une autre hypothèse où il ne peut surseoir, *rej. requ.* 2 *avr.* 1828, *avoués, xxxv,* 224, *et,* pour une hypothèse inverse, *B. c.* 20 *nov.* 1833.

1 *a.* Il ne le peut non plus s'il n'y a pas de poursuites en faux principal de la part du demandeur ou du ministère public. V. *rej. requ.* 2 *nov.* 1828, *avoués, xxxv,* 224.

2. Si le jury déclare que le faux n'est pas constant, est-on encore obligé de faire vérifier l'écriture pour se servir du titre?... Quelle est l'influence que doit avoir le jugement criminel sur la décision civile d'une question qui est une dépendance ou une suite de la question criminelle?... *Voyez,* sur ces questions et autres accessoires, *rép.* , mots inscription de faux, t. 6 , mots chose jugée, § 15 (t. 2 et 15), non bis in id., nos 15 et 16 (t. 15), *surtout,* rec., *vj,* 243 et suiv., mot faux ; *rép.* xvj, 425, n. 8; ci-dev., p. 309, note 11.

(50 *a*) Elle ne peut être exécutée sans cette homologation. — *C-pr.* 249. — Elle empêche néanmoins un tiers d'intervenir, *suiv. Bruxelles,* 12 *févr.* 1830, *avoués, xlj,* 594.

(51) Elles sont nécessaires en matière de faux (v. *C-pr.* 251)... pour toute espèce de jugement, soit d'instruction , soit définitif (*d. art.*)... et cela sous peine de nullité, *suiv. Turin,* 7 *févr.* 1809, *J.-C-c. xiv,* 63. — Elles le sont d'ailleurs dans le cas précédent, par les motifs des notes 12 et 41, p.

3o9 et 314. — Autres questions : v. *note* 48, *et rej. civ.* 10 *avr.* 1827, *avoués, xxxiij,* 172.

(52) V. aussi d. ord;, art. 49·51.—A l'égard, 1° des dommages, v. *ci-dev:* p. 511, *et note* 23, *ibid.* ;—2° des règles de détail sur l'amende (elle est au moins de 3oo fr.), v. dd. *art.* 246 *à* 248.

Cette amende, dout est passible le demandeur qui succombe, ne doit pas être prononcée, 1o s'il a triomphé, même partiellement ; 2° si son inscription n'a pas été admise (v. dd. *art.*) et même si le jugement qui l'admettait a été rétracté sur une tierce opposition, *suiv.* Limoges, 12 *févr.* 1835, *Sirey*, 35, 2, 245.

(52 *a*) Sens de ces diverses expressions... V. *Carré, lois*, *i*, 601.

(55) *Observations.* 1. L'exécution de ces mesures rendrait tout recours inutile... Par le même motif, lorsque ayant déclaré que la pièce n'est pas fausse, on en a ordonné en conséquence la *remise* à la partie, on surseoit à cette remise ainsi qu'à celle des autres pièces, pendant les mêmes délais. V. *C-pr.* 241, 243.—V. aussi *arr. rej. requ.* 18 *mars* 1813, *J-C-c. xx*, 119, *Nevers*, 1813, 433.

2. Quant aux règles sur cette remise ou celle d'autres pièces produites dans la procédure... v. *ci-dev. note* 28, *n.* 2, p. 312.

3. Le jugement civil qui déclare le faux ne peut servir de base à l'instruction criminelle faite sur le même faux (comme au cas de la note 49, p. 316) : il faut qu'elle ait lieu suivant les formes ordinaires. V. *B. c. cr.* 7 *flor. xij, n.* 11, p. 375.

4. Quant au dernier ressort... V. *ci-dev. art. de la compétence*, p. 38, *note* 64, *n.* 4 *a*.

(54) C'est une conséquence des règles générales relatives aux incidens (v. *ci-devant* p. 293) ; règles qu'on peut aussi appliquer dans les circonstances qui empêchent la continuation de la procédure de faux incident, comme en cas d'abandon ou de rejet de la pièce. V. p. 310 *et suiv.*

Inscription en faux en *cassation*... Marche à suivre... V. en ci-apr. le tit., note 36.

TITRE III.

Des enquêtes. (1)

Le mot *enquête* vient du latin *inquisitio*, qui signifie *recherche*. En droit on s'en sert pour désigner une recherche faite au moyen du témoignage verbal des hommes, sur l'existence des faits allégués dans un procès civil. (2)

C'est une vérité reconnue par l'expérience, que le témoignage des hommes ne doit être admis qu'avec beaucoup de réserve (3). D'après cette observation, la loi n'autorise la preuve testimoniale ou vocale que dans les circonstances qu'elle détermine (4), et en prenant des précautions pour la rendre aussi certaine et aussi fixe qu'il est possible.

Ces précautions sont l'objet du présent titre ; elles sont relatives aux faits à prouver, au temps pendant lequel pourra se faire l'enquête, aux témoins, aux reproches contre les témoins et aux dépositions. Nous en parlerons successivement, ainsi que des résultats de l'enquête ; mais nous présenterons auparavant quelques remarques générales.

1. La preuve testimoniale n'est de quelque poids aux yeux de la justice, qu'autant qu'on observe les règles indiquées dans les paragraphes suivans (4 *a*) : on n'ajouterait pas de la confiance à de simples attestations privées (5). V. *L.* 3, § 3 *et* 4, *ff. de testib.; C-pr.* 283 ; *et ci-apr.*, § 4 (*n. ij*) *et* 5.

2. Toutes les fois qu'on admet une partie à faire une preuve par témoins, on autorise la partie adverse à faire la preuve contraire (6). V. *ord. de* 1667, *tit.* 22, *art.* 1 ; *C-pr.* 256, *in pr.* — V. aussi *C-pr.* 232, 290 ; *C-c.* 247. (7)

3. L'enquête se fait devant un juge (8) commis par le tribunal de la cause (9). *C-pr.* 255. (10)

(1) Ce titre correspond au titre 12, liv. 2 du Code, et aux titres 5 et 7, liv.1, part. 1.

(2) Le mot *information*, qui est synonyme d'enquête, désigne les recherches faites en matière criminelle (v. *C-cr.* 76).

(3) L'ordonnance d'Ys-sur-Thylle (1535), ch. 12, art. 11, voulait (v. *Néron, i*, 130) qu'on n'admît point la preuve vocale lorsqu'un procès pouvait être décidé *en droit* par des *fins de non-recevoir* (v. *ci-d.*, p. 244) : on regardait cette dernière méthode comme plus sûre. V. *Rodier, tit.* 20, *art.* 1.—V. aussi *Imbert, liv.* 1, *ch.* 16, *note du n.* 11. — C'est d'ailleurs ce qu'avait déjà prescrit, à-peu-près dans les mêmes termes, l'ordonnance de Montil-lès-Tours (1453), art. 122 (*Néron, i*, 43).

(4) Les circonstances où la preuve vocale est autorisée sont du ressort du droit civil : nous nous bornerons ici à l'indication de quatre règles principales qui les énoncent) et nous renverrons pour les détails au Code civil, articles 1341 à 1348, et au traité des obligations de Pothier, partie 4, chapitre 2. — Observons auparavant que le mode de prouver se rattachant au fond du droit, c'est la loi du temps de la convention qu'il faut suivre quant à l'admissibilité de la preuve. V. *rép.*, *ij*, 486; *arr. rej.* 8 *mai* 1811, *ib.*; *autre*, 24 *août* 1813, *Nevers*, 483.

1re *Règel.*—Celui qui a pu se procurer une preuve littérale, n'est pas admis à faire une preuve testimoniale, lorsque l'objet dont il s'agit vaut plus de 150 fr., s'il n'a un commencement de preuve par écrit.

2e *Règle.*—Lorsqu'il y a un acte écrit, les contractans et leurs successeurs ne peuvent être admis à la preuve testimoniale contre et outre cet acte, quand même l'objet vaut moins de 150 fr., s'ils n'ont aussi un commencement de preuve par écrit.

3e *Règle.*—On est admis à la preuve testimoniale des objets sur lesquels on n'a pu se procurer de preuve littérale, quelle que soit leur valeur (par exemple, à la preuve testimoniale d'un vol, même au civil., v. *arr. cass.* 6 *mai* 1821, *avoués*, *xxiij*, 162).

4e *Règle.*—Il en est de même, lorsque par un cas fortuit, avoué ou constaté, la preuve littérale a été perdue.

(4 a) Règles pour les enquêtes relatives aux travaux publics., v. ordonn. 17 mars 1834, avoués, xlvj, 379.

(5) *Observations.* 1. Les formes observées dans les enquêtes, ne fût-ce que la solennité du serment et la présence imposante, ainsi que les questions du juge, mettent une très grande différence entre des dépositions légales et des certificats privés... L'expérience a d'ailleurs prouvé qu'ils ne sont le plus souvent que l'effet de la complaisance, de la faiblesse ou de la prévention, et que par conséquent ils ne méritent aucune confiance. On cite, 1° des certificats où l'on attestait d'une manière positive des faits démontrés matériellement faux par les pièces mêmes de la cause où ces certificats étaient produits (v. *M. Merlin, rép., mot divorce*); 2° des certificats entièrement contradictoires sur un même fait, délivrés par le même individu, qui n'était pourtant rien moins qu'un procureur général de cour supérieure. V. *Lamoignon, au pr.-verb., tit.* 24, *art.* 23.

2. Il n'en est pas de même des *certificats* ou *actes de notoriété* délivrés dans les circonstances indiquées par la loi, parce que le fonctionnaire qui reçoit les déclarations des témoins relatives à la notoriété, est censé y procéder avec les solennités et précautions qu'emploierait un juge.

(6) Par l'acte qu'on nomme une *contre-enquête*.

(7) Cette règle est encore une conséquence de la méfiance qu'inspire la preuve vocale... Elle est aussi fondée sur la maxime que la condition des parties doit être égale (*ci-dev.* p. 184, *note* 15). Enfin, la justice en est si évidente, que la permission de contre-enquête doit être suppléée en cas d'o—

mission dans le jugement. *Rodier, tit.* 22, *art.* 1; *et arg. de C-pr.* 256, *in pr.*—V. aussi *arr. rej. requ. ou civ.* 18 *messid. x, j. du palais, ij,* 406; *et* 15 *déc.* 1830, *avoués, xl,* 318.

2. Néanmoins la partie qui en première instance a laissé procéder à l'enquête sans protestation, est non-recevable à demander en appel la permission de faire sa contre-enquête. V. *rej. requ.* 18 *avr.* 1821, *avoués, xxiij,* 142.

3. On peut aussi lui en refuser la permission lorsque les faits qu'elle veut prouver ne sont pas contraires à ceux sur lesquels a porté l'enquête. V. *rej. requ.* 11 *mars* 1828, *avoués, xxxv,* 212, *par arg. de C-pr.* 256. —V. aussi *id.,* 49.

(8) Au *tribunal de paix*, c'est le juge lui-même qui y préside... Quant à la récusation du juge-commissaire, *voyez* C-pr. 383, et ci-apr., tit. de la récusation, notes 28 et 34.

(9 et 10) Ou même commis par un autre tribunal, que celui de la cause indique, si les témoins sont fort éloignés. *D. art.* 255. — Et non pas commis par le président de cet autre tribunal. Voy. *Limoges,* 3 *juin* 1828, *avoués, xxxv,* 259.

Si le juge de paix a été commis, quelles formes devra-t-il observer?.. Voy. *Limoges,* 1812 *et* 1822, *et Nîmes,* 1828, *avoués, viij,* 356, *xxiv,* 263, *xxxvj,* 125; *B. c.* 22 *juill.* 1828.

Observations. 1. Le juge désigné doit faire envoyer le procès-verbal d'enquête au greffe du tribunal de la cause. V. *arr. de Bruxelles,* 25 *fév.* 1813, *avoués, viij,* 298.

• 2. *Enquête d'examen à futur.* On nommait ainsi une enquête sur des faits à l'égard desquels il pouvait s'élever dans la suite une instance, et dont on craignait que les preuves ne se perdissent, soit parce que les témoins étaient fort âgés, soit pour d'autres causes. Le premier président de Lamoignon démontra avec tant de force les abus naissans de ces enquêtes prématurées (v. *procès-verbal, tit.* 24), qu'on les défendit par l'ordonnance (*titre* 13 ; *art.* 1), quoique dans le projet il fut seulement question d'en restreindre et régler l'usage. Néanmoins, il est des circonstances où elles paraissent si utiles et si justes, que, malgré cette prohibition, plusieurs auteurs et tribunaux ont pensé et décidé qu'elles pouvaient être quelquefois autorisées (voy. *Jousse et Rodier, ib.*; *Pigeau, p.* 71), et l'on en a eu un exemple depuis le Code. V. *Nîmes,* 6 *janv.* 1808, *J-C-pr. i,* 388 (contra... *Angers,* 1823, *avoués,* 25, 235). — Le parlement de Grenoble avait fortement réclamé contre la suppression de ces enquêtes (*Saint-André, tit.* 13).

§ 1. *Des faits à prouver.*

On peut considérer sous deux points de vue les faits dont on demande la preuve : quant à leurs caractères, et quant à la manière de les proposer.

I. *Caractères.* Les faits doivent être admissibles, c'est-à-dire pertinens, concluans (*arg. du C-pr.* 253, 254; *rej. civ.* 22 *mars* 1824), positifs et précis. (10*a*)

1 et 2. Les faits sont *pertinens* (11) lorsqu'ils ont du rapport avec la cause, et *concluans* lorsque leur

existence peut en amener la décision (12). On conçoit que la preuve de faits non pertinens ou non concluans, n'aurait d'autre résultat que celui d'allonger inutilement la contestation et d'en accroître non moins inutilement les frais ; c'est ce qui a fait recevoir la maxime *frustra probatur quod probatum non relevat*, maxime tirée de la loi *ad probationem* 21 , *C. de probat.* — Barbosa, ax. 191.

3. On appelle *positif*, ou *affirmatif*, un fait qu'on affirme avoir eu lieu et qui a pu être aperçu (13) ; et *négatif*, l'inexistence d'un fait qu'une partie soutenait s'être passé (14)... La preuve d'un fait négatif est impossible (*L.* 23, *C. eod.*), à moins qu'il ne contienne en lui-même une affirmation implicite (15). V. *Jousse, tit.* 20, *art.* 1 ; *Rodier, eod., et tit.* 22, *art.* 1.

4. Le fait *précis* est un des faits particuliers dont la réunion forme ce qu'on nomme le fait *vague* ou *général* (16). La preuve de celui-ci ne doit pas facilement être admise (17). *Rodier, ib.*

(10a) *Observations.* 1. S'ils ne sont pas pertinens et concluans, la preuve est inadmissible, quoique elle fût d'ailleurs recevable d'après la nature de la cause. *Rej. civ.* 22 *mars* 1824, *Sirey*, 25, 45.

2. Et c'est aux tribunaux à apprécier ces qualités dans les faits. *D. rej.* 22 *mars; id. rej. requ.* 23 *févr.* 1814, *Jalbert*, 1816, 236, *et* 19 *mai* 1830, *avoués, xxxix,* 174.

(11) De *pertinere, pertinens*, se rapporter à, qui se rapporte à...

(12) Cette distinction entre les faits pertinens et les faits concluans nous semble dériver de la nature même des choses : néanmoins, comme les faits *pertinens* sont le genre, et les *concluans* l'espèce, les lois et la plupart des auteurs les emploient indifféremment dans toute l'étendue du sens que nous donnons à chacun d'eux en particulier. V. *C-c.* 246, 247 ; *C-pr.* 254, 324. —V. aussi *Pigeau, i,* 229.

(13 et 14) *Exemple du fait positif:* B. a prêté de l'argent à C. — *Exemple du fait négatif.* Prenez l'inverse du précédent.

(15) C'est-à-dire que la négation ne soit tellement restreinte par le temps, le lieu, les circonstances, qu'elle soit au fond une affirmation d'un fait susceptible de tomber sous les sens. Je ne puis prouver en général, que B. n'a pas prêté de l'argent à C., parce qu'il faudrait pour cela avoir des témoins de leurs actions dans tous les instans de leur vie, ce qui est impossible ; mais je puis prouver que B. n'a pas prêté de l'argent à C., soit un tel jour, soit dans un tel lieu, parce qu'il est très possible d'établir son *alibi,* quant à ce jour et

à ce lieu, ou de trouver des témoins qui ne l'aient pas quitté pendant ce jour, ou dans ce lieu, etc.

Les faits sont encore positifs et négatifs par rapport à un *état* de choses; mais un fait négatif de ce genre peut en général se prouver, par exemple celui-ci : la digue D. n'est pas rompue.

(16) E. a dégradé le domaine G., voilà un fait vague ou général... E. a démoli une maison de ce domaine, il y a comblé des fossés, arraché des haies, détruit des pépinières, etc., voilà des faits précis d'où résulte le fait vague ou général des dégradations.

(17) Parce que cela offrirait un champ trop vaste à la mauvaise foi.

On peut citer à l'appui de la doctrine ci-dessus, les décisions suivantes (outre celles de la *note* 18).

1. En matière de séparation de corps, les faits doivent être détaillés : en conséquence, on peut appeler du jugement qui permet de prouver des faits vagues. V. *Dijon*, 11 *févr.* 1819, *avoués, xx*, 49.

1 *a.* Même règle lorsqu'il s'agit d'établir une postulation (v. *p.* 72, *note* 7) illicite. V. *Montpellier*, 6 *mars* 1826, *ib., xxxij*, 19.

2. La preuve de la soustraction d'un billet est admissible si le tribunal trouve que les faits sont *précis* et concluans. V. *B. c.* 16 *déc.* 1823.

II. *Proposition.* Les faits à prouver doivent être articulés succinctement dans un simple acte de conclusions (18). La partie à qui on les indique est tenue de les dénier ou de les reconnaître dans trois jours (aussi dans un simple acte). *C-pr.* 252; *tar.* 71.

Si elle garde le silence, les faits peuvent être tenus pour confessés ou avérés (19); si elle les dénie, on peut en ordonner la preuve; bien plus, le tribunal peut aussi ordonner d'office (19 *a*), la preuve d'autres faits concluans (20)... Dans tous les cas, son jugement énonce les faits probatifs (21). V. *C-pr.* 252 à 255. — V. aussi *d. ord., tit.* 22, *art.* 1.

(18) Sans écriture, ni requête, dit l'art. 252. — *Articulés,...* c'est-à-dire proposés article par article, brièvement, sans questions ni moyens de droit. V. *Rodier*, *tit.* 20, *art.* 1. — Ceci prouve qu'on n'admet pas facilement la preuve des faits vagues ou généraux (v. *ci-dev.* p. 321, n. 4). — V. aussi la décision suivante.

Observations. 1. Le défaut d'articulation rend la preuve non recevable en matière, soit de lésion (*rép., vij*, 385, *h. v.*, § 6; *arr. rej.* 6 *juin* 1811, *ib.*), soit de violence (*rej. requ.* 7 *mars* 1834, *avoués, xlvj*, 518), soit de dégradations. *Rennes*, 14 *août* 1815, id., 2ᵉ *édit., xj*, 151.

2. Il en est autrement en matière de désaveu d'enfant. V. *au surplus, rej.* 8 *juillet* 1812, *Nevers*, 568.

3. Ce défaut peut être réparé en appel, *suiv. Rouen*, 23 *juill.* 1815, *J.-C. c. xxj*, 39, *et Dijon*, 1819, cité, *note* 17, n. 1.

4. *Conclusions du simple acte.* Elles tendent, en cas de silence du dé-

fendeur (v. *note* 19), à ce que le tribunal tienne les faits articulés pour confessés ; et en cas de dénégation (du même défendeur), à ce qu'il en permette la preuve par témoins.

(19) Voilà une règle nouvelle... Dans le droit ancien, le silence d'une partie, relativement aux faits allégués par son adversaire, n'était considéré, ni comme un aveu, ni comme une dénégation. *L.* 142, *ff. reg. jur.* — Et l'on conçoit en effet, que sans avouer ou nier, elle peut avoir des motifs légitimes de garder le silence.

Mais il faut observer, 1° que le juge n'est pas obligé de tenir les faits pour avérés ; 2° qu'il ne s'agit ici que des faits *dont on a offert la preuve.* A l'égard des autres faits simplement allégués, sans y ajouter l'offre de les prouver, le silence de la partie sur ces faits ne saurait être une présomption ni de dénégation ni d'aveu. V. *M. Merlin, rép., mot partage,* § 11; *ci-opr. part.* 3, *note* 2.

(19 *a*) Même lorsque la partie n'a pas fait d'enquête pendant le délai fixé (v. § 2), *suiv. rej. civ.* 12 déc. 1825, *avoués, xxx,* 385 (contra... v. *Nîmes,* 3 août 1832, *ib., xliij,* 557).

(20) *Observations.* 1. Ce droit et les précédens sont accordés au juge, soit pour qu'il puisse s'éclairer autant qu'il est nécessaire sur la contestation, soit pour qu'il puisse se dispenser d'ordonner cette espèce de preuve, à laquelle on ne doit, pour ainsi dire, avoir recours que forcément, comme le Code lui-même le donne à entendre, lorsque en disant que le juge *peut*, dans les deux cas ci-dessus, ordonner la preuve, il a le soin (*art.* 252 *et* 254) d'ajouter chaque fois, *si la loi ne le défend pas.*

2. De l'expression *peut* on conclut aussi que le juge n'est pas forcé d'admettre la preuve des faits articulés et réellement probatoires, si l'instruction lui fournit des documens suffisans à l'égard des faits sur lesquels il doit fonder sa décision définitive. V. *rép. xiij,* 773 ; *rej. civ.* 9 *nov.* 1814, *ib.; rej. requ.* 8 *juill.* 1823 (*B. c.* 1824, *n.* 37), *et* 21 *juin et* 12 *déc.* 1827, *avoués, xxxiij,* 305, *xxxv,* 112.

(21) Afin que les parties sachent sur quoi elles doivent produire des témoins, et ceux-ci sur quoi ils doivent déposer (*p.* 333, § 5) et que le juge d'appel puisse apprécier le jugement interlocutoire.

Justice de paix. Même règle à-peu-près. V. *la note suiv.*

§ 2. *Du temps, ou des délais des enquêtes.*

Les délais dans lesquels les enquêtes (22) doivent se faire, sont déterminés rigoureusement (23); on ne peut les excéder, sous peine de nullité (24). V. *C-pr.* 256, 257 *in f.;* 280 *in f.*

Il y a deux sortes de délais, l'un et l'autre de huitaine. (25)

Le premier délai court à dater, 1° de la signification (26) du jugement à l'avoué, et au défaut d'avoué, à la partie elle-même (27); 2° de l'expiration du temps d'opposition, si le jugement en est susceptible. *C-pr.* 257. (28)

Pendant ce délai, 1° L'enquête doit être commencée (**28** *a*), c'est-à-dire qu'on doit (au moyen d'une requête) obtenir du commissaire une ordonnance pour faire assigner les témoins, et que celui-ci ouvre dès-lors le procès-verbal. *C-pr.* 257, 259, *in pr.; tarif* 76, 91.

2° Il faut, sous peine de nullité, et trois jours au moins avant l'audition, assigner (**29**) la partie au domicile de son avoué, ou à son propre domicile, au défaut d'avoué (**30**), pour assister à l'enquête, et il faut également lui notifier les noms, professions et demeures des témoins. V. *C-pr.* 261; *tarif* 29 *et* 92 (**31**); *note* 27, *n.* 4.

(22 et 23) Ils sont les mêmes (v. *ci-apr. note* 23) pour les deux euquêtes. *C-pr.* 256.

Justice de paix. Le tribunal indique précisément l'objet de la preuve, et e jour de l'enquête. *C-pr.* 54, et arg. de 35 in pr.

(24) On a voulu par là rendre plus difficile la subornation des témoins. *Perrin*, p. 248.

On suit des règles différentes pour les enquêtes sommaires. Il n'y a point de délai fatal, et la fixation tout comme la prorogation en sont abandonnées à l'arbitrage du tribunal, *suiv. rej. requ.* 9 *mars* 1819, *et Riom*, 6 *avr.* 1827, *avoués, xx,* 20, *xxxvj,* 269. — V. toutefois *Lyon*, 30 *août* 1825, *ib., xxx,* 47.

(25) Ces deux délais courent pour chaque partie *respectivement*, à dater des actes qu'on va indiquer ; de sorte que semblables quant à la durée, ils peuvent être différens quant à l'époque. *Arg. de C-pr.* 259 *et* 278... V. *Colmar,* 16 et 23 *nov.* 1810, *avoués, iij,* 109; *obs. mss. du tribunat; M. Locré, xxj,* 462.

(26) *Observations.* 1. Si l'enquête se fait à plus de 3 myriamètres de son siège, le tribunal fixe le temps de ce premier délai. *C-pr.* 258. — Mais, hors ce cas, il ne peut, sous peine de nullité, le fixer à plus de huitaine. Voy. *arr. cass.* 13 *nov.* 1816. — (*Dr. anc...* augmentation... un jour par dix lieues... *d. tit.* 22, *art.* 2).

2. L'enquête non commencée dans ce délai, ainsi fixé, est nulle, quoique l'art. 258 ne répète pas la peine de nullité portée par l'art. 257, *suiv. Rennes,* 9 *mai* 1810, *Orléans,* 25 *janv.* 1831, *avoués, ij,* 377, *xl,* 345, *et Grenoble,* 17 *juin* 1817 (*dans nos recueils*).

3. Ce premier délai court contre la partie même qui a signifié le jugement. V. *C-pr.* 257 (*dr. anc...* règle contraire.. *Jousse, art.* 2) ; *ci-dev.* p. 159; *arr. cass.* 6 *mars* 1816.

4. Il n'est pas suspendu pendant les vacations, et la mort de l'avoué n'en autorise pas la prorogation, *suiv. arr. cass.* 21 *avr.* 1812, *n.* 44. — V. aussi *ci-dev.* p. 165, *n.* 4.

5. Il court même pendant le dernier jour, quoique ce jour se trouve férié. V. *arr. cass.* 7 *mars* 1814. — V. aussi *ci-dev. art. des délais,* p. 161, *note* 8 *a, n.* 1 *et* 2.

(27) *Observations.* 1. Cela était douteux jadis quant à l'avoué. V. *Rodier, d. art.* 2.

2. Le délai est suspendu par l'appel du jugement... il reprend ensuite son cours, à partir de la signification de l'arrêt confirmatif, à l'avoué de première instance, *suiv. Turin*, 1809, *et Trèves*, 1811, *avoués, i*, 330, *vj*, 53, et à la partie, *suiv. Grenoble*, 22 *janv.* 1831, *avoués, xliv*, 378 (v. aussi *ci-ap. tit. du désistement, note* 10, *et de l'appel, note* 81).—Mais l'appel fait après l'expiration de ce délai (c'est-à-dire après la huitaine), ne peut le suspendre, et ainsi, l'appelant qui, pendant ce délai, n'avait pas commencé son enquête, est déchu du droit de la faire. V. *B. c.* 25 *janv.* 1820; *Agen*, 1824, *et Poitiers*, 1828, *avoués, xxviij*, 76, *xxxv*, 53.

3. La demande faite par un avoué d'un *délai* pour plaider le fond, n'est pas un acquiescement au jugement qui annule une enquête, parce que, comme il est possible qu'il ait réclamé le délai pour demander des instructions à son client, il n'y a pas d'acquiescement formel, et ainsi on peut appeler de ce jugement. V. *arr. cass.* 17 *déc.* 1823.

4. Lorsque l'enquête a été régulièrement commencée avant l'appel du jugement qui l'ordonnait, en la reprenant après la confirmation de ce jugement, il n'est pas besoin d'observer les règles de C-pr. 261 (v. *ci-dev. le texte*, p. 324, 20); il faut suivre celles de C-pr. 257 (v. *id.*, p. 323, *et d.* p. 324). *D. arr.* 27 *déc.*

5. Une enquête ne peut être *prorogée* par le juge commissaire seul (*ci-d.* p. 326), sans nullité. V. *d. arr.* 27 *déc.*

6. La nullité de la continuation d'enquête n'entraîne pas celle de la partie de l'enquête faite dans le délai légal. V. *d. arr.* 27 *déc.*; *Grenoble*, 27 *août* 1829, *avoués, xl*, 527.

(28) *V.* ci-apr., tit. de l'opposition, n. 1 et 3.

L'application de cette disposition de l'art. 257 présente des difficultés lorsqu'il s'agit d'un jugement de défaut rendu faute de constituer avoué. En effet dans ce cas le délai de l'opposition expire quand le jugement est réputé exécuté (*C-pr.* 158, *et même titre, n. viij*); on ne comprend pas dès-lors comment le délai pour l'*exécution* de ce même jugement, peut commencer à courir de cette époque. V. sur ce point *Carré, lois, i*, 615; *M. Coffinières, avoués, iij*, 249.

(28 a) Sous peine de nullité. V. *d. art.* 257; *Bruxelles*, 6 *févr.* 1812, *et Orléans*, 25 *janv.* 1831, *avoués, vj*, 235, *xl*, 345.

(29) *Observations.* 1. Trois jours au moins... V. *arr. de Bruxelles*, 10 *déc.* 1811, *ib.*, *vj*, 100.

2, *Idem*, sans augmentation pour la distance lorsque l'assignation est donnée au domicile de son avoué, *suiv. réqu. et arr. rej. requ.* 22 *nov.* 1810, *rép.*, *xiij*, 538, *mot testament, sect.* 1, § 1, *art.* 1, *n.* 2 *bis*; *cinq arr. de Bruxelles, Limoges et Paris*, 1809, 1811, 1812 *et* 1824, *avoués, vj*, 100 *et* 342, *xxvj*, 264.

3. *Contra*, il faut une augmentation pour la distance entre le lieu de l'enquête et le domicile, soit de l'avoué, soit de ses cliens. V. *B. c.* 11 *janv.* 1815, 23 *juill.* 1823 *et* 28 *janv.* 1826 (sect. réunies) *conférés*; *Rennes, Riom et Rouen*, 1827 *et* 1828, *avoués, t.* 33, *p.* 253, *t.* 34, *p.* 308, *t.* 37, *p.* 168.

4. Notification des noms des témoins... V. *ci-apr.* , *note* 31, *n.* 3.

(30) Si, par exemple, il s'est démis. *Bruxelles*, 15 *avr.* 1832, *avoués, xiiv*, 351.

Observations. 1. L'assignation donnée dans le premier cas, à la partie en sa personne, est-elle nulle? Oui, *suiv.* 3 *arr. Montpellier et cass.* 19 *févr.* 1810, 17 *déc.* 1811 *et* 20 *juin* 1814, *avoués, i*, 131, *v*, 143, *xj*, 355, par arg. du *C-pr.* 261.—Décision contraire de Nancy et Liège, 10 *janv.*

et 20 *févr.* 1812, *ib.*, *vj*, 109, 296 (*Dr. anc.* Décision également contraire... v. *arr.* 28 *août* 1674, *dans Saint-André*).

1 *a.* Il faut donner à l'avoué autant de copies qu'il a de parties. V. *p.* 181, note 11, *n.* 1; *arr. ib.*

2. L'assignation à l'avoué est sujette aux formes ordinaires; ainsi l'omission du nom de celui à qui elle est remise, l'annule. V. *arr. cass.* 24 *déc.* 1811 *et* 4 *janv.* 1813, *et Metz*, 24 *fév.* 1831, *avoués*, *v*, 102, *vij*, 193, *xl*, 201.—Idem, celle de sa date. *Nancy*, 27 *fév.* 1827, *ib.*, *xl*, 52.—Il faut une copie pour chaque partie. V. *ci-dev.*, *d.* note 11, *n.* 1, *et B. c.* 28 *janv.* 1826 (*Dr. anc.* Elle devait indiquer le jour et l'heure de la comparution... v. *d. tit.* 22, *art.* 6).

3. *Justice de paix.* La prononciation du jugement contradictoire et préparatoire équivaut à une citation. *C-pr.* 28, *inf.*

(31) Les assignations et notifications ci-dessus peuvent n'être pas données aux prévenus d'*interdiction.*—V. *en le tit. ci-ap.*

Observations. 1. La nullité faute d'assignation à la partie, n'est pas couverte par la comparution de son avoué à l'enquête, *suiv. Rouen*, 22 *mars* 1810, *avoués*, *ij*, 376.—Et à plus forte raison à la contre-enquête. V. *au reste, sur ces deux points, d. arr.* 24 *déc.* 1811.—V. aussi *B. c.* 11 *janv.* 1815, *et Bruxelles*, 6 *fév.* 1812, *Nevers*, 1813, 2, 28, § 4.

2. La notification du domicile des témoins équivaut à celle de leur demeure, *suiv. arr. Turin*, 25 *juin* 1810, *avoués*, *ij*, 377.

3. La notification des noms, etc. des témoins, doit, comme l'assignation, précéder de trois jours l'enquête. V. *d. arr.* 25 *juin*; *et rej. civ.*, 12 *juill.* 1819, *Sirey*, 19, 1, 397 (selon d'autres, il suffit d'un jour, et elle peut être faite dans un acte séparé de l'assignation... v. *arr. de Metz, rej. requ., Angers et Poitiers*, 28 *août* 1813, 16 *jév.* et 21 *mars* 1815, *et* 10 *mai* 1826, *Jalbert*, 1815, 172, *et* 1817, 2, 16; *avoués*, *xj*, 207, *xxix*, 107).

3 *a.* Il faut la faire, sous peine de nullité, à l'avoué (non à la partie), *suiv. B. c.* 19 *avr.* 1826.

3 *b.* Une erreur dans les noms, demeures, etc., des témoins, n'annulle pas s'ils sont suffisamment désignés. V. *Amiens, Poitiers et Nancy*, 1822, 1825 *et* 1827, *avoués*, *xxx*, 357, *xxxij*, 178. — V. aussi *ci-dev. p.* 218, note, 21, *n.* 2.

4. On ne peut opposer les preuves résultant d'une enquête, à la partie qui n'y a pas été assignée et qui n'y a pas comparu. — V. *d. B. c.* 11 *janv.* 1815.

Pendant le second délai, qui court à dater de l'audition du premier témoin, l'enquête doit être achevée. *C-pr.* 278 *in pr.*

Mais comme ce second délai pourrait ne pas suffire à toutes les dépositions, le tribunal a le droit, 1° de le fixer à plus de huit jours (**32**); 2° d'en accorder une fois la prorogation (si on la demande pendant le délai). *C-pr.* 278 *à* 280. (**33**)

Après l'expiration de ces délais, on peut poursuivre l'audience. V. *C-pr.* 286, *et ci-apr. note* 74, *p.* 338.

(32) Par le jugement qui a ordonné l'enquête. *Arg. du C-pr.* 278 (mais v. *Limoges*, 1822, *avoués*, *xxiv*, 235).

(33) *Observations.* 1. Une seconde prorogation est défendue sous peine de nullité... La demande se forme sur le procès-verbal. Elle est portée (sans sommation, en cas de présence des parties ou de leurs avoués) à l'audience, sur le référé du commissaire, au jour qu'il a indiqué. V. *au surplus, dd. art.*; *ci-dev. art. des délais,* p. 165; *Montpellier, Paris et Bourges,* 2 mai 1810, 31 *janv.* 1811 *et* 30 *mai* 1831, *avoués,* ij, 176, iij, 92, *xlj,* 579; et pour diverses questions sur la prorogation, *Toulouse,* 1821, 1825, 1832 *et* 1834, *et Liège et Colmar,* 1831, *avoués, xxx,* 190, *xlij,* 288, *xliv,* 289, 326, *xlviij,* 55.

2. Le parlement de Grenoble avait réclamé la faculté de proroger; il observait que les délais fixés par l'ordonnance, tit. 22, art. 2 et 4, étaient insuffisans, et en effet on ne s'y astreignait guère dans l'usage. V. *Saint-André et Rodier, dd. art.*; *ci-dev.* p. 226, *note* 42.—On y a pourvu par cette disposition et celle de la note 25, p. 324.

3. La nullité dont il est question, n. 1, ne se rapporte pas à la manière de demander la prorogation, puisque l'art. 280 n'en parle pas. V. *Turin,* 12 *janv.* 1811, *avoués,* iij, 354.

4. La prorogation accordée sert aux deux parties. V. *Bourges et Corse,* 1827, *et rej. civ.* 15 *déc.* 1830, *avoués, xxxiij,* 132, *xxxiv,* 79, *xl,* 518.

§ 3. *Des témoins.*

La preuve vocale est souvent la seule qu'on puisse fournir de l'existence des faits sur lesquels reposent des droits. Il serait donc contraire à l'intérêt social, que, sans motifs légitimes, on se refusât à donner en justice un témoignage sur un fait... Mais il serait également contraire à cet intérêt que toute espèce de témoignage suffît pour établir la vérité d'un fait contesté (34). D'après ces considérations et plusieurs autres, on a adopté les règles suivantes:

1. Tout particulier cité comme témoin est obligé de paraître. V. *à ce sujet. C-pr.* 263 *à* 266 (35); *L.* 1, § 1, *et L.* 21, § 1, *ff. de testib.*

Mais on ne peut citer comme témoins les parens et alliés en ligne directe (36) et les époux (37) des parties, même lorsqu'ils y consentiraient. *C-pr.* 268, 413, ⨍. 5; *L.* 3 *et* 6, *C., et* 9, *ff. eod.* (38)

2. On ne peut être témoin dans sa propre cause. *LL.* 10, *ff et C. eod.*

3. On admet les femmes à déposer. *L. ex eo* 18, *ff.*

eod. — Il en est de même des mineurs de quinze ans **(39)**, sauf à avoir tel égard que de raison à leur témoignage. *C-pr.* 285.— V. aussi *C-cr.* 79.

(34) *Nombre des témoignages. Dr. anc...* Deux témoignages suffisaient, mais il fallait au moins ce nombre de témoignages pour établir chaque fait. V. *LL. ubi* 12, *ff.*, et *jurisjurandi* 9, *C. de testib.* — Ces lois étant abrogées (v. *C-pr.* 1041), M. Merlin soutient qu'on doit appliquer à la procédure civile le système de la procédure criminelle ; c'est-à-dire qu'en matière de preuve vocale, le juge doit être considéré comme un juré, et par conséquent qu'il n'a pas besoin d'avoir plusieurs témoignages pour la preuve d'un fait, et qu'il n'est pas forcé de regarder comme prouvé le fait attesté par plusieurs témoignages. V. *rép.*, *mot preuves*, *sect.* 3, *n.* 5.—Il est à desirer que la jurisprudence se fixe sur ce système, qu'un arrêt de la cour de cassation (*rej.* 22 *nov.* 1815, *Jalbert*, 605) paraît avoir appliqué.

Observations. 1. L'avis de M. Merlin n'est point inconciliable avec la règle « que le juge ne peut, d'après des renseignemens particuliers, suppléer aux faits allégués ou résultant des pièces. » V. *titre des jugemens*, *note* 30, *p.* 282. — En effet, en suivant cet avis, il ne chercherait à apprécier la preuve naissant de l'enquête que par rapport à ces mêmes faits ou à ceux qui résulteraient de l'enquête, et jamais par rapport à ceux dont il a une connaissance particulière ; il agirait en un mot comme un juré doit agir. Si l'on suppose qu'un juré ait vu lui-même un délit dont les débats criminels n'offrent aucune preuve suffisante pour sa conviction, il ne devrait pas déclarer l'accusé coupable, parce qu'il ne serait pas convaincu du délit comme juré (*Arg. de C-cr.* 312 et 342). C'est en ce sens, à ce qu'il nous paraît, qu'il faut entendre l'avis de M. Merlin. C'est d'ailleurs de cette manière que doivent agir les juges, soit de police simple, soit de police correctionnelle. V. *B. c. crim.* 13 *nov.* et 18 *déc.* 1834.

2. On ne passe en *taxe* que cinq dépositions (*autrefois dix*) sur chaque fait. V. *C-pr.* 281 ; *d. tit.* 22, *art.* 21 ; *pr.-verb.*, *tit.* 22, *art.* 22.

3. Taxe des témoins... Voyez *C-pr.* 271, 274, 277, 281 ; et surtout, *tarif*, *art.* 24, 167.

(35) Sous peine de dommages (10 fr. au moins) et d'amende (jusqu'à 100 fr.) et d'être réassigné à ses frais, et s'il persiste encore, sous peine (et par corps) d'une amende de 100 francs, et même d'être contraint par un mandat d'amener, à moins qu'il ne prouve qu'il n'a pu ou qu'il ne peut se présenter. V. *dd. art.* ; *et pour* le porteur d'un sauf-conduit, *ci-apr. tit. de la contrainte*, *note* 6.

Observations. 1. Les mesures précédentes sont prises dans de simples ordonnances (exécutoires nonobstant opposition ou appel), par le juge-commissaire. Ce magistrat peut aussi décharger de l'amende et des frais de réassignation les témoins qui se sont justifiés, et se transporter pour entendre ceux qui sont légitimement empêchés, ou bien leur accorder un délai (pourvu qu'il n'excède pas celui de l'enquête). V. *dd. art.*

1 *a.* Si le témoin est éloigné, le commissaire renvoie au président du tribunal du lieu, qui l'entend ou commet un juge pour l'entendre. Le greffier de celui-ci adresse la minute de la déposition au greffier de la cause, sauf à prendre exécutoire pour les frais contre la partie qui a fait entendre ce témoin. *D. art.* 266.

2. Les ministres d'état ne peuvent déposer qu'en vertu d'un décret spécial. V. *décr.* 4 *mai* 1812, *et ci-apr. note* 56, *p.* 333.

(36) *Dr. anc.* Plusieurs des collatéraux pouvaient se dispenser de déposer. V. *L. Lege Julia* 4, *ff. eod.*

Dr. act. Les parens et alliés directs et les époux ont sans doute aujourd'hui la même faculté (v. *Pigeau, i*, 266). Bien plus, la partie adverse de celui qui les produit n'a pas besoin d'agir dans ce cas par la voie des reproches (*ci-apr.* § 4); elle a évidemment le droit de s'opposer à leur audition, puisqu'il n'était pas permis de les citer. *Arg. de C-crim.* 322, 323.

(57) Même divorcés. *D. art.* 268.

(58) *Justice de paix.* Ces règles y sont applicables. *Arg. de C-pr.* 36, 283 *et* 268, *conf.*

Observations. 1. Une partie ne pouvait pas non plus jadis citer les personnes qui, par état, sont tenues au secret, telles que les confesseurs, les avocats et avoués de son adversaire, à moins que celui-ci ne les eût choisies pour les empêcher de déposer. V. *L.* 25, *ff. eod.; Faber, C., lib.* 4, *t.* 15, *def.* 19 *et* 56; *Dargentré, art.* 157, *gl.* 2, *in f.; Rodier, tit.* 23, *art.* 1, *qu.* 1; *répert.*, *iij*, 566; *xiij*, 430, 431.

2. Cette exception, qui n'est pas rappelée par le Code de procédure, est tacitement maintenue par le Code pénal, art. 378, et on l'a déjà adoptée à l'égard des confesseurs et des avocats. V. *réqu. et arr. cass. civ.* 30 *nov.* 1810, *et crim.* 20 *janv.* 1826 (*B. c.*); *rép., xiij*, 431, *et suiv.*, *et xvij*, 625, —V. aussi *M. Carnot, inst. cr., i,* 462.

(59) *Impubères.* Dr. anc... Idem... V. ord. 1670, *tit.* 6, *art.* 2. — Dr. rom... Règle contraire... V. *L.* 3, § 5, *ff. eod.*

Quant aux *femmes*, malgré la loi 18 ci-dessus, nos anciens jurisconsultes, en général peu galans, ne leur accordaient guère de confiance. Suivant Faber (C., lib. 4, tit. 15, def. 58), *minor eis fides debetur quam masculis*; tellement que le témoignage de deux femmes sur un délit ne suffirait pas pour une condamnation.... Suivant Bruneau (*suppl. au traité des criées*, 1686, *p.* 369), le témoignage de deux hommes vaut celui de trois femmes, etc.

A l'égard des *sourds-muets*, v. *Nîmes*, 21 août 1821, *Sirey*, 22 217; *C-cr.* 333.

§ 4. *Des reproches contre les témoins.*

Nous venons d'indiquer les personnes qui ne peuvent être citées comme témoins (39 *a*) : parmi celles qu'on a le droit d'appeler en cette qualité, il en est qui peuvent être reprochées, c'est-à-dire dont la déposition, après avoir été reçue, peut être écartée.

I. Avant de les désigner, nous observerons que les *reproches* sont fondés en général sur la crainte qu'un témoin ne soit entraîné à déposer en faveur de la partie avec laquelle il est lié par parenté, affection, intérêt, etc. (40), d'où l'on a aussi tiré les règles suivantes :

1° Les causes du reproche doivent être antérieures à la déposition. *Rodier, tit.* 23, *art.* 4.

I.   42

2° On n'est pas recevable à reprocher le témoin qu'on a déjà produit. V. *L.* 17, *C. eod.; arrêt dans Chorier, liv.* 5, *sect.* 4, *art.* 7; *Rodier, sup.; Pigeau, i,* 272; *rép., xiij,* 415; *Carré, lois, i,* 676. *(40 a)*

3° On peut se servir de la déposition du témoin qu'on a reproché. *Rodier, ib.* (41)

(39a) Le droit actuel admet à déposer, tant au criminel qu'au civil, tout témoin qu'aucune loi expresse ne repousse. M. *Merlin, rec. alph., v,* 184, *mot témoin,* § 3. — V. aussi *Nancy, Riom et Rennes,* 1825, 1829 *et* 1830, *avoués, xxxj,* 190, *xxxviij,* 5.

(40) Ceci nous dispensera d'exposer les motifs de chacune des espèces de reproche, motifs qui d'ailleurs sont assez apparens.

(40 a) Carré (*ib.*) et M. Chauveau (2ᶜ *édit., xj,* 198) exceptent avec raison le cas où la cause du reproche n'a été connue que depuis la *production.*

(41) Lorsque le reproche a été rejeté. V. *Imbert, liv.* 1, *ch.* 40, *n.* 7; *Rodier, ib.*

À plus forte raison pourra-t-on se servir de la déposition dont l'adversaire aargumenté. M. *Merlin, rec. alph., mot tribunal d'appel,* § 5, 2ᵉ *édit., t.* 5, *p.* 411, *moyen* 6.

II. Passons aux personnes qu'on a le droit de reprocher (41 *a*)... Ce sont toutes celles que nous allons désigner d'après la loi elle-même (42)... 1° Les parens et alliés jusqu'au 6° degré en ligne collatérale, de l'une ou de l'autre des parties (42 *a*) ou de leurs conjoints (43); 2° les héritiers présomptifs ou donataires; 3° les serviteurs et domestiques (44); 4 les accusés; 5° les condamnés à une peine afflictive ou infamante (et même à une peine correctionnelle (44 *a*) pour vol); 6° ceux qui ont bu ou mangé avec la partie et à ses frais (45); 7° ceux qui ont donné des certificats relatifs à la cause. *C-pr.* 283. (46)

(41 a) *Justice de paix.* Le Code (art. 36) y autorisant les reproches sans les spécifier, est censé s'en référer pour leur nature aux dispositions de l'article 283, que nous exposons au texte.

(42) *Observations.* 1. Peut-on en reprocher d'autres?. NON, *suiv. d. rec., v,* 184, *mot témoin,* § 3, *et Paris,* 24 *mai* 1811, *et* 11 *fév.* 1815, *avoués, iij,* 342, *xj,* 167.... OUI, parce que l'art. 283 est simplement démonstratif et n'est pas d'ailleurs prescrit sous peine de nullité, *suiv. rej. civ.* 3 *juill.* 1820, *ib., xxij,* 261. — Par exemple, le juge peut admettre pour cause suffisante de reproche, *l'intérêt personnel,* s'il est de nature à rendre un témoin suspect. *Rej. requ.* 12 *déc.* 1831, *ib., xlij,* 159. — Voy. aussi *note* 38, *p.* 329.

2. Toutefois il ne faut pas établir en principe avec Pigeau (*i*, 268), que toute cause de récusation, est une cause de reproche; on remplace un juge, tandis qu'un témoin ne peut se suppléer à volonté. *Voy.* à ce sujet, *ci-après tit. de la récusation*, note 5.

(42 *a*) Ne fût-ce que de la partie qui fait le reproche. Voyez à ce sujet, *Bruxelles, Rennes, Riom et Bourges*, 1829, 1830 *et* 1832, *avoués*, *xxxvij*, 139, *xxxviij*, 7, *xliv*, 192, 275 (contra... v. *Grenoble*, 4 *fév.* 1832, *ib.*, *xlv*, 468).

(43) Si le conjoint est décédé sans enfans, le reproche est restreint à la ligne directe et au 2ᵉ degré de la collatérale. V. *d. art.* 283.

Observations. 1. La parenté réciproque des témoins n'est pas un sujet de reproche. V. *L.* 17, *ff*, *eod.*; arr. de *Bruxelles*, 25 *mars* 1806, *J-C-c.*, *t.* 7, p. 78; *rép.*, *mot témoin instrumentaire*, § 2.

2. Même règle pour la parenté d'un témoin avec des habitans d'une commune qui a un procès. *B. c.* 30 *mai* 1825; *Poitiers*, 1826, *et rej. requ.* 29 *juin* 1831, *avoués*, *xxxiij*, 371, *xlj*, 625.

Mais ces habitans sont eux-mêmes reprochables dans ce procès, *suiv. Angers, Poitiers, Rouen, Toulouse et Agen*, 1822 *à* 1833, *et rej. requ.* 17 *mai* 1827, *ib.*, *xxv*, 83, *xxix*, 107, *xxx*, 247, *xxxiij*, 235 *et* 371, *xxxvj*, 130, *xlvij*, 501 (contra... v. *Montpellier*, *Riom et Bourges*, 1829 *et* 1831, *ib.*, *xxxvij*, 44, *xxxviij*, 321, *xlj*, 592).

(44) *Observations.* 1. La langue a beaucoup varié sur l'acception des mots serviteur et domestique. Autrefois on entendait par *domestique* un homme attaché à un service quelconque de la maison, tandis que depuis long-temps, il ne désigne que l'individu attaché au service de la personne où du ménage, ou à tout autre service à-peu-près mécanique. Le mot *serviteur* peut tout au plus indiquer les hommes chargés d'un service qui suppose une certaine intelligence, tels que les agens, intendans, précepteurs, secrétaires, commis (v. aussi *B. c. cr.* 16 *vend. ix; Bruxelles et Bourges*, 1829, *avoués*, *xxxvij*, 175 *et xxxix*, 69).

2. Un *ouvrier* ou *journalier* n'est ni serviteur, ni domestique, *suiv. Colmar et Poitiers*, 1824 *et* 1832, *avoués*, *xxvj*, 107, *xlvij*, 719 (décision contraire pour un ouvrier de fabrique... v. *d. arr. de Bruxelles*).

(44 *a*) *A fortiori* ceux qu'un jugement correctionnel a privés du droit d'être témoins. V. *C-pén.* 47, ꝶ 7 *et* 8.

(45) Depuis le jugement qui ordonne l'enquête. *C-pr.* 283. — A moins que la partie ne fût en pension chez eux, *suiv. un arr. de Paris*, 10 *mars* 1809, *Nevers*, *supp.* 141.

(46) *Observations.* 1. Les condamnés désignés dans le texte et dans la note 44 *a*, ne peuvent déposer que par forme de renseignemens. V. *C-pén.*, 28, 34 *et* 42; *cours crimin.*, *chap. des peines*, *des effets civils et de la procéd. d'assises.*

2. Jadis on pouvait aussi reprocher les amis et ennemis des parties, et les témoins corrompus. V. *L.* 3 *in pr. et* § 5, *ff*, *eod.*; *Pothier et Rodier*, *sup.* — Ces règles devraient encore être observées. Au reste, quant au motif tiré de l'amitié, il faut prendre en considération les circonstances. V. *Rodier*, *ib.*; arr. *cass.* 4 *janv.* 1808, *J-C-pr.* *ij*, 136; *ci-dev.* note 42, *n.* 1. — V. aussi *Pigeau*, *i*, 270.

3. Les notaires et témoins des actes dont les faits sont contestés, ayant un caractère légal et un ministère obligé, ne peuvent être assimilés à ceux qui ont donné des certificats. V. aussi *rec. alph.*, *v*, 184; *Orléans*, 22 *fév.* 1811, *Hautef.*, 157; *d. arr.* 10 *mars*, *Bourges*, 1830, *avoués*, *xlj*, 464; *et ci-dev.* p. 314, *note* 40, *n.* 4.

4. Au reste c'est au juge à apprécier ces certificats. V. *rej. requ.* 12 *déc.* 1831, *ib.*, *xlij*, 159.

III. Les reproches doivent être circonstanciés et pertinens (47). *C-pr.* 270.

Ils peuvent être proposés avant (48), ou bien après la déposition du témoin (49) qu'ils concernent. *Id.*

Dans le premier cas, il suffit de les établir par la preuve vocale, pourvu qu'on en fasse l'offre et qu'on désigne les témoins (50). Si le tribunal admet cette preuve, l'enquête se fait *sommairement* (51), et l'on ne peut y proposer aucun reproche qui ne soit justifié par écrit. *C-pr.* 289, 290.

Dans le deuxième cas, il faut que le reproche soit justifié par cette dernière voie (52). *D. ord., tit.* 22, *art.* 27; *C-pr.* 282, 36.

IV. On statue sur les reproches sommairement (53), ou bien par le jugement définitif, si le fond de la cause est en état. *C-pr.* 287, 288. (54)

Si le reproche contre un témoin est admis, on ne lit pas sa déposition (55). *C-pr.* 291. (56)

(47) C'est-à-dire qu'ils doivent indiquer précisément le fait qui y donne lieu, et un fait qui puisse autoriser à rejeter la déposition.

(48) Ils sont alors consignés sur le procès-verbal, avec la réponse que le témoin est tenu d'y faire; mais ils n'empêchent pas de recevoir la déposition. V. *C-pr.* 270, 284; *arr. de Paris*, 1811, *avoués, iij*, 92.—Toutefois ils peuvent l'empêcher, si l'enquête se fait à l'audience. *Rej. civ.* 3 *juill.* 1820, *ib., xxij*, 261.

(49) Par la partie ou l'avoué. — *D. art.* 270; *d. tit.* 23, *art.* 1 et 6. *Justice de paix.* La partie les signe. V. *C-pr.* 36, *et ci-apr. note* 52.

(50) L'art. 289 suppose que l'offre sera faite sur-le-champ; néanmoins le tarif, *art.* 71, autorise pour cette offre et pour la désignation des témoins un acte, et même une réponse à cet acte, ce qui ne peut se concilier avec une offre faite sur le procès-verbal au moment de la comparution du témoin... Peut-être veut-on exiger que, dans le cas où l'on voudrait reprocher avant l'audition, cet acte soit aussi notifié auparavant, comme cela est possible, puisque la partie doit connaître les noms des témoins quelque temps (*ci-dev.* § 2 *et note* 31, *p.* 325, 326) à l'avance.

Observations. 1. Si l'on ne fait point l'*offre de la preuve*, les reproches doivent être rejetés sans examen, à moins qu'on ne les prouve par écrit, *suiv. arr. d'Orléans*, 4 *avr.* 1810, *avoués, ij,* 576 (Carré, *i*, 537 *et suiv.*, soutient une opinion contraire).

2. Le défaut soit de la même offre, soit de la désignation des témoins emporte la déchéance du reproche, *suiv. Toulouse*, 22 *juin* 1831, *avoués, xlij,* 125.

(51) *V.* la note précédente, et ci-après tit. des matières sommaires.

(52) Le reproche se justifie par un acte auquel on peut répondre. *Tarif,* 71.

Justice de paix. Il doit être aussi justifié par écrit lorsqu'il est proposé après que la déposition est commencée. V. au reste, *C-pr.* 36.

(53) *Sommairement...* V. tit. des matières sommaires.

(54) Il est inutile de vérifier les reproches, si le fait est prouvé par les témoignages non reprochés. *Pr. verb., tit.* 23, *art.* 6 ; *Pothier, sup.*; *Rodier, art.* 4.

(55) *V.* aussi d. ordonn., tit. 23, art. 5 ; Riom, 1830 et Montpellier, 1832, avoués, xxxix, 291, xlvj, 56. — On a néanmoins décidé, mais mal-à-propos suivant nous, qu'en se réservant d'y avoir tel égard que de raison, on peut faire lire la déposition. V. *Douai et Grenoble,* 1828 et 1829, *ib., xxxv,* 49, *xxxvij,* 76.

Le parlement de Toulouse avait une jurisprudence bien étrange. Selon le plus ou moins d'importance du reproche, il ne rejetait la déposition que pour une partie seulement, une moitié, un tiers, un quart, etc. On joignait cette fraction à d'autres pour former un témoignage. Ainsi, trois dépositions conservées pour un tiers équivalaient à la preuve tirée d'une déposition complète. V. *Rodier, tit.* 23, *art.* 1.

(56) *Observations.* Les législateurs, les conseillers d'état et certains employés du trésor public ne sont pas tenus de déposer hors du lieu où ils exercent leurs fonctions, mais devant un juge de ce même lieu, qui est commis pour les entendre. V. *L.* 20 *therm. iv* ; 21 *fruct. vij*; *avis cons. d'état,* 14 *germ. viij*; *arrêté* 7 *therm. ix.* — Mêmes règles à l'égard des préfets, des sous-préfets, maires, commissaires-généraux de police et délégués de ceux-ci, sauf à obtenir du ministre de la justice une permission pour leur déplacement, lorsqu'il est indispensable. — V. *d. arrêté*; *décr.* 20 *juin* 1806... V. aussi *ci-apr. tit. de l'interrogatoire, note* 16.—Pour le mode d'audition des conseillers d'état, préfets, etc., v. *décr.* 4 *mai* 1812; *B. c. crim.* 13 oct. 1832, n. 414; et quant aux ministres, *ci-dev.*, note 35, n. 2, p. 238; *décr. cité, ib.*

§ 5. *Des dépositions.*

Les témoins sont assignés un jour au moins avant l'audition (57); il faut leur donner une copie du dispositif du jugement, quant aux faits à prouver, et de l'ordonnance du commissaire (58), le tout sous peine de nullité. *C-pr.* 260.

Avant de déposer, chacun d'eux doit, sous la même peine, 1° déclarer ses noms, profession, âge et demeure; s'il est serviteur ou domestique de l'une des parties, ou leur parent ou allié, et à quel degré; 2° jurer de dire vérité (59). *D. tit.* 22, *art.* 14; *C-pr.* 262 *in f.*

Ils déposent séparément devant le juge-commissaire en présence du greffier et des parties (60), de vive voix et sans lire de projet écrit (61). Les parties

ne peuvent ni les interrompre, ni leur faire des questions (**62**); elles doivent pour ce dernier point, s'adresser au juge, qui a aussi le droit de faire d'office les interpellations utiles à l'éclaircissement des témoignages (**63**). V. *C-pr.* 260, *in pr.*, 271, *in pr.*, 276, 273,
in pr.; Rodier, art. 17, *qu.* 2. (**64**)

La déposition est consignée (**65**) sur le procès-verbal : elle est lue au témoin et on lui demande s'il y
persiste. Il peut alors y faire des changemens et additions (**66**), qui lui sont également lus. Il signe enfin
avec le juge et le greffier... le tout encore sous peine
de nullité. V. *C-pr.* 271 *à* 274.

Le procès-verbal de l'enquête indique, 1° les dates,
les comparutions ou défauts des parties et témoins,
la représentation des assignations (**66 a**), et les remises; 2° la mention des formalités prescrites par les
art. 261, 262, 269 à 274 du Code (**67**). Il est signé à
la fin par le juge, le greffier et les parties... Le tout
également sous peine de nullité. *C-pr.* 269, 275. —
V. aussi *d. tit.* 22, *art.* 22. (**68**)

(**57**) Outre l'augmentation pour les distances... S'ils ne peuvent tous être
entendus, le commissaire remet à un autre jour, sans nouvelle assignation.
—V. *C-pr.* 260, 267; *ci-d., art. des délais,* § 2, *p.* 165 *et* 166; *tarif, art.* 14
et 167.

(**58**) Le jour et l'heure de la comparution y sont indiqués. *C-pr.* 259 (dr.
anc... idem., v *d. tit.* 22 , *art.* 6), et cela , sous peine de nullité, *suiv. Be-*
sançon, 14 *août* 1826, *avoués, xxxiij* , 230.
Justice de paix. Il faut indiquer la date du jugement, les lieu, jour et
heure de comparution. *C-pr.* 29, *in f.,* 34; *tarif,* 21.

(**59**) *Justice de paix.* Mêmes règles , sauf la nullité. V. *C-pr.* 35. — Voy.
aussi *ci-apr., tit. de la procéd. de paix, n°* 24 ; *arr. cass.* 5 *févr. et* 19
avr. 1810, *Nevers,* 162 *et* 194.

(**60**) Ou en leur absence (si elles ont été appelées)... et leurs avoués peuvent
y assister. V. *C-pr.* 262 *in pr.,* 270, *et ci-dev. introduction,* § 3 , *n.* 1, *p.*
194; *tarif,* 92.

Observations. 1. Jadis les témoins étaient entendus par le juge seul (*d. tit.*
22, *art.* 15). On décida ensuite qu'ils le seraient publiquement, à l'audience
(*L.* 7 *fruct. an* 3). On a pris aujourd'hui un milieu entre ces mesures, toutes
deux sujettes à divers inconvéniens.... Voilà en substance , ce qu'observe
Perrin (*p.* 247). Remarquons toutefois que la loi a suivi un autre système pour
les matières sommaires et commerciales (v. *en les tit. ci-ap., et C-pr.,* 407,
432), et qu'en matière criminelle, correctionnelle ou de police , les témoins

déposent aussi à l'audience. V. *C-cr.* 153, 190, 320 ; *Charte*, 55, *et notre cours de dr. crim.*

2. *Justice de paix.* Ils y sont aussi entendus séparément, et en la présence des parties. *C-pr.* 36. — Mais dans les enquêtes de *prud'hommes*, ils peuvent être entendus, même hors de la présence des parties, si le tribunal le juge à propos (*décr.* 11 *juin* 1809, *art.* 50); tandis que dans les enquêtes ordinaires, cela ne paraît permis que pour le cas de la note 62 ci-dessous. Voy. *C-pr.* 261, *conf. avec* 276.

(61) On a craint que la rédaction n'en fût concertée avec la partie. Voyez d'ailleurs *note* 5, p. 319. — Mais il n'est pas besoin d'énoncer qu'ils n'ont point lu de semblable projet. Voy. *Limoges*, 1 *août* 1814, *et Caen*, 4 *août* 1827, *avoués*, *xj*, 248; *xxxvij*, 123 (contrà... *Limoges*, 4 *juill.* 1827, *ib.*, *xxxv*, 55).

(62) Sous peine d'amende et même d'exclusion (en cas de récidive), prononcée par le commissaire, dont l'ordonnance est alors exécutoire nonobstant appel ou opposition. V. *C-pr.* 276.

(63) On lit au témoin ses réponses, et il les signe avec le juge et le greffier (ce qui doit également se faire pour toute la déposition) sous peine de nullité. *C-pr.* 273 *et* 274. — S'il ne sait, ne peut ou ne veut signer, on en fait mention. *C-pr.* 37, 39 *et* 273, *conf.*

(64) *Justice de paix.* Mêmes règles que ci-dessus, au texte, et à la note 63. V. au reste, *C-pr.* 36, 37 *et* 39.

(65) D'après la rédaction du commissaire... Car si les dépositions étaient écrites, mot pour mot, comme les témoins les font, elles seraient le plus souvent obscures et diffuses, et par conséquent inutiles. Mais le commissaire n'a d'autre droit, en les rédigeant, que d'en mettre les pensées et les termes dans un ordre convenable et de les exprimer en bon langage; il faut qu'il retrace tout ce que les témoins ont dit (sauf les répétitions superflues) relativement aux faits énoncés dans le jugement; tel est l'esprit du Code. V. *aussi* § *de la dresse, note* 1, p. 151.

(66) On les écrit en marge ou à la suite. *C-pr.* 272. — On lui demande également s'il veut une *taxe*, et en cas d'affirmation, le juge la détermine et mentionne. V. au surplus, *C-pr.* 271, 274, 277, et pour la quotité de la taxe, *tarif*, 24, 167.

(66 *a*) Il ne suffit point d'énoncer la date des assignations qui ont été données (surtout aux parties) pour l'enquête; il faut indiquer sous peine de nullité, qu'elles ont été représentées. *B. c.* 4 *janv.* 1813 *et* 31 *janv.* 1826; *Poitiers*, 22 *avr.* 1830, *avoués*, *xl*, 7.

(67) C'est-à-dire des assignations et notifications de témoins aux parties : déclarations et sermens faits par les témoins avant de déposer; formes ci-dessus du procès-verbal; reproches et leurs explications; dépositions orales, et leurs changemens et additions; interpellations aux témoins, réponses et signatures... en un mot, de presque toutes les formes indiquées depuis le commencement de ce §, p. 333. — V. *aussi arr. de Turin*, 27 *avr.* 1815, *avoués*, *viij*, 176.

Observations. 1. Cette mention doit-elle être détaillée ?.. oui, *suiv. d. B. c.* 1826, *et Limoges*, 4 *juill.* 1827, *avoués*, *xxxv*, 55... NON, il suffit d'une mention générale, *suiv. Bordeaux et rej. requ*, 30 *avr.* et 9 *déc.* 1828, *ib.*, *xxxv*, 233, *xxxvj*, 324.

Bien plus, le défaut de mention n'annulle pas si les formes ont été réellement observées, *suiv. Grenoble*, 27 *août* 1829, *ib.*, *xlj*, 527 (mais voyez M. *Chauveau*, *note*, *ib.*, 528).

(68) *Observations.* 1. Autrefois, on rédigeait deux procès-verbaux; l'un ou le procès-verbal proprement dit, contenait toutes les formalités de l'enquête, telles que ouverture, assignations, remises, etc. ; l'autre, qu'on nom-

mait l'*enquête* ou le *cahier d'enquête*, renfermait les dépositions, à chacune desquelles on répétait aussi les noms, demeure, âge et serment des témoins et la lecture à eux faite. Il y avait donc un double emploi de certaines formalités. C'est que comme les reproches ne se faisaient qu'après les dépositions, pour mettre la partie en état de les proposer, et en même temps pour l'empêcher de s'y déterminer d'après la circonstance que les dépositions lui étaient défavorables, on lui communiquait simplement le procès-verbal, où elle trouvait la désignation des témoins; on attendait, pour lui communiquer le cahier d'enquête, que le délai pour reprocher (huitaine) fût expiré. V, *à ce sujet*, *Rodier, tit.* 22, *art.* 20, 22 *et* 27.

Aujourd'hui la partie assistant à l'enquête, et ayant par-là même cette connaissance des dépositions qu'il fallait autrefois lui cacher avant l'expiration du délai des reproches, il n'est plus nécessaire de faire deux procès-verbaux séparés; on peut (cela nous paraît même plus convenable) intercaler les dépositions dans le procès-verbal du commissaire, ainsi que le remarque Pigeau (*i*, 274), et que l'a jugé la cour de Grenoble (*arr.* 25 *juill.* 1810, *J.-C-c. xvj*, 156).

2. *Justice de paix.* Si la cause n'est pas sujette à l'appel, on se borne à énoncer dans le jugement l'observation des formes principales, les reproches et le résultat des dépositions. *C-pr.* 40. — Si elle est sujette à l'appel, le greffier dresse un procès-verbal des dépositions; et y énonce aussi les noms, âge, profession et demeure des témoins, leur serment de dire la vérité, leur déclaration s'ils sont parens, alliés, serviteurs ou domestiques des parties, et les reproches formés contre eux. *C-pr.* 39. — V. aussi *L.* 26 *oct.* 1790, *tit.* 4, *art.* 4, *et Treilhard, p.* 19.

Observations sur les nullités. 1. La nullité d'une ou de plusieurs dépositions n'entraîne pas celle de l'enquête. *C-pr.* 294. — V. aussi *arr. de Limoges*, de 1814, *cité note* 61, *p.* 335.

2. L'enquête ou la déposition annulée par la faute du commissaire, est recommencée (**69**) à ses frais (**70**); tandis que si c'est par la faute d'un officier ministériel, il n'y a lieu qu'à une répétition de frais et à une demande de dommages contre celui-ci (**71**). *C-pr.* 292, 293. (**72**)

(69) L'ordonnance, *art.* 36, et le Code, *art.* 292, décident qu'on *peut* faire entendre dans l'enquête recommencée, *les mêmes témoins que dans la première.* On a conclu de ces expressions, qu'on ne peut, dans d'autres cas, faire entendre deux fois des témoins sur les mêmes faits. V. *Paris*, 1 *th. xiij et* 18 *fév.* 1806, *J-C-c. iv*, 428, *vj*, 415; *Turin*, 12 *janv.* 1811, *Limoges*, 13 *juin* 1818, *avoués*, *iij*, 354, *xx*, 184. — V. aussi *pr.-verb.*, *xxij*, 42 (il en serait autrement si l'enquête s'était perdue, *suiv. arr. de* 1574, *Expilly*, *ch.* 69).

Au surplus, si quelques-uns de ces témoins ne peuvent être entendus, les juges sont autorisés à avoir tel égard que de raison à ce qu'ils ont dit dans la première enquête. *C-pr.* 292, *in f.*

(70) Les délais de la nouvelle enquête ou de la nouvelle audition courent de la signification du jugement qui l'ordonne. *C-pr.* 292. — Pigeau , t. 1, p. 281, soutient que ces termes nouvelle *enquête* , nouvelle *audition* , sont synonymes dans cette hypothèse.

(71) V. aussi *C-pr.* 71, 1051, *et part.* 1 , *ch. des dépens, n. ij, p.* 174, *et not.* 7 *et* 8 , *ib. et p.* 175.

Cette dernière décision, fondée sur la crainte que la nullité ne fût le résultat d'un concert frauduleux entre l'officier ministériel et son client. (*Perrin, p.* 253), a été puisée dans Jousse (l'ordonnance, *art.* 36 , ne statue rien sur ce point). Rodier, *art.* 20, la combat comme injuste et contraire à la jurispru-dence ; et en effet , il rapporte un arrêt du parlement de Toulouse , de 1758, qui admet une seconde enquête ; et celui de Grenoble en a rendu un sembla-ble , *consultis classibus,* en 1685. — V. *Chorier, liv.* 5 , *sect.* 4 , *art.* 11, *p.* 514, *note b.*

Observations. 1. Jadis, en matière de divorce et dans ce même cas de nullité procédant de la faute d'un officier ministériel , l'enquête pouvait être recommencée (c'est que le Code civil ne le défendait pas). *Arr. cass.* 28 *déc.* 1807, 8 *juin* 1808.

2. Elle ne peut l'être dans le cas indiqué note 30, n. 1 , p. 325, *suiv. l'arrêt de Montpellier, cité ib.* — Mais voyez à ce sujet, *arr. de Paris* , 6 *mai* 1811 , *avoués, iij,* 294 (il donne une décision contraire).

3. La condamnation de l'avoué ou de l'huissier aux frais et (en cas de manifeste négligence), aux dommages, est laissée à l'arbitrage du juge. *C-pr.* 293.

4. On peut renvoyer à statuer sur les nullités, jusques au jugement du fond, *suiv. un arr. de Rennes,* 18 *avr.* 1810, *avoués, ij,* 376.

5. La nullité ne peut se proposer en appel quand on a paru en première in-stance. V. *arr. de Colmar,* 20 *févr.* 1811 , *avoués, iv,* 67, *par arg. de C-pr.* 173.

(72) Mais dans le premier cas, l'autre partie peut-elle être admise à refaire sa contr'enquête ?. Pussort décide que non ; Rodier, au contraire, soutient l'af-firmative, du moins pour quelques circonstances. V. *proc.-verb., tit.* 22, *art.* 42; *Rodier, art.* 36, *qu.* 4.

§ 6. *Résultats de la procédure.*

L'enquête terminée , la partie la plus diligente la notifie à l'avoué (73) et poursuit l'audience (74). *C-pr.* 286; *tarif* 70. (75)

S'il y a plusieurs témoignages qui représentent le fait d'une manière différente , le juge, pour décou-vrir la vérité, doit prendre en considération, moins le nombre des déposans (76) que leur *moralité,* leur réputation , leur âge, etc.; examiner s'ils n'ont point vacillé et s'ils ne se contredisent pas ; si leurs déposi-tions paraissent vraisemblables et être faites naturel-lement et sans avoir été concertées, soit avec les par-

ties, soit avec d'autres témoins; si elles sont faites
d'après ce qu'ils ont vu et non d'après des oui-dire,
etc. V. *L.* 2 *et* 3 *in pr.*, *ff. de testibus.* (77)

(73) *Dr. anc.* Il y avait des arrêts pour la notification à la partie, d'autres
pour la notification au procureur. *Rodier*, *art.* 27.

(74) Sur un simple acte. *C-pr.* 286. — (Sauf à y faire ordonner une instruction par écrit. V. *ci-dev.* p. 266, *note* 5). — Ce qui a lieu également à
l'expiration des délais. V. *ci-dev.* p. 526.

(75) *Observations.* 1. Si le demandeur refuse de signifier son enquête, le
défendeur peut poursuivre l'audience sans notifier sa contr'enquête, V. *Agen*,
5 *avr.* 1824, *et rej. civ.* 5 *fév.* 1828, *avoués*, xxvj, 198, xxxv, 84; M.
Chauveau, d. p. 198.

2. *Justice de paix.* Aussitôt après l'enquête, ou au plus tard à la première
audience, le juge doit statuer sur la cause. V. *C-pr.* 39.

Quid s'il néglige de le faire pendant quatre mois?.. V. *C-pr.* 15, *et ci-après*
tit. de la péremption, note 19.

(76) *V.* ci-devant notes 34 et 55, p. 328 et 333.

(77) *V. aussi* Danti sur Boiceau, ch. 7, addit., n. 61 et 62; répert., mot
témoin, § 1, art. 6; M, Merlin, rec. alph., mot avantage aux héritiers, § 2,
n. iv, t. 1, p. 216.

Danti est le plus estimé des auteurs qui ont publié des ouvrages sur cette
matière, et néanmoins « il s'en faut bien que ce Danti mérite la confiance
qu'on lui accorde; le désordre est son moindre défaut. Un traité sur les
preuves nous manque encore ». — SERVAN, *discours dans la cause du*
comte de Suze.

TITRE IV.

Des expertises, ou des rapports d'experts. (1)

Un expert est un homme en état d'éclairer le juge sur des questions ou des faits que celui-ci ne peut approfondir ou connaître par lui-même, parce qu'ils exigent, ou des notions étrangères à sa profession, ou un déplacement qu'elle rend souvent difficile.

Il ne faut pas conclure de là, qu'on doive toujours consulter des experts dans de semblables circonstances : on peut induire de l'ensemble de la législation sur cette matière, car la loi ne s'explique pas précisément à ce sujet, qu'en général, on a recours à leur ministère lorsqu'il s'agit d'une évaluation ou d'un partage, en un mot d'opérations auxquelles le juge n'a pas besoin de participer pour pouvoir appliquer la loi ; qu'au contraire, lorsque l'examen de la configuration ou de la disposition d'un local en litige, est utile pour la même application, le juge a recours à l'accès de lieux dont on parlera au titre suivant. V. *ce titre, note* 3, *p.* 347. (2)

Au surplus, on appelle *expertise* l'opération des experts, et *rapport* l'exposé de cette opération (3)... Comment nomme-t-on les experts, quelles règles doit-on observer dans les rapports, et quels peuvent être les résultats et les suites de ces actes?... Voilà ce que nous avons à examiner... Mais il faut d'abord observer que le rapport doit être ordonné par un jugement, où l'on énonce avec clarté les objets de l'expertise (4). *Ord.* 1667, *tit.* 21, *art.* 8 ; *C-pr.* 302. (5)

---

(1) Ce titre correspond au titre 14, liv. 2 du Code, et à une partie des titres 5 et 8 du liv. 1. — La loi dit 'quelquefois (*C-pr.* 29, 42; *C-c.* 845, etc.) *gens de l'art... gens à ce connaissant,* au lieu d'experts.

(2) V. aussi ci-après, *p.* 345, *note* 30, *n.* 1.

Observations. 1. Quand il s'agit d'une estimation, l'on doit préférer l'expertise aux enquêtes. *Ord. de Blois, art.* 162.

2. La preuve de la lésion dans le prix d'une vente ne peut se faire que par un rapport de trois experts. *C-c.* 1678; *rec. alph. vj*, 50, *mot cantonnement*, § 8. — Autres cas où la loi prescrit une expertise. V. *C-pr.* 129, 196, 252, 956, 971; *C-c.* 466, 824, 1716, 2078; *L.* 22 frim. vij, art. 18; 16 sept. 1807, art. 8; 21 avr. 1810, art. 87; 30 mars 1831, art. 3 à 8.

(3) C'est-à-dire l'exposé de leurs travaux, recherches, calculs, etc., ainsi que leur avis formé d'après ces travaux.

(4) *Observations.* 1. Cette règle a pour but d'empêcher les experts de s'écarter de leur mission. On atteindrait même plus sûrement à ce but, si le juge leur indiquait les opérations principales auxquelles ils doivent s'attacher : par exemple, au parlement de Grenoble on les obligeait d'estimer les biens d'après la valeur des fruits qu'ils étaient susceptibles de produire, et à raison du quatre et demi pour cent si c'étaient des biens taillables. V. *Grand-Thorane, des rapports d'experts, ch.* 3 ; *arr. ib.*; et pour d'autres exemples, *C-pr.* 129, 195, 956.

2. Les experts ne peuvent examiner d'autres objets que ceux énoncés dans le jugement, à moins que les nouveaux objets n'aient de la liaison avec les premiers. V. *à ce sujet, Rodier, tit.* 21, *art.* 8.

(5) *Justice de paix.* Cette énonciation se fait dans la cédule de la citation à donner aux experts. *C-pr.* 29.

I. *Nomination.* L'expertise est confiée à trois experts (6) nommés par les parties en commun, ou lors du jugement (7), ou dans les trois jours après la signification (8); sinon par le jugement même, *ex officio* (9). V. *C-pr.* 303 à 306; 429 *in f.*, 430, 955; *Treilhard, p.* 43; *C-c.* 1680. (10)

Les experts nommés d'office peuvent seuls être récusés (11), et pour les mêmes causes que les témoins (12). La récusation est instruite avec rapidité; et, en cas de contestation, vidée sommairement à l'audience (13); le jugement qui y statue, remplace (d'office) l'expert dont il admet la récusation, ou condamne à des dommages (14) le récusant mal fondé. *C-pr.* 308 à 314; *Perrin, p.* 232.

Le ministère des experts est entièrement libre; mais une fois qu'ils ont accepté par la prestation du serment (15) auquel ils sont tenus, il faut qu'ils remplissent leur mission (16), sous peine de dépens et dommages. *C-pr.* 316 *in f.* — V. aussi *Perrin, p.* 255. (17)

L'expert qui refuse, ou qui ne se présente pas pour le serment (18) ou l'expertise, est remplacé sur-le-

champ par les parties, sinon d'office, par le tribunal
(19). *C-pr.* 316, *in pr.*, 305, *in f.*, 307.

(6) Ou à un seul, si les parties y consentent, mais non pas à plus de trois.
V. *C-pr.* 303 et 971; *arr. Paris*, 4 *févr.* et 1 *avr.* 1811, *avoués, iij,* 203,
215. — Décisions sur la nécessité et l'époque de leur consentement. V. *rej.
requ.* 20 *juill.* 1825, 22 *fév.* 1830 *et* 28 *déc.* 1831, *Poitiers et Nancy,* 3 *et*
11 *mai* 1832, *avoués, xxx,* 135, *xxxij,* 350, *xlij,* 40 *et* 250; *B. c.* 15 *juin*
1830.

(7) Qui en donne acte aussitôt. — V. *C-pr.* 304.

(8) *Nommés* par acte au greffe, où assiste l'avoué. *C-pr.* 306; *tarif,* 91.
Observations. 1. Si on leur a donné l'option de se régler par des experts
dans un certain délai, les trois jours ne courent que de la fin de ce délai, *suiv.
Orléans,* 12 *déc.* 1810, *Hautefeuille,* 171.

2 On doit induire du silence du code que la signification du jugement
peut être faite par la partie la plus diligente.

(9) Et par conséquent d'avance, pour le cas où les parties ne s'accorderont
pas; mais il est nécessaire qu'il leur enjoigne, ou qu'elles soient mises en demeure de nommer. V. *C-pr.* 305; *Bruxelles,* 6 *août* 1808, *J-C-pr. ij,* 468;
d. arr. 4 *févr.*—Cette nomination se peut faire par défaut. V. *arr. d'Aix,*
1807, *ib., i,* 122; *ci-dev.* p. 290, *note* 19, *n.* 3.

Justice de paix. Les experts y sont nommés d'office. V. *C-pr.* 42.

(10) *Observations.* 1. L'expertise était jadis confiée à deux experts (chaque partie en nommait un) auxquels on adjoignait, en cas de partage, un
tiers-expert. V. *d. ord.,* art. 13.—Cette méthode donnait lieu à divers embarras, qu'on a prévenus par les règles précédentes. V. *Jousse, ib.; Saint-
André, t.* 12, *art.* 9; *M. Merlin, rec. alph., mot tiers-expert.*

2. Mais ces règles ne s'appliquent point aux expertises exigées dans certaines causes spéciales, telles que les causes administratives et de l'enregistrement. V. *rép., mot expert, n.* 4; *avis cons. d'état,* 11 *juin* 1807; *L,* 22 *frim.
vij, art.* 12 *et* 18; *arg. L.* 16 *sept.* 1807, *art.* 8; *arr. cass.* 1808, 1809 *et*
1810, *aux tables du B. c.; surtout* 5 *nov.* 1811, 26 *oct.* 1813, 17 *avr.* 1816,
30 *déc.* 1822 *et* 18 *août* 1823, *B. c.;* 2 *sept.* 1812, *Nevers,* 1813, 58; *ci-apr.
note* 32 *a, et sect.* 6, § 1; *rec. alph., vj,* 228.

(11) Les parties étant censées connaître les causes de récusation des experts qu'elles ont nommés, sont également censées n'avoir point voulu s'y
arrêter. Par la raison inverse, elles ont le droit de les récuser pour des causes
postérieures à leur nomination, mais antérieures à leur serment. *C-pr.* 308.

Bien plus elles ont même ce droit après la prestation de serment si elle a
suivi immédiatement la nomination, *suiv. Bordeaux,* 2 *août* 1833, *avoués,
xlvij,* 575.

(12) V. p. 330, n. ij, et les notes... V. aussi *C-pén.* 28, 24 *et* 42.
Dr. anc. Il y avait de l'incertitude sur ce point. V. *Rodier, xxj,* 9.

(13) Récusation par acte d'avoué dans les trois jours au plus de la nomination, et en même temps indication et preuve, ou offre de la preuve des causes
de récusation; réponse à cet acte; jugement à l'audience sur un simple acte
et sur les conclusions du ministère public, où l'on peut autoriser la preuve de
ces causes par enquêtes sommaires, et qui est exécutoire par provision...
Voilà à-peu-près les formes prescrites. V. *C-pr.* 308 à 314, 430; *tarif,* 71; *et
ci-apr. tit. des matières sommaires.*

(14) L'expert qui en a requis ne peut rester expert. *C-pr.* 314. — C'est
qu'alors il s'est constitué l'adversaire du récusant, et il devient par conséquent
suspect. V. *ci-après, tit. de la récusation,* § 2, *in f.*

(15) Devant un juge nommé par le jugement (ou devant le juge de paix des lieux)... Ce juge, sur une requête de la partie la plus diligente (elle peut la présenter après l'expiration du délai de nomination... v. *C-pr.* 307 ; *ci-dev. n.* 1, *p.* 340), rend une ordonnance pour la prestation, qui se fait même en l'absence des parties, ensuite d'une sommation notifiée aux experts. *C-pr.* 305 ; *arg. de id.,* 307 *et* 315, *conf.*; *tarif,* 76, 91; *ci-apr. note* 20.—On leur notifie aussi l'ordonnance (*tarif* 29), mais le délai de notification n'est pas fatal, *suiv. Montpellier,* 15 mai 1810, *avoués, ij ,* 175.

(16) *Observations.* 1. Jadis ils n'y étaient pas forcés tant qu'on n'avait pas (sur leur demande) consigné leurs vacations. V. *Jousse et Rodier, article* 15, *tit.* 21. — Il paraît juste d'observer encore cette règle (on pourrait d'ailleurs la fonder sur C-pr. 851 et 301) ainsi que celle qui leur défend de recevoir des présens, des repas, etc., des parties. V. *d. art.* 15; *et d. tit. de la récusation,* § 1, *n.* 3, *et note* 18, *ib.* — On a néanmoins jugé (*Grenoble,* 23 *juill.* 1830, *avoués, xlv,* 587) que la consignation n'est pas nécessaire (mais v. *M. Chauveau, ib.*)

2. Quant à leur *taxe*, v. C-pr. 319, et surtout tarif 159 à 165 et 25.

3. *Action solidaire..* v. ci-apr. note 32, n. 3, p. 346.

(17) V. *aussi Pothier, sup.*; *Jousse art.* 10. —On a adopté sur ce point (l'ordonnance ne statuait rien) l'avis de Rodier, tit. 21, art. 10, qui excepte le cas des empêchemens légitimes. Il y a au reste mêmes motifs que pour le déport des arbitres. V. *p,* 43, *et note* 21, *p.* 44.

(18) Sur la sommation d'une partie. V. *C-pr.* 307, *et note* 15.

(19) Cette nomination d'office a même lieu lorsque les trois experts ont été nommés à l'amiable ; du moins, il est certain que les deux experts restans ne peuvent procéder seuls. V. *à ce sujet, B. c.* 21 *sept.* 1811.

II. *Expertise...* On informe les parties (**20**) des jour (**21**) et heure, et du lieu des opérations des experts, afin qu'elles puissent présenter les observations et faire les réquisitions qu'elles jugent convenables. Ces opérations (c'est-à-dire l'expertise) doivent être faites sur les lieux contentieux, tandis que le rapport peut être dressé ailleurs. *V. C-pr.* 315, 317, 1034; *Pr.-verb., viij,* 16; *Rodier, art.* 12; *ci-dev. p.* 304, *note* 26. (**22**)

Pendant ces opérations, les experts doivent prendre tous les renseignemens qui sont nécessaires à la découverte de la vérité; consulter, par exemple, des habitans plus instruits qu'eux sur les localités et les faits (**23**). V. *Jousse, art.* 12; *Bézieux, liv.* 2, *ch.* 4, § 20; *rép., h. v.*

Le juge doit même leur permettre de faire d'autres perquisitions, ainsi que des interpellations aux parties. V. *Pigeau, i,* 289.

(20) *Lors du serment..* Cette indication vaut sommation, et il n'est pas besoin de la réitérer s'il y a plusieurs séances... Si la partie est absente, on lui fait sommation par acte d'avoué... V. *C-pr.* 315, 1034; *tarif*, 70, 91; *Montpellier*, 27 *mars* 1824, *avoués. xxvj*, 181 ; *ci-dev. note* 15. — V. aussi *Berdeaux*, 2 *août* 1833, *avoués, xlvij*, 575.

Observations. 1. Le défaut de sommation emporte la nullité de l'expertise. V. *Grenoble*, 1825, *Sirey*, 26, 2, 165, *Dijon*, *Poitiers et Colmar*, 1828, 1830 *et* 1852, *ib.*, *xxxvij*, 178, *xxxix*, 150, *xlv*, 75.—V. aussi *rej. requ.*, 13 *nov.* 1832, *ib.*, *xlv*, 440. — Mais cette nullité est couverte par la comparution à l'expertise, *suiv. d. arr. de Dijon*, *d. t.* 37, *p.* 178.

2. *Justice de paix.* La sommation résulte tacitement de la cédule (où y indique la date du jugement et l'heure de l'opération) citée *note* 5, *p.* 340.

3. *Dr. anc.* Le jugement donnait cette indication, ce qui était presque toujours inutile. V. *Rodier, art.* 8.

(21) *Autres que des dimanches et fêtes.* V. *arr. du parl. d'Aix, dans Bézieux, liv.* 2, *ch.* 6, § 2 ; *M. Merlin, rép., sup.*—Mais cela n'est pas prescrit sous peine de nullité. V. *Carré*, *an.*, *i*, 610 ; *Bourges*, 30 *mars* 1829, *avoués, xxxvij*, 230.

(22) *Observations.* 1. En principe général, les parties doivent être entendues ou appelées en matière d'expertise. V. *B. c. cr.* 3 *oct.* 1817.

2. On fait mention de leurs dires et réquisitions dans le rapport... Le jugement et les pièces nécessaires sont remis préalablement aux experts. V. *C-pr.* 317 *et d. note* 26.—Si les parties se font assister d'avoués, c'est à leurs frais. *Tarif*, 92.

3. Le rapport est rédigé dans le lieu, et aux jour et heure indiqués par les experts. V. *d. art.* 317 *et d. note* 26. — L'omission de constater cette indication est-elle une nullité?... OUI, *suiv. Nancy*, 10 *sept.* 1814, *Jalbert*, 1816, 2, 61... NON. V. *Montpellier, cité ci-dev. note* 20, *Toulouse et Metz*, 1823, *Bourges*, 1825, *Agen*, 1828, *Bordeaux*, 1833, *et rej. requ.* 11 *nov.* 1829, *avoués, xxv*, 335 *et* 349, *xxx*, 221, *xxxvj*, 81 , *xxxviij*, 39, *xlvij*, 575.—Il n'y a pas même nullité si la rédaction a été faite hors des lieux contentieux. *Rej. requ.* 7 *déc.* 1826 *et Agen*, 16 *juill.* 1828, *ib.*, *xxxij*, 354, *xxxvj*, 81.

(23) On les nommait dans quelques provinces, *sapiteurs.*

III. *Rapport.* Les experts dressent un rapport unique, où ils forment leur *avis* (également un *seul* avis) à la pluralité des voix, sauf à indiquer, en cas d'opinions différentes (**24**), les motifs de chacune, mais sans désigner ceux qui les ont émises (**25**). *C-pr.* 318, 956; *C-c.* 1678, 1679; *ci-dev. p.* 304.

Ils doivent aussi l'écrire, le signer (**26**) et le remettre au greffe (**27**), où il peut être *levé* par la partie la plus diligente. V. *au surplus*, *C-pr.* 317 *in f.*, 319, 320, 957 *in pr.* (**28**)

Le rapport est ensuite signifié à avoué, et l'audience est poursuivie (sur un simple acte). V. *C-pr.* 321; *tarif* 70; *d. ord.., art.* 23. (**28 a**)

(24 et 25) Au moyen de cette mesure, la crainte du ressentiment d'une partie ne peut les détourner d'émettre un avis qui lui serait défavorable.— L'omission de motiver n'est pas une nullité, *suiv.* Colmar, 5 mai 1809, *J.-C.-c. xiij*, 256.

Jadis, s'il y avait un tiers expert, et si les experts différaient d'opinion, ils faisaient chacun un rapport. *D. ord.*, *art.* 15; *Jousse et Rodier*, *ib.*

(26) Si l'un d'eux ne sait pas écrire, le rapport est écrit et signé par le greffier de la justice de paix. V. *C-pr.* 517; *tarif,* 15.

Il n'y a pas nullité si, sachant écrire, ils l'ont dicté au greffier, *suiv.* Paris, 21 *juin* 1814, *et* Rouen, 6 *et* 24 *juill.* 1826, *avoués, x,* 251, *xxxij,* 108.—Ni s'ils en ont seulement écrit le résumé. V. *rej. requ.* 20 *juin* 1826, *ib., xxxj,* 291.

(27) Sous peine de condamnation, même par corps, prononcée sommairement, sur une assignation à trois jours, sans conciliation ni instruction. *C-pr.* 520.—On remet le rapport au greffe de la Cour royale, si elle a ordonné l'expertise. V. Paris, 1809, 1825, *avoués, i,* 24, *xxx,* 15. — V. aussi *ci-dev. p.* 135, *note* 13, *et ci-apr. tit. de l'appel, note* 119, *n.* 1, *et des matières sommaires, note* 7, *n.* 1.

(28) *Justice de paix.* L'expertise y est souvent liée à l'accès de lieu. Les experts font alors la visite avec le juge et donnent leur avis. Si la cause est de première instance, le greffier rédige le procès-verbal (il y constate le serment des experts) qu'il signe avec le juge et les experts (s'ils ne savent ou ne peuvent signer, on en fait mention). Si la cause est de dernier ressort, on énonce dans le jugement l'avis, les noms et le serment des experts. V. *C-pr.* 42, 43.

(28 a) Rien n'empêche, selon nous, que le tribunal n'ordonne ensuite une instruction par écrit. V. *p.* 266, *note* 5.

IV. *Résultats et suites du rapport.* Les experts, on l'a dit, ne sont point des juges, mais des hommes chargés de fournir des renseignemens aux juges (**29**): plusieurs conséquences dérivent de ce principe.

1° Le juge, si sa conviction s'y oppose, n'est point tenu de suivre l'avis des experts. *C-pr.* 323 (**50**).

2° Les experts doivent renvoyer les parties aux tribunaux, lorsqu'il s'élève entre elles des contestations qui arrêtent le cours de la procédure. V. *Pigeau, t.* 1, *p.* 296.

3° Si le juge n'est pas suffisamment éclairé par le rapport, il a la faculté d'en ordonner d'office (**51**) un second (**32**), que feront de nouveaux experts, aussi nommés d'office (**32** *a*) et autorisés à demander des renseignemens aux premiers. V. *C-pr.* 322. — V. aussi *Orléans,* 17 *août* 1809, *Hautefeuille,* 177.

Mais quoique les experts ne soient pas des juges,

comme ce sont des fonctionnaires avoués par les parties ou par la justice, on doit (33) tenir pour vrais les faits qu'ils énoncent dans leur rapport, lorsque les énonciations sont relatives à leur ministère ; c'est-à-dire lorsqu'elles sont relatives à des faits qui ont pu se passer devant eux, ou bien auxquels ils ont pu concourir au moment où ils agissaient en qualité d'experts. V. *Bézieux, d.* § 20 ; *B. c.* 6 *frim. xiv* (34) ; *ci-dev., p.* 182, *n. viij, et notes ib.*

(29) *Dictum expertorum nusquam transit in rem judicatam.—V.* Dumoulin, in consuet., tit. 6, § 79 ; Rodier, tit. 12, in f. ; tit. 21 , art. 8 ; rej. requ. 10 juin 1818, avoués, xix, 196.

(30) V. aussi *B. c.* 9 .*brum. et* 20 *frim. xiv* ; *Colmar,* 20 *janv.* 1805, *prat. fr. ij,* 252 ; *rép. xiij,* 304, *mot succession fut., n.* 3 ; surtout *rec. alph., v,* 532, *mot vérificat. d'écriture,* § 2.

C'est qu'il est possible que le juge tire des renseignemens contenus dans le rapport, d'autres conséquences que les experts... par conséquent, il peut fixer un déficit à une somme plus forte que les experts. V. *arr. rej.* 22 *mars* 1813, *Nevers,* 223.

Mais il faut que *sa conviction s'oppose* à l'avis des experts pour qu'il puisse s'en écarter ; et par-là même il doit énoncer cette conviction, *suiv. arr. cass.* 7 *août* 1815.—Ou au moins les motifs pour lesquels il s'en est écarté. V. *Bordeaux,* 8 *janv.* 1830, *et rej. requ.* 7 *mars* 1832, *avoués, xxxviij,* 354, *xliij,* 676.

Observations. 1. On conclut aussi des remarques précédentes, que le juge peut laisser de côté le rapport, et *arbitrer* d'après d'autres bases. V. *d. arr.* 28 *janv.* 1806 ; *rej. requ. ou civ.* 10 *mars et* 7 *déc.* 1819, 20 *juill. et* 21 *déc.* 1825, 30 *mars* 1831, 18 *avr.* 1832 *et* 9 *avr.* 1833, *avoués, xx,* 135, *xxj,* 158, *xxx,* 135 *et* 378, *xliij,* 653, *xliv,* 309.

C'est qu'il est considéré comme *arbitre de droit,* d'autant plus qu'il ne doit pas même ordonner d'expertise lorsqu'il peut faire lui-même l'opération d'après les pièces (par exemple, liquider des *dommages...* v. *ci-apr. tit. des liquidations,* § 2).—Mais v. toutefois, *B. c.* 20 *déc.* 1819 (*cité au d. tit., note* 10, *n.* 1) *et* 6 *août* 1822 *et* 25 *juin* 1832, *cités à celui des redditions de comptes, note* 2.

2. La règle du texte s'applique aux expertises sur vérification d'écritures. V. *M. Merlin, rec. alph., mot vérificat.,* § 2 ; *arr. cass.* 16 *therm. x, ib.* ; *ci-dev., tit.* 1, *p.* 303 *et* 304 , *n. iij.*

3. Il n'en est pas de même dans les procédures spéciales où la loi indique l'expertise comme un moyen précis de vérification du fait. V. *arr. cass.* 7 *mars* 1808 *et* 28 *mars* 1831 ; surtout *ci-dev. note* 10, *p.* 341 ; *ci-apr. sect.* 6, § 1.—Par exemple , lorsqu'en matière d'enregistrement , une expertise a été ordonnée pour évaluer des immeubles et fixer ainsi un droit de mutation, le juge est tenu, ou de la suivre, ou d'en ordonner une seconde d'office : il ne peut pas lui-même faire l'estimation. V. *B. c.* 17 *avr.* 1816.— V. aussi *ci-apr., note* 3, *n.* 33.

(31) V. à ce sujet, *p.* 195, *et note* 31 , *p.* 196 ; *rec. alph., mot cours d'eau* § 1 ; *rej. civ.* 20 *août* 1828, *avoués, xxxvj,* 115.

Observations. 1. Il doit faire mention de l'insuffisance du premier rapport. *Arg. du C-pr.*, 322; *d. rec.*, 2ᵉ *édit.*, *mot union*, § 2.—Exception à cette règle... V. *ci-apr. tit. de la tierce-opposition*, *note* 21.

2. Le juge peut surtout ordonner un second rapport, lorsque le premier lui offre des opinions divergentes. V. *arr. de Colmar cité note* 24, *p.* 344. — Et il le doit lorsque le premier est nul. *B. c.* 29 *févr.* 1832.

3. Il peut aussi, même en matière d'enregistrement, ordonner un second rapport lorsque le premier ne lui paraît pas suffisant : aucune loi ne le prohibe. V. *arr. rej. civ.* 24 *juill.* 1815, *Jalbert*, 437 ; *et d. arr.* 17 *avr.* 1816; *rec. alph. vj*, 228, 229, *mot expert*, § 10, *n.* 2 *et* 3.

4. Réciproquement, lorsqu'il se déclare suffisamment éclairé par le premier, il n'est pas obligé, même en semblable matière, d'en ordonner un second. V. *arr. rej.* 6 *avr.* 1815, *Jalbert*, 367.

(52) On d'ordonner que les experts s'expliqueront sur les passages obscurs de leur rapport. V. *d. rec.*, *mot expert*, § 1.

Observations. 1. Autrefois on ne permettait presque jamais un troisième rapport, si ce n'est en Provence, où il y en avait le plus souvent trois. V. *Bézieux et Grand-Thorane, sup.*; *rép.*, *h. v.*, *n.* 7.

2. L'offre d'en avancer les frais n'est pas un motif suffisant d'autoriser un nouveau rapport. *Arrêts du parlem. de Douai*, *répert.*, *d. n.* 7 ; *Jousse*, *art.* 13.

3. Comme le Code (*art.* 319) accorde aux experts, pour leur taxe, un exécutoire contre la partie qui a requis l'expertise, ou qui l'a poursuivie quand elle a été ordonnée d'office, on en avait d'abord conclu que les experts n'ont pas comme autrefois, une action solidaire contre les parties, à raison de cette taxe. V. *M. Merlin, répert.*, *mot expert*, *n.* 9, *t.* 5, *p.* 31, *et C-c.* 1202.

On a ensuite jugé que des arbitres nommés en vertu du Code (*art.* 429) pour des examens de comptes et registres de négocians (v. *ci-apr. tit. de la procéd. de comm.*, *n.* 10) ont une action solidaire à raison de leur taxe, parce que, dans ce cas, l'obligation des parties envers eux, est considérée comme indivisible en ce sens que chaque portion de leur travail est dans l'intérêt des deux parties. V. *rej. civ.*, 11 *août* 1813, *Jalbert*, 1814, 591 ; *Aix*, 4 *mars* 1833, *avoués*, *xlv*, 417.

Enfin, l'auteur qui avait professé la première doctrine, a décidé (*répert.*, *xvij*, 64) que si, comme dans l'hypothèse de l'arrêt du 11 août, une partie a adhéré à la proposition de l'autre sur l'expertise, les experts doivent avoir une action solidaire puisqu'ils sont nommés par toutes les deux et qu'ils agissent dans leur intérêt commun (v. *C-c.* 2002).

(52 a) *Observations.* 1. Ou même un *seul* si les parties n'en avaient d'abord choisi qu'un, *suiv. Montpellier*, cité note 20.

2. En matière d'enregistrement les nouveaux experts ne sont pas nommés d'office. V. *B. c.* 16 *juin* 1823.

(53) Jusques à la preuve contraire par la voie du faux.

(54) Telles seraient ces énonciations : qu'ils ont consulté des sapiteurs (*arr. dans Bézieux*, *ib.*), ou procédé en la présence des parties (*Aix*, 1811, *J-C-c. xix*, 55); qu'elles leur ont donné un pouvoir verbal, ou fait une déclaration (v. *Bézieux*, *ib.*; *Agen*, 25 *juin* 1824, *Sirey*, 25, 2, 188); qu'ils ont procédé tel jour, etc. *D. arr.* 6 *frim.*

Quant aux expertises pour l'estimation des successions, ou aux *compositions de masse*... V. Grand-Thorane, *sup.*

TITRE V.

Des accès de lieu. (1)

On nomme accès de lieu (2) le transport d'un juge sur un local contentieux. Ce transport est surtout nécessaire lorsqu'on craint qu'un rapport d'experts ne suffise pas pour éclairer le tribunal sur l'objet de la contestation; dans le cas opposé (3), on ne peut l'ordonner que sur la demande de l'une des parties (4). Dans tous les cas, il est ordonné par un jugement où l'on commet pour l'accès un des juges qui ont concouru à la décision (5). V. d. ord., tit. 21, art. 1 et 4; C-pr. 295, 296.

Il faut ensuite une autre demande (6) pour que l'époque de l'accès soit fixée par le juge-commissaire: la signification de son ordonnance équivaut à une sommation (7). *D. ord., art. 5 et 6; C-pr. 297; tarif 70, 76, 92.*

Le procès-verbal de transport est signifié aux avoués, et l'on peut, trois jours après, poursuivre l'audience (8). *D. ord., art. 19, 23; C-pr. 299; tarif 70; ci-dev. tit. des audiences, note 5, p. 266.*

Si le rapport du commissaire ne suffit pas pour éclairer ses collègues, on peut ordonner la levée du plan des lieux, quelquefois même en relief (9). V. *Lange, Mercier et Jousse, sup.; Pigeau, i, 352.* (10)

(1 et 2) Ce titre correspond au titre 13, liv. 2 du Code, intitulé *des descentes sur les lieux*, et au titre 8, livre 1, intitulé *des visites des lieux et des appréciations*.

(3) C'est-à-dire quand un rapport suffit... L'accès de lieux, observent les auteurs, est utile surtout dans les contestations relatives à des entreprises sur les cours d'eaux, les clôtures, les bornes, terres, arbres, haies, fossés, et à des usurpations de servitudes latentes, etc.; car, dans ces circonstances, un rapport d'experts peut n'être pas suffisant, comme il le serait, s'il ne s'agissait que de l'évaluation d'un ouvrage à recevoir, d'un héritage à diviser, de fruits à restituer; de la vérification de la qualité, de la culture, des détériorations et améliorations d'une terre; des dégradations faites et

des réparations faites ou à faire à un bâtiment, de l'exécution d'un devis, etc.. V. *Lange*, *liv.* 4, *ch.* 31 ; *Mercier*, *pratic.*, *liv.* 1 ; *Jousse et Rodier*, *tit.* 21 , *art.* 1 ; *Pothier*, *part.* 1, *ch.* 5, *sect.* 2 ; *Perrin*, *etc.*—V. aussi *C-pr.* 38, 129 ; *C-c.* 834, 868, 1559, 2103, ⸆. 4 ; *ci-apr.* § *des liquidations*, *notes* 9 *et* 11 ; *ci-dev.* p. 339, 340.

Malgré ces autorités, l'art. 295 est conçu en de tels termes, qu'on peut dire que la question de l'utilité ou de la nécessité de l'accès est à-peu-près laissée à l'arbitrage du juge. L'article 1er de l'ordonnance où on l'a puisé, offrait le même résultat ; et quoi que en dise Rodier (*ib.*), le procès-verbal (*tit.* 18, *art.* 1) n'avait point levé la difficulté. Enfin, c'est ce qui a été depuis jugé. V. *rej. requ.* 11 déc. 1827, *avoués*, *xxxv*, 312.

(4) *Justice de paix.*—*Idem*, sous peine de rejet des frais du transport. V. *C-pr.* 38 *et tarif* 8, *conférés*.

(5) Ce juge est sujet à *récusation.*—V. ce tit., note 28 et C-pr. 383.

(6) Elle se forme par requête.—*Tarif* 70.

(7) Elle se fait à avoué. *C-pr.* 297.—Si à la première vacation, le commissaire *remet* la suite de l'examen des lieux à une autre séance, il n'est pas nécessaire de notifier la remise à la partie, lors même qu'elle n'a pas paru. *Arg. de C-pr.* 1034 ; *Pigeau*, *i*, 356.

(8) Signification par la partie la plus diligente... Poursuite d'audience sur un simple acte. *C-pr.* 299.

Observations. 1. Le procès-verbal doit contenir, 1o la mention du temps de l'accès. V. *C-pr.* 298.—2o les observations des parties ; 3o une description exacte et circonstanciée du local, surtout des points à l'égard desquels on est en litige.

2. Les frais de l'accès sont avancés et consignés par le requérant. V. *C-pr.* 301 ; *d. ordonn., art.* 5.

3. Assistance du ministère public aux accès de lieux... V. *ci-dev.* p. 26, note 31, n. 26.

(9) *Observations.* 1. Le but de la loi, lorsqu'elle prescrit de commettre un juge, de noter le temps de l'accès, etc., étant de diminuer les dépenses de cette procédure, il nous semble que le tribunal pourrait aujourd'hui, comme autrefois, se transporter en corps sur les lieux, pourvu que ce fût sans frais ; et cette mesure serait bien préférable à celle des plans. V. *procès-verb.*, *sup.*, *et Rodier*, *art.* 1, *qu.* 4.—On a néanmoins jugé qu'un tel transport est nul lorsqu'il a eu lieu sans jugement préalable et en l'absence des parties, et lorsque le dernier jugement est motivé sur les résultats de ce transport. V. *Agen*, 7 déc. 1809, *avoués*, *i*, 262. — Mais il en est autrement lorsqu'on a réservé aux parties la faculté d'y être présentes. V. *rej. requ.* 9 *fév.* 1820, *ib.*, *xxj*, 224. — V. aussi *Carré*, *anal.*, *i*, 588.

2. On doit également décider, eu égard au même but, qu'il ne faut faire un plan que quand le tribunal l'a ordonné, ou que les parties y consentent. V. *Pigeau*, *ibid.*

(10) *Justice de paix.*—C'est le juge lui-même qui se transporte sur les lieux avec les parties, et les gens de l'art ou experts ; il peut y statuer sans désemparer. V. *pour les détails*, *C-pr.* 41 *à* 43 ; *tarif*, 8, 12 *et* 21 ; *et ci-dev.*, *tit. des expertises*, *notes* 9 *et* 28, *p.* 341 *et* 344. — V. aussi *loi du* 26 *octob.* 1790, *tit.* 5, *art.* 4.

TITRE VI.

De l'interrogatoire sur faits et articles. (1)

Lorsqu'une partie n'a pas des preuves suffisantes, ou même n'a aucune preuve d'un fait contesté, il lui reste une ressource pour l'établir, ou achever de l'établir; celle de faire interroger son adversaire sur ce fait ou sur des faits corrélatifs, parce qu'il est possible qu'elle tire des réponses quelques inductions sur la vérité du même fait (2). C'est ce qu'on nomme un interrogatoire (3) sur faits et articles (4). Quand peut-il y avoir lieu à cet interrogatoire? Comment y procède-t-on? Quels en sont les résultats?.. Ces questions seront l'objet du présent titre.

(1) Ce titre correspond au tit. 15, liv. 2 du Code.

(2) Par exemple, sur l'existence d'une transaction, d'une convention, etc., que cet adversaire avait niée. V. *Bruxelles*, 1 *déc.* 1810, *Nevers*, 1811, *suppl.*, 160; *Lyon*, 16 *juill.* 1826, *avoués*, *xxxiv*, 306. — V. aussi *Colmar*, 24 *mars* 1813 (aveu de paternité), *et rej. requ.* 22 *déc.* 1814 (*id.* de substitution), *Jalbert*, 1814, *supp.* 15, *et* 1815, 81.

Les interrogatoires d'office dont nous parlerons (*p.* 353 *et note* 29), peuvent surtout procurer ces inductions; les combinaisons de la mauvaise foi sont quelquefois mises en défaut par des questions imprévues. — V. aussi *note* 14, *p.* 352.

(3) On l'appelle aussi *audition catégorique* , parce que les faits sont du même genre, et disposés avec ordre. V. *Rodier, tit.* 10, *art.* 1; *Maynard, liv.* 6, *ch.* 80.

(4) Il y en a une autre espèce qu'on nomme simplement *interrogatoire* ou COMPARUTION ; l'un et l'autre ont pour but d'obtenir des aveux (v. *C-c.* 1356); mais ils diffèrent sous certains rapports. V. *l'appendice, p.* 357.

I. *Cas d'interrogatoire.* — Le Code décide que la faculté de se faire interroger est accordée aux parties, en toutes matières, en tout état de cause, et relativement à des faits et articles pertinens, mais sans retard du jugement ou de l'instruction. *C-pr.* 324; *d. ord., tit.* 10, *art.* 1.—Nous allons présenter quelques observations sur cette règle.

1. L'expression *les parties* annonce que les deux parties ont cette faculté, mais qu'elle n'appartient qu'à elles et envers elles-mêmes, de sorte qu'elles ne peuvent en user envers un particulier étranger à la cause. (**5**)

2. Il résulte des termes *en toutes matières*, que la loi ne fait aucune exception, pas même en faveur de la partie qui produit un acte public. V. *Maynard*, *liv.* 6, *ch.* 80; *Rodier, tit.* 10, *art.* 1; *Bruxelles*, 1 *déc.* 1810, *et rej. civ.* 18 *mars* 1818, *avoués*, *iij*, 262, *xvij*, 357. (**6**)

3. Ceux-ci, *en tout état de cause*, prouvent qu'on a le droit de faire interroger tant que l'instruction n'est pas terminée (**7**) et même en appel. V. *pr. verb.*, *xvj*, 4; *Rodier, sup.*; *B. c.* 13 *nivose x*; *Rennes*, 12 *avr.* 1809, *Carré, i,* 626; *surtout rej.* 30 *déc.* 1813, *Jalbert*, 1815, 110; *ci-apr. not.* 15 *et* 20. (**8**)

4. Les faits et articles doivent être *pertinens* (**9**)... Pour s'assurer qu'ils sont tels, la loi exige que l'interrogatoire soit ordonné par un jugement (**10**) rendu à l'audience, sur une requête (**11**) où ils sont proposés; et pour mettre la partie en état d'en examiner la nature (**12**), on lui communique (**13**) un jour au moins avant l'interrogatoire, cette requête et le jugement (**14**). *C-pr.* 325, 329; *tar.* 29; *Perrin, p.* 257.

5. Enfin on peut continuer l'instruction, et même juger la cause, sans s'arrêter à une demande d'interrogatoire qui paraîtrait n'avoir pour motif que le desir de gagner du temps. V. *Pigeau, i,* 129. (**15**)

(**8**) *Observations.* 1. On ne peut donc pas en user envers un étranger qu'on amène dans une instance où il n'a aucun intérêt, et contre qui l'on ne prend point de conclusions (v. *Rodier, sup.*); car on ne peut dire qu'il soit une des *parties*, et d'ailleurs il serait trop facile, à l'aide d'une semblable tournure, de se procurer des témoins dans les circonstances où la preuve vocale est prohibée. V. *à ce sujet, Caen*, 10 *avr.* 1823, *et Poitiers*, 18 *janv.* 1831, *avoués*, *xxv*, 124, *xl*, 326.—V. *toutefois* ce qu'on dit ci-apr. p. 352, relativement aux réponses des agens, des mineurs et des époux.

2. *Quid juris* si lorsque l'on a pris des conclusions contre ce tiers, il prétend être sans intérêt?... Il nous semble qu'il ne doit être affranchi de l'in-

terrogatoire, que quand il prouve qu'il est en effet *désintéressé ;* d'autant plus qu'aujourd'hui on ne peut répugner beaucoup à cette procédure, dès qu'on en a retranché le serment.

5. Au reste, les tribunaux ne sont pas forcés d'ordonner l'interrogatoire demandé, et à plus forte raison peuvent-ils décider *qu'en l'état* il n'y a pas lieu de l'ordonner. V. *rej. requ. ou civ.* 11 *janv.* 1815, *Jalbert,* 209; 2 *fév.* 1819 *et* 12 *déc.* 1827, *avoués, xx,* 73, *xxxv,* 314.

(6) *Observations.* 1. Pigeau (*i,* 228) fait toutefois quelques distinctions à ce sujet; et il faut aussi remarquer que les arrêts que cite Rodier d'après Cambolas (*liv.* 2, *ch.* 38; *liv.* 4, *ch.* 50) et Catelan (*liv.* 5, *ch.* 26 *et* 57) s'appliquent presque tous plutôt au serment qu'à l'interrogatoire.

2. On n'excepte pas même la partie qui oppose la prescription trentenaire, s'il peut résulter de ses réponses qu'il n'y a pas eu réellement prescription. V. *Paris,* 18 *mars* 1812, *Jalbert,* 1814, 2, 23.

3. *Dr. anc.* On rejetait l'interrogatoire lorsqu'il s'agissait de faits dont l'aveu pouvait exposer la partie à une action criminelle, en un mot lorsqu'on voulait lui faire révéler sa propre turpitude. V. *Bornier et Rodier, art.* 1; *arr. de Bruxelles*, 1809, *J-C-c., xij,* 119.—Mais cette jurisprudence vicieuse est contraire à l'esprit du Code. V. *M. Merlin, rép., vj,* 484, *xvj,* 529, *et xvij,* 546, *h. v.; arr. de Liège,* 5 *avr.* 1811, *avoués, v,* 167; *Carré, anal., i,* 622.

(7) V. à ce sujet, ci-dev. p. 199, n. vj, et notes ib.

On n'en aurait pas le droit après un jugement de partage, mais bien après un serment supplétif prêté en l'absence de la partie, *suiv. arr. de Rouen et Montpellier,* 11 *avr.* 1809 *et* 6 *fév.* 1810, *J-C-pr. iij,* 278, *avoués, i,* 347. —V. aussi ci-dev. *tit. des rapports, note* 12, *p.* 273; *arr. de Rennes ,* 21 *déc.* 1812, *Carré, quest., i,* 451.

(8) Il faut toujours qu'il y ait une instance engagée... V. *Jousse et Rodier, art.* 1.—Cela résulte d'ailleurs des termes *les parties :* dans le langage de la procédure il n'y a point de *parties* sans instance.

(9) Quand le sont-ils?.. V. p. 320.

(10) Non contradictoire, dit *Perrin* (*p.* 257); ce que confirme le tarif (*art.* 79), en décidant que la partie n'est point appelée et que la requête ne lui est notifiée qu'avec le jugement et l'ordonnance dont nous allons parler ci-apr., n. 2 et 3.

Observations. 1. Peut-on s'opposer à ce jugement? OUI, *suiv. Bruxelles, Paris, Orléans, Grenoble, Lyon, Montpellier et Angers,* 1806, 1808, 1810, 1812, 1824, 1825, 1829, 1830 *et* 1835; *Jalbert,* 1814, 2, 106, *Sirey,* 35, 2, 224, *Hautefeuille,* 179, *Villars,* 372, *avoués, xxviij,* 356, *xxx,* 24, *xxxij,* 154, *xxxix,* 94 *et* 153.—NON, *suiv. Amiens , Grenoble et Rouen,* 1822, 1824, 1826 *et* 1831, *ib. xxiv,* 253, *xxvj,* 213, *xxix,* 306, *xxxj,* 81, *xxxv,* 126, *xlj,* 597.—Et l'on a seulement la faculté indiquée ci-dessous note 12, sauf au juge à renvoyer sur ce point à l'audience, *suiv. Pigeau, i,* 234, *et rép. xij,* 129; ou au tribunal à apprécier le refus d'après le procès-verbal , *suiv. Amiens,* 1824, *avoués, xxvj,* 213. — V. au surplus, *Carré, lois, i,* 776.

2. Le jugement qui rejette l'opposition précédente et maintient par-là celui qui ordonne un interrogatoire, est interlocutoire, si la pertinence des faits est contestée, et en conséquence susceptible d'appel, *suiv. Angers,* 14 *févr.* 1835, *Sirey,* 35, 2, 224.

3. Le jour et l'heure de l'interrogatoire sont indiqués par le juge commissaire, dans une ordonnance mise au bas de sa nomination (*ci-apr. p.* 352, *n. ij*), sans qu'il soit besoin de procès-verbal de réquisition ou de délivrance de cette ordonnance. *C-pr.* 327.

(11) « L'interrogatoire ne pourra être ordonné que sur une requête con-

tenant les faits... » Voilà les termes de l'art. 525. On en induit qu'il ne peut être ordonné d'office. V. *prat. fr. ij*, 278. — V. aussi Carré (*lois i*, 774 *et* 775), Pigeau (*i*, 231; uniquement d'après des considérations morales), et Rodier (*art.* 10, *qu.* 2). On pourrait objecter contre ce système, que la prohibition de l'art. 525 peut ne se rapporter qu'à une demande d'interrogatoire, formée par une requête qui ne contiendrait pas les faits.. Quoi qu'il en soit, selon la remarque judicieuse de Carré, l'art. 525 entendu dans ce sens, n'empêche pas que le juge ne puisse ordonner la comparution en personne dont nous parlons *ci-apr. p.* 357.—V. aussi *arr. du 11 janv.* 1815, *cité p.* 551, *note* 5, *n.* 3.

(12) Elle peut refuser de répondre sur des faits non pertinens (v. *Perrin, sup.*), ou bien contester devant le juge la pertinence des faits, *suiv. Bruxelles*, 1 déc. 1810, *J.-C.-c. xvj*, 471, *avoués, iij*, 352.

(13) A personne ou domicile (non au domicile de l'avoué : *d. ord.*, *art.* 3; *Rodier, ib.*) avec assignation par huissier commis. *C-pr.* 329.—V. aussi *Carré, lois, i*, 780.

(14) V. *note* 10 *cidevant.*—Cette communication rendrait bien souvent l'interrogatoire inutile, si l'on n'y remédiait par les questions d'office. V. *notes* 2 *et* 29, *p.* 349, 354, *et proc. verb.*, *tit.* 16, *art.* 1.

(15) *Observations.* 1. On ne peut en effet interpréter d'une autre manière les termes *sans retard de l'instruction et du jugement :* si on les prenait à la lettre, l'interrogatoire ne serait jamais admissible, ainsi que l'avait déjà remarqué le parlement de Grenoble (*Saint-André, tit.* 10, *art.* 1).—V. aussi *Pigeau, i*, 229.

2. Il résulte encore de ces termes, que, dans l'instance sur l'opposition à l'exécution d'un acte, on ne peut, sous prétexte d'un interrogatoire, surseoir cette exécution. V. à ce sujet arr. de *Turin*, 12 déc. 1809, *Nevers*, 1811, *supp.*, 16.—V. aussi *p.* 97, *note* 86.

3. La cour de Montpellier admet probablement ces principes, puisqu'elle ne s'est pas arrêtée à une offre réitérée en appel, de subir un interrogatoire (en première instance le condamné ne s'était pas présenté à l'interrogatoire), et qu'elle a jugé la question d'après la conviction que lui ont fournie les pièces. *Arr.* 24 *nov.* 1818, *avoués, xix*, 190.

II. *Forme de procéder.* — 1. L'interrogatoire est fait par le président ou par un juge qu'il commet. (16) *C-pr.* 325 à 327.

2. La partie est tenue de répondre en personne. *D. ord.*, *art.* 6; *C-pr.* 333, *in pr.*

Si la partie est une personne fictive, telle qu'une communauté, un agent fait en son nom les réponses que ses administrateurs lui indiquent (17), et le même agent peut aussi être interrogé sur ses faits personnels (48), auxquels on a ensuite tel égard que de raison (19). *D. ord.*, *art.* 9; *C-pr.* 336.

Si la partie est mineure, son tuteur répond pour elle. V. *Lange, part.* 1, *liv.* 4, *ch.* 19; *Bornier, Jousse et Rodier, art.* 4; *ci-apr.*, *n.* 3, *p.* 355.

L'assigné qui ne s'est pas présenté, est libre de se faire interroger (20) avant le jugement (21). *D. ord.*, *art.* 5; *C-pr.* 331.—S'il ne paraît pas (22), ou s'il refuse de répondre (23), on en dresse procès-verbal, et les faits *peuvent* être tenus pour avérés (24). *C-pr.* 330; *ci-apr. p.* 357, *inf.*

3. Les réponses sont faites (25) de vive voix, sans projet écrit (26), ni assistance de conseil; elles doivent être précises et pertinentes (27), sans mélange de termes calomnieux ou injurieux (28). *D. ord.*, *art.* 7 *et* 8; *C-pr.* 333, *in pr.*

4. Le juge a le droit d'interroger d'office sur des faits (*d. art.* 333) qui n'ont pas été communiqués, mais qui sont relatifs au fait principal. (29)

Il faut observer qu'on n'exige point de serment (30), et que la partie requérante ne peut assister à l'interrogatoire (31). *C-pr.* 333; *Perrin, p.* 259.

---

(16) En cas d'éloignement de la partie, il commet le président de son tribunal civil, ou son juge de paix. *C-pr.* 326, 1035.

Observations. 1. L'interrogatoire est ajourné (sans nouvelle assignation) ou bien il a lieu chez elle en cas d'empêchement légitime (*C-pr.* 328, 332), tel qu'une maladie, une détention; mais il faut qu'elle se justifie par une *exoine*, ou acte dans lequel elle charge un procureur de présenter ses excuses. V. *Pothier, sup.*; *Rodier, tit.* 10, *art.* 6. — V. aussi *ci-dev., part.* 1, *p.* 29, *note* 42.

2. Un prince du sang ne doit être interrogé qu'en son domicile, d'après le même Pothier ; ce qui est confirmé indirectement et étendu au ministre de la justice et à quelques fonctionnaires par le Code criminel, art. 510 à 517... Jadis les membres des cours supérieures prétendaient que lorsque leur interrogatoire avait été ordonné par un juge d'un rang inférieur, ils ne devaient le subir qu'en son *étude*. « Il ne faut pas, dit Saint-André, *h. t.*, *art.* 2, que le caractère de juge souverain soit blessé par un interrogatoire, les plaids tenans, nu-tête et debout devant un magistrat subalterne ». —V. aussi *p.* 333, *note* 56.

(17) Comme il ne peut y rien changer, le juge ne peut non plus lui proposer des faits *secrets*. V. *Rodier, art.* 9.

(18) Sur les faits relatifs au procès, dont il a une connaissance personnelle, ou qui se sont passés avec lui ; par exemple, s'il a agi dans celui qui a donné lieu à la cause. V. *Rodier, ibid.*

Même règle par rapport à une femme, quant au commerce qu'elle fait en commun avec son mari, et réciproquement, par rapport au mari, quant aux droits de la femme à l'exercice desquels il participe. V. *au surplus, arr. de Paris, Orléans et Bruxelles,* 23 *juin et* 10 *juillet* 1812, *et* 4 *fév.* 1813, *avoués, vj,* 33, *Jalbert,* 1814, *supp.* 107 *et* 108. — V. aussi *arr. de Poitiers,* 13 *fév.* 1827, *avoués, xxxvj,* 57.

(19) Ou, en d'autres termes on prend en considération toutes les circonstances qui peuvent modifier l'effet des réponses de l'agent : il ne serait pas juste de leur donner le même poids qu'à celles de la partie ; on conçoit, par exemple, qu'un agent peut avoir été ou être négligent ou corrompu.

(20 et 21) En payant les frais du défaut, sans répétition. C-pr. 331.

Observations. 1. S'il se présente *avant le jugement*, dit C-pr. 331. Si l'on devait prendre à la lettre ces expressions abrégées, l'assigné pourrait se faire interroger dans l'intervalle qui s'écoule entre la fin de l'instruction (v. p. 199, *n. vj*) et le jugement. Mais le législateur n'a pu l'entendre ainsi. Alors, en effet, il faudrait une communication de l'interrogatoire et de nouvelles plaidoiries ou un nouveau rapport à la suite (C-pr. 335 *et ci-apr.* p. 355, *n. iij*) ; ce qui est tout-à-fait contradictoire et avec ce qu'il décide expressément, que l'interrogatoire ne retardera ni l'instruction ni le jugement (C-pr. 324; *et ci-dev.* p. 349, *n. j*), et avec les deux principes généraux des lois de procédure, *rapidité dans la marche, et économie dans les frais* (ci-dev. p. 148). Les mots *avant le jugement* signifient donc *tant que l'instruction n'est pas terminée* (ci-dev. p. 350, n. 5, *et note 7, p. 351*).

2. Il peut se présenter même en appel. V. *Rodier, art.* 4.

(22 et 23) S'il déclare seulement qu'il ne se souvient pas des faits, le juge doit peser dans sa sagesse, d'après les circonstances qui annoncent de la bonne ou de la mauvaise foi dans l'interrogé, si l'on tiendra ou non les faits pour avérés. V. *L.* 142, *ff. reg. jur.* ; *Rodier, art.* 9.

(24) Jadis les faits étaient, dans ce cas, tenus rigoureusement pour avérés, excepté lorsqu'il s'agissait d'un interrogatoire demandé à un tuteur pour son mineur. V. *ord., art.* 4; *Bornier, Jousse et Rodier, ibid.* —Mais on a reconnu que cette règle était sujette à trop d'inconvéniens. V. *Perrin*, p. 258. —V. aussi *note* 19, p. 323.

(25) Soit sur les faits communiqués, soit sur les faits secrets. V. *le texte, n.* 4, *et ci-apr. note* 29.

(26) Mêmes motifs à-peu-près qu'à la note 5, tit: 3, p. 319.

(27) Jousse, *art.* 8, conclut de là que les réponses doivent contenir une affirmation ou une dénégation, et non des phrases vagues et équivoques.—Rodier est d'un avis contraire sur le premier point, et cet avis nous semble meilleur, quoique les ordonnances sur lesquelles Rodier le fonde ne s'appliquent pas directement à l'interrogatoire. Une réponse peut en effet être précise et pertinente, lors même qu'elle n'est pas réduite à un *oui*, ou à un *non*. Au reste, il faut encore s'en rapporter là-dessus à la prudence du commissaire.

(28) Sous peine de 10 *liv.* d'amende pour chaque injure ou calomnie. *Ord. de* 1539, *art.* 39 *et* 40.—Ni l'ordonnance de 1667, ni le Code n'ont reproduit cette décision... Il nous semble que le juge peut refuser d'écrire ces sortes de réponses (v. *ci-dev.* p. 29).

(29) *Observations.* 1. On les nomme *faits secrets*.... C'est la partie qui les fournit au juge, suivant Pigeau, *i*, 232, tandis que, suivant Jousse, *art.* 7, elle ne devrait pas les fournir. Mais outre que la loi se tait sur ce point, l'expression d'*office* annonce qu'elle laisse au juge la faculté de recueillir, comme bon lui semble, les renseignemens dont il a besoin, sauf à n'user, on le répète, que de ceux qui sont relatifs au fait principal. Il peut, par exemple, interroger sur les causes et les motifs des actions indiquées par ce fait, et sur leurs circonstances accessoires ; représenter que telles et telles réponses se contredisent, que telles explications sont peu vraisemblables, etc. Mais il ne lui est pas permis de questionner sur des faits étrangers à celui-là, ainsi qu'aux autres faits allégués ou résultant des pièces, quand même il en aurait la connaissance comme particulier. V. *note* 30, p. 281.

2. Au reste, il doit user de beaucoup de prudence et de réserve dans cette partie de ses fonctions ; il faut qu'il se rappelle qu'il est magistrat et non point défenseur de la partie qui a requis l'interrogatoire ; car il lui serait facile, par la tournure qu'il donnerait aux questions, d'induire à erreur l'interrogé. V. *not.* 2 *et* 14, *p.* 349, 352.

(30) *Dr. anc.* Règle contraire. V. *notes* 5 *et* 37, *p.* 350 *et* 356.

(31) Le contraire se pratiquait à Grenoble, suiv. un arr. du 7 juill. 1779. *Affich. du Dauphiné, et répert.,* h. v.

Quant aux additions, lecture et signature, *voyez* C-pr. 334, et ci-dev., part. 1, sect. 3, ch. 6, **p.** 177.

III. *Résultats et suites de la procédure.* La partie qui veut se servir de l'interrogatoire, le fait signifier. *C-pr.* 335 (**32**); *tarif* 70.

On ne peut, lorsqu'on le discute, tirer avantage,

1. Des aveux d'un tuteur contre son mineur (**33**). *Arg. de l'ord., art.* 19, *et du C-pr.* 336, *in f.* — V. *Lange, sup.; Bornier et Rodier, art.* 4; *Laroche et Graverol, liv.* 6, *tit.* 46, *arr.* 7.

2. Des aveux d'une partie quelconque en les divisant : il faut les *prendre* (**34**) dans leur entier (**35**). V. *C-c.* 1356; *Jousse, art.* 8; *Pothier, des oblig., n.* 827; *Chorier, liv.* 5, *sect.* 4. (**36**)

Observez néanmoins que les réponses données dans un interrogatoire sur faits et articles ne peuvent former une preuve en faveur de l'interrogé, de sorte qu'il peut être condamné malgré ces réponses (**37**). V. *L.* 4, *ff. de interrogat. in jure ; Pothier, des obligat., n.* 826; *Perrin, p.* 259. (**38**)

(32) « Sans qu'il puisse être un sujet d'écritures de part ni d'autre. » *D. art.* — Ces expressions restrictives semblent ôter au juge la faculté d'ordonner ensuite une instruction par écrit, s'il n'a pas d'autre motif que l'étendue et la complication des interrogatoires ; par conséquent, il ne paraît pas qu'on puisse dans ce cas appliquer la décision que nous avons proposée au *titre des audiences,* note 5, p. 266.

(33) Mêmes motifs à-peu-près qu'aux notes 19 et 24, p. 354. Mais on peut excepter le cas indiqué à la note 18, p. 353.

(34) C'est-à-dire s'en servir tels qu'ils sont, dans toute leur étendue (v. les notes suivantes.

(35) Cette défense ne s'applique point à des réponses différentes... Si l'on était obligé de prendre en masse l'interrogatoire, ce serait une institution presque toujours illusoire. V. *M. Merlin, répert., mots chose jugée,* §.15, *et confession.* — Il nous semble toutefois qu'on ne peut diviser un aveu de dif-

férens points d'un même fait, quoiqu'il ait été exprimé dans plusieurs réponses. Par exemple, Joseph, dans une première réponse, convient d'avoir emprunté, et il déclare, dans la seconde, qu'il a rendu... Ces deux réponses nous paraissent former un aveu indivisible..

Exemples d'aveux indivisibles... V. arr. cass. 28 avril 1807, et 3 décembre 1817; id. de Liège, Bruxelles et Bourges, an xiv, 1806 et 1831, J-C-c. vij, 391, 395; avoués, xlij, 54.

(36) Des auteurs justement estimés faisaient à cette règle des exceptions aussi judicieuses qu'équitables. V. *rec. alph.*, *mot confession*, § 2, t. 1, p. 536.—V. aussi *M. Boncenne*, ij, 479.

Exemples de divisions d'aveux... voy. *Lyon*, 14 avr. 1821, *Sirey*, 23, 2, 211; *rej. requ.* 14 janv. 1824, id., 25, 1, 118; *Bourges*, 4 juin 1825, id. 26, 2, 159; *Orléans*, 7 mars 1818, avoués, xxj, 282.

Quant à l'effet de l'aveu extra-judiciaire, voy. d. rec. vj, 85 et suiv., h. v., § 3 et 4, et pour les aveux judiciaires susceptibles de révocation, répert., xvij, 451, mot preuve, sect. 2, § 1, n. 5 et 6.

(37) *Observations*. 1. On le décidait déjà dans l'ancienne législation, quoique l'interrogatoire fût précédé du serment appelé *purgatif*. C'est qu'il y avait une grande différence entre ce serment et le serment décisoire. Comme ce dernier est déféré pour la décision de la cause, il n'est plus possible de prononcer ni d'admettre aucune preuve contre celui qui l'a prêté. Le serment purgatif, au contraire, ne servant tout au plus qu'à donner de la solennité à l'interrogatoire, ne pouvait produire de semblables effets, et à plus forte raison doit-il en être de même aujourd'hui de la simple déclaration d'avoir dit vérité qu'on y a substituée, précisément parce qu'il était à-peu-près inutile et par là même immoral.

2. Lorsque les réponses de l'interrogé ou même sa résistance à répondre fournissent contre lui des présomptions graves, elles peuvent servir de commencement de preuve par écrit à son adversaire, à l'effet d'autoriser ce dernier à prouver par témoins la fausseté des mêmes réponses, suivant *Pigeau*, i, 438; *Carré, an.*, i, 643, *et quest.*, i, 457 (ce dernier, qui discute fort bien cette question, appuie son avis de plusieurs arrêts); *Rouen*, 8 avr. 1824, *Sirey*, 24, 2, 266; *rej. requ.* 11 janv. 1827, 22 août 1832 et 19 mars 1835, avoués, xxxij, 129, *Sirey*, 32, 1, 572 et 35, 1, 392.

Ce système auquel on peut aussi opposer des décisions de tribunaux (voyez *Carré, dd. pp.* 643 et 457) et d'auteurs (v. *J-C-pr.* ij, 41, et *M. Desmasures*, p. 153), nous paraît, d'une part, offrir des inconvéniens graves, car il serait très facile de se procurer par ce moyen des commencemens de preuve par écrit; et de l'autre, peut concorder avec la définition précise que le Code civil, art. 1347, donne de ce commencement de preuve.

(38) Quant aux frais de l'interrogatoire, l'ordonnance, article 10, les met à la charge du requérant, et le Code ne donne point de décision; mais le tarif (29 et 70) abroge tacitement celle de l'ordonnance, contre laquelle le président de Lamoignon et le parlement de Grenoble avaient d'ailleurs réclamé. V. *pr.-verb.*, tit. 16, art. 10; *Saint-André*, tit. 10, art. 10. — On doit comprendre dans ces frais, ceux du voyage de l'interrogé. *Arg. du tar.* 146, *in f.*; arr. du 7 août 1676, *Saint-André, ib.*

APPENDICE AU TITRE VI.

De la comparution en personne.

Le juge peut, même d'office, faire paraître les parties en personne devant lui, pour tirer de leur bouche les éclaircissemens qu'il espère en obtenir, et qu'il n'a pu trouver dans l'instruction ordinaire : dans ce cas, il indique dans son jugement le jour de la comparution. V. *C-pr.* 116 *et* 248, *conf. ; tarif* 149, *in f.* (1)

Cette comparution a lieu à l'audience ou à la chambre du conseil, et en cas d'empêchement, devant un juge (même de paix) qu'on commet; et qui dresse un procès-verbal des déclarations. *C-pr.* 428; *Pigeau, Carré et prat. fr., cités note* 1. — Si celui qui doit *comparaître en personne* fait défaut, le tribunal peut tenir les faits pour avérés. *Rej. civ.* 19 *févr.* 1812, *et Rennes,* 15 *août* 1828, *avoués, vj,* 1, *xxxvj,* 70. (2)

(1) V. aussi ci-dev. introd. p. 195; L. 9, C. judiciis; L. 21, ff. interrog. in jure ; Daniels, J-C-c. xij, 383; Guenois, l. 1, ch. 38, n. 2; arr. ib.; Bornier, x, 1 et 7; Pigeau, i, 240; prat. fr., ij, 295; Carré, lois, i, 273; *surtout* rej. civ. 11 janv. 1815, avoués, xij, 5; B. c. 12 juill. 1824.

Observations. 1. Si l'on compare l'art. 119 avec l'article 327, on verra qu'il ne faut point confondre, comme on pourrait être tenté de le faire, l'interrogatoire sur faits et articles, et la comparution en personne. D'après l'article 327 (v. p. 351, *note* 10) le juge commis fixe l'époque de la comparution, tandis que d'après l'art. 119 (v. *ci-dessus*) elle est indiquée par le jugement. Ce n'est donc pas pour l'interrogatoire que l'art. 119 a été imaginé; donc, il concerne une espèce différente de procédure.

2. Ce même jugement doit être signifié. V. *Carré, sup.*

3. Est-il préparatoire ou interlocutoire?... Voy. *Carré, ib.* — Voy. aussi *Rouen, Amiens et Agen,* 1821, 1822 *et* 1831, *avoués, xxiij,* 13, *xxiv,* 27, *xlij,* 166.

(2) L'interrogatoire fait pendant cette comparution, diffère de l'interrogatoire sur faits et article, en ce que les questions y étant abandonnées à la sagesse du juge, de qui l'on ne peut craindre des artifices envers l'interrogé, il a été inutile d'en déterminer le caractère, le mode de proposition, etc. V. *Pigeau, sup.;* rej. requ. 3 janv. 1832, *avoués, xliij,* 426. — Néanmoins ces questions doivent toujours être *pertinentes,* puisque le juge ne peut s'occuper d'autre chose que du différend qui lui est soumis.

DIVISION III.

De la procédure incidente relative à un changement dans les parties.

On distingue plusieurs sortes d'incidens qui naissent d'un changement dans les parties, c'est-à-dire de l'apparition d'une nouvelle partie dans une cause ; la garantie, l'intervention et la déclaration de jugement commun (1). Nous avons traité de la première espèce au titre des exceptions (*p.* 258); nous allons dire un mot des deux dernières.

§ 1. *De l'intervention.* (1 *a*)

On nomme *intervention* (2), l'action de se placer dans un procès auquel on était d'abord étranger, afin de soutenir des droits qui pourraient y être compromis (3) : l'intervenant combat alors le demandeur ou le défendeur, ou bien l'un et l'autre. (4)

Nous disons *afin de soutenir des droits...* C'est qu'une intervention, sans intérêt (5), n'est pas plus recevable qu'une action qui en est dépourvue (6); mais s'il y a *intérêt*, elle doit être admise parce qu'elle prévient une seconde instance. (7)

Quant aux formes et au jugement de l'intervention, 1. elle est demandée (8) par une requête (9) libellée, où il faut donner copie des pièces (10), et à laquelle les parties peuvent répondre. V. *C-pr.* 339; *tarif* 75. —V. aussi *C-pr.* 65; *d. ord.*, *tit. xj, art.* 28; *M. Merlin, rec. alph., h. v.*, § 2; *arr. cass.* 21 *vend. xj, ib.*; *Bornier, Jousse et Rodier, d. art.* 28.

2. Elle peut être formée en tout état de cause. (11)

3. Elle est toujours portée à l'audience, même dans les procès par écrit... elle ne peut toutefois retarder le jugement de la cause principale qui *est en état* (11*a*). *C-pr.* 341, 340. (12)

On conclut de plusieurs des règles précédentes, en premier lieu, que l'intervenant doit toujours être prêt à plaider (13); en second lieu, qu'il doit prendre la cause en l'état où elle se trouve (14). V. *Jousse et Rodier, sup.*, et *tit.* 22, *art.* 36; *Rebuffe, adjunctionib., art.* 1, *gl.* 1, *n.* 14; *obs.-cass.* 153.

(1) A l'égard du changement qui provient de ce qu'une partie étant décédée ou devenue incapable, doit être représentée dans le procès par une autre personne, *voy. ci-apr., tit. de l'interruption et de la reprise d'instance.*

(1 *a*) Ce § correspond au § 2, tit. 16, liv. 2 du Code.

(2) Ce mot vient de *venire inter*, se placer entre, *parmi*...

(3 et 4) *Exemples.* Le créancier de l'usufruitier peut intervenir dans la cause où le propriétaire demande l'extinction de l'usufruit. *C-c.*618.—2. *Id.*, le cédant dans l'action intentée par son cessionnaire contre le débiteur cédé. V. *Douai et Bordeaux*, 1813 et 1831, *avoués*, x, 61, *xlj*, 709. — 3. *Id.*, le tiers propriétaire dans l'adjudication de ses biens saisis et mis en vente contre le détenteur. V. *C-pr.* 727 à 729; *tit. de la saisie imm., ch.* 2, § 2 et *note* 107. — Dans le premier cas, l'intervenant attaque le demandeur, dans le 2e, le défendeur, dans le 3e, l'un et l'autre.—*Autres exemples*... V. tit. des comptes, saisie-arrêt, avis de parens, partages, procédures de commerce et des causes domaniales, séparation de biens, notes 16, 28, 3, 7, 10, 25 et 1; *C-c.* 865, 882, 1031, 1464. — V. aussi ci-dev., *p.* 261, *notes* 60 et 63; *B. c.* 23 *pluviose ix.*

(5) V. *p.* 188, *note* 10, *p.* 213, *règle* 1; *obs.-cass.* 151.

(6) Ainsi les parties la contesteront en établissant que l'intervenant est étranger à la cause, que le jugement ne peut lui nuire ni lui être avantageux, et il la soutiendra par des moyens inverses. C'est qu'il est de règle que celui qui peut former tierce opposition peut par là même intervenir. V. *B. c.* 18 *juill.* 1817, *n.* 66; *rej. requ.* 3 août 1825, *avoués, xxx*, 161; *M. Merlin, ci-apr. note* 7.

Mais l'admission d'une intervention n'exige pas une discussion aussi approfondie que le jugement du fond; il suffit que l'intervenant démontre sommairement son intérêt. V. *Gaill, liv.* 1, *obs.* 69, *n.* 4, et 70, *n.* 23; *Bornier, sup.* — S'il en était autrement, les parties seraient souvent forcées de discuter deux fois tout le fond de la cause où l'on intervient.

(7) Celle qui, après le jugement, s'ouvrirait sur les droits de l'intervenant. On voit que cette règle est fondée sur le grand principe de l'abréviation (voy, *p.* 148) des procédures.

Observations. 1. Le Code se tait sur l'admissibilité de l'intervention, en première instance; voici en substance les règles que M. Merlin propose à cet égard, et en les appuyant d'exemples (v. *rép. xvj*, 531 *et suiv.*, et pour l'instance d'appel, *ci-apr. ce titre, ch. vj, n.*5).

1. Celui qui peut former tierce opposition peut aussi intervenir (v. *aussi ci-dev., note* 6).

2. On le peut également quoiqu'on n'ait pas le droit de former tierce opposition, si l'on a qualité pour actionner l'un des plaideurs, ou pour être actionné par lui.

3. Même faculté pour un créancier dans une instance en nullité.

N. B. Il parle aussi des avocats injuriés et des individus qui ont des droits éventuels.

(8) Il faut toujours s'adresser au juge saisi de la demande principale, et l'on n'a pas le droit de décliner sa jurisdiction, parce que l'intervenant étant demandeur, doit suivre celle du défendeur. V. *L.* 1, in *f., ff. quib. reb. ad eumd.; L.* 49, *ff. judiciis; Bornier, Jousse et Rodier, d. art.* 28; *rej. req.* 5 *janv.* 1825, *Sirey*, 26, 1, 46; *ci-dev. p.* 136. —Néanmoins le privilégié pouvait jadis demander en première instance le renvoi devant le juge de son privilège. *Dd. auteurs.* — V. aussi *ci-dev. p.* 14 *et* 15.

(9) Sans conciliation. V. *en le titre, p.* 206, *note* 16.

(10) Afin de savoir si l'intérêt de l'intervenant a quelque connexité avec celui des parties primitives. V. *mêmes auteurs.*

Observations. 1. Le tribunal motivait aussi l'obligation imposée de donner ces copies, sur ce qu'il s'agit de la demande principale d'une partie nouvelle, qui par conséquent doit être assujétie à procéder comme un demandeur par assignation. V. *M. Locré, législat. de la France, xxj,* 485, *et ci-devant, p.* 219, *n.* 8 (ce motif donne de la force à l'objection proposée contre le système des auteurs qui veulent dispenser de la caution du jugé, l'étranger intervenant dans l'intérêt du défendeur principal.. v. *ci-dev. p.* 257, *note* 44, *n.* 2).

2. Que doit contenir la requête?.. Doit-elle être présentée au juge?.. *V.* à ce sujet, *chap. des requêtes, et note* 1; *ib., p.* 230.

(11) *Dd. auteurs.*—Même en *appel* (v. *en le tit., chap.* 6, *n.* 2), à moins qu'on n'ait déjà été appelé en première instance. Voy. *B. c.* 22 *fév.* 1819. — Mais quoique partie en première instance, si l'on n'a pas été intimé sur l'appel, on pourra y intervenir, et même interjeter un appel incident. Voy. *rej. requ.* 16 *oct.* 1808, *Sirey,* 9, 98. — A moins qu'on n'ait été condamné en première instance, car alors il faut appeler et l'on ne peut intervenir dans l'instance ouverte par l'appel de ses consorts. V. *Aix,* 1825, *avoués, xxviij,* 141.—V. toutefois sur ce dernier point, *Limoges et Poitiers,* 1825 et 1828, *ib., xxv,* 30, *xxxv,* 42.

(11 *a*) Cette expression *cause en état,* de l'art. 340, n'a pas le même sens que dans l'art. 343 (v. *ci-apr. tit. des reprises d'instance,* §2, 3ᵉ *hyp.,* 1ᵉʳ *cas, et not.* 23, *ib.*) : elle signifie seulement *quand l'instruction est achevée,* parce que ce n'est que par les conclusions que le tiers peut apprécier son intérêt. V. *Bruxelles,* 15 *juin* 1822, *rép. xvj,* 536, *h. v., n.* 7; *rej. civ.* 17 *janv.* 1826, *avoués, xxx,* 391; *ci-dev. p.* 199, *n. vj.*

(12) Parce que la partie que l'intervenant attaque ne doit pas souffrir de ce qu'il lui a plu de se joindre à la partie adverse, et de ce qu'il s'est présenté trop tard. — Cette règle doit surtout s'appliquer lorsque l'intervenant n'a pas donné copie des pièces... V. *Nîmes,* 18 *nov.* 1811, *avoués, v,* 300. — Mais voyez aussi *Bordeaux,* 1833, *ib., xliv,* 185.

Observations. 1. Si c'est une cause d'audience, on peut plaider sur le fond en même temps que sur l'intervention, lorsque le fond est en état, sauf au juge à statuer d'abord sur la question de savoir si l'intervention est admissible, et à renvoyer la décision du fond. Au reste, l'intervenant plaide le premier. V. *Rodier, sup.*

2. Si les parties consentent à l'intervention, il n'est besoin d'aucune discussion séparée sur cet incident, même dans les procès par écrit; il suffit que dans le jugement du fond, on donne d'abord acte (v. *p.* 278, *note* 15) du consentement des parties.

3. Le jugement de l'intervention est-il préparatoire?.. V. *tit. de l'appel, note* 20, *n.* 3.

(13) Fût-ce le lendemain de sa requête. *Rodier, ibid.*

(14) C'est-à-dire, se réduire aux seuls actes qui restent à faire pour l'instruction. D'après ce principe, Rodier soutient contre Jousse. *d. art.* 36, que l'intervenant reçu au procès lorsque les enquêtes des deux parties sont ter-

minées, n'est pas admissible à en faire une. Mais ni Rodier ni Jousse n'ont pris en considération la distinction judicieuse que fait Bornier entre l'intervenant qui attaque les deux parties et celui qui se borne à appuyer l'une d'elles. Le dernier doit sans contredit prendre la cause en l'état où elle se trouve ; on en a donné la raison, *note* 12 (v. aussi *Riom*, 1825, *avoués*, *xxxj*, 95). Il ne serait pas juste, au contraire, que le premier fût victime de la rapidité avec laquelle les parties ont instruit leur cause, dans le dessein peut-être de le priver de ses droits.

Nous ne dissimulerons pas toutefois que notre opinion (c'est également celle du Praticien français) semble contrariée par l'art. 340, *sup*. Mais, si l'on donne à cet article un sens aussi étendu que paraît le permettre la tournure générale de sa rédaction, il en résultera que les tiers qui n'auront pas connu l'instance primitive aussitôt après la demande, préféreront à une intervention la voie de la tierce opposition, où ils seront libres de bien instruire leur cause; par conséquent le but de l'institution de l'intervention (celui de prévenir la multiplication des procès.. *v. p.* 358) sera tout-à-fait manqué.

§ 2. *De la déclaration de jugement commun, ou de l'intervention passive.*

On désigne par la première expression une action exercée par une partie contre un tiers pour le forcer à paraître dans une contestation où elle prétend qu'il a un intérêt semblable à celui de la partie adverse, déjà en cause. Cette action donne lieu à une *intervention passive*, de la part du tiers actionné, parce qu'il est forcé de paraître dans la cause. (15)

On peut exercer cette action contre toute personne qui aurait le droit de former tierce opposition (15 *a*) au jugement qu'on espère obtenir dans la cause principale. (16)

Le Code ne prescrivant rien sur cette espèce de procédure, il paraît, 1. qu'il faut suivre les règles ordinaires pour la demande, c'est-à-dire la former par assignation ; 2. qu'elle peut être soutenue, contestée, instruite et jugée d'après des principes du même genre que ceux de l'intervention. (17)

Il y a une autre espèce d'action en déclaration de jugement commun, mais qui est principale. On peut l'exercer quand on a omis d'amener le tiers dans la cause et avant la décision ; on le cite alors pour voir déclarer commun contre lui le jugement déjà rendu. V. *nouv. Denisart, sup.* — V. aussi *B. c. 4 juin* 1810.

(15) Dans l'intervention proprement dite, il paraît volontairement.

(15 a) Pour qu'un jugement produise son effet entre les parties qui y figurent, est-il nécessaire que le tiers intéressé y soit appelé? Par exemple, le premier mari séparé de sa femme par un divorce nul, doit-il être appelé dans l'instance où l'on demande, pour bigamie, la nullité du second mariage de cette femme?.. En thèse générale, NON, *suiv.* M. Merlin, *rép.*, *xvj*, 761, *mot mariage*, *sect.* 6, § 2.

(16) *Observations.* 1. Cette règle, dérivée du grand principe de l'abréviation des procédures (v. *p.* 148), a été admise par tous les tribunaux et n'a point été abrogée par les lois modernes. Voy. *rec. alph.*, *vj*, 323, *mot gibier*, § 2. — V. aussi *Rodier*, sup.; *nouv. Denisart*, *mot déclar. de jugem. commun*; *rép.*, *id.*, *et renonciation*, § 3; *ci-apr. tit. de l'acquiescement*, *note* 20; *ord.* 1669, *tit.* 1, *art.* 21; *id. d'août* 1737, *tit.* 1, art. 30; *Jousse*, *d. art.* 21.

2. *Exemple.* A demande à B le délaissement d'un domaine qu'il possède et dont A se prétend propriétaire: il apprend que C possède ce domaine par indivis avec B; il peut le citer en déclaration de jugement commun, car C aurait le droit de former une tierce opposition au jugement qui déclarerait que le domaine appartient à A.

3. La partie intéressée qui n'intervient pas en appel peut y être contrainte. 1o C'est un droit corrélatif à celui qu'elle a d'intervenir elle-même (*ci-après*, *tit. de l'appel*, ch. *vj*, *n.* 5)... 2o Sans cela elle forcerait l'adversaire à subir un 3e degré... 3o On ne lui fait aucun tort, puisque si elle usait ensuite de son droit de tierce opposition, elle ne pourrait l'exercer que devant le même tribunal. M. *Merlin*, *rép.*, *vj*, 495 à 498, *mot intervention*, § 1. — Cette doctrine a été consacrée tacitement par *arr. rej. requ.* 13 oct. 1807, *ib.*, et *Trèves*, 3 juin 1807, *J-C-c. ix*, 466, et formellement par *Colmar*, *Florence et Bruxelles*, 19 déc. 1810, 1er *fév.* 1811 et 8 mai 1822, *avoués*, *iij*, 297, *iv*, 161, *et rép. xvj*, 530, *mot intervention*, § 1, *n.* 3. — V. aussi *rej. civ.* 26 juin 1826, *avoués*, *xxxj*, 368.

La cour de Bordeaux (*arr.* 5 *fév.* 1825, *Sirey*, 25, 2, 96) a adopté une doctrine contraire. Elle s'est fondée sur ce que C-proc. 474 est purement *facultatif*, et qu'on ne saurait priver un individu du bénéfice des deux degrés lorsqu'il le réclame... On disait aussi pour le tiers, que si on lui opposait le jugement d'appel il répondrait par l'*exception* (mot employé ici dans le sens de fin de non-recevoir (v. *p.* 236 et 237, *not.* 5 et 7) de res inter alios judicata (v. *ci apr. tit. de la tierce opposition*, § 2, *n.* 3), et par là forcerait son adversaire à faire juger avec lui la cause, et par conséquent à parcourir les deux degrés.

(17) *Observations.* 1. L'assigné en déclaration, etc., n'est pas obligé de prendre la cause principale en l'état où elle se trouve, et son intervention peut retarder le jugement de cette cause quoique l'instruction en soit complète. Un arrêt (*rej. requ.* 1808, *J-C-pr. iij*, 286) semble avoir décidé le contraire; mais on en a évidemment mal rapporté les circonstances. Il s'ensuivrait en effet qu'on pourrait forcer dans un procès un particulier à paraître dans un procès au moment de l'audience, et le condamner aussitôt et après l'avoir dépouillé de presque tout moyen de défense; tandis que, s'il n'eût point été appelé, il aurait trouvé dans la procédure de la tierce opposition, les ressources nécessaires pour faire valoir ses droits. V. *note* 14, *p.* 360.

2. L'assigné en déclaration, etc., en appel, est dispensé d'appeler *principalement.* — V. *arr. rej.* 11 mai 1812, *rép. xiij*, 705, *n.* 12. — Et il le peut incidemment... V. *Bourges*, 26 janv. 1822, *Sirey*, 22, 2, 236.

DIVISION IV.

De la procédure incidente relative à un changement dans les tribunaux.

Il y a trois classes d'incidens qui naissent d'un changement à faire dans les tribunaux, ou en d'autres termes, de la substitution d'un juge à un autre juge, d'un tribunal à un autre tribunal pour la même cause, savoir, la récusation, le déclinatoire et les autres espèces de renvois, et le réglement de juges. Le déclinatoire, le réglement et les renvois pour défaut de sûreté, ou pour insuffisance de nombre, peuvent être proposés d'après des motifs étrangers à toute défiance envers le juge; on a dû le remarquer lorsque nous avons traité du déclinatoire, et on le verra aussi quand nous nous occuperons du réglement (1). Il n'en est pas de même de la récusation et des renvois pour parenté et suspicion, dont nous allons d'abord parler (2). En effet, quelque intégrité qu'on doive supposer dans le juge, on peut craindre que la voix de la nature, les inspirations de l'intérêt, les mouvemens de l'amour-propre ne l'emportent en lui, ou du moins ne lui causent quelque illusion sur ce que prescrit le devoir. Il suffit même qu'une semblable situation fasse naître dans son esprit quelque incertitude pour qu'un plaideur ne puisse plus avoir de la confiance en son jugement; en conséquence, on autorise alors le plaideur à demander un renvoi, ou à exercer une récusation (3*). V. L. 5, in pr., ff. de injur.; Perrin, p. 266.

(1) V. le chapit. des déclinatoires et le tit. des réglemens, p. 251 et 378.
(2) Parce que leurs principes ont beaucoup d'affinité.
(3*) Mais comme on craint qu'il n'y mette de la mauvaise foi, s'il succombe dans ces actions, il doit être condamné à une amende et (il peut l'être même dans le cas du réglement) à des dommages. C-pr. 367, 374, 390.

TITRE PREMIER.

De la récusation. (1)

La récusation est l'action de refuser (*recusare*) pour juge d'une cause le magistrat à qui la loi en a attribué la connaissance. (**1***a*)

Dès que le juge est constitué par la loi, on peut établir pour règle générale, qu'il ne doit être susceptible de récusation que lorsqu'il y a des motifs fort graves de le suspecter. (**2**)

Les causes de récusation établies par les lois sont en effet pour la plupart très graves... avant de les exposer et de traiter des règles relatives à la procédure qu'on fait, et au jugement qu'on prononce lorsqu'une partie a récusé, nous remarquerons :

1. Que toute récusation doit être appuyée sur quelqu'une de ces causes, parce qu'il ne dépend pas d'une partie de s'affranchir par pur caprice de l'autorité d'un juge légitime, et que la récusation *péremptoire* (**3**) est abrogée. V. *Treilhard et Perrin*, p. 44, 268; *Rebuffe, de recusatione, art.* 8, *gl.* 1.

2. Que lorsqu'un juge sait qu'il est récusable, il est tenu (**3** *a*) d'en déclarer la cause à son tribunal (**3** *b*), qui décide (en la chambre du conseil) s'il doit s'abstenir. V. *Ord., xxiv,* 17; *C-pr.* 380. (**4**)

(1) Ce tit. correspond aux tit. 21, liv. 2, et 9, liv. 1 du Code.

(1 *a*) Le magistrat qui remplit les fonctions du ministère public peut aussi être récusé; mais v. ci dev. p. 26.

(2) D'autant plus qu'il lui est défendu de s'abstenir lui-même, sans raisons légitimes et approuvées, de participer à un jugement. V. *au reste*, *L.* 16, *C. judiciis*; *d.* ord., *tit.* 24, *art.* 18; *Jousse et Rodier*, *ib.*; ci-après note 4.

(3) On nommait ainsi une récusation que chaque partie pouvait faire, sans motifs, d'un des juges de la cause. V. *L.* 23 *vend. iv.*—Elle a été rétablie depuis, relativement aux jurés en matière d'expropriation pour cause d'utilité publique : chaque partie en peut récuser deux péremptoirement. *L.* 7 *juill.* 1833, *art.* 34.

(5 *a*) Et il le peut même après que la récusation dirigée contre lui a été rejetée. V. *rej. requ.* 3 *déc.* 1828, *avoués, xxxvj,* 188.

(5 *b*) Si c'est un juge de paix, il doit déclarer cette cause au tribunal de première instance et en attendre la décision. V. *B. c. cr.* 14 *oct.* 1824 *et ci-apr. note* 43, *p.* 373.

(4) Comme sa mission est de juger, il ne peut se récuser arbitrairement sans manquer à son devoir. *Rebuffe, art.* 2, *gl.* 1, *in f.*—On a néanmoins jugé que l'art. 380 n'est pas exclusif, et en conséquence, qu'un juge peut s'abstenir pour des causes autres que les causes légales, et qu'il n'a pas même besoin à cet égard de l'approbation de la chambre, ce qui nous paraît fort susceptible de difficultés. V. *rej. requ.* 2 *juin* 1832, *avoués, xliij,* 638, *Sirey,* 32, 434.

Observations. 1. Les parties ne peuvent ni appeler de la décision de la chambre ni s'y opposer, parce que les décisions de la chambre ne doivent point leur être communiquées. V. *arr. de Paris,* 18 *mars* 1808, *J-C-pr.,* i, 396, *et de Grenoble,* 22 *juin* 1812 (*dans nos recueils*).

2. Quoique le juge qui sait être récusable n'ait rien déclaré, son jugement n'est pas nul si les parties ne l'ont pas récusé. V. *rép., xj,* 86, *h. v.*; *arr. cass.* 21 *avr.* 1812, *ib. et B. c.*

§ 1. *Des causes de récusation.*

Les causes de récusation sont en général fondées sur ce principe (5), qu'un juge qui peut être excité à favoriser une partie par quelque affection, ou par son intérêt, ou par son amour-propre, est récusable. (6)

I. Le juge peut être excité par quelque *affection*, si sa femme ou lui sont parens ou alliés, jusques au 6ᵉ degré (celui de cousin issu de germain) inclusivement (7), des parties (8), ou de l'une d'elles (9); ou si l'une des parties est sa présomptive héritière. *C-pr.* 378, ℣. 1, 2, 7; *d. ord., art.* 1.

(5 et 6) *Observations.* 1. Les causes de récusation sont plus nombreuses que celles de renvoi et que les reproches de témoins (*v. le tit. suivant.; Perrin, p.* 268; *Rodier, art.* 1; *Catelan, liv.* 9, *ch.* 6; surtout, *ci-dev. p.* 331, *note* 42, *n.* 2); par exemple, on n'a point placé parmi les causes de reproche (v. *ci-dev. p.* 329) les procès dont nous parlons, p. 366.

2. Celles qui sont rapportées dans le Code ne sont pas nouvelles. V. *Treilhard, p.* 45 (d'où nous conclurons que les textes du Code sur ce point, peuvent être interprétés par le droit ancien).

3. Nous donnerons les motifs particuliers de plusieurs d'entre elles (v. *notes* 8, 11, 12, 14, *etc.*)

(7) Il en est de même s'il est parent ou allié de la femme de l'une des parties... Si cette femme est décédée sans enfans, ou divorcée ayant des enfans du mariage dissous, l'exclusion est restreinte aux beau-père, gendre et beau-frère. V. *d. ord., art.* 4; *Jousse et Rodier, ib.*; *C-pr.* 378, ℣. 2.—Donc si elle est divorcée n'ayant pas d'enfans, ces personnes mêmes ne seront pas ré-

cusables, quoi qu'en dise Pigeau (*i*, 425). V. *à ce sujet*, *Carré*, *analyse*, *i*, 708.

(8) Le jurisconsulte Tryphoninus (*L.* 67, § 1, *ff. ritu nupt.*) décidait (dans une hypothèse différente il est vrai) qu'une parenté commune ôte tout soupçon de fraude. Mais il est difficile de supposer que l'affection soit également partagée entre deux parens, surtout s'ils le sont à des degrés inégaux. V. *Rodier, art.* 3.

(9) A moins qu'elle ne soit dans la cause sous un nom collectif (par exemple au nombre des administrateurs d'une commune qui a un procès) : ou qu'elle y agisse en qualité de tutrice etc.; si toutefois elle n'a pas un intérêt particulier dans cette cause. V. *déclar.* 2 oct. 1694; *Jousse et Rodier, art.* 1; *C-pr.* 379 ; *répert., h. v.*— La parenté du juge avec l'avocat ou avoué d'une partie, n'est pas un motif de récusation. V. *arr. cass.* 12 juin 1809 , *Nevers*, *supp.*, 118.

II. Le juge peut être excité par quelque *intérêt* (**9** *a*), 1. si lui, sa femme, ou leurs parens ou alliés en ligne directe, ont un différend civil (**10**) semblable (**11**) à celui qui divise les parties, ou soutiennent un procès civil quelconque, devant (**12**), ou contre l'une d'elles (**13**); ou s'ils en sont créanciers ou débiteurs (**14**). *C-pr.* 378, ỿ. 3, 4, 6.

2. Si le juge en est administrateur (**15**), héritier présomptif ou donataire, maître (**16**) ou commensal (**17**). *C-pr.* 378, ỿ. 4 *et* 7; *ord., art.* 10.

3. Si le juge en a accepté des présens ou des repas (**18**) depuis le commencement du procès. V. ỿ. 8. (**18** *a*)

(9 *a*) Il s'agit dans cet alinéa et les deux suivans, de l'intérêt *indirect*; à l'égard de l'intérêt *personnel*, v. p. 368, note 18 *a*.

(10) Nous avions d'abord pensé que le mot *différend* du ỿ. 3 (*C-pr.* 378) avait été mis par inadvertance au lieu de *procès* ; mais en comparant ce verset avec l'art. 5 (*lit.* 24) de l'ordonnance, dans lequel il a été puisé, on voit que différend ne peut être pris ici dans le sens de procès, puisque cet art. 5 exige qu'il y ait preuve par écrit du différend, ce qu'il n'eût pas dit d'un procès, puisqu'il y en a toujours des preuves écrites; aussi Rodier (*d. art*, 5 , *qu.* 2) parle-t-il d'un différend non soumis au juge, mais dont l'existence peut être prouvée par un compromis, par des lettres, etc... Quoi qu'il en soit, il ne suffit pas qu'il y ait possibilité de différend, il faut que le différend soit *mu*, suivant l'expression de Rodier. V. *arr. cass.* 15 *mess. xj* et 27 *niv. xij*, *rec. alph.*, *mot transcription*, § 3 , *t.* 5, *p.* 337 , *et rép.*, *mot récusation*, § 1, *n.* 1, *t.* 11, *p.* 80.

(11) Sur une *question pareille*, dit le ỿ. 5... *Nam non aliter de aliena causa judicaturus videtur quam de sua optat judicari.* V. *arr. de Paris*, de 1423, dans Papon, liv. 7, tit. 9, arr. 17.—Mais Lamoignon observait judicieusement que cela peut donner lieu à des difficultés, parce que « la

moindre circonstance fait changer les affaires et y met une différence nota-ble. » V. *pr.-verb.*, *tit.* 25, *art.* 6.

(12) « Hi enim reciproci judices sunt valde suspecti, cum possit esse con-tractus facio ut facias. » *Rebuffe*, *art.* 9, *gl.* 1; *Bornier*, *art.* 7.

(13) Il faut que le procès ait commencé avant l'instance, si c'est la partie qui l'a intenté; autrement il suffirait à un plaideur d'assigner un juge qui lui déplairait, pour pouvoir le récuser... Quant au procès terminé, il n'est un sujet de récusation qu'autant qu'elle est faite moins de six mois après. V. *C-pr.* 378, ỷ. 6.—Au reste, ce cas rentre autant dans notre troisième di-vision que dans la seconde.

(14) *Observations.* 1. Le créancier, surtout si sa créance est considérable, a intérêt que son débiteur gagne, parce qu'il deviendra plus solvable; le dé-biteur peut craindre le ressentiment de son créancier. — V. encore sur les points ci-dessus, *L. un.*, *C. ne quis in sua causa*; *d. ord.*, *art.* 5 *et* 7; *Jousse et Rodier*, *ib.* et *art.* 12.

2. On ne peut récuser un juge pour avoir violé les formes dans des juge-mens antérieurs. V. *Agen*, 28 *août* 1809, *avoués*, *i*, 258 (ainsi cet arrêt confirme indirectement la décision donnée *note* 21, *n.* 1, *p.* 369).

(15) Même d'un établissement. *D.* ỷ. 7. — On avait jadis décidé le con-traire pour les administrateurs des hôpitaux. V. *pr.-verb.*, *tit.* 25, *art.* 11; *Jousse et Rodier*, *art.* 10.—Et on le décide encore pour le juge de paix. V. *ci-apr.* *note* 23, *n.* 4.

(16) *Observations.* 1. Un commentateur prétend que ce mot *maître* s'en-tend du propriétaire de la ferme que cultive une des parties, et il cite à ce sujet (sans doute d'après Jousse, *art.* 10) Bouvot et Faber. Mais 1° Faber ne motive pas bien sa décision; 2° il ne l'applique pas au fermier à prix d'argent, mais seulement à *l'inquilin* et au colon partiaire (*v. C.*, *lib.* 3, *tit.* 4, *def.* 3, *note* 3); 3° Jousse, *art.* 10 *et* 12; Basset, *t.* 1, *liv.* 2, *tit.* 1, *ch.* 4; Chorier, *liv.* 4, *sect.* 6, *art.* 1; et Saint-André, *art.* 24, rapportent quatre arrêts con-traires des parlemens de Rennes et Grenoble (dont un de l'avis des chambres), même pour l'*inquilin* (v. aussi *Rodier*, *art.* 10, *qu.* 8; *M. Merlin*, *rép.*, *h. v.*). Enfin Carré (*sup.*, *p.*, 715, 714) pense que les mots maître et com-mensal étant placés l'un à la suite de l'autre et simplement séparés par une alternative (*maître* ou *commensal*), le premier est employé par opposition au second, et ne désigne ainsi qu'un maître de maison qui a des commis, serviteurs, etc., vivant avec lui.

2. Remarquons en passant, que plusieurs commentateurs, surtout ceux qui ont publié leurs ouvrages presque aussitôt que le Code, se sont bornés souvent à copier les commentaires de l'ordonnance, en leur empruntant soit des citations dont ils ne vérifient pas la source, soit des décisions dont ils chan-gent les termes, pour déguiser le plagiat, et qu'ils travestissent ainsi d'une manière étrange. On en va voir encore un exemple.

3. Jousse, *art.* 5, décide, d'après Boniface, que le magistrat qui a des biens dans une commune, ne peut être juge des procès de cette commune. Un commentateur du Code, en citant aussi Boniface, applique cette décision au juge habitant ou domicilié dans la commune qui plaide. Il faudrait con-clure de là que toutes les villes où siègent des tribunaux ne pourraient y plaider, puisque les juges habitent ou sont domiciliés dans ces villes. On était si éloigné jadis de donner une décision aussi absurde, que, selon Ro-dier (*art.* 10, *qu.* 2), le juge, membre du conseil d'une commune, en pouvait juger les procès. Enfin, M. Merlin *tient* que les membres d'un tribunal peu-vent connaître des procès de la commune où ils siègent lorsqu'ils n'y sont point intéressés *ut singuli*, mais seulement *ut universi* (v. *rec. alph.*, *vj*, 69, *mot communaux*, § *xj*), et c'est ce qui a été indirectement décidé. V. *ci-apr.* *note* 23, *n.* 4; *rej. requ.* 17 *déc.* 1828, *avoués*, *xxxvj*, 172.

(17) L'ordonnance disait (art. 10) *maîtres* ou *domestiques*, ce qui doit s'entendre, selon Rodier, des commensaux, c'est-à-dire des précepteurs, secrétaires, intendans, etc.—Mais, comme un juge ne peut guère exercer aujourd'hui de semblables professions, il paraît que le Code aura voulu simplement parler du juge qui vit à la table du plaideur (v. *ci-dev.* note 16, *n.* 1).

(18) Dans la maison de la partie... *D. ✝. 8.* — L'acceptation des repas est un signe d'amitié, *suiv. Maynard, l.* 1, *qu.* 78... V. aussi *Jousse et Rodier, art.* 12.

(18 *a*) L'article 44 met expressément au nombre des causes de récusation des juges de paix, *l'intérêt personnel* qu'ils ont au procès qui leur est soumis (v. *ci-apr. note* 25, *n.* 3). Quoique l'art. 378 en énumérant les causes de récusation propres aux autres espèces de juges (même criminels.. v. *cours de dr. crim., part.* 2, *obs. prélim., n.* 6; *arr. cités ibid.*) ne parle point de celle-là, il est évident qu'on peut la faire valoir. V. *Bourges,* 18 *mars* 1828, *avoués, xxxvij,* 106.

III. Le juge peut être excité par quelque *amour-propre*, 1. si lui, sa femme ou leurs parens et alliés directs ont eu depuis moins de cinq ans un procès *criminel* (18 *b*) avec l'une des parties, ou son conjoint, ou les parens et alliés directs de ces deux personnes. V. ✝. 5; *Rodier, art.* 12.

2. S'il y a inimitié capitale entre lui et l'une des parties (19). V. ✝ 9; *ord., art.* 8.

3. S'il s'est livré envers elle depuis l'instance ou depuis six mois, à des agressions, injures, menaces (20). *Dd. autorités.*

4. S'il a donné des conseils ou *décisions*, ou fait des plaidoiries, mémoires (20 *a*); *sollicitations* (21), dépositions ou avances relativement à la cause (22). V. ✝. 8; *d. ord., art.* 6; *Bornier, Jousse et Rodier, ib.* (23)

(18 *b*) Suivant Carré (*lois, i,* 704) cette expression désigne un procès soit pour crime, soit pour délit, soit pour contravention, parce que le verset (le 6ᵉ) qui suit celui où elle est placée (le 5ᵉ), parle d'un procès *civil.* Il nous semble au contraire évident que procès *criminel* ne signifie ici que procès pour un crime. D'une part, à l'époque où le Code fut rédigé la connaissance des crimes était déférée à des tribunaux appelés *tribunaux criminels* (v. *Cod. brum.* 265 *et suiv.*)... de l'autre, le législateur supposant que tout ressentiment doit être éteint dans le cœur d'un juge lorsque le procès civil qu'il aura eu avec une partie, et qui néanmoins pouvait être d'une grande importance, est terminé depuis six mois (v. *note* 13), comment aurait-il pensé que le juge en conserverait au bout de près de cinq années à raison d'un procès pour un simple délit et surtout pour une simple contravention?

(19) Il est question ici, 1. d'une inimitié actuelle et non d'une inimitié ancienne, qui a été suivie de réconciliation (v. *Jousse et Rodier, art.* 8); 2. d'une inimitié grave, connue, occasionée par des motifs de grand poids (*Rodier, ib.*) et caractérisée par des faits qu'on détaille, et non d'une allégation vague de haine ou d'outrage. V. *arr. cass.* 9 *nov.* 1808, *Nevers, supp.*, 161, *et de Paris*, 30 *août* 1810, *avoués, iij*, 28.—Au reste il est difficile de bien préciser le sens de ces termes. V. *Lamoignon, sup., art.* 9.

(20) Règle contraire, 1° pour celles de la partie (v. *arr. cass.* 23 *août* 1810, *Nevers*, 551), autrement il lui serait bien aisé de se procurer un moyen de récusation; 2° pour celles du juge envers le créancier de la partie. V. *arr. d'Agen, cité note* 14, *p.* 367.— Néanmoins les injures de la partie pourraient conduire à une récusation, si elles avaient rendu le juge son ennemi capital. V. *M. Merlin, rec. alph.*, 2ᵉ *édit., t.* 5, *p.* 163.

(20 *a*) « S'il a donné conseil, plaidé ou écrit sur le *différend.* » d. †.8. Ce mot s'il s'agit de plaidoiries, signifie *procès*, mais s'il s'agit de *conseil*, il peut signifier une consultation qui n'est pas portée en justice. V. *ci-dev. note* 10, *p.* 366. — Un juge, on l'a dit, *p.* 265, note 3, ne peut faire des consultations.

(21) *Observations.* 1. DÉCISIONS. « S'il a *connu* de la cause comme *juge* ou arbitre ». †. 8, *et ord., art.* 6.— Si, par exemple, étant devenu juge d'appel, on lui soumet la sentence qu'il avait rendue lui-même en première instance. V. *Laroche, des parlemens, liv.* 13, *ch.* 85, *n.* 33; *Despeisses, tit.* 4, *n.* 4; *Rodier, d. art.* 6; *prat. fr., ij*, 585.—Le mot *connu* ne peut s'entendre d'un juge qui n'a jugé qu'un incident de la cause dans son propre tribunal; ou autrement, dans les causes un peu chargées, tous les magistrats pourraient devenir récusables (c'est aussi dans ce sens qu'on doit entendre le mot *connu* de C-pr. 468, relatif aux partages... v. *ci-dev. p.* 280, *note* 26; *arr. cass.* 2 *févr.* 1809, *rép., h. v.*, § 2; *autre*, 18 *mars* 1813, *J-C-c. xx*, 120; *régl. requ.* 4 *mai* 1831, *avoués, xl*, 318).—V. encore *d. arr. d'Agen, cité note* 14.

2. *Sollicitations*... C'est-à-dire, s'il a recommandé la cause... L'ordonnance (*art.* 13 *et* 14) défendait au juge, sous peine de suspension pendant une année, de solliciter pour d'autres que pour ses pupilles, ou ses parens jusqu'au 3ᵉ degré; et dans tous les cas, d'entrer dans la chambre où l'on devait statuer sur l'affaire... Le parlement de Grenoble demandait que les magistrats pussent solliciter pour leurs parens jusqu'au 5ᵉ degré, leurs fermiers et leurs domestiques. *Saint-André, ib.*

(22) *Dr. anc.* Autre cause : « Si le juge a ouvert son avis hors la visita- « tion et le jugement. » V. *d. art.* 6; *Bornier et Rodier, ib.*—Il est étonnant que le Code n'ait pas reproduit cette décision, que d'après son silence une cour a considérée comme abrogée. V. *Montpellier*, 1 *juin* 1829, *avoués, xxxvij*, 205.

(23) *Observations.* 1. RENVOI POUR SUSPICION née de récusation... V. *ci-apr., tit.* 2, § 3, *p.* 377.

2. Ministère public et commissaires... V. *p.* 364 (*note* 1 *a*), 371 (*note* 28).

3. *Juge de paix*.... Causes pour lesquelles on peut le récuser... 1. *intérêt personnel* à la contestation; 2. parenté ou alliance jusqu'au 4ᵉ degré inclusivement; 3. procès criminel depuis moins d'une année avec une des parties, ou son conjoint, ou ses parens et alliés en ligne directe; 4. procès civil actuel avec une des parties ou son conjoint; 5. avis écrit donné dans l'affaire. V. *C-pr.* 44; *Treilhard et Faure, p.* 19 *et* 196.

4. *Idem.* Il n'est pas récusable par cela seul qu'il est membre d'un bureau de bienfaisance qui plaide devant lui; cette qualité ne suppose pas un intérêt personnel, *suiv. arr. cass.* 21 *avr.* 1812, *B. c. et rép.*, d. § 2.

§ 2. *De ceux qui peuvent récuser, de la procédure et du jugement des récusations.*

I. *Récusans*. Il faut distinguer entre la récusation pour parenté et la récusation pour d'autres causes. Dans le premier cas, l'une et l'autre des deux parties, même celle qui est parente (**23 a**), a le droit de récuser. *Arg. du C-pr.* 378, ƒ. 1. — V. *Pothier, sup.; Rodier, art.* 1; *Carré, anal., i,* 708.

Dans le second cas, comme la récusation paraît établie en faveur de chacune des parties considérées en particulier, il semble naturel que celle-là seule qui a intérêt puisse exercer la récusation. (**24**)

II. *Procédure* (**25**). 1° La récusation doit être proposée avant le commencement de la plaidoirie, et dans les causes par écrit, avant la fin de l'instruction ou l'expiration des délais (**26**), à moins que la cause n'en soit postérieure à ces époques (**27**). *C-pr.* 382. — V. aussi *d. ord., art.* 20 *et* 21; *Rodier, ib.* (**28**)

Elle se fait au greffe par un acte libellé et signé. *C-pr.* 384; *tarif* 92 (**29**); *d. ord., art.* 23.

2° Sur l'extrait de cet acte, et après un rapport (**30**), on rend un premier jugement (**31**) qui rejette la récusation lorsqu'elle est inadmissible. *C-pr.* 385.

Si elle est admissible, ce jugement en ordonne la communication au juge récusé (**32**). *D. art.*

Dès-lors la procédure de l'instance principale est suspendue, excepté quant aux opérations très-urgentes dont le juge récusé est chargé; car, dans ce cas, on nomme un autre juge-commissaire (**33**) à la place de celui-là (**34**). V. *C-pr.* 387.

3° Le juge récusé doit déclarer au greffe s'il convient ou non (**35**) des faits allégués. *C-pr.* 385, 386.

(23 *a*) Règle contraire en matière de *renvoi;* la partie non parente a seule droit de le demander. V. *C-pr.* 368; *ci-apr. p.* 374. — A moins que le juge ne soit parent de toutes les deux, *suiv. Demiau,* 274.

(24) Il serait absurde en effet que, lorsqu'une partie, par exemple, ne récuse pas le juge qui est son ennemi capital, son adversaire eût le droit d'exercer la récusation. V. *Pigeau, i*, 428.

(25) Quant à la procédure, dans le droit ancien, *v.* Rodier, art. 23.

(26) V. à ce sujet, ci-dev. p. 199, n. vj.

(27) Ou qu'on ne l'ait connue que depuis, *suiv. Rebuffe, art.* 1, *gl.* 2 *et* 6. —Carré (*lois, i*, 721) n'admet point cette alternative.

Observations. 1. Il résulte de la règle ci-dessus du texte, qu'une cause de récusation qui n'a pas été proposée avant ces époques ne peut être un moyen de cassation ni d'appel. V. *M.* Merlin, *rép.* , mots loi, § 3, *vaine pâture*, § 1, *art.* 2; *arr. cass.* 18 *th. xij et* 25 *flor. xiij, ib.* ; *ci-apr. tit. de la cassat., note* 21 ; *d. arr.* 21 *avr.* 1812; *rej. requ.* 11 *nov.* 1829, *et Bourges et Bordeaux*, 1832 *et* 1833, *avoués, xxxix*, 159, *xlv*, 560, *xlvj*, 226.

2. Cette règle est si stricte que le juge notoirement récusable peut juger légitimement s'il n'a pas été récusé. V. *d. arr.* 21 *avr.* ; *B. c.* 8 *févr.* 1828 , *Toulouse*, 1826, *Bordeaux* , 1833 *, et rej. requ.* 30 *juill.* 1833 *, avoués, xxxiij*, 244, *xlv*, 742, *xlvj*, 369.

(28) Lorsqu'il s'agit d'un juge-commissaire, on n'a que trois jours, à dater du jugement qui l'a nommé, si ce jugement est contradictoire, et de l'expiration du délai d'opposition ou du débouté d'opposition, s'il est en défaut. *C-pr.* 383. — V. aussi *d. ord.*, art. 22; *Rebuffe, art.* 11, *gl.* 1.

(29) *V.* aussi ci-dev. § des greffiers, note 5, p. 71.

L'acte est signé de la partie ou de son procureur spécial. *C-pr.* 384.

Justice de paix. La récusation est motivée, notifiée au greffier (par un huissier quelconque) et signée sur l'original et sur la copie (on la dépose au greffe pour la communiquer au juge). *C-pr.* 45 ; *tarif*, 30.

(30) Du président, suivi de conclusions du ministère public... L'extrait de l'acte a dû être remis dans les 24 heures au président, par le greffier. *C-pr.* 385. — Ces rapport et conclusions doivent être publics. *B. c.* 19 *déc.* 1831.

(31) Il est rendu à l'audience. V. *Orléans*, 10 *janv.* 1808, *Hautefeuille*, 206.—Le juge récusé ne peut y prendre part. V. *arr. cass.* 9 *nov.* 1808, *rép. xj*, 94, *h. v.*, § 4; *B. c. cr.* 30 *nov.* 1809; *ci-apr. note* 36. — On le décidait même ainsi jadis pour les juges parens du récusé, quand il s'agissait de son intérêt ou de son honneur. *Grenoble*, 10 *mars* 1671, *S.-André, art.* 24.

(32) Et au ministère public, et nomme un rapporteur. *D. art.* 385.

(33) A l'audience, sur un simple acte. *D. art.* 387.

(34) Cela se pratique même après l'appel du jugement qui a rejeté la récusation de ce juge-commissaire. *C-pr.* 391, *in f.*, *et* 387.

(35) A la suite de l'acte de récusation et dans le délai fixé par le jugement. *C-pr.* 385, 386.

III. *Jugement, appel et effets.* 1° En cas d'aveu des faits, et même en cas de dénégation si dans la suite ils sont prouvés, on ordonne que le juge s'abstiendra. *C-pr.* 386, 388. — V. aussi *d. ord., art.* 24. (36)

Si les causes ou faits déniés ne sont pas établis sur une preuve ou un commencement de preuve par écrit, on est libre de rejeter la récusation, ou d'ordonner la preuve testimoniale. V. *C-pr.* 389. (37)

2° L'appel du jugement de récusation (58) se juge à l'audience, sans qu'il soit besoin d'appeler *les* parties. V. *au reste C-pr.* 391 *à* 396 (59); *tarif* 92.

Dans le mois, à dater du jugement qui a rejeté la récusation, l'appelant doit signifier le jugement en dernier ressort, ou un certificat, qu'il n'est pas rendu (40), sinon le jugement qui a rejeté la récusation est exécuté par provision (40 *a*). *C-pr.* 396; *tar.* 70.

3° Le récusant qui a succombé peut être actionné en dommages (41) par le juge récusé; mais alors celui-ci ne doit plus rester juge de la cause (42)*. D. ord.*, *art.* 29 *et* 30; *Rodier, ibid.; C-pr.* 390 (43); *Pigeau, i,* 433 (44).

(56) *Dr. anc.* Il était de plus obligé de sortir de la salle où l'on opinait. V. *id.*, *art.* 15, 16; *Jousse et Rodier, ib.* ; *ci-dev. note* 31.
Autre cas d'abstention, et même d'abstention générale.. V. *ci-apr. tit. de la prise à partie,* § 2, *n. j,* et *note* 21, *ib.*

(57) *Observations.* 1 Le tribunal peut dans le premier cas rejeter la récusation sur la simple déclaration du juge. *D. art.* 389.—V. aussi *rej. requ.* 16 *nov.* 1825 *et* 8 *fév.* 1832, *avoués, xxx,* 287, *xliij,* 669.

2. S'il ordonne la preuve, après qu'elle aura été faite, il rendra son jugement définitif sur la récusation.

3. *Dr. anc.* Les causes fondées sur un procès, une créance ou une dette, devaient être prouvées par écrit; les autres pouvaient l'être par témoins. V. *d. ord.*, *art.* 5 *et* 6; *Rodier, art.* 12.

4. Lorsque la récusation a été admise, il faut la maintenir, quoique la cause en ait cessé, *suiv. des arr. du parl. de Grenoble, des* 28 *févr.* 1674 *et* 16 *mai* 1675, *dans Saint-André, h. t.*

(58) *Observations.* 1. Pigeau (*i,* 435) prétend que l'adversaire du récusant et le juge récusé (à moins que la récusation n'attaque son honneur) n'ont pas le droit d'appeler, et cela parce que la loi garde le silence sur leur compte. Il nous semble qu'on doit induire le contraire, même de ce silence, au moins quant à l'adversaire du récusant. « Tout jugement sur récusation, dit l'art. 591, est susceptible d'appel ». Donc toute partie peut appeler si la loi ne le lui défend pas. Il eût été contradictoire de dire que le jugement serait susceptible d'appel si l'on eût voulu interdire l'appel à l'une des parties. D'ailleurs l'appel étant une voie de droit commun, on doit pouvoir en user tant qu'il n'y a pas de prohibition expresse (*ci-apr. tit. de l'appel, note* 14). Ajoutons, en premier lieu, que la loi donnant aux parties la faculté de contester le renvoi pour parenté, il y a même raison de leur accorder celle d'attaquer la récusation, et par conséquent le jugement qui l'autorise (*tit.* 2, *note* 8, *p.* 375); en second lieu, que notre avis est conforme à l'ancienne jurisprudence. V. *Rodier, art.* 26.

2. À l'égard du juge récusé, on pourrait fonder l'opinion précédente sur ce que la loi ne le considère pas proprement comme *partie,* lorsqu'il ne prend

pas de conclusions, de telle sorte qu'il doit être affranchi des dépens, dans le cas où le récusant a triomphé devant le juge supérieur (v. *B. c.* 13 *nov.* 1809, 14 *avr.* 1829, *et* 16 *juill.* 1834). Mais ce serait un nouveau motif d'admettre à l'appel l'adversaire du récusant, puisqu'il resterait le seul que pût désigner l'expression collective *les parties*, de l'art. 394 ; d'autant plus que l'art. 392 le désigne encore par cette autre expression CELUI *qui voudra appeler*. — *V.* aussi C-pr. 311 ; tarif 71 ; ci-dev. p. 341, note 13 ; Carré, lois, i, 891 ; Poncet, 265 ; Demiau, 286.

3. On pressent par là, que dans l'hypothèse inverse, ou quand le juge récusé aura pris des conclusions, il sera considéré comme partie, et telle doit être la doctrine de la cour suprême puisque elle a statué (*rej. cr.* 24 *oct.* 1817 *et* 11 *fév.* 1820, *B. c. cr.*) sur le recours de deux juges récusés (l'un d'eux avait *appelé* du jugement de récusation), tandis que dans un système différent, elle les eût sans doute purement déclarés non-recevables.—V. d'ailleurs, *d. B. c.* 14 *avr.* 1829.

(39) Voici un résumé de ces six articles... L'appel se fait au greffe dans les cinq jours du jugement, avec motifs et dépôt de pièces à l'appui. Dans les trois jours suivans, le greffier envoie les pièces à celui de la cour royale ; et dans un semblable délai, on indique le jour du jugement, qui se rend sur rapport et sur conclusions. Dans les vingt-quatre heures de l'expédition du jugement, les pièces sont renvoyées. — V. aussi *ci-dev. chap. des règl. général., p.* 180, *note* 9, *n.* 2.

(40) Avec indication du jour où il le sera. *C-pr.* 396.

(40 *a*) Et ce que l'on fait en conséquence de ce jugement, est valable, lors même que la récusation qu'il a rejetée, serait admise sur l'appel. *C-pr.* 396, *in f.*

(41) Il est aussi condamné à une amende (de 100 francs au moins). Voyez *C-pr.* 390.

(42) V. tit. des expertises, note 14, p. 341.

(43 et 44) *Observations.* 1. *Tribunal de paix.* Le juge doit, dans deux jours, déclarer au bas de la récusation, s'il y adhère ou s'il s'y refuse (en exposant ses motifs). Sa réponse est (sur la réquisition de la partie la plus diligente) envoyée au tribunal civil, qui statue en dernier ressort (sur les conclusions du ministère public), sans avoir besoin d'appeler les parties : il en est de même lorsque le juge n'a pas répondu. V. *C-pr.* 46, 47 ; *tarif*, 14 ; *Treilhard et Faure*, p. 20 et 197 ; *L.* 26 *oct.* 1790, *tit.* 3, *art.* 5. — Voyez aussi *ci-dev.* p. 365, *note* 3 a.

2. *Causes anciennes de récusation.* Nous avons dit (*note* 5, *p.* 365), que les causes de récusation du Code ne sont pas nouvelles ; il faut ajouter, 1. qu'elles sont bien moins nombreuses qu'autrefois, puisque dans le seul traité de Rebuffe déjà cité, on n'en rapporte (*art.* 9, *gl.* 1) pas moins de 49 ; 2° qu'elles sont au moins caractérisées avec exactitude, tandis que jadis elles donnaient lieu à beaucoup de difficultés, parce que l'ordonnance s'en était référée sur ce point aux dispositions du droit (v. *tit.* 24, *art.* 12 ; *Jousse et Rodier, ibid.*), qui précisément offraient bien de l'incertitude. Aussi trouve-t-on souvent dans les auteurs, des causes de récusation assez singulières, telles que celle-ci, de Rebuffe (*ibid., n.* 35) : « Judex recusatur in causa suæ « amasiæ, quia amasius pro amasia omne fas atque nefas committeret... et « (secundum Baldum) amor mulierum pervertit omnem sensum amantium. — Néanmoins Demiau (279) pense que cette ancienne jurisprudence, conforme, dit-il, au concile de Trente, devrait être maintenue.

TITRE II.

Des renvois.

Nous avons exposé (*p.* 252) qu'on entend en général par un *renvoi*, l'action de faire porter à un tribunal une cause primitivement soumise à un autre. On en distingue plusieurs espèces, savoir les renvois pour, 1. incompétence, 2. connexité, 3. litispendance, 4. parenté ou alliance, 5. insuffisance de nombre, 6. suspicion, 7. défaut de sûreté. Nous avons parlé ailleurs (*p.* 251) des trois premières espèces; il nous reste à traiter des dernières.

§ 1. *Du renvoi pour parenté ou alliance.* (1)

I. *Cas.* Ce renvoi peut être demandé par une partie, lorsque son adversaire (2) a dans un tribunal (3) deux parens ou alliés en deçà du 7e degré, ou trois si c'est une cour royale; et s'il est lui-même membre d'un tribunal ou d'une cour royale, il suffit qu'il ait un parent ou allié dans le tribunal, ou deux dans la cour (4). *C-pr.* 368. (5)

(1) Ce paragraphe correspond au titre 20, livre 2, partie 1 du Code.
(2) V. à ce sujet, p. 370, note 23 *a*.
(5) Parmi les juges, non parmi les suppléans, *suiv. rej. requ.* 22 *août* 1822, avoués, xxiv, 285.
(4 et 5) A l'égard du motif de ce renvoi, v. *divis.* 4, p. 363.
Observations. 1. *Dr. anc.* Il était admis dans les cours supérieures. Voy. à ce sujet, Rodier, *tit.* 11, *art.* 28.
2. *Dr. actuel.* Les intervenans et garans ont le droit de demander le renvoi, *suiv. prat. fr.*, ij, 365 à 567... Mais l'ordonnance d'août 1737 (*art.* 29-32) qui sert naturellement en ce point à l'interprétation du Code, ne le leur accordait (*idem*, *Carré*, *anal.*, *i*, 697) que dans certains cas, et à de certaines époques.
3. La parenté d'un juge d'une chambre différente de celle qui est saisie de la cause, n'est pas un motif de renvoi, *suiv. prat. fr.*, *ib*... Mais les termes *parmi les juges d'un tribunal*, de l'art. 368, embrassent évidemment (*id.*, *Carré*, *sup.*) les juges de toutes les chambres.
4. Le procureur du roi doit-il compter pour les renvois?... oui, *suiv. prat.*

fr., sup... Mais outre que l'art. 368 ne parle que des *juges*, et que ce magis-trat n'est pas juge, la rédaction primitive en a été changée sur la demande du tribunal, afin qu'on ne pût en induire que le procureur du roi dût compter pour les renvois (*idem, Carré, sup.*, 696).

II. *Procédure.* La demande n'est admissible qu'aux mêmes époques que la récusation (*p.* 370, *n. ij*). Elle se fait au greffe par un acte libellé et signé. *C-pr.* 369, 370 ; *tarif* 92.

Le tribunal (**6**) ordonne (par un premier jugement), 1. La communication de cet acte et des pièces justifi-catives aux juges parens ou alliés, pour déclarer (**7**) s'ils sont dans le cas de la loi ; 2. qu'il sera fait un rapport. *C-pr.* 371.

Ces actes, pièces et jugement sont signifiés aux autres parties (**8**). *C-pr.* 372 ; *tarif* 70.

(6) Il paraît par l'ensemble du tit. 20 du C-proc., que c'est le tribunal saisi de l'affaire... Mais il faudrait s'adresser à celui qui connaît des réglemens (*ci-apr., p.* 378), si à cause de la parenté des juges il y avait dans le premier tri-bunal saisi, insuffisance de nombre. V. *à ce sujet, ci-apr.*, § 2, *et notes* 14 et 18, *p.* 376 ; *arr. cass.* 29 *juill.*, 11 *nov. et* 28 *déc.* 1807, *et* 12 *avr.* 1808, *J-C-pr. i*, 129 *et* 198, *Nevers, supp.*, 1 *et* 61, *surtout rép.*, 4ᵉ *édit., iij*, 244, *et cinq autres arr. de* 1807, *ib.* (la cour de Colmar a jugé le contraire. v. *arr.* 29 *déc.* 1810, 30 *janv. et* 3 *juill.* 1813, *avoués, iij*, 237, *viij*, 100, *ix*, 49). — Dr. interm... *C'était à la cour de cassation.* V. dd. arr.

(7) Ils le déclarent (au bas de l'expédition du jugement) dans un délai fixe... et l'on communique aussi au ministère public. *C-pr.* 371.

(8) Elles peuvent contester le renvoi par une requête, à laquelle le deman-deur peut aussi répondre. *Tarif*, 75. — Voy. aussi *note* 58, *p.* 372.

III. *Jugement.* Si les causes sont avouées ou justi-fiées, le renvoi est fait à un tribunal (**9**) civil du même ressort ; et pour une cour royale, à l'une des trois cours les plus voisines. *C-pr.* 373.

S'il y a appel du jugement de renvoi, on procède comme en cas de récusation (*v. p.* 373, **note** 39), et l'appel est suspensif. *C-pr.* 377, 376.

S'il n'y a pas appel, ou si l'appelant succombe, la cause est portée (**10**) au tribunal à qui l'on renvoie, et la procédure y est continuée suivant les derniers *erremens* (**11**). — *C-pr.* 375. (**12**)

(9) On désigne donc ce nouveau tribunal (il en est autrement en matière de déclinatoire... v. p. 252, note 24); mais on ne peut pas désigner les juges de ce tribunal, qui connaîtront de la cause. V. B. c. 22 therm. viij.

(10) Sur une simple assignation. V. C-pr. 375; Carré, lois, i, 863.

(11) Hoc vocabulum, dit Rebuffe(proœm., in const. reg. gl. 1, n. 97), arramenta causæ, puto esse corruptum ab ignaris, quia debent dici armamenta, id est munimenta...

(12) C'est-à-dire, reprise à partir du dernier acte qui a été fait. V. ci-dessus, note 11; ci-apr. tit. des reprises d'instance, p. 389. — Amende (50 fr. au moins) et dommages. V. note 3, p. 363.

§ 2. Du renvoi pour insuffisance de nombre.

Ce renvoi peut être demandé lorsque le tribunal auquel une cause est soumise se trouve, soit par suite de décès, soit par empêchement légitime, tel que maladie, soit par récusation, privé de la majorité du nombre de juges nécessaire (13) pour y statuer. (14)

Dans ce cas, la partie la plus diligente se pourvoit par requête (15) au tribunal supérieur (16), qui, l'autre partie appelée (17), renvoie la cause au tribunal le plus voisin du premier, et du même genre que le premier. (18)

(13) Tribun. civils, trois; cours royales, sept... V. L. 27 vent. viij.

(14) Si, après avoir appelé les juges d'une autre chambre et les suppléans, on obtient la majorité de ce nombre, c'est-à-dire, deux juges au tribunal civil et quatre à la cour royale, ou pourrait composer la minorité, de gens de loi, comme en matière de partage. V. décr. 30 mars 1808, art. 49; ci-dev. tit. des jugemens, p. 279. — Mais cela ne se peut faire si l'on n'a obtenu que la minorité en juges ou suppléans ; il faut alors demander un renvoi pour insuffisance. V. B. c. 7 janv. et 17 fév. 1806, 30 oct. 1811; autres cités, § 3, p. 377, ci-dev. note 6, p. 375, et ci-apr. note 18; L. 30 germ. v, art. 16 ; avoués, xlvij, 393.

Quant au tribunal de paix, v. en l'art., p. 50, note 37.

(15) Il est d'usage que la minorité restante (note 14) dresse un procès-verbal constatant l'insuffisance, etc., et il paraît naturel qu'un extrait en soit joint à la requête. V. J-C-pr. i, 199.

(16) C'est celui des réglemens. V. ci-apr., tit. 3, p. 378, n. 2; Douai, 14 oct. 1816, Jalbert, 1817, snpp. 2; régl. requ. 8 janv. 1829, avoués, xxxvj, 104.

(17) Et sur les conclusions du ministère public.

(18) Toutes ces règles s'induisent des lois des 30 germ. an v et 16 vent. xij, combinées avec la jurisprudence de la cour de cassation , et auxquelles le Code ne paraît pas avoir dérogé. Voy. arr. cités ci-dev., note 6 et 14; M. Merlin, rec. alph., mot homme de loi, § 1 et 2; rép., mots avocat, cour de cassation, n. 3, évocation, § 1, renvoi, n. 2; notre cours de dr. crimin., art des renvois, note 7.

§ 3. *Des renvois pour suspicion légitime et défaut de sûreté publique.*

Il y a lieu au renvoi pour suspicion légitime dans deux cas : 1. lorsque tous les membres d'un tribunal sont récusables (**19**); 2. Lorsque, d'après diverses circonstances, on peut craindre que le tribunal ne juge pas avec impartialité.

Quant au renvoi pour *défaut de sûreté publique*, ces termes annoncent assez qu'il peut être demandé (**19** *a*) lorsque, par quelque évènement, tel qu'une invasion, on ne peut sans danger procéder dans le lieu où siège un tribunal.

Ces renvois sont portés au tribunal qui doit connaître (*v. p.* 378) des réglemens ; et l'appréciation des circonstances d'où résultent la suspicion et le défaut de sûreté, est abandonnée à la conscience des magistrats qui le composent. (**20**)

---

(19) *Dr. anc.* Même règle lorsque le tribunal (en corps) avait un procès avec une partie. V. *Pothier, part.* 1, *ch.* 2, *sect.* 5 ; *Rodier, tit.* 24, *art.* 1.

(19 *a*) Il ne peut être prononcé que sur le réquisitoire du procureur général. V. *L.* 27 *vent. viij, art.* 79. — V. aussi *C-cr.* 544, *in f.*

(20) V. sur tous ces points, M. Merlin, rép., xj, 522, 523, mot renvoi (demande en), n. 2 et 4 ; arrêts cass. cités ib.; autres, 21 frim. ix, B. c., 29 juill. 1807, J-C-pr. i, 129, 21 mars 1821 et 4 mai 1831, 17 fév. 1832, avoués, xxiij, 89, xl, 318, xliij, 421 ; Nîmes, 1808, J-C-pr. ij, 448, et Agen, ci-dev. note 14; Rennes, 1833, avoués, xlv, 561 ; décr. 17 nov. 1811, art. 144; obs-cass. 77; surtout notre cours de droit criminel, article des renvois, note 7 (on y verra que les règles de jurisdiction sont différentes en matière criminelle).

Effet de la demande en renvoi... v. *tit. de la prise à partie, note* 14.

TITRE III.

Des réglemens de juges. (1)

On entend par réglement de juges, l'action de déterminer ou régler lequel de plusieurs tribunaux doit
connaître d'une cause. Quand le réglement est-il nécessaire? à qui doit-il être soumis? et comment y
procède-t-on? voilà ce que nous avons à examiner.

I. *Cas.* Il y a lieu au réglement (1 *a*), lorsque la
même cause, ou une autre cause connexe (2) a été
portée devant deux tribunaux différens, ou en d'autres
termes, lorsqu'il y a *conflit* de jurisdiction. (3)

II. *Tribunal.* La demande est soumise en général
au tribunal qui est immédiatement supérieur, et qui
a dans son ressort les tribunaux entre lesquels il y a
conflit (4). V. *Perrin*, p. 265; *C-pr.* 363. (5)

(1) Ce titre correspond au tit. 19, liv. 2 du Code.

(1 *a*) Il y a lieu à une demande, non pas précisément en réglement, mais
en *indication* de juges, lorsque la partie qui veut intenter une action ne peut,
à cause de quelques circonstances, savoir exactement à quel tribunal elle
doit s'adresser : elle peut alors se pourvoir au tribunal qui connaît des réglemens. V. *à ce sujet, rép., mot évocation,* § 1; *arr. cass.* 8 *sept.* 1807, *ibid.,*
et Limoges, 28 *janv.* 1824, *avoués, xxxj,* 181.—La cour de Turin a donné
une décision contraire... V. *arr.* 2 *févr.* 1811, *avoués, iv,* 37.

(2) Fût-elle soutenue contre deux parties différentes ; mais il faut toujours
qu'il y ait identité ou connexité d'objets. V. *rép., mot compte,* § 1; *régl.*
requ. 14 *oct.* 1806, *ib.* ; *autres,* 8 *avr.* 1807, 5 *juill.* 1810, *et* 14 *janv.* 1819,
B. c.; et 20 *fév.* 1833, *B. c. et avoués, xltij,* 481 ; *autres cités ci-devant*
p. 253, *note* 30 ; *Colmar,* 21 *mars* 1807, *J-C-pr., i,* 131.—Ainsi, il y a lieu
au réglement lorsque devant les deux tribunaux on a pris les mêmes conclusions au principal. V. *B. c.* 4 *août* 1818, 1 *mars* 1826.

(3) *Espèces de conflits...* V. ci-dev. p. 12, n. 6.

(4 et 5) *Exemple :* Conflit entre deux juges de paix, 1. du même arrondissement, au tribunal de cet arrondissement ; 2. de deux arrondissemens divers, à la cour royale ; 3. de deux ressorts de cours royales diverses, à la cour
de cassation. V. *C-pr.* 363; *notre cours de dr. crimin., art. des réglemens,*
note 2 ; *d. B. c.* 1 *mars* 1826.

Observations. 1. Renvois pour suspicion et insuffisance : même règle. —
V. *autorités des notes* 6, 14, 18 *et* 20, p. 375 *à* 377; *rép., vj,* 67 *et suiv.,*
mot incompétence.

2. Cette règle est fondée sur la maxime *par in parem non habet imperium.*
— *V.* Barbosa, ax. 174.

3. Jadis les réglemens et renvois se portaient tous à la cour de cassation; et elle connaît encore aujourd'hui par voie de *réglement,* en premier lieu, des renvois *pour incompétence,* en cas qu'on ait rejeté un déclinatoire par lequel on demandait que la cause fût soumise à un tribunal du ressort d'une autre cour royale (v. *dd. autorités; arrêts cités* p. 254, *note* 37, *n.* 1). — V. aussi *ci-après, tit. de l'appel, ch.* 1, *note* 27.

En second lieu, des conflits négatifs (v. *d. p.* 12, *n.* 6), selon Carré (*lois, i.,* 840, *et compétence,* 1ʳᵉ *édit., ij,* 119, *et* 2ᵉ, *v,* 35) suivi et approuvé par M. Chauveau (*avoués, xxxiij,* 280); mais c'est une erreur. Il n'est nullement question de cette hypothèse dans les autorités citées par Carré, savoir le répertoire, *mot réglement de juges,* et la présente note de notre cours, 5ᵉ *édit.,* p. 339.

4. Quand le recours en cassation est-il préférable au réglement? V. *même note* 37, *n.* 2 et 3.

III. *Procédure* (6). 1° La demande se forme par une requête (7), sur laquelle on obtient un jugement qui permet d'assigner en réglement, et qui peut surseoir aux procédures à faire devant les tribunaux du conflit. *Ord. d'août* 1737, *tit.* 2, *art.* 1 *et* 8; *C-pr.* 364; *tarif* 78.

2° Le demandeur signifie ce jugement et assigne (8) les parties (9) dans la quinzaine de sa date, faute de quoi il est déchu (10) du réglement, et les poursuites sursises peuvent être continuées devant le tribunal saisi par le défendeur. *D. ord., art.* 9 *et* 13; *C-pr.* 365, 366. (11)

(6) Quant à l'*indication* de juges (v. *ci-dev.*, *note* 1*a*), il semble qu'il faille suivre les règles du renvoi pour insuffisance (*ci-dev.*, *p.* 576) à cause de la grande affinité de ces deux matières.

(7) On y joint les demandes formées devant les divers tribunaux du conflit. *C-pr.* 364.

(8) Par le même acte. *Tarif,* 29.

(9) Au domicile de leurs avoués, et pour paraître dans le délai des assignations, calculé (avec augmentation à raison des distances) d'après ce domicile. V. *C-pr.* 365; *ci-dev. art. des délais, p.* 165 ; *et tit. de l'assignation, art.* 4, p. 225, 226; *d. régl.* 14 *janv.* 1819.

(10) Sans qu'il soit besoin de décision. V. *C-pr.* 366. — V. aussi *ci-dev., § des nullités, note* 10, *p.* 154.

(11) A l'égard, 1° des dommages auxquels peut être condamné le demandeur qui succombe, v. *ci-dev. p.* 363, *note* 3; *C-pr.* 367; *d. ord.*, art. 29. — 2° des autres principes à suivre en matière de réglement de juges, v. *art. de la compétence, p.* 30.

SECTION QUATRIÈME.

De la procédure interrompue ou anéantie.

Nous traiterons, dans cette section, des divers évènemens, ou incidens, ou actes qui peuvent interrompre ou anéantir une procédure, de telle sorte que l'on soit obligé d'en commencer une nouvelle ou d'en *reprendre* une ancienne (1); tels sont l'interruption ou la reprise proprement dites, le désaveu (2), la péremption, l'acquiescement, le désistement (5), le compromis (4), la transaction (5), l'anéantissement de l'action ou du droit.

Nous consacrerons à chacun des cinq premiers incidens un des titres de cette section; il a été question du sixième à l'article des arbitres; les règles des septième et huitième appartiennent à l'enseignement du droit civil. (6)

(1) Si toutefois l'instance n'est pas anéantie. Voy. *les titres suivans.* — Quant au sens du mot reprendre, v. *ci-après tit.* 1, p. 381.

(2) Il n'anéantit pas toujours, surtout en totalité, une instance; mais comme la rétractation d'un jugement est le plus considérable des effets qu'il produit, nous avons pu le comprendre dans cette section. Voy. *ci-apr., p.* 594, *n. iij; liv. des voies contre les jugemens, note* 4 *b.*

(3) Les autres incidens (la vérification, le faux, etc.) produisent une suspension, mais non une interruption proprement dite.

(4 et 5) Ils peuvent avoir pour objet de prévenir ou de terminer un procès devant les tribunaux. V. *art. des arbitres, p.* 4o; *C-c.* 2044.

(6) *Observations.* 1. L'effet de la *transaction* sur une instance est déterminé par l'acte même qui la contient.

2. L'*extinction* du droit d'où résulte l'action entraîne celle de la procédure, en ce sens qu'elle la rend désormais inutile. Mais lorsque l'extinction du droit a lieu par un évènement qu'il était impossible d'empêcher ou de prévenir, la procédure peut être continuée pour les accessoires du droit éteint, tels que les dépens faits ou les dommages soufferts auparavant. C'est ce qui peut avoir lieu, 1. quand un droit individuel (v. *p.* 190) comme celui de demander la séparation de corps, est éteint par la mort du réclamant; 2º quand un droit affecté sur un objet, tel qu'un droit d'habitation dans un bâtiment est éteint par la destruction de cet objet, etc. — V. *aussi note* 37, *p.* 589.

TITRE PREMIER.

De l'interruption et de la reprise d'instance (**1**).

Le mot interruption désigne l'effet d'un évènement qui arrête le cours d'une instance (**2**); le mot *reprise* indique l'acte par lequel l'instance reprend son cours. Nous parlerons d'abord des circonstances où il y a lieu à interruption et reprise, et ensuite des formes de la reprise.

§ 1. *Des circonstances d'interruption et de reprise.*

Il y a deux sortes d'interruption d'instance; l'interruption volontaire et l'interruption forcée.

L'interruption est volontaire lorsqu'une partie suspend ses poursuites, abstraction faite de tout évènement; elle est forcée lorsque la suspension provient de certains évènemens qui doivent arrêter le cours de l'instance, même malgré la partie.

Les évènemens de ce dernier genre sont, 1° la mort d'une des parties (**3**); 2° ceux qui la mettent dans l'impossibilité d'agir (**4**), tels que son changement d'état (**5**), ou celui de son avoué, ou la mort de cet avoué (**6**); 3° ceux qui, d'après la disposition de la loi ou la nature de la cause, suspendent la procédure, tels qu'une plainte en faux principal pendant une instance en faux (v. *p.* 315, § 3) incident. (**7**)

(**1**) Ce titre correspond au tit. 17, liv. 2 du Code, dont la rubrique est ainsi conçue : *des reprises d'instance et constitution de nouvel avoué.*

(**2**) Ou qui seulement le suspend. V. *note* 14, p. 384.

(**3**) Parce que pour soutenir une instance, il faut exister. V. *L.* 2, *ff. quœ sent. sine* ; *ci-apr. p.* 390, *note* 41, *n.* 3.

(**4**) Si elle ne peut agir, c'est par rapport à l'instance, la même chose que si elle n'existait plus (exception : v. *d. note* 41, *n.* 3).

(**5**) Si de capable qu'elle était, elle est ensuite devenue incapable. *Quid juris* dans le cas inverse ?... L'interruption est également forcée, parce que jusques au moment où la partie a recouvré sa capacité, l'instance n'a pas été poursuivie contre elle.

(6) C'est que son assistance est nécessaire (exceptions... v. *p.* 324, *note* 26, *n.* 4).—On peut ajouter à ceci, la mort ou le changement d'état de l'administrateur qui représentait la partie dans l'instance : l'adversaire doit veiller à ce qu'on en nomme un nouveau.

(7) *Autres cas :* 1 à 4. Désaveu, réglement de juges, renvoi pour parenté, récusation (v. *en les tit. et C-pr.* 357, 366, 375, 387).

5. Suppression de tribunaux. V. *ci-dev.,* p. 17, *note* 5, *et ci-apr.* p. 393, *note* 9.

6 et 7. Incidens de vérification et de dénégation et faux élevés devant des arbitres et des juges de paix et de commerce. V. *ci-dev.* p. 32.

8. Question préjudicielle sur la qualité d'héritier, élevée devant les juges de commerce. V. *p.* 64, *note* 80.

9. Autres questions préjudicielles. V. *p.* 295 , *note* 9.

10. Révocation d'arbitres. V. *p.* 44, *note* 19.

C'est que, d'après la loi, il faut suspendre la procédure pour faire statuer sur ces incidens ou autres semblables... En un mot, dans ces cas et les précédens, la chaîne des actes qui forment l'instance est rompue.

La reprise, excepté quand la cause est en état (8), est au contraire toujours forcée. Il faut nécessairement qu'une instance commencée soit *évacuée* (8 *à*), c'est-à-dire jugée, ou reprise (9), ou abandonnée par un désistement (*ci-apr. tit.* 5) légal (10). Si l'on était libre de commencer sur le même objet une nouvelle instance sans avoir pris une de ces deux mesures à l'égard de la première, la partie actionnée serait exposée, contre toute justice, à subir en quelque sorte, deux procédures et deux jugemens sur cet objet. (11)

(8) Encore pourrait-on dire à la rigueur, que dans ce cas la loi elle-même supplée la reprise ; ou en d'autres termes, qu'elle admet une espèce de reprise *tacite.*—V. § 2, 1re *hypothèse*, p. 383.

(8 *a*) Ce terme est sans doute peu élégant, mais il exprime mieux qu'aucun autre, l'idée qu'il s'agit de peindre. On le trouve avec des principes analogues à ceux de notre texte, dans plusieurs arrêts. V. *entre autres B. c. civ.* 12 *nov.* 1806 (cité ci-après, note 11) ; *rej. crim.* 10 *sept.* 1831, *B. c. cr., n.* 222 ; surtout *B. c. civ.* 5 *mai* 1834, n. 57, p. 87 à 91. — V. aussi quant aux mêmes principes, *Aix,* 1808, *cité ci-apr. note* 11, *et Limoges,* 1822, *cité tit. des liquidations, note* 17, *n.* 2 *a.*

(9) *Reprise,* ou *directement* par les actes indiqués à la fin de ce titre, ou *indirectement* par ceux qui tiennent lieu de *reprise* (voy. *d.* § 2, *n.* 1 et 2, *p.* 383 à 385).

(10) A moins qu'elle ne soit éteinte par la péremption (*ci-apr. tit.* 3).

Observations. 1. *Quid* si après avoir donné une assignation en temps utile pour interrompre la prescription, le demandeur en donne après ce temps, une seconde sans avoir fait juger la première ?... celle-ci a-t-elle perdu ses

effets ? Non : il eût fallu que le défendeur en eût réclamé la péremption, *suiv.*
B. c. 28 *juill.* 1824.

2. Si dans la seconde assignation différant uniquement de la première en
ce qu'il y a un nouvel avoué ou un nouveau consort, on n'a pas déclaré qu'on
reprend l'instance ouverte par celle-ci, la seconde assignation ne pourra empêcher le défendeur de demander et d'obtenir la péremption de la première,
qui dès-lors n'aura pu interrompre la prescription. V. *Aix*, 25 *avr.* 1825,
avoués, xxviij, 331.

⊢ (11) Ces jugemens pourraient d'ailleurs se contredire... En un mot, il ne
peut y avoir en même temps deux instances sur la même contestation. — V.
sur ces points, L. singulis 6, *ff. except. rei judic.; Imbert, liv.* 1, *ch.* 17,
n. 29; *arr. cass.* 12 *nov.* 1806; *arr. d'Aix*, 27 *mai* 1808, *J-C-pr. iij,* 164;
autres arr. ci-dev. note 8 *a, et ci-apr. liv.* 2, *in pr.*, *note* 7.)

§ 2. *Des formes de la reprise.*

Trois hypothèses peuvent se présenter : 1° ou la
reprise se fait volontairement, soit par la partie (**12**),
soit par le représentant de la partie qui a interrompu
de plein gré, ou que *touche* l'évènement, cause de
l'interruption (**12** *a*); 2. ou elle se fait après une interruption indiquée par la loi ou la nature de la procédure; 3. ou elle est faite forcément, par la partie
étrangère au même évènement. (**12** *b*).

(12) Par exemple, par Paul, qui, après avoir assigné Joseph, a suspendu
volontairement ses poursuites.

(12 *a*) Par exemple, par Pierre, héritier ou tuteur de Paul qui est mort ou
a été interdit après avoir cité Joseph (Paul est dans ce cas, la partie que *touche* l'évènement d'où résulte l'interruption).

(12 *b*) C'est-à-dire, par Joseph, dans l'espèce des notes 12 et 12 *a*; et par
Paul ou Pierre, dans celle de note 21 *a*, n. 2.

1re HYPOTHÈSE. *Reprise volontaire* (**13**). Elle se
fait, ou après une interruption aussi volontaire, ou
après une interruption forcée d'une cause qui n'est
pas en état. (**13** *a*)

Dans le premier cas (**13** *b*), la loi n'exige aucune
espèce de forme; elle autorise même tacitement à
continuer la procédure par quelque acte que ce soit,
puisque tout genre d'acte suffit pour empêcher la
péremption de l'instance. V. *ci-apr. tit.* 3. (**14**)

Dans le second cas (**15**), il faut examiner quelle est
la cause de l'interruption forcée.

1° Si c'est la mort de la partie, ou un évènement qui la met dans l'impossibilité d'agir (*v. p.* 381), il faut que son représentant déclare à son adversaire, par un acte d'avoué, qu'il reprend l'instance (**16**); et si cet adversaire n'avait pas encore d'avoué au temps de la mort ou de l'évènement, il faudra lui donner une nouvelle assignation. V. *C-pr.* 345, *in f.* (**17**)

2° Si c'est un évènement indiqué par la loi ou la nature de la cause (*v. p.* 381 *et note* 7), on peut, en notifiant l'acte qui fait cesser la suspension de l'instance (**18**), déclarer qu'on la continue. (**19**)

(13) Cette qualification ne contredit point la règle *que la reprise est toujours forcée* (*p.* 382) : on conçoit qu'on peut faire volontairement un acte qu'on aurait pu être forcé de faire.

(13 *a*) Car si elle est *en état*, aucune circonstance ne peut en arrêter le jugement. V. *ci-apr. p.* 386.

(13 *b*) C'est-à-dire, si Paul reprend de plein gré contre Joseph (v. *note* 12) les poursuites qu'il avait commencées et ensuite volontairement interrompues.

(14) V. aussi *note* 42, n. 2, *p.* 390. — Au fond, une instance interrompue volontairement n'est qu'une instance suspendue ou discontinuée dont on a le droit de *continuer* à son gré les poursuites (pourvu que ce soit avec les formes légales) tant que l'action n'est pas éteinte ou que la péremption n'est pas demandée (v. *d. tit.* 3); et cela parce qu'il n'y a eu aucun changement dans la situation des parties ni dans celle de la cause... Néanmoins si la suspension a été longue, il serait juste d'annoncer dans le premier acte où l'on *continue* la procédure, que c'est comme une suite de tel autre acte antérieur (c'est aussi ce qu'on faisait jadis).

(15) C'est-à-dire, lorsque Pierre (v. *note* 12 *a*) veut après la mort ou l'interdiction de Paul, ou bien lorsque, soit Pierre, soit Paul lui-même veut après une suspension opérée par la loi ou par la nature de la cause, reprendre l'instance ouverte par celui-ci contre Joseph.

(16) Par exemple, si Paul, après avoir assigné Joseph, est décédé, ou a été interdit, ou a cessé d'avoir un avoué, Pierre son héritier ou tuteur (v. *note* 12*a*) notifiera à Joseph par un acte d'avoué (après en avoir constitué un dans la dernière circonstance) qu'il reprend l'instance ouverte par Paul contre lui (Joseph).

Observations. 1. La notification de l'acte d'avoué ne concerne point la reprise *forcée*, comme on pourrait le croire d'après la rédaction vague de l'article 347, et la place qu'il occupe à la suite de celui (346) qui prescrit une assignation pour cette reprise (*ci-apr. p.* 388). Il a été évidemment puisé dans le réglement de 1738 (*part.* 2, *tit.* 7, *art.* 22), où l'on a substitué pour la reprise *volontaire*, l'acte d'avoué à l'acte au greffe indiqué par le formulaire de l'ord. de 1667, tit. 26. V. *au reste, Rodier, d. tit., art.* 3, *qu.* 7, *in f.*, *surtout Jousse, art.* 2, *note* 4. — V. aussi *prat., fr., ij,* 330, *et ci-apr. note* 41, *p.* 390.

Néanmoins, d'après la même place de l'art. 347, il semble qu'en cas de reprise *forcée*, l'assigné qui ne veut pas la contester, doive aussi déclarer par acte d'avoué, qu'il consent à la reprise, mais son silence peut tenir lieu de cet acte. V. *d'ailleurs, d. note* 41, *n.* 2.

2. Quoi qu'il en soit, en cas de reprise volontaire, il faut faire la déclaration indiquée au texte ; autrement l'adversaire (c'est-à-dire Joseph, dans le cas du n° 1 ci-dessus), qui ignore l'évènement, pourrait soutenir qu'on n'a pas le droit d'y paraître... Par exemple, s'il y a eu un décès (tel que celui de Paul), il pourrait demander à l'héritier (tel que Pierre), ou au nouvel avoué qui *reprennent*, quelle est leur qualité (voy. *tit. de l'assignation, notes* 6 *et* 12, *p.* 213 *et* 215); si c'est un changement d'état, il pourrait contester sur la capacité ou l'incapacité nouvelle, etc.; observer en un mot que jusque-là il n'était pas en instance, ou avec la nouvelle partie ou le nouvel avoué, ou avec cette partie en sa nouvelle qualité, etc.; et que par conséquent il n'est pas forcé de plaider avec eux. — V. aussi *notes* 16 *et* 41.

(17) A huitaine, avec mêmes conclusions et sans conciliation. V. *ib.*

Observations. 1. On a dû exiger dans ce cas une seconde assignation parce que, dit-on, la procédure n'est point encore entièrement établie, elle n'est point encore contradictoire, le défendeur n'est pas encore partie (*prat. fr. ij*, 529; *Pig.,i*, 404). Ces raisons nous paraissent assez peu solides.

2. Lorsque, après avoir obtenu un jugement de défaut l'avoué du demandeur est décédé, ou bien ne peut plus postuler, il faut notifier une nouvelle constitution au défaillant. V. *C-pr.* 162, ⸶ 1, *et tit. de l'opposition, n.* 3, *note* 24.

(18) Par exemple, le jugement qui a statué sur le faux principal, le désaveu, le renvoi ou réglement de juges, etc. (*ci-dev. note* 7, *p.* 382), par lesquels l'instance a été suspendue.

(19) Bien plus la notification de l'acte peut tenir lieu de cette déclaration, parce que cet acte annonce par lui-même que la cause de suspension d'instance a cessé, et que par conséquent l'instance peut être continuée (voy. aussi *notes* 16 *et* 41). — On peut même se borner à donner un *avenir* pour plaider, sauf à l'adversaire à demander une remise de la cause, et la communication du même acte, *suiv. Bruxelles*, 10 *janv.* 1832, *avoués, xlv,* 463.

2° HYPOTHÈSE. *Reprise légale ou naturelle.* Même règle... Soit en effet que la partie qui a provoqué l'incident d'après lequel la loi ou la nature de la procédure obligent à suspendre (**20**) les poursuites, reprenne l'instance, soit que son adversaire se charge de ce soin, la notification dont on vient de parler, faite avec ou sans déclaration, suffira pour autoriser cette reprise. (**21**)

(20) Comme en cas de faux, désaveu, renvoi, réglement, etc. (*not.* 7, *p.*382).
(21) Par les mêmes motifs qu'à la note 19 (v. aussi *notes* 16 *et* 41).

3° HYPOTHÈSE. *Reprise forcée.* Lorsque le représentant de la partie que touche l'évènement, cause de l'interruption, n'a pas repris volontairement, son adversaire peut, selon les cas, être soumis à de certaines formes pour la reprise (**21** *a*) ; reprise à laquelle il est forcé, s'il veut profiter des avantages attachés à l'instance, ou se soustraire (**21** *b*) aux inconvéniens qu'elle entraîne (v. *p.* 389, *note* 37). Il faut distinguer, à cet égard, si la cause est ou n'est pas en état.

1er *Cas*. Une cause (**22**) est *en état* (**23**) quand la plaidoirie est réputée commencée, c'est-à-dire quand les conclusions ont été respectivement prises à l'audience (**24**); et dans les affaires instruites par écrit, quand l'instruction est complète, ou quand les délais pour produire ou répondre sont expirés (**25**). *C-pr.* 343.

Dans ce cas, il n'est besoin ni de formes particulières (**26**) ni de reprise, et la cause peut être jugée tout de suite. *C-pr.* 342 (**27**); *d. ord., tit.* 26, *art.* 1.

(**21** *a*) Ainsi, 1° lorsque Paul, dans le cas où son avoué est décédé, et Pierre dans les hypothèses des notes 12 *a* et 16, n'a pas repris l'instance, Joseph, qui a intérêt à la reprendre lui-même, en sera dispensé si la cause est en état, et dans le cas contraire, y sera forcé, et par là même soumis aux règles exposées au texte, p. 388, 2e *cas*.

2° Lorsque l'évènement cause de l'interruption, *touche* Joseph lui-même, c'est-à-dire lorsqu'il est décédé, on a changé d'état, etc., et que son représentant n'a pas repris, ce qu'on vient d'observer relativement à Joseph s'appliquera à Paul ou à Pierre.

(**21** *b*) Sans attendre que l'époque où l'on pourrait demander la péremption soit arrivée.

(**22**) Le Code se sert du mot *affaire*, qui d'après la rédaction de l'art. 343, est synonyme de cause, procès, instance (v. *aussi p.* 2, *note* 5).

(**23**) On entend par cause *en état*, une cause prête à être jugée, parce qu'on a fait ou qu'on est supposé avoir fait tout ce qui est nécessaire pour éclairer le juge (on a vu, p. 360, note 11 *a*, que cette expression a aussi un autre sens... v. encore p. 199, *n. vj*).

(**24**) Cette dernière décision peut paraître rigoureuse, parce qu'il est beaucoup de procès (les sommaires entre autres) où la cause du défendeur n'est instruite que par sa plaidoirie. Si, lorsqu'il aura conclu, le juge renvoie la plaidoirie, ainsi que cela arrive souvent, il semble que la cause ne soit pas en état d'être jugée, dès que l'on ne connaît réellement que les moyens du demandeur... Aussi, 1° Rodier (*tit.* 26, *art.* 1) ne considère comme telle que la cause dont les plaidoiries ont été *consommées*; 2° l'art. 90 de l'ordonnance de 1539, où l'on a puisé l'art. 1 de l'ordonnance de 1667 (*d. tit.* 26), qui, à son tour, a servi de modèle à l'art. 343 du Code, réserve la voie de l'appel à la partie condamnée par ces sortes de jugemens ; 3° un arrêt du parl. de Grenoble (29 *sept.* 1671, *de l'avis des chambr.*) décide que le même article 1 ne concerne que les procès par écrit, et est inapplicable à ceux d'au-

dience, même mis au rôle. — *Saint-André, tit.* 26. — Mais il faut observer
qu'une partie ne doit prendre des conclusions que lorsqu'elle est prête à les
soutenir, c'est-à-dire à plaider; de sorte que si ensuite elle refuse de plaider
on peut présumer que c'est par mauvaise volonté ou mauvaise foi. V. *aussi
ci-apr., tit. de l'opposition, note* 5, *n.* 2.

Observations. 1. La règle du texte doit être suivie pour les causes où il y
a un *délibéré*, parce qu'après le jugement qui l'ordonne, il ne reste plus qu'à
remettre les pièces. V. *tit. des rapports,* § 1, *p.* 272.

2. *Dr. anc.* Un procès n'était pas en état, s'il y manquait une seule des
significations prescrites, *suiv. procès-verb., tit.* 26, *art.* 7.

(25) *V.* aussi proc.-verb., t. 26, d. art. 7 ; C-pr. 134, 184, 369, 382 ; ci-
dev. append. des conclusions, n. 4, p. 268, 269.

Observations. 1. Dans le dernier cas, l'instruction est regardée comme
complète, parce que c'est la faute du plaideur, s'il n'a pas produit. — Voyez
aussi *ci-dev. note* 24.

2. *Procéd. de cassation.* La cause y est en état après la production et
le dépôt des mémoires au greffe, parce que la plaidoirie n'y est que facultative. V. *ci-apr. son tit.,* §4 ; *arr. cass.* 19 *vent. ix, rec. alph. iv,* 447, *mot
reprise d'instance.*

(26) *Observations.* 1. Selon quelques auteurs, il faut (sans retarder la décision), changer les qualités des parties, c'est-à-dire les faire paraître dans le
jugement comme elles doivent s'y trouver d'après les évènemens qui ont interrompu l'instance : par exemple, il faut faire *autoriser* la femme qui s'est mariée, indiquer comme majeur le mineur qui l'est devenu, etc. (v. *prat., fr.,
ch.* 17 ; *Rodier, sup., qu.* 4). Mais cette opinion ne peut se concilier avec
les termes positifs de l'art. 342, sup. V. *Pothier, obligat., art. de la chose
jugée, n.* 32 ; *surtout rép.; xj,* 673 ; *xvj,* 92 à 94.—Ce n'est qu'en cas d'appel du jugement, ou en cas de requête civile ou de cassation, qu'il faudrait
prendre ces mesures. V. *rép., ib.; ci-apr. tit. de l'appel, note* 38, *et de la
cassation, note* 33 *a.*

2. Si le mariage contracté pendant l'instance n'a pas été notifié avant que
la cause fût en état, la femme ne pourra pas demander pour défaut *d'autorisation,* la nullité du jugement suivant qui la condamne, ni son mari pour le
même motif, y former tierce opposition. *Répert. xvj,* 94 *et* 95, *mot auto-
risat. maritale, sect.* 3, § 4 ; *arr. rej. requ.* 10 déc. 1812, *ib.*

3. Bien plus, selon M. Merlin (*d. p.* 95) le mari n'y serait pas même recevable dans le cas où le mariage aurait été notifié avant l'époque ci-dessus indiquée (n. 2).

(27) V. aussi, arr. de Bruxelles, ci-apr. n. 2 ; et de Paris, 12 janv. 1835,
avoués, xlviij, 36.

Proc. de cassation. Même règle... V. *arr. cit. note* 25, *n.* 2.

Motifs de ces règles. 1° Il est de l'intérêt public et privé que le jugement
des affaires ne soit point inutilement retardé (voyez *part.* 1, *sect.* 3, *p.* 148);
2° lorsqu'elles sont *en état,* l'existence, ou l'intervention, ou la capacité de la
partie, ou de son avoué, ou de son administrateur, est inutile à la défense. V.
toutefois ci-dev., notes 24 *et* 25.

Observations. 1. Ces règles s'appliquent aussi aux incidens qu'on doit juger
avant le principal. V. *Rodier, d. art.* 1.

2. Un arrêt interlocutoire qui a autorisé la reprise après que la cause était
en état, doit être exécuté s'il a été rendu sans contradiction, *suiv. arr. de
Bruxelles,* 8 août 1809, *avoués, t,* 149.

3. On doit aussi autoriser la reprise et le sursis, lorsque la partie étrangère à l'évènement (telle que Joseph en cas de décès de Paul... v. *note* 12), le
demande, parce que le juge ne doit pas statuer malgré les plaideurs. V. *Rodier, ib., qu.* 3.

2° *Cas.* À l'égard des procès qui ne sont pas en *état*, il faut examiner, pour les formes à remplir, quelles sont les causes de l'interruption.

1re *Cause.* Si l'interruption a été causée par le changement d'état de la partie ou par la cessation des fonctions dans lesquelles elle procédait (**28**), on peut continuer la procédure (**29**), en dirigeant ses actes contre ceux qui remplacent cette partie pour l'instruction (**30**). V. *C-pr.* 345; *arr. d'Aix*, 2 *juin* 1808, *J.-C-pr. iij*, 158; *ci-dev.* 1re *hyp.*, *p.* 383. (**31**)

(28) Si un plaideur, par exemple, est devenu majeur, ou a été interdit, ou s'il a cessé d'agir comme administrateur (v. *Toulouse*, 1825, *avoués*, xxx, 222) mandataire, etc.

(29) Sans formalité spéciale. En effet, si le changement d'état ou de fonctions rend la capacité à la partie, elle peut veiller elle-même à la procédure (les actes sont alors dirigés contre elle); s'il la frappe d'incapacité, son administrateur y veillera pour elle.

(30) Par exemple, après l'interdiction de Paul (*v.* note 12a), contre Pierre son tuteur.

Conformément aux mêmes principes, on a décidé que la poursuite commencée contre le tuteur peut être continuée régulièrement contre lui si la majorité du mineur n'a pas été notifiée. *B. c.* 12 *août* 1823.

(31) On y a vu que le changement d'état du demandeur le soumet seulement à assigner de nouveau le défendeur qui n'a pas encore constitué d'avoué.

2° *Cause.* Il n'en est pas de même si l'interruption vient de la mort de la partie ou de son avoué, ou de la cessation de fonctions de celui-ci (**32**), car les procédures que son adversaire ferait alors seraient nulles (**33**), savoir : dans la première circonstance, après la notification du décès; et dans la seconde, après l'évènement (**34**), à moins qu'il n'y ait un nouvel avoué (**35**). V. *d. ord.*, *art.* 2 *et* 3; *C-pr.* 344; *tarif* 70; *Rodier*, *art.* 2.

Afin d'éviter ce danger, la partie (**36**) qui veut continuer le procès (**37**), doit, dans la première circonstance, assigner en reprise d'instance, et dans la deuxième, en constitution de nouvel avoué (**37** *a*), *aux* délais ordinaires, et avec indication des avoués et rapporteurs anciens (**38**). *C-pr.* 346.

Si l'assigné ne paraît pas, un jugement de défaut (39) tient la cause pour reprise, et ordonne qu'il
sera procédé suivant les derniers *erremens* (40) et
dans les délais qui restent à courir... L'opposition à ce
jugement est toujours portée à l'audience. *C-pr.* 349
à 351 ; *Jousse*, *art.* 2.

S'il paraît, et conteste (41) la reprise (42), l'incident
est jugé *sommairement*. *C-pr.* 348.

(32) La simple révocation n'interrompt pas. V. *C-pr.* 75, *in f.* ; *ci-dev.* §
des avoués, p. 79 ; *Jousse et Rodier, d, art.* 2.

(33) Parce qu'il n'y aurait plus d'instance. V. *notes* 3 *et* 4, p. 381.
Dans ces divers cas, l'interruption proroge de six mois (jadis de 30 ans) le
délai de la péremption. V. *C-pr.* 397; *ci-apr. tit.* 3, p. 396, *et p.* 397, *note* 9;
Jousse et Rodier, sup.
D'après ces principes on a jugé qu'un arrêt de défaut obtenu, sans citation
en reprise, contre la partie dont l'avoué avait cessé ses fonctions, ne peut empêcher la péremption. *Aix,* 1 *mars* 1826, *avoués, xxxij,* 12.

(34) Il n'y a pas besoin de notifier le décès ou la cessation de fonctions de
l'avoué (*C-pr.* 344), parce qu'il est impossible que ces deux évènemens soient
ignorés. *Jousse, art.* 3; *Perrin,* p. 362.—V. toutefois quant au second, *Pigeau, i,* 410.

(35) C'est que par la constitution de cet avoué la partie adverse a pourvu
aux évènemens.

(36) Ou quelqu'un de ses ayant-droit ; car il suffit d'y être intéressé, même
indirectement ; d'être créancier, par exemple. V. *Daguesseau, plaid.* 6; *arr.*
17 *mai* 1691, *ib.* ; *ci-dev. tit. de l'assignat.*, p. 213, 214.

(37) Soit pour obtenir l'adjudication d'une demande ou la mise hors de
cour sur une demande, soit même pour les dépens lorsque le décès a éteint
l'action. V. *ci-d. sect.* 4, *note* 6, *n.* 2, p. 380 ; *ci-apr. tit. des liquidations,*
note 16, *in f.*

(37 a) Ainsi, 1° Joseph assignera en reprise l'héritier de Paul (v. *note* 12 *a*,
p. 383), si l'interruption provient de la mort de celui-ci ; et en constitution
d'avoué Paul lui-même, si elle provient de la mort ou cessation de fonctions
de l'avoué de Paul.
2. Réciproquement si c'est Joseph qui a cessé d'avoir un avoué ou qui est
décédé, Paul assignera en constitution, Joseph, ou en reprise, l'héritier de
Joseph.

(38) *Observations. Dr. anc.* Il fallait aussi donner une nouvelle copie
des pièces, *suiv. arr. de Grenoble* (*chambr. consult.*) 17 *juill.* 1671, *Saint-
André, tit.* 5.—Selon Jousse, *art.* 2, il suffisait de celle du dernier erre-
ment ou acte de procédure; et selon Rodier, *ib.*, cela n'était pas même nécessaire, à moins que l'assigné ne le réclamât.
2. *Dr. act.* L'avis de Rodier paraît mieux concorder que les deux autres
avec l'esprit du Code. *Arg. de l'art.* 349, *et* v. *ci-apr. note* 41, *n.* 2. — Autre
question. V. *ci-dev. note* 16, *n.* 1, p. 344.
3. *Tribunal.* C'est celui de la cause, puisqu'il en est saisi. Voy. à ce sujet,
ci-dev. p. 35, *n.* 4. — *Quid juris* s'il a été supprimé?... V. p. 17, *note* 5,
n. 3; *arr. ib.*
La veuve et les héritiers du justiciable d'un tribunal de commerce doivent

aussi y être assignés en reprise. *C-pr.* 426; *ci-dev. art. des trib. de comm.*, note 80 , p. 64.

(39) Il est signifié par un huissier commis, avec indication du rapporteur, si la cause est en rapport. *C-pr.* 350 ; *tarif*, 29.

(40) Voyez pour ce mot, tit. des renvois, note 11, p. 376.

(41 et 42) Par requête à laquelle on peut répondre. *Tarif*, 75.

Observations. 1. Il peut contester la reprise, même *volontaire*, en soutenant que l'instance est prescrite, que l'adversaire n'a pas qualité pour reprendre, etc. V. *notes* 16 à 21, p. 384, 385.

Il peut aussi opposer l'exception des délais pour faire inventaire et délibérer. V. p. 255 ; *ci-apr.*, *tit. du bénéfice d'invent.*; *Bornier et Jousse*, art. 2.

2. Mais si les deux parties procèdent *volontairement* après l'assignation en reprise, l'instance est tenue pour reprise sur le premier acte notifié (*Jousse*, *sup.*; *arg. du régl.* 1738, *part.* 2, *t.* 7, *art.* 21) ; même sur un simple acte d'avoué. Voy, *ci-dev. note* 16, p. 384, *et pour des exemples*, *B. c.* 1 *mars* 1824; *Nîmes*, 5 *janv.* 1825, *Sirey*, 25, 2 , 135. — V. aussi *Bordeaux*, 23 *janv.* 1834, *avoués*, *xlvj*, 317.

3. Bien plus si l'avoué ignorant la mort de son client en a cité l'adversaire en reprise, la citation est bonne et a pu empêcher la péremption , *suiv. d. arr.* 5 *janv.*

4. Quant au jugement *sommaire*, *V.* ci-apr. sect. 5, tit. des matières sommaires , n. iij, p. 422.

5. Celui qui est assigné en constitution de nouvel avoué ne peut, suivant Carré (*lois* , *i*, 88), contester contradictoirement ; car en supposant qu'il eût des moyens de contestation , il lui faudrait, pour les exposer , constituer un avoué ; or, c'est précisément tout ce qu'on lui demande... Carré va trop loin. Si l'assigné avait en effet un avoué, cet avoué le représenterait très bien pour demander le rejet de l'assignation (elle serait alors frustratoire), soit afin d'en mettre les frais à la charge de l'assignant, soit afin d'empêcher qu'on n'attribuât à cette même assignation l'effet d'avoir couvert une péremption postérieurement demandée.

TITRE II.

Du désaveu. (1)

On nomme *désaveu* la désapprobation d'un acte fait par un officier ministériel... On en distingue deux sortes, le désaveu principal (2), et le désaveu incident (3)... Quand y a-t-il lieu à un désaveu, comment se fait-il, quels en sont les effets?... voilà les questions dont nous avons à nous occuper.

I. *Cas.* Un officier ministériel (4) peut être désavoué toutes les fois qu'il excède les limites de ses fonctions (5) sans un pouvoir *ad hoc*; et spécialement (6) lorsqu'il fait, donne ou reçoit sans cette espèce de mandat, des offres, aveux ou consentemens. V. *C-pr.* 352; *ci-d. p.* 73; *ci-apr. p.* 404, *note* 4, *n.* 3.

Non-seulement l'officier *peut*, mais il *doit* être désavoué, si son client ne veut pas qu'on tire avantage de ces actes (7), parce que la loi n'y a attaché que la peine du désaveu (8). *Arg. dud. art.* 352.

(1.) Ce titre correspond au titre 18, livre 2, partie 1er du Code.

(2) Il est formé directement contre un acte, abstraction faite de toute instance.

(3) Celui-ci est dirigé contre un acte employé dans une instance.

(4) *Observations.* 1. Le même tit. 18 ne parle dans ses dispositions particulières, que des avoués, mais au commencement (art. 352), il s'exprime en des termes qui s'appliquent aux autres officiers ministériels (*idem, obs. mss. du tribunal*). D'ailleurs, outre que cette extension de la règle est conforme aux principes du droit, nous avons déjà vu que le Code exige que les huissiers soient munis quelquefois d'un pouvoir spécial. Voy. *p.* 83, 84, 88, *surtout notes* 40, 41, *et* 60, *ibid.*

2. Le désaveu ne peut être dirigé contre un particulier (un avocat par exemple) qui n'est pas officier ministériel. V. *Bruxelles*, 7 déc. 1812, *et Colmar*, 22 déc. 1820, *J-C-c. xx*, 268, *Sirey*, 21, 2, 256. — Ni même contre un avoué qui se présente sans mandat, au tribunal de commerce. Voyez *Metz*, 23 août 1822, *avoués, xxiv*, 288. — Mais bien contre un *agréé*, et alors l'action se porte au tribunal ordinaire, *suiv. Nîmes*, 22 juin 1824, *ib., xxvij*, 184.

(5) Et non pas tant qu'il s'y renferme, parce qu'il est censé avoir agi en vertu d'un mandat tacite. Lorsqu'en effet une partie remet sa cause à un avoué, elle est présumée lui donner le pouvoir de faire tout ce qui est permis à un avoué, V. *toutefois l'append. des conclusions, note* 19, *p.* 270.

Observations. 1. Un avoué qui s'en rapporte à la prudence du juge (voy.

p. 270, *note* 21) ne peut pas être désavoué, *suiv. arr. de Paris*, 13 mars 1810, *avoués, i*, 179.

2. On ne peut désavouer pour avoir fait un aveu de faits qui étaient constans d'après les pièces, ou admis par le mandataire spécial du client. *Colmar* (ci-dev. note 4, n. 2) *et Nîmes,* 18 *juill.* 1827, *ib., xxxv*, 386.—A moins que le jugement n'ait été rendu d'après l'aveu et non d'après les pièces. *B. c.* 26 *avr.* 1824.

3. Autre question... V. § *des avoués, note* 25, n. 1, *p.* 79.

4. Nature des fonctions des avoués, huissiers, etc... V. *leurs* §§.

(6) Nous disons *spécialement...* (contra.., *Carré, lois, i*, 826, 827), parce que les offres, aveux et consentemens indiqués par la loi (*d. art.* 352) ne sont pas tous les actes où il peut excéder les limites de ses fonctions, et qu'il en est même d'autres où elle exige positivement un pouvoir spécial. Tels sont :

1° Ceux où l'on remplace la partie lorsqu'elle doit paraître en personne. V. *ci-dev. p.* 178, n. 3 ; *ci-apr.*, *note* 7.

2° à 4° Les récusations, les renvois et les prises à partie. *C-pr.* 45, 309, 370, 384, 511.

5° et 6°. Les déclarations de vouloir se servir d'une pièce attaquée ou de s'inscrire en faux contre cette pièce. *C-pr.* 216, 218.

7° Les désaveux. *C-pr.* 353.

8°, 9, etc. Voyez pour d'autres exemples. *C-pr.* 556, 709 ; *C.c.* 66, 2185.

Observations. 1. L'avoué de première instance ne peut, sans un mandat spécial, exécuter le jugement qui contient des dispositions définitives contre son client. V. *arr. de Pau,* 3 *janv.* 1810, *Nevers,* 1811, *supp.,* 16 ; *ci-ap., p.* 404, *note* 4, n. 2 *et* 3.

2. Désaveu d'actes qui peuvent couvrir la péremption...V. *ci-apr., p.* 400, *note* 13, n. 2.

(7) En est-il de même à l'égard des actes (tels que ceux de note 6 , ✝ 1°), où , obligée d'agir elle-même, la partie ne peut se faire remplacer que par un fondé de pouvoir spécial ?.. Ne pourrait-on pas dire que comme la loi n'a pas attaché la peine du désaveu à l'omission de ce pouvoir, il n'est pas nécessaire, pour les écarter, de désavouer ceux qui les ont faits ?. Que ce pouvoir en est une condition essentielle, et qu'en conséquence la partie a le droit d'en demander la nullité, et son adversaire de ne point les admettre tant que cette condition n'est pas remplie ? (v. *Carré,* sup.; *Pigeau, i*, 654).— Mais v. *la note suivante.*

(8) Parce que d'ailleurs, 1. l'officier jouit en cette qualité de la confiance publique; 2. son client étant présumé s'en être remis à lui (v. *noie* 5, *p.* 391), tout ce qu'il fait est censé fait par le client tant qu'il n'en est pas désavoué. V. *M. Merlin, rép.*, *mots déclinatoire,* § 1 , *et procureur*; *rec.* alph., *mots tierce opposition,* § 3, *et union,* § 2 , *t.* 5, *p.* 459 ; *Imbert, Enchiridion, mot désaveu de procureur.*

Ainsi, lorsque par l'effet d'un retrait de rôle d'une cause, opéré avec le consentement de l'avoué du défendeur, la péremption est considérée comme interrompue, le défendeur ne peut empêcher cet effet que par une action en désaveu, *suiv. Bruxelles,* 29 *mai* 1833, *avoués, xlvj*, 249.

II. *Procédure.* 1° Le désaveu se fait au greffe (9) par un acte libellé et signé, avec constitution d'avoué (10). *C-pr.* 353 ; *tarif* 92 ; *réglem. de* 1738, *part.* 2, *tit.* 9, *art.* 8 *et suiv.*

2. Le désaveu incident est signifié par acte d'avoué, à celui qu'on désapprouve et à ceux des parties (**11**); et par exploit à domicile (**12**), si l'avoué n'exerce plus (**13**). *C-pr.* 354 *à* 356; *tarif* 29, 70; *d. réglem.*, *art.* 9 *et* 11. (**14**)

Cette dernière règle doit être suivie pour le désaveu principal. (**15**)

Observez que le désaveu, formé à l'occasion d'un jugement qui a force de chose jugée, n'est recevable que pendant la huitaine après que ce jugement est réputé exécuté aux termes de l'art. 159 (**16**). *C-pr.* 362.

3° Le désaveu, même incident, se porte au tribunal devant lequel s'est fait l'acte désavoué (**17**); et au tribunal du défendeur, si l'acte est étranger à une instance (**18**). *C-pr.* 356, *in pr.*, 355, *in f.*, 358.

---

(9) Au greffe du tribunal qui en connaît (v. *ci-dessus le texte*)... et sans conciliation. V. *C-pr.* 49, 7; *ci-dev.*, note 16, p. 206; *M. Merlin*, *rép.*, mot *désaveu*, n. 7, et 2 *arr. cass.*, *ib.*

(10) Il est signé par la partie ou par son fondé de procuration spéciale et authentique. V. *C-pr.* 353; *arr. cass.* 1 *fév.* 1820.

(11) Ce qui vaut sommation de défendre au désaveu. *C-pr.* 354.

(12) *Idem*, en cas de décès, à ses héritiers, avec assignation au tribunal où l'instance est pendante. *C-pr.* 356.

Dr. anc. C'était une question de savoir si le désaveu pouvait être fait après la mort de l'officier ministériel. Pothier, *traité du mandat, ch.* 5, *art.* 1, § 3, l'avait résolue pour l'affirmative.

(13) Le désaveu doit être signifié (v. *ci-dev. le texte*, 2°) ou dénoncé (*ci-apr. note* 17) aux autres parties, afin qu'elles puissent examiner s'il n'y a point de collusion entre le désavouant et le désavoué.

(14) Les adversaires peuvent contester le désaveu par une requête, à laquelle le désavouant peut aussi répondre. *Tarif*, 73. — Jadis ils n'avaient que huitaine pour cela. *D. régl.*, *art.* 12 *et* 13.

(15) Le Code ne la prescrit point, mais elle résulte de l'ensemble du tit. 18 et de la nature de cette procédure (v. *sur ce dernier point*, p. 153, *note* 6, *n.* 2). On peut d'ailleurs l'induire, par argument *à contrario*, des termes de l'article 354.

(16) V. *ci-apr.*, *tit. de l'opposition*, n. 3, *et de l'appel*, *ch.* 1, 1re *exception.* — C'est qu'il est impossible d'ignorer alors l'acte désavoué. Dans d'autres circonstances, tant que rien ne constate que le client a connu cet acte, il est difficile de mettre un terme à l'action en désaveu. *Perrin*, *p.* 264, *et obs. mss. du tribunal.*

(17) Si ce tribunal n'est pas chargé de l'instance principale, on en appelle les parties devant lui, après leur avoir dénoncé le désaveu. *C-pr.* 356, *in f.* — V. aussi p. 36, *n.* 5.

Observations. 1. Il résulte de tout ce qui précède, que le désaveu doit être jugé... C'est qu'il ne suffit pas de désavouer un fonctionnaire, il faut en-

core faire décider qu'on le désavoue valablement. V. *note* 5, *in pr.*, *et note* 8 ,
p. 591, 592.

2. Au reste le désaveu est communiqué au ministère public, à cause de
la surveillance que la loi lui donne sur les officiers ministériels. V. *en ci-dev.*
le §, *note* 26, p. 24, *et C-pr.* 559.

(18) *Dr. interm...* Même règle. V. *rép.*, *sup.*, d. n. 7; *arr. cass.* 24 *therm.*
viij et 5 *germ. ix*, *ibid.*

Observations. 1. Le désavoué ne peut être forcé à plaider pour la première fois en appel devant le tribunal saisi de la cause principale, mais où ne
s'est pas fait l'acte désavoué. V. *arr. Bruxelles*, 24 mars 1810 *(arg. de C-*
pr. 356 *et* 358 *combinés)*, *avoués*, *ij*, 110.

2. Le tribunal civil peut statuer en dernier ressort sur une demande en
désaveu, incidente à une cause où il a le droit de juger de cette manière, quoique cette demande ait pour objet une valeur indéterminée. V. *rép.*, *sup.*,
n. 8; *arr. cass.* 5 *th. xiij*, *ibid.* — V. aussi *ci-dev. art. de la compétence*,
5e *règle*, p. 36, *et note* 64, p. 36, 37.

III. *Effets.* 1. Surséance (sous peine de nullité) à toute procédure, jusques au jugement; jugement que celui qui désavoue peut être contraint d'obtenir dans un délai fixe. *C-pr.* 357; *arr. de Paris*, 2 *août* 1813, *avoués*, *ix*, 263.

2 et 3. Annulation (lorsque le désaveu est déclaré valable) des dispositions du jugement relatives aux chefs qui ont donné lieu au désaveu; condamnation du désavoué à des dommages, ou même à l'interdiction. *C-pr.* 360. (19)

Réciproquement, si la demande est rejetée, le désavouant peut aussi être condamné à des dommages et réparations, tant envers le désavoué qu'envers les autres parties. *C-pr.* 361; *d. réglement*, *art* 17. (20)

(19) V. pour une exception, *Lyon*, 1 avr. 1824, *Sirey*, 25, 2, 107.

Observations. 1. On voit que l'annulation du premier jugement résulte de
celui qui est rendu sur le désaveu, tandis qu'autrefois on ne pouvait l'obtenir
qu'en attaquant le premier jugement par appel ou requête civile. V. *ci-apr.*,
liv. ij, *in pr.*, *note* 4 *b*; *tit. de la requ. civile*, *note* 37; *Pigeau*, *i*, 419;
rép. viij, 678, *mot nullité*, § 8, n. 5, *et*, pour des exemples, *arr. cass.* 26
avr. 1824, *et d. arr. de Lyon*.

2. Le désavoué peut aussi, suivant les circonstances, être poursuivi criminellement. *D. art.* 360. — V. aussi *sur ce point et les précédens*, *part.* 1,
sect. 1, *ch.* 4, *note* 1, p. 69.

(20) Le jugement est en outre mentionné en marge de l'acte de désaveu.
C-pr.; 361 *tarif*, 91.

TITRE III.

De la péremption. (1)

La péremption (2) est l'anéantissement d'une instance (3) opéré par une cessation de poursuites pendant un certain temps... (4)

Elle est fondée, en général, sur ce qu'on présume que les poursuites n'auraient point été discontinuées, si la partie n'avait pas reconnu l'illégitimité de son droit; et elle a été introduite pour mettre fin aux contestations (5). V. *Perrin, p.* 268. (6)

Nous allons examiner quand et comment il y a péremption, et quels en sont les effets.

(1) Ce titre correspond aux tit. 2 (art. 15), liv. 1, et 22, liv. 2 du Code.

(2) Péremption vient de *perimere*, anéantir.

(3) Des actes de l'instance qui précèdent le jugement définitif. Ce jugement se prescrit; il ne se périme pas. V. *Raviot, qu.* 345, *n.* 40; *B. c.* 5 *mai et 2 juin* 1834.—Mais v. *ci-apr. note* 12, *n.* 3 à 8, *p.* 399.—L'instance peut aussi être terminée avant le jugement, par un compromis, par une transaction, un acquiescement, un désistement. V. *ci-dev. sect.* 4, *p.* 380; *ci-apr.*, *p.* 403 et 411.

(4) Ainsi elle n'est au fond qu'une prescription, du moins d'après les principes des Code civil et de procédure (v. *B. c.* 12 *nov.* 1832); car autrefois on distinguait la *prescription* d'instance, de la péremption d'instance. V. *rép.*, *mot prescription, sect.* 3, § 8. — Ce qui n'empêche pas que l'instance ne puisse également se prescrire au bout de trente ans. Voy. *à ce sujet* (même pour le droit ancien), *répert. xvij,* 448, *mot prescription, sect.* 3, § 8, *n.* 1; *arr. rej. civ.* 15 *oct.* 1813 *et* 23 *nov.* 1831, *Jalbert*, 1814, 555, *J-C-c. xxij,* 369, *avoués, x,* 264, *xlij,* 39.

(5 *et* 6) *Observations.* 1. Si nous rappelons ce dernier motif, c'est uniquement parce qu'il nous paraît conforme à l'esprit du Code (v. *ci-d. p.* 148) et à l'ensemble du titre 22; car nous n'admettons point avec Perrin, que la constitution de Justinien (*L. properandum* 13, *in pr.*, *C. de judiciis*), où Perrin a puisé ce même motif d'après la plupart des commentateurs, soit la véritable source de la péremption (v. *ci-apr. n.* 2), d'autant plus que cette constitution se borne à prescrire des mesures pour que tous les procès soient jugés dans le délai de trois ans.

1 *a.* C'est plutôt dans le droit *anté-Justinien* qu'on pourrait chercher un point de comparaison : en effet Gaius (*iv,* 104, 105) nous apprend que les instances *légitimes* (*judicia legitima*) s'éteignaient faute de jugement dans les dix-huit mois, aux termes de la loi *Julia judiciaria*; les autres (*judicia quæ imperio continentur*) avaient une durée différente. *F. B. s.*

2. Toutefois comme ce point était ignoré avant la découverte de Gaius, on

peut soutenir avec Hévin, notes sur Frain, t. 1, in f., n. xij, et M. Merlin, rec., et rép., h. v., § 1 (Lange, liv. 4, ch. 24, est d'un avis contraire) que c'est par le droit français que la *péremption* a été introduite... Aussi a-t-on jugé que la jurisprudence des cours était jadis dans leurs ressorts respectifs, la seule règle pour décider si la péremption s'acquérait de plein droit, si et comment elle se couvrait. V. *arr. rej.* 25 nov. 1813 *et* 11 *janv.* 1826 (*avoués, ix,* 95 *et xxx,* 382), *et* 4 *avr.* 1823, *B. c., n.* 32; *Bordeaux,* 17 *déc. id., Sirey,* 24, 2, 136; *B. c.* 5 *mai* 1834. — Au reste, la péremption n'était pas admise généralement, et il y avait encore des difficultés sérieuses sur l'interruption qu'elle peut éprouver, sur les effets qu'elle produit, etc. Le Code y a pourvu. V. *Lange, ib.; Rodier, xxvij,* 5; *B. c.* 10 *fruct. xiij,* 12 *nov.* 1806; *rép., sup.; Perrin, p.* 269.

3. Quant aux *règles de détail* (sauf les modifications apportées par le Code), *voyez* Rodier, tit. 14, in f., § un., et surtout Lange, ib.

I. *Cas.* Ce qui opère la péremption, c'est une discontinuation des poursuites pendant trois années. *C-pr.* 397 *in pr.* (7)

Mais, si l'on ne peut pas admettre la présomption précédente, c'est-à-dire si la partie n'a pas pu ou n'a pas dû agir, ou si elle a eu le droit de ne point agir (7 *a*), il y a interruption de péremption. Par conséquent lorsqu'un évènement, tel que le décès de la partie ou de son avoué (8), interrompt l'instance (9), la péremption ne peut plus être acquise au bout du même terme : la loi augmente alors ce terme de six mois. *C-pr.* 397, *in-f.* (10)

(7) *V.* aussi d. L. properandum 13, § 1, C. de judiciis; C-c. 330, 2176.
Observations. 1. Il y a des péremptions plus courtes, déterminées spécialement par la loi, telles que celles-ci :
1° Commandement qui doit précéder une saisie immobilière, trois mois... *C-pr.* 674.
2° *Id.* une arrestation, un an... *C-pr.* 784.
3° Poursuites après une contrainte d'enregistrement, un an... V. *L.* 22 *frim. vij, art.* 61; *M. Merlin, rép., mot interruption; arr. cass.* 23 *germ. xj* ; *ci-apr. sect.* 6, § 2, *n.* 3 *et note* 19, *ib.*
4° Jugement interlocutoire rendu par un juge de paix, quatre mois... v. *note* 19, *n.* 3, *p.* 402.
5° Jugement de défaut, six mois... v. *ci-d. p.* 289.
2. Lange, *sup.,* pense que le temps de la péremption doit être compté *de momento ad momentum;* mais il ne donne aucune bonne raison pour y comprendre le jour *à quo.* — V. *ci-dev. p.* 160, *note* 7. — V. toutefois *M. Merlin, répert., xvij,* 304, *n. ij.*
(7 *a*) Par exemple un héritier pendant les délais d'inventaire, etc.
(8) *Observations.* 1. Doit-on ranger au nombre de ces évènemens une transaction ou un compromis qui n'ont pas été exécutés? Oui, *suiv. Lang.,*

sup.; *Pothier*, *part.* 1, *ch.* 4 ; *Pigeau*, *i*, 447; *Carré*, *lois*, *ij*, 8 et 9 ;
M.*Merlin*, *ib.*, 313; *Florence et Limoges*, 1812 et 1817, *Jalbert*, 1815,
2, 7; *avoués*, *xvij*, 59 (v. aussi *rej. requ.* 8 mars 1831, *ib.*, *xlj*, 433)..
Non, *suiv. Jalbert*, *ib. et prat. fr. ij*, 411.—Ce dernier avis est plus conforme
au sens littéral du Code, et le 1ᵉʳ à l'équité.

Quid, s'il n'y a eu que des propositions d'arrangement ? V. *répert.*,
xvij, 313; *Lyon*, *Poitiers* et *Bruxelles*, 1822, 1828 et 1830, *avoués*,
xxiv, 342, *xxxvj*, 73, *xl*, 26.

2. On y range aussi les cas fortuits qui n'ont pas permis de couvrir la péremption (*ci-apr. n. ij*, p. 398), tels qu'un incendie dans la maison de l'a-
voué. V. *Lange et Rodier*, *sup.*; 2 *arr.*, *ib.*—On a néanmoins jugé qu'une
invasion qui interrompt les communications entre l'avoué et son client, n'arrête pas la péremption, si la ville où postule l'avoué n'est pas envahie, parce
que celui-ci peut agir (notifier un acte, par exemple) pour couvrir la péremption. V. *arr. cass.* 9 juin 1818; *et répert.*, *ib.*, 303.—Cette décision nous paraît susceptible d'objections sérieuses. L'avoué est , il est vrai, le maître de
la cause quant à l'instruction (v. *ci-dev. p.* 73); mais il ne suit point de là
qu'il doive continuer l'instruction quand son client a témoigné, expressément
ou tacitement, vouloir la suspendre ; il doit au contraire attendre un nouvel avis de celui-ci pour la continuer , et par là même empêcher la péremption. Donc, si une force majeure a empêché le client de transmettre cet avis
avant la fin du délai où la loi lui permettait de couvrir la péremption , c'est
le priver d'une faculté légale, que de déclarer la péremption alors accomplie (Carré, *sup.*, est de notre avis).

2 *a.* Y range-t-on l'inscription de la cause au rôle d'audience ?... Oui, en
général, *suiv. répert. xvij*, 307 et 330; *Rennes*, 1818, *ib.*; *Pau*, 1822, *Riom*,
1824, *rej. requ.*, 1830, *Montpellier*, 1832, *et Toulouse*, 1834, *avoués*,
xxviij, 347, *xxx*, 270, *xxxix*, 16, *xlij*, 268, *xlvij*, 707.. surtout, lorsqu'elle a été
notifiée ou bien est restée affichée, *suiv. Toulouse*, 1810, *répert.*, *d. p.* 330,
et 1827, *avoués*, *xxxv*, 356... ou demandée par requête, *suiv. arr. cass.* 2
févr. 1831, *ib.*, *xl*, 369... ou connue de l'avoué adverse, *suiv. Limoges*,
1817, *ib.*, *xvij*, 59... Non, en général, parce qu'elle n'est pas connue des
parties, *suiv. Lyon*, 1824, *ib.*, *xxviij*, 347... surtout si elle n'a pas été signifiée, *suiv. Rouen*, 1826, *ib.*, *xxxij*, 69.

2 *b.* *Quid* si l'on n'a point fait de poursuites pendant les trois années postérieures à l'inscription? Il y aura péremption, *suiv. rej. civ.* 19 juin 1822,
ib., 349, et M. *Merlin*, *rép. xvij*, 308.

3. *Quid* lorsque la discontinuation des poursuites vient du fait du juge,
lorsque, par exemple, il néglige pendant trois ans de rapporter un procès ?...
V. *à ce sujet ci-apr. tit. de la prise à partie*, note 10, *n.* 1 ; *Raviot*, *quest.*
345, *n.* 43 et 44, *t.* 2, *p.* 767.

(9) Ou la cessation de fonctions de cet avoué... En un mot , dans tous les
cas où il y a lieu à reprise d'instance ou constitution de nouvel avoué. V.
C. *pr.* 397; *ci-dev. tit.* 1, *p.* 381.

Observations. 1. Le décès de la partie, non signifié, interrompt-il la péremption de la procédure de son adversaire ?... Non, *suiv. arr. de Paris et
rej. requ.*, 17 avr. 1809 et 12 juill. 1810, *avoués*, *xxiv*, 200; *Paris*, 1ᵉʳ juill.
1812; *rej. civ.*, 19 août 1816, *Jalbert*, 561 ; *Metz*, *Caen*, *Dijon* et *Paris*,
1826, 1828, 1830 et 1832, *avoués*, *xxxvij*, 58, *xxxvij*, 215, *xl*, 290, *xliij*,
508... Oui, *suiv. arr. de Pau*, 9 fév. 1820, *et rej. civ.* 4 avr. 1823, *B. c.*,
n. 32; *et Bordeaux*, 17 déc. 1823 et 11 août 1827, *avoués*, *xxv*, 399 ,
xxxvij, 199; M. *Merlin*, *rép. xvij*, 321.

Les premières décisions (*Paris*, 1809, *et rej.*. 1810) sont fondées sur les
motifs suivans : 1° l'adversaire de celui dont le décès n'a pas été notifié pouvait toujours agir contre lui ; 2° la prorogation du délai n'est pas établie dans

l'intérêt des deux parties, mais seulement dans l'intérêt de celle qui avait droit à la reprise (c'est-à-dire que *touche* l'évènement de l'interruption, comme Pierre dans le cas de décès de Paul, indiqué *ci-dev.* p. 383, *note* 12 *a*)... Quant à l'arrêt de Paris de 1812, maintenu par l'arrêt (rejet) de 1816, on déclare ne pas y examiner la question de savoir si le décès du défendeur a pu faire proroger le délai.

Au contraire, selon l'arrêt du 4 avril 1823, l'équité veut que la prorogation de six mois ne soit limitée à aucune des parties, parce que s'il faut du temps aux héritiers du décédé pour délibérer, il en faut aussi à ses adversaires pour chercher à connaître ces mêmes héritiers.

2. La réorganisation des tribunaux faite en l'an 4 n'a pas interrompu la péremption, parce que les lois qui réorganisaient n'exigeaient pas de reprise d'instance. V. *arr. cass.* 23 *niv. viij*; *d. tit.* 1, *note* 7, p. 382. — Décision contraire... V. *arr. de Limoges*, 18 *nov.* 1812, *avoués, viij*, 560. — V. au reste, *rec. alph.*, *i*, 468.

(10) V. *aussi arr. cass.* 5 *janv.* 1808, *J-C-pr.*, *i*, 522, *ij*, 36; *Jousse et Rodier, sup.*—Mais faut-il pour cela que l'évènement ait eu lieu pendant les trois années ?... Cette question est controversée.—V. *M. Merlin, rép., h. v.*, §. 2, *t.* 9, *p.* 249; *t.* 17, *p.* 318 *et suiv.*; *d. arr.* 5 *janvier* (les arrêts de Bordeaux et de Caen, ci-dessus note 9, n. 2, la résolvent, l'un pour la négative, et l'autre pour l'affirmative.. et cette dernière opinion est aussi adoptée par M. Merlin, sup.)

II. *Mode.* 1. La péremption n'a pas lieu de plein droit; jusques à ce qu'on la demande elle est couverte par quelque acte (**11**) *valable* que ce soit (**12**), de l'une ou de l'autre (**13**) des parties. V. *C-pr.* 399. — V. aussi *arr. cass.* 12 *brum. xj* (*rec. alph.*, *iv*, 38, § 3, *h. v.*), 12 *nov.* 1806; *Lange, ib.* — et même par un acte d'un des consorts d'une partie, parce que l'instance, en matière de péremption, est indivisible. V. *à ce sujet, d. rec., vj*, 633 *et suiv., h. v.*, § 6; *rej. civ. et requ.* 8 *juin* 1813, *ib.*; 13 *juill.* 1830, *avoués, xl*, 116. (**13** *a*)

Mais la demande suffit pour empêcher que les actes ultérieurs ne couvrent la péremption (**13** *b*); autrement cette institution serait illusoire. *Arg. du C-pr.* 399, *in f., conféré avec* 400, *in f.*

2. La demande est formée par requête d'avoué à avoué (**13** *c*), à moins que l'avoué ne soit décédé, interdit ou suspendu, depuis l'expiration du terme de la péremption (*C-pr.* 400; *tarif* 75); elle est alors formée par assignation. V. *rej. civ.* 19 *août* 1816, *à note* 9, *n.* 1.

(11) Ainsi un simple acte d'occuper , une simple sommation suffisent. V. *Lange, Rodier et Raviot, sup.*

Une révocation d'un avoué accompagnée d'une constitution d'un autre , suffit aussi lorsqu'elle est signifiée. V. *Toulouse*, 24 *avr.* 1816, *Sirey*, 23, 2, 202 ; M. *Merlin, rép. xvij*, 328, *mot péremption, sect.*1, § 2, n. 4.—Voyez aussi (pour l'assignation en reprise donnée devant un juge incompétent), *ci-d.* p. 229 , *note* 50 *a.*

Observations. 1. La demande en péremption est le principe d'une nouvelle procédure. V. *ci-dev. ch. des lois*, p. 148, *et note* 4, p. 149.

2. Décision sur la date de cette demande... V. *p.* 163, *note* 12.—Tribunal à qui elle est portée. V. *p.* 137, *n. xiij ter.*

3. A l'égard du DERNIER RESSORT... V. *ci-apr. tit. de la saisie-arrêt,* note 17 *a.*

(12) *Observations.* 1. Un acte *valable* n'est autre chose qu'un acte non susceptible d'être annulé. Donc tous ceux dont la loi ne prononce point la nullité, ou qui ne sont point étrangers à la nature de la procédure, doivent couvrir la péremption. Il est vrai que plusieurs actes de ces deux genres, loin d'être autorisés expressément par la loi , en sont réprouvés quant à la taxe. Mais par cela seul qu'elle ne les frappe que de cette peine , elle en maintient tacitement la validité ; d'autant mieux que suivant l'observation judicieuse de Pigeau, *i*, 448, la partie adverse peut tirer avantage de ce qu'ils contiennent... Lange et Rodier pensent toutefois que des actes frustratoires , c'est-à-dire non-seulement les actes étrangers à la cause, mais les significations répétées du même acte, ne peuvent produire le même effet ; et tel est aussi le sentiment de M. Merlin (*rép., xvij*, 329, *etc.*), au moins pour les actes frustratoires.—V. aussi *ci-dev.* p. 174, *note* 7.

2. La citation en *conciliation* empêche-t-elle de couvrir la péremption ? v. *ce titre, note* 29, n. 4, p. 210.

3. Bornier , *tit.* 35, *art.* 11 , semble décider qu'un jugement non signifié n'empêche pas la péremption ; *Rodier, sup.*, n. 18 , rejette en général cette décision, par le motif que le jugement termine la cause; enfin, Pigeau, *i*, 449, la maintient pour les jugemens de défaut , parce que , dès qu'ils sont susceptibles d'opposition, on ne peut dire qu'ils terminent l'instance... Mais, si l'on admettait un semblable motif il faudrait dire aussi que les jugemens contradictoires de premier ressort ne terminent pas l'instance , dès qu'ils sont susceptibles d'appel. Nous préférons en conséquence l'avis de Rodier , mais en restreignant son application au temps pendant lequel le jugement de défaut peut avoir de l'effet (v. *ci-d.* p. 289), c'est-à-dire, à six mois. Voyez *arr. de Montpellier, Paris, Bordeaux et Bourges*, 1810 , 1813 , 1830 *et* 1831 , *avoués, ij*, 178, *viij*, 89, *xxxviij*, 340, *xlj*, 490 ; *B. c.* 19 *avr.* 1830; *rép., xvij*, 315 *et* 317.

4. L'opposition à un jugement de défaut, non réitérée en temps utile , n'empêche pas la péremption de ce jugement lorsqu'il n'a pas été exécuté dans les six mois, *suiv. arr. de Lyon et Limoges*, 4 *sept.* 1810 *et* 24 *janv.* 1816, *avoués, ij*, 312, *xiij*, 112. — V. *aussi d.* p. 289.

5. La péremption de cette opposition *emporte* celle du même jugement. V. *B. c.* 23 *oct.* 1810, 27 *avr.* 1825; *Paris*, 1826, *avoués, xxxij*, 242 ; *ci-ap., tit. de l'opposition , note* 27. — V. au reste sur cette question , *rép., ix* , 255 , *mot péremption,* § 6.

5 *a.* Mais il faut alors avoir demandé avec la péremption de l'opposition , celle du jugement de défaut, *suiv. dd. arr.* 1825 *et* 1826.

6. Autres quest. sur ce jugement... V. *p.* 290, *note* 19, n. 6.

7. La péremption de ce jugement emporte-t-elle celle de la procédure antérieure ?... v. *mêmes note* 19 *et* n. 6.

8. Le jugement préparatoire ou interlocutoire, comme tout autre act

d'une instance, se périme par une cessation de poursuites (pour son exécution). V. *Nîmes*, 31 *août* 1812, *Rouen et rej. requ.* 6 *mai et* 14 *déc.* 1813, *avoués*, *vij*, 176, *viij*, 341, *ix*, 332. — A moins qu'il ne contienne quelque disposition définitive, *suiv. Nîmes*, 5 *janv.* 1825, *Sirey*, 25, 2, 135, *et Toulouse*, 7 *déc.* 1824 (*ib.*, 410) *et* 22 *févr.* 1825, *avoués*, *xxx*, 124.—V. aussi *id.*, *xxix*, 52.

(13) *Observations.* 1. Les actes du défendeur continuant la contestation judiciaire, doivent par là même couvrir la péremption... On est d'ailleurs autorisé à en induire qu'il a renoncé à la demander (v. aussi *rép.*, *xvij*, 322, *h. v.*, *sect.* 1, § 2, *n.* 2).

2. Lange prétend que si ces actes ne sont pas faits du consentement exprès du défendeur, il peut les désavouer, parce qu'ils le privent du droit que lui aurait procuré la péremption (voy. *tit. du désaveu*, p. 391). Mais la loi n'exige point de pouvoir spécial dans cette circonstance : néanmoins, s'il y avait de la mauvaise foi de la part de l'avoué, la décision de Lange devrait être admise.

(13 *a*) V. aussi Metz et Limoges, 1820 et 1821, Sirey, 21, 2, 347 et 165; Toulouse, Nancy, Bordeaux et Riom, 1820, 1825, 1826, 1828 et 1830, avoués, xxiij, 226, xxx, 222, xxxj, 162; xxxvij, 199, xlv, 623; Bruxelles (*sect. réun.*) 19 août 1814, d. rec. vj, 635-643 ; *surtout* Daniels, ibid. (en convenant que l'instance est en général, *divisible*, comme on l'a jugé notamment en matière d'ordre (v. *en le titre*, *note* 21, *n.* 4), il établit qu'il n'en est pas de même en matière de péremption).

(13 *b*) Fût-elle même donnée devant un juge incompétent. V. *rej. requ.*, 30 *juin* 1826, *avoués*, *xxxij*, 10, *et*, pour la question inverse, *ci-d.* p.229, *note* 50 *a*.

(13 *c*) Questions diverses sur cette requête et cette assignation, *voy.* ci-d. p. 181, note 11, n. 2 ; Dijon, Bruxelles, Nîmes et Montpellier, 1831 et 1832, avoués, xlj, 536 et 656; xlij, 120 et 240; xliv, 425 ; répert. xvij, 337, h. v., sect. 1, § 2, nº 5.

III. *Effets.* 1. La péremption éteint toutes espèces d'instances, et court contre toutes sortes de personnes sans exception (**14**). *C-pr.* 397, 398.

2. La péremption n'a aucun effet sur l'action, mais elle éteint tellement la procédure, qu'on ne peut plus se prévaloir d'aucun des actes dont elle est composée (**15**); en un mot, la péremption remet les parties au même état où elles étaient avant l'instance. *C-pr.* 401, *in pr.; C-c.* 2247.

On peut fonder sur ce principe les autres effets de le péremption, que nous allons exposer.

3. Si l'action n'a pas dû s'éteindre dans le délai de la péremption, on est libre de l'intenter (**16**) de nouveau ; si au contraire elle a dû s'éteindre pendant ce délai, la péremption en *entraîne* indirectement la prescription, puisque les actes périmés ne peu-

vent servir pour une interruption. V. *C-c.* 2247; *Lange, Pothier et Rodier, sup.; ci-devant tit. de l'assignat., art.* 5, *n.* 6, *p.* 227.

4. Les intérêts que la demande faisait courir, cessent d'être dus. V. *Pothier, ib.; rép., vj,* 471.

5. Les jugemens d'instruction sont aussi périmés. V. *Pothier, ib.; arréts à note* 12, *n.* 8, *p.* 399. **(17)**

6. Le demandeur principal supporte tous les dépens de la procédure **(18)**. *C-pr.* 401, *in f.* ·

7. La péremption de l'appel donne au premier jugement l'autorité de la chose jugée. V. *C-pr.* 469; *Bigot-Préameneu et Albisson, p.* 67 *et* 291 ; *d. arr. de note* 12, *n.* 8, *p.* 399 *et* 400. **(19)**

(14) Encore qu'il n'y ait pas eu de constitution d'avoué. *C-pr.* 397.

Observations. 1. Jadis on exceptait les causes de l'état. V. *Lange et Rodier, sup.* — Le Code (*art.* 398) après avoir dit que la péremption court contre l'état, ajoute, et contre « *toutes personnes, même mineures* » (sauf le recours contre les administrateurs), d'où l'on peut conclure que la règle est absolue (les *militaires* seuls en ont été temporairement exceptés... v. *p.* 165, *note* 16 *a*).

2. En *Dauphiné*, la péremption ne s'opérait qu'au bout de trente ans , et elle ne courait pas contre les mineurs. V. *une dissertat. de Cochard, aux affiches de Dauphiné, nov.* 1788, *p.* 259.

3. *Dr. transitoire...* Questions diverses... v. avoués, ij, 117 , 165, 178 , 202; iij, 299 ; vj, 39; vij, 239; ix, 95 ; rép., ix, 249, xvij, 343 et suiv.; rec. alph. vj, 653.

4. Procédure des tribunaux de paix et de commerce... v. *ci-apr. note* 19 , *n.* 3 *et* 4.

(15) Donc si l'on rend un jugement sur la procédure périmée, il sera nul. V. *Lange et Rodier, sup.*; et arg. de *C-pr.* 15.

(16) *Dr. anc.* — *Idem*, excepté lorsqu'il s'agissait d'une querelle d'inofficiosité. V. *M. Merlin, rec. alph. iv,* 112, *mot prétérition,* § 1 , *n.* 3, *par arg. de L.* 8, *D. inoff. testam.*

(17) Jadis les enquêtes et autres actes probatoires pouvaient encore servir aux parties. V. *Louet et Brodeau, lett. P., somm.* 38 ; *Lange , Pothier et Rodier, sup.* — Mais cette exception que Brodeau restreignait déjà aux actions maintenues après la péremption, ne paraît pas conciliable avec les termes impératifs du Code (v. *art.* 401, *in pr.; Perrin , p.* 270; *Pigeau , i ,* 452; *arr. de Rouen, au d. n.* 8); d'autant plus qu'on ne les a employés (sur la demande du Tribunat) que pour exclure absolument l'usage de tous les actes de la procédure périmée (idem, *répert., xvij,* 340, *mot péremption, sect.* 1, § 2, *n. vj*).

(18) Jadis ils étaient compensés. V. *Pothier, ibid.*

(19) V. aussi Poitiers et Nîmes, 1827 et 1829, et rej. requ., 2 mai 1831, avoués, xxxij, 255, xxxix, 61, xlj, 544.

Observations. 1. Ainsi la péremption de l'appel a plus d'effet que la péremption de première instance, puisque le demandeur condamné et appelant ne peut plus renouveler sa demande, même lorsque l'action n'a pas dû se prescrire.

2. Elle n'est pas couverte par un acte extra-judiciaire relatif à l'exécution du premier jugement, *suiv. Turin*, 5 *avr.* 1811 , *avoués, iv* , 292. — V. aussi *rép., sup.*, p. 329, *n.* 4.

3. *Procédure de paix.* Dans les causes où l'on ordonne un interlocutoire, la péremption a lieu de droit, si quatre mois après, le jugement définitif n'est pas rendu. Le jugement, même en dernier ressort, qu'on rendrait dans la suite, est sujet à appel et doit être annulé. Voy. *au reste*, *C-pr.* 15; *L.* 26 *oct.* 1790, *tit.* 7, *art.* 7; *B. c.* 13 *br. x*, 20 *août* 1806.

3 *a.* Changemens faits par l'art. 15 du code, à l'art. 7, tit. 7 de la loi du 26 octobre : 1o les quatre mois courent du jour (c'est-à-dire du prononcé) du jugement interlocutoire, et non de la citation ; 2o le retard qui provient du juge assujétit seulement celui-ci à des dommages (v. *tit. de la prise à partie*, *note* 8) et n'empêche plus la péremption; 3o cette péremption, comme celle de première instance, laisse subsister l'action. V. *rép., h. v.*, §3. — Voy. aussi *B. c.* 24 *frim. ix*, 4 *fév.* et 6 *avr.* 1807, *etc.*

3 *b.* Elle ne s'applique pas à un jugement préparatoire. V. *B. c.* 12 *février* 1822, *et rép. xvij*, 349, *d.* § 3, *n. iv.*

3 *c.* En cas d'appel du jugement interlocutoire, elle court, non de la prononciation, mais de la signification du jugement d'appel, *suiv. rej. requ.* 11 *juin* 1834, *avoués, xlvij*, 698.

4. *Procédure de commerce.* La péremption s'y applique-t-elle ?... Non, suiv. Rouen, 1817, *avoués, xvij*, 51, et plusieurs auteurs cités ib., *xlvij*, 562... Oui, suiv. Riom, Amiens, Bordeaux, et Bastia, 1818, 1826 et 1834, ib., *xxij*, 103, *xxxij*, 14, *xlvij*, 561, *xlviij*, 223; M. Merlin et autres, cités, d. p. 562. — V. aussi *M. Billequin, avoués, xlviij*, 18.

TITRE IV.

De l'acquiescement. (1)

On nomme acquiescement l'adhésion que donne une partie à un acte ou à une procédure de son adversaire, ou bien à un jugement... Combien y en a-t-il d'espèces, et quel en est le mode? quelles personnes peuvent acquiescer? quels sont les effets de l'acquiescement?... Voilà ce que nous allons rechercher.

I. *Espèces et mode.* L'acquiescement est *exprès*, ou bien *tacite*. (2)

L'acquiescement *exprès* résulte d'une déclaration positive de la partie (3) ou de son procureur (4) spécial (v. *Pothier, des obligat., sect. de la chose jugée, n. 11; Espagne, mot appel, n. 62; répert., mot acquiescement, in pr.*) : l'acquiescement *tacite*, ou du silence, ou d'un acte de la partie.

En premier lieu, le silence produit un acquiescement tacite aux actes de procédure illégaux ou irréguliers, et aux jugemens injustes, lorsqu'on a laissé écouler le temps déterminé par la loi pour les attaquer ou en appeler. V. *à ce sujet, B. c. 3 juill.* 1810, *et* 15 *juin* 1818; *rec. alph., iv,* 445, *mot réparation d'injures,* § 2. (5)

(1) Le Code n'a point de titre correspondant à celui-ci; nous avons puisé les règles qui le composent, dans les dispositions du droit ancien, auxquelles la législation moderne (v. *C-pr.* 51, 241, 443, *in f., et* 451; *Daniels, au J-d. avoués, ij,* 270) n'a pas dérogé. — *Voir au surplus* une revue des règles relatives à l'acquiescement, par M. Chauveau, *avoués, xlij,* 65 *et suiv.,* 129 *et suiv.*

(2) La loi (voy. *ord.* 1667, *tit.* 27, *art.* 5; *C-pr.* 241) semble n'admettre qu'une espèce d'acquiescement, qu'elle nomme formel; mais un acquiescement quoique tacite, n'en est pas moins formel. V. *M. Merlin, rec. alph., mot appel,* § 6; *Rodier, tit.* 27, *art.* 5; *Prost de Royer, mot acquiescement, n.* 5, *p.* 613; *Espagne, mot appel, n.* 62; *Pothier, d. n.* 11; *arr. d'Aix,* 15 *juin* 1808, *J-C-pr., iij,* 150.

(3) *Observations.* 1. Telle serait une déclaration donnée même par une simple lettre. V. *M. Merlin, rép., mot viduité, et arr. cass.* 25 *prair. vj,* 20 *janv.* 1806, *ib.*

2. Telle serait encore une déclaration mise au bas de l'expédition d'un ju-

gement, et où le condamné dirait qu'il tient ce jugement pour signifié et promet de l'exécuter. V. *arr. cass.* 6 *févr.* 1816.

(4) *Observations.* 1. *Procureur ad lites.* — L'acquiescement, soit exprès, soit tacite, du procureur *ad lites* ne lie pas la partie. V. *Rodier*, *sup.*; quatre *arr. du parlem. de Toulouse*, *ibid.*; *Espagne, d. n.* 62; *arr. de Bruxelles*, 7 *juill.* 1812, *avoués*, *vj*, 355.

2. D'après ce principe (conforme à l'esprit du Code), une signification de jugement ou d'exécutoire de dépens, faite (sans réserves) entre *avoués*, et un consentement donné par un *avoué* à la prestation d'un serment déféré d'office, ne produisent pas un acquiescement. V. *Turin, Rennes, Poitiers, Rouen, rej. civ., Nancy et Lyon*, 1800, 1817, 1822, 1824, 1826, 1831 et 1832, *Nevers*, 1810, 2, 64; *avoués*, *ij*, 372, *xxj*, 62, *xxiv*, 191, *xxvj*, 167, *xxxij*, 361, *xl*, 197, *xliv*, 234; *ci-apr.* note 10, p. 405, et *ci-d.*, *tit.* 2, p. 350. — V. aussi pour d'autres questions, *ci-dev.* p. 392, *note* 6, n. 1; *Montpellier*, 1827, *ib.*, *xxxiij*, 217; et pour une exception, *ci-apr. tit. de la distribution*, note 3, n. 2.

3. Mais, en premier lieu, il faut dans ce cas un désaveu. Voy. *Faber, tit.* 29, *def.* 12; *arr. cass.* 3 *oct.* 1808; M. *Merlin*, *rép.*, mot *signature*, § 1... V. toutefois *ci-dev.*, p. 392, *note* 7.

En deuxième lieu, lorsque la signification à la partie n'est pas nécessaire, la signification à avoué (par ex. d'un jugement interlocutoire) produit un acquiescement, *suiv. Liège*, 16 *juill.* 1811, *avoués*, *iv*, 31; M. *Coffinières*, *ib.*; et *Denevers*, 1811, 2, 161.

(5) Exemples : lorsqu'on n'a pas proposé, 1. *in limine litis*, une exception de nullité, un déclinatoire *ratione personæ*, etc.; 2. avant le jugement d'adjudication, les nullités de la procédure antérieure; 3. etc. V. *ci-d.*, *tit. des except.*, *ch.* 1 et 2, p. 242 et 251; *ci-apr. tit. de la cassation, de la saisie immobilière*, etc. — V. aussi *Rodier, sup.*

Dans tous ces cas on est censé avoir donné à ces actes un consentement ou une approbation qui en *couvre* l'irrégularité, etc.

En second lieu, les actes de la partie produisent aussi un acquiescement tacite, lorsqu'ils sont exclusifs de l'intention d'attaquer les mêmes procédures et jugemens, comme dans les hypothèses suivantes (6):

1. Si l'on paraît à une enquête (7);
2. Si l'on conteste une caution (8);
3. Si l'on accepte des offres réelles (9);
4. Si l'on signifie un jugement (10);
5. Si l'on exécute, de quelque manière que ce soit, un jugement (11)...

Mais il en est autrement lorsque l'on n'a fait ces actes qu'avec des réserves ou protestations. (12)

(6) *V.* rec. alph., mot *réparation*, d. p. 445.

(7) V. *arr. de Toulouse, dans Prost de Royer, sup.*, p. 612; *arr. rej.* 27 *juin* 1810, *avoués*, *ij*, 197; *Aix, cité à note* 2; *cass.*, *ci-apr.*, n. 3.

Dans l'arrêt du 27 juin, il s'agissait d'une comparution à une enquête sommaire, qui aurait dû être faite en la forme ordinaire ; dans celui d'Aix, d'une comparution et de reproches faits lors d'une enquête ordonnée par un jugement arbitral non exécutoire... Ces enquêtes auraient pu être attaquées sans les comparutions des parties, qui produisaient un acquiescement tacite à ces actes. — *Voyez* aussi pour des hypothèses analogues, *Bourges*, 21 *avr.* 1830, *Lyon*, 27 *août* 1833, *et rej. requ.* 15 *et* 27 *juin* 1831 *et* 13 *juin* 1834, *avoués*, xlvj, 164 *et* 371, xlij, 189, 190 ; *Sirey*, 1834, 1, 421.

Observations. 1. Même règle si l'on paraît à un serment. V. *arr. de Paris*, 24 *août* 1810, *rej. requ.* 8 *juin* 1819, *Montpellier et Toulouse*, 31 *juill.* et 14 *nov.* 1832, *avoués*, ij, 293, xx, 322, xlv, 438, xlvj, 166. — V. toutefois *Amiens, Poitiers et Montpellier*, 4 *mars et* 12 *déc.* 1822 *et* 21 *déc.* 1825, *ib.*, xxiv, 366, xxv, 426, xxx, 204.

2. Il résulte de là que lorsque les créanciers n'ont pas assisté à la réitération de la cession de biens faite par leur débiteur, on ne peut prétendre qu'ils aient acquiescé au jugement qui l'autorisait, surtout s'ils en ont appelé le jour de cette réitération, *suiv.* Nîmes, 1811, *avoués*, iij, 357. — V. aussi *ci-apr. tit. de la cession, n. ij, et notes ib.*

3. Au contraire, la comparution à une enquête, sans protestation, produit un acquiescement au jugement qui l'ordonnait. V. *B. c.* 1 *août* 1820, *et rej. requ.* 27 *juin* 1831, *avoués*, xlij, 1829. — Règle opposée s'il y en a. Voy. *B. c.* 17 *juin* 1822... On a néanmoins décidé que des protestations générales si elles ont été suivies d'interpellations aux témoins, n'empêchent pas qu'il n'y ait acquiescement. Voy. *rej. civ.* 9 *nov.* 1825 *et* 5 *août* 1829, *avoués*, xxx, 319, xxxvij, 309. — Mais *voy. ci-apr.* p. 406, note 12.

(8) V. *Aix, dans Prost. de Royer, ib.*, p. 614. De même, si l'on débat un compte, et si l'on en alloue quelques articles, on ne peut plus ensuite en demander le rejet total. *B. c.* 30 *avr.* 1817.

(9) V. *rép.*, viij, 751, *mot offres réelles*, n. 5 ; *rec. alph.*, ij, 332, 333, *mot effets publics.*

(10) V. *C-pr.* 443 ; *B. c.* 12 *août* 1817, 24 *avr.* 1833. — V. aussi *Denisart*, *mot appel*, n. 52 ; *arr. du p. de Paris, ib.* ; *Prost de Royer, sup.* ; *les arr. suiv.* ; *id. de Turin, à note* 4, n. 2, p. 404. On attribue cet effet à la signification, soit parce qu'elle est une exécution volontaire du jugement, puisqu'elle a pour but de forcer le condamné à l'exécuter ou à l'attaquer par les voies et dans les délais de la loi ; soit parce qu'elle est une soumission tacite de l'exécuter soi-même si le condamné l'exécute aussi, ou bien s'il ne l'attaque pas. V. *d. B. c.* 24 *avr.* 1833. — V. aussi *Colmar*, 10 *nov.* 1813, *et Rennes*, 29 *fév.* 1830, *avoués*, x, 54, xl, 199. — Voy. toutefois *B. c.* 24 *juin* 1834.

Mais cela ne s'applique point, on l'a dit, p. 404, *note* 4, n. 2, à une signification faite par un avoué, excepté dans l'hypothèse à laquelle on renvoie de la même note.

Observations. 1. *Exceptions.* APPEL INCIDENT. Lorsque le condamné appelle de plusieurs chefs, il est libre à l'intimé d'appeler aussi lui-même, quoiqu'il ait signifié le jugement *sans aucune protestation.* Cette règle, établie par l'ancienne jurisprudence (voyez *arr. de Toulouse, dans Prost de Royer, d. n.* 5 ; *arr. cass.* 12 *prair. ix*), a été maintenue et développée par le Code, *art.* 443, qui accorde à l'intimé la faculté d'appeler incidemment en tout état de cause. V. *Bigot-Préameneu*, p. 55 ; *ci-après, tit. de l'appel, note* 7, *et ch.* 2 *et* 3, n. 5 *et note* 57 ; *obs. cass.* 102 ; *arr. cass.* 20 *déc.* 1815.

Mais l'intimé ne peut user de cette faculté qu'autant, 1° que son adversaire a interjeté un appel principal (v. *arr. cass.* 27 *juin* 1820) ; — et 2° que lui-même n'a point fait d'acte d'acquiescement après cet appel principal. V. *rec. alph.*, vj, 6, *mot appel incid.* ; *arr. rej.* 21 *août* 1811, *ib.*

2. Comme c'est le dispositif qui constitue l'essence du jugement (voy. *ce tit., note* 35, *p.* 283), la signification ne produit pas un acquiescement au rejet d'un moyen proscrit seulement par les motifs, et en conséquence, on peut le faire valoir de nouveau, soit en appel, soit en cassation. V. *B. c.* 22 *flor. x* ; *M. Merlin, rép., mots divorce, sect.* 4, § 10, *cassation*, § 8, *et récollement.*

3. Au reste, dans tous ces cas, il faut nécessairement que l'intimé appelle, parce que, jusqu'à l'appel, le jugement a contre lui l'autorité de la chose jugée. V. *B. c.* 2 *mai* 1808 ; *tit. de l'appel, ch.* 1.

(11) Comme par un paiement (même de dépens), une demande de délai, une prestation de serment. V. *L.* 12, § 1, *C. reb. cred.* ; *L.* 5, *C, re judicata* ; *Pothier et Rodier, sup.* ; *B. c.* 13 *th. vij,* 11 *fruct. ix,* 22 *vend. x, etc.* ; *Prost de Royer., n.* 5 ; *Montpellier,* 24 *juill.* 1810, *et rej. civ.,* 8 *fév.* 1831, *avoués, iij,* 41, *xl,* 527 (exception.. v. *ci-dev. p.* 325, *note* 27, *n.* 3).

Observations. 1. *Autres exemples...* Une confection d'ouvrage. V. *arr. Besançon, janv.* 1808, *J-C-pr. ij,* 239.

1 *a*. Une prestation de caution. V. *arr. de Paris,* 10 *juill.* 1810, *Nevers,* 1811, *supp.* 43.

1 *b*. Une sommation de paraître chez un notaire pour faire le compte de ce qui est dû en vertu d'un jugement. V. *arr. cass.* 9 *nov.* 1813. — Et le créancier peut se prévaloir de cette sommation, quoiqu'il n'y ait pas déféré, et qu'il n'en prouve l'existence que par la copie où la signature du débiteur est simplement relatée, *suiv. le même arrêt.*

1 *c*. *Autres cas... Voy.* B. c. 27 *janv.* 1829, 5 *mars* 1834.

2. ACQUIESCEMENT PARTIEL. D'après la maxime *tot capita, tot sententiæ,* lorsque les dispositions d'un jugement sont distinctes et indépendantes, on les considère comme autant de jugemens séparés (en ceci les jugemens diffèrent des contrats), et en conséquence il est permis d'acquiescer seulement à quelques-unes, et d'attaquer celles auxquelles on n'a pas acquiescé. V. *ord.* 1539, *art.* 114 ; *Rebuffe, de appellationib., gl.* 1, *n.* 1, *gl.* 3, *n.* 8 ; *Despeisses, ordre judic., tit.* 12, *sect.* 1, *art.* 1, *n.* 8 ; *Espagne, mot appel, n.* 88 ; *M. Merlin, rép., mot disposition, in f.* ; *surtout arr. cass.* 28 *prair. xj et* 25 *juin* 1832 ; *ci-apr. tit. de l'appel, ch.* 1, *in f.* ; *de la requ. civ.,* § 2 *et notes* 15, 16 *et* 9 ; *de la cassation, note* 5. — V. aussi *Amiens et Bordeaux,* 1822 *et* 1830, *et rej. requ.* 6 *déc.* 1828, *avoués, xxiv,* 190, *xxxix,* 71, *xxxvj,* 171.

(12) V. *les autorités des notes* 10 *et* 11 ; *arr. dans Bézieux, liv.* 2, *ch.* 9, § 2 ; *autres de cassation, Nîmes, Montpellier, Turin et Colmar, avoués, i,* 1, 215 *et* 547, *ij,* 266 ; *Sirey,* 1809, *supp.,* 279 ; *J-C-c. xiij,* 233, *xviij,* 245 ; *ci-apr., tit. de la saisie immob., note* 96. — V. aussi *B. c.* 3 *juill.* 1810, 2 *juill.* 1817, 17 *juin* 1822, 24 *avr.* 1833 (*ci-dev. p.* 405, *note* 7, *n.* 3).

Cette exception est fondée sur ce que lorsque la partie a protesté, on ne peut plus induire de ses actes le consentement ou l'adhésion qui est l'essence de l'acquiescement... Et cela quand même, 1° il y a erreur dans sa protestation, comme si elle y parle de *recourir,* tandis qu'elle n'a que le droit d'appeler (v. *B. c.* 22 *oct.* 1811 ; *répert., mot acquiescement,* § 6) ; — 2° elle a elle-même provoqué l'exécution du jugement interlocutoire qu'elle avait protesté d'attaquer, *suiv. id.,* 21 *janv.* 1812, *Nevers,* 253.

Quelque rationnels que soient ces principes, qu'on peut d'ailleurs appuyer sur le texte de l'art. 443 déjà rappelé (*p.* 362, *note* 10, *n.* 1), on les a méconnus dans beaucoup de jugemens et l'on y a décidé que des protestations n'empêchaient point l'acquiescement ; mais, si nous en exceptons quelques causes particulières où sans doute les faits ôtaient toute force aux protestations (v.

par exemple, *p.* 405, *note* 7, n. 3), ces mêmes principes ont été maintenus par la cour de cassation. V. entre autres, *rej. requ. ou civ.* 9 *août* 1826 *et* 15 *déc.* 1830, *avoués, xxxij,* 192, *xl ,* 376; *B. c.* 19 *mai* 1830 *et* 19 *févr. et* 17 *et* 24 *avr.* 1833. — V. aussi *Nancy ,* 10 *février* 1833 , *avoués ,* *xlvij,* 712.

Observations. 1. La déclaration qu'on s'en rapporte *à la prudence du juge* n'emporte point un acquiescement à la décision qui doit ensuite être rendue. V. *rép., mot succession,* § 2, *art.* 3 ; *arr. cass.* 18 *germ. xj ,* ib.; *ci-dev.* p. 270, *note* 21 ; —Et il en est de même des conclusions qui ne sont que *subsidiaires.* —V. à ce sujet, *rec. alph. ,vj,* p. 3 et 62, *mots acquiescement,* § 9, *et chose jugée,* § 2; *arr. cass.* 14 *juin* 1815, *ib.* ; *id. de Gênes,* 5 *fév.* 1812, *avoués, vj,* 172.

2. La plaidoirie sur le fond d'une cause ne produit pas non plus un acquiescement à une première décision qui a rejeté une fin de non-recevoir, lorsque l'on y persiste à soutenir le système contraire à cette décision. *B. c.* 4 *flor. ix, et* 27 *juin* 1820.

3. Mais, si l'on n'était en aucune manière obligé d'exécuter le jugement; si, par exemple, l'on n'y avait pas été partie, les réserves n'empêcheraient pas qu'il n'y eût un acquiescement, et que par conséquent on ne fût dans ce cas exclu de la *tierce opposition, suiv. Paris,* 10 *avr.* 1810 , *avoués, i ,* 323.. v. *ci-apr. ce tit., note* 15.

4. L'appel d'un jugement de *dernier ressort* n'est pas une renonciation au recours. V. *B. c.* 9 *mars* 1824.

5. Autres décisions... V. *ci-apr. note* 14, *et d. tit. de la saisie immobilière, note* 116, *n.* 1.

L'acquiescement, soit exprès, soit tacite, n'a pas besoin d'être accepté (13), parce que le consentement de la partie adverse est censé donné par l'émission ou la production des actes ou jugemens auxquels l'acquiescement a rapport.

II. *Effets et principes.* L'effet de l'acquiescement est d'empêcher d'attaquer (14) les actes et jugemens (15) qu'il concerne, parce qu'il contient une adhésion à ces jugemens et actes, adhésion qui forme une espèce de contrat judiciaire, aussi efficace que les autres contrats (16). *Arg. de L.* 2, *C. contrar. jud. tut., et* 3, § 11, *D. de peculio ; Barbosa, ax.* 32.; *M. Merlin, rec. alph., mot tierce opposition ,* § 3.

(13) V. *M. Merlin, rec. alph., mot effets publics* ; *rép., mots contrat judic. et acquiescement,* § 3 ; *arr. cass.* 13 *th. xij, ib.* —Il n'en est pas de même du désistement... V. *ci-apr. note* 8 *et* 2, p. 413, 411.

(14) De quelque manière que ce soit, même par appel, requête civile et cassation. V. *en ci-apr. les tit.* ; *arr. cass.* 23 *janv.,* 27 *févr. et* 11 *juin* 1810, *avoués, i,* 69 *et* 154; *Nevers,* 268; *B. c.* 14 *juill.* 1813; *rec. alph., mot appel, i,* 123.; *Rodier, tit.* 35, *art.* 1, *qu.* 4.—Et même par *tierce* op-

position. V. *Paris*, 18 *avr.* 1833, *avoués, xlvj ,* 347 (mais v. *ci-apr. tit. de la tierce opposition, note* 6).

Par exemple, des syndics de faillite ne peuvent plus se pourvoir en cassation, contre un jugement qu'ils ont signifié sans réserves. V. *arr. rej. civ.* 13 *nov.* 1813, *avoués, ix,* 325.

(15) *Les jugemens...* Même d'arbitres. — V. *Prost de Royer, sup.,* n° 9; *arr. cass.* 17 *avr.* 1810.

Les actes... Aussi bien que les jugemens. V. *rec., mot effets publ.; rép., mot acte sous seing-pr.,* § 2; *Agen,* 19 *déc.* 1809; *Sirey,* 10, 2, 371; *Rouen,* 20 *janv.* 1812, *J–C–c., xviij,* 45. — V. aussi *arr. rej. requ.* 27 *févr.* 1810, *avoués, i,* 154; *B. c.* 10 *févr.* 1823; surtout C–c. 1338, 1340.

(16) Dès qu'il est en effet une adhésion à ces jugemens ou actes, il oblige de les exécuter ou d'en souffrir l'exécution, conformément à la maxime, *proprium factum nemo impugnare potest* (Barbosa, ax. 93)... Par exemple, l'acquiescement à la demande principale est une espèce de condamnation volontaire à tous les objets réclamés. — V. *Pothier, sup.; M. Merlin, rép., mot contrat judiciaire; Pigeau, i,* 458.

III. *Personnes.* L'acquiescement produisant des effets aussi considérables, équivaut en quelque sorte, à une aliénation. Dès-lors, 1. il ne peut être valable qu'autant qu'il est fait par des personnes libres de disposer de leurs droits (17), et qu'il résulte d'actes où la contrainte (18), le dol, l'erreur (19), etc., n'ont eu aucune influence (20). V. *Faber, lib.* 7, *tit.* 29, *def.* 12; *Prost. de Royer, p.* 614; *Pigeau, i,* 558.

2. Qu'il ne lie point les co-intéressés qui y sont étrangers (21). V. *L.* 5, *ff. de appellat. et relat. (xlix,* 1); *Prost. de Royer, p.* 608; *B. c.* 24 *août* 1830. — V. aussi *rej. civ.* 23 *déc.* 1823, *avoués, xlvj,* 253.

(17) Non par des mineurs, des femmes non autorisées, des administrateurs (v. *C–c.* 464)...; et en matière de droit public, par quelque personne que ce soit (même par le ministère public, un préposé de la régie des domaines, etc.). V. *arr. cass.* 21 *avr.* 1806, 18 *août* 1807; *autre,* 16 *juin* 1806, *Nevers, supp.,* 161; *M. Merlin, répert., vj,* 616, *mot jugement,* § 3, *n. vj; Pothier, sup.*

Ainsi, le ministère public ne peut acquiescer à un jugement qui enjoint à un notaire de s'acquitter mieux de son devoir, parce que cela intéresse l'ordre public (*arg. de L.* 22 *vent. xj,* art. 53, et de *C–c.* 6 et 2045)... En conséquence, la signification que ce magistrat a faite de ce jugement, avec injonction de s'y conformer, ne l'empêche pas d'en appeler (pourvu que ce soit dans le délai) pour obtenir la destitution qu'il avait demandée, et que ce même jugement avait rejetée. V. *B. c.* 23 *déc.* 1824, *p.* 390.

Observations. 1. L'acquiescement fait par le mineur, depuis sa majorité, au jugement rendu ou à l'acte passé durant sa minorité, est valable. *Arg. de C–c.* 1338; *arr. de Montpellier,* 3 *janv.* 1811, *avoués, iv,* 30.

2. Le maire peut aussi et acquiescer, et se désister, avec l'autorisation du conseil municipal, approuvée par le conseil de préfecture. V. *rec. alph., vj, 72, mot commune,* § 3 ; *arr. rej. civ.* 6 *févr.* 1816, *ib.*

(18) Donc un acquiescement forcé n'engage à rien, ou plutôt n'est pas un acquiescement. Par exemple, l'exécution d'un jugement exécutoire nonobstant empêchement, ou d'un jugement préparatoire qui n'est pas susceptible d'appel, ou d'un jugement en dernier ressort, ne saurait être considérée comme un acquiescement. V. *L.* 3 *brum. ij, art.* 6 ; *C-pr.* 451 ; *arr. cass.* 24 *prair. et* 21 *therm. vij,* 22 *oct.* 1806, 4 *mars* 1807, *etc.* ; *autre*, 25 *août* 1810, *Nevers*, 456 ; *tit. de l'appel, note* 25, *n.* 2, *et des liquidations, note* 20, *n.* 5.

Autres décisions analogues... V. *B. c.* 4 *mai ,* 15 *juill. et* 25 *nov.* 1818, 1er *août* 1820, 30 *déc.* 1823, 12 *nov.* 1827, 18 *nov.* 1828, 27 *août* 1829, 19 *avr.* 1830.

Il n'en serait pas de même si l'on avait exécuté de plein gré et avant aucune poursuite, de semblables jugemens. V. *rej. civ.* 25 *nov.* 1829, *avoués, xxxviij,* 35.

(19 et 20) Ainsi jugé, quant à l'erreur, à Toulouse. V. *Rodier, tit.* 27, *art.* 5.—V. *aussi Espagne, sup.*

(21) Il ne lie pas non plus l'auteur de l'ayant cause qui l'a fait. V. *arr. cass.* 13 *niv. x ; L.* 9, § 2, *ff. except. rei jud.,* et 63, *re jud.*—Et par conséquent aussi il ne doit pas profiter à ces personnes... V. *ci-apr. p.* 413, *note* 10, *n.* 3 ; *Colmar*, 1818, *avoués, xx,* 303.

Observations. 1 Quoique l'on acquiesce avant la décision , on peut être forcé d'assister à l'instance pour voir déclarer l'arrêt *commun* contre soi. V. *arr. de Toulouse,* à note 7, *p.* 404 ; *et ci-d., p.* 361, § 2.

2. Effet de l'homologation et du jugement par rapport à l'acquiescement... V. *ci-d., p.* 278, *note* 15 ; *ci-apr. tit. de la cassat., note* 25, *n.* 5.

5. *Autres questions sur l'acquiescement... V.* répert., *b. v.*

APPENDICE AU TITRE IV.

Du contrat judiciaire.

On appelle contrat judiciaire l'accord que font deux parties pendant une procédure.

Comme le consentement qui produit cet accord n'est au fond qu'un acquiescement (1), on peut dire que le contrat judiciaire est le *résultat de l'acquiescement,* et qu'il faut y appliquer les règles que nous venons d'exposer, quant à la division qu'on en fait (2), aux circonstances où il est susceptible d'être attaqué (5), et aux effets qui en sont la suite. (4)

(1) Même en cas de désistement, parce que l'acceptation de cet acte n'est autre chose qu'un acquiescement exprès.

(2) Ainsi nous reconnaîtrons deux espèces de contrat judiciaire, l'ex-

près, résultant d'actes positifs; le *tacite*, résultant de la manière d'agir des parties.

M. Merlin (*rép.*, mot *contrat judiciaire*) range dans la première classe toutes stipulations positives, faites soit en présence de la justice, soit au greffe, telles que les adjudications et les cautionnemens présentés et acceptés pour l'exécution d'un jugement. Dans nos principes, ces stipulations peuvent ne former que des contrats tacites, parce qu'il est possible (et c'est ce qui arrive le plus souvent) qu'elles ne contiennent point d'adhésion expresse; mais au fond, cette différence de classification est peu importante, dès que les deux espèces de contrat ont les mêmes effets.

(3) Le dol, l'erreur, la contrainte, etc.; car il ne dépend pas d'une des parties de le révoquer malgré l'autre, sans raison légitime. V. *ci-dev.*, n. 3, p. 408; *rép.*, *eod. v.*, iij, 95; *arr. cass.* 18 *flor. xiij*, *ib.*; et *i*, 717, *mot bâtard*, sect. 2, § 3.

(4) *Observations.* 1. Ils consistent en général à lier les parties aussi bien qu'une convention ordinaire... Par exemple, l'ajournement étant une adhésion tacite du demandeur à la décision future du juge, il n'a pas le droit (malgré son adversaire) d'appeler ni de se désister du jugement qui lui donne gain de cause; ni de décliner la juridiction qu'il a reconnue, même pour le dernier ressort (si cela était permis). V. *arr. de Paris*, 1782, *rec. alph.*, iij, 583; *arr. cass.* 8 *oct.* 1806, *rép.*, mot *dernier ressort*, § 16; *id.*, mot *contrat judic.* — V. aussi *ci-dev.* p. 227 et 135, *note* 12; surtout *ci-apr.*, note 2, p. 411.

2. Autres exemples : 1° On ne peut appeler d'un jugement convenu, parce que ses dispositions ont été consacrées d'avance par des consentemens des parties qui forment contrat. V. *tit. de l'appel*, note 30, n. 2.

2° Une reconnaissance d'un privilège, dans un procès-verbal d'ordre, forme également contrat. V. *arr. de Paris*, 15 *avr.* 1817, *avoués*, xvij, 41.

2 *a*. Mais un consentement donné dans une discussion d'hypothèques, à ce qu'un acquéreur paie des créanciers hypothécaires, n'aurait formé contrat, qu'autant qu'avant sa révocation, l'autre partie y aurait accédé (le juge a le droit d'interpréter les consentemens que les parties donnent en justice). V. *arr. rej. requ.* 13 *mai* 1824, B. *c.*, n. 60.

3. Les décisions précédentes sont aussi fondées en partie sur la maxime *factum judicis, factum partis...* *V.* rec. alphab., ij, 3, mot *date*, § 5; Barbosa, ax. 93.

4. Au reste, il n'est point nécessaire que le contrat soit consacré par l'homologation du juge, ni par la signature des parties. V. *ci-dev. tit. des jugemens*, note 15, p. 278; *Daniels*, au rép.. mot *signature*, § 2, n. 4; *arr. cass.* 3 *oct.* 1808, *ib.* — Ainsi l'une d'elles ne pourra attaquer une audition de témoins sur des faits non précisés ni déclarés pertinens (*ci-dev. tit. des enquêtes*, § 1, p. 320 à 322) lorsque toutes les deux y avaient consenti *verbalement* devant le juge. — *Rej. requ.* 27 *mars* 1832, *avoués*, xliij, 679.

TITRE V.

Du désistement. (1)

Le *désistement* est l'action de renoncer à une procédure commencée (2). — D'après cette définition,
on conçoit que celui qui se désiste a pour but d'éviter
les inconvéniens où l'entraînerait une procédure irrégulière ou mal fondée (3); mais on conçoit aussi
que, comme toute procédure régulière et fondée a
des résultats avantageux, le désistement est un sacri-
fice qui ne doit pas être permis à toutes personnes,
ni affranchi de toutes solennités. Les règles suivantes
dérivent de ces considérations.

I. Pour donner un désistement, il faut avoir la libre
disposition de ses droits. (4)

II. Le désistement *peut* être fait et accepté (5) par
un simple acte d'avoué à avoué, mais signé des parties
ou de leurs mandataires (6). *C-pr.* 402; *tarif* 71. (7)

Tant qu'il n'est pas accepté, on peut y renoncer
et reprendre la procédure (8). *Arg. de C-pr.* 403,
in-pr... V. *rej. requ.* 9 *déc.* 1824, *avoués*, *xxxv*, 156.

III. Lorsqu'il est accepté il produit ces deux effets:

1. Les parties sont remises de plein droit au même
état qu'avant la demande (9), et par conséquent tous
les actes de la procédure sont anéantis (10). *Id.*

2. Celui qui se désiste est tenu, également de plein
droit, au paiement des frais, *Id.* (11).

---

(1) Ce tit. correspond au tit. 23, liv. 2 du Code.
(2) Et non pas à un jugement... Lorsque le jugement est rendu, il y a eu
un contrat judiciaire qui ne permet pas à la partie *victorieuse* d'abandonner
la décision (v. pour des exemples, *ci-apr. n.* 1, *et note* 5, *n.* 1)... Elle en a,
il est vrai, le droit après l'appel du condamné; mais c'est que par son appel
celui-ci renonce tacitement au contrat. Voy. *au surplus rép.*, *mots désiste-*
ment et contrat judiciaire; *ci-dev. p.* 22, *note* 21, *n.* 2; *p.* 405, *note* 10;
n. 1; *surtout p.* 410, *note* 4.
Observations. 1. *Application de la règle précédente.* Un jugement en
dernier ressort condamne d'une part, à rembourser le capital d'une rente, et de
l'autre, à en payer des arrérages.. Le désistement de son premier chef n'em-

pêche pas de statuer sur le recours contre le jugement, surtout, lorsque dans ce désistement, on se réservait pour l'avenir le bénéfice du même jugement.. V. *rej. civ.* 28 juill. 1824, *avoués*, *xxvij*, 69.

1 *a.* Le désistement avait d'abord été signifié à avoué, le 4 août, et ensuite à la partie le 8 ; et celle-ci n'avait déposé son pourvoi (v. *notre tit. de la cassat.*, § 4, *n.* 1) que le 11... Le pourvoi a été jugé recevable, parce que d'un côté, l'avoué, n'ayant plus de pouvoir depuis le jugement (v. *ci-dev.*, p. 80, *et note* 26, *ib.*), la seule signification à la partie pouvait être prise en considération ; et que de l'autre, cette signification, faite dans le département de l'Ain, n'avait pu être connue à Paris, le jour du dépôt. *D. rej.* 28 juill.

2. Autres exemples... V. *Poitiers et Angers*, 1830, et *Bordeaux*, 1832, *avoués*, *xliij*, 534, *xlv*, 306.

(3) Ne fût-ce que la condamnation aux dépens.

(4) Puisqu'il emporte indirectement une aliénation (v. p. 413, note 10) des avantages réclamés.

Ainsi une femme ne peut sans *autorisation* (v. *ce tit.*) se désister d'une demande de droits immobiliers qu'elle a formée avec l'autorisation de son mari ou du juge. V. *rép.*, mot *dot*, § 2, *n.* 7 ; arr. cass. 15 juill. 1807, *ib.* ; 14 fév. 1810, *Nevers*, 93.

Quid s'il s'agit d'un maire ? v. p. 409, *note* 17, *n.* 2.

(5) *Peut...* Donc on a le droit de le faire par toute autre voie qui constate suffisamment la volonté des parties (même à l'audience). V. *Pigeau*, i, 455 ; *Bruxelles et Limoges*, 1810 et 1816, *avoués*, *ij*, 235, *xiij*, 148.

Observations. 1. La partie qui veut accepter un désistement d'un jugement de première instance, donné dans un simple acte, peut exiger que ce désistement soit donné par un acte authentique, ou consacré par un second jugement ; parce que en cas de perte de la copie du simple acte, elle serait exposée à voir dans la suite tirer avantage contre elle, du jugement de première instance, d'autant plus qu'alors ce jugement aurait acquis l'autorité de la chose jugée. V. *Caen*, 19 fév. 1823, *Sirey*, 25, 2, 95.

Il s'agissait d'une déclaration de l'intimé d'acquiescer à l'appel (ce qui, au fond, était un désistement de la sentence dont son adversaire avait appelé), déclaration signifiée par un simple acte.

1 *a.* La même règle est applicable au désistement d'une autre espèce d'acte, et surtout d'un *appel*, et en conséquence, on peut aussi exiger qu'il soit consacré par un jugement, *suiv. Riom, Rennes, Toulouse, Nîmes, Nancy*, 1824, 1825, 1829, 1830, 1831 et 1834, *ibid.*, *xxxj*, 97, *xxxviij*, 17, *xxxix*, 77 et 152, *xliv*, 33, *xlviij*, 308 ; *Sirey*, 1835, 2, 270 (contra... M. *Chauveau*, d. p. 17, 77 et 152, et 2ᵉ édit., x, 451).

2. La signification du désistement à la partie ne suffit pas, *suiv. Paris*, 5 juin 1825, *Sirey*, 25, 2, 270.

(6) Le Code n'ajoute pas *spéciaux*, mais il semble que cet acte soit assez important pour exiger un pouvoir particulier (*arg. de C-pr.* 352.. v. *ci-dev.* p. 178, n 3). Au reste, 1° l'expression *de plein droit*, dont la loi (*C-pr.* 403) se sert ensuite, annonce qu'il n'a pas besoin d'être consacré par un jugement... 2° Si l'acte n'est pas signé, il paraît qu'on peut proposer les mêmes règles qu'au *tit. du désaveu*, note 7, p. 392.

(7) Il doit être signé sur la copie, et il est inutile, s'il n'est pas pur et simple, *suiv. Bruxelles, Turin, Paris, Lyon*, 1807, 1810, *avoués*, *ij*, 235, 293, *iij*, 226 ; *J-C-pr.* i, 315. — V. aussi pour la deuxième règle, *Douai et Grenoble*, 1825 et 1832, *avoués*, *xxxij*, 318, *xlv*, 516 (contra... *Paris*, 1832, *ib.*, *xliv*, 355).

(8) Parce que n'y ayant encore de consentement émis que de la part du *désistant*, le contrat n'est pas formé. V. *note* 2, ci-apr., p. 407 ; *Pigeau* ; i, 455 ; *Prat. fr.* *ij*, 416 ; *B. c.* 4 juill. 1810 ; *Lyon*, 1810, *avoués*, *iij*, 226.

Observations. 1. L'acceptation peut se faire de la même manière que le désistement. *C-pr.* 402; *tar.* 71.

2. Un désistement d'appel n'a pas besoin d'acceptation, parce qu'il est, au fond, un acquiescement à la sentence contre laquelle l'appel était dirigé. V. *à ce sujet, rép. iij,* 621 *à* 626, *et xvj,* 182, *h. v.,* § 1; *arr. rej. requ.* 18 *mars* 1811 *et* 31 *juill.* 1817, *et civ.* 21 *déc.* 1819, *ibid.* (les deux premiers étaient de droit transitoire), *Montpellier, Limoges, Toulouse, Paris et Nancy,* 1828, 1832, 1833 *et* 1834, *avoués, xxxv,* 297, *xlij,* 422, *xliij,* 593, *xlvij,* 599, *xlviij,* 53.

2.*a.* Mais si l'intimé a accepté ce désistement, il est censé par là avoir renoncé à son appel incident, *suiv. Poitiers,* 1824, *ib., xxvj,* 12.

Au contraire, si l'intimé a interjeté son appel incident malgré ce désistement, il en a relevé le désistant, et celui-ci peut donner suite à son appel principal; *suiv. Amiens,* 15 *déc.* 1821, *Sirey,* 22, 2, 305.

2 *b.* Dans tous les cas, le désistement de l'appel principal ne peut priver l'intimé du bénéfice de son appel incident antérieur. V. *Paris, Aix, Bordeaux et Lyon,* 1825, 1826 *et* 1830, *avoués, xxxj,* 285 *et* 298, *xxxiv,* 108, *xlj,* 484.

3. Un désistement d'opposition à un *exequatur* (v. *p.* 46, *note* 28), n'a pas non plus besoin d'acceptation. *Rej. requ.* 3 *déc.* 1828, *ib., xxxvj,* 184.

4. Même règle pour celui qui est la suite d'une transaction sur le procès. *Id.* 22 *janv.* 1833, *ib., xliv,* 173.

5. Questions diverses sur le *refus* et le *défaut d'acceptation* du désistement, etc. V. *ci-apr. note* 11.

(9) L'acceptation en contient le consentement tacite. *D. art.* 403.

(10) *Observations.* 1. Donc ces actes ne peuvent pas interrompre la prescription. *C-c.* 2247, 330. — Mais si elle n'est pas acquise, rien n'empêche de recommencer la procédure. En un mot, on peut appliquer au désistement les principaux effets de la péremption. V. *ci-dev., p.* 400, *n.* 3.

a. Le délai suspendu par un appel dont on se désiste, reprend son cours, de la signification du désistement accepté à l'avoué indiqué *ci-dev., tit. des enquêtes, note* 27, *n.* 2, *p.* 325, *suiv. arr. ib...* V. aussi *ci-apr. tit. de l'appel, note* 81.

3. Le désistement accepté ne peut profiter aux consorts du *désistant* quant à un objet *divisible.* Ainsi en réformant un jugement qui a condamné des cohéritiers à vider un domaine, on doit laisser à leur adversaire la part de celui qui s'est désisté de l'appel, d'autant plus que par là, le jugement a acquis force de chose jugée sur ce point. V. *arr. cass.* 16 *janv.* 1811; *d. tit. de l'appel, note* 36, 82 *et* 116, *n.* 1.

(11) V. aussi *id.* 247; *rép., mot déporter.* — Il y est contraint par une ordonnance du président (exécutoire par provision), mise au bas de la taxe, parties appelées par acte d'avoué. *C-pr.* 403; *tar.* 70, 76.

Observations sur les principes du désistement, et exemples de leur application.

1. Le demandeur et le défendeur consentent tacitement, l'un en formant sa demande, l'autre en se présentant sur cette demande, à soumettre leur contestation au juge (v. *L.* 3, § 11, *D. de peculio; ci-dev. p.* 227, *n.* 2 *et* 3); il y a dès-lors sur ce point un *contrat judiciaire* (v. *p.* 410, *note* 4) qui ne peut être rompu sans motifs légitimes par la seule volonté de l'une des parties.

Mais lorsque le consentement a été émis par l'une d'elles dans un acte nul, il est clair que l'autre ne peut la contraindre à se tenir au contrat, pas plus qu'elle ne pourrait la forcer à accomplir les dispositions d'un acte public nul ou reçu par un notaire incompétent, et non signé par elle.

2. *Première conséquence de ces remarques...* Si le demandeur s'aper-

çoit que sa demande est nulle, le défendeur ne peut le forcer à se tenir à son instance, et le demandeur est libre, après s'en être désisté, de commencer tout de suite une autre instance sans attendre que son désistement ait été accepté par son adversaire, ni consacré par le juge... Dans un système opposé, il dépendrait de la seule volonté du défendeur, de se soustraire à ses propres engagemens par une simple force d'inertie, car il est possible que le demandeur ne s'aperçoive de la nullité de sa demande qu'au moment où la prescription du droit qu'il réclamait, va s'accomplir, et où il ne lui reste plus assez de temps, soit pour recevoir *l'acceptation* du défendeur, qui d'ailleurs pourrait à dessein garder le silence; soit pour faire juger si son désistement est légitime. Enfin, cela ne fait aucun tort au défendeur, parce que, si le désistement est illégitime, il pourra faire décider que la première instance subsiste encore, en un mot n'a pas été évacuée (v. *ci-dev.* p. 382), et que par conséquent la seconde n'est pas régulière (v. *d'ailleurs*, les motifs des arrêts cités, *p.* 413, *note* 8, *n.* 3 *et* 4).

Mêmes règles lorsque la demande a été formée devant un juge incompétent, quoique elle interrompe la prescription (v. *p.* 227, *n.* 6). D'une part, il ne peut non plus dépendre du défendeur de forcer le demandeur à faire inutilement des frais qui retomberaient à sa charge, et de se procurer à lui-même un délai pour remplir son obligation, c'est-à-dire tout le temps qu'il faudrait pour faire statuer sur la compétence; d'autre part, si le demandeur a consenti à soumettre son différend au tribunal désigné, ce n'était qu'en supposant que ce tribunal serait apte à le juger; il n'a donc pas émis de consentement pour l'hypothèse contraire, et par conséquent aussi il n'y a pas eu proprement de contrat.

C'est probablement d'après ces principes qu'on a pris les décisions que nous allons analyser.

En premier lieu, lorsque le désistement est refusé, le tribunal est juge de ce point de contestation, et peut par là même déclarer le désistement valable; et en cela il ne viole aucune loi puisque le code ne statue pas sur cette difficulté. *Arr. rej. civ.* 12 déc. 1820, *B-c.* 1821, *p.* 1.

En second lieu, lorsque le désistement a été consacré par un jugement non attaqué, l'instance irrégulière abandonnée a cessé dès le jour du désistement et par là même on a pu dès-lors et avant ce jugement commencer une autre instance. *Arr. cass.* 1 *juill.* 1823 (la première instance était ouverte par une tierce opposition à une sentence arbitrale forcée (v. *p.* 49, *note* 36, *n.* 4, *et tit. de la tierce opposition*, *note* 12) rendue contre l'auteur du tiers opposant; la 2e, par un recours en cassation contre la même sentence.

3. *Autre conséquence.* Si la procédure est régulière et le juge compétent, le demandeur après la présentation (c'est-à-dire la comparution en personne ou la constitution d'avoué) du défendeur, ne doit pas avoir la faculté de s'en désister malgré celui-ci; autrement il dépendrait de lui de traîner le défendeur par pur caprice et en sacrifiant quelques frais, d'instance en instance, de retarder par là le rejet d'une prétention injuste, et de tenir le défendeur dans une inquiétude continuelle.

Ces principes ont sans doute aussi motivé les décisions suivantes.

1º Lorsque l'instruction est consommée, c'est-à-dire quand les plaidoiries ont été faites et le ministère public entendu, le désistement de l'appel est non recevable, et la cour d'appel doit rester saisie. V. *arr. rej. requ.* 1 *juill.* 1818, *Sirey*, 19, 258.

2º La même cour reste encore saisie tant que ce désistement n'a pas été accepté, et en conséquence, il y a lieu au réglement si une autre cour est saisie d'une autre question de la même cause. *Arr. régl.* 7 mai 1822, *B-c.* p. 257.

3º Autres questions... V. *ci-dev.* p. 413, *note* 8, *n.* 2; p. 316, *note* 48.

SECTION CINQUIÈME.

De la procédure sommaire ou abrégée.

Nous nommons procédure sommaire ou abrégée, par opposition à la procédure ordinaire, celle où l'on est affranchi, en général, de la mesure préparatoire développée dans la section 1re (1) et de la plus grande partie des formes des deux suivantes; telles sont les procédures des tribunaux de paix et de commerce; telles sont encore celles qui sont propres aux matières sommaires, aux référés et aux assignations à bref délai. (2)

Nous avons déjà vu (3) que ces deux grands principes *célérité dans la marche*, et *économie dans les frais*, sont, pour ainsi dire, l'âme de la législation des procédures : la nature, ou le peu d'importance des causes précédentes, ont engagé les législateurs à s'attacher davantage à ces principes, et à prescrire, en conséquence, des formes aussi rapides et aussi peu coûteuses que cela était possible; à en écarter, autant qu'il dépendait d'eux, toutes les entraves qui, dans les procédures ordinaires, rendent souvent inutiles les précautions qu'ils ont prises pour l'application des mêmes principes. (4)

(1) Ou de la *conciliation*.—Mais *voyez ci-apr. note* 8, p. 421.

(2) On voit que cette section aura cinq titres.

(3) Part. 1, sect. 3, ch. 2, p. 148, et dans une foule d'autres endroits.

(4) D'après ces considérations, on pressent que cette partie de notre travail n'exigera point les développemens que nous avons donnés aux sections précédentes, et que nous donnerons pour plusieurs des objets des livres suivans... D'ailleurs ces mêmes développemens deviennent désormais moins nécessaires, parce qu'un assez grand nombre des principes exposés précédemment s'appliquent à la plupart des matières dont il nous reste à traiter.

TITRE PREMIER.

De la procédure des tribunaux de paix. (1)

Nous avons exposé toutes les règles de détail de la procédure de paix; et quoique elles soient éparses dans notre ouvrage, il serait fort inutile de les réunir ici (2). Il suffira, 1. d'énoncer brièvement les principes généraux de cette procédure; les points à l'égard desquels le Code en a tracé les formes et ceux où elle diffère de la procédure ordinaire; 2. d'indiquer les passages où l'on trouvera les mêmes règles de détail. (3)

I. *Principes généraux.* Indépendamment des deux grands principes de toute procédure, que nous venons de rappeler, savoir : « célérité dans la marche, économie dans les frais »; celle des tribunaux de paix est encore fondée sur les deux suivans : « brièveté dans les délais, simplicité dans les formes. » (4)

(1) Ce titre correspond au livre 1er du Code.

(2) Elles sont même plus faciles à saisir dans les notes qui les contiennent, parce qu'on peut les rapprocher des règles correspondantes de la procédure ordinaire, à l'occasion desquelles nous renvoyons à ces notes.

(3) Cette indication sera dans les notes 7 à 22.—V. p. 418.

(4) V. *Thouret, rapport du 14 oct. 1790; et Treilhard*, p. 17.

C'est d'après ces principes que fut rédigée la loi du 26 oct. 1790, sur la procédure de paix, dont le comité de constitution donna une explication le 18 nov., et qui a été ensuite refondue dans le livre 1 du Code ou dans le tarif (quant aux tit. 8 et 9 de cette loi).

II. *Points réglés par le Code.* Mode des citations; tribunaux de paix où elles sont portées; comparution des parties; audiences; jugemens contradictoires, ou par défaut, ou préparatoires; opposition aux jugemens de défaut; appel et exécution des préparatoires; garantie; enquêtes; expertises et accès de lieux; récusations du juge; mode d'exercice et de jugement des actions possessoires (5). V. *C-pr., liv.* 1er. (6)

(5 et 6) *Observations.* 1. Cette énumération suffit pour indiquer les ressemblances de la procédure de paix avec la procédure ordinaire.

2. Le livre 1ᵉʳ n'ayant que 47 articles, il sera facile d'y trouver ceux qui traitent des matières précédentes. Au reste, on en verra la substance dans les passages indiqués *ci-apr., notes 8 à 22, p.* 418.

3. *Voies de recours contre les jugemens de paix :* les voici... 1ᵒ *Opposition...* V. ci-dessous le texte, nᵒ iij et 10.

2ₒ *Appel...* V. ci-apr. ce tit., notes 15, 23 (pour les jugemens de défaut) et 40.

3ᵒ *Tierce-opposition...* V. ce tit., note 12.

4ᵒ *Cassation.* V. ce tit., note 13 a.

4. Peut-on attaquer ces jugemens par *requête civile ?...* V. en ci-apr. le tit., note 12.

III. *Différences principales avec la procédure ordinaire.* — 1. Point de conciliation (7). — 2. Citation à des délais plus courts (8). — 3 et 4. Faculté pour les parties de comparaître volontairement, même devant un juge de paix autre que leur juge naturel (9). — 5 à 7. Audition des parties ou de leurs mandataires, sans entremise d'avoué ni notification d'écritures (10). — 8. Jugement définitif à l'audience indiquée par la citation, ou à la suivante (11), si une opération préparatoire n'exige pas un délai (12). — 9. Si un jugement interlocutoire a prescrit l'opération, jugement définitif dans quatre mois, sinon péremption (13). — 10 à 12. Réassignation d'un défaillant en cas d'inobservation du délai (14); opposition au jugement de défaut dans trois jours, sauf prorogation si le juge sait que le défaillant a ignoré la procédure; et opposition rédigée comme une citation (15). — 13. Point d'expédition des jugemens préparatoires; la prononciation en vaut citation aux parties (16). — 14 et 15. Point de notification des jugemens qui ordonnent la mise en cause d'un garant, et cette mise en cause doit être demandée à la première comparution (17). — 16 et 17. Audition des témoins à l'audience, et même sur les lieux; rédaction d'un simple résultat des témoignages dans les causes de dernière instance (18). — 18. Accès de lieux faits par le juge en personne, et (au besoin) assistance du même aux expertises (**19**). — 19. Récusations peu nombreuses du juge (**20**). — 20 à 22. Faculté de rendre les jugemens (même les jours de fête) au domicile du juge, et même sur le local contentieux (**21**). — 23. Renvoi des incidens de faux et de vérification à la justice ordinaire. (**22**)

24. Mais la différence la plus considérable est celle-ci : *la procédure de paix n'est sujette à aucune nullité.* (**23**)

(7) *V.* tit. de la conciliation, note 12, p. 206.

(8) Pour la *citation*, v. tit. de l'assignation, art. 4, n. 1, p. 225; et pour ses formes et sa remise, notes 2, 26 et 54, p. 212, 220 et 222.

(9) *V.* part. 1, art. de la compétence, p. 36 ; et tit. de l'assignation, art. 5, note 54, p. 229. — Elles peuvent aussi *proroger* la jurisdiction de ce juge. V. *d. p.* 36.

(10) *V.* tit. des audiences, note 10, n. 3, p. 266 ; des défenses, note 15, p. 258; part. 1, § des avoués, p. 76.

(11) Le juge peut se faire remettre les pièces. V. *C-pr.* 13, *in f.*

(12) *V.* tit. des audiences, note 10, p. 266.

(13) *V.* tit. de la péremption, note 19, n. 3, p. 402.

(14) *V.* tit. de l'assignat., art. 4, n. 1, p. 225; des jugem. de défaut, note 5, p. 280 ; de l'opposition, note 12, n. 4.

(15) *V.* ci-apr. tit. de l'opposition, notes 12 et 24. — Le jugement de défaut inexécuté n'est pas anéanti. V. *ch. des jugem. de défaut*, note 19, n. 1, p. 289.

(16) *V.* C-pr. 28, et tit. des enquêtes, note 30, n. 5, p. 326.

(17) *V.* tit. des exceptions, note 55, p. 260, et C-pr. 32.

(18) *V.* à ce sujet, et pour les autres formes, tit. des enquêtes, notes 21, 22, 49, 52, 58 à 60, 63, 75, et surtout note 68, p. 323 et 332 à 336.

(19) Pour les accès et les expertises, *voyez* tit. des expertises, notes 5, 9, 20, 28, p. 341 à 344; et tit. des accès de lieu, notes 4 et 10, p. 348.

(20) *V.* pour *id.* et le mode et le jugement, tit. de la récusation, notes 23, 29, 42, p. 369, 371 et 373.

(21) *V.* part. 1, sect. 1, ch. 2, art. 4, p. 28; et ci-dessus, note 19.

(22) *V. d.* ch. 2, art. de la compétence, n. 2, p. 32.

(23) *Exemples. V.* arr. cass. 19 avr. 1812, Nevers, p. 194.

Observations. 1. Nous n'entendons pas dire que les actes de cette procédure ne seront jamais susceptibles d'annulation ; mais ce sera seulement lorsqu'ils manqueront des formes *essentielles* à leur existence. V. ci-dev. p. 152 et 153, n. 1, *note* 6. — V. aussi *arr. cass.* 5 *févr.* et 19 *avr.* 1810, *Nevers*, 162, 194.

2. A l'égard, 1° des règles à observer lorsqu'il s'agit d'actions possessoires, v. en le §, p. 120 à 130. — 2° De la compétence des juges de paix, v. *leur art.*, p. 50 à 55.

TITRE II.

Des matières sommaires. (1)

On entend par matières *sommaires* les contestations qu'on a voulu (2), à cause de la nature ou de la modicité de leur objet, faire instruire et décider avec plus de rapidité et moins de frais que les contestations ordinaires. V. *Jousse et Rodier, tit.* 17; *Pothier, part.* 2, *ch.* 1; *Perrin, p.* 271. — Nous en allons indiquer les espèces et les modes de procédure.

I. *Espèces.* On en distingue six. (3)

1. Les appels du juge de paix. *C-pr.* 404, *f.* 1.

2. Les demandes *pures personnelles* (4), quand il y a un titre non contesté (4 *a*). *Id., f.* 2.

3. Les demandes formées sans titre, qui n'excèdent pas 1000 francs (5). *Id., f.* 3.

4. Les demandes provisoires, ou qui requièrent célérité (6). *Id., f.* 4.

5. Les demandes de loyers, fermages et rentes. *Id., f. dernier.*

6. Les causes désignées spécialement par la loi. (7)

(1) Ce titre correspond au titre 24, livre 2 du Code.

(2) Le législateur voudrait, si cela était possible, rendre *sommaires* toutes les causes, V. *Treilhard et Perrin, p.* 46, 271 *et* 272. — On a néanmoins décidé qu'il n'y a de causes *sommaires* que celles qui sont spécialement désignées par la loi. *B. c.* 9 *avr.* 1828. — Voir au reste une revue de la jurisprudence sur cette matière, par M. Chauveau, *avoués, xlj,* 513 *et suiv.*

(3) *Dr. anc.* L'ordonnance de 1667 (*d. tit.* 17, *art.* 1 à 5) range dans les matières sommaires un grand nombre de petites causes; mais l'étendue même qu'elle a donnée à cette nomenclature a fait naître des difficultés sur les causes semblables, qu'elle n'y avait pas comprises. On a préféré, dans le Code, présenter une classification plus générale. V. *Perrin, ib.*

(4) C'est-à-dire, par lesquelles on exerce des actions *purement* personnelles (v. *Rodier et Jousse, art.* 1; *ci-dev. p.* 116, *note* 12, *n.* 1 *a, in f.*). D'où l'on conclut que les actions mixtes ne sont pas dans cette catégorie. V. *Henrion, ch.* 5, *et rép., vj,* 584; *ci-dev. p.* 50, *note* 40.

(4 *a*) *Observations.* 1. Lorsqu'on agit en vertu d'un arrêt, ou d'un jugement passé en force de chose jugée (v. *ci-apr. tit. de l'appel, ch.* 1, *n.* 1), ce titre étant *irréfragable,* l'opposition du défendeur ne peut être considérée comme une *contestation,* et la cause est sommaire, *suiv. rej. requ.* 30 *janv.* 1827, *avoués, xxxij,* 261.

2. Même décision pour la demande en paiement d'une créance résultant d'un titre exécutoire, ainsi que pour l'opposition à la saisie (brandon) faite en vertu de ce titre, quoique le défendeur ait demandé la rescision du contrat. V. *rej. requ.* 13 *nov.* 1823, *B. c.*, p. 445.

3. Questions analogues aux précédentes... V. *rej. requ. ou civ.* 29 *janv.* 1827 *et* 18 *mars* 1829, *avoués, xxxij*, 259, *xlj*, 522.

4. Au contraire, la cause n'est pas sommaire lorsqu'un acquéreur prétend que le prix indiqué dans le contrat de vente, n'est pas le véritable prix. *B. c.* 4 *juin* 1828. — Ou lorsqu'il attaque ce contrat par inscription de faux. *B. c.* 10 *avr.* 1827.

(5) *Dr. anc...* 400 liv. (*d. ord.*, *art.* 1); et néanmoins le parlement de Grenoble trouvait déjà cette fixation trop forte. *S. André, ib.*

(6) *Observations.* CÉLÉRITÉ... URGENCE. Le Code (v. *ci-apr. tit.* 3 *et* 5, p. 423, 431) indique aussi la voie du *référé* et celle de l'assignation à *bref délai* pour les cas d'*urgence.* Emploie-t-il ce mot dans le sens de célérité?.. Quand la première voie doit-elle être employée par préférence à la seconde? —1. L'*urgence* est confondue avec la *célérité* par le Code, art. 806 et 808, *suiv. Boucher, conclus., avoués, iv*, 309 *à* 319. — Il nous semble cependant que l'art. 808 suppose qu'il est des cas d'*urgence* dont la décision exige de la *célérité*, et qu'il met ainsi quelque différence entre le sens de ces deux termes... Au surplus, il paraît que les demandes énoncées vaguement au y. 4, ci-dessus (art. 404), sont au moins du même genre que celles dont connaissent les chambres des vacations. V. *ci-dev.* p. 28, *note* 39 ; *arr. cass.* 27 *juin* 1810, *avoués, ij*, 197.

2. Boucher (*ib.*) soutient qu'il faut préférer la voie du référé à celle de l'assignation à bref délai. La cour de Rome (*arr.* 1811, *ib.*) a pensé au contraire que l'*urgence* qui autorise le référé doit être si marquée, qu'elle ne puisse admettre l'audience ordinaire du tribunal, même avec le bénéfice du *bref délai.* — V. aussi *Réal*, p. 135.

3. On a jugé que les réglemens d'ordre et les décharges de séquestration sont des matières qui requièrent célérité. *Arr. rej.* 10 *janv.* 1815 *et* 28 *mai* 1816, *avoués, xj*, 86, *xiv*, 263.

(7) Telles sont les causes suivantes, où la loi, par les expressions dont elle se sert, annonce qu'elles sont tout-à-fait assimilées aux précédentes, quant à la procédure (v. *ci-apr.*, *note* 13, *et n. iij*, *note* 16, p. 422).

1. Les remises de rapports et les récusations d'experts. *C-pr.* 320, 311; *arr. de Paris*, 25 *mai* 1808, *J-C-pr.*, *ij*, 288.

2. Les réceptions de cautions. *C-pr.* 521, 832.

3. Les revendications de meubles saisis. *C-pr.* 608.

4. Les appels des jugemens de distribution de deniers et de référés. *C-pr.* 669, 809, *et ci-apr., tit. de l'appel, ch.* 4, *in f.*

5. Les demandes en élargissement et en compulsoire. *C-pr.* 805, 847.

6. Les élections de tuteur. *C-c.* 449.

7. Les difficultés des partages, et des cahiers des charges des licitations qu'on y fait. *C-c.* 823; *C-pr.* 973. — Voy. toutefois *le tit. des partages, note* 8.

8. Les oppositions aux liquidations de dépens. *Décr.* 16 *févr.* 1807, *n.* 2241, *art.* 6; *ci-apr., tit. des liquidat.*, § 3.

9. Les matières d'ordre. V. *rej. requ.* 9 *déc.* 1824, *avoués, xxxv*, 156 ; *ci-apr. tit. de l'ordre, not.* 11 (*n.* 4) *et* 21.

Mais on ne range pas au nombre des causes sommaires. 1. les validités de saisie-arrêt; 2. les appels pour incompétence. V. *arr. de Paris*, 25 *mai* 1808 *et* 12 *sept.* 1810, *J-C-pr., ij*, 288, *avoués, ij*, 298. — A moins qu'il ne s'agisse d'appel pour incompétence de commerce. V. *B. c.* 9 *févr.* 1813, *et* 25 *août* 1828; *rej. civ. et requ.* 23 *févr. et* 18 *mars* 1829, *avoués, xlj*, 519.

II. *Procédure.* — *Mode général.* — Les matières sommaires sont jugées à l'audience après les délais de la citation (8), sur un simple acte, sans autres formalités (9). *C-pr.* 405. — On excepte les incidens, les interventions et les enquêtes.

1. Les incidens et les interventions sont proposés par des requêtes d'avoué, qui ne peuvent contenir que des conclusions motivées (10). *C-pr.* 406.

2. Les enquêtes, si elles sont nécessaires, sont faites avec plus de rapidité et moins de formalités que les enquêtes ordinaires. (11)

Mais les parties ne peuvent plus, comme autrefois, plaider seules leurs causes sommaires (12). *D. ord., art.* 6; *Rodier, ibid.*

(8) *Conciliation.* Le Code (49, ỳ. 2 et 5) excepte positivement de la conciliation les demandes qui exigent célérité et celles de louages, d'élargissement, et de rentes. Les appels des jugemens de paix doivent jouir de la même faveur puisqu'elle est accordée à la procédure de paix elle-même. V. *tit.* 1, n. 3, p. 417.— Les autres matières sommaires restent soumises au droit commun, *suiv. prat. fr., ij,* 427.

(9) Il en est de même de l'appel de ces jugemens. V. *C-pr.* 463; *tit. de l'appel, ch.* 4.

À l'égard des jugemens de *profit-joint*, p. 288, note 10.

(10) On ne peut y répondre par écrit, puisqu'on n'en aurait pas le droit pour la demande principale. V. *Pigeau, i,* 391, 597.—Quant aux conclusions motivées, *voy.* note 12, p. 269.

(11) Ces formalités sont détaillées aux art. 407 à 413, qui ne sont pas susceptibles d'analyse. Il suffit d'en noter les dipositions suivantes: 1. on n'a pas besoin d'articuler par un écrit préalable les faits à prouver; 2. les témoins sont entendus à l'audience, aux jour et heure fixés par le jugement; 3. on ne dresse de procès-verbal que lorsque le jugement est susceptible d'appel, ou que l'enquête est faite par un tribunal délégué; encore, dans le premier cas se borne-t-on à y rapporter les sermens, déclarations de parenté ou alliance, et reproches des témoins, avec le résultat de leurs dépositions; 4. dans les causes de dernière instance, il suffit d'insérer dans le jugement le même résultat avec les noms des témoins. — Bien plus, l'énonciation de ces noms n'est pas une formalité substantielle dont l'omission puisse faire annuler le jugement, *suiv. rej. requ. ou civ.* 19 *avr.* 1810, 15 *févr.* 1832 *et* 21 *mai* 1833, *avoués, i,* 306, *xliij,* 424, *xlv,* 453.—À l'égard, 1° de la signification de l'arrêt qui ordonne l'enquête, v. *arrêts ci-d.* p. 181, *note* 10, n. 4... 2° des règles sur les délais, v. p. 324, *note* 24.—Autres questions.. v. p. 404, *note* 7.

Au reste, les mêmes formes sont suivies pour les *enquêtes* sur des reproches de témoins. *C-pr.* 290, *et ce tit.,* § 4, *in f.,* p. 332.

(12) L'assistance des avoués (v. *en le* §, *p.* 76) étant exigée dans toutes les causes, il eût fallu, pour celles-ci comme pour celles de commerce (v. *C-pr.* 414) une exception formelle. D'ailleurs, le tarif (*art.* 67) et le Code (*art.* 405, 406) supposent implicitement cette assistance.

III. *Modes spéciaux.* Il est des causes qu'il faut distinguer des précédentes. Celles-ci sont instruites et jugées sommairement, conformément aux règles qu'on vient d'exposer; celles-là ne sont que jugées sommairement, c'est-à-dire avec célérité, et l'instruction doit en être faite suivant des règles qui se rapprochent de celles de la procédure ordinaire (13), règles qui sont spécialement indiquées par la loi (14). V. *Paris*, 25 *mai* 1808, *J-C-pr.*, *ij*, 288.

C'est aussi la loi qui indique ces mêmes causes (15), et l'on peut dire en général qu'elle exige un jugement sommaire pour celles dont l'instruction demande quelque soin (15 *a*), mais dont en même temps la décision est urgente. (16)

(13) Ce qui le prouve, c'est que le tarif (*art. ci-apr. notés*) indique des actes écrits pour plusieurs causes, dont le Code veut que la décision soit rendue *sommairement*. Si on eût voulu les assimiler pour l'instruction aux matières sommaires proprement dites, on n'eût point autorisé de tels actes, puisque dans ces matières l'instruction est purement orale. V. *ci-dev. le texte*, *n. ij*, *p.* 421.

(14) Par exemple, les requêtes en déclinatoires ne doivent pas excéder six rôles. V. *tarif* 75, *et la note* 16.

(15) Par ces termes... Telle cause sera jugée, ou il y sera statué *sommairement*.

(15 *a*) D'après ces observations nous avions d'abord employé l'expression *jugemens sommaires*, pour distinguer ces causes, des matières sommaires soumises aux régles du n° 11, *p.* 421.

(16) *Exemples* : 1. Les déclinatoires. *C-pr.* 168, 172; *tarif* 75.
2. Les reproches de témoins. *C-pr.* 287; *tarif* 71; *ci-dev. p.* 332.
3. Les oppositions aux garanties, restitutions de pièces, reprises d'instances. *C-pr.* 180, 192, 348; *tarif* 75.
4. Les incidens sur la poursuite de la saisie immobilière, tant en première instance qu'en appel. V. *C-pr.* 718; *surtout tarif*, 117, 119, 122 à 125 (il autorise divers écrits pour leur instruction); et pour un exemple, *Limoges*, 16 *mars* 1818, *avoués*, *xviij*, 313.
5. Les subrogations à des poursuites d'ordre. *C-pr.* 779 (et même les appels en matière d'ordre... v. *en le tit.*, *note* 21).
6. Les demandes en nullité d'emprisonnement. *C-pr.* 794, 795.
7. — en délivrance d'expédition d'actes. *C-pr.* 839, 840.
8. Les oppositions des parens aux délibérations du conseil de famille. *C-pr.* 883, 884.

TITRE III.

Des référés. (1)

Le référé est une procédure (2) qui a pour but de faire statuer provisoirement et avec rapidité sur les difficultés relatives à l'exécution des actes exécutoires et aux affaires urgentes (3). — V. *C-pr.* 806, 809.

Voici en abrégé les règles de cette procédure.

1. La demande en référé se forme par une assignation (4). Elle est jugée par le président du tribunal civil, dans une audience spéciale (5) : elle peut l'être chez lui (6), si la cause est pressante et s'il le permet (7). Enfin il a aussi le droit d'en renvoyer la décision au tribunal. *C-pr.* 806 *à* 808. (8)

2. L'ordonnance sur référé est exécutoire par provision et sans caution, lorsqu'elle n'en exige point ; elle peut même en cas d'absolue nécessité, et avec la permission du juge, être exécutée sur la minute (9) ; mais elle ne fait aucun préjudice au principal ; en un mot, elle ne change rien aux droits des parties. — V. *C-pr.* 809, *in pr.*, 811, 806.

3. L'appel est le seul mode de recours (10) contre les décisions en référé (11); il faut l'interjeter dans la quinzaine de la signification (12); on y statue sommairement. — V. *C-pr.* 809; *tarif* 149 ; *ci-devant* p. 420, *note* 7, *n.* 4.

---

(1) Ce titre correspond au tit. 16, liv. 5, part. 1 du Code.

(2) Le référé n'était jadis usité qu'à Paris. V. *à ce sujet Réal, p.* 134.

(3) Telles sont les suivantes : 1. Décharges de séquestration. *C-pr.* 606, 607.

2. Ouvertures de portes lors des saisies-revendications. *C-pr.* 829.

3. Contestations sur la délivrance ordonnée des expéditions d'actes imparfaits ou des secondes grosses, et sur l'exactitude des expéditions obtenues par des compulsoires. *C-pr.* 843, 845, 852.

4. Difficultés en matière de saisie-exécution, scellé, inventaire, vente judiciaire de meubles. *C-pr.* 607, 921, 922, 944, 948.

5. Privilège du propriétaire sur les deniers saisis dont on doit faire la distribution (mais dans ce cas, c'est le juge-commissaire qui statue sur le référé). *C-pr.* 661.

6. Mise en liberté, ou incarcération d'un débiteur arrêté. *C-pr.* 786.

7 et 8. V. p. 167, note 24, n. 2, et tit. de la saisie-arrêt, note 17.

Observations. 1. Peut-on surseoir à l'exécution de l'acte...? V. *ci-apr. tit. des règles générales d'exécut.*, notes 3 et 13, n. 3.

2. Le référé est-il préférable au bref délai? V. *note* 6, p. 420.

(4) *Tarif* 20. — Elle est aussi discutée entre avoués. *Id.*, 93. — Y faut-il une constitution d'avoué? NON, *suiv. Toulouse*, 1824, *avoués, xxvij*, 122; *Carré, lois, iij,* 129, *et Demiau*, p. 489 (on y argumente du silence du Code et de l'usage où l'on est à Paris d'admettre les clercs d'avoués à plaider les référés).. OUI, *suiv. Laporte*, *Le Page* (v. *Carré, ib.*) *et prat. fr.*, *t.* 5, p. 58.

(5) Aux jour et heure indiqués par le tribunal. *C-pr.* 807.

(6) Et à une heure indiquée, même un jour de fête. *Id.* 808.

(7) Sur requête... L'assignation est donnée par un huissier commis (7. *tarif* 76; *C-pr.* 808; *Bourges*, 1832, *avoués, xliij*, 574), et le délai fixé par le président, *suiv. Montpellier*, 1810, *avoués, ij*, 243. — Ce n'est que dans ce cas (de célérité) que la loi et le tarif exigent la permission du juge pour assigner en référé, *suiv. id.*

(8) V. *aussi C-pr.* 606; *décr.* 30 mars 1808, art. 57 et 60; *tarif* 29, 76, 93; *ci-dev.* p. 28 et 29, *et notes, ibid.*

Observations. 1. Le renvoi a lieu dans le cas où il trouve que l'affaire est trop délicate, ou non susceptible d'un référé, *suiv. Pigeau, ib.*

2. Au contraire, *suiv. Poitiers*, 1825, *avoués, xxviij*, 78, le Code n'autorise point le président à renvoyer... Il est vrai que le Code n'en parle pas formellement, mais il est assez naturel d'interpréter son silence à cet égard par l'usage du seul lieu où les référés fussent pratiqués avant le Code, c'est-à-dire de la capitale; usage qui résulte et de ce qu'expose Pigeau, *ibid.*, et de deux arrêts de Paris (1812 *et* 1826, *avoués, vj*, 222, *xxxiv*, 109). V. d'ailleurs *rej. requ.* 6 mars 1834, *ib., xlvij,* 465.

(9) Cette minute est déposée au greffe; mais dans les difficultés de scellé (ou toute autre pour laquelle le juge de paix se pourvoit), d'inventaire et d'arrestation, l'ordonnance est mise au bas du procès-verbal des juges de paix, notaires et huissiers. *C-pr.* 922, 810, 944, 787.

(10) On ne peut attaquer par opposition les ordonnances de référé (*C-pr.* 809), mais bien les arrêts de défaut rendus sur l'appel de ces ordonnances. V. *Bruxelles*, 17 *août* 1807, *J-C-pr. i*, 280; *rép., viij*, 762.

(11) Soit ordonnances, soit jugemens. *Arg. de C-pr.* 809 *conf. avec tarif* 149; *arr. de Turin et Poitiers*, 17 août et 14 déc. 1807; *J-C-pr.*, *i*, 244 *et* 427.

Observations. 1. Elles sont en dernier ressort si l'objet est inférieur à 1000 fr., *suiv. Turin*, 19 *août* et 16 oct. 1807, *ib.*, par arg. de *C-pr.* 809, $. 2; *Paris*, 28 *juill.* 1825, *ib., xxxj*, 262; M. *Chauveau, ib., xliij*, 572. — Mais non pas quand elles sont relatives à un jugement de premier ressort, *suiv. Bourges*, 1818, *et rej. requ.* 12 *avr.* 1820, *ib., xix*, 122, *xxij*, 84. — V. aussi *Paris*, 1831, *et Poitiers*, 1834, *ib., xliv*, 112, *xlvij*, 578.

2. Selon Pigeau, *i*, 109, elles sont susceptibles d'opposition dans ce cas (du dernier ressort), parce que le Code ne l'a pas prévu. Il est difficile de concilier cette décision avec la disposition générale du $. 1, d. art. 809.

(12) *Du jugement*, dit la loi; mais il est clair que cela doit s'appliquer aussi à l'ordonnance de référé. V. *à ce sujet d. arr. de Poitiers.*—Au reste, 1° après ce délai, l'appel n'est pas recevable (v. *ci-dev.* p. 163, note 11); 2° il l'est dans la huitaine de la prononciation. V. *d.* $. 2; *Rouen*, 1819, *avoués, xxj*, 311.

TITRE IV.

De la procédure des tribunaux de commerce. (1)

La procédure de commerce est assujétie dans plu-sieurs points aux mêmes formes que la procédure or-dinaire, et nous les avons indiquées en traitant de celle-ci (2). Mais les besoins du commerce et la bonne foi qui doit en diriger les opérations, ont exigé, dans d'autres points, des formes en général plus simples, plus faciles, plus expéditives (3). V. *Perrin, p.* 273. — Elles sont relatives à la demande, à la comparution et aux défauts, exceptions et incidens : nous les in-diquerons dans ce titre. (4)

(1) Ce titre correspond au tit. 25, liv. 2 du Code, confirmé, excepté pour quelques points, par C-comm. 642.

(2) *Voyez*, 1. quant à la *jurisdiction* des arbitres ou tribunaux, et quant aux *actions* de commerce, p. 47, 62 et 132, n. 1 et 2 ; C-pr. 420 et 426.

2.—*caution* du jugé, C-pr. 423, et son §, p. 256.

3.—*rédaction* et expédition des jugemens, C-pr. 433, 141 et 146, et le tit. des jugemens, ch. 1, n. 3, p. 281.

4.—*l'exécution* provisoire ou définitive de ces jugemens et à la *caution* qu'on y peut exiger, C-pr. 439 à 442, 553 ; tarif 29 ; C-com. 647 ; art. des trib. de commerce, p. 64 ; ci-apr., tit. des cautions, notes 6 à 8, et de l'appel, ch. 5, n. 2, note 87.

5. — *l'assignation* aux veuves et héritiers, ci-dev. p. 64, note 80, p. 389, note 38.

Les passages où l'on a traité des autres points de formes omis dans le pré-sent titre, sont indiqués ci-après, notes 5, et 11 à 18, p. 426 à 430.

(3) Tels furent aussi les motifs de la création des juges-consuls, remplacés aujourd'hui par les tribunaux de commerce.—Quant à leur *histoire*, *v.* Jousse et Rodier, tit. 16.

(4) Nous nous attacherons surtout, à signaler les points où la procédure de commerce diffère de la procédure ordinaire.

I. *Demande.* La demande se fait par une assi-gnation ordinaire (5), donnée à un jour au moins de délai. *C-pr.* 415, 416 ; *tarif* 29.

Ce délai peut être abrégé et réduit d'heure à heure, 1. dans les affaires maritimes (6), sans permission ; 2. dans les cas qui requièrent célérité, avec la per-

mission du président... Ce magistrat peut aussi autoriser provisoirement la saisie des effets mobiliers.
C-pr. 417, 418. (7)

Enfin, l'assignation donnée *à bord*, à la personne,
est valable. *C-pr.* 419. (7 *a*)

(5) C'est-à-dire dans laquelle on observe les formes indiquées au titre de
l'assignation, *art.* 2, *p.* 217.— Il faut pourtant en excepter la constitution
d'avoué et la désignation des biens réclamés, parce que dans la procédure de
commerce, il n'est question ni d'avoués ni d'actions réelles immobilières. V.
C-pr. 414; *ci-dev. p.* 64 *et note* 80 *a, ib.*

Observations. 1. Cette demande n'est point précédée de conciliation. *C-pr.*
49 *et ci-dev. p.* 200.

2. *Protêt.* Mais elle peut l'êtred'un protêt (v. *ci-dev. p.* 58, *note* 63, *n.* 1)... Les
formes de ce protêt ne sont point déterminées par le Code de procédure, mais
par le Code de commerce. *Avis cons. d'état,* 25 *janv.* 1807 ; *C-com.* 173 à
176.—V. au surplus, *rép., mot protêt.*—Il peut, on l'a dit (*p.* 90 , *note* 64,
n. 9) être notifié par un notaire. Dans ce cas il doit être enregistré, non dans
le délai propre aux actes des notaires (dix jours.. v. *L.* 22 *frim. vij, art.* 20),
mais dans le délai (quatre jours.. v. *ci-dev. p.* 85 , *n. iij,* 6₀) propre à ceux
des huissiers. *L.* 26 *mai* 1834 (sur le budget), *art.* 23. — V. aussi *avoués,*
xlviij, 14.

(6) Lorsqu'il y a des parties sans domicile , ou lorsqu'il s'agit d'agrès, de
vivres, équipages et radoubs de vaisseaux prêts à mettre à la voile , ou enfin
d'autres affaires *maritimes,* urgentes et provisoires... le défaut peut, dans ces
cas, être jugé sur-le-champ. *C-pr.* 418.—Comme dans cet article, en parlant
des affaires urgentes et provisoires on ne répète pas le mot *maritime ,* quelques auteurs ont pensé qu'il n'y avait pas besoin de permission pour réduire
le délai dans ces sortes d'affaires quoique non maritimes. Mais il nous paraît
évident que l'article parle dans toutes ses dispositions, des seules affaires maritimes, comme l'énonce Perrin (*p.* 273), et tel est aussi l'avis de Carré, *lois,*
ij, 66.

(7) Nonobstant opposition ou appel , et sauf à exiger une caution ou une
justification de solvabilité. *D. art.* 417.

Observations. 1. Le tribunal de commerce ne peut convertir la saisie provisoire (on la nomme aussi *conservatoire*), en saisie *définitive* et ordonner la
vente des effets , quand même il condamne au paiement des sommes pour
lesquelles elle a été faite : ce serait connaître de l'exécution de son jugement,
ce qui n'appartient qu'au tribunal civil. V. *Nîmes,* 4 *janv.* 1819 , *avoués,*
xxvj, 56 ; *ci-dev. p.* 56, *n.* 3.

2. Par la même raison , celui-ci doit seul connaître de la validité d'une
saisie-arrêt autorisée (v. *ce tit., note* 5 , *n.* 2) par le président du tribunal de
commerce, *suiv. Turin,* 30 *mars* 1813, *et Aix,* 29 *déc.* 1824 , *avoués , viij,*
306, *xxvij,* 260 (contra... *Nîmes et Rouen,* 1812 *et* 1825 , *ib. , viij,* 287,
xxxiv, 107);—ou faite en vertu d'un jugement de ce tribunal. V. *rej. civ.* 27
juin 1821 , *Sirey,* 22, 8.

(7 *a*) *Observations.* 1. Cet article dit : *à la personne assignée...*; mais
comme une assignation donnée à *la personne* elle-même , en quelque lieu
que la personne soit trouvée , est valable, le législateur aurait , ce qu'on ne
doit pas supposer , donné dans l'art. 419 , une décision tout-à-fait inutile ,
s'il n'avait pas voulu déclarer, probablement d'après Valin (*ord.* 1681, *liv.* 1,
tit. 2, *art.* 2), que le *bord,* c'est-à-dire le vaisseau , aurait , ainsi que le do-

micile dans les autres matières, l'effet de suppléer (v. *ci-dev. p.* 252) la personne. *Voyez* Caen, 22 janv. 1827, avoués, xxxiv, 315; auteurs, ib. (contra.. *Carré, lois, ij*, 67).

2. Suivant quelques auteurs (v. *Carré, ibid.*) il n'est permis de donner une assignation à bord que pour les affaires maritimes ; mais d'après l'expression, *toutes assignations*, de l'art. 319, il nous semble encore évident que cette opinion n'est pas fondée.

II. *Comparution.* Les parties sont obligées de paraître en personne, ou par le ministère d'un procureur spécial. *C-pr.* 414, 421; *C-com.* 627 ; *ord. de* 1667, *tit.* 16, *art.* 1 *et* 2. (8)

Si, à la première comparution, le jugement définitif n'est pas rendu, la partie non domiciliée dans le lieu où siège le tribunal (9), est tenue d'y élire domicile (10), faute de quoi, l'autre partie peut lui faire ses significations au greffe. *C-pr.* 422. (10 *a*).

(8) D'un procureur spécial muni d'un pouvoir écrit, ou autorisé de vive voix, lorsqu'elles sont présentes. *DD. art.* — Elles peuvent donner ce pouvoir à des gens de loi, la prohibition que contenait à ce sujet le projet du Code ayant été supprimée (v. *prat. fr.*, *ij*, 454). Il y en a même (on les nomme *agréés*) auprès de certains tribunaux de commerce, qui s'y chargent de la postulation ; mais ils ne peuvent y agir que comme mandataires (v. *Jousse et Rodier*, *art.* 1 *et* 2), d'autant plus que l'autorisation verbale, ou le pouvoir spécial écrit, donnés au défenseur (agréé ou autre), doit être exhibé au greffier avant l'appel de la cause, et constaté par le jugement. *C-com.* 627 ; *ordonn.* 10 mars 1825; *Roger, ij*, 105 (autres questions sur les agréés... v. *ci-dev. p.* 180, *note* 9, *n.* 1 *a*).

Observations. 1. Le tribunal peut aussi ordonner la *comparution* des parties, en personne, comme leur interrogatoire sur faits et articles, et la production de leurs livres. *C-pr.* 428; *C-com.* 15, 16; arr. Colmar, 25 mai 1808, *J-C-pr.*, *ij*, 200; *ci-dev.*, *p.* 357; *ci-dev. note* 19, *n.* 4.—*Quid* si elles ne comparaissent pas?... V. *arr.* 19 *fév.* 1812, à d. *p.* 357.

2. Actions pour frais d'agréés... V. *ci-dev. p.* 136, *note* 13 *b*.

(9 et 10) Sur le plumitif de l'audience. *C-pr.* 422. — V. aussi *Turin*, 9 *avril* 1811, *avoués, iv*, 168. — Cette élection ne sert qu'aux parties, et en conséquence l'intervention (v. *ci-dev. p.* 358) d'un tiers n'y est pas valablement signifiée, *suiv.* Bruxelles, 9 mai 1809, *Nevers*, 1810, 2, 119. — Autres règles de l'élection de domicile... V. *en le ch.*, p. 232.

(10 *a*) Le délai d'appel court de la signification du jugement au domicile réel, et non pas de la signification à ce domicile élu, parce que la disposition de l'art. 443 est absolue et ne reçoit que des exceptions littéralement énoncées dans la loi, *suiv.* B. c. 2 mars 1814; *Rennes et Lyon*, 1827, 1828, *avoués, xxxiv*, 180, 385. — Décisions contraires pour ce délai... V. *Colmar Paris et Dijon*, 1813, 1815 et 1828, *avoués, ix*, 164, *xl*, 746, *xxxv*, 30.— Et pour celui de l'opposition, parce que l'élection dont on vient de parler, est prescrite par la loi non-seulement pour l'instruction, mais pour toute espèce de signification. V. B. c. 13 *nov.* 1822.

III. *Défaut.* 1. La signification du jugement de défaut contient, sous peine de nullité, une élection de domicile dans la commune où elle se fait, si le demandeur (**10** *b*) n'y est pas domicilié (**11**). 2. Le jugement est exécutoire un jour après. 3. L'exécution peut être arrêtée par une opposition sur le procès-verbal de l'huissier, pourvu qu'on la réitère dans trois jours (**11** *a*), avec assignation. 4. L'opposition ordinaire doit être signifiée au domicile élu. — V. *C-pr.* 434 à 438. — 5. Cette opposition est recevable jusques à l'exécution (**12**), exécution qui doit avoir lieu dans six mois, sinon le jugement est périmé. *C-com.* 643; *C-pr.* 156, 158, 159. (**12** *a*)

(**10** *b*) C'est l'expression de l'art. 435. Mais cette règle doit aussi concerner un défendeur qui, par un jugement de défaut, aurait obtenu, soit ce qu'il demandait reconventionnellement, soit des dépens.

(**11**) Idem, arr. de Bruxelles, 15 mai 1811, avoués, v, 98.
Quant à l'adjudication du défaut et au mode de cette signification, mêmes règles que dans la procédure ordinaire. V. *C-pr.* 434, 435; *tarif* 29; *ci-dev. tit. des jugem.,* ch. 2, p. 286 à 289, *et note* 13 *ib.*—A l'égard des jugemens de *profit-joint,* v. d. ch. 2, note 10, p. 288.

(**11** *a*) On n'a pas, pour cette réitération, un délai de huitaine comme dans la procédure ordinaire. V. *Lyon et Paris,* 1830 et 1831, avoués, *xlij,* 275, *xliv,* 12.—Jugemens de *déclaration de faillite...* délai d'opposition. v. *tit. de l'opposit.,* note 13, *n.* 3.

(**12**) Et non pas pendant huitaine seulement, parce que le Code de commerce, art. 643, y modifie sur ce point le Code de procédure, art. 436, et y fait appliquer les art. 156, 158, 159, excepté à l'égard des jugemens de défaut de plaider et conclure. C'est ce qui a été jugé par les cours de Colmar (31 *déc.* 1808, *J-C-pr. iij,* 298), de cassation (13 *sept.* 1809, *Nevers,* 573, *et* 13 *nov.* 1822, *B. c.*), et de Paris (1828, avoués, *xxxvj,* 90). Bien plus, on l'a aussi jugé même pour le cas où l'opposition n'a pas été réitérée (*ci-d.,* note 11 *a*) et même pour celui où l'exécution a été commencée. Voy. *Metz,* 8 *mai* 1824, avoués, *xxxviij* ii, 222.

Il en est autrement quant au délai de l'opposition à un jugement rendu en défaut de plaider et conclure (quand on avait d'abord paru en personne ou par un fondé de pouvoir) : il n'est que de huitaine. Le Code de procédure, art. 436, est général ; il a été modifié par le Code de commerce, art. 643, relativement aux défauts de paraître, mais non pas relativement aux autres, qui sont régis par *C-pr.* 157, non modifié par c.-comm. 643.— V. *B. c.* 15 *nov.* 1822, et 31 *mars* 1828; *Toulouse,* 8 *mai* 1824, *Paris,* 10 *nov.* 1825, *et* 25 *fév.* 1826, *et Lyon,* 9 *janv.* 1831, avoués, *xxvj,* 283, *xxxj,* 61 *et* 112, *xliij,* 434; *M. Merlin, répert., xvij,* 389, mot *péremption,* sect. 2, § ij; ci-apr. note 12 *a* (contra... *Paris,* 1824 et 1825, avoués, *xxvj,* 286, *xxxj,* 61 *et* 14 *juill.* 1835, gaz. tr. 2 août).

Observations. 1. Quoique l'exécution ait déjà eu lieu (on a vu qu'elle peut être faite au bout d'un jour), l'opposition sera encore recevable, si la huitaine ci-dessus n'est pas expirée. V. *arr. de Paris*, 5 oct. 1815, *avoués, xij*, 300; *d. arr. de Metz.*

2. L'opposition doit être libellée, et contenir une assignation pour paraître au délai de la loi. *C-pr.* 437; *tarif*, 29. — On n'en reçoit point contre un second jugement de défaut. V. *C-pr.* 155; *d. ch.* 2, *p.* 289; *tit. de l'opposition, n.* 1; *arr. Paris*, 15 *fév.* 1810, *avoués, i*, 100; *arr. rej.* 9 *janv.* 1812, *Nevers*, 172.

3. Appel de ce jugement. V. *tit. de l'appel, note* 28.

(12 *a*) Mais il ne sera pas alors périmé s'il a été rendu en défaut de plaider et conclure contre un défendeur qui avait déjà paru en personne ou par un procureur spécial. V. *arr. cass.* 1809 *à* 1827, *cités p.* 289, *note* 19, *n.* 1.

IV. *Exceptions et incidens* (13). 1. Si le tribunal rejette un déclinatoire proposé (14), il doit le faire par une disposition particulière, qui est *toujours* susceptible d'appel. *C-pr.* 425. (15)

2. Lorsqu'il s'agit d'examen de comptes, pièces et registres, on peut en charger un ou trois arbitres (16), qui, s'ils ne peuvent concilier les parties, donnent leur avis sur la difficulté. *C-pr.* 429. (17)

C'est aussi à un ou trois experts que l'on confie les visites et estimations. *C-pr.* 429 *à* 431. (18)

3. Les enquêtes se font comme en matières sommaires. *C-pr.* 432. (19)

(13) *Incidens de faux et vérification... V.* C-pr. 427 et part. 1, p. 31.

(14) Il peut être proposé dans l'opposition, *suiv. arr. de Bruxelles*, 25 déc. 1809, *avoués, i*, 340, *par arg. de C-com.* 636.

Autres règles du déclinatoire. V. *ce chap. p.* 254 *et note* 29, *p.* 253; *C-pr.* 424.

(15) C'est-à-dire, par une disposition séparée de celle qui est relative au fond (mais v. *d. chap.*, *note* 35, *n.* 2, *p.* 254)... de sorte que la défense au fond ne rend pas non recevable l'appel du chef relatif à l'incompétence, *suiv. Montpellier*, 22 *janv.* 1811, *avoués, iv*, 338. — V. aussi *Poitiers*, 1829, *ib.*, *xxxvij*, 188.

Observations. 1. Le jugement qui adopte le déclinatoire est aussi susceptible d'appel. V. *Paris*, 1812, *id.*, *v*, 157; *d. tit. de l'appel*, ch. 1, *except.* 1, *et note* 27, *ib.*

2. Il ne faut pas conclure du mot *toujours* de l'art. 425, que l'appel soit recevable après le délai général d'appel, ou après trois mois (*B. c.* 25 *fév.* 1812); il signifie seulement que la disposition sur la compétence sera sujette à appel, lors même que la disposition sur le fond ne le serait pas. V. *d. note* 27.

3. *Requête civile* contre ces jugemens... V. *ce tit., not.* 12.

(16) Il ne faut pas les confondre avec les *arbitres de commerce* (v. leur §, p. 47) qui sont de véritables juges. V. *arr. cass.* 5 *juin* 1815. — Ils ont aussi une action solidaire pour leur taxe. *Ci-dev. p.* 346, *note* 32.

(17) Ils forment ainsi une espèce de tribunal de famille. Cette institution

heureuse existait jadis à Paris (v. *Denisart, mot avis*, § 5); elle n'est donc pas due au Code, comme le dit *Perrin*, p. 275.

(18) *Observations*. 1. Ils sont, ainsi que les arbitres, nommés d'office, si les parties n'en ont pas *convenu* à l'audience. Ils ne sont récusables que dans les trois jours suivans; enfin, ils déposent au greffe leur rapport. V. *dd. art. et tit. des expertises*, n. 1, p. 340; *d. arr. 5 juin*.

2. On paraît devant les experts et les arbitres en vertu d'une sommation. *Tar. 29.*

3. S'il s'élève des contestations sur l'état des objets transportés par un voiturier, les experts sont nommés par le président du tribunal (ce qui, en cas d'absence, doit s'entendre du juge le plus ancien... v. *Colmar*, 24 déc. 1833, *avoués, xlvij*, 576), sinon par le juge de paix. V. *C-com.* 106.

4. On peut ne nommer qu'un expert, et s'il y a urgence, cet expert peut fixer le moment de son opération avant d'avoir prêté serment, *suiv. d. arr. 24 déc.*

(19) *Suivant le mode indiqué ci-dev.*, tit. 2, note 11, p. 421; excepté dans les causes sujettes à appel, où au lieu de donner un simple résultat des dépositions, le greffier les rédige par écrit, et les fait signer par les témoins. V. *d. art.* 432. — Les règles pour les délais de ces enquêtes sont les mêmes que pour ceux des enquêtes ordinaires (v. p. 323), *suiv. Limoges*, 12 juin 1817, *avoués, xvj*, 187.

Mais si faute de les avoir observées, la partie est déchue du droit de faire enquête, cela ne l'empêche pas d'user d'autres preuves. *D. arr.*

Observations. 1. La preuve vocale peut être admise en matière de commerce, pour des objets dont la valeur excède 150 fr. V. *C-c.* 1341; *C-com.*, 109 et 41. — V. aussi *Jousse et Rodier*, tit. 20, art. 2; *ord.* 1667, *ib.*; *arr. cass.* 3 *prair. ix*, *B. c.*; et *rej.* 23 *nov.* 1812 et 11 *nov.* 1813, *J-C-c. xx*, 295, *avoués, xij*, 3. — Excepté quand la loi commerciale la prohibe et exige expressément un écrit. V. *rej. requ. ou civ.* 24 mars 1825 et 14 *fév.* 1827, *ib., xxix*, 230, *xxxiij*, 26.

2. Elle peut même l'être contre la teneur des actes. C'est qu'on a préféré de courir le risque de quelques fraudes particulières, à celui d'entraver les négociations commerciales, et d'induire à erreur la bonne foi en exigeant trop de précautions. V. *M. Merlin, rec., mot dern. ressort*, § 17; *arr. cass.* 1 *niv. ix*, *ib.*; *autres*, 4 *janv.* 1808, 19 et 20 *juin* et 1 août 1810; *J-C-pr. ij*, 136; *avoués, ij*, 69, 72 et 263, surtout 12 *déc.* 1815, *ib., xij*, 353.

3. Mais dans tous ces cas, les juges doivent prendre en considération la qualité des affaires et des personnes; en un mot, user avec beaucoup de discernement du pouvoir qu'ils ont alors, autrement, ils commettraient un *mal-jugé* qui, dans les causes de première instance, rendrait leur sentence susceptible de réformation. V. *procès-verbal*, tit. 17, art. 3; *Jousse et M. Merlin, sup.*

4. Au reste, la preuve la plus commune dans cette procédure se tire des livres de commerce, dont la représentation peut être ordonnée, même d'office. V. *C-com.* 12-17; *d. arr.* 20 juin. — V. aussi *Paris et Rouen*, 28 août 1813 et 10 *nov.* 1817, *Jalbert*, 1814, 2, 96, et 1817, 2, 150; *rej. requ. ou civ.* 1818, 1820 et 1827, *avoués, xix*, 201, *xxij*, 137, *xxxv*, 114 et 314; *ci-dev* p. 427, *note* 8, *n.* 1.

5. *Parères.* On donne ce nom à des attestations privées de négocians sur des points d'usage de commerce... V. *à ce sujet, rec. alph., iij*, 152, *mot intérêts*, § 2; *arr. cass.* 15 *janvier* 1812, *Nevers*, 1813, p. 1.

TITRE V.

Des assignations a bref délai.

Les assignations ou citations *à bref délai* diffèrent des assignations ou citations ordinaires, 1° en ce que le délai de comparution qu'on y fixe est plus court que le délai général déterminé par la loi; 2° en ce qu'on ne peut user de ces sortes d'assignations qu'avec la permission (sur requête...*tarif* 77) du juge. *Arg. de C-pr.* 72. (1)

Le juge (2) autorise les assignations à bref délai dans les cas qui requièrent célérité, c'est-à-dire lorsque la partie qui réclame la permission, peut éprouver quelque préjudice pendant l'intervalle qu'embrasse le délai ordinaire. V. *d. art.; autres cités ci-dessous, note* 1 ; *ci-dev., p.* 225, *n. ij.*

Le défendeur n'est pas obligé de constituer avoué dans le délai, pourvu qu'au jour indiqué, il fasse présenter à l'audience un avoué, auquel il est donné acte de sa constitution. *C-pr.* 76. (3)

---

(1) V. aussi *C-pr.* 6, 795, 802, 805, 808, 839 ; *C-com.* 647; *arr. de Montpellier, ci-dev.* p. 424, *note* 7 ; *et pour la constit. d'avoué, ci-apr., tit. de l'appel , note* 87. — Le Code ne parlent point de cette permission relativement aux demandes d'arrêts de défenses. V. *C-pr.* 457 , 459; *d. note* 87. — Mais outre que la règle de l'art. 72 est générale, et s'applique à la procédure d'appel comme à celle de première instance (v. *C-pr.* 470), qui est-ce qui déterminerait le délai? pourrait-on en laisser la fixation à la volonté ou au caprice du demandeur?... Par une raison inverse, on ne doit pas avoir besoin de permission lorsque la loi n'en exige point et fixe elle-même le bref délai , comme pour caution de surenchère (v. *ce tit.*, n. 4), dépôt d'expertise, reconnaissance d'écriture. V. *ci-d.* p. 544, *note* 27, p. 299, § 1.

Observations. 1. Les dd. art. 795, 802 et 808 (non les autres) exigent pour l'assignation à bref délai , un huissier commis. — 2. Est-elle préférable au référé ?... V. p. 419, *note* 6. — 3. Le bref délai est FRANC. V. p. 161.

(2) C'est le président (v. *C-pr.* 72 ; *Pigeau , i*, 575), excepté pour les arrêts de défenses de commerce. V. *d. note* 87.

(3) Par un jugement qui n'est pas levé , à moins que l'avoué ne réitère pas sa constitution dans le jour, auquel cas il est levé à ses frais. *D. art.*—Si un des cités à bref délai ne paraît pas , le jugement de jonction peut lui être notifié avec une citation, aussi à bref délai. V. *Nîmes*, 15 *mai* 1807, *J-C-pr., i*, 284; *ci-dev.* p. 287.

SECTION SIXIÈME.

Des procédures spéciales.

On donne ce nom aux procédures dont les règles sont établies par des lois spéciales, lois qu'il faut suivre par préférence aux lois générales relatives à la procédure ordinaire, sauf à revenir à celles-ci, pour les formes où les lois spéciales gardent le silence. V. *ch. des lois, n.* 2, *p.* 145.

Nous ne nous proposons point de traiter de toutes ces espèces de procédures ; il suffira pour atteindre le but de notre ouvrage, de jeter un coup-d'œil sur les principales (1), c'est-à-dire sur celles de contribu- tions et de domaines (2), et de renvoyer pour les formes e détail, aux lois qui les ont déterminées. (2 *a*)

(1) Nous nous en dispenserions même, s'il n'était pas nécessaire de donner une idée de plusieurs de ces procédures aux élèves qui se réduisent à l'étude de notre cours, et de faire apercevoir les points principaux où elles diffèrent de la procédure ordinaire. C'est à quoi nous nous attacherons surtout dans les §§ suivans.

(2) Il en est toutefois une autre dont à raison de son importance, nous donnerons une idée sommaire ; c'est celle qui concerne l'*expropriation pour cause d'utilité publique* (v. *C-c.* 545).

Cette expropriation est prononcée par le tribunal de la situation des biens, moyennant une indemnité qui est réglée au défaut de conventions amiables entre le propriétaire et l'administration, par des jurés spéciaux pris sur les listes ordinaires du jury. *L.* 7 *juill.* 1833, *art.* 1, 13, 28, 29. — Cette indem- nité est acquittée préalablement à la prise de possession. *Ib.*, *art.* 53 ; *charte,* 9. — On suit une marche plus rapide quand l'expropriation est nécessitée par des travaux de fortifications urgens. *L.* 30 *mars* 1831. — Avant ces deux lois, la matière était réglée par la loi du 8 mars 1810. V. au surplus *M. Foucard, droit public et administratif, i,* 182 *et suiv.*—V. aussi *B. c.* 1 *juill.* 1834, *et,* pour le droit antérieur, *notre* 5ᵉ *édition, liv.* 3, *introduct.*, note 12, n. 2. *p.* 488.

Le pourvoi dirigé contre le jugement qui prononce une expropriation de ce genre, se fait par déclaration au greffe du tribunal qui l'a rendu, dans les trois jours de la notification... (la voie de la cassation est la seule ouverte contre ce jugement)... Il est porté directement à la chambre civile qui statue dans le mois suivant. *L.* 7 *juill.* 1833, *art.* 20... V. *M. Foucard, sup., i,* 196.

(2 *a*) Dans nos premières éditions, nous avions aussi donné sur la procé- dure du divorce, un § que la suppression du divorce (v. *L.* 8 *mai* 1816) a rendu inutile.

§ 1er *Des causes de contributions.*

Les contributions françaises sont directes (3) ou indirectes (4). On range dans les premières les contributions foncière, personnelle et mobilière, la taxe des portes et fenêtres et les patentes ; dans les secondes, l'enregistrement et droits accessoires, les douanes, les droits-réunis. Les unes et les autres ont des règles communes et des règles particulières de procédure, dont nous allons dire un mot.

(3) On appelle ainsi « toute imposition foncière ou personnelle, c'est-à-dire « assise directement sur les fonds de terre, ou assise directement sur les per- « sonnes, *qui se lève par les voies du cadastre ou des rôles de cotisation,* « et qui passe immédiatement du contribuable cotisé au percepteur. » — *Loi en forme d'instruct., du* 8 *janv.* 1790, § 2.

(4) Ce sont « tous les impôts assis sur la fabrication, la vente, le transport « et l'introduction de plusieurs objets de commerce et de consommation ; « impôts dont le produit, ordinairement avancé par le fabricant, le mar- « chand, le voiturier, est supporté et indirectement payé par le consomma- « teur. » — *Ibid.*

Cette définition n'est pas aussi complète que la précédente, mais les expressions mises en italique dans celle-ci (*note* 3), préviennent toute difficulté sur le classement des contributions. Il nous semble donc que M. Merlin se trompe lorsqu'il dit (*rép., mot contributions publiques*) que « d'après « cette définition (la seconde) les droits d'enregistrement ne devraient pas « être considérés comme des impositions indirectes ; que cependant on « s'est habitué à les ranger dans cette classe... » En effet, ces droits n'étant pas et ne pouvant pas être assis par *rôles*, sont nécessairement des contributions indirectes. V. *aussi, à ce sujet, avis du cons. d'état,* 26 *avr.* 1811, *bull., p.* 394.

Au reste, on n'a jamais dû éprouver de l'incertitude sur ce point. 1. La loi du 19 juin 1791, sur les contributions de Paris, les distingue en deux classes, dont la première comprend les contributions foncière, mobilière, patriotique et des patentes, et dont la seconde est désignée par cette expression générale, *les contributions indirectes.* 2. L'adresse des 24 juin-28 juillet, même année, à l'occasion des droits d'enregistrement, dit que l'assemblée nationale les a préférés *aux* AUTRES *contributions indirectes.*

1. *Règles communes.* Le recouvrement des contributions de tout genre se poursuit par *contrainte.* — V. *les lois citées aux n°s suiv.*

On nomme *contrainte* (5), en matière de contributions, un commandement de payer une taxe, fait à des redevables par un receveur, avec le visa d'un fonctionnaire. V. *dd. n*os.

Si le redevable ne paie pas dans un bref délai, il y est forcé par diverses voies, et notamment par celles de la saisie et de la vente de ses biens (6). V. *iid.*

(5) *Observations.* 1. On a jugé que la voie de contrainte n'appartient pas à d'autres autorités, par exemple, au receveur d'un hospice. *Air. de Bruxelles*, 26 mai 1810, *Nevers*, 1811, *supp.*, 50.

2. Mais c'est toujours par cette voie que le trésor public exerce ses propres actions ; ce qui, à raison des oppositions qu'on peut y former, engage nécessairement l'action (hors le cas où elle est attribuée aux conseils de préfecture) devant les tribunaux ordinaires et en exclut les tribunaux d'exception. V. *arr. cass.* 9 *janv.* 1815.—V. aussi *id.*, 13 *et* 27 *juill.* 1813, 14 *déc.* 1819 *et* 16 *juin* 1823; *ordonn.* 11 *juin* 1817, et pour une exception, *arr. cass.* 21 *avr.* 1819, *n.* 32.

2 *a*. D'après ce qu'on vient de dire, la contrainte est aussi employée pour le recouvrement du prix et des revenus des domaines de l'état. *L.* 12 *sept.* 1791, *art.* 4; *d. ordonn.* 11 *juin*; *B. c.* 30 *janv.* 1826 (v. pour la juridiction, *ci-d. p.* 56 *et* 57).

3. Il y a une espèce de contrainte qu'on nomme *collective*, parce qu'elle se décerne contre plusieurs redevables à-la-fois ; c'est celle des contributions directes. V. *n. ij, texte, p.* 435.

(6) D'où il résulte qu'en général la contrainte est l'acte qui *ouvre* cette procédure. V. *ci-apr. p.* 436, *et note* 18, *p.* 437; surtout *rép. iv,* 749, *mot enregistrement,* § 32, *n.* 3.

II. *Contributions directes.* Les contraintes en sont décernées contre les particuliers taxés dans des rôles rendus exécutoires (6 *a*) par les préfets; elles sont visées par les sous-préfets, transmises par des *porteurs* (7) qu'ils nomment, publiées par les maires, et suivies d'un avertissement particulier de payer. *Arrêté* 16 *therm. viij, art.* 13 *à* 20, 30, 40 *à* 43. (8)

(6 *a*) Une saisie faite en vertu d'un rôle non déclaré exécutoire par le préfet, peut être annulée par les tribunaux. *Ordonn.* 5 *novemb.* 1828, *avoués, xxxviij,* 26.

(7) Ces porteurs remplissent seuls les fonctions d'huissiers pour les contributions directes. *Arrêté* 7 *therm. viij, art.* 18., v. § *des huissiers, note* 35, *p.* 82.

(8) Indépendamment de l'*avertissement* ci-dessus, le percepteur doit délivrer *gratis* une sommation avant le premier acte qui donne lieu à des frais. *L.* 25 *mars* 1817, *art.* 72.

Si l'avertissement est sans succès, le porteur peut s'établir à domicile (9) chez les redevables fortement imposés (10); et le receveur a ensuite (11) le droit de faire saisir et vendre les meubles et les fruits (12) de toutes espèces de redevables. *D. arrêté, art.* 51.

Le contentieux de ces contributions et exécutions est de la compétence des conseils de préfecture. (13)

(9) Pendant deux jours, et exiger le logement, la nourriture et une place au feu commun. *D. arrêté, art.* 28.

(10) Qui paient plus de 40 fr. de taxes. *D. arrêté, art.* 44.

(11) Après que le porteur s'est établi pendant dix jours (c'est le *maximum*) dans une commune. *D. arrêté, art.* 51.

(12) Objets insaisissables... Voyez *L.* 2 oct. 1791; *d. arrêté* 16 *thermidor, art.* 52.

Ce dernier article (52) contient une énumération des objets insaisissables en cette matière, qui est tantôt plus étendue, tantôt plus restreinte que celle du Code de procédure (voy. *ci-apr. tit. de la saisie-exécution*, § 2, *et note* 20, *ibid.*) Selon M. Foucard (*sup.*, *i*, 306), il faut compléter l'une par l'autre, de sorte que le nombre des objets insaisissables est plus considérable dans cette hypothèse que dans toutes les autres.

Observations. 1. La saisie et la vente sont faites suivant les formes et par les fonctionnaires ordinaires. V. *d. L.* 2 oct., *art.* 12; *ci-apr.*, *tit. des saisies*; *manuel administratif de Fleurigeon, mot contribution*, § 4. — Si un tiers revendique les meubles saisis, la question est portée aux tribunaux; mais il faut auparavant la soumettre à l'autorité administrative. V. *L.* 12 *nov.* 1808, *art.* 4; *et ci-apr.*, *note* 26, p. 440.

2. Le percepteur peut demander aux débiteurs du redevable les sommes, etc., dont ce dernier est leur créancier (*d. L.* 12 *nov.*), et cela par préférence à un saisissant particulier, *suiv. B. c.* 21 *avr.* 1819, *par arg. de d. L.* 12 *nov.*

3. À l'égard, 1° des contraintes contre les percepteurs, *voyez d. arrêté, art.* 31 et suiv., et *d. manuel...* 2° de leurs procès contre leurs huissiers, v. *ord.* 22 janv. 1824, Sirey, 24, 2, 302.

(13) V. *arrêté* 12 *brum. xj*; *rép. iij*, 56, *mot contrainte*; *autorités citées*, *ib.*; *ci-dev.*, *append.*, *note* 2, n. 4, p. 104.

Observations. 1. S'il y a des expropriations forcées, elles sont de la compétence des tribunaux. V. *rép.*, *ibid.*

2. *Idem.* les arrestations irrégulières faites à la suite des contraintes. V. *décr.* 31 *mars* 1807, *ib.*; *ord.* 6 *déc.* 1810, *Sirey*, 1821, 2, 82.

III. *Contributions indirectes.* Le contentieux de celles-ci appartient aux tribunaux civils (14), qui y statuent, en bureau public, sans frais ni assistance d'avoué (15), et sur de simples mémoires (16). — Mais il y a quelques règles propres à plusieurs de ces espèces de contributions.

— 436 —

(14) Mais le juge de paix connaît en première instance de celui des douanes (v. son art., ci-dev. p. 54, et ci-apr. 438) et des octrois. *D. L.* 26 *frim. viij, art.* 13; *décr.* 10 août 1809, n. 4496.

(15) Excepté quand il s'agit de la saisie-immobilière, et en général, de questions de propriété. *Décis. du Grand-Juge,* 1 *mars* 1808, *J-C-pr. ij,* 86 ; *arr. Bruxelles,* 11 *avr.* 1810, *avoués, ij,* 374.

(16) V. sur tous ces points, *ci-dev.* p. 58; *L.* 19 *niv. iv , art.* 2, et 17 *frim. vj, art.* 4 ; *arrêtés* 10 *th. iv,* 7 *mess. ix; avis cons. d'état,* 1 *juin* 1807; *B. c.* 13 *pr. et* 16 *mess. x,* 1 *br. xiij, etc.*; et pour l'amende de dénégation, *ci-dev. p.* 304, *note* 32.

Observations. 1. La mention de la lecture de ces mémoires n'est pas nécessaire. V. *L.* 19 *déc.* 1790, *art.* 25 et 9 *oct.* 1791, *art.* 17; *M. Merlin, rec., mot rente foncière,* § 10; *arr. cass.* 13 *janv.* 1808.

2. Le procureur du roi lit ceux de l'Etat, qui lui sont remis par les préfets, et il y joint, au besoin, les moyens nécessaires. V. *d. arrêté* 10 *therm. iv.*— Mais voyez *ci-apr, note* 19, n. 1, p. 437.

1° *Enregistrement* (17). La contrainte est visée et déclarée exécutoire par le juge de paix du canton du bureau (*v. part.* 1, *p.* 133, *n.* 6), et elle est signifiée. Elle forme alors le premier acte de l'instance ou poursuite. *L.* 22 *frim. vij, art.* 64. (18)

On peut en arrêter l'effet par une opposition motivée (18 *a*), avec assignation à jour fixe et élection de domicile dans la commune du tribunal. L'instruction se fait par de simples mémoires. Le jugement est rendu à l'audience sur le rapport d'un juge (18*b*) et les conclusions du ministère public. *D. L., art.* 64 à 66; *d. arrêté* 10 *therm. iv*; *L.* 27 *vent. ix, art.* 17; *arr. cass.* 16 *mess. x,* 6 *vend. xj,* 8 *mai* 1810, 22 *mars* 1814, 20 *mai et* 4 *et* 12 *août* 1834. (19)

Les mémoires ci-dessus doivent être respectivement signifiés (19 *a*). *Arr. cass.* 20 *oct.* 1813, 31 *janv.* 1814, *surtout* 10 *févr.* 1819 *et* 28 *mai* 1823 (19*b*).

(17) Mêmes règles en général pour les espèces de contributions indirectes nommées vulgairement DROITS-RÉUNIS. V. *L.* 5 *vent. xij, art.* 88. — V. aussi *décr.* 1 *germ. xiij, art.* 28 *et suiv.*; *arr. cass.* 23 *et* 26 *nov.* 1810, *avoués, iij,* 129 *et* 68.—Avec cette différence toutefois que leurs contestations, lorsqu'elles n'intéressent pas des tiers, sont jugées en la chambre du conseil. V. *d. art.* 88; *B. c.* 18 *janv.* 1830.

Observations. 1. L'opposition, lorsqu'on a souscrit une obligation, n'y arrête pas l'effet de la contrainte. V. *décr.* 10 *brum. xiv*; *d. arr.* 21 *avr.* 1819.

2. Ce sont seulement les contestations sur *le fond des droits* qui se portent aux tribunaux civils. V. *rép.*, *iij*, 96, *et iv*, 423, *mots contravention*, *n.* 3, *et droits-réunis*, *n.* 1; *arr. cass. ib.*—Les contraventions, au contraire, sont du ressort des tribunaux correctionnels. V. *arr. cass. cr.* 5 et 18 *févr.* et 15 *avr.* 1808, *au B. c.*; *id.*, *rej.* 22 *nov.* 1811, *Nevers*, 1812, 125 ; *notre cours crim.*, *ch. des lois*, note 13.

3. La régie a un privilège sur les meubles des redevables. V. *décr.* 1 *germin. xiij*, *art.* 47. — Mais ce privilège frappe seulement les meubles qui sont entre leurs mains ; il ne peut s'étendre à ceux qu'ils ont vendu de bonne foi avant toute contrainte, et par conséquent la régie ne peut valablement les saisir, *suiv. Nimes*, 9 *juill.* 1832, *avoués*, *xlvj*, 636.

(18) *V. aussi* arr. cass. 8 mars 1808, 13 et 27 juillet 1813 ; M. Merlin, rép., mot enregistrement, § 32.

Observations. 1. On induit de là que les vices de la contrainte se couvrent comme ceux de l'assignation, par les défenses. *M. Merlin, ib.*

2. C'est le *visa* qui donne à la contrainte l'authenticité et le caractère nécessaires pour procéder par voie exécutoire ; sans *visa*, elle n'est qu'un acte d'un particulier. Voyez *arr. cass.* 8 *mai* 1809, *au rec. alph.*, 2° *édition*, *mot amende*, § 2 ; *M. Merlin, ibid.*

(18a) C'est que l'art. (28, *d. L.*) qui exige le paiement provisoire avant la contestation, ne s'applique qu'au cas où elle n'est pas encore portée en justice sur une opposition à la contrainte. V. *M. Merlin*, rép., mot contrainte ; arr. cass. 5 *prair. xiij*, *ib.*

(18 *b*) Et non pas d'un suppléant, lorsque ce magistrat ne concourt pas à la décision en qualité de juge (on a dit, *p.* 55, *note* 58, *n.* 4, qu'il ne peut y concourir ainsi, qu'en cas de nécessité, c'est-à-dire d'insuffisance de juges). V. *B. c.* 24 *nov.* 1834, *par arg. de L.* 22 *frim. vij*, *art.* 65; 27 *mars* 1791, *art.* 29; 27 *vent. viij*, *art.* 12.

(19) V. aussi *id.*, 13 *et* 27 *juill.* 1813, 7 *janv.* 1818, 16 *juin* 1823.

A l'égard 1° des *expertises*, v. ci-dev. notes 10 et 50, p. 341, 345 ;

2° de l'*opposition au jugement*, v. ce tit., ci-apr. p. 446, note 9, n. 1 ;

3° de la *péremption*, v. p. 396, note 7, n. 1, γ. 3, et observez qu'un commandement suffit pour l'interrompre. V. *B. c.* 1 avril 1834.

4° des *délais d'enregistrement*, v. ch. des délais, note 10, p. 163 ;

5° du *tribunal qui connaît des contestations*, v. sect. 2, ch. 3 (des tribun. des actions), p. 133, n. 6 ;

6° de la *saisie-arrêt*, v. ce tit., note 17, n. 3.

7° Des enquêtes v. *rej. civ.* 17 *juill.* 1827, *avoués*, *xxxiij*, 328.

Observations. 1. Les préposés sont chargés de l'instruction des affaires. Néanmoins le procureur du roi doit, si leur demande paraît juste, défendre les intérêts de l'Etat sur les mémoires qu'ils lui remettent, et requérir l'adjudication de leurs conclusions. *Lett. du Minist. des financ.*, 27 *flor. xij*, *au comment. sur L.* 22 *frim.*, *n.* 355. — Mais lorsqu'ils n'ont point fourni de défenses, l'audition du procureur du roi ne suffit pas pour faire considérer le jugement comme contradictoire. V. *arr. cass.* 11 *mars* 1812... V. aussi *id.*, 15 *fév.* 1815, 24 *déc.* 1822, *et ci-apr.* note 19 *a*.

2. Il ne suffit pas que la contrainte soit notifiée aux fermiers détenteurs des biens, il faut, sous peine de nullité, qu'elle le soit aux propriétaires (à personne ou domicile) débiteurs des droits. Voy. *arr. cass.* 18 *flor. xiij*, cité au d. comment., n. 542.

3. L'instruction (excepté en requête civile... v. *ce tit.* note 48) se fait sans plaidoiries (*d. art.* 17), sous peine de nullité, *suiv. B. c.* 19 *oct.* 1808, 9 et 28 *fév.* 1814, 26 *fév.* et 13 *nov.* 1816, 5 *fév.* et 7 *mai* 1817, 1 *avr.* 1822.— Si les parties emploient des avoués, ce ne peut être que pour la rédaction de leurs mémoires. V. d. comm., n 349.

5 *a*. Suit-il de ces décisions que la loi défende absolument et les plaidoiries et l'assistance des avoués ?... *V*. à ce sujet *rej. civ.* 10 *déc. et* 25 *juill.* 1821, *et requ.* 20 *mars* 1826 , *avoués, xxiij* , 249 *et* 272, *xxxj*, 78; *B. c.* 28 *juin* 1830.

4. Le condamné ne supporte d'autres frais que ceux du papier timbré, des significations et de l'enregistrement du jugement. *D. L.* 22 *frim.* , *art.* 65. — En conséquence les taxes des avoués sont à la charge de ceux qui les emploient. *Décis. du grand-juge*, 26 *nov.* 1808 , *ib.*, *n.* 352, *et J-C pr. iij*, 95 ; *rép.*, mot *dépens*, *n.* 2 ; *B. c.* 26 *mars* 1827.

5. Il n'est pas besoin de joindre un *avenir* à la communication des mémoires. *V. arr. cass.* 20 *févr.* 1809; *rép.*, *i*, 442, *h. v.*

6. Il faut mentionner le rapport (et sa publicité) et les conclusions. — *V. arr. cass.* 13 *déc.* 1809, 8 *mai* 1810, 5 *mars* , 2 *juill. et* 19 *août* 1811 , 10 *fév.* 1819 , 6 *déc.* 1820, 26 *nov.* 1821, 5 *mai* 1824; *ci-dev. p.* 156, *note* 12. — Et la présence du ministère public ne suffit point , s'il n'a pas été entendu. *D. arr.* 10 *févr.*; *autre*, 14 *mars* 1821.

7. En requête civile , la régie ne consigne point d'amende. *Voy. d. arr.* 30 *août sup.*, *n.* 3 ; *d. tit. de la requ. civile* , *note* 41.

8. *Exécution.* Lorsque la contrainte du receveur a été suivie d'une instance et d'un jugement où l'on a observé les formes énoncées au texte (*p.* 456), les poursuites relatives à l'exécution de ce jugement doivent avoir lieu selon les formes du Code. *Rej. requ.* 9 *août* 1832, *avoués* , *xliij*, 659.

(19 *a*) Celui du redevable doit l'être à la régie; une simple signification au procureur du roi, ne serait pas suffisante. *B. c.* 28 *mai* 1823.

(19 *b*) En règle générale, on ne peut en justice se fonder sur un titre non enregistré (*v. pour des exemples*, ci-dev, texte, p. 85 et 95, et notes citées , ibid... *et pour une exception*, ci-apr. tit. des reddit. de comptes , note 6, n. 3) ; et il faut même le faire enregistrer avant le premier acte, tel que la sommation, la demande où l'on réclame l'exécution de la convention , etc. , à laquelle il a rapport, puisque s'il n'y a pas été *relaté*, on est passible d'un double droit. *V. L.* 28 *avr.* 1816 , *art.* 57. — Mais cette dernière règle ne concerne pas les pièces d'où résultent de simples indices, de simples commencemens de preuves; elle s'applique seulement aux titres proprement dits. *V.* au surplus, *rej. requ.* 26 *août* 1834, *avoués, xlvij*, 609.

2° *Douanes.* Semblable visa du juge de paix (**20**). Mais l'exécution peut avoir lieu par toutes voies, même par corps, sous le cautionnement de la régie; et elle n'est en général arrêtée par aucun acte. *V. LL.* 22 *août* 1791 , *tit.* 13 , *art.* 32 *et* 33; 4 *germ. ij* , *tit.* 6, *art.* 13 *à* 17; 14 *fruct. iij et* 9 *flor. vij*; 21 *avr.* 1818, *art.* 38 ; *rép.*, *mot contrainte*; *notre cours crim.*, *ch. des lois, note* 14 (**21**).—V. aussi *L.* 28 *avr.* 1816, *part.* 3, *tit.* 5 *et* 6; *B. c. cr.*, 20 *déc.* 1834. (**22**)

(**20**) La signification des sentences du juge de paix en semblable matière , peut être faite par un huissier autre que celui qui est attaché à son tribunal, et même par les préposés des douanes. *V. rej. requ.* 1 *déc.* 1830, *avoués, xl*, 27.

(21) V. aussi, ci-dev., p. 436, note 14, p. 158, note 5, n. 5; ci-après, tit. de l'appel, ch. 3, note 63, n. 3.

(22) Quant à toutes les règles de détail de notre § 1er voyez les autorités qui y sont citées, le répert., mots comptable, § 6, contrainte, contravention, contributions, douanes, droits-réunis, enregistrement, etc.; le manuel administratif, mot contributions publiques; et le commentaire sur la loi du 22 frim. an vij. — V. aussi les traités de MM. de Gérando et Foucard.

§ 2. *Des causes domaniales.*

Nous comprenons sous ce titre les causes relatives à la propriété ou aux droits inhérens à la propriété des biens ou domaines appartenant à l'état. (23)

1º L'exercice des actions domaniales appartient aux préfets (24), s'il est question de propriété, et à la régie de l'enregistrement, s'il s'agit de revenus (25). *L.* 28 *pluv. an viij, art.* 1; 5 *nov.* 1790, *tit.* 3, *art.* 13 et 15; 27 *mars* 1791, *art.* 13 *et* 14; *L.* 19 *niv. iv, art.* 1 *et* 2; 15 *fruct. iv, art.* 10; *arrêtés* 10 *therm. et* 6 *fructid. iv, et* 2 *germinal an v.* (26)

2º L'instruction peut se faire, comme on l'a dit, sans ministère d'avoué (27), par l'entremise du procureur du roi, et sur de simples mémoires. *LL.* 19 *niv. iv;* 14 *vent. vij, art.* 27; *arrêté* 10 *therm. iv; arr. cass.* 15 *mess. et* 29 *therm. x,* 23 *mars et* 19 *oct.* 1808; *rép. mot domaine public,* § 5.

(25) Il faut les distinguer des causes qui forment ce qu'on nomme le *contentieux* des domaines nationaux; où il s'agit, par exemple, de savoir si une adjudication de ces domaines est valable, comment on doit l'interpréter, etc., car elles sont de la compétence du conseil de préfecture, tandis que les tribunaux connaissent des causes domaniales dont nous allons parler. V. M. Merlin, *rép.*, mots *contentieux et pouvoir judiciaire,* § 2; *Henrion,* ch. 4; *Fleurigeon,* mot *domaines nationaux;* M. Foucart, i, 258; ci-dev. p. 103, note 2, n. 2.

(24) Jadis aux procureurs-généraux syndics, et ensuite aux présidens des départemens (*arr. cass.* 9 *janv.* 1809, 25 *juin* 1810, 29 *déc.* 1812, 9 *mars* 1825 *et* 20 *fév.* 1826), et non pas aux procureurs-syndics, ou agens, ou directoires des districts, à moins qu'ils ne fussent autorisés par les administrations de département. V. *à ce sujet, rec. alph., iij,* 504 *et* 514, *mot nation,* § 2; *arr. cass.* 4 *vend. vj,* 19 *prair. xj, ib.;* autre, 30 *juin* 1818, *B. c.; arr. de Grenoble,* 25 *juill.* 1812 (*cause de Castellane et Saint-Maurice*), dans nos recueils.—V. encore *arr. rej. requ.* 4 *fév.* 1825, *et cass.* 18 *juin suiv.,* au *B. c., n.* 5 *et* 71; *et B. c.* 26 *déc.* 1826.

(25) Sauf toutefois l'intervention du préfet, en cas que la domanialité soit contestée. V. *rép.*, *mot domaine public*, § 5. — A moins qu'il ne s'agisse de la domanialité d'une rente dont la régie réclame les arrérages; car alors cette intervention n'est pas absolument nécessaire. V. *ibid.* — A l'égard des *forêts*, v. ord. 26 août 1824, art. 1 et 7.

ᵇ. Au reste, le préfet peut interjeter appel dans une instance soutenue par la seule régie. *V. B. c.* 9 *avr.* 1834.

(26) *Observations.* 1. Le préfet agit en vertu d'une délibération du conseil de préfecture, et l'on ne peut agir contre lui, comme représentant l'Etat qu'après avoir remis au sous-préfet un mémoire où l'on expose la réclamation et les moyens, et après l'expiration d'un mois sans réponse du conseil de préfecture. V. dd. *LL.*; *M. Merlin, rec.*, d. *mot nation*, § 2, et *rép.*, d. § 5; a. *arr.* 29 déc.

1 *a.* L'omission de ce mémoire n'opère qu'une nullité relative, et dans l'intérêt seulement de l'Etat... il ne peut la faire valoir qu'à l'appui d'un appel, ou autre voie. V. *à ce sujet M. Merlin, rép., xiij*, 252, *mot succession, sect.* 1, § 2, *art.* 5. — Et s'il ne l'a pas fait valoir en appel, il ne le peut pas en cassation. *Rej. civ.* 14 *août* 1833, *avoués, xlvj*, 148.

1 *b.* Ce mémoire n'est pas nécessaire lorsqu'on agit contre l'état en vertu d'un jugement passé en force de chose jugée. *Rej. requ.* 22 *mai* 1832, *avoués, xlij*, 376.

2. C'est au préfet et non pas au sous-préfet que l'assignation doit être notifiée. V. *arr. cass.* 8 *pluv. xtij*; *C-pr.* 69, ⅟. 1; *ci-dev. tit. de l'assignat., art.* 3, *p.* 224; *Fleurigeon, part.* 2, *p.* 593.

(27) Ni conciliation. V. *L.* 27 *mars* 1791, *art.* 16; *C-pr.* 49, *et ci-dev. tit. de la conciliation*, *n.* 1, note 10, *p.* 205.

FIN DU LIVRE PREMIER DE LA SECONDE PARTIE.

www.ingramcontent.com/pod-product-compliance
Lightning Source LLC
Chambersburg PA
CBHW060536220326
41599CB00022B/3518